CHRONOLOGIE
HISTORIQUE-MILITAIRE,

CONTENANT l'Histoire de la Création de toutes les Charges, Dignités & Grades Militaires supérieurs; de toutes les Personnes qui les ont possédés, ou qui y sont parvenues depuis leur Création jusqu'à présent;

Des Troupes de la Maison du Roi, & des Officiers supérieurs qui y ont servi;

De tous les Régimens & autres Troupes, & des Colonels qui les ont commandés;

Les Etats d'Armées par chaque année; les Officiers Généraux qui y ont été employés depuis la première Création des Régimens, & les opérations réelles de chaque Armée, avec leur véritable époque;

Enfin une Table raisonnée des Ordonnances Militaires, tant imprimées que manuscrites, rendues depuis le régne de LOUIS XIV. jusqu'à présent.

TIRÉE SUR LES ORIGINAUX,

Avec des éclaircissemens en Notes critiques des Auteurs qui ont travaillé à l'Histoire de France & Militaire.

Dédiée à M. le Duc DE BELLEISLE, Pair & Maréchal de France, Prince du Saint-Empire, Ministre d'Etat, Chevalier des Ordres du Roi & de la Toison d'or.

Par M. PINARD, Commis au Bureau de la Guerre.

TOME HUITIÉME.

CONTENANT la Chronologie des *Brigadiers* d'Infanterie, depuis la Promotion du 27 Mars 1668, jusqu'à la dernière Promotion faite le 24 Mars 1772.

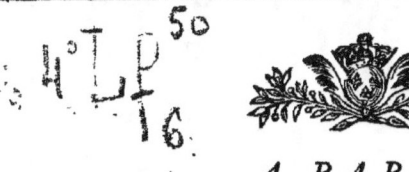

A PARIS,
Chez EUGENE ONFROY, Libraire, rue du Hurepoix, au Lys d'or.

M. DCC. LXXVIII.
AVEC APPROBATION, ET PRIVILÉGE DU ROI.

AVIS DU LIBRAIRE.

A la mort de l'Auteur, ce Volume ne se trouvant pas fini, & étant resté à la page 528, j'ai cru devoir l'achever par une simple Chronologie des Noms des Brigadiers d'Infanterie.

CHRONOLOGIE
HISTORIQUE-MILITAIRE.

CHAPITRE DIXIEME.

Des Brigadiers.

LE titre de Brigadier se donne à ceux qui commandent des Brigades formées d'un ou de plusieurs corps de troupes, suivant la volonté du Général de l'armée.

Les Mestres de camp ou Colonels de cavalerie commandoient anciennement les Brigades ; mais les discussions qui s'élevoient journellement entre les plus anciens Mestres de camp, & ceux des plus anciens Régimens qui prétendoient également au commandement des Brigades, engagerent M. le Maréchal de Turenne à proposer à Louis XIV. de nommer des Officiers permanens pour commander les Brigades.

Le Pere Daniel que les Historiens subséquens ont suivi, a raison, lorsque dans son Histoire de la Milice Françoise, *Tome II. page 41.* il dit que, suivant le conseil du Maréchal de Turenne, le Roi ordonna que les Brigadiers de cavalerie auroient des Commandemens fixes pendant la campagne, & qu'il choisit pour cela des Mestres de camp expérimentés, auxquels il donna le nom de Brigadiers ; mais il se trompe, lorsqu'il ajoûte : *Mais ils n'avoient pas pour*

Tome VIII.   A

DES BRIGADIERS.

cela de brevet ; ce n'étoit encore alors qu'une Commiſſion, & non une Charge, ni proprement un grade dans la Milice. Et page 42. Dans les troupes qui furent au ſiége de Marſal en 1663. dans celles qu'on envoya à l'Electeur de Mayence en 1664. pour ſoumettre la ville d'Erfort ; dans l'expédition de Gigery ; dans celle de Hongrie où ſe donna la bataille de Saint-Godard la même année, il n'eſt fait mention ni du nom, ni des ſervices de Brigadier que de cette maniére.

En 1665. ajoûte encore le Pere Daniel, le Roi envoya au ſecours des Hollandois contre l'Evêque de Munſter un corps de troupes commandé par M. de Pradel Lieutenant général ; & dans les dépenſes de la guerre de cette annee, Beauveſé, le Chevalier de Fourilles & Desfourneaux eurent chacun une gratification de deux mille livres en qualité de Brigadiers de cavalerie, quoiqu'ils n'euſſent point de brevet du Roi pour cette qualité.

Mais en 1667. quand la guerre commença, le Roi fit expédier au mois de Juin par M. le Tellier pluſieurs brevets de Brigadiers de cavalerie, dont il honora pluſieurs Officiers : ce fut alors que furent inſtitués les Brigadiers par brevet, que cet emploi devint une Charge & un grade de Milice ; &c.

Il ſuffit, pour prouver l'erreur du Pere Daniel, de dire que les Brigadiers de cavalerie furent créés le 8. Juin 1657. Dès l'inſtant que le Maréchal de Turenne le propoſa, le Roi en créa treize pour les différentes armées. Le brevet leur fut expédié le même jour ; & pour plus grande preuve je le rapporte ici en entier (a).

(a) Brevet portant création des Brigadiers de cavalerie, dont la minute eſt au dépôt de la guerre. Il y en a une copie à la Bibliothéque du Roi dans les Manuſcrits le Tellier, Tome XXV. page 131. v°.

Aujourd'hui 8. Juin 1657. le Roi étant à la Fere, jugeant néceſſaire pour le bien & l'avantage de ſon ſervice d'établir des Brigadiers de cavalerie dans chacune de ſes armées, pour être employés au commandement d'un certain nombre de Régimens & Compagnies de cavalerie, ſous l'autorité des Lieutenans généraux pour Sa Majeſté en ſes armées, qui les commanderont en chef, & de ceux qui les commanderont ſous eux, comme auſſi ſous l'autorité des Officiers généraux de la cavalerie légere ; & voulant reconnoître les fidéles & aſſidus ſervices qui lui ont été rendus par le Sieur de Saint-Lieu, Colonel d'un Régiment de cavalerie étrangére, tant au Commandement dudit Régiment, qu'en diverſes autres Charges, occaſions & emplois, & lui témoigner la confiance que Sa Majeſté prend en ſa capacité, va-

Il n'est point étonnant qu'il ne se trouve point de Brigadier de cavalerie au siége de Marsal en 1663. il n'y eut que de l'infanterie employée à ce siége. Dans l'expédition de Gigery en 1664. on n'employa point de Brigadier de cavalerie, parce qu'il n'y avoit dans le corps de troupes employé à cette expédition que deux Compagnies à pied du Régiment de cavalerie de Conty.

En 1664. lorsque le Roi envoya un corps de troupes à l'Electeur de Mayence, M. de Saint-Lieu y fut employé comme Brigadier & Commandant la cavalerie. Or nous avons vu qu'il en avoit le brevet dès le 8. Juin 1657.

Dans le corps de troupes envoyées en Hongrie la même année 1664. sous les ordres du Comte de Coligny, il y eut deux Brigadiers de cavalerie, l'un M. de Gassion, l'autre M. de Bissy. Le premier avoit un brevet dès le 8. Juin 1657, le second fut créé Brigadier pour cette expédition, & son brevet fut daté du 12. Mars.

Il est vrai que dans le corps de troupes envoyées en Hollande en 1665. sous les ordres de M. de Pradel, il se trouva trois Officiers faisant les fonctions de Brigadiers de cavalerie, & que deux n'avoient point de brevets, Mrs de Beauvesé & le Chevalier de Fourilles; mais le troisiéme M. Desfourneaux en avoit un de la premiére promotion, les deux autres n'en eurent qu'en 1667. parce que le Roi ne jugea à pas à propos de leur accorder cette grace plutôt. Mais il

---

leur, expérience en la guerre, vigilance & bonne conduite, & en sa fidélité & attention à son service, pour les preuves signalées qu'il lui en a données, Sa Majesté a retenu, ordonné & établi ledit Sieur de Saint-Lieu en la Charge de Brigadier de sa cavalerie dans ses armées, pour commander & faire agir le corps de cavalerie qui sera mis sous sa charge & dans sa Brigade par le Lieutenant général, ceux qui commanderont l'armée sous lui, & les Officiers généraux de la cavalerie légere, aux honneurs, autorités, prérogatives & prééminences qui appartiennent audit Commandement & Charge de Brigadier, & aux appointemens qui seront pour ce ordonnés audit sieur de Saint-Lieu par les états ou ordonnances de Sa Majesté, laquelle m'a ordonné & commandé pour témoignage de sa volonté d'expédier au Sieur de Saint-Lieu le présent brevet qu'elle a signée de sa main, & fait contresigner par moi son Conseiller Secrétaire d'Etat & de ses Commandemens & Finances. Signé, LOUIS, & plus bas LE TELLIER.

Les brevets des douze autres Officiers compris dans cette premiére promotion sont absolument semblables.

est bien prouvé que la raison n'étoit point de ce que les Brigadiers de cavalerie n'étoient point encore créés.

Il résulte de la Liste des promotions de Brigadiers de cavalerie, que la première fut faite le 8. Juin 1657. avec des brevets du Roi, la seconde le 12. Mars 1664. une troisiéme le 4. Mai 1667. une autre le 5. Mai, une autre le 12. & enfin une sixiéme le 15. Juin de la même année, qui est celle apparemment que le Pere Daniel a prise pour la création des Brigadiers.

Comme les Colonels des plus anciens Régimens d'infanterie commandoient de droit les Brigades d'infanterie, & qu'il n'y eut aucune discussion à cet égard, Louis XIV. ne se pressa point de créer des Brigadiers d'infanterie ; mais la satisfaction qu'il eut de cette espece de troupes pendant la campagne de 1667. & à la conquête d'une partie de la Franche-Comté, fit qu'il créa le 17. Mars 1668. des Brigadiers dans l'infanterie, & leur donna, par Ordonnance du 30. du même mois, la même autorité sur les troupes d'infanterie, que les Brigadiers de cavalerie avoient sur la cavalerie. Je ne rapporterai point les brevets de ces premiers Brigadiers d'infanterie, parce qu'ils furent expédiés dans la même forme que ceux de cavalerie, & que ce seroit une répétition inutile.

Louis XIV. qui n'avoit alors qu'un Régiment de Dragons dans ses troupes, qui n'en eut un second qu'en 1668. ne créa de Brigadiers de Dragons que le 15. Avril 1672. & il n'en créa qu'un seul pour commander la Brigade composée de ces deux Régimens. Le brevet fut aussi expédié dans la même forme que les autres.

Les Brigadiers ne sont point Officiers généraux, ils ne commandent que l'espece de troupes dont le brevet de Brigadier leur donne le commandement. Ainsi ceux d'infanterie ne commandent que de l'infanterie, & ne sont qualifiés que Brigadiers d'infanterie, & ne doivent point l'être Brigadiers des armées du Roi, comme on le trouve dans beaucoup d'Historiens. Il en est de même de ceux de cavalerie & de Dragons.

Quoique les Brigadiers de cavalerie soient d'une plus ancienne création que ceux d'infanterie & de Dragons, je ne commencerai point ma Liste historique des Brigadiers par eux : je suivrai l'usage qui s'observe de mettre l'infanterie la premiére, la cavalerie & les Dragons à la suite. Je diviserai ma Liste en trois Articles. Le premier contiendra les Brigadiers d'infanterie, le second les Brigadiers de cavalerie, & le troisiéme les Brigadiers de Dragons.

J'observerai le même ordre que j'ai suivi jusqu'à présent, en suivant le rang qu'ils avoient entr'eux : je ne mettrai l'historique qu'à ceux qui n'ont point monté à un grade supérieur; & je renverrai pour ceux qui y auront monté, à leur historique rapporté au plus haut grade où ils seront parvenus.

ARTICLE PREMIER.

Liste Chronologique & Historique des Brigadiers d'infanterie.

PROMOTION *du* 27. Mars 1668.

DE DAMPIERRE (Henry Duval, Marquis) tué en Candie le 25. Juin 1669.
Après avoir servi toute la guerre de 1635. à 1648. en Flandre, il obtint une Compagnie dans le Régiment de Renel le 3. Février 1649. & la commanda à la levée du siége de Cambray par les ennemis, au siége de Condé la même année, au siége de Rethel & à la bataille de ce nom en 1650. à la bataille du fauxbourg Saint-Antoine en 1652.
Colonel d'un Régiment d'infanterie de son nom (aujourd'hui Dauphiné) par commission du 18. Décembre de cette année, il le commanda aux siéges de Vervins, de Rethel, de Mouson & de Sainte-Menehould en 1653. à la prise de Clermont, au siége de Stenay & au secours d'Arras en 1654. aux siéges & à la prise de Landrecy, de Condé, de Saint-Guilain & de Valenciennes en 1656.

Promotion du 27. Mars 1668.

Promotion du 27. Mars 1668.

à ceux de Montmedy en 1657. & de Gravelines en 1658.

On lui donna le 3. Juillet 1667. un ordre pour commander l'infanterie du corps que commandoit le Comte de Grandpré à Rocroy pour couvrir toute cette frontière, & on le créa Brigadier par brevet du 27. Mars 1668. Il eut en cette qualité le 30. Mars 1669. des Lettres de service pour passer en Candie avec M. de Navailles. Il commandoit une des trois attaques de la fameuse sortie que firent les troupes; & après y avoir fait des prodiges de valeur, il y fut tué.

DE RAMBURES (Charles, Marquis) mort le 11. Mai 1671.

Après avoir servi plusieurs années dans le Régiment de Rambures, il commanda une Compagnie en 1648. & se trouva à la bataille de Rethel en 1650. à la bataille du fauxbourg Saint-Antoine en 1652. au siége & à la prise de Rethel & de Mouson en 1653. au secours d'Arras & au siége du Quesnoy en 1654. aux siéges de Landrecy, de Condé & de Saint-Guilain en 1655.

Colonel du même Régiment (aujourd'hui Bearn) à la mort de son frere par commission du 10. Avril 1656. Gouverneur de Bouchain aussi à la mort du même frere par provisions du même jour, il commanda son Régiment au siége de Valenciennes & à la prise de la Capelle la même année : à la prise de Saint-Venant, au secours d'Ardres, à la prise de Wate, de Bourbourg, de Mardick en 1657. au siége de Dunkerque, à la bataille des Dunes, aux siéges de Menin & d'Ypres en 1658. au siége de Marsal en 1663. Brigadier par brevet du 27. Mars 1668. il mourut de maladie à Calais où il étoit en garnison avec son Régiment.

DU PLESSIS (César-Auguste de Choiseul, Chevalier) *Voyez* Tome IV. page 279.

D'INFANTERIE.

Promotion du 27. Mars 1668.

DE CARAMANI (Joseph, Baron.)
Voyez Tome VI. page 338.

DE SAINT-MICAULT (Philippe-Emmanuel de Royer, Comte) mort au mois de Mars 1673.

Attaché aux intérêts de M. le Prince de Condé, il avoit une Compagnie dans le Régiment de Condé, & suivit ce Prince dans toutes ses campagnes. Le Roi ayant repris à son service le Régiment de Condé à la paix des Pyrénées le 7. Novembre 1659. & ce Régiment étant alors vacant par la mort de M. de Cherify, le Roi mit Colonel-Lieutenant le Comte de Saint-Micault par commission du 20. Janvier 1660. Il le commanda pendant la campagne de 1667. Obtint le grade de Brigadier après la conquête de la Franche-Comté le 27. Mars 1668. Fit la campagne de 1672. sous les ordres de M. le Prince de Condé, & avoit encore son Régiment & le Gouvernement du château de Dijon, lorsqu'il mourut. Il avoit été nommé l'un des Visiteurs de l'infanterie par commission du 3. Novembre 1671.

DE MORNAS (Charles de Siffredy.)
Voyez Tome IV. page 278.

DE MARTINET (Jean.)
Voyez Tome VI. page 421.

DE FISICAT (Michel) mort le 11. Août 1684.

N'avoit que seize ans lorsqu'il entra Enseigne dans le Régiment de Montclar en 1634. & qu'il passa en Hollande, où il servit quelques années sous le Prince d'Orange. Il parvint à une Lieutenance dans le même Régiment en 1636. Revenu d'Hollande, il entra Lieutenant dans le Régiment de Turenne en 1638. Servit au siége d'Hesdin en 1639. Parvint à une Compagnie en 1640. & la commanda au siége d'Arras la même année : à l'armée d'Italie en 1641. aux siéges de Collioure & de Perpignan

Promotion du 27. Mars 1668.

en 1642. au siége de Trin en 1643. aux combats de Fribourg en 1644. à la prise de Guermesheim, aux batailles de Mariendal & de Nortlingen, à la prise d'Hailbron & de Treves en 1645. & à toutes les expéditions du Maréchal de Turenne en Allemagne jusqu'à la paix de Munster : il s'y distingua dans quelques occasions, & reçut plusieurs blessures. Il étoit en 1652. au combat du fauxbourg Saint-Antoine : au siége de Mouson en 1653. au secours d'Arras & au siége du Quesnoy en 1654.

Il obtint en 1655. des Lettres de Noblesse en considération de ses services, & étant alors premier Capitaine du Régiment de Turenne. Il servit à la prise de Landrecy, de Condé & de Saint-Guilain en 1655. au siége de Valenciennes en 1656. à la prise de Cambray, de Saint-Venant, de Waten, de Bourbourg & de Mardick en 1657. Il obtint le 4. Février 1658. une place de Gentilhomme ordinaire du Roi, & servit à la bataille des Dunes & au siége de Dunkerque. Il devint Lieutenant-Colonel de son Régiment le 25. Juillet, & le commanda en cette qualité aux siéges d'Oudenarde, de Menin & d'Ypres la même année.

Il se démit en 1661. de sa Compagnie, & conserva la Lieutenance Colonelle. Passa avec le Régiment de Turenne en Hongrie en 1664. & se distingua particuliérement à la bataille de Saint-Godard. Il se démit de la Lieutenance-Colonelle du Régiment le 3. Mai 1665. Il avoit obtenu en 1661. la permission de porter autour de ses armes une bordure d'azur semée de fleur de lys d'or, & obtint en 1667. la permission de porter pour armes une fleur de lys d'or en champ d'azur. On lui accorda une place de Chevalier de Saint-Michel le 4. Mars 1665.

Lors de la création du Régiment Dauphin infanterie, il en fut établi Lieutenant-Colonel par commission du 15. Juin 1667. Il commanda en chef ce Régiment (auquel on n'attacha de Colonel-Lieutenant qu'en Août 1671.) aux siéges de Besançon & de Dole en 1668. & fut créé Brigadier par brevet du 27. Mars de cette année.

Nommé Gouverneur de Villefranche en Roussillon par provisions

provisions du 27. Octobre 1669. il quitta alors le Régiment Dauphin; & résida dans son Gouvernement jusqu'à sa mort. Il fut nommé Visiteur de l'infanterie qui tenoit garnison en Roussillon par commission du 3. Novembre 1671. & exerça cette charge pendant plusieurs années.

Promotion du 27. Mars 1668.

D'ERLACK (Jean-Jacques.)
Voyez Tome IV. page 321.

D'ORTIES (Antoine de Boissonnade.)
Voyez Tome VI. page 434.

CATELAN (Louis) tué en Candie le 25. Juin 1669.
D'abord Lieutenant & Capitaine au Régiment d'infanterie de Biscaras, il servit au siége d'Hesdin en 1639. au siége d'Arras en 1640. à ceux d'Aire en 1641. de Collioure & de Perpignan en 1642.

Enseigne au Régiment des Gardes Françoises le premier Février 1643. il servit au siége de Gravelines, à la prise des forts de Watte, de Rebus & d'Hennuys, & au combat de Stenfort en 1644. aux siéges de Mardick, de Bourbourg, de Bethune & de Saint-Venant en 1645. de Courtray, de Bergues, de Mardick & de Dunkerque en 1646. de la Knoque, de Dixmude & de Lens en 1647. au siége d'Ypres, à la bataille de Lens en 1648. Il passa à une Lieutenance le 19. Février 1649. & se trouva au siége de Seure, à celui de Rethel & à la bataille qui se donna sous cette place en 1650. au combat de Coignac en 1651. au siége de Saintes en 1652. aux siéges de Rethel, de Mouson & de Sainte-Menehould en 1653. au au siége de Stenay, au secours d'Arras, à la prise du Quesnoy en 1654. au siége & à la prise de Landrecy, de Condé & de Saint-Guilain en 1655. au siége de Valenciennes en 1656. Le sieur de Vitermont Capitaine au même Régiment ayant été tué à ce siége, M. de Catelan fut pourvu de sa Compagnie par commission du 3. Août, & la commanda au siége de la Capelle au mois de Septembre suivant: aux siéges de Montmedy & de Saint-Venant, au secours d'Ardres, à la prise de Bourbourg, au siége de Mardick en 1657. En 1658. il se distingua particuliérement à la défense d'un convoi qui marchoit à l'armée pour le siége de Dunkerque, donna les marques de la plus grande valeur à la bataille des Dunes, & servit ensuite aux siéges & à la prise de Dunkerque, de Bergues, de Gravelines, de Dixmude, de Furnes & d'Ypres. Il obtint la Charge de Maréchal de bataille de l'infanterie à la mort du sieur de la Barge par provisions du 30. Septembre 1660. & fut fait Major du Régiment des Gardes Françoises par brevet du 20. Mars 1661. En 1664. on l'envoya à Gigery. Il avoit reçu les ordres du Roi pour y faire bâtir une citadelle qu'occuperoient les troupes du Roi; mais il ne put les exécuter.

Il se démit de sa Compagnie au mois de Mai 1667. Fut créé Major de Brigade par brevet du 15. Juin 1667. servit au siége de Tournay & de Douay, & fut blessé à celui de Lille la même année. L'année suivante il servit à la conquête de la Franche-Comté, & fut créé Brigadier par brevet du 27. Mars 1668. Il eut en cette qualité des Lettres de service pour Candie, où il commanda le détachement des Gardes Françoises qu'on y envoya ; mais il fut tué dans la sortie du 25. Juin, étant encore Major du Régiment des Gardes.

19. Août 1669. **DE MONTBERON** (François, Comte)
A été créé Brigadier par brevet du 19. Août 1669. *Voyez* Tome IV. page 289.

30. Avril 1670. **DE MAGALOTTI** (Bardo de Bardi, Comte)
A été créé Brigadier par brevet du 30. Avril 1670. *Voyez* Tome IV. page 264.

Promotion du 15. Avril 1672.

Promotion du 15. Avril 1672. **DE DOUGLAS** (Georges, Marquis.)
Voyez Tome IV. page 302.

DE PIERREFITTE (Charles-Antoine du Chatelet, Marquis.) *Promotion du 15. Avril 1672.*

Voyez Tome VI. page 428.

DE BOULIGNEUX (Etienne de la Palu, Comte de Meilly, puis) mort au mois de Mars 1674.

D'abord connu fous le nom de Comte de Meilly, il entra Volontaire au Régiment du Colonel général de la cavalerie en 1646. il le joignit à l'armée d'Italie, & fe trouva aux fiéges d'Orbitello, de Piombino, de Portolongoné & au combat de Bozolo la même année: au fiége & au blocus de Cremone en 1647. Il obtint la Charge de Cornette de la Compagnie du Colonel général fur la démiffion de fon pere par provifions du 14. Mai 1648. & fervit en cette qualité au fiége & à la bataille de Cremone. Il paffa avec le Régiment en Guyenne au mois de Septembre 1649. & fe trouva au fiége de Bordeaux en 1650. au fecours de Coignac en 1651. au fiége de Saintes en 1652. à la réduction de Bordeaux en 1653. & retourna à l'armée d'Italie, où il fervit en 1654. 1655. & 1656.

Colonel du Régiment de Normandie par commiffion du 15. Mai 1657. il le commanda à l'armée d'Italie cette année & la fuivante, & fervit au fecours de Valence, au fiége d'Alexandrie, à la prife des châteaux de Varas & de Novi la même année : au fiége & à la prife de Mortare en 1658.

Il fut de l'expédition de Gigery en Afrique en 1664. En 1667. il fervit fous le Maréchal d'Aumont au fiége de Bergues, & fe diftingua particuliérement à l'attaque de la demi-lune : il fervit enfuite aux fiéges de Furnes, de Courtray & d'Oudenarde, & fit encore la campagne de 1668. en Flandre.

Brigadier par brevet du 15. Avril 1672. il prit le titre de Comte de Bouligneux à la mort de fon pere, & fit cette campagne en Flandre, où il fe trouva au paffage du Rhin & aux différens fiéges qu'entreprit Louis XIV. en personne. Il fut bleffé à la levée du fiége de Woërden par le Prince d'Orange au mois de Novembre. Cette bleffure l'empêcha de faire la campagne de 1673. & il en mourut au mois de Mars 1674. (a).

DE LA MARCK (Henry-Robert Efchallart de la Boulaye, Comte.)
Voyez Tome VI. page 423.

DE MONISMES (Robert-Edme-Léonard de Razés, Marquis) mort au mois de Juillet 1672.
Il étoit Capitaine au Régiment d'Infanterie de Conty, avec lequel il avoit fait plufieurs campagnes, lorfqu'il en fut fait Colonel-Lieutenant par commiffion du 2. Février 1662. Il fervit en cette qualité aux fiéges de Tournay, de Douay, de Lille en 1667. à la conquête de la Franche-Comté en 1668. & paffa avec fon Régiment en Candie en 1669. il s'y diftingua particuliérement à la fortie du 25. Juin.

Colonel du Régiment de Champagne par commiffion du premier Août 1671. il fe démit du Régiment de Conty, & obtint le Gouvernement du Mont Saint-Michel par provifions du 12. du même mois. Il commanda le Régiment de Champagne au fiége de Wefel au mois de Juin 1672. Obtint par provifions du 23. de ce mois le Gouvernement de Vire, & reçut dans le mois de Juillet aux environs d'Utreck une bleffure dont il mourut peu de jours après.

DE VILLEROY (François de Neufville, Marquis.)
Voyez Tome III. page 76.

(a) C'eft le même que M. de Quincy dans fon Hiftoire Militaire de Louis XIV. Tome I. page 278. nomme le Comte de Mailly Colonel du Régiment de Normandie, & M. de Milly, page 334.

DE LA MAILLERAYE (Louis de Grimouville, Marquis) mort au mois de Juillet 1685.

Promotion du 15. Avril 1672.

Il avoit été fort long temps Capitaine d'une Compagnie de Chevaux legers, & avoit servi en Flandre depuis 1648. jusqu'en 1659. On lui accorda le Régiment de Piémont par commission du 28. Novembre 1666. Il le commanda aux siéges de Tournay, de Douay & de Lille en 1667. & en Flandre en 1668. Il obtint le Gouvernement du château de Vatteville, vacant par la mort de son pere, par provisions du 31. Décembre de cette année.

Brigadier par brevet du 15. Avril 1672. il servit aux siéges d'Orsoy & de Rimberg, au passage du Rhin, aux siéges d'Arnheim, de Doësbourg, de Zutphen, à la prise d'Utreck la même année : au siége de Mastrick en 1673. & se démit du Régiment de Piémont en quittant le service à cause d'anciennes blessures au mois de Mars 1674.

DE JONSAC (Alexis de Sainte-Maure, Comte) mort au mois de Janvier 1677.

D'abord Capitaine au Régiment de cavalerie du Cardinal de Mazarin depuis 1652. il servit au siége de Stenay en 1654. à ceux de Landrecy, de Condé, de Saint-Guilain en 1655. au siége & au combat de Valenciennes en 1656. au siége de Montmedy en 1657. à la bataille des Dunes, aux siéges de Dunkerque, de Gravelines, de Bergues & d'Ypres en 1658. Il obtint par provisions du 26. Juin 1661. la Lieutenance générale du Gouvernement de Saintonge & d'Angoumois en survivance de son pere, & la place de premier Ecuyer de Jean-Baptiste Gaston de France Duc d'Orléans.

Colonel du Régiment d'infanterie de son nom (aujourd'hui Beauvoisis) qu'il leva par commission du 12. Juillet 1667. il servit en qualité de Volontaire aux siéges de Douay, de Tournay & de Lille la même année : à la conquête de la Franche-Comté en 1668. Il commanda son Régiment en Candie en 1669. fit des prodiges de valeur

14 DES BRIGADIERS

Promotion du 15. Avril 1672.

à la sortie du 25. Juin où il fut blessé, & entra en possession de la Lieutenance générale du Gouvernement de Saintonge le 22. Juin 1671. à la mort de son pere.

Brigadier par brevet du 15. Avril 1672. il fut employé dans le corps de troupes que devoit commander le Maréchal de Créquy, & que commandoit M. de Chamilly, & servit au siége de Grave la même année : il y demeura jusqu'en 1674. & contribua à la belle défense qu'y fit le Marquis de Chamilly. Il avoit encore son Régiment & la Lieutenance générale du Gouvernement de Saintonge lorsqu'il mourut (z).

STUPPA (Pierre.)
Voyez Tome IV. page 305.

DE LA MOTTE (Charles Guillaud.)
Voyez Tome IV. page 306.

DE RAVEILLON (François.)
Voyez Tome VI. page 434.

DES BONNAYS (René de Perouse.)
Voyez Tome VI. page 438.

DE MACLINES (Henry.)
Voyez Tome VI. page 431.

DE BAUQUEMAR (Jerôme.)
Voyez Tome VI. pag. 436.

20. Août 1672. DE PUISIEUX (Roger de Brulart, Marquis)
A été créé Brigadier par brevet du 20. Août 1672.
Voyez Tome IV. page 398.

(z) Je n'ai point trouvé la date de la mort du Comte de Jonsac. L'Histoire des grands Officiers de la Couronne & les Journaux du temps la mettent au mois de Mars 1677. mais je trouve la commission du Comte de Sainte-Maure son neveu du 17. Janvier 1677. pour le Régiment de Beauvoisis, où il est marqué qu'il étoit vacant par la mort du Comte de Jonsac son oncle : donc il étoit mort avant le 17. Janvier 1677.

DE RUBENTEL (Denys-Louis de Rubentel de Mon- 28. Octobre 1672.
    detour)
A été créé Brigadier par brevet du 28. Octobre 1672.
Voyez Tome IV. page 328.

DE SAULT (François-Emmanuel de Blanchefort de Cré- 6. Décem. 1672.
    quy, Comte)
A été créé Brigadier par brevet du 6. Décembre 1672.
Voyez Tome VI. page 424.

DE MOUCY (Armand-François le Bouteiller de Senlis, 16. Janvier 1673.
  Marquis) tué à la bataille de Turckeim le 5.
    Janvier 1675.
Il avoit été élevé Enfant d'honneur de Louis XIII. & entra au service dans le Régiment des Gardes Françoises en 1650. Il y fit toute la guerre de Flandre, & fut fait Colonel-Lieutenant du Régiment d'infanterie de la Reine par commission du 18. Juin 1662. Il le commanda aux siéges d'Oudenarde, de Bergues, de Courtray & de Lille en 1667. Servit volontaire à la conquête de la Franche-Comté en 1668. Commanda son Régiment aux siéges d'Orsoy & de Rimberg, au passage du Rhin, au siége & à la prise de Doësbourg, de Zutphen, de Deventer, d'Utreck & de l'isle de Bommel en 1672. & passa l'hiver sous M. de Luxembourg à Utreck : au mois de Décembre il enleva avec un détachement de son Régiment un quartier des ennemis, fit quatre cents prisonniers, & mérita à cette occasion le grade de Brigadier, qu'on lui accorda par brevet du 16. Janvier 1673. il servit cette année au siége de Mastrick, & finit la campagne sous le Duc de Luxembourg.

 Employé à l'armée d'Allemagne sous le Maréchal de Turenne en 1674. il combattit à la tête de son Régiment à Sintzeim, à Ensheim, à Mulhausen, & fut tué à la bataille de Turckeim.

3. Nov. 1673. D'ASPREMONT (François de la Motte Villebert, Vicomte)

A été créé Brigadier par brevet du 3. Novembre 1673. *Voyez* Tome VI. page 439.

29. Nov. 1673. DE CHAMILLY (Noël Bouton, Marquis)

A été créé Brigadier par brevet du 29. Novembre 1673. *Voyez* Tome III. page 113.

Promotion du 13. Février 1674.

Promotion du 13. Février 1674. DUC D'USES (Emmanuel de Cruſſol) né le 5. Janvier 1642. mort le premier Juillet 1692.

Connu d'abord ſous le nom de Comte de Cruſſol, il fut Capitaine au Régiment d'infanterie de Montauſier, & y fit quelques campagnes.

Colonel du même Régiment ſur la démiſſion du Marquis de Montauſier ſon beau-pere par commiſſion du 10. Octobre 1665. il ſervit volontaire aux ſiéges de Tournay, de Douay, de Lille en 1667. à la conquête de la Franche-Comté en 1668. & commanda ſon Régiment à la priſe de Weſel, d'Emerick, au paſſage du Rhin, au ſiége de Doëſbourg, dans les quartiers de l'Electorat de Brandebourg pendant l'hiver, à la priſe d'Unna, de Camen, d'Altena, de Soëſt, de Xoëſter, de Bielfeld, & à toutes les expéditions du Maréchal de Turenne en Allemagne en 1673. Il obtint par proviſions du 28. Avril de cette année le Gouvernement de Saintonge & d'Angoumois ſur la démiſſion du Marquis de Montauſier.

Duc & Pair de France ſur la démiſſion de ſon pere le 7. Mars 1674. il prit le titre de Duc de Cruſſol : obtint le Gouvernement des ville & château d'Angoulême par proviſions du 28. Avril ſuivant, & ſervit aux ſiéges de Beſançon, de Dole & de toutes les autres places de la Franche-Comté cette même année. Paſſé enſuite ſous les ordres de M. le Prince, il ſe trouva à la bataille de Seneff au mois d'Août. Il ſervit en garniſon pendant le reſte

reste de la guerre. Devint Duc d'Usès à la mort de son pere le 14. Juillet 1680. quitta le service, & se démit de son Régiment en faveur de son fils en 1687. & fut nommé Chevalier des Ordres du Roi le 31. Décembre 1688.

Promotion du 13. Février 1674.

DE GACÉ (Charles de Goyon Matignon, Comte) né le 3. Août 1641. mort au mois d'Octobre 1674.
Connu d'abord sous le nom de Comte de Matignon, il servit deux ans dans les Mousquetaires. Obtint la permission d'aller servir en Hongrie en 1664. & se distingua particuliérement à la bataille de Saint-Godard, où il donna les plus grandes preuves de valeur. De retour en France il obtint le 15. Octobre 1665. une Compagnie dans le Régiment d'infanterie de Bretagne, & le 13. Mars 1667. une Compagnie dans le Régiment du Roi cavalerie, & la commanda aux siéges de Tournay, de Douay, de Lille, & à la défaite du Comte de Marsin près de Lille la même année : à la conquête de la Franche-Comté en 1668. sa Compagnie ayant été réformée au mois de Mai de cette année, il fut entretenu Capitaine en second à la suite de la Compagnie de Beaufort par ordre du 26. du même mois.

Colonel du Régiment de l'Amiral Comte de Vermandois lors de sa création par commission du 24. Décembre 1669. il le commanda aux siéges d'Orsoy, de Rimberg, au passage du Rhin, au siége de Doësbourg, de Deventer & d'Utreck en 1672. il commanda successivement à Kempen & à Bonn en 1673. Attaqué dans cette derniére place par le Prince d'Orange, il y fit une défense supérieure ; & après l'avoir rendue avec la capitulation la plus honorable, il joignit l'armée du Maréchal de Luxembourg.

Brigadier par brevet du 13. Février 1674. il servit volontaire à la conquête de la Franche-Comté, aux siéges de Besançon & de Dole ; joignit ensuite le Régiment de Vermandois à l'armée de Flandre, & le commanda à la bataille de Seneff, où après avoir donné les plus grandes preuves de valeur, il reçut une blessure dont il mourut au mois d'Octobre suivant.

Tome VIII.   C

Promotion du
13. Février 1674. **DE BERINGHEN** (Henry, Marquis) tué au siége de Besançon le 18. Mai 1674.

Il avoit d'abord obtenu la survivance de la Charge de premier Ecuyer du Roi par retenuë du 26. Février 1658. & s'étoit trouvé en qualité de Volontaire à la bataille des Dunes & au siége de Dunkerque cette même année. Il entra dans le Régiment d'infanterie du Roi à sa création au mois de Janvier 1663. Fit la campagne d'Allemagne sous M. de Pradel en 1664. & s'y trouva au siége d'Erfort.

Aide de camp des armées du Roi par brevet du 5. Mai 1667. il servit aux siéges de Tournay, de Douay, de Lille, & à la défaite du Comte de Marsin près de cette derniére place la même année : à la conquête de la Franche-Comté en 1668.

Premier Colonel-Lieutenant du Régiment d'infanterie de M. le Dauphin par commission du 24. Août 1671. il le commanda à tous les siéges d'Hollande, & au passage du Rhin en 1672. au siége de Mastrick en 1673.

Brigadier par brevet du 13. Février 1674. il fut tué à la tête du Régiment Dauphin dans la tranchée devant Besançon au mois de Mai suivant.

21. Mai 1674. **DE SAINT-GERAN** (Bernard de la Guiche, Comte)
A été créé Brigadier par brevet du 21. Mai 1674.
Voyez Tome IV. page 307.

PROMOTION *du 5 Juillet 1674.*

Promotion du
5. Juillet 1674. **DE SAINT-SANDOUX** (Antoine de Ribierre, Comte.)
Voyez Tome VI. page 430.

DE TRACY (Henry Bonneau.)
Voyez Tome VI. page 446.

DE CESAN (Jean-Jacques-Barthelemy de Gellas, Comte.)
Voyez Tome VI. page 441.

Promotion du 12. Mars 1675.

D'AUBAREDE (Bernard d'Astorg d'Olton.)
Voyez Tome IV. page 399.

DE GRAMONT (Antoine-Charles, Duc) mort le 25. Octobre 1720.

Connu d'abord sous le nom de Comte de Louvigny, il servit dans le Régiment de Gramont dont son pere étoit Colonel, y parvint à une Compagnie, & se trouva à la bataille des Dunes, aux siéges de Dunkerque, de Bergues & de Gravelines en 1658. à la bataille de Saint Godard en 1664.

Colonel d'un Régiment d'infanterie de son nom sur la démission de son pere par commission du 11. Octobre 1665. il le commanda à l'armée envoyée en Hollande contre l'Evêque de Munster en 1665. & 1666. aux siéges de Tournay, de Douay & de Lille en 1667. à la conquête de la Franche-Comté en 1668. en Hollande sous M. le Prince en 1672. Il servit au siége de Mastrick en 1673. & joignit ensuite l'armée d'Allemagne sous le Maréchal de Turenne. Il prit le nom de Comte de Guiche à la mort de son frere le 29. Novembre de cette année. Se distingua à la conquête de la Franche-Comté & au siége de Besançon en 1674. Obtint le grade de Brigadier par brevet du 12. Mars 1675. Il avoit obtenu le Gouvernement général de Navarre & de Béarn, & les Gouvernemens particuliers de Bayonne & de Saint Jean-pied-de-port à la mort de son frere, & en survivance de son pere au mois de Décembre 1673. il y commanda plusieurs années, & entra en jouissance le 2. Juillet 1678. à la mort de son pere. Duc de Gramont, Pair de France le même jour, il prêta serment au Parlement le 8. Octobre, & prit le nom de Duc de Gramont. Il se démit de son Régiment en faveur de son fils en 1687. Fut nommé Chevalier des Ordres du Roi le 31. Décembre 1688. & Ambassadeur en Espagne le 3. Avril 1704. Il a obtenu pendant

Promotion du 12. Mars 1675. fon féjour dans cette Cour une place de Chevalier de la Toifon d'or.

DE LA MOTTE (Pierre de Jerzé, Comte) tué au combat d'Altenheim le premier Août 1675.

Après avoir fervi deux ans dans le Régiment de Navailles, il y obtint une Compagnie le 17. Avril 1649. & la commanda aux fiéges de Seurre & de Bordeaux en 1650. au fecours de Coignac en 1651. au fiége de Saintes en 1652. & à la réduction de Bordeaux en 1653. au fiége de Caftelamarre en 1654. en Italie de 1655. à 1658.

Colonel du même Régiment fur la démiffion du Marquis de Navailles par commiffion du 20. Avril 1667. il le commanda aux fiéges de Douay, de Tournay & de Lille la même année : à la conquête de la Franche-Comté en 1668. aux fiéges d'Orfoy, de Rhinberg, au paffage du Rhin, aux fiéges de Doëfbourg, de Zutphen, à la prife d'Utreck & de Naërden. Son Régiment ayant été caffé par ordre du 4. Octobre 1673. pour avoir mal défendu cette derniére place, on donna au Comte de la Motte le Régiment de la Marine par commiffion du 17. du même mois. Il le commanda aux batailles de Sintzeim, d'Enfheim, de Mulhaufen en 1674. & à la bataille de Turckeim le 5. Janvier 1675. Brigadier par brevet du 12. Mars fuivant, employé à l'armée d'Allemagne, il fut tué à la bataille d'Altenheim.

D'HAMILTON (Georges d'Hamilton Albercorne, Comte.)
Voyez Tome VI. page 429.

D'ALBRET (Charles Amanjeu, Marquis.)
Voyez Tome VI. page 444.

DE GONDREVILLE (Henry de Conquerant) mort au mois d'Août 1699.

Servoit dans le Régiment de la Fere depuis fa création en 1654. & s'étoit trouvé à plufieurs fiéges, & notamment à celui de Valenciennes en 1656. à la bataille des

D'INFANTERIE.

Dunes, aux siéges de Dunkerque & de Gravelines en 1658. lorsqu'il fut fait Major de son Régiment par brevet du 4. Décembre 1662. il servit en cette qualité aux siéges de Douay, de Tournay & de Lille en 1667. à la conquête de la Franche-Comté en 1668. & devint Lieutenant-Colonel de son Régiment le 26. Septembre de cette année. Il se trouva avec ce Régiment aux siéges de Vesel, d'Emerick, de Rées, de Deudecom, au passage du Rhin & à la prise de plusieurs autres places en 1672. au siége de Mastrick en 1673. à la bataille de Seneff en 1674.

Promotion du 12. Mars 1675.

Brigadier par brevet du 12. Mars 1675. il se trouva au combat d'Altenheim, à la levée des siéges d'Haguenau & de Saverne par les ennemis ; & ayant été nommé pour commander à Schlestatt, par commission du 29. Février 1676. il se démit de la Lieutenance-Colonelle de son Régiment le 16. Novembre 1677. & commanda pendant le reste de la guerre à Schlestatt, dont on lui donna le Gouvernement par provisions du 24. Août 1679. Il y résida jusqu'à sa mort.

D'URBAN (François de Fortia) mort au mois de Février 1701.

Il servoit depuis 1652. dans le Régiment de la Marine où il commandoit une Compagnie, à la bataille des Dunes, aux siéges de Dunkerque, de Bergues, de Gravelines & d'Ypres en 1658. Il passa avec sa Compagnie dans le Régiment Dauphin infanterie lors de sa création le 15. Juin 1667. & la commanda aux siéges de Tournay, de Douay, de Lille la même année : à la conquête de la Franche-Comté en 1668.

Lieutenant-Colonel du Régiment de Vermandois par commission du 8. Juin 1671. il commanda ce Régiment à tous les siéges de la campagne de 1672. en Hollande: au siége de Mastrick en 1673. à la bataille de Seneff en 1674.

Brigadier par brevet du 12. Mars 1675. il eut le 24. un ordre pour se jetter dans les places du Roussillon qui pourroient être assiégées, & y commander. Fut employé à l'armée du Roussillon par Lettres du 8. Avril, & nommé Visiteur de l'infanterie dans la Guyenne par commission du 24. Octobre de la même année. Il y passa l'hiver, & se démit de la Lieutenance-Colonelle du Régiment de Vermandois au mois de Décembre. Il retourna servir en Roussillon pendant la campagne de 1676. On s'y tint sur la défensive, & on vécut aux dépens des ennemis. M. d'Urban fut nommé Visiteur de l'infanterie dans les Généralités de Bordeaux, de Montauban & dans le pays de Foix par ordre du premier Octobre. Il servit encore en Roussillon pendant la campagne de 1677. & combattit avec la plus grande valeur à la bataille d'Espouilles. Il servit au siége de Puicerda en 1678. & ayant obtenu le Gouvernement du Mont-Louis par provisions du 25. Mai 1679. il y résida jusqu'à sa mort.

Promotion du 12. Mars 1675.

12. Août 1675. **DE LA LEURETIERE** (Joseph Feuillant) mort au mois de Février 1680.

Enseigne dans le Régiment d'Auvergne dès le 20. Mars 1641. il servit avec ce Régiment à l'armée d'Italie jusqu'en 1658. Il étoit parvenu à une Lieutenance en 1644. & à une Compagnie en 1650. Il entra avec cette Compagnie dans le Régiment de Foix-Candalle (depuis Royal-Vaisseaux) le 27. Mars 1658.

Major de son Régiment par brevet du 3. Février 1664. il servit la même année à l'expédition de Gigery en Afrique. Se démit de sa Compagnie au mois d'Août 1670. & fut nommé Visiteur des troupes d'infanterie en Lorraine par commission du 18. Avril 1672. Il resta dans cette province jusqu'au 21. Mai 1674. qu'on le nomma pour commander dans la citadelle de Tournay sous le Gouverneur, en se démettant de la Majorité du Régiment des Vaisseaux. Il passa Lieutenant de Roi d'Ath le 5. Février 1675. au commandement de Limbourg le 22. Juin suivant. Obtint le grade de Brigadier par brevet du 12. Août, le Gouvernement de Condé par provisions du 17. Avril 1677. un pouvoir pour commander en même temps à Saint-Guilain en l'absence de M. de Catinat le 27. Janvier

1678. & fut confirmé Gouverneur de Condé après la paix, par de nouvelles provisions du 31. Mai 1679. il y mourut l'année suivante.

PRINCE DE BIRKENFELD (Chrétien de Baviére II.) 16. Août 1675. A été créé Brigadier par brevet du 16. Août 1675. *Voyez* Tome IV. page 326.

Promotion du 24. Février 1676.

DE MONTPEYROUX (Henry de Grégoire des Gardies, Comte) baptisé le 22. Avril 1638. mort au mois de Novembre 1678.

Après avoir été quelque temps Capitaine dans le Régiment d'infanterie de Montpeyroux son oncle, il obtint ce Régiment sur la démission de cet oncle, par commission du 25. Mai 1657. & le commanda au siége de Valence en Italie la même année, au siége & à la prise de Mortare en 1658. Son Régiment ayant été réformé par ordre du 7. Décembre 1659. on lui conserva sa Compagnie qui tint garnison à Arras pendant quelques années. Il servit au siége de Tournay, de Douay & de Lille en 1667. & leva le Régiment de Rouergue par commission du 20. Novembre de la même année. Il le commanda en Allemagne en 1673. aux batailles de Sintzeim, d'Ensheim, de Mulhausen en 1674. de Turckeim & d'Altenheim, à la levée des siéges d'Haguenau & de Saverne par les ennemis en 1675.

Brigadier par brevet du 24. Février 1676. il se trouva à la bataille de Kokesberg sous le Duc de Luxembourg la même année : à la bataille du même nom, au siége & à la prise de Fribourg en 1677. à l'attaque des retranchemens de Seckingen, au siége & à la prise de Kell, au siége du château de Lichtemberg en 1678. Il reçut à ce dernier siége une blessure dont il mourut peu de jours après.

Promotion du 14. Février 1676. DE NOVION (Claude Potier, Chevalier, puis Comte) né le 28. Avril 1641. mort le 14. Juillet 1722.

Chevalier de Malthe le 11. Mars 1665. il entra Enseigne dans le Régiment Royal infanterie en 1666. & passa à l'Enseigne de la Colonelle le 16. Juin 1667. il servit en cette qualité au siége de Tournay, eut une Compagnie le 8. Juillet, & la commanda aux siéges de Douay & de Lille la même année. Il avoit aussi levé une Compagnie de cavalerie dans le Régiment de Bouillon le 4. Mai 1667. Elle fut réformée le 4. Avril 1668.

Colonel du Régiment d'infanterie de Bretagne par commission du 15. Janvier 1668. il le commanda en Flandre sous le Maréchal d'Humiéres en 1672. au siége de Mastrick en 1673. aux batailles de Sintzeim, d'Ensheim, de Mulhausen en 1674. de Turckeim, d'Altenheim, à la levée des siéges d'Haguenau & de Saverne par les ennemis en 1675.

Brigadier par brevet du 24. Février 1676. il se trouva au combat de Kokesberg la même année ; à la bataille du même nom & au siége de Fribourg en 1677. à l'attaque des retranchemens de Seckingen, aux siéges de Kell & du château de Lichtemberg en 1678. il se démit de son Régiment en faveur de son neveu, & quitta le service en 1683.

DE LA FERTÉ (Henry-François de Senneterre, Marquis, puis Duc.)
Voyez Tome IV. page 416.

DE SALIS (Rodolphe.)
Voyez Tome VI. page 457.

DE BOURLEMONT (Henry d'Anglure, Marquis) tué au siége de Valenciennes le 17. Mars 1677.
Entra dans le Régiment du Roi à sa création en 1663. servit la même année au siége d'Erfort sous M. de Pradel, aux siéges de Douay, de Tournay & de Lille en 1667.

Parvint

D'INFANTERIE.

Parvint à une Compagnie en 1668. & la commanda à la conquête de la Franche-Comté, aux siéges d'Orsoy & de Rimberg, au passage du Rhin, aux siéges de Doësbourg, de Zutphen & à la prise d'Utreck en 1672. Il passa de là en Allemagne sous les ordres du Maréchal de Turenne, se trouva à la prise d'Unna le 7. Février & d'Altena le 9. du même mois 1673.

Promotion du
24. Février 1676.

Colonel d'un Régiment de son nom (aujourd'hui Artois) par commission du 28. Février 1673. attaqué dans un poste où il ne pouvoit tenir qu'une heure avec seize cents hommes contre cinq mille, il y tint dix-huit heures, & se défendit avec tant de valeur que les ennemis furent obligés de se retirer avec une perte considérable (*a*). Il commanda son Régiment à la bataille de Seneff au mois d'Août 1674. à la bataille d'Ensheim au mois d'Octobre, au combat de Mulhausen en Décembre : à celui de Turckeim en Janvier 1675. au combat d'Altenheim au mois d'Août : obtint par commission du 29. du même mois le Régiment de Picardie en se démettant de celui qui portoit son nom, & finit la campagne en Flandre avec le Régiment de Picardie.

Brigadier par brevet du 24. Février 1676. il commanda le Régiment au combat de Kokesberg sous le Duc de Luxembourg, & au siège de Valenciennes au mois de Mars 1677. il fut tué à l'assaut.

D'AUBIJOUX (Simon-François du Caylar de Thoiras, Marquis) mort en Octobre 1678.

Je n'ai pu sçavoir dans quel corps il avoit servi, lorsqu'on lui donna par commission du 16. Avril 1674. la Charge de Colonel-Lieutenant du Régiment d'infanterie d'Orléans qu'il commanda aux batailles de Seneff, d'Ensheim & de Mulhausen la même année : à celles de Turckeim & d'Altenheim, à la levée des siéges d'Haguenau & de Saverne par les ennemis en 1675.

(*a*) M. de Quincy dans son Histoire Militaire de Louis XIV. Tome I. page 346. le qualifie mal à-propos, en rapportant cette action, Colonel du Régiment de Picardie : il n'eut ce Régiment qu'au mois d'Août 1675.

Promotion du 24. Février 1676.

Brigadier par brevet du 24. Février 1676. il servit sous le Maréchal de Créquy aux siéges de Condé & de Bouchain, à la prise des châteaux de Bouillon & de Marche en Famine, à la levée du siége des Deux-ponts par les ennemis la même année : à la canonade du Prince Charles de Lorraine, à la défaite du Prince de Saxe-Eisenack, au siége & à la prise de Fribourg en 1677. à l'attaque des retranchemens de Seckingen, au combat d'Offembourg, au siége de Kell & du château de Lichtemberg en 1678. & fut tué dans une querelle particuliére par le Comte de Bois-David Colonel du Régiment de Champagne dans le même mois.

DE ZURLAUBEN (Conrad de la Tour-Chatillon, Baron) mort le 4. Décembre 1682. âgé de 44. ans.
Enseigne au Régiment des Gardes Suisses le 2. Octobre 1657. Lieutenant le 16. Février 1658. il se trouva à la bataille des Dunes & au siége de Dunkerque cette même année. La Compagnie dans laquelle il servoit, ayant été réformée le 16. Juin 1668. il obtint une Compagnie dans le Régiment Allemand de Furstemberg le 20. du même mois, & fut fait Major de ce Régiment par brevet du 30. Juillet 1669. il servit en cette qualité aux siéges de Wesel & d'Emerick. Après le passage du Rhin, il fut nommé le 22. Juin Gouverneur de la ville de Zwol. Il alla par ordre du Prince de Furstemberg du 17. Avril 1673. visiter toute l'infanterie de ce Prince dans le Duché de Westphalie. Devint Colonel-Lieutenant du Régiment de Furstemberg par commission du 10. Juillet 1674. le commanda à la bataille de Seneff le 11. Août suivant, & commanda pendant l'hiver à Dorsten sur la Lippe. Passé à l'armée du Roussillon en 1675. il y servit avec la plus grande distinction, au siége de Bellegarde.

Brigadier par brevet du 24. Février 1676. employé à l'armée du Roussillon & de Catalogne par Lettres du 7. Mars, il combattit avec la plus grande valeur à Epouilles en 1677. & se distingua particuliérement au siége de Puicerda en 1678.

Inspecteur général de l'infanterie par commission du premier Janvier 1679. il eut le département du Roussillon & de la Cerdagne. Obtint les Seigneuries de Villé & d'Ortenberg en Alsace par Lettres de don de Louis XIV. du mois de Mars 1681. l'Ordre de saint Michel en 1682. & mourut à Perpignan, étant encore Inspecteur général de l'infanterie, & possédant une Compagnie franche Suisse qu'on donna à son neveu.

Promotion du 24. Février 1676.

DE BOIS-DAVID (Antoine-Charles de Simons, Comte) mort en 1689.

Il avoit servi successivement dans le Régiment des Gardes Françoises où il étoit entré Enseigne en 1657. & dans le Régiment de Champagne, avec lequel il s'étoit trouvé aux siéges de Douay, de Tournay & de Lille en 1667. aux siéges de Besançon & de Dole, à la conquête de la Franche-Comté en 1668. Il fit la campagne de 1672. sous les ordres de M. le Prince, & se trouva aux siéges de Wesel, d'Emerick, au passage du Rhin, à la prise de Doësbourg, de Deventer, de Zutphen, d'Utreck, de Nimegue, de Grave, de Crevecœur & de l'isle de Bommel la même année: aux siéges d'Unna, de Camen, de Xoëster, de Soëst, & à toutes les expéditions du Maréchal de Turenne dans l'Allemagne en 1673. aux batailles de Sintzeim, d'Ensheim, de Mulhausen en 1674. de Turckeim & d'Altenheim en 1675.

Il étoit Lieutenant-Colonel du Régiment de Champagne, lorsqu'à la mort du Marquis de Montgaillard le Roi lui donna ce Régiment par commission du 22. Septembre. Il le commanda à la levée des siéges d'Haguenau & de Saverne par les ennemis au mois d'Octobre suivant.

Brigadier par brevet du 24. Février 1676. il combattit à Kokesberg, & se trouva l'année suivante à la canonade du Prince Charles de Lorraine, à la défaite du Prince de Saxe-Eisenack, au siége de Fribourg : à l'attaque des retranchemens de Seckingen, au combat d'Offembourg, aux siéges de Kell & du château de Lichtemberg en 1678. mais ayant tué en duel le Comte d'Aubijoux au mois

D ij

Promotion du 24. Février 1676.

d'Octobre de cette année, il fut caffé par ordre du 25. Il se retira en Brandebourg, où il devint Général des troupes de l'Electeur, & mourut à Berlin.

DE SAINT-GEORGES (René de Becdeliévre, Marquis) né le 7. Avril 1637. tué à la bataille de Saint-Denys près Mons le 14. Août 1678.

Il avoit commencé à servir dès 1657. au siége de Montmedy, étant Lieutenant du Régiment de Rambures. Il se trouva à la bataille des Dunes, aux siéges de Gravelines, de Bergues, de Dunkerque & d'Ypres en 1658. Parvenu à une Compagnie qui fut réformée en 1659. il entra dans le Régiment de la Marine, où on lui donna une Compagnie en 1661. Il passa avec cette Compagnie dans le Régiment du Roi le 2. Janvier 1663. lors de sa création. Fit la campagne d'Allemagne sous M. de Pradel en 1664. Servit aux siéges de Douay, de Tournay & de Lille en 1667. Parvint à la Majorité de son Régiment, fit la campagne de 1672. en Allemagne où il se trouva à tous les siéges. Servit à celui de Maftrick en 1673. devint Lieutenant-Colonel du Régiment du Roi le 8. Août de la même année. Il étoit aux siéges de Besançon & de Dole, au combat de Seneff en 1674. à la prise de Liége, de Huy, de Dinant, de Limbourg en 1675.

Colonel-Lieutenant du Régiment d'infanterie du Roi par commission du 6. Janvier 1676. Brigadier par brevet du 24. Février suivant, il servit aux siéges de Condé, de Bouchain & d'Aire cette année: au siége de Valenciennes & à la bataille de Cassel en 1677. à la prise des ville & citadelle de Gand, de la ville d'Ypres en 1678. & fut tué à la bataille de Saint-Denys près Mons.

DE JOSSAUD (Louis) né en 1624. mort le 10. Novembre 1687.

Il entra dans le Régiment d'Auvergne dès 1643. & servit au siége de Trin & à la prise du pont de Sture la même année : à la prise de Pouson, de Sant-y-a, au secours d'Aft en 1644. à la prise de Vigevano & de la Roca, au combat de la Mora en 1645. Il obtint une Compagnie le 3. Juillet 1646. & servit au siége d'Orbitello, à la prise de Piombino & de Porto-longoné la même année : au siége de Crémone en 1647. au siége & à la bataille de Crémone en 1648. en Italie où on se tint sur la défensive en 1649. à la défense de Barcelone en 1650. 1651. & 1652. au siége de Gironne & au combat de Bordilly en 1653. au combat & à la prise de Castelmare en 1654. au siége & à la prise de Valence en Italie en 1656. au secours de cette place, à la prise de Varas & de Novi en 1657. au siége & à la prise de Mortare en 1658.

Major de Brigade d'infanterie par brevet du 15. Juin 1667. il servit aux siéges de Douay, de Tournay, de Lille, & à la défaite du Général Marsin près de cette derniére place la même année, & continua de servir en Flandre en 1668.

Lieutenant-Colonel du Régiment de Vermandois à sa création le 24. Décembre 1669. il forma ce Régiment, & le quitta pour être Lieutenant-Colonel du Régiment d'Auvergne par commission du premier Juin 1671. Il servit avec ce Régiment aux siéges d'Orsoy, de Rimberg, de Wesel, d'Emerich, au passage du Rhin, à la prise de Doësbourg & d'Utreck en 1672. au siége de Mastrick en 1673. au combat de Seneff en 1674. au combat d'Altenheim, à la levée des siéges d'Haguenau & de Saverne par les ennemis en 1675.

Brigadier par brevet du 24. Février 1676. il se trouva au combat de Kokesberg sous le Duc de Luxembourg la même année : au bombardement & au siége de Fribourg en 1677. à l'attaque des retranchemens de Seckingen, aux siéges de Kell & de Lichtemberg en 1678. au siége & à la prise de Luxembourg en 1684. & étoit encore Lieutenant-Colonel du Régiment d'Auvergne, lorsqu'il mourut.

Promotion du 24. Février 1676.

26. Avril 1676. **DE MONTPEZAT** (Louis de Tremolet de Robiac) mort au mois de Mai 1676.

Il fervoit depuis très-long-temps dans le Régiment de Montpezat (aujourd'hui Limofin,) lorfqu'il en fut fait Lieutenant-Colonel par commiffion du 30. Juin 1662. & étoit paffé en Candie dès 1660. fous le Prince Almeric. Il s'y diftingua particuliérement à la fortie du 25. Juin 1669. Il fe trouva en 1672. à tous les fiéges entrepris par le Roi, & au paffage du Rhin : au fiége de Maftrick en 1673. à la bataille de Seneff en 1674. il fervit fi fupérieurement au fiége de Condé en Avril 1676. que le Roi le créa Brigadier par brevet du 26. du même mois, en lui donnant la Lieutenance de Roi de cette place ; mais il y mourut le mois fuivant des bleffures qu'il avoit reçues pendant le fiége.

Promotion du 2. Octobre 1676.

Promotion du 2. Octobre 1676. **DE REFFUGES** (Pomponne, Marquis.)
Voyez Tome IV. page 400.

DE LA PLEGNIÈRE (Pierre-Claude Hebert, Sieur) mort au mois de Novembre 1695.

Il fervoit dans le Régiment de Piémont depuis 1643. & s'étoit trouvé à toutes les actions de ce Régiment. Il en devint Lieutenant-Colonel le 14. Avril 1674. & s'étant particuliérement diftingué à la défenfe de Philifbourg aux mois d'Août & de Septembre 1676. on le créa Brigadier par brevet du 2. Octobre de cette année, & on lui donna par provifions du 22. Septembre 1677. le Gouvernement de la citadelle d'Arras où il a réfidé jufqu'à fa mort : il fe démit en même temps de la Lieutenance-Colonelle du Régiment de Piémont.

DE BOECE (René de Briand) mort au mois d'Octobre 1693.

Avoit fervi dans le Régiment de la Ferté depuis 1646.

& avoit été remplacé à une Compagnie le 22. Juin 1663. On lui accorda la Majorité de Lille le 3. Février 1671. en quittant sa Compagnie, la Lieutenance de Roi de Wick le 8. Janvier 1675. & s'étant particuliérement distingué à la défense de Philisbourg, il obtint le grade de Brigadier par brevet du 2. Octobre 1676. Il passa à la Lieutenance de Roi de Longwi le 27. Mars 1679. & au Commandement de la citadelle de Strasbourg le 11. Mars 1682. il y est resté jusqu'à sa mort.

Promotion du 2. Octobre 1676.

DE CHOISY (Thomas de Choisy-Moigneville, Marquis.) *Voyez* Tome IV. page 535.

DE SAINT-JUST (Maurice, Marquis) mort le 4. Novembre 1723. âgé de 101. ans.
Il entra dans le Régiment (aujourd'hui Royal-Vaisseaux) à sa création en 1638. & avoit fait avec ce Régiment toutes les campagnes tant sur mer que sur terre. Il s'étoit trouvé à cinquante-sept siéges & à vingt-deux batailles ou actions où il avoit reçu plusieurs blessures. Il étoit premier Capitaine de ce Régiment lorsqu'il fut placé Lieutenant de Roi à Nimegue à la prise de cette place en 1672. Il passa à la Lieutenance de Roi de Landrecy le 3. Décembre 1674. à celle de Philisbourg le 20. Novembre 1675. Attaqué dans cette place au mois d'Août 1676. il défendit le fort de Rieuseim pendant dix jours, & jusqu'à la derniére extrémité. Lorsqu'il fut entiérement ruiné par le canon, il l'abandonna & se retira dans la ville où il servit encore supérieurement. Le Roi le créa à cette considération Brigadier par brevet du 24. Octobre, & lui donna le commandement de Beffort par commission du 17. Février 1677. puis par provisions du 2. Octobre 1687. le Gouvernement de la citadelle de Valenciennes où il est mort.

24. Octobre 1676.

DE LA VILLEDIEU (Jacques de Gilliers, Marquis) A été créé Brigadier par brevet du 29. Novembre 1676. *Voyez* Tome VI. page 433.

29. Nov. 1676.

26. Décem. 1676. **DE VISSAC** (Jean-Marie Mottier de Champeftieres, Baron) mort au mois de Février 1693. âgé de 57. ans.

Il leva une Compagnie dans le Régiment Royal infanterie le 20. Janvier 1656. & fervit au fiége de Montmedy en 1657. à la bataille des Dunes & au fiége de Dunkerque en 1658. Fit le voyage de Gigery en Afrique en 1664. & commanda l'arriére-garde à fon retour. Il fervit enfuite avec diftinction aux fiéges de Tournay, de Douay & de Lille : à la défaite du Comte de Marfin près de cette place en 1667. à la conquête de la Franche-Comté en 1668. il fut peu après Major de fon Régiment, & fervit à la prife de Wefel en 1672. il y refta pour y commander. Servit au fiége de Maftrick en 1673. & retourna à Wefel : il fauva l'artillerie de cette place, & la conduifit à Grave. Nommé pour commander à Brifack en l'abfence de M. le Roi qui y commandoit par commiffion du 3. Juillet 1674. il la défendit contre le Marquis de Brandebourg, & empêcha fa prife. S'étant particuliérement diftingué à la défenfe de Philifbourg en 1676. il obtint le grade de Brigadier par brevet du 20. Décembre. Il attaqua & emporta le fort de Kell en 1678. Après la réduction de Strafbourg, il y fut établi Lieutenant de Roi par commiffion du 23. Octobre 1681. Il fervit au fiége de Philifbourg en 1688. & obtint par provifions du 26. Octobre le Gouvernement de Landau où il mourut.

28. Décem. 1676. **DE MORTON** (Simon Camus) mort le 16. Février 1712.

Il entra dans le Régiment d'Auvergne en 1660. & parvint à une Compagnie le 14. Février 1665. Il la commanda aux fiéges de Douay, de Tournay & de Lille, & à la défaite du Comte de Marfin près de cette place en 1667. & continua de fervir en Flandre en 1668. Sa Compagnie ayant été réformée au mois de Mai de cette année, il fut remplacé à une autre le 20. Août 1671. Il fervit fous M. le Prince à la prife de Wefel, d'Emerick, au paffage du Rhin, au fiége de Doëfbourg en 1672. au fiége siége de Maſtrick en 1673. au combat de Seneff en 1674. au combat d'Altenheim, à la levée du ſiége d'Haguenau & de Saverne par les ennemis en 1675. au combat de Kokeſberg en 1676. au ſiége de Fribourg en 1677. à à l'attaque des retranchemens de Seckingen, aux ſiéges de Kell & de Lichtemberg en 1678. Nommé Inſpecteur général de l'infanterie au département de la Lorraine, des Evêchés & de la frontiére de Champagne, par commiſſion du 14. Janvier 1679. on lui donna le commandement de Bitche au mois de Février 1681. Il ſe démit de ſon Inſpection, & obtint par commiſſion du 15. Juin 1682. une Compagnie de Cadets qu'on aſſembla à Bitche, dont on lui donna le Gouvernement par proviſions du 4. Juillet 1684. Il paſſa au Gouvernement de Beffort par proviſions du premier Juin 1689. en quittant celui de Bitche & la Compagnie de Cadets, & poſſéda le Gouvernement de Beffort juſqu'à ſa mort.

Promotion du 25. Février 1677.

DUC DE VENDOME (Louis-Joſeph de Bourbon.)
Voyez Tome I. page 563.

PFIFFER (François de Pfiffer de Wyer.)
Voyez Tome VI. page 463.

DE XIMENÈS (Joſeph, Marquis.)
Voyez Tome IV. page 363.

DE NÉELLE (Louis de Mailly II. Marquis.)
Voyez Tome VI. page 465.

D'HUXELLES (Nicolas du Blé, Marquis.)
Voyez Tome III. page 136.

DE LA PIERRE (Balthaſard de Pobel de Saint-Alban, Marquis)
Etoit attaché au Duc de Savoye, & leva un nouveau

Régiment d'infanterie Piémontoise pour le service du Roi sous le nom de Régiment de Genevois par commission du du 28. Novembre 1673. Il le commanda en garnison pendant la campagne de 1674. obtint le Régiment de Saluces aussi Piémontois par commission du 26. Novembre. Passa l'hiver sous les ordres de M. de Luxembourg, & fit aussi sous lui la campagne de 1675. Servit en Flandre en 1676. & passa au Régiment Ducal-Piémontois par commission du 15. Novembre.

Promotion du 25. Février 1677.

Brigadier par brevet du 25. Février 1677. il servit au siége de Valenciennes, combattit à Cassel, & se trouva à la prise de Saint-Omer la même année : aux siéges de Gand & d'Ypres, à la bataille de Saint-Denys près Mons en 1678. Son Régiment ayant été réformé par ordre du 11. Janvier 1679. il retourna en Savoye.

DE VILLECHAUVE (Charles de Morainville, Sieur)

Il servit quelques années dans le Régiment de son Altesse Royale infanterie. Y obtint une Compagnie le 4. Avril 1650. & se trouva avec ce Régiment à toutes les actions & aux siéges de Flandre jusqu'en 1658. à l'incorporation du Régiment de son Altesse Royale avec le Régiment Royal au mois de Février 1660. il en fut fait Major, & fit en cette qualité le voyage de Gigery en Afrique en 1664. Lieutenant-Colonel du même Régiment par commission du 8. Février 1666. il servit aux siéges de Tournay, de Douay, de Lille, & à la défaite du Comte de Marsin près de cette dernière place en 1667. & servit encore en Flandre en 1668.

Il étoit aux siéges d'Orsoy, de Rimberg, au passage du Rhin, aux siéges de Doësbourg, de Zutphen, à la prise d'Utreck en 1672. à la prise d'Unna, de Xoëster, de Camen, d'Altena & au siége de Mastrick en 1673. aux batailles de Sintzeim, d'Ensheim, de Mulhausen en 1674. de Turckeim en 1675. à la prise de Liége, de Dinant, de Huy & de Limbourg la même année : aux siéges de Condé, de Bouchain, d'Aire, & au secours de Mastrick dont on fit lever le siége au Prince d'Orange en 1676.

D'INFANTERIE. 35

Brigadier par brevet du 25. Février 1677. il servit aux siéges de Valenciennes, des ville & citadelle de Cambray, au secours de Charleroy dont on fit lever le siége au Prince d'Orange la même année : aux siéges de Gand & d'Ypres, à la bataille de Saint-Denys près Mons en 1678. & quitta la Lieutenance-Colonelle du Régiment de Champagne & le service au mois de Septembre 1681.

Promotion du 25. Février 1677.

E SAINT-ANDRÉ (Henry) mort au mois de Mars 1693. Il avoit toujours servi dans le Régiment d'infanterie de Sault, & presque toujours en Italie, lorsqu'il devint Lieutenant-Colonel de ce Régiment au mois de Novembre 1666. il le commanda aux siéges de Tournay, de Douay & de Lille en 1667. Fit la campagne & tous les siéges d'Hollande en 1672. Resta aux environs d'Utreck sous les ordres du Duc de Luxembourg en 1673. Passa en Roussillon en 1674. & y servit les années suivantes jusqu'à la paix de Nimegue. Obtint le grade de Brigadier par brevet du 25. Février 1677. & le Gouvernement de Briançon par provisions du 9. Mai 1681. en quittant le Régiment de Sault. Il a conservé ce Gouvernement jusqu'à sa mort.

DE WAREL (Adrien) mort au mois d'Octobre 1695. Il servoit dans le Régiment d'Alsace depuis sa création en 1656. & l'avoit commandé comme premier Capitaine aux siéges de Tournay, de Douay, de Lille en 1667. lorsqu'il en fut fait Lieutenant-Colonel le 15. Janvier 1668. Il servit la même année à la conquête de la Franche-Comté. Fit la campagne & les siéges d'Hollande en 1672. Servit au siége de Mastrick en 1673. Combattit à Seneff en 1674. Se trouva à la prise de Liége, de Dinant, de Huy & de Limbourg en 1675. aux siéges de Condé, de Bouchain & d'Aire, au secours de Mastrick en 1676.

Brigadier par brevet du 25. Février 1677. il servit aux siéges de Valenciennes, des ville & citadelle de Cambray, au secours de Charleroy la même année : aux siéges de Gand & d'Ypres, & à la bataille de Saint-Denys près Mons en 1678. Il étoit employé à l'armée qui couvrit le siége de

E ij

Luxembourg en 1684. & obtint par commiſſion du 31. Janvier 1687. le commandement de la citadelle de Perpignan, en quittant le Régiment d'Alſace. Il y reſta juſqu'à ſa mort.

DE MARANS (Abel-Louis de Marans de Varennes) mort au mois de Décembre 1678.

Il avoit ſervi pluſieurs années, lorſqu'il obtint une Compagnie dans le Régiment du Roi à ſa formation le 2. Janvier 1663. Il marcha avec ce Régiment au ſiége d'Erfort en 1664. Fut fait Major du Régiment le 7. Janvier 1667. ſervit aux ſiéges de Douay, de Tournay & de Lille la même année. Reſta en Flandre en 1668.

Lieutenant-Colonel du Régiment des Fuſiliers du Roi, (depuis Royal-Artillerie) à ſa création le 4. Février 1671. il ſervit à tous les ſiéges de cette guerre juſqu'à ſa mort, & obtint le grade de Brigadier par brevet du 25. Février 1677.

DE SOUVRÉ (Charles, Chevalier) mort le premier Septembre 1683 (a).

Il entra Lieutenant au Régiment de Picardie le 20. Novembre 1662. & obtint une Compagnie dans le Régiment de Navarre le 24. Octobre 1663. Il la commanda aux ſiéges d'Oudenarde, de Bergues & de Courtray en 1667. à la conquête de la Franche-Comté en 1668. & devint Major de ſon Régiment le 4. Mars de cette année. Il fit en cette qualité la campagne d'Hollande ſous les ordres de M. le Prince de Condé en 1672. Servit au ſiége de Maſtrick où il ſe diſtingua en 1673. Combattit à Seneff, puis à Enſheim, à Mulhauſen en 1674. & à Turckeim le 5. Janvier 1675. Il étoit devenu Lieutenant-Colonel de ſon Régiment le 18. Octobre 1674. il ſervit à la priſe de Liége, de Dinant, de Huy & de Limbourg en 1675. Obtint au mois de Janvier 1676. des Lettres de légitimation.

(a) Il étoit fils naturel de Jean de Souvré, dernier Marquis de Courtenvaux de la famille de Souvré.

D'INFANTERIE. 37

regiſtrées le 10. Mars pour le faire jouir des priviléges de la Nobleſſe, & l'ennoblir autant que beſoin ſeroit ; & ſe trouva aux ſiéges & à la priſe de Condé, de Bouchain & d'Aire la même année. Brigadier par brevet du 25. Février 1677. il ſe diſtingua particuliérement à la bataille de Caſſel, au ſiége & à la priſe de Saint-Omer : aux ſiéges de Gand & d'Ypres, à la bataille de Saint-Denys près Mons en 1678. à la bataille de Minden en 1679.

Colonel du Régiment de Navarre par commiſſion du 7. Mai 1680. Inſpecteur général de l'infanterie par commiſſion du 6. Octobre ſuivant, il conſerva cette Inſpection, & commanda ſon Régiment juſqu'à ſa mort.

Promotion du 25. Février 1677.

DE CATINAT. (Nicolas.)
Voyez Tome III. page 164.

28. Mars 1677.

DE LA HOGUETTE (Charles Fortin, Marquis.)
A été créé Brigadier par brevet du 28. Mars 1677.
Voyez Tome IV. page 370.

16. Juillet 1677.

DE MURALT (Jean-Louis.)
Il fut premier Lieutenant-Colonel du Régiment Suiſſe d'Erlack (depuis Bettens & Jenner) le 17. Février 1672. & ſervit au ſiége de Maſtrick en 1673. Combattit à Seneff en 1674. Il ſervit au ſiége de Bellegarde & à celui de la chapelle Notre-Dame del-Caſſel en 1675. Reſta à Bellegarde en 1676. & s'étant particuliérement diſtingué à la bataille d'Epouilles le 4. Juillet 1677. il obtint à cette occaſion le grade de Brigadier par brevet du 16. du même mois (a). Il ſervit en cette qualité au ſiége de Puicerda en 1678. il y reçut une bleſſure qui l'obligea de quitter le ſervice au mois de Mai 1679.

(a) M. le Baron de Zurlauben l'omet dans la Liſte des Brigadiers des Régimens Suiſſes au Tome III. de ſon Hiſtoire Militaire des Suiſſes.

PROMOTION du 20. Janvier 1678.

DE MATTHIEU (André de Matthieu de Castellas) mort au mois de Septembre 1693.

Entra dans le Régiment de la Marine dès 1646. & servit cette année au siége de Lerida, au siége de la même place en 1647. au siége & à la prise de Tortose en 1648. & obtint une Compagnie le 2. Novembre 1649. Il la commanda au siége & à la bataille de Rethel en 1650. au combat du Fauxbourg Saint-Antoine en 1652. au siége de Mouson & de Sainte-Menehould en 1653. à la levée du siége d'Arras & à la prise du Quesnoy en 1654. de Landrecy, de Condé, de Saint-Guilain en 1655. au siége de Valenciennes en 1656. aux siéges de Montmedy, de Saint-Venant, de la Motte-aux-bois, & au secours d'Ardres en 1657. à la bataille des Dunes, aux siéges de Dunkerque, de Gravelines, de Bergues & d'Ypres en 1648.

Il devint Lieutenant-Colonel de son Régiment le 12. Février 1667. Fit en cette qualité tous les siéges de 1672. en Hollande, celui de Mastrick en 1673. & finit cette campagne en Allemagne. Il se trouva aux batailles de Sintzeim, d'Ensheim & de Mulhausen en 1674. de Turckeim & d'Altenheim en 1675. & fut nommé Colonel du Régiment de la Marine à la mort du Comte de la Motte par commission du 29. Août. Il le commanda à la levée des siéges d'Haguenau & de Saverne par les ennemis la même année: au combat de Kokesberg en 1676. au siége de Fribourg en 1677.

Brigadier par brevet du 20. Janvier 1678. il servit au l'attaque des retranchemens de Seckingen, aux siéges de Kell & de Lichtemberg la même année.

On lui donna le commandement de Dixmude par commission du 15. Octobre 1683. en se démettant du Régiment de la Marine, le Gouvernement de Longwy par provisions du 14. Juin 1684. & une place de Commandeur de l'Ordre de Saint-Louis par provisions du 8. Mai

1693. il mourut la même année à Longwy où il résidoit depuis qu'il en avoit le Gouvernement.

Promotion du 20. Janvier 1678.

DE FÉNIS (Martin Reffart, Chevalier, puis Commandeur) mort au mois de Septembre 1688.

Il s'étoit trouvé étant Capitaine au Régiment de Turenne à la bataille des Dunes, aux siéges de Dunkerque, de Bergues & d'Ypres en 1658. Sa Compagnie ayant été réformée au mois de Décembre 1659. il fut remplacé à une autre Compagnie le 11. Janvier 1661. il la commanda à la bataille de Saint-Godard en Hongrie en 1664. au siége d'Erfort en 1665. à l'armée d'Hollande sous M. de Pradel en 1666. aux siéges de Douay, de Tournay, de Lille & à la défaite du Comte de Marsin près de cette place en 1667. en Flandre en 1668. à tous les siéges de la campagne de 1672. à celui de Maftrick en 1673. & fut nommé pour commander au fort de Saint-André. Il passa au Commandement de Bethune le 27. Septembre 1674. en quittant sa Compagnie, & obtint le grade de Brigadier par brevet du 20. Janvier 1678. & par provisions du 26. Février 1680. le Gouvernement de Bouchain où il mourut.

DE MONTIGNY (Louis du Rainier de Droué de Montigny de Bury) tué à la bataille de Saint-Denys près Mons le 14. Août 1678.

Entra Sous-Lieutenant au Régiment des Gardes Françoises le 26. Mars 1657. & servit au siége de Montmedy. Lieutenant au même Régiment le 15. Mai 1658. il se trouva à la bataille des Dunes, aux siéges de Dunkerque, de Bergues, de Gravelines, de Furnes & d'Ypres la même année. Il fit la campagne de Gigery en Afrique en 1664. & parvint à une Compagnie le 22. Janvier 1665. Il la commanda aux siéges de Douay, de Tournay & de Lille en 1667. à la conquête de la Franche-Comté en 1668. à tous les siéges de 1672. à celui de Maftrick en 1673. aux siéges de Besançon & de Dole, puis à la bataille de Seneff où il reçut une blessure considérable en 1674. à la prise de Liége, de Dinant, de Huy & de Limbourg en 1675. aux sièges de Landrecy, de Condé & de Saint-Guilain en 1676. au siège & à la prise de Valenciennes en 1677.

Brigadier par brevet du 20. Janvier 1678 (*a*). il servit aux sièges de Gand & d'Ypres ; conduisit à la bataille de Saint-Denys près Mons les quatre Bataillons des Gardes dans le bois, d'où il chassa les ennemis, ramena le Bataillon de Pomereu au poste de Saint-Denys, où il aborda malgré les ennemis; mais il reçut un coup de feu qui lui cassa le bras, & en mourut une heure après.

17. Avril 1678. **D'ERNEMONT** (Jacques le Grand de Saint-Ouin) mort au mois de Septembre 1690.

Il avoit toujours servi dans le Régiment de Picardie, où il avoit obtenu une Compagnie le 7. Septembre 1649. il l'avoit commandé à tous les sièges de la guerre de Flandre, & s'étoit particuliérement distingué à la bataille des Dunes & au siège de Dunkerque en 1658. Depuis il s'est trouvé avec le Régiment aux sièges de Douay, de Tournay, de Lille en 1667. à la conquête de la Franche-Comté en 1668. à tous les sièges de 1672. à celui de Mastrick en 1673. à la bataille de Seneff en 1674. à la prise de Dinant, de Huy, de Limbourg en 1675. au combat de Kokesberg en 1676. au siège de Valenciennes, puis à celui de Fribourg en 1677. Il se distingua si particuliérement au siège de Gand en 1678. que le Roi lui en donna la Lieutenance de Roi, & le créa Brigadier par brevet du 17. Avril de cette année. Gand ayant été rendue à la paix de Nimegue, on lui donna le 26. Juin 1679. la Lieutenance de Roi de Douay où il mourut.

6. Juillet 1678. **DE MONTGIVRAULT** (*N.*) *Augustin Le Haguais*

Il avoit servi trente-deux ans en Flandre, en Portugal & en Hollande ; mais je n'ai pu sçavoir dans quel corps, [b] lorsqu'il fut fait Lieutenant de Roi de Courtray au mois

---

(*a*) L'Abbé de Nœufville à l'article de M. de Montigny, dans son Histoire de la Maison du Roi, Tome III. page 172. dit mal-à-propos qu'il fut Brigadier en 1676.

[b] *Régiment des Gardes Françaises*

de

de Juin 1674. il y rendit des services signalés qui lui mériterent le grade de Brigadier qu'on lui accorda par brevet du 6. Juillet 1678. Il demeura à Courtray jusqu'à sa mort. *(Mort le 22 mai 1708 au chapitre de Courcelles au Maine)*

DE NAVAILLES (Philippe de Montaut de Benac, Marquis) mort le premier Janvier 1679. âgé de 21. ans.   2. Août 1678.

Il n'avoit que 16. ans lorsqu'il leva un Régiment d'infanterie de son nom (aujourd'hui Medoc) par commission du 19. Février 1674. Il le commanda en Roussillon sous les ordres du Maréchal de Navailles son pere, & se distingua si particuliérement à la bataille d'Epouilles en 1677. & au siége de Puicerda en 1678. que le Roi lui accorda le grade de Brigadier par brevet du 2. Août. Il tomba malade à Perpignan à son retour, & y mourut.

DE CONGIS (Louis-Henry de Montigny)   24. Avril 1679.
A été créé Brigadier par brevet du 24. Avril 1679. *Voyez* Tome IV. page 534.

DE LA CHÉTARDIE (Joachim Trotti, Marquis) mort le 24. Juin 1705.   6. Août 1682.

Il servoit dans le Régiment d'Enguyen depuis 1660. il y obtint une Compagnie à son rétablissement le 26. Octobre 1667. & la commanda à la conquête de la Franche-Comté en 1668. Sa Compagnie ayant été réformée après la paix du mois de Mai de la même année, il fut remplacé à une Compagnie le 10. Octobre 1670. & la commanda à tous les siéges & au passage du Rhin en 1672. au siége de Mastrick, puis sous les ordres de M. de Luxembourg en 1673. à la conquête de la Franche-Comté & au combat de Seneff en 1674. & devint Major du Régiment le 28. Août de la même année. Il servit en cette qualité à la prise de Liége, de Dinant, de Huy, de Limbourg, à la levée des siéges d'Haguenau & de Saverne en 1675. au combat de Kokesberg en 1676. & se démit de la Majorité de son Régiment au mois de Novembre en conservant

Tome *VIII*.   F

sa Compagnie. Il la commanda au siége de Fribourg en 1677. à l'attaque des retranchemens de Seckingen, aux siéges de Kell & de Lichtemberg en 1678. Inspecteur général de l'infanterie par commission du 14. Janvier 1679. il quitta le Régiment d'Enguyen.

Lieutenant de Roi à Brisack le 23. Octobre 1681. il obtint le 15. Juin 1682. la Compagnie de Cadets qu'on y assembla, le grade de Brigadier par brevet du 6. Août suivant; le Commandement de cette place le 10. Janvier 1683. & y demeura jusqu'au premier Juin 1701. qu'on lui donna le Gouvernement de Landrecy.

Promotion du 30. Mars 1683.

Promotion du 30. Mars 1683. **DE CRENAN** (Pierre de Perrien, Marquis.)
Voyez Tome IV. page 375.

DE HARCOURT (Louis de Harcourt-Beuvron, Marquis.)
Voyez Tome III. page 161.

DE MONTCHEVREUIL (Gaston-Jean-Baptiste de Mornay, Marquis.)
Voyez Tome IV. page 378.

DE MAUMONT (Jacques de Fontanges, Marquis.)
Voyez Tome VI. page 474.

24. Mars 1684. **DE LARRAY** (Louis de Lenet, Marquis)
A été créé Brigadier par brevet du 24. Mars 1684.
Voyez Tome IV. page 380.

24. Mars 1684. **STUPPA** (Jean-Baptiste) mort au mois d'Octobre 1692.
Il fut d'abord Ministre de l'Eglise de Savoye de la Religion prétendue réformée à Londres pendant la Régence de Cromwel. Il prit ensuite le parti des armes, & fut fait Lieutenant-Colonel du Régiment de Stuppa l'aîné à sa création le 17. Février 1672. Il servit en cette qualité

à l'expédition de la Hollande : se trouva le 12. Octobre à celle de Woërden, & demeura pendant la campagne de 1673. à Utreck où il composa le Traité qui a pour titre *la Religion des Hollandois*. Il combattit avec distinction à Seneff au mois d'Août 1674. Servit à la prise de Liége, de Dinant, de Huy & de Limbourg en 1675. aux siéges de Landrecy, de Condé & de Saint-Guilain en 1676.

 Colonel d'un Régiment Suisse de son nom, qu'il leva par commission du 28. Janvier 1677. il le conduisit en Sicile au mois d'Avril. Il y demeura jusqu'au mois d'Avril 1678. que de retour en France il servit au siége de Mons, & combattit à Saint-Denys près de cette place la même année.

 Brigadier par brevet du 24. Mars 1684. il se trouva au combat du Pont-Major, au siége & à l'assaut de Girone la même année : au camp de Maintenon en 1687. à Bonn en 1688. à la bataille de Fleurus en 1690. en Flandre en 1691. Il eut le poignet fracassé à la bataille de Steinkerque, & mourut peu de jours après de cette blessure.

DESBORDES (Philippe d'Espocy, Sieur)   26. Février 1686.
A été créé Brigadier par brevet du 26. Février 1686. *Voyez* Tome IV. page 423.

DE NAVES (Balthasard de Villette)   26. Février 1686.
A été créé Brigadier par brevet du 26. Février 1686. *Voyez* Tome IV. page 536.

Promotion du 28. Février 1686.

DE PUSIGNAN. (Jean le Camus, Marquis) tué en Irlande le premier Mai 1689.   Promotion du 28. Février 1686.

Il servit d'abord dans les Mousquetaires, puis il entra dans le Régiment du Plessis-Praslin (aujourd'hui Poitou) où il devint successivement Capitaine, Major, & Lieutenant-Colonel. Il se trouva avec ce Régiment aux siéges de Douay, de Tournay, de Lille en 1667. à la conquête de la Franche-Comté en 1668. Servit Volontaire en Candie en 1669. Se trouva avec son Régiment à la prise d'Unna, de Camen, de Xoëster, de Soëst, & à toutes les expéditions du Maréchal de Turenne en Allemagne en 1673.

Colonel du Régiment d'infanterie de Languedoc par commission du 10. Octobre 1680. il le commanda au siége de Luxembourg en 1684. & obtint le grade de Brigadier par brevet du 28. Février 1686. & la Charge d'Inspecteur d'infanterie par commission du premier Décembre 1688.

Passé en Irlande au mois de Mars 1689. il fut tué au siége de Londondery, possédant encore le Régiment de Languedoc. Le Roi d'Angleterre lui avoit accordé un brevet de Maréchal de camp dans ses troupes.

DE POLASTRON (Denys, Comte.)
Voyez Tome IV. page 407.

DE BARVILLE (Achilles) mort le 26. Mars 1710.
Il servoit depuis long-temps dans le corps de l'artillerie, lorsqu'à la création du Régiment des Fusiliers du Roi (depuis Royal-Artillerie) on lui donna une Compagnie par commission du 4. Février 1671. Il devint Major du même Régiment le 6. Septembre 1674. & Lieutenant-Colonel le 26. Décembre 1678. Il n'y eut de 1672. à 1679. aucun siége ni aucune bataille où il ne se trouva. Inspecteur général de l'infanterie par commission du 20. Septembre 1683. il servit au siége de Luxembourg en 1684. Obtint le grade de Brigadier par brevet du 28. Février 1686. & le commandement du château de Villefranche au mois d'Août 1687. en quittant son Inspection & le Régiment Royal-Artillerie, il ne servit plus jusqu'à sa mort.

DE VERTILLAC (Nicolas de la Brousse, Comte.)
Voyez Tome VI. page 482.

D'INFANTERIE.

DE LAUBANIE (Yrier de Magonthier.) *Voyez* Tome IV. page 424.

<small>Promotion du 28. Février 1686.</small>

D'ALAUSIER (Balthasard de Ripert, mort au mois de Février 1690. âgé de 49. ans.

Lieutenant dans Royal-Vaisseaux dès 1665. & Capitaine en 1666. il fit les siéges de Douay, de Tournay & de Lille en 1667. & servit à la conquête de la Franche-Comté en 1668. Il passa à une Aide-Majorité du Régiment le 10. Décembre 1670. & à la Majorité le 12. Juin 1674. Il fit toutes les campagnes de 1672. à 1678. se distingua dans plusieurs occasions, notamment à Seneff & Saint-Denys près Mons, & fut nommé Inspecteur général de l'infanterie par commission du 18. Mai 1679.

On lui donna le Commandement de Casal par commission du 3. Février 1682. en quittant la Majorité de Royal-Vaisseaux, & le grade de Brigadier par brevet du 28. Février 1686.

Il fut de nouveau nommé pour aller commander à Casal par commission du 4. Janvier 1688. mais étant tombé malade en chemin, on créa le Gouvernement des ville & château de Nismes, d'Alais & de Saint-Hippolyte, & on le lui donna par provisions du 8. Avril. Il se démit alors de son Inspection, & mourut deux ans après.

PROMOTION du 24. Août 1688.

DE GREDER (Wolfgang) né le 18. Décembre 1632. mort le 12. Septembre 1691.

<small>Promotion du 24. Août 1688.</small>

Entra de très-bonne heure Enseigne au Régiment des Gardes Suisses, & fit avec ce Régiment quelques campagnes. Il obtint au mois d'Avril 1654. une demi-Compagnie franche qui resta en garnison pendant plusieurs années. Cette Compagnie ayant été réformée par ordre du 16. Juin 1668. M. de Greder retourna chez lui, & fut établi Baillif de Lugano en 1672.

Colonel d'un Régiment Suisse de son nom, qu'il leva

Promotion du 24. Août 1688.

par commission du 5. Décembre 1673. il quitta la Suisse, & commanda son Régiment au siége de Bouchain en 1676. au siége de Valenciennes, à la bataille de Cassel & à la prise de Saint-Omer en 1677. au siége d'Ypres en 1678. Il eut son cheval tué sous lui dans un combat auprès de Mons la même année. Il servit à l'armée qui couvrit le siége de Luxembourg en 1684. Obtint le grade de Brigadier par brevet du 24. Août 1688. Se trouva à l'attaque de Valcourt en 1689. & ayant reçu une blessure considérable à la bataille de Fleurus le premier Juillet 1690. il se démit de son Régiment en faveur de son fils au mois de Juin 1691. & se retira en Suisse où il mourut la même année, étant depuis quelques années Lieutenant général des Comtés de Neufchatel & de Vallengin.

DE FEUQUIERES (Antoine de Pas, Marquis.)
Voyez Tome IV. page 381.

DE GACÉ (Charles-Auguste de Goyon-Matignon, Comte.)
Voyez Tome III. page 180.

DE MEDAVY (Jacques-Léonor Rouxel de Grancey, Comte.)
Voyez Tome III. page 207.

D'ESCOTS (François-Gaston de l'Hotel, Marquis) tué en Irlande au mois d'Avril 1690.

Enseigne de la Colonelle du Régiment de Picardie en 1655. il servit aux siéges de Valenciennes en 1656. de Montmedy en 1657. & obtint une Compagnie le 13. Août de cette année. Il la commanda à la bataille des Dunes, aux siéges de Dunkerque, de Gravelines & d'Ypres en 1658. à l'expédition de Gigery en Afrique en 1664. aux siéges de Douay, de Tournay & de Lille en 1667. à tous les siéges de la campagne de 1672. a celui de Mastrick en 1673. à la bataille de Seneff en 1674. à la prise de Liége, de Dinant, de Huy & de Limbourg en 1675.

Colonel du Régiment d'infanterie d'Artois par commis-

D'INFANTERIE. 47

sion du 28. Décembre de cette année, il le commanda au siége de Valenciennes en 1677. aux siéges de Gand & d'Ypres, & à la bataille de Saint-Denys près Mons en 1678. à la bataille de Minden en 1679.

Promotion du 24. Août 1688.

Brigadier par brevet du 24. Août 1688. il servit cette année aux siéges de Philisbourg, de Manheim & de Franckendal. Obtint la Lieutenance générale du Gouvernement de Champagne au département de Brie par provisions du 15. Mai 1689. & fut employé à l'armée d'Allemagne sous le Maréchal de Lorges.

Employé en Irlande sous les ordres du Comte de Lausun par Lettres du 3. Février 1690. il fut tué au siége de Londondery au mois d'Avril suivant.

COMTE DE SOISSONS (Louis-Thomas de Savoye.)
Voyez Tome VI. page 479.

DE VAUBÉCOURT (Louis-Claude de Nettancourt-Haussonville, Comte.)
Voyez Tome IV. page 413.

DE GENLIS (Hardouin Brulart, Chevalier.)
Voyez Tome VI. page 491.

DE FAMECHON (Ignace de Belvalet.)
Voyez Tome VI. page 501.

DE GANDELUS (Louis Potier de Gesvres, Marquis) né le 19. Novembre 1660. mort le 18. Avril 1689.
Mousquetaire en 1673. il servit au siége de Mastrick la même année. Enseigne de la Colonelle du Régiment du Roi en 1674. il combattit avec valeur à Seneff, se trouva à la prise de Liége, de Dinant, de Huy & de Limbourg en 1675. aux siéges de Landrecy, de Condé & de Saint-Guilain en 1676. & obtint une Compagnie dans le même Régiment par commission du 15. Novembre. Il la commanda aux siéges de Valenciennes & de Cambray en 1677. aux siéges de Gand & d'Ypres en 1678.

Promotion du 24. Août 1688.

Colonel d'un Régiment d'infanterie de son nom par commission du 9. Août de la même année ; Colonel-Lieutenant du Régiment Royal des Vaisseaux par commission du 29. Mars 1679. en se démettant du premier, il le commanda à l'armée de Flandre qui couvrit le siége de Luxembourg en 1684. Obtint une place d'Inspecteur général de l'infanterie par commission du 17. Août 1687. le grade de Brigadier par brevet du 24. Août 1688. servit aux siéges de Philisbourg, de Manheim & de Franckendal la même année, & reçut à celui d'Oberkirck dans le Palatinat une blessure dont il mourut.

DE COLBERT (Antoine-Martin, Chevalier, puis Baillif) mort le 2. Septembre 1689.

Il servit d'abord dans les Mousquetaires, avec lesquels il se trouva aux siéges de Landrecy & de Condé en 1676. au siége de Valenciennes au mois de Mars 1677. Il entra le 25. du même mois Enseigne de la Colonelle du Régiment du Roi, servit au siége de Cambray, & obtint une Compagnie dans le même Régiment le 10. Mai. Il la commanda aux siéges de Gand & d'Ypres & à la bataille de Saint-Denys près Mons en 1678.

Colonel du Régiment de Champagne par commission du 9. Novembre de la même année, il le commanda à la bataille de Minden en 1679. au siége de Luxembourg en 1684.

Brigadier par brevet du 24. Août 1688. il servit aux siéges de Philisbourg, de Manheim & de Franckendal la même année. Il marcha le 25. Août 1689. à la tête du Régiment à l'attaque de Valcourt, & y reçut une blessure dont il mourut. Il avoit été successivement Chevalier, puis Commandeur de Boncourt, Baillif & Grand-Croix, & enfin Général des Galéres de l'Ordre de Malthe.

DE MALAUSE (Guy-Henry de Bourbon, Marquis) né le 3. Juin 1654. mort le 18. Août 1706.

Il fit abjuration de la Religion prétendue réformée au mois d'Août 1678. & fut pourvu du Régiment de Rouergue par commission du 28. Novembre suivant. Il le commanda

à

à la bataille de Minden en 1679. au siége de Luxembourg en 1684.   Promotion du 24. Août 1688.

Brigadier par brevet du 24. Août 1688. il servit aux siéges de Philisbourg, de Manheim & de Franckendal la même année, dans le Palatinat en 1689. à l'armée d'Allemagne en 1690. Ses infirmités l'empêcherent de faire la campagne de 1691. & l'obligerent de se démettre de son Régiment, & de quitter le service au mois d'Avril 1693. Il se retira en Languedoc où il mourut.

DE SAINT-LAURENT (Jean-Baptiste de Ferrero, Marquis.)
Voyez Tome IV. page 509.

DU PERRÉ (Nicolas de Launay) mort au mois de Janvier 1710.

Il avoit toujours servi dans le Régiment de Lyonnois; & avoit fait plusieurs campagnes en Italie dans la guerre terminée par la paix des Pyrenées en 1659. Il commanda sa Compagnie aux siéges de Douay, de Tournay, de Lille en 1667. à la conquête de la Franche-Comté en 1668. à tous les siéges de 1672. en Hollande, à l'armée d'Allemagne en 1673. & devint Major de son Régiment en 1674. il se trouva en cette qualité aux batailles de Sintzeim, d'Ensheim, de Mulhausen la même année : de Turckeim, de Consarbrick & à la défense de Trèves en 1675. aux siéges de Landrecy, de Condé & de Bouchain en 1676. à la bataille de Cassel & au siége de Saint-Omer en 1677. & parvint à la charge de Lieutenant Colonel de son Régiment le 10. Mai de la même année. Il servit en cette qualité aux siéges de Gand & d'Ypres, à la bataille de Saint-Denys près Mons en 1678. au siége de Luxembourg en 1684.

Brigadier par brevet du 24. Août 1688. il servit aux siéges de Philisbourg, de Manheim & de Franckendal la même année : à l'armée d'Allemagne en 1689. & les deux années suivantes : au siége de Namur & à la bataille de Steinkerque en 1692. à la bataille de Néerwinden &

Promotion du 24. Août 1688.

au siége de Charleroy en 1693. sur les côtes de Normandie en 1694. & les trois années suivantes, & quitta la Lieutenance-Colonelle du Régiment de Lyonnois & le service au mois de Décembre 1698.

DE LA FARE (Guillaume de Lopés, Chevalier.) *Voyez* Tome VI. page 494.

DE LOMBRAIL (Jacques-Vincent) mort au mois de Mars 1696.

Il servoit dans le Régiment d'infanterie de la Reine mere (depuis Artois & la Couronne) avant la paix des Pyrenées: il y commandoit une Compagnie qui fut réformée au mois d'Avril 1661. Remplacé à une autre Compagnie le 16. Octobre 1665. il la commanda aux siéges de Douay, de Tournay & de Lille en 1667. à la conquête de la Franche-Comté en 1668. & eut sa Compagnie réformée au mois de Mai de la même année. Remplacé le 10. Octobre 1670. il commanda sa nouvelle Compagnie à tous les siéges qu'on fit en Hollande en 1672. à celui de Mastrick où il se distingua particuliérement en 1673. à la conquête de la Franche-Comté, à la bataille de Seneff, puis à celles d'Ensheim & de Mulhausen en 1674. de Turckeim & de Consarbrick, à la défense de Trèves en 1675. aux siéges de Landrecy, de Condé & de Bouchain en 1676. & devint Major de son Régiment le 14. Août de cette année. Il servit en cette qualité au siége de Fribourg en 1677. aux siéges de Gand & d'Ypres, à la bataille de Saint-Denys près Mons en 1678. à la bataille de Minden en 1679.

Lieutenant-Colonel du Régiment d'infanterie de Provence par commission du 19. Mars 1681. Brigadier par brevet du 24. Août 1688. Commandant à Casal par commission du 18. Novembre, & Inspecteur général de l'infanterie par commission du 22. il se démit de la Lieutenance-Colonelle du Régiment de Provence, & commanda à Casal jusqu'à sa mort.

DE PRÉCHAC (Daniel de Montesquiou.)
Voyez Tome IV. page 537.

DE MONTHOMER (Jean)

Promotion du 24. Août 1688.

Il servoit depuis long-temps dans le Régiment de la Marine, & s'étoit trouvé à toutes les actions du Régiment, lorsqu'il en fut fait Lieutenant-Colonel par commission du 3. Décembre 1681. il le commanda en cette qualité au siége de Luxembourg en 1684.

Brigadier par brevet du 24. Août 1688. il quitta la Lieutenance-Colonelle du Régiment de la Marine. Fut employé en Aunis, & obtint la Charge d'Inspecteur général de l'infanterie pour ce département par commission du 5. Février 1689. C'est tout ce que j'ai pu trouver de cet Officier.

DE SANDRICOURT (François de Rouvroy de Saint-Simon, Comte) né le 8. Novembre 1640. mort le 3. Octobre 1717.

Enseigne au Régiment des Gardes Françoises en 1661. Sous-Lieutenant le 16. Novembre 1663. il servit en Hollande sous M. de Pradel en 1665. Obtint le 9. Février 1666. une Compagnie dans le Régiment de Picardie, & la commanda aux siéges de Douay, de Tournay & de Lille en 1667. Il se démit au mois de Décembre de cette année de sa Sous-Lieutenance au Régiment des Gardes, & commanda sa Compagnie en Flandre en 1668. à tous les siéges qu'on fit en Hollande en 1672. au siége de Maftrich en 1673. à la bataille de Seneff en 1674. à la prise de Liége, de Dinant, de Huy & de Limbourg en 1675. à la bataille de Kokesberg en 1676 aux siéges de Valenciennes, de Cambray & de Fribourg en 1677. à l'attaque des retranchemens de Seckingen, aux siéges de Kell & de Lichtemberg en 1678. à la bataille de Minden en 1679.

Lieutenant-Colonel du Régiment de Picardie par commission du 25. Mars 1682. il servit à l'armée de Flandre

Promotion du 24. Août 1688.

qui couvrit le siége de Luxembourg en 1684. Obtint le grade de Brigadier par brevet du 24. Août 1688. servit aux siéges de Philisbourg, de Manheim & de Franckendal la même année : à l'armée d'Allemagne en 1689.

Gouverneur des ville & château de Nismes par provisions du 14. Mars 1690. il se démit de la Lieutenance-Colonelle du Régiment de Picardie, & résida à Nismes jusqu'à sa mort.

DE REYNACK (Hubert-Adrien.)
Voyez Tome VI. page 493.

DE SÉGUIRAN (Antoine, Chevalier) mort au mois de Septembre 1708. âgé de 80. ans.

Enseigne au Régiment des Gardes Françoises en 1650. il se trouva au siége & à la bataille de Rethel la même année : à la levée du siége de Coignac par les rebelles en 1651. à la bataille de Saint-Antoine en 1652. au siége de Sainte-Menehoult en 1653. à celui de Stenay & au secours d'Arras en 1654. aux siéges de Landrecy, de Condé & de Saint-Guilain en 1655. & parvint à une Lieutenance en 1656. il servit au siége & au combat de Valenciennes cette même année : au siége de Montmedy en 1657. à la bataille des Dunes, aux siéges de Dunkerque & d'Ypres en 1658. à la prise de Gigery en 1664.

Capitaine au même Régiment le 23. Décembre 1665. il commanda sa Compagnie aux siéges de Douay, de Tournay & de Lille en 1667. à la conquête de la Franche-Comté en 1668. à tous les siéges qu'on fit en Hollande en 1672. à celui de Mastrick en 1673. à la bataille de Seneff où il fut blessé en 1674. aux siéges de Landrecy, de Condé & de Bouchain en 1676. au siége de Valenciennes en 1677. à ceux de Gand & d'Ypres, à la bataille de Saint-Denys près Mons en 1678. au siége de Luxembourg en 1684.

Brigadier par brevet du 24. Août 1688. il se trouva à l'attaque de Walcourt en 1689. à la bataille de Fleurus en 1690. au siége de Mons en 1691. à celui de Namur,

& à la bataille de Steinkerque en 1692. Il se démit au mois de Mai 1693. de sa Compagnie, & ne servit plus.

<small>Promotion du 24. Août 1688.</small>

D'ARTAGNAN (Pierre de Montesquiou, Comte.)
Voyez Tome III. page 191.

Promotion *du* 22. *Octobre* 1688.

DE FURSTEMBERG (Ferdinand-Maximilien-Cajétan-Joseph-Egon, Comte) né le 24. Octobre 1661. mort le 5. Mai 1696.

<small>Promotion du 22. Octobre 1688.</small>

Il fut d'abord Chanoine de Cologne & de Strasbourg ; mais ayant depuis quitté l'état Ecclésiastique, il fut fait Enseigne de la Compagnie Colonelle du Régiment de Furstemberg le 24. Décembre 1680.

Colonel du même Régiment sur la démission de son oncle, par commission du 31. Août 1682. il le commanda au siége & à l'assaut de Gironne en 1684. & s'en démit au mois de Septembre 1686.

Brigadier par brevet du 22. Octobre 1688. il servit aux siéges de Philisbourg, de Manheim & de Franckendal la même année. Employé à l'armée du Roussillon par Lettres du 7. Avril 1690. Mestre de camp d'un Régiment de cavalerie de son nom par commission du 17. Mars 1691. il le commanda au siége de Mons & au combat de Leuse la même année : au siége de Namur & à la bataille de Steinkerque en 1692.

Colonel d'un Régiment d'infanterie Allemande sur la démission de M. de Surbeck par commission du 24. Janvier 1693. il se démit du Régiment de cavalerie qu'il commandoit, & servit à l'armée d'Italie où il se trouva à la bataille de la Marsaille. Il ne servit plus jusqu'à sa mort.

DE SOLRE (Philippe-Emmanuel-Ferdinand-François de Croy, Comte.)
Voyez Tome IV. page 439.

Promotion du 22. Octob. 1688. **DE ROBECQUE** (Philippe-Marie de Montmorency, Prince) mort le 25. Novembre 1691.

Il étoit au service d'Espagne, & obtint en entrant à celui de France le grade de Brigadier par brevet du 22. Octobre 1688. avec un Régiment d'infanterie de son nom, qu'il leva par commission du 24. du même mois. Il le commanda au siége de Cahours & à la bataille de Staffarde où il reçut une blessure au talon, & une autre à la jambe en 1690. à la conquête & aux siéges des places du Comté de Nice, au siége & à la prise de Veillane, de Carmagnoles, & au siége de la citadelle de Montmélian en 1691. mais étant tombé malade pendant ce dernier siége, il fut transporté à Briançon où il mourut.

15. Février 1689. **DE GUISCARD** (Louis de Guiscard de la Bourlie, Comte)

A été créé Brigadier par brevet du 15. Février 1689. *Voyez* Tome VI. page 391.

22. Mars 1689. **DE CASTRIES** (Joseph-François de la Croix, Marquis)

A été créé Brigadier par brevet du 22. Mars 1689. *Voyez* Tome VI. page 495.

Promotion du 26. Avril 1689.

Promotion du 26. Avril 1689. **DE NANGIS** (Louis-Fauste de Brichanteau, Marquis) né le 28. Août 1657. mort le 22. Août 1690.

Mousquetaire en 1675. il se trouva à la prise de Liége, de Huy, de Dinant & de Limbourg la même année : aux siéges de Landrecy & de Condé en 1676. Colonel-Lieutenant du Régiment Royal la Marine par commission du 4. Août de cette année, il le joignit à l'armée d'Allemagne où il finit la campagne, & le commanda au siége de Fribourg en 1677. à l'attaque des retranchemens de Seckingen, aux siéges de Kell & de Lichtemberg en 1678. à l'armée qui couvrit le siége de Luxembourg en 1684. Il servit aux siéges de Philisbourg, de Manheim & de

Franckendal en 1688. Fut créé Brigadier par brevet du 26. Avril 1689. Servit en Allemagne cette année & la suivante. Il attaqua le 18. Août un village près d'Offembourg fermé de bonnes barricades pour y enlever un magafin de fourages des ennemis: on y réuffit, mais le Marquis de Nangis reçut à cette attaque un coup de moufquet à la tête, dont il mourut le 22 (*a*).

Promotion du 26. Avril 1689.

DE CREIL (François) mort le 28. Novembre 1702. âgé de 67. ans.

Enfeigne au Régiment des Gardes Françoifes dès 1654. il fervit aux fiéges de Landrecy, de Condé & de Saint-Guilain en 1655. au fiége & au combat de Valenciennes en 1656. Lieutenant au même Régiment le 13. Mars 1657. il fe trouva au fiége de Montmedy cette année: à la bataille des Dunes, aux fiéges de Dunkerque, de Gravelines & d'Ypres en 1658. Il parvint à une Compagnie le 10. Mai 1667. & la commanda aux fiéges de Douay, de Tournay & de Lille la même année: à la conquête de la Franche-Comté en 1668. à tous les fiéges de la Hollande en 1672. à celui de Maftrick en 1673. au combat de Seneff en 1674. à la prife de Dinant & de Limbourg, puis à la bataille de Confarbrick où il fut pris en 1675. Il commanda un Bataillon du Régiment des Gardes au fiége de Valenciennes, à celui de Cambray, à la bataille de Caffel où il rallia deux fois fon Bataillon, & culbuta les ennemis en 1677. aux fiéges de Gand & d'Ypres, à la bataille de Saint-Denys près Mons en 1678. A cette bataille commandant un Bataillon du Régiment dans le défilé du Caftiau, il combattit avec tant de valeur qu'il donna le temps à la feconde ligne d'arriver & de repouffer les ennemis.

Brigadier par brevet du 26. Avril 1689. il fe trouva à l'attaque de Valcourt la même année. Servit au fiége de Mons en 1691. à celui de Namur en 1692. Attaqué dans

---

(*a*) M. de Quincy dans fon Hiftoire Militaire de Louis XIV. Tome II. pag. 279. le qualifie mal-à-propos Maréchal de camp.

la tranchée, il se mit à la tête d'un Bataillon du Régiment Suisse de Stuppa, rétablit le désordre que les ennemis avoient fait d'abord, & parvint à les repousser jusques dans leur contrescarpe. Il se trouva ensuite à la bataille de Steinkerque, & se démit de sa Compagnie au mois de Janvier 1694. en quittant le service (*a*).

D'AVÉJAN (Denys de Bannes, Comte.)
Voyez Tome IV. page 440.

PROMOTION *du* 10. *Mars* 1690.

DU PLESSIS-BELLIERE (Henry-François de Rougé, Chevalier, puis Marquis.)
Voyez Tome VI. page 484.

DE CRÉQUY (François-Joseph de Blanchefort, Marquis.)
Voyez Tome IV. page 408.

DE CLERÉMBAULT (Philippe de Clerembault de Palluau, Marquis.)
Voyez Tome IV. pag. 463.

DE REBÉ (Claude-Hyacinthe de Faverges de Rebé-d'Arques, Marquis) mort le 4. Août 1693.
Il entra aux Mousquetaires en 1673. servit la même année au siége de Mastrick. Se trouva à la bataille de Seneff en 1674. à la prise de Liége, de Dinant, de Huy & de Limbourg en 1675. & obtint le 29. Juin de cette année une Compagnie au Régiment de cavalerie de Villars qu'il commanda en Flandre pendant le reste de la campagne: aux siéges de Landrecy, de Condé & de Saint Guilain en 1676. au siége de Valenciennes, à la bataille de Cassel, à la prise de Saint-Omer en 1677. au siége de Gand, à l'attaque des retranchemens de Seckingen, aux siéges de

---

(*a*) L'Abbé de Nœufville dans son Histoire de la Maison du Roi, Tome III. page 174. dit sans fondement qu'il quitta sa Compagnie à la fin de 1692.

Kell & de Lichtemberg en 1678. au combat de Minden en 1679.   *Promotion du 10. Mars 1690.*

Colonel du Régiment de Piémont par commission du 14 Février 1680. il le commanda au siége de Luxembourg en 1684. aux siéges de Philisbourg, de Manheim & de Franckendal en 1688. sur la Meuse en 1689.

Brigadier par brevet du 10. Mars 1690. il combattit à Fleurus la même année. Servit au siége de Mons, puis à l'armée de la Moselle en 1691. au siége de Namur & à la bataille de Steinkerque en 1692. On le pourvut, par provisions du 11. Novembre de cette année, de la Lieutenance de Roi du Roussillon à la création de ces charges. Il mourut l'année suivante d'une blessure qu'il avoit reçue à la bataille de Néerwinde, après y avoir combattu avec la plus grande valeur.

D'ALBERGOTTI (François-Zénobe-Philippe, Marquis.)
Voyez Tome IV. page 449.

D'USSON (Jean-d'Usson de Bonac, Marquis.)
Voyez Tome IV. page 403.

DE LOMONT (Florent du Chatelet, Con. e.)
Voyez Tome IV. page 464.

DE THOUY (Antoine-Balthasard de Longecombe, Marquis.)
Voyez Tome IV. page 512.

DE NANCLAS (Isaac Lainé.)
Voyez Tome IV. page 541.

DE LA VAISSE (Pierre de Villette.)
Voyez Tome IV. page 542.

DE REYNOLD (François.)
Voyez Tome IV. page 474.

Promotion du
10. Mars 1690.

DE JUIGNÉ (Urbain le Clerc) mort le 20. Mars 1695. Je n'ai pu sçavoir dans quel corps il avoit servi, lorsqu'il obtint par commission du 9. Janvier 1676. la Lieutenance-Colonelle du Régiment d'infanterie de Schomberg levé depuis deux ans. Il combattit avec ce Régiment à Epouilles en 1677. & servit au siége de Puicerda en 1678. au siége & à l'assaut de Gironne en 1684.

Brigadier par brevet du 10. Mars 1690. Employé à l'armée du Roussillon par Lettres du 7. Avril, il se trouva à la reprise de Saint-Jean de las-Baldesés & de Ripouilles, au blocus de Gironne la même année.

Inspecteur général de l'infanterie pour le département de Provence par commission du 9. Février 1691. il quitta la Lieutenance-Colonelle de son Régiment, passa l'hiver en Provence. Retourna servir en Roussillon, & se trouva au siége d'Urgel, à la prise des châteaux de Valence & de Boy, & au secours de Prats de Mollou la même année; continua d'inspecter les troupes en Provence pendant l'hiver. Servit pendant la campagne de 1692. en Roussillon où on se tint sur la défensive. Se trouva au siége de Roses en 1693. & fut employé Brigadier & Inspecteur en Provence & au Comté de Nice pendant l'hiver par Lettres du 29. Octobre.

Employé à l'armée de Catalogne par Lettres du 24. Avril 1694. il combattit avec la plus grande valeur sur le Ter. Servit aux siéges de Palamos, de Girone, d'Ostalric & de Castelfollit qui se rendit le 8. Septembre: il y fut mis pour commander, & y passa l'hiver. Sorti le 8. Mars 1695. de cette place avec huit cents hommes pour exécuter quelques villages qui refusoient les contributions, il en brula deux. Attaqué à Saint-Félix de Pallarole par le Viguier de Vic avec quatre à cinq mille hommes, il se retira en combattant jusqu'au pont de Saint-Roch, dont il chassa les troupes qui le gardoient : ce pont passé, il se retira jusqu'à Aulat. Ses troupes excédées de fatigue, & accablées par le nombre, se jetterent dans l'Eglise des Carmes, où tout ce qui se présenta d'ennemis fut tué. Les ennemis défefpérant de la forcer, y mirent le feu qui contraignit le Marquis de Juigné de fe rendre. Il avoit été dangereufement bleffé, & mourut à Aulat de cette bleffure.

DE ZURLAUBEN (Beat-Jacques de la Tour-Chatillon,   22. Mai 1690.
                  Comte)
A été créé Brigadier par brevet du 22. Mai 1690.
Voyez Tome IV. page 455.

DE BOISSELEAU (Alexandre de Rainier de Droué)   15. Octobre 1690.
A été créé brigadier par brevet du 15. Octobre 1690.
Voyez Tome VI. page 511.

D'HAUTEFORT (François-Marie, Comte)   9. Janvier 1691.
A été créé Brigadier par brevet du 9. Janvier 1691.
Voyez Tome IV. page 478.

DE LA ROCHEGUYON (François de la Rochefou-   9. Janvier 1691.
                cault, Duc)
A été créé Brigadier par brevet du 9. Janvier 1691.
Voyez Tome VI. page 512.

DE CAVOYE (Gilbert Oger)   22. Janvier 1691.
A été créé Brigadier par brevet du 22. Janvier 1691.
Voyez Tome VI. page 513.

DE LA ILHIERE-LESDIN (Louis de Polaftron) mort   22. Janvier 1691.
               le 3. Mars 1704.
Lieutenant au Régiment de Piémont le 23. Janvier 1662. il y obtint une Compagnie le 3. Octobre fuivant, & la quitta l'année fuivante pour prendre l'Aide-Majorité du Régiment. Il marcha avec ce Régiment en Hongrie, & fe trouva à la bataille de Saint-Godard en 1664. En Allemagne fous M. de Pradel en 1665. aux fiéges de Douay, de Tournay & de Lille en 1667. à la conquête de la Franche-Comté en 1668. & fut fait Major de fon Régiment le 30. Mars 1669. Il fit en cette qualité tous les fiéges

d'Hollande. Se trouva au paſſage du Rhin en 1672. au ſiége de Maſtricht en 1673. à la défenſe de Grave en 1674. à la priſe de Liége, de Dinant, de Huy, de Limbourg en 1675. Inſpecteur général d'infanterie par commiſſion du 23. Mars 1676. il fut chargé de la garniſon de Maſtrick & des environs, & ſe démit de la Majorité du Régiment de Piémont au mois de Novembre : il reſta à Maſtrick juſqu'à la paix. Servit au ſiége de Luxembourg en 1684. & obtint par commiſſion du premier Janvier 1689. un Régiment de Milice de la Généralité de Soiſſons. Brigadier par brevet du 21. Janvier 1691. il commanda ſon Régiment juſqu'à la réforme de 1698. fut mis alors Colonel réformé à la ſuite du Régiment d'Anjou par ordre du 15. Juillet de la même année, & ne ſervit plus.

30. Janvier 1691. DE LA TOUR-MONTFORT Henry) mort en 1704. Lieutenant au Régiment de Piémont le 4. Octobre 1660. il fut réformé au mois d'Avril 1661. & remplacé le 11. Novembre 1663. Il ſe trouva l'année ſuivante à la bataille de Saint-Godard, & à l'armée d'Allemagne ſous M. de Pradel en 1665. & 1666. Capitaine au même Regiment en 1667. il commanda ſa Compagnie aux ſiéges de Douay, de Tournay & de Lille : à la conquête de la Franche-Comté en 1668. à tous les ſiéges de la Hollande & au paſſage du Rhin en 1672. au ſiége de Maſtrick en 1673. à la défenſe de Grave en 1674. à la priſe de Liége, de Huy, de Dinant & de Limbourg en 1675. aux ſiéges de Landrecy, de Condé & de Saint-Guilain en 1676. & devint Major de ſon Régiment le 10. Novembre de cette année. Il ſervit en cette qualité le reſte de la guerre, & au ſiége de Luxembourg en 1684.

Lieutenant-Colonel du Régiment de Vivonne par commiſſion du 18. Juillet de la même année, Inſpecteur général de l'infanterie par commiſſion du 19. Avril 1690. Brigadier par brevet du 30. Janvier 1691. il quitta la Lieutenance-Colonelle du Régiment, & eut ſucceſſivement le commandement de Philippeville ſous le Comte de Guiſcard par ordre du 6. Février 1692. le commandement de

Dunkerque en l'abfence & fous M. de Neuville, Lieutenant de Roi par ordre du 21. Juillet de la même année; enfin le Commandement de Calais où il refta jufqu'à fa mort par commiffion du 8. Juillet 1693.

PROMOTION *du 25. Avril 1691.*

DE MAILLY (Louis , Comte.)
Voyez Tome VI, pag. 496.

GREDER (François-Laurent.)
Voyez Tome IV. page 543.

DE SURBECK (Jean-Jacques.)
Voyez Tome IV. page 544.

DE CARAMAN (Pierre-Paul Riquet, Comte.)
Voyez Tome IV. page 492.

DE VIOLAINES (Daniel) mort au mois d'Octobre 1705. Il entra de bonne heure dans le Régiment du Pleffis-Praflin (aujourd'hui Poitou,) & fe trouva avec ce Régiment aux fiéges de Douay, de Tournay , de Lille en 1667. à la conquête de la Franche-Comté en 1668.

Major du Régiment d'infanterie de Bourgogne par brevet du premier Mars de cette même année lors de la création de ce Régiment, il fit tous les fiéges de la campagne de 1672. en Hollande , & fe trouva au paffage du Rhin. Il fervit au fiége de Maftrick en 1673. & finit la campagne en Allemagne. Il s'y trouva l'année fuivante aux batailles de Sintzeim, d'Ensheim & de Mulhaufen ; & à celles de Turckeim & d'Altenheim en 1675.

Lieutenant de Roi d'Oudenarde par commiffion du 24. Septembre de cette année , il fit la petite guerre avec fuccès, & obtint par commiffion du 18. Avril 1677. la permiffion d'y lever une Compagnie franche d'infanterie & une de Dragons, avec rang de Lieutenant Colonel par commiffion du même jour. Il continua de faire la guerre avec ſes deux Compagnies, & enleva pluſieurs fois des partis & des convois aux ennemis. A la paix il fut placé Lieutenant de Roi d'Huningue par commiſſion du 7. Août 1679. Lorſque la guerre recommença en 1688. on le retira d'Huningue : & comme il connoiſſoit parfaitement le cours de la Meuſe & ſes environs, on lui donna le commandement du château de Dinant par commiſſion du 20. Novembre, & celui de la ville en l'abſence de M. de Bulonde par ordre du 22. Février 1689. Il fit la petite guerre avec tant de ſuccès, qu'il mérita le grade de Brigadier qu'on lui accorda par brevet du 16. Décembre 1691. Il obtint enſuite le Gouvernement de Philippeville par proviſions du 28. Novembre 1695. Il y ſervit utilement juſqu'à la paix. Au mois de Juin 1696. il attaqua un parti ennemi qui nous avoit pris un convoi avec ſon eſcorte, reprit le convoi & les priſonniers, & détruiſit tout le parti.

Etabli Commandant à la citadelle de Liége ſous le Marquis de Ximenés qui commandoit dans tout le pays ſous l'Electeur de Cologne par ordre du 28. Décembre 1701. il s'y rendit. Attaqué dans cette place l'année ſuivante, il y fut ſurpris par trahiſon, & fut obligé de ſe rendre priſonnier ſur la bréche. Il retourna à Philippeville où il reſta juſqu'à ſa mort.

6. Mai 1692. DE CHALMAZEL (Hubert-François de Talaru, Marquis) mort le 19. Juin 1716.
Lieutenant au Régiment de Picardie en 1666. il ſervit aux ſiéges de Douay, de Tournay & de Lille en 1667. à la conquête de la Franche Comté en 1668. aux ſiéges d'Orſoy, de Rimberg, de Doëſbourg, de Zutphen en 1672. & obtint une Compagnie le premier Octobre de cette année. Il la commanda au ſiége de Maſtrick en 1673. à la bataille de Seneff en 1674. à la priſe de Dinant, de Huy, de Limbourg en 1675. au combat de Kokeſberg en 1676. aux ſiéges de Valenciennes, de Cambray & de Fribourg en 1677. à l'attaque des retranchemens de Seckingen, aux ſiéges de Kell & de Lichtemberg en 1678. au combat de Minden en 1679. au ſiége

de Courtray en 1683. à l'armée de Flandre qui couvrit le siége de Luxembourg en 1684. à ceux de Philisbourg, de Manheim & de Franckendal en 1688. Lieutenant-Colonel de son Régiment par commission du 14. Mars 1690. il servit en Allemagne jusqu'en 1695. Obtint le grade de Brigadier par brevet du 6. Mai 1692. Commanda depuis Germesheim jusqu'à Rhinzabern pendant la campagne de 1694. & sur la Sarre pendant l'hiver par Lettres du 11. Novembre. Il fut employé à l'armée de la Meuse en 1696. à l'armée du Rhin en 1697. il s'y distingua particuliérement au combat de Steinback le 12. Juillet.

Commandant à Toulon par commission donnée à Fontainebleau le 27. Octobre 1698. il se démit de la Lieutenance-Colonelle du Régiment de Picardie, & résida à Toulon jusqu'à sa mort.

DE CHATILLON (Paul-Sigismond de Montmorency-Luxembourg, Duc) né le 3. Septembre 1664. mort le 28. Octobre 1731.

11. Août 1692.

D'abord connu sous le nom de Comte de Luxe, il entra Enseigne au Régiment du Roi en 1680. Passa à une Lieunance en 1682. Servit au siége de Courtray en 1683. Obtint une Compagnie le 27. Mai 1684. & la commanda à l'armée qui couvrit le siége de Luxembourg.

Colonel du Régiment de Nivernois lors de sa formation par commission du 17. Septembre de la même année, il le commanda aux différens camps les années suivantes.

Colonel du Régiment de Provence par commission du 18. Octobre 1689. il se démit du Régiment de Nivernois, & commanda le Régiment de Provence à la bataille de Fleurus en 1690. au siége de Mons & au combat de Leuse en 1691. au siége de Namur & à la bataille de Steinkerque, dont il apporta la nouvelle au Roi qui le créa Brigadier par brevet du 11. Août 1692. Il reçut une blessure considérable à la jambe à la bataille de Néerwinden au mois de Juillet 1693. & passa Colonel du Régiment de Piémont en se démettant de celui de Provence par commiſſion du 20. Août ſuivant. Employé à l'armée de Flandre en 1695. il s'y trouva au bombardement de Bruxelles & au combat de Tongres.

Duc de Chatillon par ceſſion de la Ducheſſe de Mecklembourg ſa tante, il obtint au mois de Février 1696. des Lettres d'érection en ſa faveur, en prit le titre, & ſervit à l'armée de la Meuſe : ce fut ſa dernière campagne, ſes bleſſures l'ayant empêché de continuer le ſervice. Il ſe démit du Régiment de Piémont au mois de Mars 1700.

Pourvu de la Charge de Lieutenant général du Gouvernement de Bourgogne au département du Charolois par proviſions du 12. Novembre 1722. il conſerva cette Charge juſqu'à ſa mort.

1. Nov. 1692. **DE LA NEUFVILLE (*N.*)**
Avoit été ſucceſſivement Lieutenant de Roi de Bergues & d'Ypres, lorſqu'il fut nommé au mois de Mars 1688. Lieutenant de Roi de Dunkerque, & Brigadier par brevet du premier Novembre 1692. Il ſe démit, à cauſe de ſes infirmités & de ſon grand âge, de la Lieutenance de Roi de Dunkerque au mois d'Octobre 1696. C'eſt tout ce que j'ai pu trouver ſur cet Officier, à cauſe de la multitude de perſonnes du même nom.

PROMOTION du 30. Mars 1693.

Promotion du 30. Mars 1693. **DE THURY** (Henry de Harcourt, Marquis) né en 1659. mort le 5. Août 1721.
Après le ſiége de Valenciennes où il avoit ſervi Volontaire, il entra Enſeigne de la Colonelle du Régiment du Roi le 23. Mai 1677. & finit la campagne en Flandre; ſervit au ſiége de Gand. Obtint une Compagnie le 25. Mai 1678. & la commanda au ſiége d'Ypres & à la bataille de Saint-Denys près Mons la même année.

Colonel-Lieutenant du Régiment d'infanterie du Maine par commiſſion du 19. Décembre 1679. il le commanda au ſiége de Courtray en 1683. à l'armée de Flandre qui
couvrit

couvrit le siége de Luxembourg en 1684. aux siéges de Philisbourg, de Manheim & de Franckendal en 1688. à la défense de Mayence en 1689. à la bataille de Fleurus en 1690. au siége de Mons, puis à l'armée de la Moselle en 1691. au siége de Namur & à la bataille de Steinkerque en 1692.

Promotion du 30. Mars 1693.

Brigadier par brevet du 30. Mars 1693. il servit sur la Moselle & en Allemagne sous M. le Dauphin la même année, en Flandre sous le même Prince en 1694. au bombardement de Bruxelles & au combat de Tongtes en 1695. sur la Meuse en 1696. & 1697. au camp de Compiégne en 1698. Il se démit du Régiment du Maine, & quitta le service au mois de Novembre 1699.

DE CHAMILLY (François-Jacques Bouton, Comte.) *Voyez* Tome IV. page 589.

DE NICOLAY (Nicolas Nicolay de Presle, Marquis) mort le 25. Juin 1718.

Il leva une Compagnie au Régiment d'infanterie de Broglie par commission du 20. Novembre 1667. étant encore jeune. Ce Régiment ayant été réformé en 1668. le Marquis de Nicolay fut remplacé à une Compagnie dans le Régiment d'Anjou le 10. Décembre 1671. & commanda cette Compagnie aux siéges d'Orsoy, de Rhimberg, de Doësbourg en 1672. à celui de Mastrick, puis à l'armée d'Allemagne en 1673. à la conquête de la Franche-Comté, puis aux batailles de Sintzeim, d'Ensheim, de Mulhausen en 1674. & de Turckeim en 1675. aux siéges de Liége, de Huy, de Dinant & de Limbourg la même année : de Landrecy, de Condé & de Saint-Guilain en 1676. au siége de Valenciennes, à la bataille de Cassel, au siége & à la prise de Saint-Omer en 1677. aux siéges de Gand, d'Ypres, de Kell & de Lichtemberg en 1678. il se démit alors de sa Compagnie, & obtint le Régiment d'infanterie d'Auvergne par commission du 24. Avril 1680. Il le commanda au siége de Luxembourg en 1684. à celui de Philisbourg en 1688. Il attaqua le 13. Octobre avec

Promotion du 30. Mars 1693.

un détachement de Grenadiers la contrescarpe d'une redoute située au bout de la grande attaque, & l'emporta l'épée à la main, après avoir tué tout ce qui y étoit; mais il y reçut une blessure à la hanche qui l'empêcha de servir le reste de la campagne. Il étoit à la conquête du Palatinat en 1689. à la bataille de Fleurus en 1690. au siége de Mons, puis sur la Moselle en 1691. au siége de Namur, & à la bataille de Steinkerque en 1692.

Brigadier par brevet du 30. Mars 1693. il servit à l'armée d'Allemagne cette année, se trouva au mois d'Octobre à la bataille de la Marsaille. Servit encore en Italie en 1694. se démit du Régiment d'Auvergne, & quitta le service au mois de Janvier 1695.

DE LA FAYETTE (René-Armand Mottier, Marquis) né le 17. Septembre 1659. mort le 12. Août 1694.

Il entra Volontaire au Régiment du Roi en 1678. & servit aux siéges de Gand. Il eut une Lieutenance le 27. Avril, se trouva au siége d'Ypres & à la bataille de Saint-Denys près Mons, & passa à une Compagnie le 7. Septembre.

Colonel du Régiment d'infanterie de la Fere par commission du 6. Mai 1680. il servit Volontaire au siége de Luxembourg en 1684. aux siéges de Philisbourg, de Mayence, de Manheim & de Franckendal en 1688. à la défense de Mayence en 1689. à l'armée d'Allemagne en 1690. & 1691. au siége de Namur, puis à l'armée de la Moselle en 1692.

Brigadier par brevet du 30. Mars 1693. il servit à l'armée d'Allemagne, & mourut de maladie à Landau.

DE NOVION (Louis-Anne-Jules Potier, Marquis) mort le premier Mars 1707. âgé de 41. ans.

Il servit quelques années dans le Régiment d'infanterie de Bretagne, dont le Chevalier de Novion son oncle étoit Colonel, & obtint ce Régiment sur la démission de cet oncle par commission du 16. Février 1683. Il le commanda à l'armée de Flandre qui couvrit le siége de Luxembourg en 1684. à l'armée d'Allemagne en 1689. & 1690. Il se trouva en 1691. aux siéges de Villefranche & de son château, de Montalban, de Sant-Ospitio, de Nice au mois de Mars, à l'attaque des Barbets à Migtone dans la vallée de Barcelonete sous les ordres du Marquis de Vins, & y eut un cheval tué sous lui. Il servit ensuite aux siéges de Veillane, de Carmagnoles & du château de Montmélian. Il servit à la même armée qui se tint sur la défensive, & conserva Pignerol & Suze en 1692.

Promotion du 30. Mars 1693.

Brigadier par brevet du 30. Mars 1693. employé à l'armée d'Italie, il combattit avec la plus grande valeur à la Marsaille, contribua beaucoup au ravitaillement de Casal, de Saluces, de Pignerol & de Suze, & à la défaite de la Milice Piémontoise près Morelta. On se tint sur la défensive en 1694. & 1695. il empêcha au mois de Juillet les Barbets d'enlever un convoi qui alloit à Pignerol. Le 19. Août il attaqua cinq cents Barbets qui avoient enlevé un convoi de cinq cents bœufs, les défit, & reprit le convoi. Il servit au siége de Valence, pendant lequel se conclut la paix d'Italie en 1696. Passa à l'armée de Catalogne, & servit supérieurement au siége de Barcelone en 1697.

Ayant eu une affaire particuliére avec le Chevalier de Saint-Geniés au mois de Mai 1699. il quitta la France. On lui ôta son Régiment; & après l'Arrêt du Grand-Conseil du 17. Juin qui le condamnoit à avoir la tête tranchée, il passa au service de l'Electeur de Baviére qui le fit Major général de ses troupes au mois de Juillet. Il y servit avec tant de distinction, qu'on lui accorda sa grace en 1705. De retour en France en 1706. il mourut de maladie à Paris l'année suivante.

DE VILLEROY (Louis-Nicolas de Neufville, Duc.)
Voyez Tome IV. page 461.

DE SURVILLE (Louis-Charles d'Hautefort, Marquis.)
Voyez Tome IV. page 494.

I ij

Promotion du
30. Mars 1693.

DE BLANZAC (Charles de la Rochefoucauld de Roye , Marquis.)
Voyez Tome IV. page 552.

DE LA CHATRE (Louis-Charles-Edme de la Chatre-Nancey , Marquis.)
Voyez Tome IV. page 553.

DE BOULIGNEUX (Louis de la Pallu de Meilly , Comte.)
Voyez Tome IV. page 520.

DE BAILLEUL (Claude-Alexis) né le 16. Juillet 1653. mort le 29. Mai 1699.

Servit fur mer depuis 1672. jufqu'en 1684. & fe trouva à plufieurs actions.

Colonel-Lieutenant du Régiment d'infanterie d'Orléans par commiffion du 20. Juillet 1684. il le commanda à l'attaque de Valcourt en 1689. à la bataille de Fleurus en 1690. au fiége de Mons en 1691. à celui de Namur & à la bataille de Steinkerque en 1692.

Brigadier par brevet du 30. Mars 1693. il fe trouva à la bataille de Néerwinde & au fiége de Charleroy la même année. Servit en Flandre en 1694. au bombardement de Bruxelles en 1695. à l'armée de Flandre en 1696. & 1697. & avoit encore le Régiment d'Orléans lorfqu'il mourut.

DE POMPONNE (Nicolas Simon Arnauld , Marquis) mort le 9. Avril 1737. âgé de 74. ans onze mois.

Entra Lieutenant au Régiment du Roi en 1681. & y obtint une Compagnie le 7. Janvier 1683. il la commanda au fiége de Courtray la même année : à l'armée de Flandre qui couvrit le fiége de Luxembourg en 1684.

Colonel du Régiment d'infanterie d'Hainaut lors de fa formation par commiffion du 4. Septembre 1684. il le commanda à la conquête du Comté de Nice , aux fiéges de Veillane , de Carmagnoles & du château de Montmélian en 1691 à l'armée d'Italie où on fe tint fur la défenfive en 1692.

D'INFANTERIE.

Colonel du Régiment d'infanterie d'Artois par commiſſion du 8. Septembre de cette année, il ſe démit du Régiment d'Hainaut, & commanda celui d'Artois pendant le reſte de la campagne.

Brigadier par brevet du 30. Mars 1693. il ſe trouva avec ſon Régiment à la bataille de Néerwinde, & ſervit au ſiége de Charleroy. Il continua de ſervir en Flandre les années ſuivantes.

Lieutenant général au Gouvernement de l'Iſle de France par proviſions du 10. Mars 1697. il ſe démit de ſon Régiment, & quitta le ſervice. Il fut enſuite envoyé extraordinaire en Baviére, & ſe démit de la Charge de Lieutenant général du Gouvernement de l'Iſle de France au mois de Février 1720.

Promotion du 30. Mars 1693.

DE CHAMARANDE (Louis d'Ornaiſon, Comte.)
Voyez Tome IV. page 521.

DE BLAINVILLE (Jules-Armand Colbert, Marquis.)
Voyez Tome IV. page 459.

DE CHAROST (Armand de Bethune, Marquis.)
Voyez Tome IV. page 498.

D'ANTIN (Louis-Antoine de Pardaillan de Gondrin, Marquis.)
Voyez Tome IV. page 500.

D'USÈS (Louis de Cruſſol, Duc) tué à la bataille de Néerwinde le 29. Juillet 1693.

D'abord connu ſous le nom de Marquis de Cruſſol, puis ſous celui de Comte d'Usès, il leva une Compagnie de cavalerie dans le Régiment de Grignan par commiſſion du 20. Octobre 1683. & ſervit Volontaire au ſiége de Luxembourg en 1684.

Colonel du Régiment d'infanterie de Cruſſol ſur la démiſſion de ſon pere par commiſſion du 24. Avril 1687. il ſervit volontaire aux ſiéges de Philiſbourg, de Manheim & de Franckendal en 1688, & commanda ſon Régiment à l'armée d'Allemagne en 1689. 1690. & 1691. au siége de Namur & à la bataille de Steinkerque en 1692. Il devint Duc d'Usès, Pair de France, à la mort de son pere le premier Juillet de cette année, & obtint par provisions du 20. Décembre le Gouvernement général de Saintonge & d'Angoumois, & le Gouvernement particulier des ville & château d'Angoulême qui vaquoient par la mort de son pere.

Brigadier par brevet du 30. Mars 1693. il fut tué la même année.

DE VIGNY (Jean-Baptiste.)
Voyez Tome VI. page 525.

DE THIANGES (Claude-Henry-Philibert de Damas, Marquis.)
Voyez Tome IV. page 555.

D'HERBOUVILLE (Adrien, Marquis)
Connu d'abord sous le nom de Chevalier d'Herbouville; il entra dans le Régiment Royal en 1667. & servit aux siéges de Douay, de Tournay & de Lille la même année: en Flandre en 1668. & parvint à une Compagnie dans le même Régiment le premier Octobre 1672. après avoir servi à tous les siéges entrepris par le Roi. Il commanda sa Compagnie au siége de Mastrick, puis à l'armée d'Allemagne en 1673. à la conquête de la Franche-Comté, aux batailles de Sintzeim, d'Ensheim, de Mulhausen en 1674. à celle de Turckeim le 5. Janvier 1675. aux siéges de Huy, de Dinant & de Limbourg, à la bataille de Consarbrick & à la défense de Trèves la même année.

Sous-Lieutenant au Régiment des Gardes Françoises par brevet du 9. Septembre, il se démit de sa Compagnie au Régiment Royal, & servit aux siéges de Condé & de Bouchain en 1676. à celui de Valenciennes en 1677.

Son frere aîné Lieutenant au Régiment des Gardes Françoises étant mort au mois de Juin de cette année,

D'INFANTERIE. 71

il obtint le 3. Juillet sa Lieutenance. Prit alors le titre de Marquis d'Herbouville, & servit aux siéges de Gand & d'Ypres, & à la bataille de Saint-Denys près Mons en 1678. Il étoit à l'armée de Flandre qui couvrit le siége de Luxembourg en 1684. & s'étant démis de sa Lieutenance au Régiment des Gardes dans le mois d'Octobre de 1688. il obtint par commission du premier Janvier 1689. un Régiment de Milice de son nom de la Généralité de Rouen, le grade de Brigadier par brevet du 30. Mars 1693. & commanda son Régiment à la bataille de Néerwinde & au siége de Charleroy la même année.

Promotion du 30. Mars 1693.

Employé Brigadier, il servit avec son Régiment à l'armée de la Meuse sous le Maréchal de Boufflers en 1694. à la défense de Namur en 1695. à l'armée de la Meuse en 1696. au siége d'Ath en 1697.

Son Régiment ayant été réformé par ordre du 30. Mars 1698. il fut mis par ordre du même jour Colonel réformé à la suite du Régiment d'Agenois. Je ne le trouve point employé depuis dans aucune armée, & je n'ai pu trouver la date de sa mort.

CAIXON (Jean)

Il entra au Régiment Royal la Marine lors de sa création le 24. Décembre 1669. y obtint une Compagnie en 1672. & la commanda aux siéges que fit M. de Turenne la même année : à la conquête de plusieurs places de l'Electeur de Brandebourg en 1673. aux batailles de Sintzeim, d'Ensheim & de Mulhausen en 1674. à celle de Turckeim le 5. Janvier, au combat d'Altenheim le premier Août, à la levée des siéges de Saverne & d'Haguenau par les ennemis en Novembre 1675. au combat de Kokesberg sous M. de Luxembourg en 1676. au siége de Fribourg en 1677. à l'attaque des retranchemens de Seckingen, aux siéges de Kell & du château de Lichtemberg en 1678. au combat de Minden en 1679. à l'armée de Flandre qui couvrit le siége de Luxembourg en 1684.

Colonel d'un Régiment de Milice de la Généralité de Montauban, qui porta son nom par commission du premier

Janvier 1689. il le commanda à l'armée du Rouffillon en 1690. à la conquête du Comté de Nice & au fiége de Montmélian en 1691. à Pignerol pendant la campagne de 1692.

Brigadier par brevet du 30. Mars 1693. il fe trouva à la conquête de la vallée de Barcelonette où il fe diftingua au mois de Mai, à la bataille de la Marfaille au mois d'Octobre. Servit à l'armée du Rouffillon en 1694. à l'armée d'Italie en 1695. au fiége de Valence en 1696. à celui de Barcelone en 1697.

Son Régiment ayant été réformé par ordre du 16. Mai 1698. il fut mis par ordre du même jour Colonel réformé à la fuite du Régiment de Nivernois. Employé en Normandie par Lettres du 29. Mars 1702. il n'y étoit plus en 1703. Je ne le trouve point employé depuis, & je n'ai pu trouver la date de fa mort.

D'ALIGNY (Pierre Quarré) mort le 27. Février 1730. âgé de 86. ans.

Il fervoit depuis long-temps dans les Moufquetaires, lorfqu'il fe trouva avec cette troupe aux fiéges de Douay, de Tournay & de Lille en 1667. à la conquête de la Franche-Comté en 1668. au fecours de Candie en 1669.

Il fe diftingua particuliérement dans la guerre de 1672. au fiége de Maftrick & à celui de Valenciennes. Il devint Maréchal des logis de fa Compagnie, & Gouverneur de Pierrechatel le 3. Octobre 1676. & obtint après le fiége de Valenciennes une commmiffion du 29. Mars 1677. pour tenir rang de Capitaine de cavalerie. Se diftingua de nouveau aux fiéges de Gand & d'Ypres, & à la bataille de Saint-Denys près Mons en 1678.

Colonel d'un Régiment de Milice de la Généralité de Dijon, qui porta fon nom par commiffion du premier Janvier 1689. il le commanda à l'armée du Rouffillon en 1692.

Brigadier par brevet du 30. Mars 1693. employé à l'armée d'Italie, il combattit avec valeur à la Marfaille au mois d'Octobre. Continua de fervir à l'armée d'Italie en 1694.

1694. 1695. & 1696. Il commanda à Feneftrelles ces deux premiéres années, & fe trouva la troifiéme au fiége de Valence. Il avoit obtenu par provifions du premier Mai de cette même année la Charge de Baillif d'épée du Charolois, & le Gouvernement d'Autun. Promotion du 30. Mars 1693.

Son Régiment ayant été réformé par ordre du 16. Mai 1698. on l'entretint par ordre du même jour Colonel réformé à la fuite du Régiment de Nivernois.

Employé Brigadier en Italie par Lettres du 26. Mars 1701. il fut pris à l'affaire de Crémone. Je ne le trouve point employé depuis.

HESSY (Gabriel.)
Voyez Tome IV. page 590.

DE SALIS le jeune (Jean-Baptifte) mort le 23. Décembre 1701. âgé de 55. ans 6. mois.

Il étoit Capitaine au Régiment de Salis depuis 1672. & & s'étoit trouvé à plufieurs fiéges en Flandre, lorfqu'on le créa par commiffion du 29. Janvier 1677. Lieutenant-Colonel du Régiment de Stuppa lors de fa levée. Il paffa avec ce Régiment en Sicile le 9. Avril, & arriva à Meffine le 26. il marcha enfuite au fecours de Tavermina qu'il défendit contre les Efpagnols, & les força d'abandonner l'entreprife qu'ils avoient tentée fur cette place. Rembarqué avec fon Régiment le 20. Mars 1678. il arriva à Toulon le 11. Avril, après avoir été battu par la tempête, & jetté fur les côtes de Tunis. Il fe rendit tout de fuite en Flandre, & fe trouva au blocus de Mons & à la bataille de Saint-Denys le 14. Août.

Il fervit avec la plus grande diftinction à l'attaque du Pont-major, au fiége & à l'affaut de Girone, où un coup de moufquet l'eftropia d'une jambe en 1684. Il étoit en Flandre en 1688. & 1689.

Colonel d'un Régiment Suiffe de fon nom, qu'il leva par commiffion du premier Janvier 1690. il le commanda au fiége de Mons en 1691. à ceux des ville & citadelle de Namur en 1692.

Brigadier par brevet du 30. Mars 1693. il commanda une Brigade composée du Régiment de Greder & du sien à la bataille de Néerwinde. Il attaqua avec cette Brigade les retranchemens des ennemis qu'il chassa, & qui le repousserent à son tour ; il y rentra après une action très-vive. Attaqué pour la troisiéme fois, il défit les troupes qui l'attaquerent, & resta maître des retranchemens : il y reçut une blessure qui ne l'empêcha cependant pas de servir au siége de Charleroy la même année. Il marcha ensuite au secours de Saint-Malo, où il repoussa & rechassa dans leurs chaloupes les troupes qui avoient été débarquées. Il fut employé en Normandie pendant les campagnes de 1694. & 1695. en Flandre en 1696. au siége d'Ath en 1697. en Flandre en 1701. & mourut à la fin de l'année possédant encore son Régiment.

DE WACOP (François) tué à la bataille de la Marsaille le 4. Octobre 1693.

Il étoit depuis long-temps Major du Régiment d'infanterie de la Reine d'Angleterre, lorsqu'il en fut fait Colonel par commission du Roi d'Angleterre du premier Juin 1690. Il passa en France avec les autres troupes Irlandoises en 1691. & servit sur les côtes de Normandie en 1692.

Brigadier par brevet du 30. Mars 1693. il passa avec son Régiment en Italie au mois de Juillet, & fut tué à la bataille de la Marsaille après avoir fait des prodiges de valeur.

DESALLEURS (Pierre Puchot, Marquis.)
Voyez Tome IV. page 530.

DE WAGNER (Maurice.)
Voyez Tome VI. page 524.

DE FOURILLE (Henry de Chaumejean, Marquis) mort le 29. Février 1720.

D'abord Page du Roi pendant plusieurs années, il obtint à la mort de son frere aîné tué au siége de Dole une Lieutenance au Régiment des Gardes Françoises par brevet du 5. Mars 1668. Il servit en cette qualité aux siéges d'Orsoy & de Rhimberg, au passage du Rhin, aux siéges de Doësbourg, de Zutphen, & à la prise d'Utreck en 1672. au siége de Mastrick en 1673. à la bataille de Seneff où il fut blessé en 1674. à la prise de Liége, de Huy, de Dinant & de Limbourg en 1675. Passé au mois de Juillet de cette année sous les ordres du Maréchal de Créquy, il reçut à la bataille de Consarbrick une blessure qui l'obligea de se rendre prisonnier. Il servit au siége & à l'assaut de Valenciennes, au siége de Cambray, & combattit avec tant de valeur à la bataille de Cassel le 11. Avril 1677. que le Roi lui accorda par commission du 24. du même mois la Compagnie qui étoit vacante par la mort du sieur de Boissiere tué à cette bataille. Il la commanda aux siéges de Gand & d'Ypres, & à la bataille de S. Denys près Mons, où il eut le pouce emporté d'un coup de feu en défendant le poste de Saint-Denys en 1678. à l'armée qui couvrit le siége de Luxembourg en 1684. à l'attaque de Valcourt en 1689. à la bataille de Fleurus en 1690. au siége de Mons en 1691. à celui de Namur & à la bataille de Steinkerque en 1692.

Brigadier par brevet du 30. Mars 1693. Commandeur de l'Ordre de Saint-Louis à sa création par provisions du 8. Mai, il combattit avec la plus grande valeur à Néerwinde, où il reçut une blessure considérable. Il servit en Flandre en 1694. & 1695. il donna cette année de nouvelles preuves de sa valeur au siége de Bruxelles, où il commandoit la Brigade des Gardes ; mais ses blessures l'obligerent de quitter le service & sa Compagnie au mois de Février 1696.

DE GRAVESON (Henry) mort le premier Mars 1701. âgé de 58. ans.

D'abord Lieutenant au Régiment de la Marine en 1662. il y eut une Compagnie le premier Mai 1666. Passa avec cette Compagnie dans le Régiment Royal la Marine lors de sa création le 24. Décembre 1669. & la commanda

Promotion du 30. Mars 1693.

Promotion du 30. Mars 1693.

aux différens siéges que fit M. de Turenne en Hollande en 1672. à la conquête de plusieurs places de l'Electeur de Brandebourg sous le même Général en 1673. à la bataille de Seneff en 1674. aux siéges de Huy, de Dinant & de Limbourg, puis au combat d'Altenheim, à la levée des siéges de Saverne & d'Haguenau par les ennemis en 1675. Devint Lieutenant-Colonel de son Régiment le 14. Mai 1676. & servit au combat de Kokesberg sous le Maréchal de Luxembourg la même année: au siége de Fribourg en 1677. à l'attaque des retranchemens de Seckingen, aux siéges de Kell & de Lichtemberg en 1678. au combat de Minden en 1679. à l'armée de Flandre qui couvrit le siége de Luxembourg en 1684. à l'attaque de Valcourt en 1689. à l'armée d'Allemagne en 1690. à la conquête du Comté de Nice, au siége de Montmélian en 1691.

Inspecteur général de l'infanterie par commission du 20. Novembre de la même année, il joignit avec son Régiment l'armée de la Moselle au mois d'Août 1692. y finit la campagne, & obtint le grade de Brigadier par brevet du 30. Mars 1693. A la suppression des Charges d'Inspecteurs, on le chargea par ordre du 22. Février 1694. de visiter l'infanterie depuis Sedan jusqu'à la Sarre, & on lui accorda à cette occasion une gratification de mille livres. Il se rendit ensuite à l'armée d'Italie où il fit cette campagne & la suivante. Il y servit au siége de Valence en 1696. Etant rentré en France après la paix d'Italie, il fut employé à l'armée de la Meuse en 1697. & ne servit plus.

DE CADRIEU (Jean, Chevalier, puis Comte) mort le 12. Novembre 1712.

Enseigne au Régiment de Navarre le 22. Août 1666. il servit aux siéges de Bergues, Furnes, Armentiéres, Courtray & Oudenarde en 1667. Réformé du Régiment de Navarre au mois de Mai 1668. il entra Aide-Major dans le Régiment d'infanterie d'Orléans le 2. Décembre 1670. & parvint à une Compagnie à la promotion de son frere

D'INFANTERIE. 77

à celle de Grenadiers par commission du 4. Novembre 1671. Il la commanda aux différens siéges & au passage du Rhin en 1672. à la prise de plusieurs places de l'Electeur de Brandebourg, & à l'armée d'Allemagne sous le Maréchal de Turenne en 1673. à la bataille de Seneff, puis à celles d'Ensheim, de Mulhausen en 1674. de Turckeim, d'Altenheim, & à la levée des siéges de Saverne & d'Haguenau par les ennemis en 1675. & devint Capitaine de Grenadiers de son Régiment le 20. Juin 1676. Il commanda cette Compagnie au siége de Fribourg en 1677. à l'attaque des retranchemens de Seckingen, aux siéges de Kell & de Lichtemberg en 1678. au combat de Minden en 1679. & parvint à la Majorité de son Régiment le 23. Août 1680.

Promotion du 30. Mars 1693.

Lieutenant-Colonel du Régiment de Toulouse à sa création par commission du 20. Février 1684. il fut nommé pour commander à Fribourg par commission du 22. Mars 1689. & Inspecteur général de l'infanterie de ce département par commission du 20. Novembre 1691. Il servit au siége de Namur & à la bataille de Steinkerque en 1692.

Brigadier par brevet du 30. Mars 1693. Colonel-Lieutenant du Régiment de Toulouse par commission du 4. Avril suivant, il le commanda à la bataille de Néerwinde & au siége de Charleroy la même année, & alla commander à Dixmude par commission du 26. Octobre. Il fit la campagne de 1694. & fut employé de l'Escaut à la mer pendant l'hiver par Lettres du 2. Novembre. Il servit au siége de Bruxelles en 1695. Retourna à Dixmude pendant l'hiver, & à l'armée de la Meuse pendant la campagne de 1697. Il étoit au camp de Compiégne en 1698. à l'armée d'Allemagne en 1701. Employé à la même armée par Lettres du 8. Mai 1702. il se trouva à la prise de Neufbourg & à la bataille de Frédélingen. Plusieurs blessures qu'il avoit reçues dans différentes occasions, & le mécontentement qu'il eut de n'avoir point été compris au nombre des Maréchaux de camp à la promotion du mois de Décembre 1702. l'engagerent à quitter le service, & il se démit du Régiment de Toulouse au mois de Mai 1703.

Promotion du
30. Mars 1693.

DE BAUDUMAN (Frédéric) tué à la bataille du Ter le 27. Mai 1694.

Entra Lieutenant au Régiment d'infanterie de Sault le 8. Mars 1662. & servit aux siéges de Douay, de Tournay & de Lille en 1667. en Flandre en 1668. & parvint à une Compagnie en 1670. Il la commanda aux différens siéges qu'entreprit le Maréchal de Turenne dans la Hollande en 1672. au siège de Maſtrick en 1673. à l'armée du Rouſſillon en 1674. & les années ſuivantes juſqu'à la paix de Nimegue, & ſervit ſupérieurement au ſiége de Puicerda en 1678.

Lieutenant-Colonel de ſon Régiment par commiſſion du 15. Mai 1681. il ſervit aux ſiéges de Philiſbourg, de Manheim & de Franckendal en 1688. à l'armée d'Allemagne en 1689. & 1690. à la conquête du Comté de Nice, aux ſiéges de Veillane, de Carmagnoles & du château de Montmélian en 1691. à la défenſe de Pignerol & de Suze en 1692.

Brigadier par brevet du 30. Mars 1693. employé à l'armée d'Italie par Lettres du 27. Août, il combattit avec diſtinction à la Marſaille; & étant paſſé à l'armée du Rouſſillon en 1694. il y fut tué.

DE LA CHASSAGNE (Pierre) tué au combat de Chiary le premier Septembre 1701.

Il entra Enſeigne au Régiment d'infanterie de Bretagne le 28. Avril 1664. Servit en Flandre en 1667. & obtint une Compagnie le 20. Novembre de cette année. Sa Compagnie ayant été réformée en 1668. il ſuivit le Régiment en qualité de Capitaine réformé au voyage de Candie en 1669. & s'étant particuliérement diſtingué à la ſortie du 25. Juin, on le remplaça à une Compagnie le 10. Octobre 1670. Il la commanda au camp de Courtray ſous le Maréchal d'Humiéres pendant la campagne de 1672. au ſiége de Maſtrick en 1673. aux batailles de Sintzeim, d'Ensheim, de Mulhauſen en 1674. de Turckeim, d'Altenheim, & à la levée des ſiéges de Saverne & d'Haguenau en 1675. aux siéges de Condé & de Bouchain, à la prise de Marche en Famine, des châteaux de Condros & de Bouillon, & à la levée du siége des Deux-Ponts par les ennemis en 1676. à la canonade du camp du Prince Charles de Lorraine, à la défaite du Prince de Saxe-Eisenack, au siége de Fribourg en 1677. à l'attaque des retranchemens de Seckingen, à la prise de cette ville & de Rhinfeld en 1678. Devint Major de son Régiment par brevet du 29. Août, servit aux siéges de Kell & de Lichtemberg la même année, & au combat de Minden en 1679.

Lieutenant-Colonel de son Régiment par commission du 25. Mars 1682. il servit en Allemagne en 1689. & 1690. à la conquête du Comté de Nice, aux siéges de Veillane, Carmagnoles & du château de Montmélian en 1691. à l'armée d'Italie en 1692.

Brigadier par brevet du 30. Mars 1693. il se trouva à la bataille de la Marsaille au mois d'Octobre : continua d'être employé à l'armée d'Italie, y servit au siége de Valence en 1696. Passa en Catalogne, & servit avec distinction au siége de Barcelone en 1697.

Repassé en Italie au mois de Décembre 1700. employé Brigadier par brevet du 19. Mars 1701. il se trouva au combat de Carpy, & fut tué à celui de Chiary.

DE SAILLY (Louis) mort au mois de Mars 1700.
Commença à servir quelques années en qualité de Lieutenant au Régiment d'Auvergne, & y leva une Compagnie le 16. Octobre 1665. Il la commanda aux siéges de Douay, de Tournay & de Lille en 1667. en Flandre en 1668. aux siéges que fit M. le Prince en 1672. au combat de Seneff en 1674. au combat d'Altenheim & à la levée du siége de Saverne & d'Haguenau par les ennemis en 1675. au combat de Kokesberg en 1676. au siége de Valenciennes, à celui de Cambray, à la canonade du camp du Prince Charles de Lorraine, à la défaite du Prince d'Eisenack, au siége de Fribourg en 1677. aux siéges de Gand & d'Ypres, à l'attaque des retranchemens de Seckingen, au

Promotion du 30. Mars 1693.

Promotion du 30. Mars 1693.

siége de Kell & du château de Lichtemberg en 1678. au combat de Minden en 1679. au siége de Luxembourg en 1684. Lieutenant-Colonel de son Régiment par commission du 17. Novembre 1687. il servit aux siéges de Philisbourg, de Manheim, de Franckendal, à la prise de Mayence en 1688. à la conquête du Palatinat en 1689. à la bataille de Fleurus en 1690. au siége de Mons, puis à l'armée de la Moselle en 1691. au siége de Namur & à la bataille de Steinkerque en 1692.

Brigadier par brevet du 30. Mars 1693. il servit à l'armée d'Allemagne, passa en Italie, & se trouva à la bataille de la Marsaille. Continua de servir en Italie en 1694. 1695. & 1696. Il étoit cette derniére année au siége de Valence, à l'armée d'Allemagne en 1697. & étoit encore Lieutenant-Colonel du Régiment d'Auvergne lorsqu'il mourut.

D'ARENNES (François de Pierre.)
Voyez Tome IV. page 587.

DE BELLENAVE (Antoine le Loup) mort le 15. Octobre 1693.

Il entra Lieutenant au Régiment de la Marine en 1667. & servit aux siéges de Douay, de Tournay & de Lille la même année: en Flandre en 1668. Obtint une commission de Capitaine réformé à la suite du Régiment le 2. Janvier 1671. & une Compagnie le 10. Octobre suivant. Il la commanda aux siéges d'Orsoy, de Rhimberg, de Doësbourg, de Zutphen & au passage du Rhin en 1672. à la prise de plusieurs places de l'Electeur de Brandebourg & au siége de Mastrick en 1673. aux batailles de Sintzeim, d'Ensheim & de Mulhausen en 1674. de Turckeim & d'Altenheim, & à la levée des siéges de Saverne & d'Haguenau en 1675. au combat de Kokesberg en 1676. au siége de Fribourg en 1677. aux siéges de Gand & d'Ypres, à l'attaque des retranchemens de Seckingen, aux siéges de Kell & de Lichtemberg en 1678. au combat de Minden en 1679. Devint Capitaine de Grenadiers le 6. Mars 1682.

1682. & commanda les Grenadiers du Régiment au siége de Luxembourg en 1684. Parvint à la Lieutenance-Colonelle de son Régiment le 18. Février 1689. & servit en Allemagne cette année : à la conquête du Comté de Nice, aux siéges de Veillane, de Carmagnoles & du château de Montmélian en 1691. Il fit encore la campagne de 1692. en Italie où on se tint sur la défensive.

Promotion du 30. Mars 1693.

Brigadier par brevet du 30. Mars 1693. il mourut des suites de deux blessures qu'il avoit reçues à la bataille de la Marsaille.

DE VALLIERE (Jean-Urbain.)
Voyez Tome VI. page 536.

DE VREVINS (Michel de Muyn.)
Voyez Tome VI. page 588.

DE CHARTOGNE (Louis.)
Voyez Tome IV. page 560.

DU PUY-VAUBAN (Antoine le Prêtre, Sieur.)
Voyez Tome IV. page 561.

DE LAPARA (Louis de Lapara de Fieux.)
Voyez Tome IV. page 532.

DU BOSC (Luc-Adrien de Morin) mort au mois de Novembre 1697. âgé de 45. ans.
Il entra Enseigne au Régiment de Piémont en 1667. y obtint le rang de Capitaine en 1672. & servant en même temps dans le génie, il ne manqua aucun siége des guerres de 1667. 1672. & 1688. Il y reçut plusieurs blessures. Parvint au grade de Brigadier par brevet du 30. Mars 1693. & mourut après le siége de Barcelone.

DE SAINT-HILAIRE (Armand de Mormés.)
Voyez Tome IV. page 564.

Tome VIII. L

Promotion du 30. Mars 1693. DE CRAY (Jean.)
Voyez Tome VI. page 526.

D'ANDIGNÉ (Jean d'Andigné Destouches.)
Voyez Tome VI. page 527.

PROMOTION *du 28. Avril 1694.*

Promotion du 28. Avril 1694. DE GOESBRIANT (Louis-Vincent, Marquis.)
Voyez Tome IV. page 592.

DE VIBRAYE (Henry-Emmanuel Hurault, Marquis.)
Voyez Tome IV. page 594.

DE BERULLE (Jean-Thomas, Marquis.)
Voyez Tome IV. page 595.

DE POITIERS (Frédéric-Léonor, Marquis) né en 1654.
Il étoit au service d'Espagne lorsqu'il entra au service de France en 1688. il y leva un Régiment d'infanterie Walone par commission du 24. Octobre de la même année. Il servit Volontaire aux siéges de Philisbourg, de Manheim & de Franckendal sous M. le Dauphin, à l'armée du Palatinat en 1689. à la bataille de Fleurus en 1690. au siége de Mons & à la bataille de Leuse en 1691. & commanda son Régiment sur les côtes de Normandie en 1692. à la bataille de la Marsaille en 1693.

Brigadier par brevet du 28. Avril 1694. il servit en Italie cette année & la suivante : à l'armée du Rhin en 1696. & 1697. Il se démit de son Régiment au mois de Juillet 1700. & ne servit plus. Je n'ai pu trouver la date de sa mort.

DE LA MASSAYS (Henry Amproux, Comte) mort au mois de Janvier 1706.
Il entra Lieutenant au Régiment de Picardie en 1672. & servit à tous les siéges de cette campagne & au passage du Rhin, au siége de Mastrick, puis en Hollande sous

M. de Luxembourg en 1673. Parvint à une Compagnie le 15. Avril 1674. & la commanda à la bataille de Seneff au mois d'Août suivant : aux siéges de Liége, de Huy, de Dinant & de Limbourg, au combat d'Altenheim, à la levée des siéges de Saverne & d'Haguenau par les ennemis en 1675. au combat de Kokesberg en 1676. aux siéges de Valenciennes, de Cambray & de Fribourg en 1677. à ceux de Gand & d'Ypres, à l'attaque des retranchemens de Seckingen, aux siéges de Kell & de Lichtemberg en 1678. à la bataille de Minden en 1679. aux siéges de Philisbourg, de Manheim & de Franckendal en 1688.

Promotion du 28. Avril 1694.

Colonel du Régiment d'infanterie de l'Isle de France par commission du 12. Juin 1689. Inspecteur général d'infanterie par commission du 19. Avril 1690. il se trouva à la bataille de Fleurus au mois de Juillet, & commanda son Régiment au siége de Mons en 1691. Il alla commander à Saint-Guilain par commission du 23. Mars, & y resta en 1692. & 1693.

Brigadier par brevet du 28. Avril 1694. Lieutenant général en bas Poitou par provisions du 17. Mai suivant, il passa avec son Régiment en Italie pendant cette campagne : en Catalogne en 1695. & les années suivantes ; & servit au siége de Barcelone, à l'assaut de laquelle il reçut une blessure considérable en 1697. Il se démit de son Régiment au mois de Décembre 1698. Quitta le service, & se retira en Poitou où il est mort, possédant encore la Charge de Lieutenant général du bas Poitou.

DE BELSUNCE (Elie, Comte) mort vers 1729.
Il entra dans le Régiment de la Marine en 1667. & servit la même année aux siéges de Douay, de Tournay & de Lille. Parvint à une Compagnie en 1670. la commanda aux siéges d'Orsoy, de Rhimberg, de Doësbourg, de Zutphen en 1672. de Mastrick en 1673. aux batailles de Sintzeim, d'Ensheim, de Mulhausen en 1674. de Turckeim & d'Altenheim en 1675. Major de son Régiment au mois d'Août de cette année, il se trouva à la levée des siéges de Saverne & d'Haguenau par les ennemis,

combattit à Kokesberg en 1676. Se trouva à la canonade du Prince Charles de Lorraine, à la défaite du Prince d'Eisenack, au siége de Fribourg en 1677. à l'attaque des retranchemens de Seckingen, aux siéges de Kell & de Lichtemberg en 1678. au combat de Minden en 1679. au siége de Luxembourg en 1684.

Lieutenant-Colonel du Régiment de Nivernois à sa création par commission du 17. Septembre 1684. Colonel du même Régiment par commission du 18. Octobre 1689. il le commanda au siége de Mons en 1691. sur les côtes en 1692. à la bataille de la Marsaille en 1693.

Brigadier par brevet du 28. Avril 1694. il continua de servir à l'armée d'Italie cette année & la suivante. S'y trouva au siége de Valence en 1696. & étoit employé à l'armée de la Meuse en 1697. Il se démit au mois de Mars 1701. de son Régiment en faveur de son neveu, & ne servit plus.

DE LÉE (André.)
Voyez Tome IV. page 598.

DE SCHELLEMBERG (Jacques)

Avoit levé une Compagnie franche Suisse au service de France, & avoit tenu garnison avec cette Compagnie pendant plusieurs années, lorsqu'il obtint le premier Janvier 1690. la Charge de Lieutenant-Colonel du Régiment de Monin à sa création.

Colonel d'un Régiment Suisse de son nom par commission du 6. Novembre de la même année, il le commanda au siége de Mons en 1691. au siége de Namur où il resta après la prise en 1692. à la bataille de Néerwinden & au siége de Charleroy en 1693.

Brigadier par brevet du 28. Avril 1694. il commanda son Régiment à la bataille du Ter, aux siéges des ville & château de Palamos, de Gironne, d'Ostalric & de Castelfollit sous le Maréchal de Noailles la même année : au secours de Castelfollit & de Palamos en 1695. au combat d'Ostalric en 1696. au combat de Saint-Feliu & au siége de Barcelone en 1697. Son Régiment ayant été licentié par ordre du 18. Juin 1698. le Baron de Schellemberg passa au service de Bavière où il est mort avec le grade de Lieutenant général.

Promotion du 28. Avril 1694.

DE SAILLANT (Jean-Philippe d'Estaing, Comte.) *Voyez* Tome IV. page 573.

FERRAND (Louis Ferrand de Perrigny) mort en 1730. Enseigne au Régiment des Gardes Françoises le 20. Avril 1668. il alla servir en Candie. Passa à une Sous-Lieutenance le 10. Août 1669. à la Sous-Lieutenance de la Colonelle le 18. Juin 1670. & servit en cette qualité aux siéges d'Orsoy, de Rhimberg, de Doësbourg, de Zutphen & au passage du Rhin en 1672.

Lieutenant le 5. Avril 1673. il servit au siége de Mastrick la même année. Combattit à Seneff en 1674. Se trouva aux siéges de Dinant, de Huy & de Limbourg en 1675. de Condé, de Landrecy & de Bouchain en 1676. de Valenciennes & de Cambray en 1677. de Gand & d'Ypres en 1678. Il passa à une Aide-Majorité par brevet du 7. Mai, combattit en cette qualité à la bataille de Saint-Denys près Mons, & parvint à une Compagnie le 23. Août de la même année. Il la commanda à l'armée de Flandre qui couvrit le siége de Luxembourg en 1684. à l'attaque de Valcourt en 1689. à la bataille de Fleurus en 1690.

Il se démit de sa Compagnie au mois de Janvier 1691. Fut créé Major général de l'infanterie par brevet du 24. Mars, obtint une commission le 26. pour tenir rang de Colonel d'infanterie, & alla servir en qualité de Major général de l'infanterie à l'armée du Roussillon par ordre du premier Avril; il en remplit les fonctions jusqu'à la paix, & se trouva à tous les siéges & à toutes les actions, & notamment au siége de Roses en 1693. à la bataille du Ter, aux siéges de Palamos, de Girone, d'Ostalric & de Castelfollit en 1694. & à celui de Barcelone en 1697. Il avoit obtenu le grade de Brigadier par brevet du 30. Mars 1693. & quitta le service après la paix de 1698.

Promotion du 28. Avril 1694.

DE VAUDREY (Jean-Charles, Comte.)
Voyez Tome IV. page 600.

DE JULIEN (Jacques.)
Voyez Tome IV. page 603.

TALBOT (Richard) tué à **Luzzara** le 15. Août 1702.
Il servoit depuis long-temps en Angleterre, & étoit Colonel du Régiment de Limerick lorsqu'il passa en France en 1691. Il le commanda sur les côtes de Normandie en 1692. à la bataille de la Marsaille en 1693.
Brigadier par brevet du 28. Avril 1694. il continua de servir en Italie, & obtint par commission du 25. Août le Régiment Irlandois (aujourd'hui Clare) qui servoit à la même armée, où il servoit encore en 1695. Ayant tenu des propos peu mesurés, on le mit à la Bastille, & on lui ôta son Régiment au mois d'Avril 1696. Il alla servir en qualité de Volontaire à l'armée d'Italie en 1701. Se distingua particuliérement à l'affaire de Crémone le premier Février 1702. & fut tué à **Luzzara**, après y avoir fait des prodiges de valeur.

DORINGTON (Guillaume.)
Voyez Tome IV. page 601.

DE MONTIGNY (Charles de Lamperiere) né en 1642. mort le 8. Février 1735.
Il servit d'abord Cadet dans les Gardes du Corps, puis il entra dans le Régiment de Bretagne infanterie, où il parvint à une Compagnie en 1670. Il passa avec cette Compagnie dans le Régiment des Fusiliers du Roi à sa création le 4. Février 1671. Il devint successivement Capitaine de Canoniers en 1681. Lieutenant-Colonel le 24. Août 1687. & Brigadier par brevet du 28. Avril 1694. Il ne manqua pas un siége ni une bataille depuis 1672. jusqu'en 1698. qu'il quitta le service.

D'INFANTERIE. 87

DE BOHAM (Jean-Antoine-François.) — Promotion du 28. Avril 1694.
Voyez Tome IV. page 538.

DE L'ABBADIE (Charles d'Espalungue.)
Voyez Tome IV. page 575.

DE MONTCAULT (Louis de Fabry, Comte.)
Voyez Tome IV. page 602.

DE GUICHE (Antoine de Gramont, Comte, puis Duc) — 24. Juin 1695.
A été créé Brigadier par brevet du 24. Juin 1695.
Voyez Tome III. page 231.

DE FILLEY (Pierre) — 25. Septem. 1695.
A été créé Brigadier par brevet du 25. Septembre 1695.
Voyez Tome IV. page 537.

PROMOTION *du* 8. *Octobre* 1695.

DE BRAGELOGNE (Etienne de Bragelogne de Versi- — Promotion du 8. Octobre 1695.
gny) mort le premier Février 1714.
D'abord Cornette de cavalerie dès l'âge de quatorze ans, il se trouva à la bataille de Seneff en 1674. aux siéges de Huy & de Limbourg, & à la bataille de Consarbrick en 1675. il eut trois chevaux tués sous lui, reçut une blessure, & fut fait prisonnier à cette bataille.
Enseigne au Régiment des Gardes Françoises le 9. Septembre de la même année, il servit aux siéges de Condé, de Bouchain & d'Aire en 1676. de Valenciennes & de Cambray en 1677. & devint Sous-Lieutenant le 22. Novembre Il étoit aux siéges de Gand & d'Ypres, & à la bataille de Saint Denys près Mons en 1678. & passa à une Lieutenance le 22. Février 1679. Il servit à l'armée de Flandre qui couvrit le siége de Luxembourg en 1684. Se trouva à l'attaque de Valcourt en 1689. & parvint à une Compagnie le premier Octobre suivant. Il la commanda à la bataille de Fleurus en 1690. au siége de Mons

88 DES BRIGADIERS

Promotion du 8. Octobre 1695.

en 1691. à celui de Namur, & à la bataille de Steinkerque en 1692. Obtint une place d'Inspecteur général de l'infanterie par commission du 3. Novembre, & en remplit les fonctions jusqu'à la suppression de ces Charges au mois de Décembre 1693. il combattit avec valeur à Néerwinden, & servit au siége de Charleroy cette année. Fit la campagne de Flandre en 1694. & s'y trouva à la fameuse marche de Vignamont au pont d'Espierre.

Major général de l'infanterie par brevet du 20. Avril 1695. il servit en cette qualité à l'armée de la Meuse, & entra avec le Maréchal de Boufflers dans Namur assiégée par les ennemis. La distinction des services qu'il rendit pendant la défense de cette place, lui mérita le grade de Brigadier qu'on lui accorda par brevet du 8. Octobre.

Il continua de servir en qualité de Major général de l'infanterie de l'armée de la Meuse en 1696. & 1697. Fut rétabli dans la Charge d'Inspecteur général de l'infanterie par commission du premier Décembre 1698. en remplit les fonctions en 1699. & 1700. Servit comme Major général de l'infanterie de l'armée du Rhin par ordre des 21. Juin 1701. & 8. Mai 1702. se trouva à la bataille de Frédelingen cette derniére année. Se démit de la Charge d'Inspecteur général de l'infanterie & de sa Compagnie au mois de Novembre 1703. & ne servit plus.

DE PRINCÉ (Claude Grout, Chevalier.)
Voyez Tome VI. page 550.

DE REGNAC (Louis de Barberin, Comte.)
Voyez Tome VI. page 539.

PROMOTION *du 3. Janvier 1696.*

Promotion du 3. Janvier 1696.

DE LIANCOURT (Henry-Roger de la Rochefoucauld, Marquis.)
Voyez Tome IV. page 503.

DE

DE BLIGNY (François-Germain le Camus, Marquis.)
Voyez Tome VI. page 540.

PELLOT (Etienne-Gerard Pellot de Trevieres, Chevalier) mort le 24. Juin 1726. âgé de 65. ans.

Promotion du 3. Janvier 1696.

Il entra dans le Régiment du Roi dès 1676. & se trouva aux siéges de Valenciennes & de Cambray en 1677. à ceux de Gand & d'Ypres, & à la bataille de Saint-Denys près Mons en 1678. Il passa Enseigne de la Colonelle le 30. Décembre de cette année, & parvint à une Compagnie le 19. Décembre de l'année suivante. Il la commanda à l'armée de Flandre qui couvrit le siége de Luxembourg en 1684. & obtint par commission du 9. Septembre de cette année le Régiment de Bigorre à sa création.

Il commanda ce Régiment à la prise de Cahours, à la bataille de Staffarde, à la prise de Suze en 1690. & passa l'hiver à Casal. Il servit l'année suivante aux siéges de Nice, de Villefranche, de Montalban, de Veillane, de Carmagnoles & de Cony. Au mois de Novembre, après la reprise de Carmagnoles par le Duc de Savoye, le Chevalier Pellot fut du détachement commandé par le Prince d'Elbeuf, dont l'objet étoit de détruire quelques habitations des Barbets aux environs de Pignerol, à quoi il réussit ; mais ayant été battu dans sa retraite, le Chevalier Pellot y fut fait prisonnier. Echangé dans le courant de l'hiver, il continua de servir à l'armée d'Italie qui se tint sur la défensive en 1692. Combattit avec la plus grande valeur à la Marsaille en 1693. Servit au siége de Valence en 1696. & rentra en France après la paix d'Italie. Il avoit obtenu le grade de Brigadier par brevet du 3. Janvier de cette année. Il servit en cette qualité à l'armée de la Moselle en 1697. à l'armée d'Italie par Lettres du 26. Décembre 1700. Se trouva aux affaires de Carpy & de Chiary en 1701. Se démit de son Régiment, & quitta le service au mois de Février 1702.

DE CHEMERAULT (Jean de Barbesieres, Comte.)
Voyez Tome IV. page 504.

Promotion du 4. Janvier 1696.

DE CARCADO (René-Alexis le Sénéchal, Comte.)
Voyez Tome IV. page 630.

DE CARCADO (Sébastien-Hyacinthe le Sénéchal, Chevalier.)
Voyez Tome VI. page 541.

DE SAINT-PATER (Jacques le Coutelier, Marquis.)
Voyez Tome IV. page 621.

DE BIRON (Charles-Armand de Gontaut, Marquis.)
Voyez Tome III. page 238.

DE ROCHEFORT (Louis-Pierre-Armand d'Aloigny, Marquis) mort le 21. Juillet 1701. âgé de 31. ans trois mois.

Il entra Cornette au Régiment de cavalerie du Roi le 24. Juin 1684. Obtint par commission du 2. Mars 1687. le Régiment d'infanterie de Bourbonnois, & le commanda aux sièges de Philisbourg, de Manheim & de Franckendal en 1688. à l'armée d'Allemagne en 1689. & les deux années suivantes: au siége des ville & château de Namur, & à la bataille de Steinkerque en 1692. à la bataille de Neerwinde où il fut blessé, & au siége de Charleroy où il reçut une autre blessure en 1693. à la marche de Vignamont au pont d'Espierre en 1694. au combat de Tongres & au siége de Bruxelles en 1695.

Brigadier par brevet du 3. Janvier 1696. il servit en Flandre cette année & la suivante: au camp de Compiégne en 1698. & mourut à Paris en 1701.

DE MORNAY (Léonor de Mornay-Monchevreuil, Comte.)
Voyez Tome IV. page 577.

DE POUDENS (Henry, Vicomte.)
Je n'ai pu découvrir dans quel corps il avoit servi avant d'obtenir un Régiment de Milice de la Généralité de Bordeaux, qu'on lui accorda par commission du premier Jan-

vier 1689. Il commanda ce Régiment à l'armée du Piémont en 1690. & se trouva à la bataille de Staffarde & au siége de Cahours la même année : à la conquête du Comté de Nice en 1691. Détaché le 7. Juillet avec cinq cents hommes pour reconnoître les montagnes qui commandoient Saorgio, il trouva les ennemis retranchés dans des rochers presqu'inaccessibles : il les attaqua cependant par la droite & par la gauche, leur tua quatre-vingts hommes, fit autant de prisonniers, & les chassa de leurs retranchemens. Il servit ensuite aux siéges de Veillane, de Carmagnoles & du château de Montmélian. Il continua de servir en Italie la campagne de 1692. & obtint par commission du 4. Octobre de cette année le Régiment de Gastinois lors de sa création, en se démettant du Régiment de Milice. Il commanda le Régiment de Gastinois à la bataille de la Marsaille en 1693. à l'armée d'Italie en 1694. Passa à l'armée de Catalogne au mois de Juin 1695.

Brigadier par brevet du 3. Janvier 1696. employé à l'armée de Catalogne, il servit au siége de Barcelone en 1697.

Employé à l'armée d'Italie par Lettres du 21. Juin 1701. il se trouva à l'affaire de Chiary le premier Septembre : à l'affaire de Crémone & à la bataille de Luzzara en 1702. Il servit encore en Italie la campagne de 1703. & quitta le service au mois de Juin 1704.

Promotion du 3. Janvier 1696.

DU GUA (Jacques de Berenger, Comte.)
Voyez Tome VI. page 542.

D'HUMIERES (Louis-François d'Aumont, Duc.)
Voyez Tome IV. page 579.

DE COURTEN (Jean-Etienne.)
Voyez Tome V. page 102.

YOUEL (François Youel, dit Joul.)
Voyez Tome VI. page 551.

Promotion du
3. Janvier 1696. **DE MONROUX** (Philippe-Marie.)
Voyez Tome IV. page 641.

DE GREDER (Louis) né le 14. Septembre 1659. mort le 27. Janvier 1703.
Entra de bonne heure dans le Régiment de son pere, & se trouva au siége de Bouchain en 1676. à la bataille de Cassel en 1677. au siége d'Ypres & à la bataille de Saint-Denys près Mons en 1678. Il devint Major du Régiment de son pere en 1684. Servit en Flandre en 1689. Combattit avec la plus grande valeur à Fleurus en 1690.

Colonel de ce Régiment sur la démission de son pere par commission du 15. Janvier 1691. il le commanda au siége de Mons la même année : au siége de Namur & à la bataille de Steinkerque en 1692. à la bataille de Néerwinde où il reçut deux blessures en 1693. à la marche de Vignamont au pont d'Espierre en 1694. en Flandre jusqu'à la paix. Il y servit en 1701. & 1702. & avoit encore son Régiment lorsqu'il mourut. Il avoit été créé Brigadier par brevet du 3. Janvier 1696.

D'EPINOY (Louis de Melun, Prince.)
Voyez Tome VI. page 532.

DE LAMAR (Claude, Chevalier) mort le 8. Mars 1698.
Il entra au service de France Lieutenant-Colonel du Régiment d'infanterie Piémontoise de Santena à sa création par commission du 24. Octobre 1688. & servit sur les frontiéres de Piémont en 1689. & sur les côtes en 1690.

Colonel du même Régiment sur la démission du Comte de Santena par commission du 25. Mars 1691. il le commanda à l'armée de Flandre & sur la Moselle sous M. de Boufflers, au siége de Namur & à la bataille de Steinkerque en 1692. aux armées de la Moselle & du Rhin en 1693. à l'armée de Flandre en 1694. & 1695.

Brigadier par brevet du 3. Janvier 1696. il servit en Flandre jusqu'à la paix. Son Régiment fut réformé par ordre du 9. Janvier 1698. il mourut deux mois après.

D'INFANTERIE.

Promotion du 1. Janvier 1696.

DE BAUYN (Jean, Chevalier.)
Voyez Tome VI. page 552.

DE VILLARS (Charles de Chandieu.)
Voyez Tome V. page 104.

DE TRAVERSONNE (Claude du Monceau) mort le 6. Octobre 1729. âgé de 77. ans.

Enseigne au Régiment d'Auvergne le 10. Octobre 1670. il servit à tous les siéges de la campagne de 1672. & parvint à une Compagnie le premier Octobre de cette année. Il la commanda à la bataille de Seneff en 1674. au combat d'Altenheim, à la levée des siéges de Saverne & d'Haguenau par les ennemis en 1675.

Sous-Lieutenant au Régiment des Gardes Françoises le 21. Janvier 1676. il quitta le Régiment d'Auvergne, servit aux siéges de Condé, de Bouchain & d'Aire la même année. Passa à une Aide-Majorité du Régiment des Gardes le 8. Février 1677. se trouva en cette qualité aux siéges de Valenciennes & de Cambray cette année : à ceux de Gand & d'Ypres & à la bataille de Saint-Denys près Mons en 1678.

Capitaine au Régiment des Gardes le 31. Janvier 1680. il commanda sa Compagnie à l'armée de Flandre en 1684. à l'attaque de Valcourt en 1689. à la bataille de Fleurus en 1690. au siége de Mons en 1691. à celui de Namur & à la bataille de Steinkerque en 1692. à la bataille de Néerwinde & au siége de Charleroy en 1693. à la marche de Vignamont au pont d'Espierre en 1694. au siége de Bruxelles en 1695. en Flandre en 1696. & 1697.

Major du Régiment des Gardes Françoises par brevet du 25. Février 1698. il se démit de sa Compagnie, & servit en qualité de Major jusqu'au 14. Février 1703. qu'il donna sa démission en quittant le service.

Il avoit servi en qualité de Major général de l'infanterie de l'armée de Flandre en 1695. & les deux années suivantes : du camp de Compiégne en 1698. de l'armée de Flandre par ordre des 6. Juin 1701. & 21. Avril 1702. & avoit donné pendant ces campagnes des preuves de la plus grande valeur & des plus grands talens pour le service de l'infanterie.

D'ORGEMONT (Omer Pucelle.)
Voyez Tome VI. page 556.

LUTTREL (Henry) mort au mois de Janvier 1699.

Il étoit Lieutenant-Colonel du Régiment d'infanterie de la Reine d'Angleterre, lorsqu'il passa en France en 1691. Il servit avec ce Régiment sur les côtes en 1692. à la bataille de la Marsaille en 1693. & l'obtint après la mort du Colonel qui y fut tué. Il le commanda à l'armée d'Italie en 1694. & 1695.

Brigadier par brevet du 3. Janvier 1696. employé à l'armée d'Italie, il y servit au siége de Valence, & passa après la paix à l'armée de Catalogne où il se trouva au siége de Barcelone en 1697.

Après la paix de Riswick on forma un Régiment d'infanterie de son nom avec les Régimens de la Reine d'Angleterre & de Clincarty : il en eut le commandement par commission du 27. Février 1698. & le conserva jusqu'à sa mort.

DE VILLAINCOURT (Thimoléon) mort au mois de Février 1697.

Il entra d'abord Aide-Major dans le Régiment de Schulemberg le 21. Novembre 1666. Servit en Flandre en 1667. passa à une Compagnie le 20. Novembre. Se trouva à la conquête de la Franche-Comté en 1668. & eut sa Compagnie réformée par ordre du 26. Mai.

Remplacé dans le Régiment de Carignan (depuis Soissons & du Perche) le premier Octobre 1671. il commanda sa Compagnie au camp de Courtray sous le Maréchal d'Humieres en 1672. dans différentes garnisons de la Hollande & de la Flandre en 1673. & les années suivantes: aux siéges de Valenciennes & de Cambray en 1677. aux siéges de Gand & d'Ypres, & à la bataille de Saint-Denys près Mons en 1678. & passa à la Compagnie de Grenadiers le 29. Août de cette année. Il fut fait Major de son Régiment par brevet du 28. Juillet 1682. Servit au siége de Luxembourg en 1684. & devint Lieutenant-Colonel du même Régiment le 9. Juin 1686. Il le commanda à la bataille de Fleurus en 1690. au siége de Mons, puis à l'armée d'Allemagne en 1691. en Allemagne en 1692. à la bataille de la Marsaille en 1693. en Italie en 1694. & l'année suivante.

Brigadier par brevet du 3. Janvier 1696. employé à l'armée d'Italie, il servit au siége de Valence la même année, & mourut au commencement de l'année suivante, étant encore Lieutenant-Colonel de son Régiment.

Promotion du 3. Janvier 1696.

DU TOT (François-Laurent Wacquet.)
Voyez Tome VI. page 557.

DE VRAIGNE (Henry de Pingré.)
Voyez Tome VI. page 558.

DE LA MOTTE-MARCÉ (François-Guillaume de Marcé.)
Voyez Tome VI. page 559.

DE MONTALANT (Charles-Louis de Vielchatel) mort le 29. Décembre 1718.

Il entra dans le Régiment Royal infanterie dès 1658. y obtint une Compagnie le 24. Octobre 1663. & la commanda l'année suivante à l'expédition de Gigery : aux siéges de Douay, de Tournay & de Lille en 1667. à tous les siéges & au passage du Rhin en 1672. au siége de Mastrick, puis à l'armée d'Allemagne en 1673. aux batailles de Sintzeim, d'Ensheim & de Mulhausen en 1674. à celle de Turckeim, aux siéges de Dinant, de Huy & de Limbourg en 1675. à ceux de Condé, de Bouchain & d'Aire en 1676. de Valenciennes & de Cambray en 1677. de Gand, d'Ypres & à la bataille de Saint-Denys près Mons en 1678. au siége & à la prise de Luxembourg en 1684. à l'armée d'Allemagne en 1689. & 1690. étant alors Commandant du second Bataillon de son Régiment : à l'armée d'Allemagne, puis à celle d'Italie où il se trouva au siége de Montmélian en 1691.

Lieutenant-Colonel de son Régiment par commission du 28. Février 1692. il servit au siége de Namur, & combattit à Steinkerque la même année. Il étoit à l'armée d'Allemagne en 1693. & 1694. à la défense de Namur en 1695.

Brigadier par brevet du 3. Janvier 1696. il servit au siége de Valence en Italie : sur la Meuse en 1697. en Flandre par Lettres des 6. Juin 1701. & 21. Avril 1702. il se trouva cette dernière année au combat de Nimegue. Se distingua à la défense de Bonn en 1703. & obtint par provisions du 10. Février 1704. le Gouvernement de Bar-sur-Aube, en se démettant de la Lieutenance-Colonelle du Régiment Royal. Il le conserva jusqu'à sa mort.

DE GASQUET (Joseph.)
Voyez Tome VI. page 560.

DE PARATTE (Martin.)
Voyez Tome VI. page 559.

DE BLÉCOURT (Jean-Denys) mort le 13. Décembre 1719.

Il entra Enseigne de la Colonelle du Régiment de la Reine-mere (depuis Artois & la Couronne) dès 1658. Obtint une Compagnie en 1667. & la commanda aux siéges de Bergues, d'Oudenarde & de Courtray la même année : à la conquête de la Franche-Comté en 1668. Sa Compagnie ayant été réformée au mois de Mai suivant, il en leva une nouvelle le premier Octobre 1671. & servit avec le Régiment au siége de Mastrick en 1673. aux siéges de Besançon & de Dole, aux batailles de Seneff & de Mulhausen en 1674. à celle de Turckeim en Janvier 1675. aux siéges de Dinant, de Huy & de Limbourg la même année : de Condé, de Bouchain & d'Aire en 1676.

de

D'INFANTERIE.

de Fribourg en 1677. de Gand & d'Ypres, & à la bataille de Saint-Denys près Mons en 1678.

Promotion du 3. Janvier 1696.

Capitaine de Grenadiers de son Régiment le 21. Juillet 1683. il commanda cette Compagnie au siége & à la prise de Luxembourg en 1684. à l'armée de Savoye & au siége de Montmélian en 1691. au siége de Namur & à la bataille de Steinkerque en 1692. à l'armée de la Moselle, puis à celle d'Allemagne en 1693. Il avoit été fait Lieutenant-Colonel de son Régiment le 16. Mai de cette année, & se trouva en cette qualité à la bataille de la Marsaille, & à l'armée d'Italie en 1694. & 1695.

Brigadier par brevet du 3. Janvier 1696. il servit au siége de Valence : sur la Meuse l'année suivante : au camp de Compiégne en 1698. à l'armée de Flandre par Lettres du 6. Juin 1701. & obtint par provisions du premier Juin 1703. le Gouvernement de Navareins, où il résida jusqu'à sa mort.

DE PUISEGUR (Jacques de Chastenet, Comte.)
Voyez Tome III. pag. 244.

DE MAISONCELLES (Guillaume Texier) tué à la bataille d'Hochstett le 13. Août 1704.

Entra Lieutenant dans le Régiment des Fusiliers du Roi (depuis Royal-Artillerie) le 27. Avril 1675. & y obtint une Compagnie le 31. Mars 1676. Il servit toute cette guerre en Flandre, & s'y trouva à tous les siéges. Il servit avec distinction particuliérement au siége de Valenciennes en 1677. & à celui de Luxembourg en 1684. Il parvint à une Compagnie de Canoniers le 20. Octobre 1687. Passa à la Majorité du Régiment le 26. Mars 1689. à une Compagnie d'ouvriers le 22. Juillet 1690. & obtint le 6. Août suivant un ordre pour conserver la Majorité & la Compagnie d'ouvriers en même temps. Il servit toute cette guerre en Italie, & s'y trouva à la bataille de Staffarde en 1690. à la conquête du Comté de Nice, aux siéges de Carmagnoles, de Veillane & du château de Montmélian en 1691. à la bataille de la Marsaille en 1693.

Promotion du 3. Janvier 1696.

Brigadier par brevet du 3. Janvier 1696. il servit au siége de Valence la même année, commanda à Pignerol pendant l'hiver par ordre du 24. Octobre. Servit au siége d'Ath en 1697. au camp de Compiégne en 1698. à l'armée de Flandre par Lettres du 6. Juin 1701. Commanda à Ruremonde pendant l'hiver par ordre du 25. Octobre. Fut employé à l'armée de Flandre par Lettres du 21. Avril 1702. & s'y trouva au combat de Nimegue.

Major général de l'infanterie de l'armée d'Allemagne par ordre du premier Juin 1703. il servit au siége de Brisack & de Landau, & se trouva à la bataille de Spire la même année. Major général de l'armée du Rhin sous les ordres du Maréchal de Tallard par ordre du premier Avril 1704. il fut tué à la bataille d'Hochstett.

DE VERPEL (Alexandre, Chevalier) mort au mois de Mars 1714.

Il étoit entré dans le Régiment de Navarre dès 1673. & s'étoit trouvé au siége de Mastrick, à la bataille de Seneff en 1674. à la bataille de Mulhausen au mois de Décembre suivant : à celle Turckeim en Janvier 1675. aux siéges de Huy, de Dinant & de Limbourg la même année : à ceux de Condé, de Bouchain & d'Aire en 1676. & obtint une Compagnie le 18. Janvier 1677. il la commanda au siége de Saint-Omer & à la bataille de Cassel la même année : aux siéges de Gand & d'Ypres, & à la bataille de Saint-Denys près Mons en 1678. au siége de Luxembourg en 1684.

S'étant appliqué au Génie, il quitta sa Compagnie, fut entretenu Capitaine réformé à la suite du Régiment de Navarre par ordre du 15. Mars 1686. ne servit plus qu'en qualité d'Ingénieur. Il mérita, par les services qu'il rendit, le grade de Brigadier qu'on lui accorda par brevet du 3. Janvier 1696. Il commanda en chef les Ingénieurs à l'armée d'Allemagne en 1704. & se trouva à la bataille d'Hochstett. Je ne le trouve point employé depuis.

DE RICHERAND (Guy.) *Promotion du 5. Janvier 1696.*
Voyez Tome VI. page 544.

DE BIRKENFELD (Chrétien de Baviére III. Prince) *6. Août 1697.*
A été créé Brigadier par brevet du 6. Août 1697.
Voyez Tome VI. page 617.

PROMOTION *du 29. Janvier 1702.*

DE POLIGNAC (Armand-Scipion-Sidoine-Apollinaire- *Promotion du 29. Janvier 1702.*
Gaſpard, Vicomte.)
Voyez Tome V. page 60.

DARGINY (Antoine Camus, Chevalier, puis Comte)
Entra fort jeune dans les Mouſquetaires, y fit quelques campagnes, & obtint une Compagnie dans le Régiment de Poitou le 2. Novembre 1683. Il la commanda aux ſiéges de Philiſbourg, de Manheim & de Franckendal en 1688. à la défenſe de Mayence en 1689.

Colonel du Régiment d'infanterie de nouvelle levée de la ville de Limoges par commiſſion du 28. Mai 1689. il le commanda en Flandre juſqu'à la paix de 1697. Ce Régiment ayant été réformé par ordre du 30. Décembre 1698. le Comte Darginy fut attaché à la ſuite du Régiment d'Humieres par ordre du même jour. Il fit avec ce Régiment la campagne de Flandre en 1701. & obtint le grade de Brigadier par brevet du 29. Janvier 1702. mais je ne l'ai point trouvé employé en cette qualité.

DE CHAMILLY (François Bouton, Chevalier) né le 10. Décembre 1669. tué à la bataille de Frédélingen le 14. Octobre 1702.

Il avoit fait la campagne de 1683. en Flandre avec les Mouſquetaires, & celle de 1684. dans l'armée qui couvrit le ſiége de Luxembourg, lorſqu'on lui donna par commiſſion du 4. Octobre de cette derniére année une Compagnie dans le Régiment d'infanterie de Bourgogne, qu'il com-

Promotion du 29. Janvier 1702.

manda dans différentes garnisons de la Flandre jusqu'en 1688.

Colonel du Régiment d'infanterie de Béarn par commission du 16. Novembre 1689. il le commanda à la bataille de Fleurus en 1690. en Allemagne en 1691. à l'armée d'Italie où on se tint sur la défensive en 1692. à la bataille de la Marsaille en 1693. en Italie en 1694. & 1695. sur le Rhin en 1696. & 1697. à l'armée d'Allemagne en 1701.

Brigadier par brevet du 29. Janvier 1702. il fut employé à l'armée d'Allemagne par Lettres du premier Juillet: passa sous les ordres du Marquis de Villars par autres Lettres du 18. Septembre, & fut tué le mois suivant à la bataille de Frédélingen, après s'y être particuliérement distingué.

DE PERY (Jean-Baptiste, Marquis.)
Voyez Tome IV. page 619.

DE VIEUXPONT (Guillaume-Alexandre, Marquis.)
Voyez Tome IV. page 652.

DE MONTSORREAU (Louis du Bouchet de Sourches, Marquis.)
Voyez Tome IV. page 653.

DE LIGNERAC (Joseph de Robert, Marquis) mort le 11. Mai 1733. âgé de 63. ans.

Il entra Lieutenant au Régiment du Roi le 7. Février 1689. servit en Allemagne la même année. Passa à une Sous-Aide-Majorité du Régiment le 28. Janvier 1690. obtint le même jour une commission pour tenir rang de Capitaine, & se trouva au mois de Juillet à la bataille de Fleurus.

Colonel du Régiment du Perche par commission du 31. Décembre 1690. il commanda ce Régiment au siége de Mons, puis à l'armée d'Allemagne en 1691. en Allemagne en 1692. à la bataille de la Marsaille & à l'attaque du château de Martignane où il fut blessé en 1693. à l'armée d'Italie jusqu'à la paix. Il s'y trouva au siége de Valence en 1696. & fit la campagne de 1697. sur le Rhin, où il servit encore en 1701. *Promotion du 29. Janvier 1702.*

Brigadier par brevet du 29. Janvier 1702. employé à l'armée d'Italie par Lettres du 21. Février, il reçut à la bataille de Luzzara au mois d'Août un coup de mousquet qui lui perça l'épaule. Il marcha avec M. de Vendôme dans le Trentin en 1703. & se trouva à tous les siéges & à toutes les actions de cette expédition. Il servit aux siéges de Verceil, d'Yvrée & de Veruë en 1704. & 1705. & quitta le service & son Régiment au mois de Juillet de cette derniére année.

Pourvu de la Lieutenance générale de la haute Auvergne par provisions du 20. Juillet 1714. il conserva cette Charge, & commanda en haute Auvergne jusqu'à sa mort.

DE CASTELAS (François-Nicolas-Albert.)
Voyez Tome IV. pag. 655.

DE LA BARRE (Antoine du Château.)
Voyez Tome VI. page 564.

DE BRETEUIL (Louis le Tonnelier, Chevalier.)
Voyez Tome VI. page 565.

DE MONTENDRE (Isaac-Charles de la Rochefoucauld, Comte) tué à Luzzara le 15. Août 1702.

Lieutenant au Régiment d'infanterie du Maine le 7. Juin 1688. il servit en Allemagne. Se trouva à la défense de Mayence en 1689. obtint une Compagnie le premier Septembre de cette année, & la commanda à la bataille de Fleurus en 1690. & au siége de Mons en 1691.

Colonel du Régiment d'infanterie de Medoc par commission du 23. Mai de la même année, il le joignit à l'armée d'Italie, & le commanda au siége du château de Montmélian à la fin de la campagne: à la même armée qui se tint sur la défensive en 1692. à la bataille de la Marsaille en 1693. au siége de Valence en 1696. au siége de Barcelone en 1697. Il défendit le 23. Juillet le bastion de la droite que les ennemis attaquerent avec une grande valeur: il monta sur le bastion par le flanc avec deux cents hommes qui attaquerent les ennemis, & les forcerent de se retirer après en avoir beaucoup tué. Il servit ensuite d'ôtage pour la capitulation.

Il passa avec son Régiment en Italie au mois de Décembre 1700. Il s'y trouva aux combats de Carpy & de Chiary en 1701. Obtint le grade de Brigadier par brevet du 29. Janvier 1702. se distingua particuliérement à la défense de Crémone où il reçut une blessure le premier Février: fut employé comme Brigadier par Lettres du 21. passa par commission du premier Mars à la Charge de Colonel-Lieutenant du Régiment Royal-Vaisseaux en se démettant de celui de Médoc, & commandoit ce Régiment à la bataille de Luzzara lorsqu'il fut tué.

DE ROBECQUE (Charles de Montmorency, Prince.)
Voyez Tome VI. page 566.

DE CANILLAC (Philippe de Montboissier-Beaufort, Marquis.)
Voyez Tome VI. page 571.

DE VERGETOT (Jean-François du Fay, Marquis.)
Voyez Tome VI. page 573.

DE CHAVIGNY (Claude-François de Bouthillier, Marquis) mort le 14. Mars 1703.

Connu d'abord sous le nom de Chevalier de Bouthillier; il entra Enseigne de la Colonelle du Régiment d'infanterie de Clérembault (aujourd'hui Vivarais) le 10. Novembre 1679. Il passa à une Lieutenance le 24. Juin 1680. & obtint une Compagnie sous le nom de Chevalier de Chavigny par commission du 26. Septembre suivant. Il la commanda au siége de Cahours & à la bataille de Staffarde en 1690. à la conquête du Comté de Nice & des places en dépendantes aux mois d'Avril & de Mai 1691. fut fait Major de son Régiment par brevet du 15. Juillet, & servit pendant le reste de la campagne aux siéges de Veillane, de Carmagnoles & du château de Montmélian. Il fit la campagne de 1692. en Italie, & obtint le Régiment de Quercy par commission du 29. Août. Il commanda ce Régiment à la bataille de la Marsaille en 1693. & à l'armée d'Italie en 1694.

Colonel du Régiment d'Auvergne par commission du 15. Janvier 1695. il le commanda au siége de Valence en 1696. à l'armée du Rhin en 1697. & prit en se mariant le titre de Marquis de Chavigny.

Maréchal général des logis de l'armée d'Italie par ordre du 29. Mars 1701. il se trouva aux combats de Carpy & de Chiary la même année. Obtint le grade de Brigadier par brevet du 29. Janvier 1702. contribua à la défense de Crémone le premier Février ; fut employé en cette qualité par Lettres du 21. continua de servir Maréchal général des logis de l'armée, se trouva au combat de Sant-Vittoria, à la prise de Reggio & de Modène, à la bataille de Luzzara le 15. Août. Fut créé Inspecteur général de l'infanterie par commission du même jour ; servit à la prise de Luzzara & de Borgoforté, & passa l'hiver à Guastalle où il mourut de maladie.

Promotion du 29. Janvier 1702.

DE LILLE (Louis Desmoulins, Comte.)
Voyez Tome V. page 61.

DE GUERCHY (Louis de Regnier, Marquis.)
Voyez Tome IV. page 665.

DE MURET (Jérôme-François l'Ecuyer, Comte.)
Voyez Tome IV. page 667.

D'EVREUX (Henry-Louis de la Tour-d'Auvergne, Comte.)
Voyez Tome IV. page 636.

Promotion du
29. Janvier 1702.

DE CROISSY (Louis-François-Henry de Colbert, Chevalier.)
Voyez Tome IV. page 669.

D'IMÉCOURT (Jean-Louis de Waffinghac, Comte.)
Voyez Tome VI. page 574.

DE LUXEMBOURG (Chrétien-Louis de Montmorency, Chevalier.)
Voyez Tome III. page 274.

DE GENNES (François Morel de la Motte, Chevalier) mort au mois de Mai 1703.

Il entra Enseigne dans le Régiment de Lorraine le 20. Novembre 1667. & fit la campagne de Candie. Incorporé avec le Régiment de Lorraine dans le Régiment Dauphin infanterie, il y servit à tous les siéges de 1672. à celui de Mastrick en 1673. & obtint une Compagnie le 13. Décembre de cette année. Il la commanda aux siéges de Besançon & de Dole en 1674. aux siéges de Liége, de Dinant, de Huy & de Limbourg en 1675. aux siéges de Condé, de Bouchain & d'Aire en 1676. à ceux de Valenciennes & de Cambray en 1677.

Passé avec sa Compagnie dans le Régiment de la Fere par ordre du 20. Mars 1678. il la commanda à l'attaque des retranchemens de Seckingen, aux siéges de Kell & du château de Lichtemberg la même année. Obtint la Compagnie de Grenadiers le 11. Février 1679. & la commanda au combat de Minden.

Major de son Régiment par brevet du 27. Janvier 1688. il servit en Allemagne en 1689. & 1690. Devint Lieutenant-Colonel du même Régiment le 6. Février 1691. & continua de servir en Allemagne. Il étoit au siége de Namur, puis à l'armée de la Moselle en 1692. à l'armée d'Allemagne en 1693. & 1694. & obtint le Régiment de la Fere par commission du 17. Septembre. Il le commanda en Allemagne en 1695. sur la Meuse en 1696. au siége
d'Ath

d'Ath en 1697. aux combats de Carpy & de Chiary en 1701.   *Promotion du 29. Janvier 1702.*

Brigadier par brevet du 29. Janvier 1702. il se distingua à l'affaire de Crémone le premier Février, obtint des Lettres de service le 21. du même mois : se trouva à la bataille de Luzzara, & mourut en Italie au mois de Mai de l'année suivante.

DE SPARRE (Erick-Magnus Toffeta, Baron.)
Voyez Tome IV. page 627.

DE BRENDLÉ (Josse.)
Voyez Tome IV. page 680.

DE MAULEVRIER (Henry de Colbert, Chevalier.)
Voyez Tome IV. page 672.

D'ANTRAGUES (Hyacinthe de Montvalat, Chevalier) tué à Crémone le premier Février 1702.

Page du Roi dès 1685. il entra Sous-Lieutenant au Régiment du Roi en 1688. & servit aux sièges de Philisbourg, de Manheim & de Franckendal la même année : dans le Palatinat en 1689. & fut fait Lieutenant le 28. Mars 1690. il se trouva en cette qualité à la bataille de Fleurus au mois de Juillet : au siège de Mons & au combat de Leuse en 1691. au siège de Namur en 1692. & s'étant particuliérement distingué à Steinkerque où il reçut une blessure le 3. Août, le Roi lui donna le 6. une Enseigne au Régiment des Gardes Françoises. Il se trouva avec ce Régiment à la bataille de Néerwinde & au siège de Charleroy en 1693. & passa à une Sous-Lieutenance le 2. Septembre. Il continua de servir en Flandre, & obtint une Lieutenance le 12. Juillet 1694. Se trouva au siège & au bombardement de Bruxelles en 1695.

Colonel du Régiment d'infanterie de Bugey par commission du 4. Octobre de la même année ; il le commanda en Flandre en 1696. & au siège d'Ath en 1697.

Colonel-Lieutenant du Régiment Royal-Vaisseaux, par

Tome VIII. O

commission du 16. Juin 1699. il se démit du Régiment de Bugey; passa avec le Régiment des Vaisseaux à l'armée d'Italie au mois de Juillet. Se trouva au combat de Chiary en Septembre 1701.

Brigadier par brevet du 29. Janvier 1702. il combattit avec la plus grande valeur à Crémone le premier Février, & fut tué à la tête de son Régiment.

DE SESANNE (Louis-François de Harcourt-Beuvron, Comte.)
Voyez Tome IV. page 674.

DE DREUX (Thomas Dreux de Brezé, Marquis.)
Voyez Tome IV. page 677.

DE TOURNIN (Jean Joseph.)
Voyez Tome VI. page 592.

DE LA GERINIERE (*N.*) mort au mois d'Août 1705.
Il entra Lieutenant au Régiment d'infanterie de Dampierre le 26. Juin 1665. Servit sur la frontière de Champagne en 1667. obtint une Compagnie le 20. Décembre. Après la réforme du mois de Mai 1668. il entra Lieutenant au Régiment de Vendôme (depuis Royal-Vaisseaux,) & fit avec ce Régiment la campagne de Candie en 1669. Il se trouva à tous les siéges & au passage du Rhin en 1672. au siége de Mastrick, & ensuite à l'armée d'Allemagne en 1673. à la bataille de Seneff, puis à celle de Mulhausen en 1674. à celle de Turckeim le 5. Janvier 1675. aux siéges de Dinant, de Huy & de Limbourg la même année, commandant la Compagnie qu'il avoit obtenue dès le 6. Mars. Il continua de la commander aux siéges de Condé, de Bouchain & d'Aire en 1676. au siége de Saint-Omer & à la bataille de Cassel en 1677. aux siéges de Gand & d'Ypres & à la bataille de Saint-Denys près Mons en 1678. à l'armée de Flandre qui couvrit le siége de Luxembourg en 1684.

Lieutenant-Colonel du Régiment d'infanterie de Dauphiné à sa formation par commission du 24. Septembre de cette derniére année, il resta en garnison pendant plusieurs années. Servit au siége de Mons, puis sur la Moselle en 1691. sur les côtes de Normandie en 1692. à la bataille de la Marsaille en 1693. en Italie en 1694. & 1695. sur le Rhin en 1696. & 1697.

Promotion du 29. Janvier 1702.

Brigadier par brevet du 29. Janvier 1702. il passa à Naples avec son Régiment, & y fut employé Brigadier par Lettres du 19. Juillet. Il y resta jusqu'à sa mort.

DAMIGNY (*N*.) mort en 1714.

Il entra de très-bonne heure dans le Régiment du Roi, s'y trouva à tous les siéges & au passage du Rhin en 1672. au siége de Maftrick en 1673. à la conquête de la Franche-Comté & à la bataille de Seneff en 1674. aux siéges de Dinant, de Huy & de Limbourg en 1675. & obtint une Compagnie le 13. Juin de cette année. Il la commanda aux siéges de Condé, de Bouchain & d'Aire en 1676. à ceux de Valenciennes & de Cambray en 1677. de Gand & d'Ypres, & à la bataille de Saint-Denys près Mons en 1678. à l'armée de Flandre qui couvrit le siége de Luxembourg en 1684.

Major du Régiment d'infanterie de Saintonge à sa formation par brevet du premier Octobre de cette année; Lieutenant-Colonel du même Régiment par commission du 10. Juillet 1688. il servit au siége de Mons, puis sur la Moselle en 1691. sur le Rhin en 1692. & 1693. en Italie en 1694. sur le Rhin en 1695. sur la Meuse en 1696. en Flandre en 1697. à Anvers pendant la campagne de 1701.

Brigadier par brevet du 29. Janvier 1702. employé à l'armée du Rhin par Lettres du 9. Mai, il se jetta le 16. Juin dans Landau assiégé par les ennemis: il y contribua à la belle défense de M. de Laubanie, & fut nommé pour commander à Neubourg sous les ordres du même Général par ordre des 16. & 22. Décembre : il quitta alors le Régiment de Saintonge. Employé à l'armée du Rhin par

Promotion du 29. Janvier 1702. Lettres du premier Avril 1704. il combattit avec la plus grande valeur à Hochstett, & ne servit plus.

DE SEIGNIER (Jean-Pierre Brunod.)
Voyez Tome VI. page 549.

DU MONTET (François) mort en 1719.
 Il entra Cadet aux Gardes Françoises en 1662. & fit la campagne de Gigery. A son retour en 1664. il fut reçu dans les Mousquetaires, puis Lieutenant au Régiment de Beauvoisis (alors Jonsac) le 28. Juillet 1667. Il alla servir avec ce Régiment en Candie en 1669. se distingua particuliérement à la sortie du 25. Juin, & parvint à une Compagnie le 20. Juillet 1671. Il la commanda en Hollande & en Flandre pendant toutes les campagnes de 1672. à 1678. & fut fait Major de son Régiment par brevet du 28. Octobre 1684. Il servit en cette qualité à l'armée d'Allemagne en 1689. & 1690.
 Lieutenant-Colonel du même Régiment par commission du 8. Janvier 1691. il continua de servir en Allemagne pendant cette campagne. Se trouva au siége de Namur, puis à l'armée de la Moselle en 1692. à la bataille de Néerwinde & au siége de Charleroy en 1693. sur la Meuse en 1695. & les deux années suivantes : à l'armée d'Allemagne en 1701.
 Brigadier par brevet du 29. Janvier 1702. il passa avec son Régiment à Naples, où il fut employé Brigadier par Lettres du 19. Juillet. A son retour de Naples en 1705. il joignit l'armée d'Italie, & se trouva au siége & à la bataille de Turin en 1706. Servit sur les frontiéres du Piémont par Lettres des premier Avril 1707. & 1708. 6. Juin 1709. premier Avril 1710. & alla commander dans le Comté de Nice par ordre du premier Novembre. Il y resta jusqu'à la paix.

D'INFANTERIE. 109

Promotion du 29. Janvier 1702.

DE CHEVANNES (Philippe Gallant) tué à la bataille de Frédélingen le 14. Octobre 1702.

Il servoit dans le Régiment de Poitou depuis 1671. & s'étoit trouvé à toutes les actions du Régiment, lorsqu'il parvint à la Compagnie de Grenadiers le 10. Janvier 1686. Il fut fait Major par brevet du 2. Avril 1687. & servit en cette qualité aux siéges de Philisbourg, de Manheim & de Franckendal en 1688. à la conquête du Palatinat en 1689. à la bataille de Fleurus en 1690.

Lieutenant-Colonel du même Régiment par commission du 10. Janvier 1691. il servit au siége de Mons, puis à l'armée de Flandre la même année : au siége de Namur & à la bataille de Steinkerque en 1692. aux armées de la Moselle & du Rhin en 1693. au siége & au bombardement de Bruxelles en 1695. en Flandre en 1696. au siége d'Ath en 1697. au camp de Compiégne en 1698. en Flandre en 1701.

Brigadier par brevet du 29. Janvier 1702. employé à l'armée d'Allemagne par Lettres du 8. Mai, il fut tué à la bataille de Frédélingen à la tête de la Brigade de Poitou.

DE BAR (Alexandre)

Il servoit dans le Régiment de Bourgogne depuis sa création en 1668. & avoit fait avec ce Régiment toute la guerre de 1672. à 1678. & le siége de Luxembourg en 1684. lorsqu'il en fut fait Major par brevet du 4. Mars 1686. Il se trouva en cette qualité à la bataille de Fleurus en 1690. à l'armée du Rhin jusqu'au mois de Juin 1691. à l'armée d'Italie où il servit au siége de Montmélian pendant le reste de la campagne: à la même armée en 1692. Lieutenant-Colonel de son Régiment par commission du 20. Décembre, il servit à l'armée de la Moselle en 1693. en Allemagne en 1694. en Italie en 1695. au siége de Valence en 1696. sur la Meuse en 1697. aux combats de Carpy & de Chiary en 1701.

Brigadier par brevet du 29. Janvier 1702. il se trouva

Promotion du 29. Janvier 1702. à la défense de Crémone le premier Février, eut des Lettres de service comme Brigadier le 21. du même mois : combattit à Luzzara au mois d'Août, & servit à la prise de cette place & de Borgoforté. Il continua de servir en Italie en 1703. & 1704. Je ne le trouve plus employé depuis 1705.

DE PLANQUE (Barthelemy.)
Voyez Tome VI. page 615.

DE VALORY (Charles Guy, Marquis.)
Voyez Tome IV. page 679.

DE ROUSSELOT (N.)
Il servoit depuis long-temps dans le Génie, lorsqu'il obtint le grade de Brigadier. Je n'ai pu rien sçavoir de ce qui le regarde.

DE LA FREZELIERE (Jean-François-Angélique Frezeau, Marquis.)
Voyez Tome IV. page 638.

FERRANT D'ESCOSSAY (François) mort au mois de Juin 1718.
Il servoit depuis long-temps dans l'artillerie, & avoit fait toute la guerre de 1672. à 1678. le siége de Luxembourg en 1684. ceux de Philisbourg, de Manheim & de Franckendal en 1688. toutes les campagnes d'Italie de 1690. & des années suivantes, lorsqu'on le créa Lieutenant d'artillerie au département de Pignerol & de Grenoble par commission du 27. Mars 1696. ce qui ne l'empêcha pas de servir au siége de Barcelone en 1697.

Brigadier par brevet du 29. Janvier 1702. il leva par commission du premier Juin suivant une Compagnie de cent Canoniers pour la défense des côtes qu'on mit peu après à deux cents hommes, & commanda l'artillerie sur les côtes de l'Océan par commissions des 28. Avril 1703. 7. Mai 1704. 6. Avril 1705. 30. Mars 1706. celle des côtes de Guyenne & d'Aunis par commissions des 28. Mars 1707. 12. Avril 1708. 15. Avril 1709. 15. Avril 1710. premier Avril 1711. & 12. Avril 1712. Sa Compagnie de Canoniers fut réformée après la paix de 1714. On lui donna la Charge de Lieutenant général de l'artillerie au département de Guyenne par provisions du 2. Mai 1716. il la conserva jusqu'à sa mort.

Promotion du 24. Janvier 1702.

Promotion du 9. Février 1702.

DE MASSELIN (François-Charles)
Entra Lieutenant au Régiment de Listenois (aujourd'hui Royal-Comtois) le 30. Décembre 1675. Servit à l'armée de Catalogne en 1676. & 1678. & obtint une Compagnie le 6. Août 1678. après le siège de Puycerda. Il passa à la Lieutenance de la Compagnie Colonelle en conservant son rang de Capitaine le 12. Février 1680. Servit en Allemagne en 1689. & 1690. à la conquête du Comté de Nice, aux siéges de Veillane, de Carmagnoles & du château de Montmélian en 1691. au siége de Namur & au combat de Steinkerque en 1692. Capitaine de la Compagnie de Grenadiers le 8. Février 1693. Major de son Régiment le 10. Mars suivant, il servit sur la Moselle & en Allemagne cette année : en Italie en 1694. & les années suivantes. Il s'y trouva au siège de Valence en 1696. & servit sur la Meuse en 1697.

Lieutenant-Colonel de son Régiment par commission du 13. Janvier 1701. il passa en Italie, & se trouva aux combats de Carpy & de Chiary. Il se comporta avec tant de distinction à la défense de Crémone le premier Février 1702. que le Roi le créa Brigadier par brevet du 9. employé en cette qualité par Lettres du 21. il se trouva à la bataille de Luzzara, à la prise de cette place & de Borgoforté la même année : à la marche dans le Trentin, à la prise de Nago & d'Arco en 1703. au siége de Suze en 1704. On lui donna le commandement de cette place par ordre du premier Juillet ; il y resta jusqu'à l'évacuation,

Promotion du 9. Février 1702.

Promotion du 9. Février 1702.

& quitta alors le Régiment Royal-Comtois. Je ne le trouve point employé depuis.

DE BAULIEU (Charles)

Il servoit dans le Régiment d'infanterie de Navailles (aujourd'hui Médoc) depuis sa création en 1674. & s'étoit trouvé au siége de Luxembourg en 1684. à l'armée d'Allemagne en 1689. & 1690. à la conquête du Comté de Nice, aux siéges de Veillane, de Carmagnoles & de Montmélian en 1691. en Italie en 1692. & les deux années suivantes : en Catalogne en 1695. Lorsqu'il parvint à la Compagnie de Grenadiers le premier Juillet 1696. il la commanda au siége & à l'assaut de Barcelone en 1697. & au combat de Carpy en 1701.

Lieutenant-Colonel de son Régiment par commission du premier Août suivant, il se trouva au combat de Chiary le premier Septembre : à la défense de Crémone le premier Février 1702. & obtint le grade de Brigadier par brevet du 9. en considération de la maniére distinguée dont il y avoit servi : employé à l'armée d'Italie par Lettres du 21. il continua d'y servir, & s'y trouva à la bataille de Luzzara : à toutes les opérations de 1703. aux siéges d'Yvrée, de Suse, de Verceil & de Veruë, & à la bataille de Cassano en 1704. & 1705. au siége & à la bataille de Turin en 1706.

Il servit à l'armée du Dauphiné par Lettres du 20. Avril 1707. fut employé dans cette province pendant l'hiver par ordre du 2. Novembre. Je ne le trouve point employé depuis.

3. Mars 1702.

DE LUZZARA (Prosper de Gonzagues, Marquis) tué à Governolo le 22. Décembre 1702.

Il entra au service de France en qualité de Lieutenant-Colonel du Régiment Royal-Montferrat lors de sa levée le 24. Octobre 1688. Il servit avec ce Régiment à l'armée d'Italie jusqu'à la paix. S'y trouva au siége de Cahours & à la bataille de Staffarde en 1690. à la conquête du Comté de Nice, aux siéges de Veillane, de Carmagnoles & de Montmélian

D'INFANTERIE.

Montmélian en 1691. à la bataille de la Marsaille en 1693. au siège de Valence en 1696 Servit au siège d'Ath en 1697. Retourné en Italie en 1701. il se trouva aux combats de Carpy & de Chiary, à l'affaire de Crémone le premier Février 1702. Brigadier par brevet du 3. Mars suivant, il combattit à Luzzara : obtint le Régiment Royal-Montferrat, dont on composa le Régiment des Gardes du Duc de Mantoue par commission du 17. Septembre, & fut tué à la tête des Grenadiers à l'attaque des retranchemens de Governolo.

DE BRANCAS (Louis Marquis)   4. Juin 1702.
A été créé Brigadier par brevet du 4. Juin 1702. *Voyez* Tome III. page 300.

DE MARILLAC (Jean-François, Marquis) tué à Hoch-   28. Juin 1702.
stett le 13. Août 1704.
Enseigne de la Colonelle du Régiment d'infanterie de la Fere le 31. Décembre 1691. il servit au siège de Namur, combattit à Steinkerque en 1692. & obtint une Compagnie le 23. Août. Il la commanda sur la Moselle, & en Allemagne en 1693. à l'armée d'Allemagne en 1694. & 1695.
   Colonel d'un Régiment d'infanterie de son nom, qu'il leva par commission du 9. Décembre 1695. Colonel du Régiment de Languedoc en se démettant de celui qu'il avoit levé par commission du premier Avril 1696. il commanda le Régiment de Languedoc sur la Meuse en 1696. & 1697. en Allemagne en 1701. à la défense de Kaiserswert où il mérita le grade de Brigadier, qu'on lui accorda par brevet du 28. Juin 1702. On lui donna le Gouvernement de Béthune sur la démission de M. de Sarron son oncle par provisions du 10. Janvier 1703. Employé à l'armée de Flandre par Lettres du premier Avril suivant, il se trouva au combat d'Eckeren où il se distingua particuliérement. Il fut tué l'année suivante à la bataille d'Hochstett.

Tome VIII.   P

28. Juin 1702. **DE VALEILLES** (Jean du Faur)
A été créé Brigadier par brevet du 28. Juin 1702.
Voyez Tome VI. page 582.

1. Octobre 1702. **DILLON** (Arthur, Comte)
A été créé Brigadier par brevet du premier Octobre 1702.
Voyez Tome IV. page 621.

1. Octobre 1702. **DE FITSGERALD** (Nicolas)
A été créé Brigadier par brevet du premier Octobre 1702.
Voyez Tome VI. page 590.

1. Octobre 1702. **DE TOURNEMINE** (Henry)
A été créé Brigadier par brevet du premier Octobre 1702.
Voyez Tome VI. page 583.

Promotion du 23. Décembre 1702.

Promotion du 23. Décem. 1702. **DE LESDIGUIERES** (Jean-François-Paul de Blanchefort de Bonne & Créquy, Duc) né le 3. Octobre 1678. mort le 6. Octobre 1703.
Obtint le Régiment d'infanterie de Sault à la mort de son pere par commission du 12. Mai 1681. fit sa premiére campagne en 1693. dans les Mousquetaires : se trouva à la bataille de Néerwinden & au siége de Charleroy cette année, & commanda le Régiment de Sault à l'armée du Roussillon en 1694. & les années suivantes jusqu'à la paix. Il s'y trouva à la bataille du Ter, aux siéges de Palamos, de Girone, d'Ostalric & de Castelfollit en 1694. au secours d'Ostalric, de Palamos en 1695. au combat d'Ostalric en 1696. au combat de Saint-Feliu, au siége & à l'assaut de Barcelone en 1697. aux combats de Carpy & de Chiary en 1701. au combat de Sant-Vittoria, à la bataille de Luzzara, à la prise de cette place & de Borgoforté en 1702. & obtint le grade de Brigadier par brevet du 23. Décembre. Employé à l'armée d'Italie par Lettres du même jour, il étoit en marche avec l'armée pour

pénétrer dans le Trentin, lorsqu'il tomba malade : transporté à Modène, il y mourut le dernier des Ducs de l'Esdiguieres. *Promotion du 23. Décem. 1702.*

DE RAFFETOT (Antoine-Alexandre de Canouville, Marquis.)
Voyez Tome V. page 43.

DE TOURNON (Louis du Pasquier.)
Voyez Tome VI. page 597.

DE LA CONNELAYE (François-Hyacinthe de Thomas.)
Voyez Tome VI. page 584.

DE MONTGEORGES (Gilbert de Gaulmin, Comte.)
Voyez Tome VI. page 585.

DU BOURDET (Jean-Louis de Cugnac, Chevalier)
Il étoit entré Enseigne dans le Régiment de Bretagne dès le 18. Août 1669. Passa Lieutenant dans le Régiment des Fusiliers du Roy (depuis Royal-Artillerie) à sa création le 4. Février 1671. Il fit avec ce Régiment toute la guerre de 1672. à 1678. se trouva à tous les siéges. Parvint à une Compagnie le 15. Juin 1682. & la commanda au siége de Luxembourg en 1684.

Major du Régiment de Périgord lors de sa formation le premier Octobre 1684. il devint Lieutenant-Colonel du même Régiment le 20. Janvier 1688. Servit avec ce Régiment à l'armée d'Italie, & se trouva au siége de Cahours, à la bataille de Staffarde, à la prise de plusieurs petites places, au siége de Suze en 1690. aux siéges de Nice, de Montalban, de Villefranche, de Veillane; de Carmagnoles & du château de Montmélian en 1691. à la défense de Pignerol & de Suze en 1692.

Colonel du Régiment de Laonnois à sa création par commission du 4. Octobre de cette derniére année, il le commanda sur les côtes en 1693. à l'armée d'Allemagne en 1694. au siége & au bombardement de Bruxelles en

Promotion du 23. Décem. 1702.

1695. sur la Meuse en 1696. & en Flandre en 1697. à Luxembourg pendant la campagne de 1701. à l'armée d'Allemagne & à la bataille de Frédélingen en 1702. & obtint le grade de Brigadier par brevet du 23. Décembre de cette année.

Employé à l'armée de Baviére par Lettres du 24. Février 1703. il servit au siége de Kell, se trouva à l'attaque des retranchemens d'Hornberg, au combat de Munderkirchen, à la première bataille d'Hochstett. Il combattit avec la plus grande valeur à la seconde bataille d'Hochstett au mois d'Août 1704. sous les ordres du Maréchal de Marchin. Il continua de servir à l'armée du Rhin sous le même Général en 1705. étoit au siége de Barcelone sous le Maréchal de Tessé en 1706. à la bataille d'Almanza & au siége de Lérida en 1707. à celui de Tortose en 1708. Il ne fit point la campagne de 1709. & quitta le Régiment & le service au mois de Mars 1710.

DE CHOISEUL (Antoine-Clériadus de Choiseul-Beaupré, Comte.)

Voyez Tome V. page 12.

DE SAINT-SECOND (François de Rossi de Baville, Marquis) mort en 1716.

Il entra Lieutenant dans le Régiment de la Marine sous le nom de Baville en 1667. & parvint à une Compagnie sous le nom de Saint-Second le premier Octobre 1672. Il la commanda au siége de Mastrick en 1673. aux batailles de Sintzeim, d'Ensheim, de Mulhausen en 1674. & de Turckeim le 5. Janvier 1675. à la bataille d'Altenheim, à la levée des siéges d'Haguenau & de Saverne la même année. Choisi ensuite pour être Major du Bataillon de Belsunce du Régiment de la Marine, il le forma pendant la campagne de 1676. Ce Bataillon ayant été pris pour former un Régiment au Maréchal de Vivonne, il y entra avec sa Compagnie le 23. Octobre, & en devint Lieutenant Colonel le 17. Juillet 1679. Il se démit de cette place en 1684. & se retira à Turin où il demeura jusqu'en

D'INFANTERIE. 117

1693. Il rentra alors au service de France, & leva par commission du 24. Février de cette année un Régiment d'infanterie étrangère de son nom, qu'il commanda sur les côtes en 1694. au siége de Bruxelles en 1695. en Flandre en 1696. au siége d'Ath en 1697. à l'armée d'Allemagne en 1702. & obtint le grade de Brigadier par brevet du 23. Décembre. Employé à l'armée d'Allemagne en 1703. il servit aux siéges de Brisack & de Landau, & combattit avec valeur à la bataille de Spire. L'année suivante il fut pris avec son Régiment à la bataille d'Hochstett ; & n'ayant point été échangé, il ne servit plus jusqu'à sa mort. On réforma son Régiment par ordre du 22. Janvier 1715.

Promotion du 23. Décem. 1701.

DE CALVO (Benoît, Marquis) tué à la bataille de Spire le 15. Novembre 1703.

Il se trouva avec les Mousquetaires à la bataille de Fleurus en 1690. & obtint la Charge de Guidon de la Compagnie des Gendarmes de Berry par brevet du 8. Février 1691. servit avec ce corps au siége de Mons, & combattit avec la plus grande valeur à Leuse la même année. Il étoit au siége de Namur & à la bataille de Steinkerque en 1692.

Colonel-Lieutenant du Régiment Royal infanterie par commission du 28. Février 1693. il le commanda à l'armée d'Allemagne cette année & la suivante : à l'armée d'Italie en 1695. au siége de Valence en 1696. à l'armée de la Meuse en 1697. à Gand pendant la campagne de 1701. au combat de Nimegue en 1702. Brigadier par brevet du 23. Décembre de cette année, employé à l'armée d'Allemagne par Lettres du premier Juillet 1703. il servit aux siéges de Brisack & de Landau, & fut tué à la bataille de Spire à la tête de son Régiment.

DE GRANCEY (François Rouxel de Medavy, Marquis.)
Voyez Tome IV. page 14.

Promotion du
23. Décemb. 1702.

DE MONTBERON (Charles-François-Anne , Comte) né le 9. Novembre 1674. mort au mois de Janvier 1704.

Sous-Lieutenant au Régiment du Roi le 10. Février 1692. il servit au siége de Namur & au combat de Steinkerque. Obtint une Lieutenance au mois de Novembre , & une Compagnie par commission du 9. Février 1693. il la commanda à la bataille de Néerwinden & au siége de Charleroy, & obtint le Régiment de Cambresis par commission du 17. Octobre de la même année.

Colonel-Lieutenant du Régiment Dauphin infanterie par commission du 21. Février 1694. il se démit de celui de Cambresis , & commanda le Régiment Dauphin à la marche de Vignamont au pont d'Espierre la même année : à l'armée de la Meuse en 1695. & les deux années suivantes : au camp de Compiégne en 1698. à Malines pendant la campagne de 1701. à l'armée d'Allemagne en 1702. & obtint le grade de Brigadier par brevet du 23. Décembre. Il servit au siége de Kell , à l'attaque des retranchemens d'Hornberg , au combat de Munderkirken , à la premiére bataille d'Hochstett , au siége d'Ulm en 1703. & mourut de la petite vérole dans cette place.

DE MARQUESSAC (François-Louis d'Hautefort, Comte) mort le 4. Avril 1747.

Sous-Lieutenant au Régiment d'infanterie d'Anjou en 1680. il y obtint une Compagnie le 6. Mars 1688. & la commanda au siége de Luxembourg en 1684. à ceux de Philisbourg, de Manheim & de Franckendal en 1688. à l'armée d'Allemagne en 1689. & les deux années suivantes: au siége de Namur & au combat de Steinkerque en 1692. à la bataille de Néerwinden & au siége de Charleroy en 1693.

Colonel du Régiment d'infanterie de Périgueux par commission du 12. Décembre de cette derniére année , il le commanda au siége de Bruxelles en 1695. en Flandre en 1696. au siége d'Ath en 1697.

Promotion du 23. Décem. 1702.

Ce Régiment ayant été réformé par ordre du 30. Décembre 1698. le Comte de Marquessac fut entretenu Colonel réformé à la suite du Régiment d'Anjou par ordre du même jour. Servit en Allemagne en 1701. Obtint le Régiment de Cambresis par commission du 12. Février 1702. le commanda à la bataille de Luzzara ; à la prise de cette place & de Borgoforté la même année, & obtint le grade de Brigadier par brevet du 23. Décembre. Employé à l'armée d'Italie, il se trouva aux combats de Sant-Vittoria & de Castelnovo de Bormia, aux siéges d'Arco & de Nago en 1703. & passa l'hiver à Casal où il commanda en second. Il servit aux siéges d'Yvrée, de Verceil & de Verue, & se trouva à la bataille de Cassano en 1704. & 1705. au siége & à la bataille de Turin en 1706. il ne fit point la campagne de 1707. Se démit du Régiment de Cambresis au mois de Janvier 1708. Fut nommé par ordre du 13. Septembre 1710. pour commander à Landrecy : il y resta pendant l'hiver, & ne servit plus jusqu'à sa mort.

DE CHAMILLART (Jérôme, Chevalier, puis Comte.)
Voyez Tome VI. page 586.

DE CLODORÉ (Jean-Jacques Frichot des Friches.)
Voyez Tome VII. page 31.

DE MONTVIEL (Jacques de Vassal, Chevalier.)
Voyez Tome V. page 117.

DIGULVILLE (Nicolas de Lesdo de la Rivierre) mort le 26. Octobre 1715.

28. Janvier 1703.

Servoit dans le Régiment de Normandie depuis très-longtemps, & y étoit Capitaine dès 1675. lorsqu'il en fut fait Major par brevet du 23. Janvier 1690. Il s'étoit trouvé aux siéges de Valenciennes & de Cambray en 1677. à ceux de Gand & d'Ypres en 1678. à celui de Luxembourg en

1684. à ceux de Philisbourg, de Manheim & de Franckendal en 1688. à la conquête du Palatinat en 1689. & servit en qualité de Major à la bataille de Fleurus en 1690. à l'armée d'Allemagne en 1691. & les années suivantes jusqu'à la paix.

On le créa Inspecteur général de l'infanterie pour la Normandie par commission du 15. Juin 1702. & Brigadier par brevet du 28. Janvier 1703. Il résida dans cette Province jusqu'à sa mort.

12. Février 1703. **DE RICOUSSE** (*N.*)

Il servoit depuis long-temps dans le Régiment d'infanterie d'Enguyen (aujourd'hui Bourbon) lorsqu'il parvint à la Compagnie de Grenadiers de ce Régiment le 27. Août 1682. & ne quitta ce Régiment que pour être chargé des affaires du Roi auprès de l'Electeur de Bavière. On le créa alors Brigadier, son brevet est du 12. Février 1703. Il s'étoit trouvé à toutes les actions du Régiment de Bourbon, & reçut un coup de fusil au travers du corps à la bataille d'Hochstett au mois d'Août 1704.

5. Mars 1703. **DE BARAVY** (*N.*)

Entra Lieutenant au Régiment d'infanterie du Roi dès 1676. & y obtint une Compagnie en 1682. Il servit avec ce Régiment aux siéges de Valenciennes & de Cambray en 1677. de Gand & d'Ypres & à la bataille de Saint-Denys près Mons en 1678. à l'armée qui couvrit le siége de Luxembourg en 1684. aux siéges de Philisbourg, de Manheim & de Franckendal en 1688. à l'attaque de Valcourt en 1689. à la bataille de Fleurus en 1690. au siége de Mons & au combat de Leuse en 1691. au siége de Namur & au combat de Steinkerque en 1692. Il passa avec sa Compagnie dans le Régiment d'Orléannois à sa formation le premier Janvier 1693. & fut fait Major de ce Régiment le 25. du même mois. Il servit avec lui en Flandre, & en devint Lieutenant-Colonel le 6. Janvier 1697. Il servoit à l'armée de Flandre en 1702. Les Hollandois s'étant emparé de la ville de Huy, le sieur de Baravy fut
détaché

détaché avec deux cents hommes & trente chevaux pour s'emparer des forts Picard & Joseph-Clément: il les trouva maîtres de ces postes, les attaqua dans le fort Picard & les enleva; il continua sa poursuite, & s'empara aussi de la ville le 11. Mai, il tua deux cents hommes, & fit quarante-deux prisonniers. Il servit au siége de Kell en 1703. obtint le grade de Brigadier par brevet du 5. Mars & le Commandement du fort de Kell par commission du 17. du même mois. Il y a résidé jusqu'à la reddition de cette place à l'Empire.

PROMOTION *du* 2. *Avril* 1703.

DE VILLARS (*N*.) mort en 1706.
Il servoit depuis 1672. mais je n'ai pu sçavoir dans quel corps, par la multiplicité des personnes du même nom qui servoient dans le même temps dans différens Régimens. Il obtint un Régiment de Milice de la Généralité de Moulins par commission du 21. Décembre 1690. le commanda pendant quelques campagnes à l'armée d'Italie, & y servit au siége de Valence. A la réforme de ce Régiment il fut entretenu Colonel réformé à la suite du Régiment du Perche par ordre du 26. Octobre 1698. Il passa en Italie en 1701. s'y trouva à toutes les batailles & actions, commanda dans différens postes pendant les hivers, reçut plusieurs blessures. Obtint le grade de Brigadier par brevet du 2. Avril 1703. & mourut d'une blessure qu'il avoit reçue au siége de Turin.

DE MONTGAILLARD (Jean-Marie de Percin, Marquis) mort au mois de Décembre 1703.
Entra Lieutenant au Régiment du Roi le 3. Août 1685. & servit avec ce Régiment aux siéges de Philisbourg, de Manheim & de Franckendal en 1688. à l'attaque de Valcourt en 1689. & obtint une Compagnie au mois de Mars 1690. il la commanda à la bataille de Fleurus la même année: au siége de Mons & au combat de Leuse en

Tome VIII. Q

1691. au siége de Namur & à la bataille de Steinkerque en 1692.

Colonel du Régiment d'infanterie de Lorraine par commission du 4. Octobre de cette année, il le commanda à l'armée d'Allemagne & à la bataille de la Marsaille en 1693. en Allemagne en 1694. & les années suivantes jusqu'à la paix. Il servit en Allemagne en 1702. & se trouva à la bataille de Frédélingen au mois d'Octobre. Il étoit au siége de Kell, à l'attaque des retranchemens d'Hornberg, au combat de Munderkirken, à la premiére bataille d'Hochstet, au siége d'Ulm, à la prise d'Ausbourg en 1703. & mourut de maladie au mois de Décembre.

DE TOUROUVRE (Antoine de la Vove, Marquis) mort le premier Janvier 1706.

Lieutenant au Régiment du Roi le 24. Avril 1685. il servit au siége de Philisbourg, de Manheim & de Franckendal en 1688. à la conquête du Palatinat en 1689. à la bataille de Fleurus en 1690 & obtint une Compagnie le 5. Décembre de cette année. Il la commanda au siége de Mons & au combat de Leuse en 1691. au siége de Namur & au combat de Steinkerque en 1692.

Colonel du Régiment de Labour à sa formation par commission du 4. Octobre de cette année, il passa avec lui en Italie au mois d'Août 1693. & le commanda à la bataille de la Marsaille au mois d'Octobre.

Colonel du Régiment de Vermandois en se démettant du Régiment de Labour par commission du 5. Mai 1696. il le commanda à l'armée de Flandre cette année : au siége d'Ath en 1697. au camp de Compiégne en 1698. à Namur pendant la campagne de 1701. à la bataille de Frédélingen en 1702. au siége de Kell, à l'attaque des retranchemens d'Hornberg, au combat de Munderkirken, à la bataille d'Hochstett, à la prise d'Ausbourg en 1703. & fut déclaré au mois de Novembre Brigadier, dont le brevet lui avoit été expédié dès le 2. Avril. Il se

Promotion du 2. Avril 1703.

trouva à la seconde bataille d'Hochstett en 1704. & servit à l'armée du Rhin en 1705.

Promotion du 2e Avril 1703.

DE MAILLY (Adrien de Mailly la Houssaye, Comte) mort au mois de Mars 1708.
Il avoit commencé à servir dans le Régiment de Condé en 1676. & avoit pris le commandement de la Compagnie de Grenadiers dès 1689. Il avoit servi au siége de Fribourg en 1677. à l'attaque des retranchemens de Seckingen, aux siéges de Kell & de Lichtemberg en 1678. au combat de Minden en 1679. au siége de Luxembourg en 1684. à l'attaque de Valcourt en 1689. à la bataille de Fleurus en 1690. à la conquête du Comté de Nice, aux siéges de Nice, de Villefranche, de Montalban, de Veillane, de Carmagnole & du château de Montmélian en 1691. à l'armée d'Italie qui se tint sur la défensive en 1692. Lorsqu'on lui donna le Régiment d'infanterie des Landes à sa formation par commission du 3. Janvier 1693. il le commanda sur les côtes jusqu'à la paix, à l'armée d'Allemagne en 1702. au siége de Kell, à l'attaque des retranchemens d'Hornberg, au combat de Munderkirken, à la premiére bataille d'Hochstett, à la prise d'Ausbourg en 1703. & fut déclaré au mois de Novembre Brigadier, dont le brevet lui avoit été expédié dès le 2. Avril.
Colonel du Régiment d'infanterie de son nom (aujourd'hui Guyenne) par commission du 3. Août 1704. il se démit du Régiment des Landes qu'il commanda encore à la seconde bataille d'Hochstett le 13. du même mois, & finit la campagne avec le Régiment de son nom. Il le commanda à l'armée de la Moselle en 1705. au siége de Barcelone en 1706. à la bataille d'Almanza & au siége de Lérida en 1707.

D'ARPAJON (Louis, Marquis.)
Voyez Tome V. page 25.

Q ij

Promotion du 2. Avril 1703.

DE NETTANCOURT (Louis de Nettancourt III. Marquis) mort le 13. Juillet 1704.

Il avoit commencé à servir dans les troupes de Brandebourg où il s'étoit retiré avec le Marquis d'Espense son oncle à cause de la Religion. Rentré en France, il fit abjuration, & fut nommé Lieutenant au Regiment d'infanterie de Vaubécourt le 4. Septembre 1693. il y servit pendant l'hiver. Obtint une Compagnie dans le Régiment de cavalerie d'Auneuil au mois de Février 1694. & la commanda sur les côtes pendant la campagne.

Colonel d'un Régiment d'infanterie de son nom sur la démission du Comte de Vaubécourt par commission du 23. Avril 1695. il le joignit à l'armée d'Italie où il servit au siége de Valence en 1696. Repassé en France après la paix, il commanda son Régiment à l'armée de la Moselle en 1697. à l'armée d'Allemagne en 1701. Son Régiment étant dans Landau, lorsque le Roi des Romains assiégea cette place en 1702. il voulut s'y jetter pour joindre son Régiment; mais il fut pris.

Echangé en 1703. Brigadier par brevet du 2. Avril, il servit au siége de Kell, à l'attaque des retranchemens d'Hornberg, au combat de Munderkirken, à la premiére bataille d'Hochstett, à la prise d'Ulm & d'Ausbourg la même année. Le 3. Juillet de l'année suivante, il reçut un coup de mousquet au combat de Donawert, & en mourut à Ausbourg (*a*).

DE COLGRAVE (Georges, Baron) tué à Hochstett le 13. Août 1704.

Servoit dans les troupes Irlandoises passées en France en 1691. & étoit Lieutenant-Colonel du Régiment de Dorincton, lorsqu'il obtint le 25. Février 1696. une commission pour tenir rang de Colonel d'infanterie. Il passa Lieutenant-Colonel du Régiment de Lée par commission du 3.

(*a*) Moréry à l'article du Marquis de Nettancourt, se trompe, en mettant sa mort & le combat de Donawert sous l'année 1703.

Mars 1701. Servit en Allemagne en 1702. & obtint le grade de Brigadier par brevet du 2. Avril 1703. après le siége de Kell où il avoit servi avec distinction. Il se trouva ensuite à l'attaque des retranchemens d'Hornberg, au combat de Munderkirken, à la premiére bataille d'Hochstett, à la prise d'Ausbourg & d'Ulm, & fut tué l'année suivante à la seconde bataille d'Hochstett.

Promotion du 2. Avril 1703.

DE CLARE (Charles O-Brien, Comte.)
Voyez Tome VI. page 587.

D'ISENGUYEN (Louis de Gand-Villain, Prince.)
Voyez Tome III. page 313.

DE VILLARS (Armand, Comte.)
Voyez Tome IV. page 637.

DE BEAUVAIS (Jacques le Comte, Sieur) mort le premier Décembre 1719.

Il commença à servir dès 1656. dans le Régiment d'Espagny (aujourd'hui Guyenne,) & se trouva avec ce Régiment au siége de Montmedy en 1657. à la bataille des Dunes, aux siéges de Dunkerque & d'Ypres en 1658. à la bataille de Saint-Godard en Hongrie en 1664. & parvint à une Compagnie en 1665. Sa Compagnie ayant été réformée au mois de Mai 1668. il fut remplacé à une autre le 20. Juillet 1671. Il la commanda à la prise de Maseick & de Grave en 1672. au siége de Mastrick en 1673. aux batailles de Sintzeim, d'Ensheim & de Mulhausen en 1674. de Turckeim & d'Altenheim, à la levée des siéges d'Haguenau & de Saverne par les ennemis en 1675. aux siéges de Condé, de Bouchain & d'Aire en 1676. au siége de Fribourg en 1677. aux siéges de Gand & d'Ypres, à l'attaque des retranchemens de Seckingen, aux siéges de Kell & de Lichten-berg en 1678. au combat de Minden en 1679. au siége de Luxembourg en 1684. à ceux de Philisbourg, de Manheim & de Franckendal en 1688. Capitaine de Grenadiers de son Régiment le 7. Juin

Promotion du
2. Avril 1703.

1689. il servit en Allemagne, & fut fait Major du même Régiment par brevet du 14. Mars 1690. il se trouva en cette qualité à la bataille de Fleurus au mois de Juillet : au siége de Mons, puis à l'armée de la Moselle en 1691.

Lieutenant-Colonel de son Régiment par commission du 6. Septembre 1692. il le commanda à la bataille de la Marsaille en 1693. à la bataille du Ter, aux siéges de Palamos, de Gironne, d'Ostalric & de Castelfollit en 1694. au siége de Valence en 1696. sur la Moselle en 1697.

Commandant à Sarrelouis par commission du 29. Avril 1698. il quitta la Lieutenance-Colonelle de son Régiment (alors Nettancourt.) Obtint le brevet de Brigadier le 2. Avril 1703. le commandement d'Antibes en quittant celui de Sarrelouis par commission du 29. Juin 1707. Son grand âge, & les différentes blessures qu'il avoit reçues, l'ayant mis hors d'état de remplir les devoirs de son commandement, il s'en démit au mois de Février 1719. & mourut au mois de Décembre suivant.

DE TRESSEMANES (André, Chevalier.)
Voyez Tome V. page 29.

30. Mai 1703. D'HOUVILLE (Bernardin du Pré, sieur) mort le 22. Août 1706.

Il servit dans l'artillerie à tous les siéges de la guerre de 1672. à 1678. à celui de Luxembourg en 1684. à ceux de Philisbourg, de Manheim & de Franckendal en 1688. Il se rendit ensuite sur le Rhin, & y fut nommé Lieutenant en second de l'artillerie par commission des 20. Avril 1695. & 1696. Il eut le département général du Roussillon & du Languedoc par commission du 15. Décembre 1701. le commandement en second de l'artillerie de l'armée du Rhin le 5. Mars 1703. le commandement en chef de l'artillerie de l'armée de Baviére le premier Mai suivant. Obtint le grade de Brigadier par brevet du 30. après l'attaque des retranchemens d'Hornberg, le combat de Munderkirken, & la jonction des troupes du Roi avec celles de l'Electeur de Baviére, où il avoit fait servir l'artil-

lerie supérieurement. Il se trouva ensuite à la première bataille d'Hochstett & à la prise d'Ausbourg & d'Ulm.

On lui donna la Lieutenance générale de l'artillerie du département de Béarn par commission du premier Mars 1704. & le commandement en chef de l'artillerie de l'armée d'Italie le 16. Février 1705. il y finit le siége de Verue qui se rendit au mois d'Avril, & se trouva à la bataille de Cassano au mois d'Août. L'année suivante il commença le siége de Turin: il y reçut la nuit du 21. Août une blessure, dont il mourut le lendemain.

Promotion du 10. Février 1704.

DE MENOU (Charles de Menou de Cuissy) mort au mois de Septembre 1725.

Après avoir servi quelques années Lieutenant dans le Régiment d'infanterie de la Ferté, il obtint en 1676. une Compagnie dans le Régiment de cavalerie de Villeroy, & la commanda aux siéges de Valenciennes & de Cambray en 1677. à ceux de Gand & d'Ypres, & à la bataille de Saint-Denys près Mons en 1678. à l'armée de Flandre qui couvrit le siége de Luxembourg en 1684.

Colonel d'un Régiment de Milice de la Généralité d'Orléans par commission du premier Janvier 1689. il le commanda jusqu'à sa réforme en 1698. & fut entretenu Colonel réformé à la suite du Régiment d'Auxerrois par ordre du 30. Mars de cette année.

Colonel d'un Régiment d'infanterie de son nom, qu'il leva par commission du 25. Juillet 1702. il le commanda en Languedoc, où il se trouva à plusieurs actions contre les Camisards en 1703.

Brigadier par brevet du 10. Février 1704. il continua à servir en Languedoc pendant toute la campagne : il se rendit de là en Savoye, & commanda successivement au pays de Bar, puis dans le Val d'Aoust ; ayant ensuite joint l'armée, il commanda une Brigade à la bataille de Cassano en 1705. L'année suivante il commanda la Brigade de Touraine au siége de Turin : y ayant eu une jambe emportée d'un boulet de canon, il se démit au mois de Juin de son Régiment en faveur de son fils, & obtint par provisions du 17. Juin 1713. le Gouvernement de la citadelle d'Arras, dont il se démit au mois d'Août 1721. pour vivre dans la retraite.

DE PFIFFER (Louis Pfiffer de Wyher) mort au mois de Juillet 1716.

Entra dans le Régiment Suisse de son pere dès 1677. & se trouva à la bataille de Cassel la même année: aux siéges de Gand & d'Ypres, & à la bataille de Saint-Denys près Mons en 1678. au siége de Courtray en 1683.

Lieutenant de la Compagnie de son pere au Régiment des Gardes Suisses le 20. Décembre 1688. il obtint le 14. Juillet 1689. une commission pour tenir rang de Capitaine aux Gardes, & commanda la Compagnie de son pere à l'attaque de Valcourt.

Capitaine au Régiment des Gardes Suisses à la mort de son pere par commission du premier Janvier 1690. il commanda sa Compagnie à la bataille de Fleurus au mois de Juillet: au siége de Mons en 1691. au siége de Namur & au combat de Steinkerque en 1692. à la bataille de Néerwinden & au siége de Charleroy en 1693. au siége de Bruxelles en 1695.

Colonel d'un Régiment Suisse de son nom, qu'il leva par commission du 3. Septembre 1702. il se trouva avec sa Compagnie aux Gardes au combat de Nimegue en 1702. au combat d'Eckeren en 1703.

Brigadier par brevet du 10. Février 1704. il servit en Flandre cette année & les suivantes. Se trouva à la bataille de Ramillies en 1706. Fut employé à l'armée de Flandre par Lettres du 31. Mai 1707. y combattit à Oudenarde en 1708. ce fut sa derniére campagne. Son Régiment fut réformé par ordre du 11. Février 1715. mais il conserva sa Compagnie aux Gardes jusqu'à sa mort.

DE MENNEVILLETTE (Antoine-Louis de Hanyvel de Crevecœur, Marquis) mort le 14. Décembre 1720.

Promotion du 10. Février 1704.

Page du Roi pendant trois ans, il fuivit ce Prince aux fiéges de Valenciennes & de Cambray en 1677. Entra Sous-Lieutenant au Régiment des Gardes Françoifes au mois de Février 1678. fervit aux fiéges de Gand & d'Ypres, & fe trouva à la bataille de Saint-Denys près Mons la même année. Il paffa à la Lieutenance de la Compagnie de Magalotti (depuis Chamillart) le 12. Avril 1679. Paffa en la même qualité dans celle de Mennevillette fon frere aîné (depuis Soupire) le 2. Décembre 1682. Servit à l'armée qui couvrit le fiége de Luxembourg en 1684. Combattit avec valeur à Valcourt en 1689. & obtint le premier Octobre la Compagnie d'un Capitaine qui y avoit été tué. Il la commanda à la bataille de Fleurus en 1690. au fiége de Mons en 1691. à celui de Namur & à la bataille de Steinkerque en 1692. à la bataille de Néerwinden où il eut une forte contufion en 1693. au fiége de Bruxelles en 1695. au combat de Nimegue en 1701. à celui d'Eckeren en 1703.

Brigadier par brevet du 10. Février 1704. Gouverneur de l'ifle de Ré par provifions du 20. Septembre fuivant, il fe démit de fa Compagnie au mois de Janvier 1705. & conferva fon Gouvernement jufqu'à fa mort.

DE ZURLAUBEN (Beat-Henry-Jofeph de la Tour-Chatillon, Baron) tué à la bataille de Ramillies le 23. Mai 1706. âgé de 42. ans.

Entra en 1680. dans le Régiment d'infanterie Allemande de Furftemberg en qualité de Sous-Lieutenant, & fervit au fiége & à l'affaut de Gironne en 1684. Il fut fait fecond Lieutenant au même Régiment le 18. Janvier 1686. & leva une Compagnie franche Suiffe par commiffion du 20. Août 1688. Il leva par ordre du 20. Décembre 1689. & par commiffion du 7. Janvier 1690. une demi-Compagnie au Régiment des Gardes Suiffes, & la commanda au fiége de Mons en 1691. à celui de Namur & au combat

Promotion du 10. Février 1704.

de Steinkerque en 1692. à la bataille de Néerwinden & au siége de Charleroy en 1693. au siége de Bruxelles en 1695. en Flandre en 1696. & 1697. au camp de Compiégne en 1698. au combat de Nimegue en 1702. à celui d'Eckeren en 1703. Brigadier par brevet du 10. Février 1704. il servit en Flandre cette année & la suivante, & fut tué à Ramillies. Il avoit commandé les Grenadiers du Régiment depuis le 20. Décembre 1696. Sa Compagnie franche ayant été incorporée dans le Régiment de Reynold par ordre du 27. Janvier 1698. il en avoit obtenu une autre à la mort de son frere Lieutenant général le 10. Novembre 1704. & possédoit ses trois Compagnies lors de sa mort.

DE MAUPEOU (René de Maupeou-Sabloniéres, Marquis.)
Voyez Tome V. page 31.

DE BESENVAL (Jean-Victor de Besenval-Brunstatt, Baron.)
Voyez Tome V. page 71.

DE MONTPESAT (Henry de Tremollet Buccelli, Marquis.)
Voyez Tome VI. page 600.

DE BERNIERES (Nicolas Maignart) tué à la bataille de Ramillies le 23. Mai 1706.
Après avoir servi plusieurs années dans les Mousquetaires, il obtint le 22. Février 1686. une Lieutenance au Régiment des Gardes Françoises, & servit à l'attaque de Valcourt en 1689. à la bataille de Fleurus en 1690. au siége de Mons en 1691.
Capitaine au même Régiment par commission du 21. Avril 1692. il commanda sa Compagnie au siége de Namur & au combat de Steinkerque la même année: à la bataille de Néerwinden & au siége de Charleroy en 1693. à la marche de Vignamont au pont d'Espierre en 1694.

au siége & au bombardement de Bruxelles en 1695. en Flandre en 1696. & 1697. au camp de Compiégne en 1698. en Flandre en 1701. au combat de Nimegue en 1702.

 Major du Régiment des Gardes Françoises par brevet du 14. Février 1703. Brigadier par brevet du 10. Février 1704. il fut employé Major général de l'armée de Flandre par ordre des 12. Avril 1703. 28. Mars 1704. 4. Avril 1705. 27. Avril 1706. & fut tué cette derniére année à la bataille de Ramillies.

Promotion du 10. Février 1704.

LE GUERCHOIS (Pierre.)
Voyez Tome V. page 34.

MARTIN (Jean) mort le 17. Mars 1728. âgé de 78. ans. Il servit d'abord Volontaire sur les vaisseaux, & se trouva au siége de Gigery en Afrique en 1664. il fut ensuite successivement Enseigne & Lieutenant de frégate. Passé au service de terre, il obtint une Compagnie dans le Régiment de Piémont par commission du 29. Mai 1674. & la commanda aux siéges de Liége, de Huy, de Dinant & de Limbourg en 1675. Il passa avec sa Compagnie en Sicile en 1676. & y resta jusqu'en 1678. Il servit au siége de Luxembourg en 1684. aux siéges de Philisbourg, de Manheim & de Franckendal en 1688.

 A la levée des trois Compagnies de galiotes destinées à servir sur le Rhin, il en obtint une par commission du 7. Février 1689. Il les commanda chaque année jusques & compris 1709. sans aucune interruption. On lui accorda successivement le rang de Lieutenant-Colonel d'infanterie en 1692. le rang de Colonel le 20. Février 1694. le grade de Brigadier par brevet du 10. Février 1704. Servit en Flandre en 1710. & y fit sa derniére campagne ; mais il conserva le commandement des Compagnies des galiotes jusqu'à leur réforme en 1715.

DE MIROMESNIL (Jean-Baptiste Hue, Marquis.)
Voyez Tome VI. page 612.

DES BRIGADIERS

Promotion du 10. Février 1704.

DE MORANGIÉS (Charles de Molette, Marquis) mort au mois d'Août 1705.

Après avoir servi trois ans dans les Mousquetaires avec lesquels il se trouva à la bataille de Fleurus en 1690. au siége de Mons en 1691. il obtint le 4. Juillet de cette année une Compagnie dans le Régiment de cavalerie du Prince Camille, & l'alla joindre en Allemagne où il finit la campagne. Il commanda sa Compagnie à l'armée d'Allemagne en 1692. & les deux années suivantes.

Colonel d'un Régiment d'infanterie de son nom par commission du 16. Avril 1695. il le commanda à l'armée du Rhin jusqu'à la paix : aux combats de Carpy & de Chiary en 1701. à la bataille de Luzzara, à la prise de cette place & de Borgoforté en 1702. aux combats de la Stradella & de Castelnovo de Bormia où il reçut une legere blessure, à la marche dans le Trentin, aux sièges de Nago & d'Arco en 1703.

Brigadier par brevet du 10. Février 1704. employé à l'armée d'Italie, il servit aux siéges d'Yvrée, de Verceil & de Verue qui se rendit au mois d'Avril 1705. & reçut au siége de Chivas une blessure dont il mourut.

DE LA CROIX (Jean-Jacques) mort au mois de Décembre 1714.

Fut d'abord Lieutenant de Grenadiers dans les troupes de Furstemberg en 1683. & acquit une connoissance particuliére de l'Allemagne. Il servit l'année suivante comme Volontaire au siége de Luxembourg, & donna dès lors des preuves signalées de son goût pour la petite guerre : il continua pendant les siéges de Philisbourg, de Manheim & de Franckendal en 1688. & ayant eu des actions distinguées dans les campagnes de 1689. & 1690. il obtint le 18. Septembre de cette derniére année une commission pour lever une Compagnie franche de cent fusiliers & une de cent Dragons. Il désola les ennemis à la tête de ces Compagnies, & leur enleva tous les jours des convois, des villages, des petits châteaux. Obtint le 2. Mars 1693.

une commission pour tenir rang de Lieutenant-Colonel d'infanterie. Commandant ensuite sur la frontiére de Luxembourg, il y leva un Régiment de fusiliers par commission du 12. Août 1695. Ayant résolu l'année suivante de faire payer des contributions à la ville de Huy, & d'en égorger la garnison, il se mit en marche le 8. Août, pénétra sur le pont de la porte de Saint-Denys avec un chariot de foin dans lequel étoient des soldats déguisés, fit rompre les roues de ce chariot par des ressorts qu'il avoit imaginés; la garde étant venue aider, fut égorgée : il entra ensuite dans la ville, y tua quatre-vingts hommes de la garnison, six Officiers, & les Bourgeois qui voulurent se défendre, enleva les quatre principaux pour assurer le payement des contributions, & retourna à la Roche n'ayant perdu que six hommes, qui encore s'étoient arrêtés pour piller. Le Commandant de la ville & la principale partie de la garnison se sauverent par le jardin jusqu'à Maſtrick.

Son Régiment ayant été réformé par ordre du 30. Décembre 1698. dans le Régiment de Coëtquen, il leva une Compagnie franche de deux cents fusiliers par commission du 12. Avril 1701. & une de Dragons de cent par commission du 8. Décembre suivant, & fut nommé pour commander à Vianden dans le Duché de Luxembourg en 1702. En Janvier 1703. le Général Sommerfeld assiégea le château de Schaffembourg avec quatre mille hommes. La Croix entreprit avec cent quarante hommes d'en faire lever le siége : il partagea son détachement en trois corps, deux firent de fausses attaques avec le plus de bruit possible ; les ennemis y accoururent : le troisiéme corps pénétra dans la place, fit répandre le bruit d'un secours considérable qui y étoit entré : l'ennemi décampa à la hâte, & la Croix s'empara par force du château de Schoinecken, pour assurer sa communication avec Schaffembourg.

Brigadier par brevet du 10. Février 1704. il sortit de Vianden le 25. Mars, marcha à Chonel éloigné de huit lieues, se rendit de là à Weriny quatre lieues au dessous de Cologne, attaqua cette ville, où deux Compagnies

Promotion du 10. Février 1704.

Promotion du 10. Février 1704.

de soixante Dragons des troupes de Brandebourg étoient en quartier ; & quoiqu'environnée d'un fossé garni de palissades, il la fit escalader par son infanterie, & y entra ; tua la garde de la porte, qu'il ouvrit après avoir fait rompre la barriére à coups de hache, fit main basse sur tous les Dragons, emmena soixante chevaux, plusieurs Officiers, & se retira sans perdre un seul homme dans sa retraite. Il se trouva au jour à la hauteur de Cologne comme il l'avoit projeté, & enleva à trois quarts de lieue de cette place un convoi de quatre mille fusils & d'autant de pistolets, en fit prendre à tout son détachement autant qu'il fut possible, & brûla le reste. Poursuivi par les garnisons de Cologne & de Juliers, il détacha sa Compagnie de cavalerie vers Juliers, dont la garnison étoit sortie pour le poursuivre : elle arriva le 29. au temple où on faisoit le prêche, égorgea la garde qui étoit aux portes, entra à cheval dans le temple, enleva les principaux habitans de Juliers, évita ceux qui le poursuivoient, rejoignit le reste de la troupe à Chonel, d'où M. de la Croix rentra à Vianden sans avoir perdu un seul homme. Le 30. Juillet 1705. il arriva aux environs de Cologne après une marche de six jours & de six nuits, surprit par escalade les ouvrages avancés, passa au fil de l'épée les corps de garde, brûla les magasins de toutes especes, encloua dix-huit piéces de canon, mit en fuite deux Bataillons ennemis, & se retira sans le moindre obstacle, n'ayant perdu qu'un soldat.

Le 25. Août 1711. il se mit en marche avec un détachement d'environ cent hommes d'infanterie & quatre cents Dragons, traversa les Duchés de Juliers & de Cleves, passa le Rhin entre Rées & Emérich au dessus de Nimegue, marcha jusqu'à Anhalt, pilla la ville & le château, enleva le Prince de Salm qui y résidoit, & les Magistrats ; pilla & ravagea Terbuch & toutes les petites villes jusqu'à Deuteckom, & rentra à Vianden avec une multitude d'ôtages & un butin considérable. En 1713. se promenant sur les bords du Rhin, il surprit au dessus de Bonn un gros batteau, s'en saisit, y prit le Prince de Holstein, sa femme, ses enfans & tout son équipage. Ce fut sa derniére campagne. On réforma ses deux Compagnies à la paix, & on le mit Colonel réformé à la suite de la ville de Mets par ordre du 6. Octobre 1714. mais il mourut deux mois après.

Promotion du 10. Février 1704.

D'HEROUVILLE (Henry-Antoine de Ricoüart.)
Voyez Tome VII. page 2.

DE VILLEFORT (Louis-François d'Isarn, Chevalier)
mort en 1712.

Entra d'abord dans le Régiment de Conty, & y obtint une Compagnie en 1677. il la commanda à la bataille de Cassel & au siége de Saint-Omer la même année : aux siéges de Gand & d'Ypres, puis à l'attaque des retranchemens de Seckingen, aux siéges de Kell & de Lichtemberg en 1678. à la bataille de Minden en 1679.

Il passa à une Compagnie du Régiment de Dragons d'Asfeld le 27. Janvier 1682. & la commanda au siége de Luxembourg en 1684. à la défense de Bonn en 1689. à la bataille de Fleurus en 1690. Major du Régiment de Dragons de Sainte-Hermine à sa création le 31. Octobre de cette derniére année, il servit au siége de Mons en 1691. à l'armée d'Allemagne en 1692. & 1693. à l'armée de Flandre en 1694. à la défense de Namur en 1695.

Colonel d'un Régiment d'infanterie de son nom, qu'il leva par commission du 2. Novembre de cette année, il le commanda sur la Meuse en 1696. & 1697. Ce Régiment ayant été réformé par ordre du 30. Décembre 1698. il fut entretenu Colonel réformé à la suite du Régiment de Boulonnois, & nommé pour commander à Damm par commission du 8. Janvier 1703. Obtint le grade de Brigadier par brevet du 10. Février 1704. Passa à Tournay en 1706. à Saint-Guilain pour y commander par ordre du 16. Novembre 1707. à Charleroy au mois de Novembre 1708. Il y résida jusqu'à sa mort.

DE TALENDÉ (Antoine de Pons, Chevalier)
Étoit Chevalier de Malthe lorsqu'il entra Lieutenant de

Promotion du 10. Février 1704.

la Colonelle du Régiment Royal Dragons en 1685. il se trouva avec ce Régiment à différents camps de 1686. à 1689. servit cette année en Allemagne. Combattit à Fleurus le premier Juillet 1690. obtint une Compagnie le 23. Août, & passa le 12. Novembre suivant à la Majorité du Régiment. Il étoit en cette qualité au siége de Mons & au combat de Leuse en 1691. au siége de Namur & à la bataille de Steinkerque en 1692. à l'armée de la Moselle, puis à celle d'Allemagne en 1693. sur les côtes en 1694. sur la Meuse en 1695.

Colonel d'un Régiment d'infanterie de son nom, qu'il leva par commission du 5. Novembre 1695. il le commanda sur les côtes en 1696. & à l'armée de Flandre en 1697.

Ce Régiment ayant été réformé par ordre du 30. Décembre 1698. dans le Régiment d'Auvergne, le Chevalier de Talende en leva un autre aussi de son nom par commission du 25. Juillet 1702. & se trouva en qualité de Colonel réformé au combat de Nimegue la même année.

Brigadier par brevet du 10. Février 1704. il servit à l'armée de la Moselle. Se démit de son Régiment, quitta le service au mois de Juin 1705. & mourut quelques années après.

DE DAMAS (Jean-Jacques Damas d'Antigny, Chevalier.) *Voyez* Tome V. page 99.

DE BELLEISLE (François Perron) mort le 12. Décembre 1739.

Page du Roi du premier Janvier 1679. il entra Lieutenant au Régiment Dauphin infanterie en 1682. Servit à l'armée qui couvrit le siége de Luxembourg en 1684. aux siéges de Philisbourg, de Manheim & de Franckendal en 1688. en Allemagne en 1689. & obtint une Compagnie le 15. Août. Il la commanda à l'armée d'Allemagne en 1690. au siége de Mons, puis à l'armée de Flandre en 1691. au siége de Namur & à la bataille de Steinkerque en en 1692. à l'armée de la Moselle, puis à l'armée d'Allemagne en 1693. à la marche de Vignamont au pont d'Espierre en 1694. sur la Meuse en 1695.

Promotion du 10. Février 1704.

Colonel d'un Régiment d'infanterie par commission du 12. Novembre de cette année, il le commanda sur les côtes en 1696. & 1697. Ce Régiment ayant été réformé par ordre du 30. Décembre 1698. M. de Belleisle fut entretenu Colonel réformé à la suite du Régiment Dauphin par ordre du même jour, & servit avec ce Régiment à Malines pendant la campagne de 1701. en Allemagne en 1702. au siége de Kell, à l'attaque des retranchemens d'Hornberg, au combat de Munderkirken, à la premiére bataille d'Hochstett, à la prise d'Ulm & d'Aufbourg en 1703.

Brigadier par brevet du 10. Février 1704. Employé à l'armée du Rhin, il se trouva à la seconde bataille d'Hochstett le 13. Août. Il servit sur le Rhin en 1705. à la levée du siége du fort Louis par les ennemis, à la prise de Drusenheim, de Lauterbourg & de l'isle du Marquisat en 1706. à toutes les expéditions du Maréchal de Villars dans la Franconie & dans la Suabe en 1707. Il continua de servir sur le Rhin en 1708. 1709. & 1710. & obtint par commission du 28. Octobre de cette derniére année un Régiment d'infanterie de son nom, qu'il commanda au Castelet pendant la campagne de 1711. & pendant l'hiver. Employé à l'armée de Flandre, il se trouva à l'attaque de Denain & au siége du Quesnoy en 1712. & continua de servir en Flandre en 1713.

Son Régiment ayant été réformé par ordre du 12. Novembre 1714. il fut entretenu Colonel réformé à la suite du Régiment de Touraine par ordre du 15. Décembre suivant, & obtint par commission du 21. Septembre 1716. le Régiment d'infanterie d'Auxerrois, dont il se démit au mois de Mars 1718. en quittant le service.

DE MONCHY (Jean-Charles de Bournel de Namps, Marquis.)

Voyez Tome V. pag. 114.

Promotion du
10. Février 1704. **DE TRECESSON** (Gilles de Carné, Marquis.)
Voyez Tome V. page 131.

DE LA MOTTE (Eléonor-Clément de Guillaud, Comte)
tué à Malplaquet le 11. Septembre 1709.
Garde-Marine en 1686. il entra Lieutenant au Régiment
d'infanterie de Bourbon en 1687. & servit aux siéges de
Philisbourg, de Manheim & de Franckendal en 1688.
à la conquête du Palatinat en 1689. au siége de Cahours,
à la bataille de Staffarde en 1690. obtint une Compagnie
le 20. Août de cette année, & la commanda à la prise de
la Savoye, au siége du château de Montmélian en 1691.
au siége de Namur & à la bataille de Steinkerque en 1692.
sur les côtes en 1693. & 1694. au siége de Bruxelles en
1695.

Colonel d'un Régiment d'infanterie de son nom, qu'il
leva par commission du 17. Novembre de cette année, il
le commanda en Flandre & sur la Meuse en 1696. &
1697. Ce Régiment ayant été réformé par ordre du 30.
Décembre 1698. le Comte de la Motte fut entretenu Colonel réformé à la suite du Régiment de Bourbon par
ordre du même jour.

Lieutenant de Roi en Bourbonnois par provisions données à Versailles le 31. Mai 1700. registrées au Parlement
le 15. Juillet suivant (*a*), il leva un nouveau Régiment
d'infanterie de son nom par commission du 25. Juillet 1702. & servit au siége de Kell, à l'attaque des retranchemens d'Hornberg, au combat de Munderkirken,
à la premiére bataille d'Hochstett, à la prise d'Ulm &
d'Ausbourg en 1703.

Brigadier par brevet du 10. Février 1704., il servit à
l'armée de la Moselle, & se trouva à la seconde bataille
d'Hochstet le 13. Août. Il servit en Flandre en 1705. à
la bataille de Ramillies en 1706. en Flandre en 1707. à

(*a*) Registres du Parlement, quatriéme Volume des Ordonnances de Louis XIV.
cotté s. B. fol. 343.

la bataille d'Oudenarde en 1708. Il avoit été bleſſé ſix fois, dont deux dangereuſement, & fut tué à Malplaquet en 1709.

Promotion du 10. Février 1704.

DE SANSAY (Lancelot de Turpin de Criſſé, Comte) mort le 29. Août 1720.

Il entra aux Mouſquetaires en 1686. Fit la campagne de Philiſbourg avec Monſeigneur en 1688. & obtint la même année une Lieutenance dans le Régiment de la Reine Dragons, avec lequel il ſe trouva en Allemagne en 1689. à la bataille de Fleurus en 1690. & paſſa à une Compagnie dans le Régiment Royal-Dragons le 31. Octobre de cette année. Il la commanda au ſiége de Mons & au combat de Leuſe en 1691. au ſiége de Namur & à la bataille de Steinkerque en 1692. à l'armée de la Moſelle, puis à l'armée d'Allemagne ſous Monſeigneur en 1693. à l'armée de la Meuſe ſous le Maréchal de Boufflers en 1694. à la défenſe de Namur en 1695.

Colonel d'un Régiment d'infanterie de ſon nom, qu'il leva par commiſſion du 18. Novembre de cette année, il le commanda à l'armée de la Meuſe en 1696. à celle de Flandre en 1697.

Ce Régiment ayant été réformé par ordre du 30. Décembre 1698. dans celui de Toulouſe, le Comte de Sanſay en leva une autre de ſon nom par commiſſion du 25. Juillet 1702. & paſſa à un autre auſſi de ſon nom le 17. Octobre 1703. en ſe démettant de celui qu'il avoit levé.

Brigadier par brevet du 10. Février 1704. employé à l'armée de Savoye ſous le Duc de la Feuillade, il ſervit au ſiége de Suze, à l'attaque des retranchemens de la vallée d'Aouſt, & à la conquête de tout le val d'Aouſt du 22. Septembre au 15. Octobre, aux ſiéges de Villefranche, de Montalban, de Sant Oſpicio, de Nice & de Chivas, à la défaite de l'arriére-garde des ennemis; à la priſe d'Aumont & du château de Montmélian en 1705. au ſiége & à la bataille de Turin en 1706. Il ſervit enſuite à l'armée du Dauphiné juſqu'à la paix. Se démit de ſon Régiment au mois de Septembre 1716. & quitta le ſervice.

Promotion du 10. Février 1704. D'ENONVILLE (Pierre-René de Brisay, Comte) mort au mois d'Octobre 1749.

Entra Lieutenant au Régiment d'infanterie du Roi en 1687. Servit aux siéges de Philisbourg, de Manheim & de Franckendal en 1688. en Allemagne en 1689. à la bataille de Fleurus en 1690. au siége de Mons en 1691. au siége de Namur & à la bataille de Steinkerque en 1692. à la bataille de Néerwinden en 1693. passa à une Compagnie le 18. Août, & la commanda au siége de Charleroy la même année : à la marche de Vignamont au pont d'Espierre en 1694. au siége de Bruxelles en 1695.

Colonel d'un Régiment d'infanterie de son nom, qu'il leva par commission du 26. Novembre de cette année, il le commanda en Flandre en 1696. au siége d'Ath en 1697.

Son Régiment ayant été réformé par ordre du 18. Novembre 1698. dans le Régiment de Picardie, le Comte d'Enonville en leva un autre aussi de son nom par commission du 25. Juillet 1702. & se trouva comme Volontaire à la bataille de Frédélingen au mois d'Octobre. Il servit aux siéges de Brisack & de Landau, & à la bataille de Spire en 1703.

Colonel-Lieutenant du Régiment Royal infanterie par commission du 21. Novembre de la même année, il se démit du Régiment qui portoit son nom. Obtint le grade de Brigadier par brevet du 10. Février 1704. & commanda la Brigade de Royal à la bataille d'Hochstett le 13. Août : il y fut fait prisonnier avec son Régiment, dont il fut obligé de se démettre au mois de Janvier 1705.

Il fut pourvu de la Lieutenance générale du Gouvernement de l'Orléanois au département du pays Chartrain par provisions du 21. Janvier 1717. & il a gardé cette Charge jusqu'à sa mort.

DE BUEIL (Honorat de Bueil-Racan, Comte) tué à Malplaquet le 11. Septembre 1709.

Entra Lieutenant au Régiment Royal infanterie dès 1682.

& servit au siége de Luxembourg en 1684. Capitaine au même Régiment par commission du 18. Octobre 1686. il commanda sa Compagnie en Allemagne en 1689. & 1690. puis en Italie où il se trouva au siége de Montmélian en 1691. au siége de Namur & au combat de Steinkerque en 1692. à l'armée d'Allemagne en 1693. & 1694. en Italie en 1695.

Promotion du 10. Février 1704.

Colonel d'un Régiment d'infanterie de son nom, qu'il leva par commission du premier Décembre 1695. il le commanda à l'armée d'Italie en 1696. sur le Rhin en 1697. Ce Régiment ayant été réformé par ordre du 18. Novembre 1698. le Comte de Bueil fut entretenu Colonel réformé à la suite du Régiment de Normandie. Il se trouva à la bataille de Frédélingen en 1701. aux siéges de Brisack, de Landau, & à la bataille de Spire en 1703.

Brigadier par brevet du 10. Février 1704. employé à l'armée de Baviére, il combattit à Hochstett le 13. Août. Servit à l'armée de la Moselle sous le Maréchal de Villars en 1705. & obtint par commission du 12. Décembre une place d'Inspecteur général de l'infanterie, qu'il conserva jusqu'à sa mort. Il étoit à l'armée de la Moselle en 1706. à l'armée de Flandre en 1707. à la bataille d'Oudenarde en 1708. & fut tué l'année suivante à celle de Malplaquet.

DE PERMANGLE (Gabriel de Chouly.)
Voyez Tome V. page 63.

DE PUYNORMAND (Hardouin Gauffreteau.)
Voyez Tome V. page 74.

DE COURVILLE (François Arnauld) mort le 9. Mai 1707. âgé de 46. ans.

Mousquetaire dès 1686. il fit la campagne de 1688. dans l'armée de Monseigneur, & se trouva aux siéges de Philisbourg, de Manheim & de Franckendal, en Flandre en 1689. à la bataille de Fleurus en 1690. Choisi par M. de la Hoguette pour un de ses Aides de camp, il se rendit avec lui en Savoye au mois d'Octobre, l'accompagna à

Promotion du 10. Février 1704.

la prise de la vallée d'Aoust, à l'attaque des retranchemens du pont de Ceran, à la prise d'Aoust, à la course d'Yvrée, aux sièges des ville & citadelle de Chambery en 1691. à la défense de Pignerol & de Suze en 1692. il reçut à la bataille de la Marsaille le 4. Octobre 1693. un coup de fusil au travers du corps à côté de M. de la Hoguette qui y fut tué, & obtint le Gouvernement du fort l'Ecluse au mois de Décembre suivant. Il fit les campagnes de 1694 & 1695. en Flandre avec les Mousquetaires, & se trouva au siége de Bruxelles cette derniére année.

Colonel d'un Régiment d'infanterie de son nom, qu'il leva par commission du 17. Décembre 1695. il le commanda au siége de Barcelone en 1697. Ce Régiment ayant été réformé par ordre du 18. Novembre 1698. M. de Courville fut entretenu Colonel réformé à la suite du Régiment de Provence par ordre du même jour.

Les ennemis ayant bloqué le fort Louis du Rhin en 1702. M. de Courville partit de Provence, & s'y rendit en poste : il y demeura six semaines, & revint à Paris après la bataille de Frédélingen.

Colonel réformé à la suite du Régiment du Maine par ordre du 18. Avril 1703. il le commanda en second au combat d'Eckeren, où il reçut plusieurs blessures & fut fait prisonnier. Colonel-Lieutenant du même Régiment par commission du 15. Juillet, échangé au mois de Novembre, Brigadier par brevet du 10. Février 1704. employé à l'armée d'Espagne, il y servit à la prise de plusieurs places du Portugal, au siège de Gibraltar, & reçut deux blessures pendant cette campagne & la suivante. Il revint à Paris au mois de Décembre 1705. retourna presqu'aussitôt en Espagne. Fut blessé au mois de Mars à l'attaque des Miquelets près Canits (a), & fut obligé de quitter l'armée à cause de ses blessures. Il prit pendant la cam-

---

(a) Dans M. de Quincy, Histoire militaire de Louis XIV. Tome V. page 195. M. de Courville, à la relation de l'affaire de Canits, est mal qualifié Lieutenant-Colonel du Régiment du Maine; il faut lire Colonel-Lieutenant.

D'INFANTERIE.

Promotion du 10. Février 1704.

pagne de 1706. les eaux de Barege & de Baviére, & retourna en Espagne où il joignit l'armée le 16. Avril 1707. Détaché le 24. du même mois pour attaquer le château d'Anjora, il força la garnison de capituler le même jour. Pendant qu'on dressoit les articles, il y eut par un mal entendu une décharge dans laquelle il reçut un coup de mousquet qui lui cassa le bras gauche entre l'épaule & le coude, & on le transporta le 25. au château d'Almanza où il mourut. Il joignoit à la valeur la plus solide piété, & en pratiquoit tous les devoirs avec la même régularité que ceux du service militaire.

DE GREDER (Balthasard) né le 9. Septembre 1667. mort le 15. Décembre 1714.

Il entra Cadet dans le Régiment de son pere au mois d'Août 1683. Fut fait Enseigne le 5. Juin 1684. servit cette année à l'armée qui couvrit le siége de Luxembourg. Passa à une Lieutenance le 10. Août 1687. avec rang de Capitaine, par commission du 22. Novembre suivant. Se trouva à l'attaque de Valcourt en 1689. à la bataille de Fleurus en 1690. & fut nommé Major de son Régiment par brevet du premier Janvier 1691. il servit en cette qualité au siége de Mons la même année : à celui de Namur & à la bataille de Steinkerque en 1692. à la bataille de Néerwinden & au siége de Charleroy en 1693. & devint Lieutenant-Colonel du même Régiment le 8. Décembre. Il étoit à la marche de Vignamont au pont d'Espierre en 1694. au siége de Bruxelles en Août 1695. obtint le 18. Décembre suivant une commission pour tenir rang de Colonel d'infanterie, & continua de servir en Flandre en 1696. & 1697. au camp de Compiégne en 1698. en Flandre en 1701. au combat de Nimegue en 1702.

Colonel du Régiment Suisse de son nom à la mort de son frère par commission du 18. Janvier 1703. il le commanda au combat d'Eckeren où il fut blessé.

Brigadier par brevet du 10. Février 1704. il servit en Flandre. Défendit Dendermonde, commanda à Louvain pendant la bataille de Ramillies en 1706. Combattit à

Promotion du 10. Février 1704.

Oudenarde en 1708. à Malplaquet en 1709. Se trouva à la défense d'Aire en 1710. à l'attaque d'Arleux en 1711. au siége de Douay en 1712. & avoit encore son Régiment lorsqu'il mourut.

DE CROY (Philippe-Alexandre-Emmanuel de Croy-Solre, Comte.)
Voyez Tome V. page 55.

DE RAVIGNAN (Joseph de Mesmes, Marquis.)
Voyez Tome V. page 18.

DE DAMAS (Gilbert Damas de Verpré & Norry, Comte.)
Voyez Tome VII. page 3.

DE VILLEMORT (Robert de Bouex) mort le 28. Mars 1738.

Il servit sur mer de 1676. jusqu'en 1681. qu'il entra Cadet dans le Régiment de Dragons de Fimarcon. Il passa dans la Compagnie des Cadets de Besançon en 1682. Obtint une Lieutenance dans le Régiment de Dragons de la Lande en 1683. & une Compagnie le 20. Février 1684. Il la commanda au siége de Luxembourg la même année : aux siéges de Philisbourg, de Manheim, & de Franckendal en 1688. en Allemagne sous le Maréchal de Duras en 1689. au siége de Cahours & à la bataille de Staffarde en 1690. à la conquête du Comté de Nice, aux siéges de Villefranche, de Montalban, de Veillane, de Carmagnole & du château de Montmélian en 1691. en Italie en 1692. à l'armée d'Allemagne en 1693. & les deux années suivantes.

Colonel d'un Régiment d'infanterie de son nom par commission du 28. Avril 1696. il le commanda à l'armée du Rhin cette année & la suivante. Ce Régiment ayant été réformé par ordre du 18. Novembre 1698. M. de Villemort en leva un autre aussi de son nom par commission du 9. Janvier 1702.

Brigadier par brevet du 10. Février 1704. il servit en Flandre cette année : sur la Moselle en 1705. & 1706.

en Flandre en 1707. Se trouva au siége de Lille en 1708. fut employé à Tournay par ordre du 23. Juin, se trouva à la défense de cette place la même année, & ne servit plus en campagne. Son Régiment ayant été réformé par ordre du 31. Décembre 1713. on l'entretint Colonel réformé à la suite du Régiment de Picardie par ordre du 19. Janvier 1714.

Promotion du 10. Février 1704.

DE LA MARCK (Louis-Pierre Engilbert, Comte.) *Voyez* Tome V. page 37.

DE POLASTRON (Louis, Marquis) tué à Almanza le 25. Avril 1707.

Enseigne au Régiment des Gardes Françoises le 9. Septembre 1692. il se trouva à la bataille de Néerwinden & au siége de Charleroy en 1693. à la marche de Vignamont au pont d'Espierre en 1694. au siége & au bombardement de Bruxelles en 1695. & passa à une Sous-Lieutenance le 25. Décembre 1697.

Colonel-Lieutenant du Régiment de la Couronne par commission du 26. Juillet 1698. il le commanda au camp de Compiégne la même année : à Namur pendant la campagne de 1701. au combat de Nimegue en 1702. à la défense de Bonn où il fut blessé en 1703.

Brigadier par brevet du 10. Février 1704. employé à l'armée d'Espagne, il servit à la prise de Salvaterra, de Segura, de Ponhagarzia, de Castelbranco & de plusieurs autres places du Portugal la même année. Détaché du camp de Balbastro le 14. Janvier 1705. il emporta, pilla & brula la ville de Graus, & en fit sortir trois cents mulets chargés de butin. Il servit ensuite au siége de Gibraltar, marcha au secours de Badajos dont on éloigna les Portugais, se trouva au siége de Cartagène en 1706. & fut tué l'année suivante à la bataille d'Almanza après y avoir fait des prodiges de valeur à la tête du Régiment de la Couronne.

Tome VIII. T

146 DES BRIGADIERS

Promotion du 10. Février 1704.

DE BOURCK (Walter, Comte.)
Voyez Tome VI. page 606.

D'ESTERRE (Anne-Auguste de Montmorency-Robecque, Comte.)
Voyez Tome V. page 82.

DE COURTEN (Melchior, Comte.)
Voyez Tome VII. page 4.

DE TAVAGNY (François.)
 Lieutenant au Régiment de Piémont le 11. Février 1674. il se trouva à la défense de Grave la même année : aux siéges de Liége, de Dinant, de Huy & de Limbourg en 1675. à ceux de Condé, de Bouchain & d'Aire en 1676. passa à une Aide-Majorité le 6. Septembre avec rang de Capitaine par commission du 15. & servit en cette qualité au siége de Luxembourg en 1684.
 On le fit Major du Régiment de Nivernois à sa création le premier Octobre de la même année, & Lieutenant-Colonel du Régiment de Boufflers (depuis Miromenil) aussi à sa création le 24. Octobre 1688. Il servit avec ce Régiment au siége de Namur, puis sur la Moselle en 1692. à l'armée de la Moselle, puis à celle d'Allemagne en 1693. à l'armée d'Italie en 1694. & 1695. au siége de Valence en 1696. à l'armée de la Meuse en 1697. Il passa en Italie au mois de Juillet 1701. & se trouva au combat de Chiary au mois de Septembre, à la défense de Crémone, à la bataille de Luzzara le 15. Août, à la prise de cette place & de Borgoforté en 1702. au combat de la Stradella, à celui de Castelnovo de Bormia, au passage dans le Trentin, aux siéges de Nago & d'Arco en 1703.
 Brigadier par brevet du 10. Février 1704. il servit aux siéges d'Yvrée, de Verceil & de Verüe, à la bataille de Cassano en 1705. & fut nommé au mois de Septembre Gouverneur de la Mirandole, où il demeura jusqu'au mois

D'INFANTERIE.

de Mars 1707. Il fut employé sur les frontières du Dauphiné par Lettres du 20. Avril suivant, & en Dauphiné pendant l'hiver par ordre du 26. Décembre. Il étoit à l'attaque des deux Sesannes en 1708. Il servit encore à l'armée du Dauphiné en 1709. mais je ne le trouve point employé depuis, & je n'ai pu trouver la date de sa mort.

Promotion du 10. Février 1704.

DE CADRIEU (Alexandre-Louis, Marquis.)
Voyez Tome V. page 84.

DE SELVE (Jean-Pierre.)
Voyez Tome VI. page 613.

DU BARAIL (Louis Prevost, Marquis.)
Voyez Tome V. page 97.

DE ROBERT (Antoine) tué au siége de Castelbranco le 21. Mai 1704.
Il avoit toujours servi dans le Génie, & mérité par ses services la Charge de Directeur des fortifications du Duché de Bourgogne & de Bresse, & le grade de Brigadier qu'on lui accorda par brevet du 10. Février 1704. Il commandoit alors en chef les Ingénieurs à l'armée d'Espagne, & fut tué à l'attaque de Castelbranco qu'on enleva le lendemain de sa mort.

DESTOUCHES (Louis Camus, Chevalier.)
Voyez Tome VII. page 5.

DE PIONSAC (Gilbert de Chabannes, Comte) né le 16. Juillet 1646. mort le 20. Avril 1720.

19. Septem. 1704.

Enseigne au Régiment de Navarre dès 1664. Sous-Lieutenant en 1666. il servit aux siéges d'Oudenarde, de Courtray & de Bergues en 1667. Devint Lieutenant en 1669. Servit à tous les siéges entrepris par M. le Prince de Condé en 1672. Parvint à une Compagnie en 1673. la commanda au siége de Mastrick la même année : à la bataille de Seneff en 1674. aux siéges de Liége, de Dinant, de Huy

T ij

& de Limbourg en 1675. à ceux de Condé, de Bouchain & d'Aire en 1676. à la bataille de Caſſel & au ſiége de Saint-Omer en 1677. aux ſiéges de Gand & d'Ypres, & à la bataille de Saint-Denys près Mons en 1678. au ſiége de Luxembourg en 1684. à la conquête du Palatinat en 1689. à la bataille de Fleurus en 1690. au ſiége de Mons & à la bataille de Leuſe en 1691. au ſiége de Namur & à la bataille de Steinkerque en 1692. à la bataille de Néerwinden & au ſiége de Charleroy en 1693. Il devint Commandant du ſecond Bataillon de ſon Régiment le 8. Septembre de cette année, & le commanda à la marche de Vignamont au pont d'Eſpierre en 1694. au ſiége & au bombardement de Bruxelles en 1695. à l'armée de Flandre en 1696. au ſiége d'Ath en 1697. au camp de Compiégne en 1698. à l'armée d'Allemagne en 1701. & 1702. Lieutenant-Colonel du Régiment de Navarre par commiſſion du 14. Février 1703. il ſervit aux ſiéges de Briſack & de Landau, & contribua particuliérement avec le Régiment au gain de la bataille de Spire en 1703. à la bataille d'Hochſtett le 13. Août 1704. Il ne voulut jamais ſigner la capitulation de Pleintheim., & fit caſſer & enterrer les drapeaux & les caiſſes du Régiment de Navarre, afin qu'elles ne tombaſſent pas entre les mains des ennemis. On le créa en cette conſidération Brigadier par brevet du 19. Septembre. Il ſervit l'année ſuivante en Allemagne. Obtint le Régiment de Navarre par commiſſion du 4. Avril 1706. il le commanda à la levée du ſiége du fort Louis par les ennemis, à la priſe de Druſenheim, de Lauterbourg & de l'iſle du Marquiſat la même année : à toutes les expéditions du Maréchal de Villars en Franconie & en Suabe en 1707. à la bataille d'Oudenarde en 1708.

Gouverneur de l'iſle d'Oleron par proviſions du mois de Janvier 1709. il ſe démit du Régiment de Navarre, & conſerva ſon Gouvernement juſqu'à ſa mort.

19. Septem. 1704. DE SAINT-MAURICE (Jean)

Enſeigne au Régiment Royal infanterie dès 1666. il ſervit aux ſiéges de Douay, de Tournay & de Lille en 1667.

D'INFANTERIE.

Fut entretenu Lieutenant réformé à la suite du même Régiment à la réforme du 26. Mai 1668. Passa à une Lieutenance en 1672. servit à tous les siéges entrepris par le Roi, & au passage du Rhin la même année : parvint à une Compagnie le premier Octobre, & la commanda à la prise de plusieurs places de l'Electeur de Brandebourg sous le Maréchal de Turenne, puis au siége de Mastrick en 1673. aux batailles de Sintzeim, d'Ensheim, de Mulhausen en 1674. de Turckeim, aux siéges de Liége, de Dinant, de Huy & de Limbourg, au combat d'Altenheim & à la levée des siéges d'Haguenau & de Saverne par les ennemis en 1675. aux siéges de Condé, de Bouchain & d'Aire en 1676. à ceux de Valenciennes & de Cambray en 1677. aux siéges de Gand & d'Ypres & à la bataille de Saint-Denys près Mons en 1678. au siége de Luxembourg en 1684.

Capitaine de Grenadiers du même Régiment par Lettres du 24. Août 1685. il commanda cette Compagnie à la défense de Bonn en 1689. à l'armée d'Allemagne en 1690. aux siéges de Nice, de Villefranche, de Sant-Ospicio, de Montalban, de Veillane, de Carmagnole & du château de Montmélian en 1691. à l'armée d'Allemagne en 1693. & 1694. à l'armée d'Italie en 1695. au siége de Valence en 1696. Commandant de Bataillon par ordre du 8. Avril 1697. il servit à l'armée de la Meuse cette année : à l'armée de Flandre en 1701. au combat de Nimegue en 1702. à la défense de Bonn en 1703. & s'étant particuliérement distingué à la bataille d'Hochstett le 13. Août 1704. il fut créé Brigadier par brevet du 19. Septembre. On l'employa à l'armée de la Moselle en 1705. & 1706. à l'armée de Flandre en 1707. Placé Commandant à Nieuport au mois de Juin 1708. il se démit de la Lieutenance-Colonelle du Régiment Royal, & demeura à Nieuport jusqu'à la paix. On lui donna le commandement de la Rochelle le 9. Février 1717. & lorsqu'on supprima la place de Commandant à la Rochelle, on lui donna le 30. Mai 1726. le commandement de la citadelle de Besançon, où il est mort quelques années après.

20. Septem. 1704. DE GRENUT (Pierre) mort au mois de Février 1749. âgé de 94. ans.

Cadet au Régiment des Gardes Suisses en 1677. il servit aux siéges de Gand & d'Ypres, & à la bataille de Saint-Denys près Mons en 1678. Il fut fait Enseigne de la Compagnie de Stuppa en 1679. & Lieutenant en 1684. il servit la même année à l'armée qui couvrit le siége de Luxembourg, & se trouva à l'attaque de Valcourt en 1689. Il obtint le 28. Juin 1690. une commission pour tenir rang de Capitaine aux Gardes Suisses pour commander la Compagnie entiére de Stuppa, qu'il commanda à la bataille de Fleurus le premier Juillet suivant: au siége de Mons en 1691. & eut comme les autres Capitaines le rang de Colonel le 26 Mars de cette année. Il continua de commander la Compagnie de Stuppa au siége de Namur & à la bataille de Steinkerque en 1692. à la bataille de Néerwinden & au siége de Charleroy en 1693. à la marche de Vignamont au pont d'Espierre en 1694. au siége & au bombardement de Bruxelles en 1695.

Lieutenant-Colonel du Régiment Suisse de Surbeck en conservant son rang de Colonel par commission du 13. Février 1696. il obtint le même jour la Compagnie entiére de Stuppa dans ce Régiment, & commanda le Régiment de Surbeck sur la Meuse en 1696. & en Flandre en 1697. il y servit au siége d'Ath. Il servit en Flandre en 1701. au siége du château de Middelbourg & à l'attaque du fort Kikuyt en 1702. au blocus de Traërback, à l'attaque de douze cents Hussarts qu'il battit, & auxquels il enleva un convoi & un riche butin qu'ils avoient pris: au siége de Landau en 1703. Il servit en Flandre en 1704. & fut créé Brigadier par brevet du 20. Septembre. Employé à l'armée de la Moselle en 1705. il y contribua à faire lever le siége de Hombourg aux ennemis: il se trouva à la levée du siége du fort Louis par les ennemis, à la prise de Drusenheim, de Lauterbourg & de l'isle du Marquisat en 1706. Il étoit sur le Rhin en 1707. Il y contribua à la défense de Weissembourg en 1708. Il continua de servir sur le Rhin en 1709. & 1710. Se démit de la Lieutenance-Colonelle du Régiment de Surbeck le premier Septembre 1711. quitta le service, & conserva cependant sa Compagnie dans ce Régiment jusqu'à sa mort.

Promotion du 26. Octobre 1704.

DE NANGIS (Louis-Armand de Brichanteau, Marquis.)
Voyez Tome III. page 308.

ALTERMATT (Urs.)
Voyez Tome VII. page 6.

DE SAINT-SIMON (Titus-Eustache de Rouvroy, Chevalier, puis Marquis) né le 22. Juillet 1654. mort le premier Septembre 1712.

Enseigne au Régiment de Picardie dès 1671. il se trouva à tous les siéges & au passage du Rhin en 1672. Obtint une Lieutenance en 1673. & servit au siége de Mastrick. Enseigne au Régiment des Gardes Françoises le 26. Février 1674. il combattit à Seneff la même année. Servit aux siéges de Liége, de Dinant, de Huy & de Limbourg en 1675. de Condé, de Bouchain & d'Aire en 1676. de Valenciennes & de Cambray en 1677. & obtint une Sous-Lieutenance le 22. Novembre. Il étoit aux siéges de Gand & d'Ypres, & à la bataille de Saint-Denys près Mons en 1678. & parvint à une Lieutenance le 31. Mai 1679. Il servit à l'armée qui couvrit le siége de Luxembourg en 1684. à l'attaque de Valcourt en 1689. fut fait Aide-Major le premier Octobre. Se trouva à la bataille de Fleurus en 1690. au siége de Mons & au combat de Leuse en 1691. au siége de Namur & à la bataille de Steinkerque en 1692. & obtint une Compagnie par commission du 9. Septembre. Il la commanda à la bataille de Néerwinden & au siége de Charleroy en 1693. à la marche de Vignamont au pont d'Espierre en 1694. au siége de Bruxelles en 1695. en Flandre en 1696. & 1697. au camp de Compiégne en 1698. en Flandre en 1701. au combat de

Nimegue en 1702. à celui d'Eckeren en 1703. Il commanda en 1704. à Wolfach où il servit supérieurement : obtint le grade de Brigadier par brevet du 26. Octobre, & commanda l'infanterie dans Tournay & les environs pendant l'hiver, & les campagnes de 1705. & 1706. Il servit en Flandre en 1707. Se trouva à la bataille d'Oudenarde en 1708. en Flandre en 1710. à l'attaque d'Arleux en 1711. & avoit encore sa Compagnie lorsqu'il mourut.

DESPONTIS (Pierre Despontis du Fresnoy.)
Voyez Tome VII. page 7.

DE GRIMALDY (Louis, Chevalier, puis Baron)
Voyez Tome VI. page 614.

DUGAST BELLEAFFAIRE (Joseph Dugast) mort au mois d'Août 1705.

Etoit entré de bonne heure dans le Régiment de Larray (depuis Blainville, Maulevrier, & aujourd'hui Beaujollois,) & avoit servi à tous les siéges, lorsqu'il parvint à la Compagnie de Grenadiers de ce Régiment le 4. Mai 1691. après le siége de Mons. Il la commanda au siége de Namur & à la bataille de Steinkerque en 1692. à la bataille de Néerwinden & au siége de Charleroy en 1693. dans les lignes du Brabant en 1694. à la défense de Namur en 1695.

Colonel d'un Régiment d'infanterie de son nom, qu'il leva par commission du 3. Novembre de cette année, il le commanda à l'armée du Rhin en 1696. & 1697. Ce Régiment ayant été réformé le 8. Février 1699. il en leva un autre aussi de son nom par commission du 25. Juillet 1702. il le commanda en Languedoc cette année & les deux suivantes. Obtint le grade de Brigadier par brevet du 26. Octobre 1704. & mourut l'année suivante à l'armée d'Espagne.

D'INFANTERIE.

Promotion du 26. Octobre 1704.

DE MARCILLY (Achilles Poulet, Marquis.)

Il avoit commencé à servir en 1678. Après la réforme de 1679. il entra aux Mousquetaires en 1683. & se trouva au siége de Courtray au mois de Novembre, à l'armée qui couvrit le siége de Luxembourg en 1684.

Capitaine au Régiment des Fusiliers du Roi (depuis Royal-Artillerie) par commission du 15. Juillet 1687. il commanda sa Compagnie à tous les siéges & à toutes les batailles & actions de la guerre de 1688.

Colonel d'un Régiment d'infanterie de son nom par commission du 4. Novembre 1695. il le commanda à l'armée du Rhin en 1696. & 1697. Ce Régiment ayant été réformé par ordre du 30. Décembre 1698. il en leva un autre aussi de son nom par commission du 25. Juillet 1702. il servoit alors à l'armée d'Italie, où il se trouva à la bataille de Luzzara, à la prise de cette place & de Borgoforté la même année. Il commanda son Régiment en Languedoc en 1703. d'où étant passé en Savoye, il fit le siége d'Annecy, obligea conjointement avec M. de Valliére qui commandoit en Savoye, la garnison de rendre cette place le lendemain de l'attaque, & obtint le grade de Brigadier par brevet du 26. Octobre 1704. Il servit l'année suivante au siége de Chivas, & se trouva à la bataille de Cassano. Il étoit au siége & à la bataille de Turin en 1706. Fut employé à l'armée du Dauphiné par Lettres du 16. Juin 1707. & en Provence pendant l'hiver par Lettres du 31. Octobre. Il continua de servir à l'armée du Dauphiné en 1708. & 1709. & se démit de son Régiment en quittant le service au mois d'Octobre 1710.

D'HAUTEFORT-BOSEN (Jean-Louis, Comte.)
Voyez Tome V. page 118.

DU BIEZ (Antoine Oudart du Biez de Savignies, Marquis.)
Voyez Tome VII. page 8.

Promotion du 26. Octobre 1704. CAMUS DESTOUCHES (Michel) mort le 25. Mai 1731. âgé de 60. ans.

 Entra Lieutenant au Régiment de Picardie en 1684. & servit la même année à l'armée qui couvrit le siége de Luxembourg : aux siéges de Philisbourg, de Manheim & de Franckendal en 1688. & obtint une Compagnie le 20. Mars 1689. Il la commanda à l'armée d'Allemagne en 1689. & les six années suivantes.

 Colonel d'un Régiment d'infanterie de son nom par commission du 10. Novembre 1695. il le commanda à l'armée de Flandre en 1696. & 1697. Ce Régiment ayant été réformé par ordre du 6. Janvier 1698. il en leva un autre par commission du 25. Juillet 1702. & s'en démit au mois de Novembre suivant.

 Colonel du Régiment de Cotentin par commission du premier Avril 1703. il le joignit à l'armée d'Italie, & le commanda au passage dans le Trentin, au combat de San-Benedetto, à la prise de Nago & d'Arco la même année : aux siéges de Verceil & d'Yvrée en 1704.

 Brigadier par brevet du 26. Octobre de la même année, il servit au siége de Veruë qui se rendit au mois d'Avril 1705. & se trouva à la bataille de Cassano au mois d'Août suivant, au siége & à la bataille de Turin en 1706. Employé à l'armée du Dauphiné par Lettres du 20. Avril 1707. il y servit à l'attaque des deux Sesannes en 1708. Servit encore à la même armée en 1709. Ne fit point la campagne de 1710. & quitta le service & son Régiment au mois de Mai 1711. On lui accorda par provisions du 28. Février 1713. la Charge de Contrôleur général de l'artillerie à la mort de son frere. Leur pere avoit été pourvu de cette Charge par provisions du 30. Juillet 1669.

DE LOSTANGES (Jacques Blanchet de Pierrebuffiere, Marquis) mort le 17. Mai 1707. âgé de 34. ans.

 Entra aux Mousquetaires en 1685. & Cadet dans les Gardes du Corps en 1688. il y fit la campagne avec Monseigneur, & se trouva aux sièges de Philisbourg, de Manheim & de Franckendal la même année. Il fut fait Garde de la manche en 1689. & obtint une Compagnie dans le Régiment de cavalerie de Dumont (depuis Nassau & Villiers) le 5. Janvier 1690. il la commanda sur les côtes la même année.

 Lieutenant général de la province de la Marche à la mort de son pere par provisions du 9. Avril 1691. il commanda sa Compagnie sur les côtes cette année : au siége de Namur & à la bataille de Steinkerque en 1692. à la bataille de Néerwinden & au siége de Charleroy en 1693. à la marche de Vignamont au pont d'Espierre en 1694. au siége de Bruxelles en 1695.

 Colonel d'un Régiment d'infanterie de son nom par commission du 15. Novembre 1695. il servit avec ce Régiment sur la Meuse en 1696. & 1697. Ce Régiment ayant été réformé par ordre du 19. Juillet 1698. il en leva un autre aussi de son nom par commission du 25. Juillet 1701. il se trouva au combat de Nimegue la même année : à celui d'Eckeren en 1703. Commanda son Régiment à l'armée de Flandre en 1704. & obtint le grade de Brigadier par brevet du 26. Octobre.

 Employé à l'armée de Flandre en 1705. il s'y trouva à la bataille de Ramillies en 1706. & mourut à Mons au commencement de la campagne suivante.

Promotion du 26. Octobre 1704.

DE VALLOUZE (Joseph-Guillaume Boutin, Comte)
mort le 15. Septembre 1744.

Mousquetaire en 1684. il servit la même année à l'armée qui couvrit le siége de Luxembourg. Il entra Lieutenant au Régiment du Roi en 1686. & servit aux sièges de Philisbourg, de Manheim & de Franckendal en 1688. en Allemagne en 1689. à la bataille de Fleurus en 1690. au siége de Mons & au combat de Leuse en 1691. au siége de Namur & à la bataille de Steinkerque en 1692. & obtint une Compagnie dans le Régiment du Roi le 23. Août de cette année. Il la commanda à la bataille de Néerwinden & au siége de Charleroy en 1693. à la marche de Vignamont au pont d'Espierre en 1694. au siége de Bruxelles en 1695.

Colonel d'un Régiment d'infanterie de son nom par commission du 21. Novembre 1695. il servit en Flandre en 1696. & au siége d'Ath en 1697.

Ce Régiment ayant été réformé par ordre du 19. Juillet 1698. le Comte de Vallouze fut entretenu Colonel réformé à la suite du Régiment d'infanterie de Chartres : passa la campagne de 1701. à Namur. Se trouva au combat de Nimegue en 1702. à celui d'Eckeren en 1703. à la bataille d'Hochstett en 1704. & obtint le grade de Brigadier par brevet du 26. Octobre. Il servit en cette qualité à l'armée du Rhin en 1705. à la levée du siége du fort Louis par les ennemis, à la prise de Drusenheim, de Lauterbourg & de l'isle du Marquisat en 1706. Passa le 23. Février 1707. Colonel réformé à la suite du Régiment de Sillery, & servit à la bataille d'Almanza & au siége de Lérida la même année : au siége de Tortose en 1708. & obtint par commission du 10. Juillet de cette année un Régiment d'infanterie de son nom. Il continua de servir en Espagne, où on se tint sur la défensive en 1709. Il fut employé à l'armée du Dauphiné en 1710. à l'armée de Catalogne sous le Comte de Fiennes en 1711. au blocus & au siége de Barcelone en 1712. & les deux années suivantes. Son Régiment ayant été réformé par ordre du 30. Juillet 1715. on l'entretint Colonel réformé à la suite du Régiment Royal des Vaisseaux par ordre du 26. Août suivant. Il n'a pas servi depuis & avoit reçu une blessure considérable au visage.

DE CHOISINET (François de la Tour-du-Pin, Comte.) Il entra Lieutenant au Régiment d'infanterie d'Anjou en 1684. & servit cette année au siége de Luxembourg. Il obtint une Compagnie le 29. Avril 1687. & la commanda aux siéges de Philisbourg, de Manheim & de Franckendal en 1688. à la conquête du Palatinat en 1689. à l'armée d'Allemagne en 1690. & 1691. au siége de Namur, puis à l'armée de la Moselle en 1692. Il passa Lieutenant de la Colonelle, en conservant son rang de Capitaine, le 20. Décembre de cette année : commanda cette Compagnie à la bataille de Néerwinden & au siége de Charleroy, & repassa à une Compagnie le 5. Décembre. Il servit en Allemagne en 1694. & 1695.   *Promotion du 26. Octobre 1704.*

Colonel d'un Régiment d'infanterie de son nom par commission du 2. Décembre de cette derniére année, il le commanda sur la Meuse en 1696. & en Flandre en 1697. Ce Régiment ayant été réformé par ordre du 18. Novembre 1698. le Comte de Choisinet servit à la suite du Régiment d'Anjou au combat de Chiary en 1701. à la bataille de Luzzara & à la prise de cette place & de Borgoforté en 1702. au passage dans le Trentin, & à la prise de plusieurs places en 1703. aux siéges de Verceil & d'Yvrée en 1704. Obtint le grade de Brigadier par brevet du 26. Octobre, & servit au siége de Veruë qui se rendit au mois d'Avril 1705. il se trouva à la bataille de Cassano au mois d'Août suivant. Je ne le trouve point employé depuis, & je n'ai pu trouver la date de sa mort.

DE MARIGNANE (Paul de Covet, Comte.)
Voyez Tome V. page 86.

DE SOURCHES (Louis-François du Bouchet, Chevalier.)
Voyez Tome V. page 120.

DE SIOUGEAT (Jean de Laiser, Marquis.)
Voyez Tome V. page 121.

DE SERVILLE (Guillaume de Massol, Marquis.)
Voyez Tome V. page 72.

DE L'AIGLE (Jacques-Louis des Acres, Marquis)
Enseigne de la Colonelle du Régiment d'infanterie de M. le Dauphin le 19 Juin 1686. il servit aux siéges de Philisbourg, de Manheim & de Franckendal en 1688. & obtint le 20. Août de cette année une commission pour lever une Compagnie dans le Regiment de cavalerie d'Harlus. Il

passa avec cette Compagnie dans le Régiment de cavalerie de Montgommery le 12. Novembre 1689. & la commanda à la bataille de Staffarde & au siége de Cahours en 1690. à la conquête du Comté de Nice, aux siéges de Nice, de Villefranche, de Montalban, de Carmagnoles, de Veillane, de Suze & du château de Montmélian en 1691. à l'armée d'Allemagne en 1692. & les trois années suivantes.

Colonel d'un **Régiment d'infanterie** de son nom par commission du 18. Décembre 1695. il le commanda à l'armée de Flandre en 1696. & 1697. Ce Régiment ayant été réformé par ordre du 18. Novembre 1698. le Marquis de l'Aigle en leva un autre aussi de son nom par commission du 25. Juillet 1702. Obtint le grade de Brigadier par brevet du 26. Octobre 1704. la Charge de Lieutenant de Roi en Normandie aux Bailliages d'Evreux & de d'Alençon sur la démission de son pere par provisions du 10. Juillet 1709. Il ne servit point en campagne de toute cette guerre. Se démit de son Régiment au mois de Janvier 1711. quitta le service, & est actuellement le plus ancien des Brigadiers.

DE CHAUMONT (Charles d'Ambly, Marquis) tué à la bataille de Cassano le 16. Août 1705.

Après avoir servi avec distinction dans plusieurs occasions; il parvint à la Majorité du Régiment de Dragons de Cilly en 1690. & continua de servir avec la même distinction à la conquête du Comté de Nice en 1691. à la bataille de la Marsaille en 1693.

Colonel du **Régiment d'infanterie de Soissonnois** par commission du 14. Avril 1696. il le commanda à l'armée de la Meuse cette année & la suivante : aux combats de Carpy & de Chiary en 1701. à la bataille de Luzzara, à la prise de cette place & de Borgoforté en 1702. au combat de la Stradella, à celui de Castelnovo de Bormia, au passage dans le Trentin, à la prise de Nago & d'Arco en 1703. aux siéges de Verceil & d'Yvrée en 1704. & obtint le grade de Brigadier par brevet du 26. Octobre.

Employé en cette qualité, il servit au siége de Veruë qui se rendit en Avril 1705. & fut tué au mois d'Août suivant à la bataille de Cassano.

Promotion du 28. Octobre 1704.

DE MONMORENCY (Marc, Chevalier.)
Voyez Tome V. page 89.

DE MAULEVRIER (François-Edouard Colbert, Marquis) mort le 2. Avril 1706. âgé de 31. ans.

Fut d'abord Prieur de Saint-Jean le Rotrou: ayant ensuite quitté l'état Ecclésiastique, il entra aux Mousquetaires en 1695. & se trouva au siége de Bruxelles la même année. Il obtint une Sous-Lieutenance au Régiment du Roi le 9. Mai, une Lieutenance le 16. Août, & le Régiment de Navarre par commission du 14. Novembre 1696. & fit cette campagne à l'armée de Flandre.

Il commanda le Régiment de Navarre au siége d'Ath en 1697. au camp de Compiégne en 1698. à l'armée d'Allemagne en 1701. & 1702. aux siéges de Brisack & de Landau, & à la bataille de Spire en 1703. à la seconde bataille d'Hochstett au mois d'Août 1704. & obtint le grade de Brigadier par brevet du 26. Octobre. Il servit en cette qualité à l'armée du Rhin en 1705. & mourut au commencement de la campagne suivante.

DE COETQUEN (Malo-Auguste, Marquis.)
Voyez Tome V. page 21.

DE LANGERON (Jean-Baptiste-Louis Andraut de Maulevrier, Marquis.)
Voyez Tome III. page 349.

D'ALBERGOTTI (Jacques, Chevalier) tué le 24. Juillet 1709. à l'attaque de l'Abbaye d'Hasnon.

Enseigne de la Colonelle du Régiment Royal Italien le 8. Août 1689. il se trouva à la bataille de Fleurus où il fut blessé en 1690. au siége de Mons, puis à l'armée de la Moselle en 1691. Il passa Lieutenant de la Colonelle avec

Promotion du 16. Octobre 1704.

rang de Capitaine le 7. Février 1692. fervit au fiége de Namur & à la bataille de Steinkerque, & paffa à une Compagnie le 21. Septembre de la même année. Il la commanda à la bataille de Néerwinden, où il reçut une bleffure dont il refta eftropié en 1693. à la marche de Vignamont au pont d'Efpierre en 1694. au fiége de Bruxelles en 1695. à l'armée de Flandre en 1696.

Major de fon Régiment par brevet du 25. Mars 1697. il obtint le 4. Avril fuivant une commiffion pour tenir rang de Colonel d'infanterie, & fervit à l'armée de Flandre la même année: au camp de Compiégne en 1698. au combat de Nimegue en 1702. aux fiéges de Landau & de Brifack, & à la bataille de Spire en 1703. à l'armée de Flandre en 1704. & obtint le grade de Brigadier par brevet du 26. Octobre.

Il fut employé à l'armée de la Mofelle en 1705. à l'armée de Flandre où il fe trouva à la bataille de Ramillies en 1706. en Flandre en 1707.

Il devint Lieutenant-Colonel de fon Régiment le 5. Mai 1708. & fe trouva la même année à la bataille d'Oudenarde. Détaché le 24. Juillet 1709. avec cinq cents Grenadiers pour attaquer l'Abbaye d'Hafnon, il fut tué au commencement de l'attaque.

DE BROGLIO (Charles-Guillaume, Marquis.)
Voyez Tome V. page 39.

DU PLESSIS-CHATILLON (Louis du Pleffis-Châtillon, Marquis de Nonant, puis Marquis.)
Voyez Tome V. page 123.

DE SAINT-LOUIS (Pierre de Pene)

Avoit toujours fervi dans le Génie, & avoit obtenu une commiffion de Capitaine réformé à la fuite du Régiment Dauphin infanterie le 17. Janvier 1679. & étoit paffé en la même qualité à la fuite du Régiment de la Marine le 11. Avril 1685. Ses fervices lui avoient mérité la direction générale des fortifications du Duché de Bourgogne,

&

D'INFANTERIE.

& le grade de Brigadier par brevet du 26. Octobre 1704. Il avoit servi avec distinction en Flandre, en Allemagne & en Italie. Je n'ai pu avoir la date de sa mort.

Promotion du 26. Octobre 1704.

DE LA COMBE (Jacques.)
Voyez Tome VII. page 12.

TARDIF (Remy.)
Voyez Tome VII. page 33.

DE GENONVILLE (N.)
Servoit depuis très-long-temps dans l'artillerie, & y avoit le grade de Lieutenant, lorsqu'on lui donna le Commandement de l'artillerie en Normandie par commissions des 20. Avril 1695. & 20. Avril 1696.

Brigadier par brevet du 26. Octobre 1704. il retourna commander l'artillerie en Normandie par commissions des 18. Juillet 1706. 28. Mars 1707. & 12. Avril 1708. Il commanda celle de l'armée du Rhin par commission du 15. Avril 1709. & fut employé Brigadier à cette armée par Lettres du 6. Juin. Je ne le trouve point employé depuis, & je n'ai pu trouver la date de sa mort.

LA MOTTE-BARACÉ (N.)
Il a toujours servi dans l'artillerie, & obtint les grades de Commissaire provincial par commission du 30. Juin 1692. de Commissaire provincial au département de Tournay le 30. Janvier 1696. Il commanda en second l'artillerie de l'armée de Flandre par commission du 26. Février 1703. & en chef celle de l'armée d'Espagne par commission du 31. Décembre suivant. On le créa Brigadier par brevet du 26. Octobre 1704. Je ne le trouve plus employé en 1706. ni depuis, & je n'ai pu trouver la date de sa mort.

DE SALIERES (Etienne-André Gilbert) mort au mois de Septembre 1726.
Il servoit depuis long-temps dans l'artillerie, lorsqu'il fut

Tome VIII.   X

fait Commissaire provincial le 21. Août 1685. Il servit en cette qualité en Italie de 1690. à 1697. Il retourna Lieutenant en second de l'artillerie au Milanès & en Italie par commission du 14. Mars 1702. Obtint la Lieutenance générale du département de Béarn le premier Janvier 1703. le grade de Brigadier par brevet du 26. Octobre 1704. le commandement en chef de l'artillerie de l'armée du Dauphiné par commissions des 28. Mars 1707. 12. Avril 1708. 15. Avril 1709. 15. Avril 1710. premier Avril 1711. & 15. Avril 1712. On lui donna la Lieutenance générale de l'artillerie au département du Dauphiné & de la Provence par provisions du 2. Mai 1716. & il la conserva jusqu'à sa mort.

17. Janvier 1705. DE ROQUEFEUILLE (*N.*)
Il entra Lieutenant de la Colonelle du Régiment Royal infanterie en 1677. Obtint une Compagnie en 1679. Parvint à la Compagnie de Grenadiers le 16. Septembre 1690. & fut ensuite successivement Major de Fribourg le 5. Décembre 1695. Major de Landau le 30. Janvier 1698. Lieutenant de Roi du Neufbrisack le 5. Décembre 1701. Lieutenant de Roi de Landau le 16. Novembre 1703. Les ennemis ayant attaqué cette place en 1704. M. de Roquefeuille seconda avec beaucoup de distinction M. de Laubanie dans la belle défense qu'il y fit. Obtint à cette considération le grade de Brigadier par brevet du 17. Janvier 1705. & passa Lieutenant de Roi à Charleroy.

1. Mars 1705. DE SAINT-PIERRE (Arnaud d'Arguyer) mort en 1714.
Il entra au service de France à la création du Régiment d'infanterie Vallone de Robeck le 24. Octobre 1688. & y obtint une Compagnie avec la Majorité du Régiment par commission & brevet du même jour. Il servit avec ce Régiment en Italie de 1690. à 1695. sous M. de Catinat, & fut blessé considérablement à Staffarde & à la Marsaille. Il devint Lieutenant-Colonel de son Régiment le 7. Juin 1695. & servit sur le Rhin en 1696. & 1697. en Allemagne en 1701. à la bataille de Frédélingen en 1702. aux

siéges de Fribourg & de Landau, & à la bataille de Spire en 1703. à la bataille d'Hochstett où il fut pris avec le Régiment en 1704.

Brigadier par brevet du premier Mars 1705. il servit en Flandre cette année. Se trouva à la bataille de Ramillies en 1706. en Flandre en 1707. fut employé à Mons, puis commanda à Nieuport pendant l'hiver par ordre du 19. Octobre. Combattit à Oudenarde, puis entra dans Lille par ordre du 13. Août 1708. & contribua beaucoup à la défense de cette place. Après la prise de Lille il se rendit à Tournay, & contribua à sa défense en 1709. il y fut pris avec la garnison, & étoit encore Lieutenant-Colonel de son Régiment (alors Saint-Vallier) lorsqu'il mourut.

DE SCHACK (Ulrick, Comte) 8. Mars 1705.
Entra au service de France Colonel réformé à la suite du Régiment de Zurlauben par commission du 22. Mai 1702. & se trouva au combat de Nimegue la même année : à celui d'Eckeren en 1703. à la bataille d'Hochstett, où il eut un bras emporté, & fut fait prisonnier en 1704.

Brigadier par brevet du 8. Mars 1705. employé à l'armée de Flandre par Lettres du 19. Juin, il y servit toute la campagne. Servit sur la Moselle en 1706. en Flandre en 1707. Se trouva à la bataille d'Oudenarde en 1708. & se retira en 1709. en Dannemarck où il est mort.

DE CAROLL (Daniel) mort en 1712. 30. Août 1705.
Il étoit venu en France avec les troupes Irlandoises en 1691. & avoit fait toutes les campagnes depuis cette époque avec le Régiment de la Reine d'Angleterre, lorsqu'il fut mis Lieutenant-Colonel du Régiment de Berwick le 4. Mai 1698. Il servit en cette qualité aux combats de Carpy & de Chiary en 1701. à la défense de Crémone, à la bataille de Luzzara, à la prise de cette place & de Borgoforté en 1702. aux combats de la Stradella & de Castelnovo de Bormia, au passage dans le Trentin, à la prise de Nago & d'Arco en 1703. aux siéges de Verceil, d'Yvrée, de Veruë, de Chivas, & à la bataille de Cassano en

1704. & 1705. & obtint par brevet du 30. Août de cette
derniére année le grade de Brigadier en confidération de
la maniére diftinguée dont il avoit fervi à cette bataille.
Il fe trouva en cette qualité au fiége & à la bataille de
Turin en 1706. à la bataille d'Almanza & au fiége de
Lérida en 1707. à celui de Tortofe en 1708. à l'armée
d'Efpagne en 1709. à l'armée du Dauphiné en 1710. &
1711. à Briançon pendant l'hiver par ordre du 28. Octobre :
à l'armée du Dauphiné en 1712. Il y mourut à la fin de
la campagne, étant encore Lieutenant-Colonel du Régiment de Berwick.

4. Octobre 1705. DE LAMBERT (Henry-François de Lambert de Saint-
Bris , Marquis)

A été créé Brigadier par brevet du 4. Octobre 1705.
Voyez Tome V. page 91.

4. Octobre 1705. DE MOUCHAN (Jean de Caftillon , Comte) tué au fiége
de Tortofe le 25. Juin 1708.

Il entra aux Moufquetaires en 1671. & s'étant diftingué
en 1673. au fiége de Maftrick, il fut fait Sous-Brigadier
en Février 1674. Il fervit en cette qualité pendant 13. ans.
Il fe trouva à la bataille de Seneff en 1674. aux fiéges de
Dinant, de Huy & de Limbourg en 1675. de Condé,
de Bouchain & d'Aire en 1676. de Valenciennes & de
Cambray en 1677. de Gand & d'Ypres en 1678. à l'armée qui couvrit le fiége de Luxembourg en 1684.
Capitaine au Régiment de Bourbonnois par commiffion
du 5. Juillet 1687. il commanda fa Compagnie aux fiéges
de Philifbourg , de Manheim & de Franckendal en 1688.
à l'armée d'Allemagne fous le Maréchal de Duras en
1689. & les deux années fuivantes, & parvint en 1691. à
la Compagnie de Grenadiers du même Régiment, qu'il
commanda au fiége de Namur & à la bataille de Steinkerque la même année : à la bataille de Néerwinden &
au fiége de Charleroy en 1693. à la marche de Vignamont au pont d'Efpierre en 1694. au fiége de Bruxelles
en 1695. en Flandre en 1696. & 1697. au camp de Com-

piégne en 1698. Il se démit de la Compagnie de Grenadiers du Régiment de Bourbonnois en 1700. Passa avec le Roi d'Espagne à Naples, & se trouva à la bataille de Luzzara, à la prise de cette place & de Borgoforté en 1702.

Rentré en France il obtint le 7. Janvier 1703. une commission de Colonel réformé à la suite du Régiment de Bourbonnois : servit Aide-Major général de l'armée d'Allemagne, & se trouva aux siéges de Brisack & de Landau, & à la bataille de Spire la même année : à la bataille d'Hochstett en 1704. Nommé Major général de l'infanterie de l'armée d'Espagne par ordre du 20. Octobre de cette année, il s'y rendit au mois de Décembre. Passa Colonel réformé à la suite du Régiment d'Orléans par ordre du 2. Avril 1705. Servit Major général au siége de Gibraltar, à celui de Barcelone. Obtint le grade de Brigadier par brevet du 4. Octobre 1705. Se trouva à la prise de Cartagène en 1706. à la bataille d'Almanza le 25. Avril 1707. Fut nommé Colonel d'un Régiment d'infanterie de son nom par commission du 11. Mai, & continua de remplir les fonctions de Major général au siége de Lérida la même année, & à celui de Tortose où il fut tué l'année suivante.

D'HARLING (Eberhard Ernest, Comte.)   22. Octobre 1705.
A été créé Brigadier par brevet du 22. Octobre 1705.
Voyez Tome VII. page 15.

DE LA FARE (Charles-Auguste de la Fare-Soustelle,   23. Décem. 1705.
Chevalier)
A été créé Brigadier par brevet du 23. Décembre 1705.
Voyez Tome VII. page 16.

DU PONT (Joseph) mort au mois de Septembre 1734.   15. Janvier 1706.
Il entra dans le Régiment de Navarre dès 1671. fit tous les siéges de cette campagne : celui de Mastrick en 1673. Obtint une Compagnie le 6. Juillet 1674. & la commanda à la bataille de Seneff, à celles de Mulhausen la même année, & de Turckeim en 1675. aux siéges de Dinant,

de Huy & de Limbourg la même année : de Condé, de Bouchain & d'Aire en 1676. à la bataille de Caſſel & au ſiége de Saint-Omer en 1677. aux ſiéges de Gand & d'Ypres en 1678. au ſiége de Luxembourg en 1684. à l'armée d'Allemagne en 1689. à la bataille de Fleurus en 1690. au ſiége de Mons & à l'armée de Flandre en 1691. au ſiége de Namur & à la bataille de Steinkerque en 1692. à la bataille de Néerwinden & au ſiége de Charleroy en 1693. il paſſa au mois de Décembre à une Compagnie de Grenadiers, & la commanda à la marche de Vignamont au pont d'Eſpierre en 1694. au ſiége de Bruxelles en 1695. en Flandre en 1696. au ſiége d'Ath en 1697. au camp de Compiégne en 1698. Il avoit reçu pluſieurs bleſſures qui l'empêchoient de ſervir en campagne, on le plaça Commandant à Pampelune en 1703. & on le créa Brigadier par brevet du 15. Janvier 1706. Il vint commander à Landrecy par ordre du 20. Octobre 1709. & retourna par ordre du 13. Septembre 1710. commander à Pampelune, où il demeura juſqu'à la paix. Il obtint le commandement de Toulon par commiſſion du 6. Juillet 1716. & y demeura juſqu'à ſa mort.

7. Mars 1706. **DE SILLERY** (Félix-François Brulart, Marquis) tué à Almanza le 25. Avril 1707.

Il fit deux campagnes dans les Mouſquetaires, & obtint le 25. Mars 1697. une Compagnie dans le Régiment de cavalerie de Courlandon.

Colonel d'un Régiment d'infanterie de ſon nom par commiſſion du 24. Mars 1701. il le commanda au combat de Nimegue en 1702. à celui d'Eckeren en 1703. Paſſé avec ſon Régiment en Eſpagne, il ſe diſtingua dans pluſieurs occaſions en Portugal & en Eſpagne, aux ſiéges de Gibraltar & de Barcelone. Obtint le grade de Brigadier par brevet du 7. Mars 1706. Servit à la priſe de Cartagène, & fut tué l'année ſuivante à la bataille d'Almanza.

7. Mars 1706. **LA ROBINIERE** (N.) mort au mois de Juin 1707.

Lieutenant dans le Régiment de Champagne dès 1672. il

y obtint une Compagnie le 25. Novembre 1676. & servit avec le Régiment à toutes les actions & à tous les siéges de cette guerre. Il commanda sa Compagnie au siége de Luxembourg en 1684. à ceux de Philisbourg, de Manheim & de Franckendal en 1688. Parvint au commandement d'un Bataillon de son Régiment en 1689. & le commanda à l'armée du Roussillon en 1690. & les deux années suivantes. Le Bataillon qu'il commandoit ayant été pris pour former le Régiment de Barrois, il fut fait Lieutenant-Colonel de ce Régiment par commission du 4. Octobre 1692. & se trouva avec lui à la bataille de la Marsaille en 1693. à l'armée d'Italie en 1694. aux armées d'Italie & de Catalogne en 1695. en Catalogne en 1696. au siége de Barcelone en 1697. au combat de Nimegue en 1702. à celui d'Eckeren en 1703. à l'armée d'Espagne en 1704. & 1705.

Brigadier par brevet du 7. Mars 1706. il servit au siége de Barcelone & à la prise de Cartagène la même année. Se trouva à la bataille d'Almanza au mois d'Avril 1707. & mourut au mois de Juin.

DE RAYMOND (Georges) mort le 21. Janvier 1722. 7. Mars 1706. âgé de 75. ans.
Sous-Lieutenant du Régiment d'infanterie du Roi en 1670. Lieutenant en 1671. il servit à tous les siéges & au passage du Rhin en 1672. au siége de Mastrick en 1673. à la bataille de Seneff en 1674. aux siéges de Liége, de Dinant, de Huy & de Limbourg en 1675. de Condé, de Bouchain & d'Aire en 1676. de Valenciennes & de Cambray en 1677. & obtint une Compagnie dans le même Régiment le 28. Juin de cette année. Il la commanda aux siéges de Gand & d'Ypres, & à la bataille de Saint-Denys près Mons en 1678. à l'armée qui couvrit le siége de Luxembourg en 1684.

Major du Régiment de Beaujollois à sa création le 16. Juin 1685. il servit avec ce Régiment aux siéges de Villefranche, de Montalban, de Saint-Ospicio, de Nice, de Veillane, de Carmagnole, de Suse & du château de Montmélian en 1691. à la défenſe de Pignerol & de Suze en 1692.

Major du Régiment de Labour à ſa création par brevet du 4. Octobre 1692. il ſe rendit à l'armée d'Italie le 5. Août 1693. combattit à la Marſaille au mois d'Octobre. Continua de ſervir à l'armée d'Italie le 5. Août 1694. & devint Lieutenant-Colonel du même Régiment par commiſſion du 12. Octobre. Il ſervit à l'armée d'Allemagne en 1696. & 1697. à l'armée d'Italie où il ſe trouva au combat de Chiary en 1701. à la bataille de Luzzara, à la priſe de cette ville & de Borgoforté en 1702. au paſſage dans le Trentin, à la priſe de Nago & d'Arco en 1703. aux ſiéges de Verceil, d'Yvrée & de Veruë, & à la bataille de Caſſano en 1704. & 1705.

Brigadier par brevet du 7. Mars 1706. il ſe trouva au ſiége & à la bataille de Turin la même année, & obtint le Régiment de Labour à la retraite du Chevalier de Bonneval par commiſſion du 16. Juin. Il le commanda à l'armée du Dauphiné en 1707. ſur le Rhin en 1708. en Dauphiné en 1709. ſur le Rhin en 1710. en Dauphiné en 1711. & 1712. Le Régiment de Labour ayant été réformé par ordre du 7. Octobre 1714. M. de Raymond fut entretenu Colonel réformé à la ſuite du Régiment d'Orléans.

28. Avril 1706. MAY (Jean-Rodolphe) mort le 27. Mai 1715. Cadet au Régiment des Gardes Suiſſes en 1671. Enſeigne le premier Janvier 1672. il ſervit au ſiége de Nimegue. Sous-Lieutenant au Régiment Suiſſe d'Erlack (depuis Manuel) le 12. Janvier 1673. il ſervit au ſiége de Maſtrick. Combattit à Seneff en 1674. Fut fait Capitaine-Lieutenant le 2. Mai 1675. ſervit aux ſiéges de Bellegarde & de Chapel Notre-Dame del Caſtel la même année : à Bellegarde en 1676. à la bataille d'Epouilles en 1677. au ſiége de Puicerda en 1678. & obtint une Compagnie le premier Février 1680. il la commanda au ſiége de Luxembourg en 1684. au ſiége de Campredon en 1689. & en Catalogne en 1691. & 1692. au ſiége de Roſes en 1693. à la bataille du Ter, aux ſiéges de Gironne, de Palamos, d'Oſtalric

talric & de Castelfollit en 1694. & devint Lieutenant-Colonel de son Régiment le 29. Novembre de cette année. Il continua de servir en Catalogne en 1695. 1696. & 1697. & s'y trouva au siége de Barcelone cette derniére année. Il obtint le 18. Janvier 1701. une commission pour tenir rang de Colonel d'infanterie, & un Régiment Suisse de son nom à la mort de M. de Salis par commission du 23. Janvier 1702. il le commanda aux siéges d'Uetz & de Kykuit cette année : au combat d'Eckeren en 1703. à la défense des lignes, à la prise du pays de Waes d'où il chassa les ennemis, à la prise de la redoute de Spar en 1704. au siége de Hombourg, à la prise de la Chapelle & de la ville de Louvain en 1705.

Brigadier par brevet du 18. Avril 1706. il marcha au secours du fort Louis, dont on fit lever le siége aux ennemis : le lendemain de cette action il retourna en Flandre, & se trouva à la bataille de Ramillies au mois de Mai. Il servit en Flandre en 1707. Combattit à Oudenarde, défendit Gand, & se trouva au siége de Bruxelles en 1708. Il étoit à la bataille de Malplaquet en 1709. en Flandre en 1710. au combat de Denain, à la prise de Marchiennes, aux siéges de Douay & du Quesnoy en 1712. Il avoit reçu plusieures blessures dans différentes actions, & avoit encore son Régiment lorsqu'il mourut.

DE ROTHE (Michel)   18. Avril 1706.
A été créé Brigadier par brevet du 18. Avril 1706. *Voyez* Tome V. page 92.

DU BUISSON (Amy) mort le premier Janvier 1721.   18. Avril 1706.
Lieutenant au Régiment des Gardes Suisses en 1673. il leva le 5. Décembre de la même année une Compagnie au Régiment Suisse de Greder, & la commanda au siége de Bouchain en 1676. à la bataille de Saint-Denys près Mons en 1678. à l'armée qui couvrit le siége de Luxembourg en 1684. à l'attaque de Valcourt en 1689. Il leva une seconde Compagnie dans le même Régiment en 1690. combattit à Fleurus le premier Juillet, & devint Lieute-

Tome VIII.   Y

tenant-Colonel de son Régiment le 18. Janvier 1691. il servit au siége de Mons, & étoit au combat de Leuse la même année: au siége de Namur & au combat de Steinkerque en 1692. à la bataille de Néerwinden & au siége de Charleroy en 1693. à la marche de Vignamont au pont d'Espierre en 1694. au siége de Bruxelles en 1695.

Il passa Lieutenant-Colonel du Régiment du jeune Salis (aujourd'hui Diesback) en 1696. & le commanda en Flandre cette année, & au siége d'Ath en 1697. en Flandre en 1701. & obtint le 23. Janvier 1702. une commission pour tenir rang de Colonel d'infanterie: servit la même année au siége d'Uetz & de Kykuit, & se trouva au combat de Nimegue. Il étoit à celui d'Eckeren en 1703. dans le pays de Waes & à la prise de la redoute de Spar en 1704. au siége d'Hombourg & à la prise de Louvain en 1705.

Brigadier par brevet du 18. Avril 1706. il marcha au secours du fort Louis en Alsace: revint en Flandre, & combattit à Ramillies au mois de Mai. Il servit en Flandre en 1707. à la bataille d'Oudenarde, à la défense de Gand & au siége de Bruxelles en 1708. à la bataille de Malplaquet en 1709. à l'attaque d'Arleux en 1711. au combat de Denain, à la prise de Marchiennes, aux siéges de Douay & du Quesnoy en 1712. On lui donna le Régiment dont il étoit Lieutenant-Colonel par commission du 28. Mai 1715. Il le possédoit encore lorsqu'il mourut à Avesnes.

18. Avril 1706. **DE STECKEMBERG** (Henry) tué à Malplaquet le 11. Septembre 1709.

Entra Lieutenant au Régiment d'Alsace en 1665. Servit aux siéges de Douay, de Tournay & de Lille en 1667. & à la conquête de la Franche-Comté en 1668. Réformé au mois de Mai de la même année, il rentra Lieutenant de la Colonelle du même Régiment le 27. Avril 1678. obtint le même jour une commission pour tenir rang de Capitaine, & commanda la Compagnie Colonelle aux siéges de Gand & d'Ypres, & à la bataille de Saint-

Denys près Mons la même année : à l'armée qui couvrit le siége de Luxembourg en 1684. Passé à une Compagnie le 10. Avril 1686. il la commanda à l'armée du Roussillon en 1690. à la conquête du Comté de Nice, aux siéges de Veillane, de Carmagnole & du château de Montmélian en 1691. en Italie en 1692. au siége de Roses en 1693. à la bataille du Ter en 1694. Major du Régiment par brevet du 25. Juin, il servit en cette qualité aux siéges de Palamos, de Girone, d'Ostalric & de Castefollit la même année : à la défense de Palamos en 1695. au combat de Saint-Feliu & au siége de Barcelone en 1697. au combat de Nimegue en 1702.

Il obtint le 11. Avril 1703. une commission pour tenir rang de Colonel d'infanterie : se trouva la même année au combat d'Eckeren, & continua de servir en Flandre en 1704. & 1705. Il devint Lieutenant-Colonel de son Régiment le 17. Mai de cette derniére année, & obtint le grade de Brigadier par brevet du 18. Avril 1706. il combattit la même année à Ramillies : à Oudenarde en 1708. Il avoit reçu deux blessures considérables en différentes occasions, & fut tué à Malplaquet en 1709.

DE BERNHOLD (Sigefroy)   13. Mai 1706.
A été créé Brigadier par brevet du 13. Mai 1706.
Voyez Tome VII. page 23.

DE VILLARS-LUGIN (Louis-Joseph-Ignace de Plai-   9. Juin 1706.
bault) tué au siége de Marchiennes le 27. Juillet 1712.
Etoit un célebre Ingénieur de son temps, qui mérita par ses services le grade de Brigadier, qu'on lui accorda par brevet du 9. Juin 1706. Il avoit dirigé les attaques du camp de Denain, & dirigeoit celles du siége de Marchiennes, lorsqu'un boulet de canon l'emporta.

DOLET (Renaud)   16. Juillet 1706.
A été créé Brigadier par brevet du 16. Juillet 1706.
Voyez Tome VI. page 607.

Y ij

5. Août 1706. **DE MOIRON** (Nicolas)
A été créé Brigadier par brevet du 5. Août 1706. *Voyez* Tome VI. page 596.

6. Septem. 1706. **DU COUDRAY** (Gaspard) mort le 26. Décembre 1708. Entra Enseigne au Régiment de la Ferté le 3. Janvier 1668. y fut fait Lieutenant réformé le 15. Août 1669. & leva le 24. Décembre suivant une Compagnie dans le Régiment Royal la Marine à la création de ce Régiment. Il la commanda à tous les siéges de 1672. à la prise de plusieurs places de l'Electeur de Brandebourg en 1673. aux batailles de Sintzeim, d'Ensheim en 1674. devint Major de son Régiment le 6. Décembre, combattit en cette qualité à Mulhausen le 29. & à Turckeim le 5. Janvier 1675. à Altenheim & à la levée des siéges d'Haguenau & de Saverne par les ennemis la même année : au combat de Kokesberg en 1676. au siége de Fribourg en 1677. à l'attaque des retranchemens de Seckingen, aux siéges de Kell & de Lichtemberg en 1678. au combat de Minden en 1679.

Lieutenant de Roi de Casal le 3. Février 1682. il quitta le Régiment Royal la Marine, rendit des services considérables tant à Casal qu'à Pignerol jusqu'en 1695. qu'il passa Lieutenant de Roi de Dunkerque par commission du 10. Octobre. Il y mérita le grade de Brigadier qu'on lui accorda par brevet du 6. Septembre 1706. & y mourut.

8. Septem. 1706. **DE LA BASTIE** (*N.* de Marnays) mort au mois de Novembre 1718.
Je n'ai pu sçavoir dans quel corps il avoit servi (*a*). Les anciens contrôles disent seulement qu'il étoit ancien Officier, lorsqu'il fut fait Major de Strasbourg le 23. Octobre 1681. Il en obtint la Lieutenance de Roi le 30. Novem-

---

(*a*) Il y avoit des la Bastie dans les Régimens de Sault, de Normandie & de la Ferté.

bre 1688. & fut créé Brigadier par brevet du 8. Septembre 1706.

DES BERGERIES (François-Michel Pasquier de Franclieu) 11. Septem. 1706.
né le 10. Avril 1626. mort vers 1712.

Il servoit depuis 1643. & étoit premier Capitaine & Major du Régiment d'infanterie de Broglie, aujourd'hui réformé, depuis le 5. Mai 1662. lorsqu'il fut fait Major de Bergues à sa prise le 6. Juin 1667. Il passa à la majorité de Douay lors de sa prise le 6. Juillet suivant, & à la Lieutenance de Roi de Condé le 26. Janvier 1678. il y rendit de grands services à la petite guerre : y fut confirmé le 4. Janvier 1694. Après avoir obtenu le grade de Brigadier par brevet du 11. Septembre 1706. il se démit de la Lieutenance de Roi de Condé à cause de son grand âge le 3. Août 1709. & mourut quelques temps après.

DE GIBAUDIERE (Louis-François-René) mort au mois 14. Septem. 1706.
d'Octobre 1715.

Lieutenant réformé au Régiment de Normandie dès 1667. il servit aux siéges de Bergues, d'Oudenarde & de Courtray la même année. Après la réforme de 1668. il obtint une commission de Capitaine réformé à la suite du même Régiment le 15. Août 1669. Passa à une Compagnie le 20. Août 1671. Fit tous les siéges de la Hollande en 1672. Commanda sa Compagnie à celui de Mastrick en 1673. à la défense de Grave en 1674. aux siéges de Dinant, de Huy & de Limbourg en 1675. au combat de Kokesberg en 1676. au siége de Fribourg en 1677. à l'attaque des retranchemens de Seckingen, aux siéges de Kell & de Lichtemberg en 1678. au combat de Minden en 1679. au siége de Luxembourg en 1684. à ceux de Philisbourg, de Manheim & de Franckendal en 1688. dans le Palatinat en 1689. à la bataille de Fleurus en 1690 à l'armée d'Allemagne en 1691. & parvint le 15. Août de cette année à la Compagnie de Grenadiers : le 17. Janvier 1692. au commandement du troisiéme Bataillon qu'il commanda à l'armée d'Allemagne : il y commanda le second Bataillon en 1693. & obtint le 26. Juin 1694. la Lieutenance de Roi de Bayonne en quittant le Régiment. On le nomma pour commander dans le pays de Labour par commission du 27. Juillet 1699. & on le créa Brigadier par brevet du 14. Septembre 1706. Il mourut à Bayonne.

14. Septem. 1706. **DE SAINT-AULAIS** (Louis de Norriger , Chevalier) mort en 1714.

Lieutenant réformé au Régiment de Sainte-Maure le 18. Janvier 1677. il servit au siége de Fribourg la même année. Passa Lieutenant réformé dans le Régiment d'Albret (depuis Clérembault) le 2. Mai 1678. & fit la campagne de Flandre. Il parvint à une Compagnie le 25. Janvier 1681. & la commanda au siége de Cahours & à la bataille de Staffarde en 1690. aux siéges de Nice, de Villefranche, de Montalban, de Sant-Ospicio, de Veillane, de Carmagnole & du château de Montmélian en 1691. à la défense de Pignerol & de Suze en 1692. à la bataille de la Marsaille en 1693. en Italie en 1694.

Commandant à la citadelle de Suze par commission du 21. Mars 1695. il quitta le Régiment de Clérembault : fut nommé par commission du 31. Juillet suivant Commandant dans la ville & citadelle de Suze. Passa à la Lieutenance de Roi de Brisack le 5. Mars 1697. & à la Lieutenance de Roi de Luxembourg le 26. Octobre 1701. Il obtint le grade de Brigadier par brevet du 14. Septembre 1706. Se démit de la Lieutenance de Roi de Luxembourg le 21. Août 1708. & se retira chez lui où il mourut.

20. Septem. 1706. **DE LA FERRIERE** (Charles-Maurice de la Ferriere-Vincierle) mort au mois de Décembre 1708.

Il étoit entré dans le Régiment de Vermandois à sa création le 20. Décembre 1669. S'étoit trouvé à tous les siéges de la guerre de Hollande de 1672. à 1678. à ceux de Luxembourg & de Philisbourg en 1684. & 1688. & étoit Lieutenant-Colonel de son Régiment depuis plusieurs années, lorsqu'on le nomma par commission du 26. Avril 1694. pour commander à Belleisle. Il y fut créé Brigadier par brevet du 20. Septembre 1706. & y mourut.

DE BELLEFONDS (Henry) mort le 9. Janvier 1717. Il entra Cornette de la Compagnie Mestre de camp du Régiment de Rouvray le 28. Avril 1675. & servit aux siéges de Dinant, de Huy & de Limbourg, à la bataille de Consarbrick & à la défense de Treves la même année: aux siéges de Condé & de Bouchain en 1676. & obtint le 23. Novembre une Compagnie dans le Régiment de Bursard (depuis Chevalier de Tessé Dragons.) Il la commanda à la bataille de Cassel & au siége de Saint-Omer en 1677. à ceux de Gand & d'Ypres & à la bataille de Saint-Denys près Mons en 1678. à l'armée qui couvrit le siége de Luxembourg en 1684. à l'armée d'Allemagne en 1689. Lieutenant-Colonel du Régiment de Goas Dragons lors de sa formation le 25. Octobre de cette année, il servit avec ce Régiment sur les côtes en 1690. & les deux années suivantes: à l'armée d'Allemagne en 1693. sur les côtes en 1694. & les années suivantes jusqu'à la paix. Le Régiment de Goas ayant été réformé par ordre du 30. Janvier 1698. M. de Bellefonds fut entretenu Lieutenant-Colonel réformé à la suite du Régiment Dauphin Dragons, avec lequel il servit en Flandre en 1701. à la bataille de Luzzara en 1702. Sa santé ne lui permettant pas de servir en Italie, il passa Lieutenant-Colonel réformé à la suite du Régiment de Poitiers Dragons par ordre du 11. Mai 1703. & se trouva avec ce Régiment au combat d'Eckeren la même année. Lieutenant-Colonel réformé à la suite du Colonel général de Dragons au mois de Janvier 1704. il servit en Flandre cette année & la suivante. Fut nommé Lieutenant de Roi de Gravelines au mois de Janvier 1706. obtint le grade de Brigadier par brevet du 20. Septembre suivant, & passa le 29. Juin 1707 à la Lieutenance de Roi du château Trompette où il mourut.

20. Septem. 1706.

10. Septem. 1706. D'ESCOSSOIS (François)

Entra dans le Régiment de Normandie dès 1663. Fit la campagne de Gigery en Afrique en 1664. Paſſa à une Compagnie le 27. Juin 1665. & la commanda aux ſiéges de Bergues, d'Oudenarde & de Courtray en 1667. Sa Compagnie ayant été réformée au mois de Mai 1668. il en obtint une autre dans le même Régiment le 28. Janvier 1671. & la commanda aux ſiéges de Hollande & au paſſage du Rhin en 1672. au ſiége de Maſtrick & au camp d'Utrecht en 1673. à la défenſe de Grave en 1674. aux ſiéges de Liége, de Huy, de Dinant & de Limbourg en 1675. au combat de Kokeſberg en 1676. au ſiége de Fribourg en 1677. à l'attaque des retranchemens de Seckingen, aux ſiéges de Kell & de Lichtemberg en 1678. au combat de Minden en 1679. Il paſſa à une Compagnie de Grenadiers en 1681. La commanda au ſiége de Luxembourg en 1684. Devint Commandant du troiſiéme Bataillon du Régiment en 1686. du ſecond en 1687. & Lieutenant-Colonel par commiſſion du 9. Avril 1688. Il ſervit en cette qualité aux ſiéges de Philiſbourg, de Manheim & de Franckendal la même année : à l'expédition du Palatinat en 1689. à la bataille de Fleurus en 1690. à l'armée d'Allemagne en 1691. & 1692.

Gouverneur de la citadelle de Dunkerque par proviſions du 12. Novembre 1692. il quitta le Régiment de Normandie. Obtint le grade de Brigadier par brevet du 20. Septembre 1706. Demeura à Dunkerque juſqu'en 1712. qu'on le donna à garder aux Anglois, & ſe retira alors chez lui où il mourut quelques années après.

20. Septem. 1706. DE CHAMPEREUX (N.) mort le 6. Février 1721.

Enſeigne au Régiment de Picardie dès le 15. Février 1659. Lieutenant le 16. Juin 1662. il fit la campagne de Gigery en Afrique en 1664. Paſſa Lieutenant de la Colonelle le 27. Mars 1665. Obtint le 15. Juin 1667. une commiſſion pour tenir rang de Capitaine, & ſervit aux ſiéges de Douay, de Tournay & de Lille la même année:

en Flandre en 1668. Capitaine au même Régiment le 3. Octobre 1670. il commanda fa Compagnie à tous les siéges & au passage du Rhin en 1672. au siége de Maftrick en 1673. à la bataille de Seneff en 1674. aux siéges de Liége, de Huy, de Dinant & de Limbourg en 1675. au combat de Kokesberg en 1676. au siége de Fribourg en 1677. à l'attaque des retranchemens de Seckingen, aux siéges de Kell & de Lichtemberg en 1678. à la bataille de Minden en 1679. à l'armée qui couvrit le siége de Luxembourg en 1684. & devint Major de son Régiment le 17. Novembre 1687. Il servit en cette qualité aux siéges de Philisbourg, de Manheim & de Franckendal en 1688. & fut nommé par commission du 29. Décembre de la même année Lieutenant de Roi de Valenciennes où il est resté jusqu'à sa mort. On le créa Brigadier par brevet du 20. Septembre 1706.

DE CEBERET (Claude)   20. Septem. 1706.
A été créé Brigadier par brevet du 20. Septembre 1706. *Voyez* Tome V. page 107.

DE HÉERE (Claude-Alexis, Chevalier) mort le 7. No-   17. Septem. 1706.
       vembre 1716.
Il avoit toujours servi dans le Régiment de la Sarre depuis 1666. & en étoit Lieutenant Colonel, lorsqu'on le nomma Lieutenant de Roi de Phaltsbourg par commission du 24. Avril 1695. il quitta alors ce Régiment. Obtint le grade de Brigadier par brevet du 17. Septembre 1706. & mourut à Phaltsbourg.

DE LA BATTUTE (Pierre) mort au mois de Novembre   17. Septem. 1706.
       1723.
Lieutenant au Régiment de Jonsac à son rétablissement le 12. Juillet 1667. il servit en Candie en 1669. à tous les siéges & au passage du Rhin en 1672. au siége de Maftrick en 1673. il entra Aide-Major du Régiment d'Huxelles (depuis Plessis-Belliére) à sa création le 31. Octobre de la même année. Obtint le 15. Juillet 1674. une commission

pour tenir rang de Capitaine. Servit au siége de Fribourg en 1677. à l'attaque des retranchemens de Seckingen, aux siéges de Kell & de Lichtemberg en 1678. Capitaine au même Régiment le 24. Janvier 1679. il commanda sa Compagnie à la bataille de Minden la même année; & devint Major de son Régiment le 20. Juin 1688. Il servit en cette qualité à l'armée de Catalogne en 1689. au siége de Cahours & à la bataille de Staffarde en 1690. aux siéges de Nice, de Villefranche, de Montalban, de Sant-Ospicio, de Veillane & de Carmagnole dont on lui donna le commandement par commission du 16. Juillet 1691. en quittant le Régiment. Il passa successivement au Commandement de Fribourg le 16. Novembre suivant, à celui de Ruremonde le 7. Février 1702. à celui de Nancy en 1704. Obtint le grade de Brigadier par brevet du 27. Septembre 1706. resta à Nancy jusqu'à la paix. Passa le 18. Septembre 1718. au commandement de Marsal où il mourut.

3. Octobre 1706. DE BARVILLE (André Jules)

A été créé Brigadier par brevet du 3. Octobre 1706. *Voyez* Tome VII. page 24.

11. Octobre 1706. DE FONTVIELLE (Hilaire)

Servoit depuis long-temps dans le Régiment de Bretagne, lorsqu'il en devint Lieutenant-Colonel le 3. Février 1696. Il continua de servir avec ce Régiment jusqu'en Octobre 1704. qu'il fut placé Commandant à Fontarabie. On le créa Brigadier par brevet du 11. Octobre 1706. & passa le 23. Octobre 1710. au commandement d'une autre place dont je n'ai pu lire le nom étant à moitié déchiré, ce qui m'a empêché de sçavoir la date de sa mort.

21. Octobre 1706. DE CASTÉJA (Fiacre de Biaudos) mort le 19. Février 1721.

Lieutenant au Régiment d'infanterie d'Auvergne dès 1662. il servit aux siéges de Douay, de Tournay & de Lille en 1667. obtint une Compagnie le 20. Novembre de cette année, & la commanda en Flandre. Réformé au mois de

Mai 1668. on le remplaça à une Compagnie le 18. Juin 1671. Il servit à tous les siéges qu'entreprit M. le Prince de Condé, & au passage du Rhin en 1672. au siége de Mastrick en 1673. en Hollande, puis à la bataille de Seneff en 1674. à celles d'Ensheim & de Mulhausen la même année : à Turckeim, à Altenheim & à la levée des siéges d'Haguenau & de Saverne en 1675. au combat de Kokesberg en 1676. aux siéges de Valenciennes, de Cambray & de Saint-Omer en 1677. de Gand & d'Ypres, à l'attaque des retranchemens de Seckingen, aux siéges de Kell & de Lichtemberg en 1678. au combat de Minden en 1679. au siége de Luxembourg en 1684. & devint Capitaine de Grenadiers le 13. Mai 1685. Il commanda cette Compagnie aux siéges de Philisbourg, de Manheim & de Franckendal en 1688. à l'armée d'Allemagne en 1689. à la bataille de Fleurus en 1690. au siége de Mons & à l'armée de la Moselle en 1691. au siége de Namur, puis à l'armée de la Moselle en 1692. à celui de Furnes en Janvier 1693. à l'armée d'Allemagne la même année, & fut établi Major de Furnes le 14. Octobre. Il passa à la Lieutenance de Roi de la même place le 19. Janvier 1697. Obtint le grade de Brigadier par brevet du 11. Octobre 1706. Sortit de Furnes à l'évacuation de cette place, & fut placé Lieutenant de Roi de l'isle de Ré par commission du 30. Septembre 1713. il y mourut.

D'HAUTERIVE (Jean-Louis de Raffin) mort le 4. Août 13. Octobre 1706. 1715.

Il étoit entré dans le Régiment d'infanterie d'Anjou à sa formation en 1670. & y obtint une Compagnie en 1672. il la commanda à tous les siéges de cette année, & au passage du Rhin : au siége de Mastrick, puis à l'armée d'Allemagne en 1673. aux batailles de Sintzeim, d'Ensheim, de Mulhausen en 1674. à celle de Turckeim, aux siéges de Dinant, de Huy, de Limbourg en 1675. de Condé, de Bouchain & d'Aire en 1676. à la bataille de Cassel & au siége de Saint-Omer en 1677. aux siéges de Gand & d'Ypres, à l'attaque des retranchemens de Seckingen, aux siéges de Kell & de Lichtemberg en 1678. au combat de Minden en 1679. Il devint Capitaine d'une Compagnie de Grenadiers le 8. Avril 1682. La commanda au siége de Luxembourg en 1684. & passa à la Majorité du Régiment le 4. Février 1686. à la Lieutenance de Roi de Sedan en quittant le Régiment d'Anjou le 5. Janvier 1687. Il obtint le grade de Brigadier par brevet du 13. Octobre 1706. & mourut à Sedan.

14. Octobre 1706. **DU BRUELH** (Pierre-Silvestre, Marquis) mort le 15. Août 1714. âgé de 78. ans.

Il servit dans le Régiment de Bourbonnois où il étoit Capitaine depuis plusieurs années, lorsqu'il fut nommé le 3. Septembre 1675. pour commander à Bellegarde en Roussillon. Il rendit des services signalés sur cette frontiére, & obtint le Gouvernement de la même place par provisions du 15. Octobre 1693. & le grade de Brigadier par brevet du 14. Octobre 1706. On nomma au mois de Novembre 1718. un Commandant à cause du grand âge de M. du Bruelh qui mourut cependant à Bellegarde.

14. Octobre 1706. **DU VIVIER** (Jean-Baptiste de Caillet) mort le 2. Janvier 1719.

Il étoit Lieutenant de Roi du Havre dès 1692. On le créa Brigadier par brevet du 14. Octobre 1706. Il mourut au Havre; mais je n'ai pu sçavoir dans quel corps il avoit servi.

20. Octobre 1706. **DU FORT** (Jean-Vincent Wary) né au mois d'Octobre 1646. mort le 11. Septembre 1721.

Il entra Cornette au Régiment de cavalerie de Lambert en 1665. & y leva une Compagnie le 20. Novembre 1667. Il fit avec ce Régiment toutes les campagnes de 1672. à 1678. Ayant été réformé en 1679. il leva par commission du 20. Octobre 1683. une Compagnie de Dragons qui fut réformée au mois de Septembre 1684. Lieutenant-Colonel du Régiment de Catinat Dragons à sa création le 20. Août 1688. il fit avec ce Régiment

toutes les campagnes d'Italie sous M. de Catinat de 1690.
à 1696. & commanda le Régiment à la bataille de Staffarde, à celle de la Marsaille où il fut blessé : au siége
d'Ath en 1697. Il avoit obtenu le 16. Octobre 1693. une
commission pour tenir rang de Mestre de camp de Dragons ; & ayant été réformé avec le Régiment en 1698.
il fut entretenu Mestre de camp réformé à la suite de
Royal Dragons, qu'il commanda en Flandre en 1701. au
combat de Nimegue en 1702. & à celui d'Eckeren en
1703.

Gouverneur du fort de Scarpe de Douay par provisions
du 16. Mars 1704. il quitta alors le Régiment Royal
Dragons. Obtint le grade de Brigadier par brevet du 20.
Octobre 1706. & résida à son Gouvernement jusqu'à sa
mort. Il avoit été reçu Chevalier de Saint-Lazare en 1668.
& Commandeur du même Ordre en 1680.

DE LA REINTERIE (Samuel-Charles) mort le 10. Mai 23. Octobre 1705.
1732. âgé de 77. ans.

Après avoir servi dans différens corps depuis 1672. il entra au Régiment de Touraine en 1677. & y obtint une
Compagnie le premier Juin 1681. Il servit au siége de
Luxembourg en 1684. à ceux de Philisbourg, de Manheim
& de Franckendal en 1688. à la conquête du Palatinat
en 1689. & devint Major de son Régiment le 10. Août
de cette année. Il servit en cette qualité à la bataille de
Fleurus en 1690. Passa à la Lieutenance-Colonelle le 12.
Mars 1691. servit au siége de Mons, puis à l'armée d'Allemagne la même année : sur les côtes de Normandie en
1692. à la bataille de la Marsaille en 1693. à la bataille
du Ter, aux siéges de Gironne, de Palamos, d'Ostalric
& de Castelfollit en 1694. à la défense de ces deux dernières places en 1695. Il commanda à Ostalric en 1696.
Servit au siége de Barcelone en 1697. Obtint le commandement du fort de Montjoui de Barcelone en quittant la
Lieutenance-Colonelle du Régiment de Touraine au mois
de Janvier 1698. Passa au commandement de Brest par
commission donnée à Fontainebleau le 20. Octobre 1702.

Fut créé Brigadier par brevet du 23. Octobre 1706. & conserva le commandement de Brest jusqu'à sa mort.

23. Octobre 1706. DE LA BRUYERE (Claude-Joseph) mort au mois de Juillet 1723.

Il étoit Lieutenant-Colonel d'un ancien Régiment d'infanterie, lorsqu'il fut nommé Lieutenant de Roi de Luxembourg par commission du 20. Juin 1684. Il passa à la Lieutenance de Roi de Maubeuge le 4. Décembre 1700. Y obtint le grade de Brigadier par brevet du 23. Octobre 1706. & y mourut.

30. Octobre 1706. DESCOTTIERES (N.) mort le 22. Novembre 1720.

Entra Lieutenant au Régiment d'Orléans dès 1669. Il fit avec ce Régiment tous les siéges de 1672. la campagne d'Allemagne sous M. de Turenne en 1673. parvint à une Compagnie le 16. Août de cette année, & la commanda aux batailles de Seneff, d'Ensheim & de Mulhausen en 1674. à celles de Turckeim & d'Altenheim, à la levée des siéges d'Haguenau & de Saverne par les ennemis en 1675. aux siéges de Condé, de Bouchain & d'Aire en 1676. au siége de Fribourg en 1677. à l'attaque des retranchemens de Seckingen, aux siéges de Kell & de Lichtemberg en 1678. à la bataille de Minden en 1679.

Major de son Régiment le 13. Avril 1684. il servit au siége de Luxembourg la même année : à la bataille de Fleurus en 1690. au siége de Mons, puis sur la Moselle en 1691. au siége de Namur & à la bataille de Steinkerque en 1692. à la bataille de Néerwinden & au siége de Charleroy en 1693. Il obtint la Majorité de Bergues le 10. Juillet 1696. & la Lieutenance de Roi de cette place le 16. Juin 1706. fut créé Brigadier par brevet du 30. Octobre suivant, & mourut à Bergues.

30. Octobre 1706. DE MALARTIC (Jean-Vincent de Maurés) mort le 25. Mars 1721.

Entra Lieutenant au Régiment de la Marine dès 1667. Passa à l'Aide-Majorité le 15. Avril 1669. Fit tous les siéges

D'INFANTERIE. 183

de 1672. celui de Maſtrick, & enſuite la campagne d'Allemagne ſous M. de Turenne en 1673. Se trouva aux batailles de Sintzeim, d'Enſheim & de Mulhauſen en 1674. de Turckeim, d'Altenheim, & à la levée des ſiéges d'Haguenau & de Saverne par les ennemis en 1675. il avoit obtenu une Compagnie le 15. Janvier de cette année, & l'avoit commandée pendant toute la campagne. Il continua de la commander au combat de Kokeſberg en 1676. & au ſiége de Fribourg en 1677.

 Major de ſon Régiment le 18. Janvier 1678. il ſervit à l'attaque des retranchemens de Seckingen, aux ſiéges de Kell & de Lichtemberg la même année : au combat de Minden en 1679. au ſiége de Luxembourg en 1684. à l'armée d'Allemagne en 1689. & 1690. & obtint par commiſſion du 20. Octobre de cette derniére année la Lieutenance de Roi de Perpignan en quittant le Régiment de la Marine. On le créa Brigadier par brevet du 30. Octobre 1706. & Commandeur de l'Ordre de Saint-Louis par proviſions du premier Janvier 1720. Il mourut à Perpignan l'année ſuivante.

DE MONTBARTHIER (François d'Aſtorg) mort au mois de Septembre 1725.   6. Nov. 1706.

Il commença à ſervir Enſeigne dans le Régiment de la Marine le 16. Avril 1667. Paſſa à une Lieutenance dans le Régiment Royal des Vaiſſeaux en 1670. Fit tous les ſiéges de 1672. ſous M. de Turenne. Paſſa dans la Weſtphalie où il ſe trouva en Janvier & Février 1673. à la priſe de pluſieurs places ; ſervit enſuite au ſiége de Maſtrick, d'où il retourna à l'armée d'Allemagne la même année, & obtint une Compagnie le 31. Décembre. Il la commanda à la bataille de Seneff, à celles d'Enſheim & de Mulhauſen en 1674. à celle de Turckeim le 5. Janvier 1675. Lieutenant de la Colonelle en conſervant ſon rang de Capitaine le 2. Août ſuivant, il ſervit aux ſiéges de Huy, de Dinant & de Limbourg la même année : de Condé, de Bouchain & d'Aire en 1676. à la bataille de Caſſel & au ſiége de Saint-Omer, en 1677. aux ſiéges de Gand &

d'Ypres, & à la bataille de Saint-Denys près Mons en 1678. Il repaſſa à une Compagnie le 18. Décembre 1680. Prit l'Aide-Majorité du Régiment le 21. Juillet 1683. & ſervit au ſiége de Courtray au mois de Novembre.

Major du Régiment d'infanterie de Guyenne à ſa formation le 21. Février 1684. il ſervit à l'armée d'Allemagne en 1690. au ſiége de Mons, puis aux armées de la Moſelle & de la Flandre en 1691. Devint Lieutenant-Colonel du même Régiment le 9. Janvier 1692. & continua de ſervir en Allemagne juſqu'à la paix. Il y ſervit encore en 1701. Se trouva à la bataille de Frédélingen en 1702. au ſiége de Kell, à l'attaque des lignes de Stolhoffen & des retranchemens d'Hornberg, au combat de Munderkirken, à la première bataille d'Hochſtett, à la priſe d'Auſbourg & d'Ulm en 1703. à la ſeconde bataille d'Hochſtett ſous le Maréchal de Marchin en 1704. à l'armée du Rhin en 1705.

Commandant à Lauterbourg & à Hombourg au mois de Mai 1706. il quitta le Régiment de Guyenne. Obtint le grade de Brigadier par brevet du 6. Novembre ſuivant; commanda à Lauterbourg juſqu'à la paix. Nommé par commiſſion du 27. Avril 1717. Commandant de la citadelle de Verdun, il y reſta juſqu'à ſa mort.

6. Nov. 1706. **DESARENNES** (Pierre Guerin) mort le 30. Août 1722.

Entra Enſeigne au Régiment Royal infanterie dès le 27. Décembre 1663. Fit la campagne de Gigery en Afrique en 1664. Obtint une Lieutenance le 9. Novembre 1665. Servit aux ſiéges de Douay & de Lille en 1667. en Flandre en 1668. & obtint en conſidération des ſervices de ſon pere une Compagnie dans le Régiment de Vermandois, qui étoit vacante par ſa mort (8. Février 1671.) (a) Il la

---

(a) Le pere avoit ſervi avec tant de diſtinction dans le Régiment Royal, qu'on lui accorda des Lettres de nobleſſe le 3. Janvier 1668 Il paſſa à une Compagnie & à la Majorité du Régiment de Vermandois à ſa création le 24. Décembre 1669. & à ſa mort on donna la Compagnie au fils.

commanda

commanda à tous les siéges & au passage du Rhin en 1672. au siége de Mastrick en 1673. aux batailles de Seneff, d'Ensheim & de Mulhausen en 1674. aux siéges de Dinant, de Huy, de Limbourg, à la bataille de Consarbrick & à la défense de Treves en 1675. aux siéges de Condé, de Bouchain & d'Aire, puis au combat de Kokesberg en 1676. au siége de Fribourg en 1677. à ceux de Gand & d'Ypres, & à la bataille de Saint-Denys près Mons en 1678. Passé à la Majorité du Régiment en 1682. il servit en cette qualité au siége de Luxembourg en 1684. en Allemagne en 1689. à la bataille de Fleurus en 1690. & devint Commandant du second Bataillon le 1er Décembre de la même année. Il le commanda au siége de Mons, puis à l'armée de la Moselle en 1691. au siége de Namur & au combat de Steinkerque en 1692. à la bataille de Néerwinden & au siége de Charleroy en 1693. Lieutenant-Colonel de son Régiment le 9. Janvier 1694. il se trouva à la marche de Vignamont au pont d'Espierre la même année : au siége de Bruxelles en 1695. en Flandre en 1696. au siége d'Ath en 1697. au camp de Compiégne en 1698. à Namur pendant la campagne de 1701. à la bataille de Frédélingen en 1702. en Espagne en 1703. & la suivante. Fut nommé le 17. Février 1705. pour commander à Saint-Sébastien en quittant le Régiment de Vermandois.

Brigadier par brevet du 6. Novembre 1706. il passa Commandant à Saint-Quentin le 25. Février 1710. y demeura jusqu'au mois de Juin 1713. On lui donna par commission du 7. Octobre 1715. la Lieutenance de Roi de Condé qu'il conserva jusqu'à sa mort.

LAMAMIE-CLAIRAC (Etienne de Clairac) mort le 4. Août 1712.   6. Nov. 1706.

Il servit quelques années dans le Régiment de la Marine. Se trouva aux siéges de Douay, de Tournay & de Lille en 1667. Obtint une commission de Capitaine réformé à la suite du même Régiment le 16. Août 1669. passa Capitaine au Régiment d'infanterie d'Anjou le 19. Décembre suivant, & commanda sa Compagnie à tous les siéges &

au passage du Rhin en 1672. au siége de Mastrick, puis en Allemagne sous M. de Turenne en 1673. aux batailles de Sintzeim, d'Ensheim & de Mulhausen en 1674. de Turckeim, & aux siéges de Dinant, de Huy & de Limbourg en 1675. de Condé, de Bouchain & d'Aire en 1676. à la bataille de Cassel & au siége de Saint Omer en 1677. Il passa à la Compagnie de Grenadiers le 24. Mai de cette année. La commanda aux siéges de Gand & d'Ypres, puis à l'attaque des retranchemens de Seckingen, aux siéges de Kell & de Lichtemberg en 1678. au combat de Minden en 1679.

Successivement Major de la citadelle d'Oleron le 30. Juin 1681. Major du château de Casal le 26. Janvier 1682. Lieutenant de Roi de Fribourg le 2. Décembre 1693. Commandant au château & au fort Saint-Pierre de Fribourg le 20. Février 1696. Lieutenant de Roi de Luxembourg le 18. Juillet 1701. Lieutenant de Roi de Saint-Omer le 6. Septembre suivant, Brigadier par brevet du 6. Novembre 1706. Il mourut à Saint-Omer.

20. Nov. 1706. **DE SIFFREDY** (Charles)
Enseigne au Régiment de Piémont dès 1656. il se trouva au siége & à la défense des lignes de Valenciennes. Passa à une Lieutenance le 8. Février 1657. & servit au siége de Montmédy. Il étoit l'année suivante à la bataille des Dunes, aux siéges de Dunkerque & d'Ypres. Réformé en 1661. il rentra Lieutenant dans le Régiment de la Ferté le 3. Avril 1663. & y obtint une Compagnie le 22. Juin suivant. Il la commanda à la bataille de Saint-Godard en Hongrie en 1664. En Hollande sous M. de Pradel en 1665. & 1666. à la conquête de la Franche-Comté en 1668. Alla Volontaire en Candie en 1669. Commanda sa Compagnie à plusieurs siéges de la campagne de 1672. à l'armée d'Allemagne en 1673. Major de son Régiment par brevet du 26. Mars 1674. il se trouva en cette qualité aux batailles de Sintzeim, d'Ensheim & de Mulhausen la même année; & à celle de Turckeim au mois de Janvier 1675. Lieutenant-Colonel du même Régiment le

D'INFANTERIE.

12. Mars suivant, il servit au combat d'Altenheim, à la levée des siéges d'Haguenau & de Saverne à la fin de la campagne : au combat de Kokesberg en 1676. au siége de Fribourg en 1677. à l'attaque des retranchemens de Seckingen, aux siéges de Kell & de Lichtemberg en 1678. au combat de Minden en 1679.

 Lieutenant de Roi de la citadelle d'Arras au mois d'Avril 1680. il quitta le Régiment de la Ferté, passa Lieutenant de Roi de Strasbourg, & eut le commandement de la Compagnie de Cadets qui y étoient assemblés le 15. Janvier 1689. Passa au commandement de la citadelle de Strasbourg le 16. Octobre 1693. Obtint le grade de Brigadier par brevet du 10. Novembre 1706. & mourut à la citadelle de Strasbourg.

DE BELLOY (Charles) mort au mois de Février 1719.   10. Nov. 1706.
Il étoit Lieutenant de Roi & Conseiller d'honneur au Parlement de Mets depuis 1697. lorsqu'on le créa Brigadier par brevet du 10. Novembre 1706. Il mourut à Mets. Je n'ai pu sçavoir dans quels corps il avoit servi auparavant d'être Lieutenant de Roi à Mets.

DE BOECE (Hugues l'Hoste, Sieur)   10. Nov. 1706.
Servoit depuis long-temps dans le Régiment d'infanterie de la Ferté, & y commandoit une Compagnie qui fut réformée en 1661. Remplacé à une autre Compagnie le 22. Juin 1663. il la commanda à la bataille de Saint-Godard en Hongrie en 1664. en Hollande sous M. de Pradel en 1665 & 1666. à la conquête de la Franche-Comté en 1668. & fut nommé Major de la citadelle de Lille au mois de Février 1671. Il passa à la Lieutenance de Roi de Courtray le 3. Mars 1675. à la Lieutenance de Roi de Pignerol le 3. Avril 1693. & à celle de Mésieres vers 1702. Brigadier par brevet du 10. Novembre 1706. il mourut à Mésieres.

DE PONTMARIN (Louis)   10. Nov. 1706.
Lieutenant au Régiment de Piémont le 28. Avril 1663.

Aa ij

Capitaine dans Rambures en 1664. il paſſa avec ſa Compagnie dans Dauphin le 8. Octobre 1667. La commanda à la conquête de la Franche-Comté en 1668. fut réformé au mois de Mai, & remplacé à une Compagnie le 3. Janvier 1669. Fit toutes les campagnes juſqu'en 1678. qu'il obtint la Lieutenance de Roi de Longwy. On lui donna le 15. Juin 1682. une commiſſion pour commander la Compagnie de Cadets qui devoit s'aſſembler dans cette place. Il paſſa le 20. Décembre 1690. à la Lieutenance de Roi de Douay, & quitta le commandement de cette Compagnie. Obtint le grade de Brigadier par brevet du 10. Novembre 1706. Se démit de la Lieutenance de Roi de Douay le 8. Mars 1709. & ſe retira dans ſes terres où il mourut quelques années après.

16. Nov. 1706. DU MOULINEAU (Charles Solus du Moulineau du Fay) mort le 22. Janvier 1709.

Enſeigne au Régiment des Gardes Françoiſes le 9. Avril 1675. il ſervit aux ſiéges de Dinant, de Huy & de Limbourg, à la bataille de Conſarbrick & à la défenſe de Treves la même année. Sous-Lieutenant le 19. Mars 1676. il ſe trouva aux ſiéges de Condé, de Bouchain & d'Aire: à ceux de Valenciennes & de Cambray en 1677. Lieutenant le 28. Janvier 1678. il ſervit aux ſiéges de Gand & d'Ypres, & ſe trouva à la bataille de Saint-Denys près Mons la même année: à l'attaque de Valcourt en 1689. à la bataille de Fleurus en 1690. au ſiége de Mons en 1691. au ſiége de Namur & au combat de Steinkerque en 1692. à la bataille de Néerwinden & au ſiége de Charleroy en 1693. & parvint à une Compagnie le 2. Septembre de cette année. Il la commanda au ſiége de Bruxelles en 1695. en Flandre en 1696. & l'année ſuivante: au camp de Compiégne en 1698. en Flandre en 1701. au combat de Nimegue en 1702. à celui d'Eckeren en 1703.

Gouverneur de l'iſle d'Oleron au mois de Décembre de la même année, il ſe démit de ſa Compagnie. Obtint le grade de Brigadier par brevet du 16. Novembre 1706. & mourut dans ſon Gouvernement.

DE CHARTREIX (Georges) mort au mois d'Août 1731. 22. Nov. 1706.
Il entra dans le Régiment de Piémont dès 1669. & y eut
en 1672. une Compagnie qu'il commanda à tous les siéges
& au passage du Rhin: au siége de Mastrick en 1673. à
la défense de Grave en 1674. aux siéges de Dinant, de
Huy & de Limbourg en 1675. à la défense de Mastrick
en 1676. en Flandre en 1677. & 1678. au siége de Luxembourg en 1684. à ceux de Philisbourg, de Manheim
& de Franckendal en 1688. en Allemagne en 1689. à la
bataille de Fleurus en 1690. au siége de Mons en 1691.
à celui de Namur en 1692. Il passa à une Compagnie de
Grenadiers le 24. Juin, & la commanda à la bataille de
Steinkerque la même année : à la bataille de Néerwinden
& au siége de Charleroy en 1693. à la marche de Vignamont au pont d'Espierre en 1694. Il devint Commandant
du troisiéme Bataillon le 10. Février 1695. servit au siége
de Bruxelles, & passa Commandant du second Bataillon
le 2. Septembre suivant. Il servit sur la Moselle en 1696.
sur la Meuse en 1697. en Allemagne en 1701. à la bataille
de Luzzara, à la prise de cette place & de Borgoforté
en 1702. Lieutenant-Colonel du Régiment de Piémont
par commission du 24. Septembre de cette année, il
se trouva aux combats de la Stradella & de Castelnovo
de Bormia, au passage dans le Trentin, à la prise de Nago & d'Arco en 1703. aux siéges d'Yvrée & de Verceil
en 1704. On le plaça au mois de Décembre de cette
année Lieutenant de Roi à Charlemont en quittant le Régiment de Piémont. On lui accorda le commandement de
Givet le 21. Juin 1705. & le grade de Brigadier par brevet du 22. Novembre 1706. Il se démit du commandement
de Givet le 10. Août 1724. & obtint le 24. Septembre
1726. la Lieutenance de Roi de la ville d'Arras où il est
mort.

DE LA MOTTE (François Rousseau de la Motte-d'Er- 4. Janvier 1707.
bosse) mort en 1722.
Il y avoit tant d'Officiers de son nom dans le service, que

je n'ai pu sçavoir dans quel corps il servoit, lorsqu'il fut fait Major de la ville de Lille en 1688. Il passa Lieutenant de Roi de la citadelle de la même ville le 8. Mai 1691. Y obtint le grade de Brigadier par brevet du 4. Janvier 1707. Se comporta avec la plus grande distinction à la défense de cette place en 1708. & fut rétabli le 22. Avril 1713. Lieutenant de Roi de la citadelle, lorsqu'elle fut rendue au Roi.

4. Janvier 1707. DE MOLÉ (Eustache, Chevalier) mort au mois de Janvier 1731.

Il servit au Régiment de Navarre dès 1667. & se trouva aux siéges de Douay, de Tournay & de Lille la même année. Réformé en 1668. il rentra Lieutenant en 1671. Fit tous les siéges de 1672. celui de Mastrick en 1673. Se trouva à la bataille de Seneff, puis à celles de Mulhausen en 1674. & de Turckeim en Janvier 1675. il servit aux siéges de Dinant, de Huy & de Limbourg la même année. Il passa à une Aide-Majorité du Régiment le 6. Mars 1676. servit aux siéges de Condé, de Bouchain & d'Aire la même campagne. Combattit à Cassel le 11. Avril 1677. parvint à une Compagnie le 19. & la commanda au siége de Saint-Omer & à ceux de Gand, d'Ypres, & à la bataille de Saint-Denys près Mons en 1678.

Ses blessures l'empêchant de servir en campagne, il fut placé au mois d'Avril 1680. Major de la ville de Rocroy, où il rendit des services signalés pour la défense de la frontiére de Champagne, & qui lui méritèrent le grade de Brigadier qu'on lui accorda par brevet du 4. Janvier 1707. Il obtint le 23. Novembre 1712. la Lieutenance de Roi de Calais, où il mourut.

4. Janvier 1707. DE VILLEVIEILLE (Annibal Pavée, Chevalier) mort le 13. Avril 1717.

Il étoit entré dès sa jeunesse dans le Régiment de Montpesat (depuis Limosin,) & commanda une Compagnie en Flandre en 1667. Réformé en 1668. il suivit le Régiment en Candie en 1669. & se distingua particuliérement à la sortie du 25. Juin où il reçut deux blessures. Remplacé à une Compagnie le 10. Octobre 1670. il la commanda à tous les siéges de la campagne de 1672. à la bataille de Seneff en 1674. Il devint Lieutenant-Colonel de son Régiment le 24. Avril 1676. & se trouva en cette qualité aux siéges de Condé, de Bouchain & d'Aire la même année: sur la Meuse en 1677. aux siéges de Gand & d'Ypres, & à la bataille de Saint-Denys près Mons en 1678. au siége de Luxembourg en 1684. à ceux de Philisbourg, de Manheim & de Franckendal en 1688. en Allemagne en 1689. à la bataille de Fleurus en 1690. en Savoye & au siége de Montmélian en 1691. au siége de Namur & à la bataille de Steinkerque en 1692. en Allemagne en 1693.

Lieutenant de Roi de Landrecy par commission du 24. Avril 1695. il quitta le Régiment de Limosin. Obtint le grade de Brigadier par brevet du 4. Janvier 1707. & mourut à Landrecy.

DE RIGOLLOT (Jacques-Pierre)

4. Janvier 1707.

A été créé Brigadier par brevet du 4. Janvier 1707. *Voyez* Tome VI. page 592.

DE COLEMBERG (Gabriel de Maulde III. Marquis)

12. Février 1707.

mort le 25. Avril 1726. âgé de 77. ans.

Lieutenant de Roi de Boulogne & du pays Boulonnois à la mort de son pere par provisions du 8. Juin 1671. il servit dans le Régiment de Navarre dès 1672. & se trouva à tous les siéges de cette année: à celui de Mastrick en 1673. aux batailles de Seneff, de Mulhausen en 1674. de Turckeim & aux siéges de Dinant, de Huy, de Limbourg, à la bataille de Consarbrick & à la défense de Treves en 1675. aux siéges de Condé, de Bouchain & d'Aire en 1676. à la bataille de Cassel & au siége de Saint-Omer en 1677. à ceux de Gand & d'Ypres, & à la bataille de Saint-Denys près Mons en 1678. au siége de Luxembourg en 1684. en Allemagne en 1689. à la bataille de Fleurus en 1690. au siége de Mons & au combat de Leuse:

en 1691. Il obtint par Lettres du mois de Février de cette année l'érection de sa Terre de Colemberg en Marquisat. Servit l'année suivante au siége de Namur & à la bataille de Steinkerque, & passa à la Compagnie de Grenadiers le 29. Novembre de cette année. Il combattit à Néerwinden, & servit au siége de Charleroy en 1693. Se trouva à la marche de Vignamont au pont d'Espierre en 1694. au siége de Bruxelles en 1695. en Flandre en 1696. au siége d'Ath en 1697. au camp de Compiégne en 1698. en Allemagne en 1701. & 1702. Lieutenant de Roi du fort de Kell au mois de Mai 1703. il quitta le Régiment de Navarre. Obtint le grade de Brigadier par brevet du premier Février 1707. resta à Kell jusqu'à la paix, & se retira ensuite à Boulogne où il mourut.

15. Mai 1707. **DE TESSÉ** (René Mans de Froulay, Comte)
A été créé Brigadier par brevet du 15. Mai 1707. *Voyez* Tome VI. page 15.

17. Mai 1707. **DE BELRIEU** (Alexandre)
A été créé Brigadier par brevet du 17. Mai 1707. *Voyez* Tome VII. page 26.

22. Juin 1707. **D'ARGELOS** (Pierre d'Arros, Baron) mort le premier Mars 1715.
Lieutenant au Régiment d'infanterie de Languedoc à sa formation le 20. Mars 1672. il y obtint une Compagnie le premier Octobre suivant, & la commanda à l'armée d'Allemagne en 1673. aux batailles de Sintzeim, d'Ensheim & de Mulhausen en 1674. de Turckeim, d'Altenheim & à la levée des siéges d'Haguenau & de Saverne par les ennemis en 1675. au combat de Kokesberg en 1676. à la bataille de Cassel & au siége de Saint-Omer en 1677. aux siéges de Gand & d'Ypres, & à la bataille de Saint-Denys près Mons en 1678. au siége de Luxembourg en 1684.

Capitaine de Grenadiers le 20. Janvier 1690. il commanda cette Compagnie à l'armée d'Allemagne cette année :

année : aux siéges de Nice, de Villefranche, de Montalban, de Veillane, de Carmagnole & de Montmélian en 1691. au siége de Namur & à la bataille de Steinkerque en 1692.

Major de son Régiment le 26. Avril 1693. il servit la même année sur la Moselle & sur le Rhin sous Monseigneur. Se trouva à la marche de Vignamont au pont d'Espierre en 1694. au siége de Bruxelles en 1695. sur la Meuse en 1696. & 1697. au camp de Compiégne en 1698. dans le Duché de Gueldres pendant la campagne de 1701.

Lieutenant-Colonel de son Régiment le 25. Mai 1702: il se trouva la même année à la défense de Kaiserswert: au combat d'Eckeren en 1703. Il avoit reçu plusieurs blessures dans différentes occasions; mais il en reçut une très-dangereuse à la bataille d'Hochstett où il fut fait prisonnier en 1704. Le Roi lui accorda par commission du 17. Septembre le Régiment de Languedoc vacant par la mort du Marquis de Marillac tué à cette même bataille. Il le commanda à l'armée de la Moselle en 1705. au secours du fort Louis, à la prise de Drusenheim, de Lauterbourg & de l'isle du Marquisat en 1706. à toutes les expéditions du Maréchal de Villars en Franconie & en Suabe en 1707. & obtint le grade de Brigadier par brevet du 22. Juin de cette année. Il servit en cette qualité à l'armée d'Allemagne en 1708. & les trois années suivantes, & se démit du Régiment de Languedoc en faveur de son neveu au mois de Février 1712.

DE TRICAUD (Joseph Marin) mort le 12. Mai 1716. 17. Juillet 1707.
Entra d'abord Enseigne au Régiment d'infanterie d'Harcourt en 1663. Y eut une Lieutenance le 15. Mars 1667. & servit aux siéges de Douay, de Tournay & de Lille la même année : au siége & à la défense de Candie en 1669. & s'étant particuliérement distingué à la sortie du 25. Juin, on lui accorda la commission de Capitaine réformé à la suite du même Régiment le 18. Août suivant. Il leva une Compagnie au Régiment de Lyonnois le premier Octobre

1672. & la commanda aux batailles de Sintzeim, d'Enſ-heim & de Mulhauſen en 1674. à celle de Turckeim, aux ſiéges de Dinant, de Huy & de Limbourg, à la bataille de Conſarbrick & à la défenſe de Treves en 1675. aux ſiéges de Condé, de Bouchain & d'Aire en 1676. à la bataille de Caſſel & au ſiége de Saint-Omer en 1677. aux ſiéges de Gand & d'Ypres, & à la bataille de Saint-Denys près Mons en 1678. au ſiége de Luxembourg en 1684. à ceux de Philiſbourg, de Manheim & de Franckendal en 1688. en Allemagne en 1689. & 1690. & devint Major de ſon Régiment le 17. Octobre de cette derniére année. Il continua de ſervir en Allemagne en 1691. Se trouva au ſiége de Namur & à la bataille de Steinkerque en 1692. à la bataille de Néerwinden & au ſiége de Charleroy en 1693. à la marche de Vignamont au pont d'Eſpierre en 1694. au ſiége de Bruxelles en 1695. en Flandre en 1696. & 1697. & devint Lieutenant-Colonel de ſon Régiment le 6. Décembre 1698.

Il ſervit en Allemagne en 1701. à la bataille de Luzzara, à la priſe de cette place & de Borgoforté en 1702. aux combats de la Stradella & de Caſtelnovo de Bormia, au paſſage dans le Trentin, à la priſe de Nago & d'Arco en 1703. aux ſiéges de Verceil, d'Yvrée & de Verue, & à la bataille de Caſſano en 1704. & 1705. au ſiége & à la bataille de Turin en 1706. à la défenſe d'Antibes en 1707. & obtint le grade de Brigadier par brevet du 17. Juillet. Il ſervit en cette qualité à l'armée du Rhin en 1708. à l'armée du Dauphiné en 1709. en Flandre en 1710. & ſe trouva à l'attaque d'Arleux en 1711. à l'affaire de Denain & au ſiége de Douay en 1712. Il ſervit l'année ſuivante aux ſiéges de Landau & de Fribourg, & étoit encore Lieutenant-Colonel du Régiment de Lyonnois lorſqu'il mourut.

16. Août 1707. DE NISAS (Henry de Carion, Marquis)
A été créé Brigadier par brevet du 16. Août 1707. *Voyez* Tome V. page 130.

DU VIVIER (*N.*) mort vers 1725.   16. Août 1707.

  Entra soldat dans le Régiment de Sault (aujourd'hui Flandre) en 1667. & servit aux siéges de Douay, de Tournay & de Lille cette même année. Obtint une Lieutenance en 1668. & servit encore en Flandre. Capitaine au même Régiment le 15. Juillet 1671. il commanda sa Compagnie à tous les siéges que fit M. le Prince en 1672. en Hollande en 1673. à l'armée du Roussillon en 1674. & les années suivantes jusqu'à la paix, & s'y trouva aux siéges de Bellegarde & de Puicerda, & à la bataille d'Epouille. Il étoit aux siéges de Philisbourg, de Manheim & de Franckendal en 1688. en Allemagne en 1689. & l'année suivante.

  Capitaine de Grenadiers le 16. Mai 1691. il commanda cette Compagnie aux siéges de Nice, de Villefranche, de Montalban, de Veillane, de Carmagnole & de Montmélian la même année. Il étoit à la bataille de la Marsaille en 1693. étant alors Commandant du second Bataillon: à la bataille du Ter, aux siéges de Palamos, de Girone, d'Ostalrick & de Castelfollit en 1694. à l'armée de Catalogne en 1695. & devint Lieutenant-Colonel de son Régiment le 14. Septembre de cette année Il continua de servir en Catalogne en 1696. & se trouva au siége de Barcelone en 1697. Il fit toute la guerre d'Italie de 1701. à 1706. Combattit à Luzzara, à Cassano & à Turin, & servit aux siéges d'Yvrée, de Verceil, de Verue, de Chivas & de Turin. Il contribua à la défense d'Antibes en 1707. & obtint le grade de Brigadier par brevet du 16. Août. Il servit en cette qualité à l'armée du Rhin en 1708. & les quatre années suivantes.

  Lieutenant de Roi de la citadelle de Besançon par commission du 21. Janvier 1713. il quitta son Régiment (alors Tallard.) Se démit de la Lieutenance de Roi de la citadelle de Besançon le 11. Mars 1723. & mourut deux ans après.

B b ij

16. Août 1707. **D'IVERNY** (François)
 A été créé Brigadier par brevet du 16. Août 1707. *Voyez* Tome V. page 176.

7. Décem. 1707. **DE LA COUR** (*N.*)
 A été créé Brigadier par brevet du 7. Décembre 1707. *Voyez* Tome VI. page 618.

14. Décem. 1707. **DE COWARUWIAS** (Jean de Velasquès, Marquis)
 A été créé Brigadier par brevet du 14. Décembre 1707. *Voyez* Tome V. pag. 246.

3. Mars 1708. **DE MONY** (Bernard de Joysel)
 A été créé Brigadier par brevet du 3. Mars 1708. *Voyez* Tome VII. page 27.

3. Mars 1708. **DE HOOCK** (Nathanaël)
 A été créé Brigadier par brevet du 3. Mars 1708. *Voyez* Tome VII. page 29.

3. Mars 1708. **DE JARNAC** (Paul-Auguste-Gaston de la Rochefoucauld, Chevalier de Montendre, puis Comte) mort le 17. Décembre 1714. âgé de 39. ans.
 Connu d'abord sous le nom de Chevalier de Montendre, il servit Officier des Galeres depuis 1694. jusqu'en 1703. & fit plusieurs campagnes sur mer. Il alla servir par ordre du Roi, Volontaire à l'armée d'Italie sous M. le Duc de Vendôme en 1703. il s'y trouva aux combats de la Stradella & de Castelnovo de Bormia, au passage dans le Trentin, à la prise de Nago & d'Arco la même année.
 Colonel du Régiment d'infanterie de Bearn par commission du 27. Janvier 1704. il le joignit à l'armée de Baviére, & le commanda à la bataille d'Hochstett le 13. Août : à l'armée de la Moselle en 1705. au secours du fort Louis, à la prise de Drusenheim, de Lauterbourg & de l'isle du Marquisat en 1706. à l'armée de Flandre en 1707.

Brigadier par brevet du 3. Mars 1708. il prit le titre de Comte de Jarnac en se mariant au mois de Juillet 1709. & se trouva à la bataille d'Oudenarde en 1708. à celle de Malplaquet en 1709. en Flandre en 1710. à l'attaque d'Arleux en 1711. à l'affaire de Denain, aux siéges de Douay & du Quesnoy en 1712. & avoit encore le Régiment de Bearn lorsqu'il mourut.

BAUDOIN (Pierre) mort le 16. Novembre 1741.   8. Mai 1708.
Il entra soldat au Régiment de Vendôme (aujourd'hui Hainault) en 1673. y obtint une Sous Lieutenance en 1674. Se trouva au combat d'Altenheim & à la levée des siéges d'Haguenau & de Saverne par les ennemis en 1675. au combat de Kokesberg en 1676. au siége de Fribourg en 1677. & fut fait Lieutenant à la fin de cette campagne. Il servit l'année suivante à l'attaque des retranchemens de Seckingen & aux siéges de Kell & de Lichtemberg. Combattit à Minden en 1679. Passa à une Aide-Majorité du Régiment en 1681. & à une Compagnie le 18. Mai 1683. Il la commanda en Savoye en 1690. & 1691. à l'armée d'Italie en 1692. à la bataille de la Marsaille en 1693. en Italie en 1694. & 1695. en Catalogne en 1696. au siége de Barcelone en 1697. & devint cette année Major de son Régiment. Il en fut fait Lieutenant-Colonel le 28. Novembre 1699. & servit aux combats de Carpy & de Chiary en 1701. à la bataille de Luzzara en 1702. dans le Trentin & à la prise de Nago & d'Arco en 1703. aux siéges de Verceil, d'Yvrée & de Verue, & à la bataille de Cassano en 1704. & 1705. au siége de Turin & à la bataille de Castiglioné en 1706. à l'armée de Flandre en 1707.

Brigadier par brevet du 8. Mai 1708. il commanda le Régiment de Vendôme à la bataille d'Oudenarde au mois de Juillet. Se trouva à la défense de Tournay en 1709. à l'attaque d'Arleux en 1711. aux siéges de Landau & de Fribourg en 1713. & quitta le service peu après. Il mourut à Paris où il s'étoit retiré.

PROMOTION *du 19. Juin 1708.*

D'HOUEL (Charles, Marquis.)
Voyez Tome VII. page 28.

DE BRILHAC (François.)
Voyez Tome VII. page 34.

DE CONTADES (Georges Gaspard.)
Voyez Tome V. page 100.

DE MIRABEAU (Jean-Antoine de Riquetti, Marquis) né le 28. Novembre 1666. mort en 1742.
Il entra Page du Grand-Maître de Malthe le premier Mai 1675. & en 1683. aux Mousquetaires avec lesquels il fit le siége de Courtray au mois de Novembre, & couvrit celui de Luxembourg en 1684. Capitaine au Régiment de cavalerie de Besons par commission du 10. Août 1688. il commanda sa Compagnie à la bataille de Fleurus: au siége de Mons, puis à l'armée de la Moselle en 1691. au siége de Namur & au combat de Steinkerque en 1692. sur la Moselle & sur le Rhin sous M. le Dauphin en 1693. sur les côtes en 1694. sur la Meuse en 1695. en Flandre en 1696.

Colonel d'un Régiment d'infanterie de son nom par commission du 11. Avril 1697. il le commanda sur le Rhin cette même année : aux combats de Carpy & de Chiary en 1701. à la défense de Crémone, à la bataille de Luzzara, à la prise de cette place & de Borgoforté en 1702. aux combats de la Stradella & de Castelnovo de Bormia, au passage dans le Trentin, à la prise de Nago & d'Arco en 1703. aux siéges de Verceil, d'Yvrée & de Verue, & à la bataille de Cassano en 1705. à la bataille de Castiglioné en 1706. à l'armée du Dauphiné en 1707.

Brigadier par brevet du 19. Juin 1708. il continua de servir en Dauphiné cette année & la suivante, & fit la campagne de 1710. en Flandre. Il avoit reçu vingt-sept blessures, étoit estropié des deux bras de celles qu'il avoit reçues à Cassano, avoit eu le col fracassé dans une autre occasion, & fut obligé de quitter son Régiment & le service au mois d'Avril 1711. On érigea sa Terre de Beaumont en Comté par Lettres du mois de Septembre 1713.

D'ESPINAY (Barthelemi-Gabriel, Comte) mort le premier Septembre 1716.

En sortant des Pages du Roi où il avoit servi trois ans, il entra aux Mousquetaires en 1690. & servit avec cette troupe à la bataille de Fleurus au mois de Juillet : au siége de Mons & au combat de Leuse en 1691. au siége de Namur & à la bataille de Steinkerque en 1692. à la bataille de Néerwinden & au siége de Charleroy en 1693.

Sous-Lieutenant au Régiment du Roi le 6. Janvier 1694. il se trouva à la marche de Vignamont au pont d'Espierre cette année : au siége de Bruxelles en 1695. passa à une Lieutenance à la fin de la campagne, & servit en Flandre en 1696.

Colonel du Régiment d'infanterie de Charolois par commission du 24. Mai 1697. il le commanda à l'armée de la Meuse la même année : au combat de Nimegue en 1702. à celui d'Eckeren en 1703. dans le Comté de Nice en 1704. & 1705. à l'armée d'Espagne en 1706. à la bataille d'Almanza & au siége de Lérida en 1707.

Brigadier par brevet du 19. Juin 1708. il servit au siége de Tortose. Fut employé à l'armée du Dauphiné en 1709. à l'armée de Flandre en 1710. à l'attaque d'Arleux en 1711. à l'affaire de Denain, aux siéges de Douay & du Quesnoy en 1712. Le Régiment de Charolois ayant été réformé par ordre du 13. Décembre 1714. le Comte d'Espinay fut entretenu Colonel réformé à la suite du Régiment de Lyonnois.

Promotion du 19. Juin 1708.

D'ANGENNES (Charles d'Angennes de Poigny, Comte) né le 27. Septembre 1679. tué à Malplaquet le 11. Septembre 1709.

Promotion du 19. Juin 1708.

Il entra aux Mousquetaires en 1697. & Lieutenant réformé de la Compagnie Colonelle du Régiment du Roi en 1698. Fit la première campagne en Flandre, & la seconde au camp de Compiégne.

Colonel-Lieutenant du Régiment Royal la Marine par commission du 12. Septembre 1699. il le commanda à l'armée d'Allemagne en 1701. à la bataille de Luzzara, à la prise de cette place & de Borgoforté en 1702. au passage dans le Trentin, à la prise de Nago & d'Arco en 1703. aux siéges de Verceil, d'Yvrée & de Verue, & à la bataille de Cassano en 1704. & 1705. au siége & à la bataille de Turin en 1706. à l'armée du Rhin en 1707. Brigadier par brevet du 19. Juin 1708. employé à l'armée de Flandre, il fut blessé à Oudenarde la même année, & tué la suivante à la bataille de Malplaquet.

DE LEUVILLE (Louis-Thomas du Bois de Fiennes Olivier, Marquis.)

Voyez Tome V. page 111.

DE CROY (Albert-François de Croy-Solre, Chevalier) tué à Malplaquet le 11. Septembre 1709.

Mousquetaire en 1693. il se trouva à la bataille de Néerwinden & au siége de Charleroy la même année : à la marche de Vignamont au pont d'Espierre en 1694.

Capitaine au Régiment de Dragons de Caylus le 29. Juillet 1695. il commanda sa Compagnie à l'armée de la Meuse cette année & les deux suivantes.

Colonel d'un Régiment d'infanterie de son nom par commission du 25. Juillet 1700. il se trouva aux combats de Carpy & de Chiary en 1701. à la défense de Crémone, à la bataille de Luzzara, à la prise de cette place & de Borgoforté en 1702. dans le Trentin & à la prise de Nago & d'Arco en 1703. aux siéges de Verceil, d'Yvrée &
de

D'INFANTERIE.

de Verue, & à la bataille de Caffano en 1704. & 1705. au fiége de Turin & à la bataille de Caftiglione en 1706. à l'armée du Dauphiné en 1707.   *Promotion du 19. Juin 1708.*

Brigadier par brevet du 19. Juin 1708. il continua de fervir à l'armée du Dauphiné, & fe trouva à l'attaque des deux Sefannes. Employé à l'armée de Flandre, il paffa Colonel du Régiment que fon frere aîné quittoit, par commiffion du 31. Août 1709. & fut tué à la tête de ce Régiment.

DE CHAROST (Louis-Jofeph de Bethune, Marquis) né le 11. Juillet 1681. tué à Malplaquet le 11. Septembre 1709.

Moufquetaire en 1699. il obtint une Compagnie au Régiment de cavalerie du Chatelet par commiffion du premier Mars 1701. & la commanda en Allemagne pendant la campagne.

Colonel d'un Régiment d'infanterie de fon nom par commiffion du 9. Février 1702. il le commanda à la défenfe de la citadelle de Liége la même année, & au combat d'Eckeren en 1703. en Flandre en 1704. à l'armée de la Mofelle, puis en Flandre en 1705. au fecours du fort Louis, à la prife de Drufenheim, de Lauterbourg & de l'ifle du Marquifat en 1706. à toutes les expéditions du Maréchal de Villars en Franconie & en Suabe en 1707.

Brigadier par brevet du 19. Juin 1708. il commanda une Brigade à la bataille d'Oudenarde la même année, & fut tué la fuivante à la bataille de Malplaquet.

DE MORTEMART (Louis de Rochechouart, Duc.) *Voyez* Tome V. page 94.

DE SEIGNELAYE (Marie-Jean-Baptifte Colbert, Marquis) mort le 26. Février 1712. âgé de 29. ans.

D'abord Maître de la Garde-robe du Roi en furvivance du Marquis de la Salle par provifions du 25. Novembre 1690. il entra aux Moufquetaires en 1700. & fit la campagne de Flandre en 1701.

Tome VIII. Cc

Promotion du 19. Juin 1708.

Colonel du Régiment de Champagne par commission du 5. Avril 1702. il le commanda en Allemagne, & à la bataille de Frédélingen la même année : au siége de Kell, à l'attaque des retranchemens d'Hornberg, au combat de Munderkirken, à la premiére bataille d'Hochstett, à la prise d'Ulm & d'Ausbourg en 1703. à la seconde bataille d'Hochstett sous le Maréchal de Marchin en 1704. à l'armée du Rhin en 1705. au secours du fort Louis, à la prise de Drusenheim, de Lauterbourg & de l'isle du Marquisat en 1706. à toutes les expéditions du Maréchal de Villars en Franconie & en Suabe en 1707.

Brigadier par brevet du 19. Juin 1708. il servit à l'armée d'Allemagne pendant la campagne. Commanda une Brigade à la bataille de Malplaquet en 1709. Servit au camp sous Mets en 1710. à l'attaque d'Arleux en 1711. & mourut au commencement de l'année suivante.

DE MONTBASON (François-Armand de Rohan, Prince) né le 4. Décembre 1682. mort le 26. Juin 1717.
Mousquetaire en 1699. il obtint une Compagnie dans le Régiment de cavalerie de la Valliere le 16. Octobre 1700. & la commanda à l'armée d'Allemagne en 1701. & l'année suivante.

Colonel du Régiment de Picardie par commission du 18. Juin 1702. il le joignit à l'armée de Flandre, & le commanda au combat de Nimegue la même année : à celui d'Eckeren en 1703. en Flandre en 1704. sur la Moselle en 1705. à la bataille de Ramillies en 1706. à l'armée de Flandre en 1707.

Brigadier par brevet du 19. Juin 1708. il commanda la Brigade de Picardie à la bataille d'Oudenarde au mois de Juillet : à la bataille de Malplaquet en 1709. à l'armée de Flandre en 1710. à l'attaque d'Arleux en 1711. à l'affaire de Denain, aux siéges de Douay & du Quesnoy en 1712. aux siéges de Landau & de Fribourg en 1713. Il avoit encore le Régiment de Picardie lorsqu'il mourut.

D'INFANTERIE. 203

DE SAINT-PIERRE (Charles de la Rochette.) 13. Août 1708.
Il entra dans le Régiment d'infanterie d'Anjou à sa création au mois de Janvier 1670. fit tous les siéges de la campagne de 1672. celui de Maſtrick en 1673. Servit à la conquête de la Franche-Comté en 1674. Obtint une Compagnie le 21. Août, & la commanda aux batailles de Sintzeim, d'Ensheim, de Mulhauſen la même année: à celle de Turckeim & aux siéges de Dinant, de Huy & de Limbourg en 1675. de Condé, de Bouchain & d'Aire en 1676. à la bataille de Caſſel & aux siéges de Saint-Omer & de Fribourg en 1677. à l'attaque des retranchemens de Seckingen, aux siéges de Kell & de Lichtemberg en 1678. au combat de Minden en 1679. au siége de Luxembourg en 1684. à ceux de Philiſbourg, de Manheim & de Franckendal en 1688.

Major de ſon Régiment le 18. Avril 1689. il ſervit en Allemagne cette année & les deux ſuivantes : ſur la Moſelle en 1692. à la bataille de Néerwinden & au siége de Charleroy en 1693. & obtint le 18. Mai 1694. le commandement de Courtray, où il fut créé Brigadier par brevet du 13. Août 1708. Il y mourut quelques années après.

DE MAILLEBOIS (Jean-Baptiſte-François Deſmarets, 19. Septem. 1708.
       Marquis)
A été créé Brigadier par brevet du 19. Septembre 1708. *Voyez* Tome III. page 320.

   Promotion du 12. Novembre 1708.

DE BOUFFLERS (Charles-François de Boufflers-Remien-   Promotion du
     court, Marquis.)   12. Nov. 1708.
Voyez Tome V. page 113.

DU THIL (François-Edouart Jubert, Marquis) mort au
     mois de Juillet 1711.
Enſeigne au Régiment d'infanterie Allemande d'Alſace

Cc ij

en 1697. il se trouva cette même année au siége de Barcelone, & passa à une Lieutenance dans le Régiment de Medoc en 1698. Il servit avec ce Régiment aux combats de Carpy & de Chiary en 1701. Il obtint une Compagnie dans le Régiment de Piémont le 15. Mars 1702. & la commanda à la bataille de Luzzara où il eut le bras droit emporté. Il se trouva à la prise de Nago & d'Arco dans le Trentin en 1703.

Promotion du 12. Nov. 1708.

Colonel d'un Régiment d'infanterie de son nom par commission du 30. Avril 1704. il le commanda dans différentes places de la Flandre; & s'étant particuliérement distingué à la défense de Lille, il obtint le grade de Brigadier par brevet du 12. Novembre 1708. Servit en cette qualité à Ypres en 1709. & 1710. & mourut en Flandre l'année suivante.

DE SURY (François de Sury de Steimbrugg) mort au mois de Mars 1719.

Successivement Enseigne au Régiment des Gardes Suisses en 1690. Capitaine-Lieutenant de la Compagnie de Grenadiers du Régiment de Castellas, Major du Régiment de Stuppa, & Capitaine dans le Régiment de Surbeck, il fit toute la guerre de 1690. à 1697. & se trouva à tous les siéges & à toutes les batailles.

Lieutenant-Colonel du Régiment Suisse de Pfiffer à sa création par commission du 15. Septembre 1702. il servit avec ce Régiment au combat d'Eckeren en 1703. en Flandre en 1704. Obtint le 22. Mars 1705. une commission pour tenir rang de Colonel d'infanterie : servit en Flandre cette année. Se trouva à la bataille de Ramillies en 1706. à la défense de Lille en 1708. & obtint en considération des services qu'il y avoit rendus, le grade de Brigadier par brevet du 12. Novembre. Il fut employé en cette qualité à Ypres en 1709. à l'attaque d'Arleux en 1711. à l'affaire de Denain, aux siéges de Douay & du Quesnoy en 1712. Le Régiment de Pfiffer ayant été réformé en 1715. M. de Sury conserva une Compagnie dans le Régiment d'Hemel, & une dans le Régiment de Brendlé, & mourut à Fribourg.

D'INFANTERIE.

Promotion du 12. Nov. 1708.

DE LA CASSAGNEMAURIN (*N.*) mort en 1709.
Cadet à Cambray en 1685. il entra Sous-Lieutenant dans le Régiment de Touraine en 1687. Servit aux siéges de Philisbourg, de Manheim & de Franckendal en 1688. Passa à une Lieutenance en 1689. fit la campagne du Palatinat, & obtint une Compagnie le 20. Novembre. Il la commanda à la bataille de Fleurus en 1690. au siége de Mons, puis à l'armée d'Allemagne en 1691. sur les côtes de Normandie en 1692. à l'armée d'Italie où il se trouva à la bataille de la Marsaille en 1693. à la bataille du Ter, aux siéges de Palamos, de Girone, d'Ostalric & de Castelfollit en 1694. à la défense de Palamos en 1695. au siége de Barcelone en 1697. en Flandre en 1701. Il passa à la Compagnie de Grenadiers le 11. Juin 1702. & à la Majorité du Régiment le 3. Septembre suivant : il s'étoit trouvé au combat de Nimegue pendant cette campagne. Il servit au siége de Brisack & de Landau, & combattit à Spire en 1703. à l'armée de Savoye sous le Duc de la Feuillade en 1704. au siége de Chivas en 1705. & devint Lieutenant-Colonel de son Régiment le 27. Décembre. Il servit en cette qualité au siége & à la bataille de Turin en 1706. à l'armée du Rhin en 1707. à la défense de Lille en 1708. & obtint le 12. Novembre le grade de Brigadier en considération des services qu'il y avoit rendus & des blessures qu'il y avoit reçues, dont il mourut au commencement de l'année suivante.

DE BUSSY (François Lamoral)
Voyez Tome VII. page 35.

ROBELIN (Charles)   29. Janvier 1709.
A été créé Brigadier par brevet du 29. Janvier 1709.
Voyez Tome VI. page 615.

DE FREVILLE (Antoine-Michel de Roger)   29. Janvier 1709.
A été créé Brigadier par brevet du 29. Janvier 1709.
Voyez Tome VII. page 571.

26. Avril 1709. **DE BEAUCORROY** (Charles de Willecot) né le 5. Septembre 1644. mort en 1721.

Enseigne au Régiment de la Marine en 1665. Lieutenant en 1667. Capitaine le premier Octobre 1672. il commanda sa Compagnie au siége de Maftrick, puis à l'armée d'Allemagne en 1673. aux batailles de Sintzeim, d'Ensheim & de Mulhausen en 1674. de Turckeim & d'Altenheim, & à la levée des siéges de Saverne & d'Haguenau par les ennemis en 1675. au combat de Kokesberg en 1676. au siége de Fribourg en 1677. à l'attaque des retranchemens de Seckingen, aux siéges de Kell & de Lichtemberg en 1678. au combat de Minden en 1679. au siége de Luxembourg en 1684. à l'armée d'Allemagne en 1690. à la conquête du Comté de Nice, aux siéges de Carmagnoles, de Veillane & de Montmélian en 1691. & parvint au commandement du troisiéme Bataillon le 8. Décembre de cette année. Il continua de servir à l'armée d'Italie en 1692. & 1693. combattit à la Marsaille au mois d'Octobre de cette derniére année.

Il étoit au siége de Valence en 1696. au siége de Barcelone en 1697. & fut fait Major de son Régiment par brevet du 3. Janvier 1699. Il passa avec son Régiment en Italie au mois de Décembre 1700. Se trouva aux combats de Carpy & de Chiary en 1701. à la bataille de Luzzara en 1702. à la marche dans le Trentin en 1703. aux siéges de Verceil & d'Yvrée en 1704. Parvint à la Lieutenance-Colonelle du Régiment le 5. Novembre. Servit au siége de Verue & à la bataille de Cassano en 1705. au siége de Turin & à la bataille de Castiglioné en 1706. à l'armée du Dauphiné en 1707. & 1708.

Lieutenant de Roi de Monaco par commission du 9. Avril 1709. Brigadier par brevet du 26. du même mois, il quitta le Régiment de la Marine, & demeura à Monaco jusqu'au mois de Mai 1721. qu'il se démit de la Lieutenance de Roi de cette place.

21. Mai 1709. **DE MALGUICHE** (Jérôme) mort le 30. Janvier 1714.

Il servoit dès 1666. dans le Régiment de la Reine. Fut

réformé en 1668. Y rentra Enseigne en 1672. fit tous les siéges de cette campagne : celui de Maſtrick en 1673. Se trouva à la bataille de Seneff, puis à celles d'Ensheim & de Mulhauſen en 1674. & de Turckeim au mois de Janvier 1675. Lieutenant le 6. Mai ſuivant, il combattit à Altenheim, & ſervit à la levée des ſiéges d'Haguenau & de Saverne par les ennemis la même année. Paſſé à une Compagnie au mois de Décembre, il la commanda aux ſiéges de Condé, de Bouchain & d'Aire en 1676. à la bataille de Caſſel & au ſiége de Saint-Omer en 1677. aux ſiéges de Gand & d'Ypres, & à la bataille de Saint-Denys près Mons en 1678. au ſiége de Luxembourg en 1684. à ceux de Philiſbourg, de Manheim & de Franckendal en 1688. à l'armée d'Allemagne en 1689.

Capitaine de Grenadiers le 25. Mars 1690. il commanda cette Compagnie en Allemagne : au ſiége de Mons, puis à l'armée de Flandre en 1691. au ſiége de Namur & au combat de Steinkerque en 1692. ſur la Moſelle & en Allemagne en 1693. & les années ſuivantes.

Major de Furnes le 17. Janvier 1697. il quitta le Régiment de la Reine. Paſſa à la Majorité d'Ypres le 15. Janvier 1700. Obtint le grade de Brigadier par brevet du 11. Mai 1709. & fut mis Lieutenant de Roi de Saint-Omer par commiſſion du 22. Avril 1713.

DE BUEIL (Antoine-Pierre de Bueil-Racan, Chevalier, puis Comte)   20. Mai 1709.

A été créé Brigadier par brevet du 20. Mai 1709. *Voyez* Tome V. page 96.

D'AFFRY (François)   18. Juin 1709.

A été créé Brigadier par brevet du 18. Juin 1709. *Voyez* Tome V. page 153.

DES ROBERTS (Noël) mort le 7. Octobre 1721.   3. Septem. 1709.

Servit quelques années Volontaire dans le Régiment de Normandie. Se trouva au combat de Kokeſberg en 1676. au ſiége de Fribourg en 1677. à l'attaque des retranchemens de Seckingen, aux siéges de Kell & de Lichtemberg en 1678. au combat de Minden en 1679. & obtint une Lieutenance dans le même Régiment le 28. Janvier 1680. & une Compagnie le 24. Octobre 1683. il la commanda au siége de Luxembourg en 1684. & passa avec elle dans le Régiment de Foix à sa création le 13. Septembre de la même année. Il servit à l'armée de Savoye & au siége de Montmélian en 1691. au siége de Namur & au combat de Steinkerque en 1692. à la bataille de Néerwinden en 1693. devint Capitaine de la Compagnie de Grenadiers le 11. Août, & la commanda au siége de Charleroy la même année : sur la Meuse en 1694. & les années suivantes jusqu'à la paix.

Lieutenant-Colonel du même Régiment le 27. Octobre 1698. il servit en Allemagne en 1702. aux siéges de Brisack & de Landau ; & se trouva à la bataille de Spire en 1703. à celle d'Hochstett sous le Maréchal de Marchin en 1704. à l'armée du Rhin en 1705.

Lieutenant de Roi d'Huningue par commission du 6. Mai 1706. il quitta le Régiment de Foix. Obtint le grade de Brigadier par brevet du 3. Septembre 1709. & résida à Huningue jusqu'à sa mort.

PROMOTION *du 29. Mars 1710.*

Promotion du 29. Mars 1710. **DE REYNOLD** (Antoine Walter) mort au mois de Novembre 1713.

Il entra dans le Régiment des Gardes Suisses au mois de Mars 1682. Servit au siége de Courtray en 1683. à l'armée qui couvrit le siége de Luxembourg en 1684. à l'attaque de Valcourt en 1689. à la bataille de Fleurus en 1690. au siége de Mons en 1691. au siége de Namur & à la bataille de Steinkerque en 1692. & obtint le premier Octobre de cette année une demi-Compagnie au Régiment des Gardes sur la démission de son pere. Il commanda sa Compagnie à la bataille de Néerwinden & au siége de Charleroy en 1693. à la marche de Vignamont au pont d'Espierre en 1694. au siége & au bombardement de Bruxelles en 1695.

en

D'INFANTERIE. 209

en Flandre en 1696. & 1697. au camp de Compiégne en 1698. en Flandre en 1701. au combat de Nimegue en 1702. à celui d'Eckeren en 1703. en Flandre en 1704. à la bataille de Ramillies en 1706. en Flandre en 1707. à la bataille d'Oudenarde en 1708.

<small>Promotion du 29. Mars 1710.</small>

Brigadier par brevet du 29. Mars 1710. il fit les campagnes de cette année & de 1712. en Flandre : se trouva aux siéges du Quesnoy & de Douay cette derniére année, & mourut l'année suivante ayant encore sa demi-Compagnie.

DE REDING (Henry-Louis de Reding-Biberegg, Baron.)
Voyez Tome VII. page 58.

DE MARGERET (Pierre de Margeret de Pontault.)
Voyez Tome VII. page 59.

DE VILLIERS (Antoine-Jacques de Villiers-Berault.)
Voyez Tome VII. page 60.

DE MONGON (Philippe-Gilbert Cordebeuf de Beauverger, Comte.)
Voyez Tome VII. page 60.

DE GASSION (Jean, Chevalier, puis Comte.)
Voyez Tome V. page 155.

DE GIVRY (Alexandre-Thomas Dubois de Fiennes Olivier, Chevalier.)
Voyez Tome V. page 159.

DE MONTAL (Charles-Louis de Montfaulnin, Comte.)
Voyez Tome V. page 161.

DE COLANDRE (Thomas le Gendre.)
Voyez Tome VII. page 62.

Promotion du
29. Mars 1710.

DE GUITTAULT (Louis-Athanase de Pechpeirou de Comminges, Comte.)
Voyez Tome V. page 165.

DE LAVAL (Guy-Claude-Rolland de Montmorency, Comte.)
Voyez Tome III. page 369.

DE LANNION (Anne Bretagne, Marquis.)
Voyez Tome V. page 166.

DE FERVACQUES (Anne-Jacques de Bullion, Marquis.)
Voyez Tome V. page 191.

D'AUBIGNÉ (Louis-François d'Aubigné de Tigny, Comte.)
Voyez Tome V. page 167.

DE BERTHELOT (Michel-François Berthelot de Rebourseau.)
Voyez Tome VII. page 64.

DE LA CHAU-MONTAUBAN (François-Hector de la Tour-du-Pin, Comte.)
Voyez Tome VII. page 65.

DE CRECY (Louis-Alexandre de Verjus, Marquis.)
Voyez Tome VII. page 68.

DE SAUVEBEUF (Jean-Nicolas de Ferrieres, Marquis) tué au siége de Barcelone le 13. Août 1714.
Il se trouva avec les Mousquetaires au combat de Nimegue en 1702. à celui d'Eckeren en 1703. & obtint sur la démission du Comte d'Evreux le Régiment de Blésois par commission du 29. Décembre de cette derniére année. Il commanda ce Régiment à toutes les expéditions du Portugal en 1704. au siége de Gibraltar en 1705. à

celui de Barcelone & à la prise de Carthagène en 1706. à la bataille d'Almanza & au siége de Lérida en 1707.

Promotion du 29. Mars 1710.

Au siége de Tortose & de quelques autres places en 1708. à l'armée d'Espagne qui se tint sur la défensive en 1709.

Brigadier par brevet du 29. Mars 1710. il servit à l'armée du Rhin la même année : à l'armée du Dauphiné en 1711. & 1712. au blocus & au siége de Barcelone en 1713. & 1714. & étoit à la tête des Grenadiers lorsqu'il fut tué.

DE BALINCOURT (Claude-Guillaume Testu, Marquis.)
Voyez Tome III. page 358.

DE LIVRY (Paul-Hyppolithe Sanguin, Chevalier.)
Voyez Tome VII. page 69.

DE GONDRIN (Louis de Pardaillan de Gondrin-d'Antin, Marquis) mort le 5. Février 1712. âgé de 23. ans 7. mois.

Il entra aux Mousquetaires en 1699. Fit la campagne de Flandre en 1701. Se trouva au combat de Nimegue en 1702. à celui d'Eckeren en 1703. & obtint par commission du 19. Décembre de cette année un Régiment d'infanterie de son nom sur la démission du Duc d'Antin son pere : on le retint en même temps pour Menin de M. le Dauphin. Il commanda son Régiment à l'armée de Flandre en 1704. & 1705. à la bataille de Ramillies en 1706. en Flandre en 1707. à la bataille d'Oudenarde en 1708. à celle de Malplaquet en 1709.

Brigadier par brevet du 29. Mars 1710. il continua de servir en Flandre jusqu'à sa mort.

O-BRIEN (Maurogh.)
Voyez Tome VII. page 71.

PERRIN (Joseph.)
Voyez Tome VII. page 72.

Promotion du 29. Mars 1710. **DE SAINT-MOREL** (Valentin.)
Voyez Tome VII. page 73.

DE CHATENET (Jean Foucauld) mort le 9. Mai 1723. Il fit la campagne de 1671. en qualité de Volontaire dans le Régiment de Navarre: y fut fait Sous-Lieutenant en 1672. Fit tous les siéges que M. le Prince entreprit, celui de Maftrick en 1673. Se trouva à la bataille de Seneff, puis à celle d'Ensheim & de Mulhaufen en 1674. à Turckeim, aux fiéges de Dinant, de Huy & de Limbourg en 1675. & paffa à une Lieutenance à la fin de la campagne. Il étoit aux fiéges de Condé, de Bouchain & d'Aire en 1676. à la bataille de Caffel & au fiége de Saint-Omer en 1677. aux fiéges de Gand & d'Ypres, & à la bataille de Saint-Denys près Mons en 1678.

Capitaine au même Régiment le 24. Octobre 1681. Il fervit au fiége de Luxembourg en 1684. & paffa au mois de Septembre avec fa Compagnie dans le Régiment de Saintonge lors de fa formation. Il la commanda au fiége de Mons en 1691. à l'armée d'Allemagne en 1692. & 1693. Il parvint à la Compagnie de Grenadiers en 1694. & la commanda en Allemagne en 1695. fur la Meufe en 1696. & 1697. à Anvers pendant la campagne de 1701. à l'armée d'Allemagne & à la bataille de Frédélingen en 1702.

Lieutenant-Colonel du même Régiment le 31. Janvier 1703. il fervit au fiége de Kell, à l'attaque des retranchemens d'Hornberg, au combat de Munderkirken, à la premiére bataille d'Hochftett, à la prife d'Ulm & d'Aufbourg la même année. Se trouva à la bataille d'Hochftett en 1704. à l'armée du Rhin en 1705. au fecours du fort Louis, à la prife de Drufenheim, de Lauterbourg & de l'ifle du Marquifat en 1706. à l'armée de Flandre en 1707. fur le Rhin en 1708. à la bataille de Malplaquet en 1709.

Brigadier par brevet du 29. Mars 1710. il fervit en Flandre cette année : fur le Rhin en 1711. & 1712. &

au siége de Landau dont il obtint la Lieutenance de Roi par commiſſion du 19. Août 1713, en quittant le Régiment de Soiſſonnois : il y eſt mort.

Promotion du 19. Mars 1710.

DE CURTY (Pierre Richard.)
Voyez Tome VII. page 74.

DE LA DEVESE (François de Soupiat.)
Voyez Tome VII. page 75.

DE ROISSY (François de Quiquebeuf.)
Voyez Tome VII. page 76.

DE MUS (*N.*)
Etoit Ingénieur, & ſervoit depuis très-long-temps, lorſqu'il obtint le grade de Brigadier par brevet du 29. Mars 1710. Il mourut quelques années après.

DE FAVART (Jean-Baptiſte.)
Voyez Tome VII. page 77.

DE MAGNY (François de Mery) mort au mois de Février 1729.
Servit toujours dans l'artillerie, & fut ſucceſſivement Commiſſaire provincial le 12. Mars 1694. Lieutenant au département de Champagne & de Brie par proviſions du 16. Avril 1695. Lieutenant en ſecond de l'armée d'Italie le 20. du même mois, Lieutenant en ſecond de la même armée le 20. Avril 1696. Lieutenant en ſecond de l'armée de Flandre par commiſſions des 25. Mars 1704. 6. Avril 1705. 30. Mars 1706. 28. Mars 1707. 15. Avril 1708. Commandant de l'équipage aſſemblé à Douay le 18. Janvier 1709. Lieutenant en ſecond de l'armée de Flandre le 15. Avril ſuivant : Brigadier le 29. Mars 1710. Lieutenant en ſecond de l'armée de Flandre le 15. Avril ſuivant, & premier Mars 1711. premier Lieutenant en ſecond de la même armée le 20. Mars 1711. Lieutenant général de l'artillerie par commiſſion du 2. Mai 1716, & Lieute-

Promotion du 29. Mars 1710.

nant général de l'artillerie au département de la Guyenne, de l'Aunis & du Poitou jusqu'à sa mort par commission du 5. Juillet 1718.

DE SAINT-PERRIER (César-Joachim.)
Voyez Tome V. page 148.

2. Juillet 1710. **DE LILLE** (Louis Desmoulins, Marquis.)
A été créé Brigadier par brevet du 2. Juillet 1710. *Voyez* Tome VII. page 80.

29. Juillet 1710. **DE PERISSANT** (Jacob) mort le 6. Janvier 1731.
Sous-Lieutenant au Régiment de Piémont en 1674. il servit aux siéges de Huy, de Dinant & de Limbourg en 1675. & parvint à une Lieutenance à la fin de la campagne. Il passa de là en Sicile avec une partie du Régiment de Piémont, en revint en 1678. Obtint une Compagnie le 19. Juillet 1682. & la commanda au siége de Luxembourg en 1684. à ceux de Philisbourg, de Manheim & de Franckendal en 1688. à l'armée d'Allemagne en 1689. à la bataille de Fleurus en 1690. au siége de Mons, puis à l'armée de la Moselle en 1691. au siége de Namur, puis à l'armée de la Moselle en 1692. à la bataille de Néerwinden en 1693.

Capitaine de la Compagnie de Grenadiers le 9. Septembre, il la commanda au siége de Charleroy la même année : à la marche de Vignamont au pont d'Espierre en 1694. au siége de Bruxelles en 1695. sur la Moselle en 1696. sur la Meuse en 1697. en Allemagne en 1701. à la bataille de Luzzara, à la prise de cette place & de Borgoforté en 1702. dans le Trentin en 1703. aux siéges de Verceil & d'Yvrée en 1704. Il commanda le second Bataillon du Régiment par ordre du 3. Septembre au siége de Verue qui se rendit en Avril 1705. à la bataille de Cassano au mois d'Août suivant : au siége & à la bataille de Turin en 1706. à la bataille d'Oudenarde en 1708. à celle de Malplaquet le 11. Septembre 1709. & devint Lieutenant-Colonel le 28. du même mois. Brigadier par brevet du 29. Juillet 1710. Il continua de servir en Flandre : se trouva à l'attaque d'Arleux en 1711. à l'affaire de Denain, aux sièges de Douay & du Quesnoy en 1712. aux sièges de Landau & de Fribourg en 1713. & fut placé Lieutenant de Roi de cette derniére ville par commission du 20. Novembre. Fribourg ayant été évacuée & rendue à l'Empereur le 18. Janvier 1715. M. de Perissant fut remplacé le 11. Août suivant à Sedan, & ensuite à Mets le 5. Août 1719. Il se démit de la Lieutenance de Roi de Mets cette année, & mourut deux ans après.

DE LA RÉRIE (Joseph-Pierre Colinet)   29. Juillet 1710.
A été créé Brigadier par brevet du 29. Juillet 1710. *Voyez* Tome V. page 192.

DE SALMON (Zachée) mort au mois de Février 1734.   23. Septem. 1710.
Il servoit dans le Génie depuis très-long-temps, lorsqu'on le créa Brigadier par brevet du 23. Septembre 1710. & commandoit en chef les Ingénieurs de l'armée d'Italie, lorsqu'il mourut à Milan.

DESFORGES (François-Alexandre Desforges, Vicomte   23. Septem. 1710.
de Caulieres) mort en 1712.
Il étoit Ingénieur, & servoit depuis très-long-temps, lorsqu'on le créa Brigadier par brevet du 23. Septembre 1710. Il mourut deux ans après à l'armée de Flandre.

DE LIONNE (Charles-Hugues, Comte) mort au mois   29. Nov. 1710.
de Juin 1731.
Il entra aux Mousquetaires en 1697. & fit la campagne de Flandre. Il servit l'année suivante au camp de Compiégne. Passa Lieutenant réformé au Régiment du Roi en 1700. & servit en Flandre en 1701. Se trouva au combat de Nimegue en 1702. Obtint une Lieutenance le 31. Janvier 1703. servit aux sièges de Brisack & de Landau, & combattit à Spire la même année. Il étoit à l'armée de la Moselle, lorsqu'on lui donna par commission du premier Juillet 1704. le Régiment d'infanterie d'Aunis, qu'il commanda à la bataille d'Hochstet au mois d'Août. Il y fut

fait prisonnier avec son Régiment dans le village de Plenteim. Il commanda ce Régiment au secours du fort Louis, à la prise de Drusenheim, de Lauterbourg & de l'isle du Marquisat en 1706. à toutes les expéditions du Maréchal de Villars en Franconie & en Suabe en 1707. à l'armée du Rhin en 1708. & 1709. au camp sous Mets en 1710.

Colonel d'un Régiment d'infanterie de son nom par commission du 29. Novembre de cette dernière année, Brigadier par brevet du même jour, il se démit du Régiment d'Aunis, & commanda le Régiment dont il venoit d'être pourvu, à l'attaque d'Arleux en 1711. à l'affaire de Denain, aux sièges de Douay & du Quesnoy en 1712. en Flandre en 1713. Il se démit de son Régiment, & quitta le service au mois de Janvier 1723.

9. Décem. 1710   DE VALLIERE (Florent-Jean)
A été créé Brigadier par brevet du 9. Décembre 1710. *Voyez* Tome V. page 150.

14. Janvier 1711.   DE BEAUPUY (Joseph d'Arros) mort au mois de Juin 1725.
Sous-Lieutenant au Régiment du Roi dès 1677. il se trouva aux sièges de Valenciennes & de Cambray la même année : à ceux de Gand & d'Ypres, & à la bataille de Saint-Denys près Mons en 1678. & passa Lieutenant de la Lieutenance-Colonelle le 5. Septembre. Il obtint le 27. Décembre 1679. une commission pour tenir rang de Capitaine. Servit à l'armée qui couvrit le siège de Luxembourg en 1684. & parvint à une Compagnie le 15. Juillet 1685. Il la commanda aux sièges de Philisbourg, de Manheim & de Franckendal en 1688. à l'armée d'Allemagne en 1689. à la bataille de Fleurus en 1690. au siège de Mons & au combat de Leuse en 1691.

Capitaine d'une Compagnie de Grenadiers le 28. Décembre de cette année, il la commanda au siège de Namur & à la bataille de Steinkerque en 1692. à la bataille de Néerwinden & au siège de Charleroy en 1693. à la

marche

marche de Vignamont au pont d'Espierre en 1694. au siége de Bruxelles en 1695. à l'armée de Flandre en 1696. & 1697. au camp de Compiégne en 1698. & devint Commandant de Bataillon le 25. Décembre de cette année. Il servit en cette qualité à l'armée de Flandre en 1701. au combat de Nimegue en 1702. Passa au commandement du second Bataillon le 16. Juin 1703. se trouva aux siéges de Brisack & de Landau, & à la bataille de Spire la même année : à l'armée de la Moselle en 1704. & l'année suivante.

Lieutenant-Colonel du Régiment du Roi le 6. Janvier 1706. il obtint le même jour une commission pour tenir rang de Colonel d'infanterie : combattit à Ramillies la même année : à Oudenarde en 1708. à Malplaquet en 1709. Servit en Flandre en 1710.

Brigadier par brevet du 24. Janvier 1711. il se trouva la même année à l'attaque d'Arleux : à l'affaire de Denain, aux siéges de Douay & du Quesnoy en 1712.

Gouverneur de la citadelle de Strasbourg par commission du 9. Août de cette année, il quitta le Régiment du Roi après la campagne, & résida à Strasbourg jusqu'à sa mort.

D'ORBESSAN (Clément d'Aignan) mort au mois de Septembre 1705. 12. Mars 1711.

Successivement Sous-Lieutenant au Régiment du Roi en 1682. Lieutenant le 8. Décembre 1683. Capitaine le 31. Août 1685. Capitaine de Grenadiers le 18. Août 1693. Commandant le troisiéme Bataillon le 6. Juin 1703. commandant le second avec rang de Lieutenant-Colonel le 6. Janvier 1706. Major avec rang de Colonel le 8. Janvier 1709. Brigadier par brevet du 12. Mars 1711. Lieutenant-Colonel du Régiment du Roi le 9. Août 1711. il fit les mêmes campagnes, se trouva aux mêmes siéges & aux mêmes batailles que M. de Beaupuy jusqu'en 1712. & servit aux siéges de Landau & de Fribourg en 1713.

Lieutenant de Roi de Valenciennes par commission du 10. Février 1721. il quitta le Régiment du Roi, & mourut à Valenciennes.

Tome VIII.

9. Avril 1711. **DE LA RODE** (Claude) mort le 4. Juillet 1721.
Il entra Sous-Lieutenant dans le Régiment de Berry dès 1685. & parvint à une Lieutenance en 1686. Il servit sur les frontiéres d'Allemagne en 1688. & 1689. Passa à l'Aide-Majorité du Régiment le 8. Février 1690. & à une Compagnie le 29. Juillet 1692. il fit cette campagne & partie de la suivante à l'armée d'Italie. Se trouva à la bataille de la Marsaille, & continua de servir en Italie en 1694. Fut fait Major de son Régiment par brevet du 9. Avril 1695. Servit sur la Meuse en 1696. en Flandre en 1697. Il fit encore plusieurs campagnes de la guerre de 1701. Obtint le grade de Brigadier par brevet du 9. Avril 1711. & le commandement d'Abbeville après son pere, en quittant le Régiment de Berry, & s'en démit en 1720.

26. Mai 1711. **DE WAUCHOP** (François.)
Servit d'abord en Hollande dans le Régiment de Douglas en 1679. Il fut ensuite successivement Enseigne, Lieutenant & Capitaine de Grenadiers du Régiment de Wauchop en Ecosse en 1687. Devint Lieutenant-Colonel de ce Régiment en 1689. Vint en France avec le Roi d'Angleterre en 1691. & fut fait Major du Régiment de la Reine d'Angleterre en Octobre 1692. Il se trouva l'année suivante à la bataille de la Marsaille, où son pere Brigadier & Colonel de ce Régiment fut tué à ses côtés; finit la guerre en Italie. Servit au siége de Valence en 1696. & fut choisi pour la Lieutenance-Colonelle du Régiment Irlandois de Bourck le 23. Juin 1698. S'étant particuliérement distingué à l'affaire de Crémone le premier Février 1702. on lui donna le 11. une commission pour tenir rang de Colonel d'infanterie : il servit à la bataille de Luzzara la même année : au passage dans le Trentin en 1703. aux siéges de Verceil, d'Yvrée & de Verue, à la bataille de Cassano en 1704. & 1705. au siége & à la bataille de Turin en 1706. au siége de Lérida en 1707. à celui de Tortose en 1708. à l'armée d'Espagne en 1709. à l'armée du Dauphiné en 1710.

Brigadier par brevet du 26. Mai 1711. il continua de servir à l'armée du Dauphiné cette année & la suivante. Devint Colonel à la mort du Comte du Bourk par commission du 20. Mars 1715. & passa le 8. Juin suivant avec son Régiment au service d'Espagne où il est mort.

DE BOURCK (Michel)   20. Juillet 1711.

Il étoit Lieutenant-Colonel réformé à la suite du Régiment d'Albemarle (depuis Fitsgerald & Odonel) lorsqu'il en fut fait Lieutenant-Colonel par commission du 3. Septembre 1702. il s'étoit trouvé cette même année à la défense de Crémone & à la bataille de Luzzara. Il marcha l'année suivante dans le Trentin. Servit au siége de Nago & d'Arco, à ceux de Verceil, d'Yvrée & de Verue & à la bataille de Cassano en 1704. & 1705. au siége & à la bataille de Turin en 1706. en Flandre en 1707. à la bataille d'Oudenarde en 1708. à Malplaquet en 1709. à l'attaque d'Arleux en 1711. & obtint le grade de Brigadier par brevet du 20. Juillet de cette année. Il se trouva en cette qualité à l'affaire de Denain, aux siéges de Douay & du Quesnoy en 1712. aux siéges de Landau & de Fribourg en 1713. Le Régiment d'Odonel ayant été réformé en 1715. il ne servit plus.

D'ALBA (David)   20. Juillet 1711.

Il entra Sous-Lieutenant au Régiment d'Auvergne en 1665. Servit aux siéges de Douay, de Tournay & de Lille en 1667. à la conquête de la Franche-Comté en 1668. Passa à une Lieutenance en 1670. Fit tous les siéges de 1672. Servit à celui de Mastrick en 1673. Combattit à Seneff en 1674. Parvint à une Compagnie le 5. Mars 1675. & la commanda au combat d'Altenheim & à la levée des siéges d'Haguenau & de Saverne la même année : au combat de Kokesberg en 1676. aux siéges de Valenciennes, de Cambray & de Fribourg en 1677. à ceux de Gand & d'Ypres, à l'attaque des retranchemens de Seckingen, aux siéges de Kell & de Lichtemberg en 1678. Commanda la Compagnie de Grenadiers au siége de Luxembourg en 1684.

à ceux de Philisbourg, de Manheim & de Franckendal en 1688. & passa à la majorité du Régiment le 4. Janvier 1689. il fit cette campagne en Allemagne. Se trouva à la bataille de Fleurus en 1690. au siége de Mons, puis sur la Moselle en 1691. au siége de Namur en 1692. en Allemagne, puis à la bataille de la Marsaille en 1693. en Italie en 1694. & les années suivantes: au siége de Valence en 1696. sur le Rhin en 1697. aux combats de Carpy & de Chiary en 1701. à la bataille de Luzzara en 1702. aux expéditions de 1703. & parvint à la Lieutenance-Colonelle du Régiment d'Auvergne le 16. Décembre. Il étoit en cette qualité aux siéges de Verceil, d'Yvrée & de Verue en 1704.

Colonel du Régiment d'Auvergne par commission du 4. Janvier 1705. il le commanda pendant le reste du siége de Verue & à la bataille de Cassano où il reçut une blessure considérable, qui étoit la dixiéme depuis qu'il servoit. Il étoit au siége de Turin & à la bataille de Castiglioné en 1706. à la bataille d'Almanza & au siége de Lérida en 1707. au siége de Tortose en 1708. à l'armée d'Espagne en 1709. à l'armée du Dauphiné en 1710. au siége de Gironne pendant l'hiver de 1711. & obtint le grade de Brigadier par brevet du 20. Juillet. Il servit en cette qualité sur les frontiéres d'Espagne, & se trouva au siége de Barcelone en 1713. & 1714. Il se démit du Régiment d'Auvergne au mois de Juin, & mourut quelques années après.

3ᵉ Janvier 1713. DE GRESIGNY (Moreau)
Entra Lieutenant au Régiment d'infanterie d'Artois en 1672. & fut successivement Aide-Major de ce Régiment le 20. Janvier 1684. avec rang de Capitaine du 24. Février suivant, Capitaine le 4. Mai, Major le 20. Mars 1693. & Lieutenant-Colonel le 6. Octobre 1706. Il s'étoit trouvé entr'autres siéges à ceux de Valenciennes, de Cambray, de Gand, d'Ypres, de Philisbourg, de Manheim, de Franckendal, de Cahours, de Nice, de Villefranche, de Montalban, de Veillane, de Carmagnole, de Montmélian, d'Ath, de Kell, de Barcelone, de Lérida, de

Tortose & de Gironne ; aux batailles de Saint Denys près Mons, de Staffarde, de la Marsaille, aux deux batailles d'Hochstett, & fut fait prisonnier à la seconde. Après le siége de Gironne en 1711. on lui en donna la Lieutenance de Roi par commission du 7. Février, & on le créa Brigadier par brevet du 31. Janvier 1713. en quittant Gironne qu'on rendoit à l'Espagne. Il avoit aussi la Lieutenance de Roi de Dammarie en Brie, & mourut quelques années après.

DE BOISLOGÉ (Jean-Charles Emery) 31. Janvier 1713.
A été créé Brigadier par brevet du 31. Janvier 1713.
Voyez Tome VII. page 82.

DE LA FARE (Philippe-Charles de la Fare-Laugeres, 1. Janvier 1716.
  Marquis)
A été créé Brigadier par brevet du premier Janvier 1716.
Voyez Tome III. page 358.

DE BOISMOREL (Daniel-Nicolas de Cahaignes) mort 15. Février 1717.
le 14. Novembre 1720.
Après avoir servi plusieurs années dans les Mousquetaires, il fut successivement Aide de camp de plusieurs Officiers généraux, & enfin de M. le Duc d'Orléans, depuis Régent. Il passa ensuite au service de l'Electeur de Bavière, où il commanda pendant quinze ans un Régiment de quinze cents Grenadiers François, & devint Brigadier de ses troupes en 1711. Rentré en France à la paix, il fut fait Gentilhomme de M. le Régent, qui lui donna une commission de Colonel réformé à la suite du Régiment Royal-Bavière le 15. Février 1717. & le créa Brigadier par brevet du même jour.

DE GRAMONT (Louis-Antoine-Armand de Gramont, 1. Octobre 1718.
  successivement Duc de Louvigny, de
    Guiche &)
A été créé Brigadier par brevet du premier Octobre 1718.
Voyez Tome V. page 177.

DES BRIGADIERS

Promotion du premier Février 1719.

Promotion du 1. Février 1719. **DE MACHET** (Robert.)
Voyez Tome V. page 188.

DE SALIS (Jean de Salis de Zizers) mort au mois de Janvier 1726.

Entra dans le Régiment de Salis (depuis Polier & Reynold) le 25. Septembre 1684. & y obtint une Compagnie en 1688. Il la commanda à l'attaque de Valcourt en 1689. à la bataille de Fleurus en 1690. au siége de Mons & au combat de Leuse en 1691. au siége de Namur & à la bataille de Steinkerque en 1692. à la bataille de Néerwinden & au siége de Charleroy en 1693. à la marche de Vignamont au pont d'Espierre en 1694. au siége de Bruxelles en 1695.

Capitaine d'une demi-Compagnie au Régiment des Gardes Suisses sur la démission de son frere par commission du premier Mars 1696. il la commanda en Flandre cette année & la suivante, & obtint l'autre demi-Compagnie à la retraite de son frere le 3. Novembre 1701. Il commanda sa Compagnie entiére au combat de Nimegue en 1702. à celui d'Eckeren en 1703. en Flandre en 1705. à la bataille de Ramillies en 1706. en Flandre en 1707. à la bataille de Malplaquet en 1709. à l'attaque d'Arleux en 1711. au siége de Landau en 1713.

Brigadier par brevet du premier Février 1719. il conserva sa Compagnie jusqu'à sa mort.

DU MONT (Gaudence) mort le 30. Mai 1726.

Il étoit entré dans le Régiment des Gardes Suisses dès le 10. Janvier 1676. & servit avec ce Régiment aux siéges de Valenciennes & de Cambray en 1677. à ceux de Gand & d'Ypres, & à la bataille de Saint-Denys près Mons en 1678. au siége de Courtray en 1683. Il obtint une Lieutenance aux Gardes, & une demi-Compagnie dans un Régiment Suisse en 1684. & servit avec le Régiment des

Gardes à l'attaque de Valcourt en 1689. à la bataille de Fleurus en 1690. au siége de Mons en 1691. au siége de Namur & à la bataille de Steinkerque en 1692. à la bataille de Néerwinden & au siége de Charleroy en 1693. à la marche de Vignamont au pont d'Espierre en 1694. au siége de Bruxelles en 1695.

Capitaine d'une demi-Compagnie au Régiment des Gardes Suisses par commission du 8. Avril 1696. il la commanda en Flandre en 1704. à la bataille de Ramillies en 1706. en Flandre en 1707. à la bataille d'Oudenarde en 1708. en Flandre en 1710. aux siéges de Douay & du Quesnoy en 1712. Il obtint une autre demi-Compagnie le 15. Décembre 1715. le grade de Brigadier par brevet du premier Février 1719. & conserva sa Compagnie jusqu'à sa mort.

Promotion du 1. Février 1719.

D'ERLACH (Jean-Jacques, Chevalier.)
Voyez Tome V. page 195.

DE MONTARAN (Michel Michault) mort le 30. Juin 1731. âgé de 56. ans.

Mousquetaire en 1691. il se trouva au siége de Mons & au combat de Leuse la même année.

Sous-Lieutenant au Régiment des Gardes Françoises le 30. Mars 1692. il servit au siége de Namur , & combattit à Steinkerque. Passa Lieutenant de la Colonelle le 20. Mars 1693. combattit à Néerwinden , & servit au siége de Charleroy la même année. Il étoit à la marche de Vignamont au pont d'Espierre en 1694. au siége de Bruxelles en 1695. à l'armée de Flandre en 1696. & l'année suivante : au camp de Compiégne en 1698. & obtint une Compagnie le 26. Août de cette année.

Il la commanda au combat de Nimegue en 1702. à celui d'Eckeren en 1703. à la bataille de Ramillies en 1706. à celle d'Oudenarde en 1708. à Malplaquet en 1709. il se distingua particuliérement la même année à l'attaque de l'Abbaye d'Hasnon. Servit à l'attaque d'Arleux en 1711. aux siéges de Douay & du Quesnoy en 1712.

aux siéges de Landau & de Fribourg, & à l'attaque des retranchemens du Général Vaubonne en 1713.

Brigadier par brevet du premier Février 1719. il conserva sa Compagnie jusqu'à sa mort.

DE REYNOLD BEVIÉS (Gabriel-Joseph) mort au mois d'Août 1726.

Il entra dans le Régiment des Gardes Suisses dès le premier Avril 1688. & y passa par tous les grades d'Officier subalterne. Il servit de 1689. à 1698. à l'attaque de Valcourt, aux siéges de Mons, de Namur, de Charleroy & de Bruxelles: se trouva aux batailles de Fleurus, de Steinkerque & de Néerwinden. Il étoit au camp de Compiégne en 1698. & obtint le 17. Janvier 1701. une commission pour tenir rang de Capitaine dans le Régiment des Gardes Suisses. Il commanda en cette qualité la Compagnie de son pere au combat de Nimegue en 1702. à celui d'Eckeren en 1703. à la bataille de Ramillies en 1706. à celle d'Oudenarde en 1708. aux siéges de Douay & du Quesnoy en 1712.

On lui donna le 21. Novembre 1713. une demi-Compagnie vacante par la mort de son frere aîné, le grade de Brigadier par brevet du premier Février 1719. & le 28. Avril suivant un brevet qui lui accordoit la survivance de la demi-Compagnie de son pere, & d'une Compagnie franche que le pere avoit aussi, dont il entra en possession le 4. Décembre 1722. On lui accorda le 6. du même mois l'expectative d'une place de Commandeur de l'Ordre de Saint-Louis (a); mais il mourut avant d'en avoir une. Il commandoit lors de sa mort sept cents hommes n'étant que Capitaine, avoit une Compagnie entiére aux Gardes, une demi-Compagnie dans le Régiment de Brendlé, une dans Castellas, une demie dans d'Hemel, & une Compagnie franche.

(a) M. le Baron de Zurlauben dans son Histoire Militaire des Suisses, Tome I. pages 180. & 243. l'a qualifié mal-à-propos Grand-Croix de l'Ordre de Saint-Louis.

D'INFANTERIE.

Promotion du 1. Février 1719.

DE LASSAY (Léon de Madaillan de l'Esparre, Marquis) mort le 2. Octobre 1750. âgé de 72. ans.
Fit les campagnes de 1696. & 1697. en Flandre avec les Mousquetaires; entra Lieutenant au Régiment d'infanterie du Roi en 1698. & leva par commission du 11. Janvier 1702. un Régiment d'infanterie de son nom, qu'il commanda aux siéges de Brisack & de Landau, & à la bataille de Spire en 1703. à la bataille d'Hochstett où il fut fait prisonnier en 1704. à l'armée de la Moselle en 1705. au secours du fort Louis, à la prise de Drusenheim, de Lauterbourg & de l'isle du Marquisat en 1706. à l'armée d'Allemagne les trois années suivantes.

Colonel-Lieutenant du Régiment d'infanterie d'Enguyen par commission du 26. Avril 1710. il se démit de celui qui portoit son nom, & commanda le Régiment d'Enguyen à l'armée du Rhin jusqu'à la paix. Il y servit aux siéges de Landau & de Fribourg & à l'attaque des retranchemens du Général Vaubonne en 1713.

Brigadier par brevet du premier Février 1719. il se démit du Régiment d'Enguyen, & quitta le service au mois d'Août 1726.

DE SAINT-GERMAIN-BEAUPRÉ (Armand-Louis-Joseph Foucault, Chevalier)
Garde-Marine en 1698. il fit cette campagne & la suivante sur mer. Entra Lieutenant réformé au Régiment du Roi le 21. Mai 1701. & leva par commission du 18. Janvier 1702. un Régiment d'infanterie de son nom, qu'il commanda à l'armée de Flandre en 1704. à l'armée de la Moselle en 1705. au secours du fort Louis, à la prise de Drusenheim, de Lauterbourg & de l'isle du Marquisat en 1706. S'étant trouvé au mois de Septembre de la même année à la défense d'Ath, il y fut fait prisonnier avec son Régiment, & n'a pas servi depuis.

Son Régiment ayant été réformé par ordre du 24. Janvier 1715. il fut entretenu Colonel réformé à la suite du Régiment de Picardie par ordre du 19. Février suivant, & créé Brigadier par brevet du premier Février 1719.

Tome VIII.   F f

Promotion du
1. Février 1719. **DE NUAILLÉ** (Charles - Germain le Maſtin, Comte)
mort au mois de Juillet 1727.

Il ſervoit en qualité de Garde-Marine depuis 1685. & avoit fait quelques campagnes ſur mer, lorſqu'on lui accorda une Compagnie dans le Régiment du Meſtre de camp général des Dragons le 24. Octobre 1693. Il la commanda à l'armée d'Allemagne en 1694. & l'année ſuivante; ſur la Meuſe en 1696. & 1697. au camp de Compiégne l'année ſuivante : à l'armée de Flandre en 1701.

Colonel d'un Régiment d'infanterie de ſon nom, qu'il leva par commiſſion du 26. Avril 1702. il le commanda à l'armée de Flandre en 1705. ſur la Moſelle en 1706. à la bataille d'Oudenarde en 1708. & dans différentes places pendant le reſte de la guerre.

Son Régiment ayant été réformé par ordre du 20. Septembre 1714. il fut entretenu Colonel réformé à la ſuite du Régiment de Piémont par ordre du 15. Octobre ſuivant, & créé Brigadier par brevet du premier Février 1719.

DE TURBILLY (Louis-Philippe de Menon, Marquis)
Voyez Tome VII. page 85.

DE ROUSSILLES (Louis-Théodore de Scorailles de Fontanges, Marquis) né le 12. Août 1680. mort le 21. Avril 1746.

Il entra Cornette au Régiment de cavalerie de Molac en 1695. & fit la campagne de Flandre; Lieutenant en 1696. il ſervit au ſiége de Valence en Italie.

Capitaine dans le même Régiment le 21. Avril 1697. il commanda ſa Compagnie au ſiége d'Ath. Sa Compagnie ayant été réformée en 1698. il fut entretenu Capitaine réformé à la ſuite du Régiment de Montrevel, avec lequel il ſervit en Flandre en 1701.

Colonel d'un Régiment d'infanterie de ſon nom, qu'il leva par commiſſion du 14. Mai 1702. il le commanda en garniſon pluſieurs années, à l'armée du Rhin en 1708. &

les trois années suivantes, à l'armée du Dauphiné en 1712. Ce Régiment ayant été réformé par ordre du 20. Novembre 1714. le Marquis de Roussilles fut entretenu Colonel réformé à la suite du Régiment de Normandie par ordre du 18. Décembre suivant, & créé Brigadier par brevet du premier Février 1719. Il étoit depuis long-temps Lieutenant de Roi de la Province d'Auvergne.

Promotion du 1. Février 1719.

DE MAUBOURG (Jean-Hector de Fay de la Tour, Marquis.)
Voyez Tome III. page 397.

DE LOUVIGNY (Jean Maignart de Bernieres, Marquis.)
Voyez Tome V. page 183.

DE TAVANNES (Charles-Henry-Gaspard de Saulx, Vicomte) né le 25. Août 1683. mort le 4. Novembre 1753.
Il entra aux Mousquetaires en 1701. Se trouva au combat de Nimegue en 1702. Leva un Régiment d'infanterie de son nom par commission du 14. Mai 1702. & le commanda à la bataille d'Hochstett où il fut blessé en 1704. à l'armée de la Moselle les deux années suivantes : à l'armée du Rhin en 1708. & les années suivantes jusqu'à la paix. Il s'y trouva aux sièges de Landau & de Fribourg en 1713. Son Régiment ayant été réformé par ordre du 21. Janvier 1714. il fut entretenu Colonel réformé à la suite du Régiment de la Gervaisais par ordre du 31. du même mois, & passa en la même qualité à la suite du Régiment de Condé par autre ordre du 16. Février 1717.
Brigadier par brevet du premier Février 1719. il obtint la Lieutenance générale du Gouvernement de Bourgogne au département du Mâconnois par provisions données à Paris le 31. Octobre suivant, & prêta serment pour cette Charge le 19. du mois de Novembre. On y joignit la Lieutenance générale du département du Charolois par provisions données à Paris le 20. Mai 1720.

Promotion du 1. Février 1719.

Lieutenant général du département de l'Auxois, de l'Auxerrois & de l'Autunois par provisions données à Versailles le 17. Novembre 1722. il se démit de celle du Comté de Charolois. Obtint le Régiment d'infanterie de Quercy par commission du 7. Juillet 1723. une place de Chevalier des Ordres du Roi le 2. Juin 1724. Se démit de la Lieutenance générale du département d'Auxois, d'Autunois & d'Auxerrois au mois de Janvier 1726. du Régiment de Quercy au mois de Juin 1731. & conserva la Lieutenance générale du Mâconnois jusqu'à sa mort.

DE FROULAY (Charles-François, Comte.)
Voyez Tome V. page 198.

DE BESENVALD (Jacques-Charles de Besenvald Brunstatt, Baron.)
Voyez Tome V. page 199.

D'ORÇAY (Henry Boucher) mort le 20. Mars 1730.
Mousquetaire en 1696. il fit la campagne de Flandre. Entra Sous-Lieutenant au Régiment des Gardes Françoises le 24. Février 1697. Passa à une Lieutenance le 6. Juin 1698. servit la même année au camp de Compiégne. Parvint à une Compagnie le 28. Juin 1702. & la commanda au combat d'Eckeren en 1703. à la bataille de Ramillies en 1706. à celles d'Oudenarde en 1708. & de Malplaquet en 1709. aux siéges de Douay & du Quesnoy en 1712. de Landau & de Fribourg en 1713.

Brigadier par brevet du premier Février 1719. il passa à une Compagnie de Grenadiers le 25. Avril 1720. & la commandoit encore lorsqu'il mourut.

DE CASTELET (Charles-Félix-Hyacinthe de Galean des Issarts, Marquis) mort le 10. Novembre 1719.
Entra aux Mousquetaires en 1701. & servit en Flandre. Lieutenant réformé à la suite du Régiment du Roi le 5. Avril 1702. il se trouva avec ce Régiment au combat de Nimegue, & leva par commission du 5. Juillet un Ré-

giment d'infanterie de son nom, qu'il commanda dans différentes garnisons jusqu'à la paix. Ce Régiment ayant été réformé par ordre du 21. Janvier 1714. il fut entretenu Colonel réformé à la suite du Régiment de la Gervaisais par ordre du premier Février suivant, & créé Brigadier par brevet du premier Février 1719.

Promotion du 1. Février 1719.

DE MENARS (Michel-Jean-Baptiste Charron, Marquis) mort le 13. Septembre 1739. âgé de 65. ans.
Connu d'abord sous le nom de Marquis de Conflans, il servit Aide de camp de M. de la Hoguette en 1693. & l'année suivante, & se trouva à la bataille de la Marsaille en 1693. Il ne servit point en 1695. & 1696. Entra aux Mousquetaires en 1697. fit avec cette troupe la campagne de Flandre, & servit au camp de Compiégne en 1698.

Sous-Lieutenant au Régiment du Roi en 1701. il se trouva au combat de Nimegue en 1702. & leva un Régiment d'infanterie de son nom par commission du 5. Juillet. Il le commanda à l'armée de Flandre en 1704. à l'armée de la Moselle en 1705. au secours du fort Louis, à la prise de Drusenheim, de Lauterbourg & de l'isle du Marquisat en 1706. à la bataille d'Oudenarde en 1708.

Colonel du Régiment d'infanterie de Santerre par commission du premier Décembre de cette année, il se démit du Régiment de Conflans, & commanda le premier à la bataille de Malplaquet en 1709. à l'armée de Flandre en 1710. à l'attaque d'Arleux en 1711. à l'affaire de Denain, aux siéges de Douay & du Quesnoy en 1712. & obtint le grade de Brigadier par brevet du premier Février 1719. Il se démit de son Régiment, & quitta le service au mois de Juillet 1723. prit peu après le nom de Marquis de Menars, & étoit depuis long-temps Gouverneur & Capitaine des chasses de Blois & dépendances lorsqu'il mourut.

Promotion du 1. Février 1719. **DE MAISONTIERS** (Charles de Tuffaut) mort le 28. Mars 1726.

Volontaire au Régiment de cavalerie de Cuincy dès 1677. il se trouva aux siéges de Gand & d'Ypres, & à la bataille de Saint-Denys près Mons en 1678. Sergent de la Compagnie des Cadets de Besançon le 15. Juin 1682. il quitta cette place pour rentrer dans le Régiment de Cuincy en qualité de Cornette le 10. Mars 1684. & servit Volontaire au siége de Luxembourg la même année. Les Cornettes ayant été réformées par Ordonnance du 29. Septembre suivant, il entra Lieutenant dans le Régiment de cavalerie d'Enguyen en 1685. & leva par commission du 20. Août 1688. une Compagnie dans le Régiment de cavalerie de Chatillon (depuis Saint-Paul & Saint-Simon.) Il la commanda à la bataille de Fleurus en 1690. à l'armée d'Italie en 1691. à l'armée de la Moselle en 1692. à la bataille de Néerwinden & au siége de Charleroy en 1693. à l'armée du Rhin en 1694. & les années suivantes jusqu'à la paix.

Le Régiment de Saint-Simon ayant été réformé le 27. Mars 1698. M. de Maisontiers fut entretenu Capitaine réformé à la suite du Régiment Dauphin cavalerie, & obtint le 28. Octobre 1699. une Compagnie dans le Régiment des Cuirassiers. Il la commanda aux combats de Carpy & de Chiary en 1701. à la bataille de Luzzara, à la prise de cette place & de Borgoforté en 1702. & leva par commission du 3. Septembre de cette année un Régiment d'infanterie de son nom : il le commanda dans différentes garnisons jusqu'à la paix. Ce Régiment ayant alors été réformé par ordre du 21. Janvier 1714. il fut entretenu Colonel réformé à la suite du Régiment de Navarre par ordre du 12. Février, & créé Brigadier par brevet du premier Février 1719.

DE CASTEJA (Jean-François de Biaudos, Marquis.) *Voyez* Tome VII. page 86.

DE LA RAIMBAUDIERE (Pierre-Alexandre de Goyon, Marquis) mort au mois de Juillet 1727.

Promotion du 1. Février 1719.

Mousquetaire en 1683. il servit au siége de Courtray la même année : à l'armée qui couvrit le siége de Luxembourg en 1684. & leva par commission du 20. Août 1688. une Compagnie dans le Régiment de Navarre. Il commanda cette Compagnie à la bataille de Fleurus en 1690. au siége de Mons en 1691. au siége de Namur & à la bataille de Steinkerque en 1692. Il entra le 4. Novembre de cette année avec sa Compagnie dans le Régiment d'Albigeois lors de sa formation. Se trouva à la bataille de la Marsaille en 1693. à l'armée d'Italie en 1694. & 1695. au siége de Valence en 1696. Sa Compagnie ne s'étant point trouvée rétablie pour la campagne de 1697. on la lui ôta, & il fut cassé.

Remplacé à une Compagnie dans le Régiment d'infanterie de Condé le 14. Septembre 1701. il la commanda à l'armée d'Allemagne & à la bataille de Frédélingen en 1702.

Colonel d'un Régiment dinfanterie de son nom, qu'il leva par commission du 3. Septembre de cette année, il le commanda dans différentes garnisons jusqu'à la paix. Son Régiment ayant été réformé par ordre du 21. Janvier 1714. il fut entretenu Colonel réformé à la suite du Régiment de Boufflers par ordre du 31. du même mois, & créé Brigadier par brevet du premier Février 1719.

DE CHALMAZEL (Louis de Talaru, Marquis) né le 9. Avril 1682. mort le 31. Mars 1763.

Volontaire dans le Régiment des Carabiniers en 1701. il fit la campagne en Flandre. Se trouva en 1702. au combat de Nimegue, & leva par commission du 3. Septembre un Régiment d'infanterie de son nom, qu'il commanda dans différentes garnisons jusqu'à la paix. Ce Régiment ayant été réformé par ordre du 7. Octobre 1714. le Marquis de Chalmazel fut entretenu Colonel réformé à la suite du Régiment de Picardie par ordre du 31. Décembre suivant, & créé Brigadier par brevet du premier Février 1719.

Il obtint le Gouvernement de Phaltíbourg & de Sarrebourg par provisions du 18. Janvier 1721. & la Charge de premier Maître d'Hôtel de la Reine en 1735. Nommé Chevalier des Ordres du Roi le 2. Février 1749. il fut reçu le 25. Mai suivant.

DE MONTMORENCY (François de Montmorency-la-Neuville, Marquis) né le 8. Octobre 1676. mort le 27. Avril 1748.

Entra aux Mousquetaires en 1693. & se trouva à la bataille de Néerwinden & au siége de Charleroy la même année : à la marche de Vignamont au pont d'Espierre en 1694. & fut fait Enseigne de la Colonelle du Régiment de Piémont au mois de Novembre. Il servit au siége de Bruxelles en 1695. & obtint une Compagnie au Régiment de Piémont le 14. Août. Il la commanda à l'armée de la Moselle en 1696. à l'armée de la Meuse en 1697. à l'armée d'Allemagne en 1701. à la bataille de Luzzara, à la prise de cette place & de Borgoforté en 1702.

Colonel d'un Régiment d'infanterie de son nom sur la démission de M. Camus Destouches par commission du 19. Novembre 1702. Il le commanda à l'armée d'Italie en 1705. & 1706. & obtint le Régiment de Bresse sur la démission du Comte de Carcado, par commission du 10. Octobre de cette derniére année. Il le commanda à l'armée de la frontiére de Piémont en 1707. & les deux années suivantes : en Flandre en 1710. & 1711. à l'attaque de Beuvrage où il reçut une blessure au col, à l'affaire de Denain, aux siéges de Marchiennes, de Douay, du Quesnoy & de Bouchain en 1712. à Douay pendant la campagne de 1713.

Brigadier par brevet du premier Février 1719. il se démit du Régiment de Bresse au mois d'Octobre 1733. & ne servit plus.

D'HOUDETOT

D'INFANTERIE.

Promotion du 1. Février 1719.

D'HOUDETOT (Charles , Marquis.)
Voyez Tome V. page 199.

DE MAISIERES (Etienne Carou de Valentiennes) mort le 18. Août 1733.

Cadet au Régiment de Lyonnois en 1681. Lieutenant en 1682. il servit au siége de Luxembourg en 1684. à ceux de Philisbourg , de Manheim & de Franckendal en 1688. en Allemagne en 1689. & 1690. Capitaine au même Régiment par commission du 20. Février 1691. il commanda sa Compagnie à l'armée d'Allemagne la même année, & passa avec elle dans le Régiment de Picardie le 13. Décembre. Il continua de servir à l'armée d'Allemagne jusqu'en 1695. sur la Meuse en 1696. & 1697. au camp de Compiégne en 1698. à Anvers pendant partie de la campagne de 1701.

On forma par ordre du 25. Août 1701. une Compagnie de Grenadiers tirés de plusieurs Régimens pour envoyer en Portugal. M. de Maisieres en fut Capitaine par commission du même jour , & la commanda pendant le reste de la campagne de 1701. & celle de 1702. Il obtint le 15. Décembre de cette derniére année une commission de Colonel réformé à la suite du Régiment de Navarre. Rentra en France , & fit la campagne de 1703. en qualité d'Aide-Major général de l'armée du Rhin , où il se trouva aux siéges de Brisack & de Landau , & à la bataille de Spire.

Major général de l'armée de la Moselle par ordre du premier Avril 1704. il se trouva à la bataille d'Hochstett avec l'armée du Rhin , dans laquelle il continua de servir en qualité d'Aide-Major général pendant le reste de la campagne. Il servit en la même qualité sur la Moselle en 1705. & 1706. sur le Rhin jusqu'à la paix , & obtint le grade de Brigadier par brevet du premier Février 1719.

Tome *VIII.*   Gg

DES BRIGADIERS

Promotion du 1. Février 1719.

DU METS (Jacques Berbier) mort le 19. Octobre 1730. âgé de 47. ans.

Page du Roi le 29. Avril 1697. Mousquetaire en 1701. il fit la campagne en Flandre. Enseigne au Régiment des Gardes Françoises le 28. Février 1702. il se trouva au combat de Nimegue.

Colonel du Régiment d'infanterie de Vexin par commission du 18. Janvier 1703. il le commanda au combat d'Eckeren au mois de Juin : à l'armée de Savoye en 1704. au siége de Chivas & à la bataille de Cassano en 1705. au siége de Turin & à la bataille de Castiglioné en 1706. sur la frontiére du Dauphiné en 1707. à l'attaque des deux Sesannes en 1708. à la bataille de Malplaquet en 1709. à l'armée de Flandre en 1710. à l'attaque d'Arleux en 1711. à l'affaire de Denain, aux siéges de Douay, du Quesnoy & de Bouchain en 1712. en Flandre en 1713.

Brigadier par brevet du premier Février 1719. il se démit de son Régiment au mois de Septembre 1722. & fut entretenu Mestre de camp réformé à sa suite par ordre du premier Octobre.

PFIFFER (Just-François Pfiffer de Wyer) mort le 2. Janvier 1727.

Entra au service en Décembre 1696. fit cette campagne & la suivante en Flandre, & devint Lieutenant de la Compagnie de son pere au Régiment des Gardes Suisses. Il servit avec cette Compagnie à l'armée de Flandre en 1701. au combat de Nimegue en 1702.

Il obtint le 28. Janvier 1703. une commission pour tenir rang de Capitaine au Régiment des Gardes, & commanda en cette qualité la Compagnie de son pere au combat d'Eckeren au mois de Juin, en Flandre en 1705. à la bataille de Ramillies en 1706. en Flandre en 1707 à la bataille de Malplaquet en 1709. à l'attaque d'Arleux en 1711. sur le Rhin en 1713. Il obtint la Compagnie de son pere à sa mort, par commission du 22. Juillet 1716. le grade de Brigadier par brevet du premier Février 1719. & possédoit encore sa Compagnie lorsqu'il mourut.

D'INFANTERIE.

Promotion du 1. Février 1719.

D'ANTRAGUES (Victor de Montvalat, Chevalier, puis Marquis) mort le 20. Octobre 1757. âgé de 84. ans. Mousquetaire en 1688. il fit avec M. le Dauphin la campagne de Philisbourg, & se trouva à l'attaque de Valcourt en 1689.

Lieutenant au Régiment du Roi le 28.. Mars 1690. il combattit à Fleurus au mois de Juillet. Servit au siége de Mons, puis au combat de Leuse en 1691. au siége de Namur & à la bataille de Steinkerque en 1692. à la bataille de Néerwinden & au siége de Charleroy en 1693.

Capitaine au même Régiment le 12. Mai 1694. il commanda sa Compagnie à la marche de Vignamont au pont d'Espierre la même année : au siége de Bruxelles en 1695. à l'armée de Flandre en 1696. & 1697. au camp de Compiégne en 1698. à l'armée de Flandre en 1701. au combat de Nimegue en 1702.

Colonel d'un Régiment d'infanterie de son nom par commission du 13. Mai 1703. il le commanda à l'armée de Flandre en 1704. & 1705. à la bataille de Ramillies en 1706. & en garnison pendant le reste de la guerre.

Son Régiment ayant été réformé par ordre du 12. Novembre 1714. il fut entretenu Colonel réformé à la suite du Régiment de Boufflers (depuis Mailly) par ordre du 19. Décembre, & créé Brigadier par brevet du 1er Février 1719.

DE DURFORT-BOISSIERES (Saturnin, Marquis.)
Voyez Tome VII. page 109.

D'ELTZ (*N.* Baron.)
Voyez Tome VII. page 87.

DE TERLAYE (Alain Magon.)
Voyez Tome V. page 201.

DE GENSAC (Gilles-Gervais de la Roche de Loumagne, Marquis.)
Voyez Tome V. pag. 201.

Promotion du
1. Février 1719.

DE BURKY (Joseph-Protais) mort le 12. Novembre 1737. Il entra au service au mois de Février 1685. & après avoir servi avec distinction pendant toute la guerre de 1688. à 1699. Il fut nommé second Major du Régiment des Gardes Suisses par brevet du 16. Décembre 1703. avec rang de Capitaine audit Régiment par commission du même jour. Il fit avec ce Régiment toutes les campagnes jusqu'à la paix , & se trouva aux batailles de Ramillies en 1706. d'Oudenarde en 1708. & de Malplaquet en 1709. à l'affaire de Denain & aux sièges de Douay, du Quesnoy & de Bouchain en 1712. sur le Rhin en 1713.

Brigadier par brevet du premier Février 1719. Capitaine d'une demi-Compagnie au Régiment des Gardes Suisses par commission du 18. Août 1726. il quitta la Majorité du Régiment.

Colonel d'un Régiment Suisse de son nom vacant par la mort de M. Hessi, par commission du 30. Novembre 1729. il se démit de sa demi-Compagnie aux Gardes, & commanda son Régiment à l'armée d'Italie en 1735. & 1736.

DE POLASTRON (Jean-Baptiste, Comte.)
Voyez Tome V. page 203.

DE LA GERVAISAIS (Auguste-Nicolas Magon.)
Voyez Tome V. page 251.

DE PARIS (François) mort au mois d'Avril 1730. Mousquetaire en 1697. il fit la campagne de Flandre cette année , & servit au camp de Compiégne en 1698. Sous-Lieutenant au Régiment des Gardes Françoises le 12. Février 1699. il servit en Flandre en 1701. Passa à la Sous-Lieutenance de la Compagnie Colonelle le 26. Février 1702 à une Lieutenance le 5. Avril suivant, & se trouva au combat de Nimegue la même année : à celui d'Eckeren en 1703.

Capitaine au même Régiment par commiſſion du 4. Mars 1704. il commanda ſa Compagnie à la bataille de Ramillies en 1706. à celles d'Oudenarde en 1708. & de Malplaquet en 1709. à l'affaire de Denain, aux ſiéges de Douay, du Queſnoy & de Bouchain en 1712. aux ſiéges de Landau & de Fribourg en 1713.

Brigadier par brevet du premier Février 1719. il ſe démit de ſa Compagnie, & quitta le ſervice au mois de Juin 1724.

Promotion du 1. Février 1719.

DE CLISSON (Anne-Bernard de Sauveſtre, Comte) mort le 21. Février 1729. âgé de 74. ans.
Commença à ſervir Volontaire dans les Gardes du Corps, & Aide de camp de M. le Duc de Luxembourg en 1675. & 1676. & ſe trouva au combat de Kokeſberg cette derniére année.

Sous Lieutenant au Régiment des Gardes Françoiſes le 2. Avril 1677. il ſervit aux ſiéges de Valenciennes & de Cambray la même année : à ceux de Gand & d'Ypres, & à la bataille de Saint-Denys près Mons en 1678. Il paſſa à une Sous-Aide-Majorité du Régiment le 15. Mai 1681. & à une Lieutenance le 24. Février 1689. Il ſe trouva en cette qualité à l'attaque de Valcourt au mois d'Août : à la bataille de Fleurus en 1690. au ſiége de Mons en 1691. au ſiége de Namur & à la bataille de Steinkerque en 1692. & paſſa à une Lieutenance de Grenadiers le 22. Décembre. Il ſe diſtingua l'année ſuivante à la bataille de Néerwinden & au ſiége de Charleroy. Etoit à la marche de Vignamont au port d'Eſpierre en 1694. au ſiége de Bruxelles en 1695. en Flandre en 1696. & 1697. au camp de Compiégne en 1698. au combat de Nimegue en 1702. à celui d'Eckeren en 1703. Il obtint le 7. Mars 1704. une commiſſion pour tenir rang de Colonel. Se trouva à la bataille de Ramillies, & parvint à une Compagnie le 20. Juin 1706. Il la commanda à la bataille d'Oudenarde en 1708. (a) à l'armée de Flandre

---

(a) M. l'Abbé de Neufville dans ſon Hiſtoire de la Maiſon du Roi, article de

Promotion du 1. Février 1719.

en 1710. aux siéges de Douay, du Quesnoy & de Bouchain en 1712. de Landau & de Fribourg en 1713.

Brigadier par brevet du premier Février 1719. il passa à la troisiéme Compagnie de Grenadiers du Régiment lors de sa création le 25. Octobre suivant, & la commandoit encore à sa mort.

DE TESSÉ (René-François de Froulay, Chevalier) mort le 28. Février 1734. âgé de 43. ans.

Mousquetaire en 1703. il se trouva au combat d'Eckeren au mois de Juin. Fut nommé par commission du 7. Mars 1704. Colonel d'un Régiment de Milice levé en Savoye, & servit dans ce Duché pendant la campagne. A la réforme de ce Régiment, on l'entretint Colonel réformé à la suite du Régiment de la Couronne par ordre du 25. Janvier 1705. il l'alla joindre à l'armée d'Espagne, où il obtint un Régiment d'infanterie de son nom, par commission du 30. Août suivant : il en prit le commandement à la même armée. Servit au siége de Barcelonne & à la prise de Cartagène en 1706. Se trouva à la bataille d'Almanza au mois d'Avril 1707. & fut fait par commission du 11. Mai Colonel-Lieutenant du Régiment de la Couronne, après M. de Polastron qui y fut tué. Il se démit du Régiment qui portoit son nom, & commanda le Régiment de la Couronne au siége de Lérida la même année : à celui de Tortose en 1708. à l'armée d'Espagne qui se tint sur la défensive en 1709. à l'armée du Dauphiné en 1710. au siége de Gironne & sur la frontiére d'Espagne en 1711.

Colonel du Régiment de Champagne par commission du 27. Février 1712. il se démit du Régiment de la Couronne, & commanda le Régiment de Champagne à l'affaire de Denain, aux siéges de Douay, du Quesnoy & de Bouchain la même année : au siége de Landau, à

M. de Clisson, Tome III. pag. 183. dit que cet Officier fut prendre après la bataille de Malplaquet la place de M. Moret tué a la tête d'une des deux Compagnies de Grenadiers qu'il commandoit. M. de Clisson ne sortit point de la Cour en 1709. & M. Moret n'a jamais commandé de Compagnie de Grenadiers.

l'attaque des retranchemens du Général Vaubonne & au siége de Fribourg en 1713.

_{Promotion du 1. Février 1719.}

 Lieutenant général en Anjou & Saumurois, & Gouverneur de la Fleche par provisions du 22. Août 1714. il se démit de la Lieutenance générale en 1717. Obtint le grade de Brigadier par brevet du premier Février 1719. la Commanderie de Schick de l'Ordre de Malthe au mois de Septembre 1731. se démit en même temps du Régiment de Champagne, quitta le service, & se démit du Gouvernement de la Fleche le premier Décembre 1733.

D'HEROUVILLE (Jacques-Antoine de Ricouart, Marquis.)

Voyez Tome V. page 205.

D'ARTAIGNAN (Pierre-Paul de Montesquiou, Comte) mort le 25. Novembre 1751. âgé de 79. ans.

Cadet à Besançon en 1686. Enseigne au Régiment des Gardes Françoises le 19. Février 1689. il se trouva à l'attaque de Valcourt la même année : à la bataille de Fleurus en 1690. au siége de Mons en 1691. & passa à une Enseigne de Grenadiers le 6. Juin. Il servit au siége de Namur & à la bataille de Steinkerque en 1692. à la bataille de Néerwinden où il fut blessé en 1693. & ayant été fait Sous-Lieutenant le 2. Septembre, il servit en cette qualité au siége de Charleroy. Il fit la campagne de 1694. sur les côtes de Normandie avec six Compagnies du Régiment des Gardes, & contribua à la défense du Havre & de Dieppe. Il se trouva à la défaite de l'arriére-garde du Prince de Vaudemont, au siége de Dixmude & au bombardement de Bruxelles en 1695. en Flandre en 1696. au siége d'Ath en 1697. au camp de Compiégne en 1698.

 Sous-Aide-Major du Régiment des Gardes par brevet du 11. Août 1699. il eut le détail de l'infanterie dans Anvers pendant la campagne de 1701. Se trouva au combat de Nimegue en 1702. à celui d'Eckeren en 1703.

 Colonel d'un Régiment d'infanterie de son nom par

commission du 30. Mars 1704. il fit les fonctions de Major général de l'infanterie dans Namur pendant le siége de cette place par les ennemis. Servit au siége de Huy & à la défense des lignes en 1705. Prisonnier à la bataille de Ramillies en 1706. il ne put être échangé qu'en 1710. Il fit les fonctions de Major général de l'infanterie que commandoit le Maréchal de Montesquiou en Flandre, & se trouva à l'attaque d'Arleux en 1711. à l'affaire de Denain, aux siéges de Douay, de Marchiennes, du Quesnoy & de Bouchain en 1712. Son Régiment ayant été réformé par ordre du 17. Janvier 1714. il fut entretenu Colonel réformé à la suite du Régiment de Tallard par ordre du 9. Février, & passa en la même qualité à la suite du Régiment de Piémont par ordre du 2. Juillet 1715.

Brigadier par brevet du premier Février 1719. il fut employé en Bretagne sous le Maréchal de Montesquiou. Passa en Normandie en 1721. y fut employé jusqu'en 1723. & ne servit plus.

DE MONTANEGRE (Jean-Baptiste d'Urre-Brotin, Marquis) mort en 1763.

Page du Roi en 1694. il entra aux Mousquetaires en 1696. & fit cette campagne & la suivante en Flandre. Il servit au camp de Compiégne en 1698. & fut fait Lieutenant au Régiment du Roi à la fin de l'année.

Aide de camp du Comte de Tessé en 1700. il passa avec lui en Italie, & se trouva aux combats de Carpy & de Chiary en 1701. à la bataille de Luzzara & à la défense de Mantoue en 1702.

Colonel d'un Régiment de Milice levé dans le Montferrat par commission du premier Juin 1704. il le commanda en Italie jusqu'au mois de Mars 1705. qu'il fut réformé.

Colonel réformé à la suite du Régiment de Dauphiné par ordre du 25. Mars 1705. il continua de servir en Italie, & se trouva au siége de Chivas & à la bataille de Cassano la même année : au siége de Turin & à la bataille

D'INFANTERIE.

bataille de Castiglioné en 1706. Il servit au siége de Lérida en 1707. à l'armée du Dauphiné en 1708. & 1709. à l'armée de Flandre en 1711. aux siéges du Quesnoy, de Douay & de Bouchain en 1712. & obtint le grade de Brigadier par brevet du premier Février 1719.

Promotion du 1. Février 1719.

DE LUTTEAUX (Etienne le Menestrel de Hauguel, Marquis.)
Voyez Tome V. page 208.

DU VILLARS (Daniel de Craponne) mort au mois de Décembre 1723.
   Cadet au Régiment de Bourbonnois en 1673. il servit au siége de Mastrick, & se trouva à la bataille de Seneff en 1674. Sous-Lieutenant au Régiment Dauphin en 1675. il servit aux siéges de Huy, de Dinant & de Limbourg la même année : parvint à une Lieutenance à la fin de la campagne. Se trouva aux siéges de Condé, de Bouchain & d'Aire en 1676. de Valenciennes & de Cambray en 1677. de Gand & d'Ypres & à la bataille de Saint-Denys près Mons en 1678. & obtint une Compagnie le 24. Octobre 1683. il la commanda au siége de Courtray au mois de Novembre : à l'armée qui couvrit le siége de Luxembourg en 1684. aux siéges de Philisbourg, de Manheim & de Franckendal en 1688. à l'armée d'Allemagne en 1689. & 1690. au siége de Namur & à la bataille de Steinkerque en 1692. Il commandoit alors un Bataillon du Régiment Dauphin, avec lequel on forma le 5. Janvier 1693. le Régiment de Vosges, dont il fut fait Lieutenant-Colonel par commission du même jour. Réformé en 1698. il fut employé en cette qualité en Italie pendant les campagnes de 1701. 1702. & 1703. Il se défendit avec cinquante hommes dans un petit poste contre toute l'armée ennemie, qui fut obligée de faire deux batteries de canons & une de bombes pour l'obliger à se rendre, & obtint à cette consideration le 30. Juillet 1704. une commission de Colonel réformé à la suite du Régiment de Blésois. Employé en cette qualité en Languedoc, il y resta

Tome *VIII.*   Hh jusqu'à sa mort. On l'attacha Colonel réformé à la suite de la ville du Saint-Esprit par ordre du 8. Août 1713. & on le créa Brigadier par brevet du premier Février 1719. en considération de plusieurs blessures qu'il avoit reçues.

DE MIDDELBOURG (Alexandre-Maximilien-Balthasard-Dominique de Gand-Villain, Comte.) *Voyez* Tome VII. page 92.

DE SOYECOURT (Joachim-Adolphe de Seiglieres de Boisfranc, Marquis) né le 28. Octobre 1686. mort le 25. Mars 1738.

Mousquetaire au mois de Mars 1702. il se trouva au combat de Nimegue, & obtint une Compagnie dans le Régiment Dauphin Etranger le 14. Février 1703. il la commanda à l'armée de Bavière la même année, à la bataille d'Hochstett en 1704.

Colonel du Régiment d'infanterie de Bourgogne par commission du 17. Novembre de la même année, il le commanda au siége de Verue & à la bataille de Cassano, où il fut blessé en 1705. au siége de Turin & à la bataille de Castiglioné en 1706. à la défense de Toulon en 1707. à l'attaque des deux Sesannes en 1708. à la bataille de Malplaquet en 1709. à l'armée de Flandre en 1710. à l'attaque d'Arleux, à la défaite de deux Bataillons ennemis près Hordain, dont il tua une partie, & prit le reste en 1711. à l'affaire de Denain, aux siéges de Douay, du Quesnoy & de Bouchain en 1712. aux siéges de Landau & de Fribourg en 1713.

Brigadier par brevet du premier Février 1719. il se démit de son Régiment, & quitta le service au mois d'Avril 1724.

D'EGRIGNY (Jean-René de Jouenne) mort le 20. Février 1734. âgé de 51. ans.

Garde-Marine en 1695. Garde de l'Etendard en 1697. il quitta la Marine, entra Sous-Lieutenant au Régiment de Vendôme en 1701. & obtint une Compagnie au Régiment d'infanterie de Bourgogne le 15. Février 1702. Il la commanda au siége de Kell, à l'attaque des retranchemens d'Hornberg, au combat de Munderkirken, à la premiére bataille d'Hochstet, au siége d'Ausbourg en 1703. à la seconde bataille d'Hochstet en 1704. & obtint le 25. Décembre de cette année un Régiment d'infanterie de son nom, qu'il commanda aux siéges de Verue & de Chivas: à la bataille de Cassano, où il fut blessé en 1705 au siége & à la bataille de Turin, où il reçut encore une blessure en 1706. à l'armée du Dauphiné en 1707. à l'attaque des deux Sesannes en 1708. à l'armée du Dauphiné en 1709. au siége de Gironne, puis à l'armée du Dauphiné en 1711. à la même armée en 1712. Son Régiment ayant été réformé par ordre du 30. Juillet 1715. il fut entretenu Colonel réformé à la suite du Régiment de Bourbonnois par ordre du même jour.

On le créa Brigadier par brevet du premier Février 1719.

Colonel du Régiment d'infanterie de Forest par commission du 13. Décembre 1729. il le commanda jusqu'à sa mort. Il avoit été compris dans la promotion des Maréchaux de camp du 20. Février 1734. mais étant mort le même jour, on ne lui en expédia point le brevet.

Promotion du 1. Février 1719.

DE VILLENNES (Nicolas-Gabriel de Gilbert de Voisins, Marquis)

Sous-Lieutenant au Régiment du Roi en 1702. il se trouva au combat de Nimegue. Passa à une Lieutenance en 1703. combattit à Eckeren au mois de Juin. Servit sur la Moselle en 1704.

Colonel du Régiment de Médoc par commission du 11. Janvier 1705. il le commanda au siége de Verue & à la bataille de Cassano la même année: au siége de Turin & à la bataille de Castiglioné en 1706. à l'armée du Dauphiné en 1707. à celle du Rhin en 1708. & les années suivantes: aux siéges de Landau & de Fribourg, & à l'attaque des retranchemens du Général Vaubonne en 1713.

Brigadier par brevet du premier Février 1719. il se

Promotion du 1. Février 1719. démit de fon Régiment, & quitta le fervice au mois de Janvier 1729.

DE MIROMENIL (Jean-Sebaftien Hue, Chevalier) tué au fiége d'Oran le 15. Juin 1733.

Cadet dans la Compagnie des Cadets de Brifac en 1686. Cornette au Régiment de cavalerie d'Aubeterre le 15. Janvier 1689. Lieutenant en 1690. il fe trouva à l'attaque de Valcourt en 1689. à la bataille de Fleurus en 1690. au fiége de Mons en 1691. à celui de Namur & à la bataille de Steinkerque en 1692. à la bataille de Néerwinden en 1693. & obtint une Compagnie dans le même Régiment le 23. Septembre de cette année. Il la commanda à la marche de Vignamont au pont d'Efpierre en 1694. au fiége de Bruxelles en 1695. en Flandre en 1696. & 1697. Sa Compagnie ayant été réformée en 1698. on l'entretint Capitaine réformé à la fuite du Régiment de Courlandon, avec lequel il fe trouva aux combats de Carpy & de Chiary en 1701. Remplacé à une Compagnie du Régiment Colonel général de la cavalerie en 1702. il la commanda à la bataille de Luzzara la même année : dans le Trentin en 1703. aux fiéges d'Yvrée, de Verceil & de Verue en 1704.

Colonel du Régiment d'infanterie de Quercy par commiffion du 14. Janvier 1705. il le commanda au fiége de Verue & à la bataille de Caffano la même année : au fiége de Turin & à la bataille de Caftiglioné en 1706. à l'armée du Dauphiné en 1707. à l'attaque des deux Sefannes en 1708. à l'armée de la frontiére du Piémont en 1709. à l'armée du Rhin en 1710. à l'armée du Dauphiné en 1711. & 1712.

Brigadier par brevet du premier Février 1719. il fe démit de fon Régiment en 1720. Paffa au fervice d'Efpagne, où il obtint un Régiment d'infanterie, à la tête duquel il fut tué en 1733.

PHELIPPES (Nicolas-Léon-Phelippes de la Houffaye.) *Voyez* Tome V. page 211.

DE LANNION (Jean-Baptiste-Pierre-Joseph, Chevalier, puis Vicomte.)
Voyez Tome VII. page 110.

DE MEUSE (Henry-Louis de Choiseul, Marquis.)
Voyez Tome V. page 213.

DE CREIL Jean-François de Creil de Nancré, Marquis.)
Voyez Tome V. page 216.

D'AUDIFFRET (Louis) mort le 5. Mai 1744. âgé de 82. ans.

Mousquetaire en 1681. Enseigne au Régiment des Gardes Françoises le 28. Septembre 1683. il servit au siége de Courtray la même année : à l'armée qui couvrit le siége de Luxembourg en 1684. Passa Sous-Lieutenant de la Compagnie Colonelle le 14. Février 1686. Se trouva à l'attaque de Valcourt en 1689. Fut fait Sous-Aide-Major le 28. Janvier 1690. combattit à Fleurus au mois de Juillet. Servit au siége de Mons en 1691. à celui de Namur & à la bataille de Steinkerque en 1692. à la bataille de Néerwinden au mois de Juillet 1693. passa à une Lieutenance le 2. Septembre, & servit au siége de Charleroy au mois de Novembre. Il étoit à la marche de Vignamont au pont d'Espierre en 1694. au siége de Bruxelles en 1695. en Flandre en 1696. & 1697. & ayant été fait Aide-Major le 25. Février 1698. il servit en cette qualité au camp de Compiégne au mois d'Août : en Flandre en 1701. au combat de Nimegue en 1702. à celui d'Eckeren en 1703. en Flandre en 1704. Obtint le 22. Mars 1705. une commission pour tenir rang de Colonel. Se trouva à la bataille de Ramillies en 1706. & passa à une Compagnie le 17. Juillet 1707. Il la commanda à la bataille de Malplaquet en 1709. aux siéges de Douay, du Quesnoy & de Bouchain en 1712. à ceux de Landau & de Fribourg en 1713.

Brigadier par brevet du premier Février 1719. il passa

à une Compagnie de Grenadiers le 29. Septembre 1724. & fut fait Gouverneur du château d'Iff par provisions du 10. Juin 1729 en quittant sa Compagnie. Il mourut dans son Gouvernement.

DELAUBANIE (*N.* Rousseau) mort en 1730.

Cadet en 1689. dans Royal Artillerie, il obtint une Sous-Lieutenance en 1690. & se trouva à la bataille de Fleurus. Capitaine au Régiment d'infanterie de Solre (depuis Croy) le 27. Mars 1691. il commanda sa Compagnie au siége de Mons & au combat de Leuse la même année: au siége de Namur & à la bataille de Steinkerque en 1692. à la bataille de Néerwinden & au siége de Charleroy en 1693. à l'armée d'Allemagne en 1694. en Catalogne en 1695. & 1696. au siége de Barcelone en 1697. en Allemagne en 1701. à la bataille de Luzzara en 1702. à la prise de Nago & d'Arco en 1703. aux siéges de Verceil, d'Yvrée & de Verue en 1704 & obtint le 22. Mars 1705. une commission de Colonel réformé à la suite du Régiment de Croy, en quittant sa Compagnie: il continua de servir en Italie, & se trouva à la bataille de Cassano au mois d'Août: au siége de Turin & à la bataille de Castiglioné en 1706. à l'armée du Dauphiné en 1707. à l'attaque des deux Sesannes en 1708. à la bataille de Malplaquet en 1709.

Colonel d'un Régiment d'infanterie de son nom par commission du 3. Mai 1710. il le commanda dans différentes garnisons jusqu'à la paix. Ce Régiment ayant été réformé par ordre du 2. Juin 1714. M. de Laubanie fut entretenu Colonel réformé à la suite du Régiment Royal par ordre du 9. du même mois, & créé Brigadier par brevet du premier Février 1719.

DE SENNETERRE (Jean-Charles, Marquis.)
Voyez Tome III. page 292.

DE MONTY (Antoine-Felix, Marquis.)
Voyez Tome V. page 189.

DE DAMPIERRE (Jacques-Joseph Huet) mort le 25. Mai 1749. âgé de 65. ans.

Promotion du 1. Février 1719.

Mousquetaire en 1700. il fit les campagnes de Flandre en 1701. & 1702. en qualité d'Aide de camp de M. de Boufflers.

Capitaine au Régiment du Colonel général des Dragons le 14. Février 1703. il commanda sa Compagnie aux siéges de Brisack & de Landau, & à la bataille de Spire la même année : à l'armée de Flandre en 1704.

Colonel d'un Régiment d'infanterie de son nom par commission du 24. Mai 1705. il le commanda dans différentes garnisons du Royaume jusqu'à la paix, & fut blessé à la défense de Douay en 1710. Son Régiment ayant été réformé par ordre du 20. Mars 1714. il fut entretenu Colonel réformé à la suite du Régiment de la Gervaisais (depuis Vaubecourt) par ordre du 7. Avril suivant, & créé Brigadier par brevet du premier Février 1719.

DE RAY (René-Augustin d'Erard, Chevalier) mort en 1730. Mousquetaire en 1687. il fit la campagne de 1688. avec Monseigneur ; & se trouva aux siéges de Philisbourg, de Manheim & de Franckendal la même année : à l'attaque de Valcourt en 1689. à la bataille de Fleurus en 1690. au siége de Mons & au combat de Leuse en 1691. au siége de Namur & à la bataille de Steinkerque en 1692. à la bataille de Néerwinden au mois de Juillet 1693. & obtint le 15. Août suivant une Compagnie dans le Régiment de cavalerie de Villequier (depuis Montmain.) Il commanda sa Compagnie à la marche de Vignamont au pont d'Espierre en 1694. au siége de Bruxelles en 1695. en Flandre en 1696. & 1697. au camp de Compiégne en 1698. à l'armée d'Allemagne en 1701. à la bataille de Frédelingen en 1702. au siége de Kell, à l'attaque des retranchemens d'Hornberg, au combat de Munderkirken, à la premiére bataille d'Hochstet, à la prise d'Ausbourg & d'Ulm en 1703. à la bataille d'Hochstett en 1704. Colonel du Régiment d'infanterie de Vivarais, par commission

Promotion du 1. Février 1719.

du 14. Juin 1705. il l'alla joindre à l'armée d'Italie, & le commanda à la bataille de Caffano au mois d'Août: au fiége de Turin & à la bataille de Caftiglioné en 1706. à la défenfe de Toulon en 1707. à l'attaque des deux Sefannes en 1708. à l'armée du Dauphiné en 1709. & les années fuivantes jufqu'à la paix.

Brigadier par brevet du premier Février 1719. il fe démit de fon Régiment, & quitta le fervice au mois de Février 1729.

DE NOGARET (François de Louet de Cauviffon, Marquis.)
Voyez Tome VII. page 111.

DE CASTELLAS (Rodolphe.)
Voyez Tome VII. page 138.

DE MISON (François d'Armand de Laurencin, Marquis.)
Voyez Tome VII. page 98.

DE LA VILLEMENEUST (Jofeph de Lefquen, Marquis) né le 18. Octobre 1676. mort le 28. Décembre 1732.

Garde-Marine en Avril 1693. il fervit fur mer jufqu'en 1700. & fit plufieurs campagnes. Sous-Lieutenant au Régiment des Gardes Françoifes le 13. Janvier 1701. il fe trouva au combat de Nimegue en 1702. à celui d'Eckeren en 1703. paffa à une Lieutenance le 9. Décembre de cette année, & fervit en Flandre les campagnes de 1704. & 1705.

Colonel-Lieutenant du Régiment d'infanterie d'Orléans par commiffion du premier Janvier 1706. il le commanda en Efpagne au fiége de Barcelone & à la prife de Cartagène la même année : à la bataille d'Almanza où il fe diftingua, & au fiége de Lérida en 1707. à celui de Tortofe & de plufieurs autres petites places en 1708. à l'armée d'Efpagne où on fe tint fur la défenfive en 1709. à l'armée du Rhin en 1710. & les deux années fuivantes:

aux

aux siéges de Landau & de Fribourg, & à l'attaque des retranchemens du Général Vaubonne en 1713. Il se distingua particuliérement au siége de Landau, où ayant essuyé l'effet d'une mine qui l'avoit presqu'enterré, & après en avoir été dégagé, il marcha à la tête de ce qui restoit des Compagnies des Régiments d'Orléans & de Saintonge, repoussa les ennemis & les chassa jusqu'au delà du chemin couvert.

Promotion du 1. Février 1719.

Brigadier par brevet du premier Février 1719. il se démit du Régiment d'Orléans au mois de Novembre 1722. obtint le 20. du même mois une commission de Colonel réformé à la suite du Régiment. On lui accorda une place de Commandeur de l'Ordre de Saint-Louis par provisions du 3. Mai 1724. Il reprit une Compagnie dans le Régiment d'Orléans le 2. Février 1727. & l'avoit encore lorsqu'il mourut.

DE NOÉ (Marc Roger, Marquis) né le premier Février 1673. mort le 13. Octobre 1733.

Page du Roi en 1688. il fit cette campagne avec Monseigneur, & se trouva aux siéges de Philisbourg, de Manheim & de Franckendal. Mousquetaire en 1691. il servit au siége de Mons, combattit à Leuse la même année: & se trouva au siége de Namur & à la bataille de Steinkerque en 1692.

Enseigne au Régiment des Gardes Françoises le premier Mai 1693. il combattit à Néerwinden, & servit au siége de Charleroy la même année. Il marcha de Vignamont au pont d'Espierre en 1694. au siége de Bruxelles en 1695. Fit les campagnes de Flandre en 1696. & 1697. & servit au camp de Compiégne en 1698.

Sénéchal & Gouverneur des quatre vallées ; Capitaine des châteaux de Tramesaigues, Cadour, la Barthe de Nestèz, Magnoac, & dépendances en 1699. il se démit au mois d'Avril 1700. de son Enseigne au Régiment des Gardes, & résida dans son Gouvernement pendant quelques années.

Colonel d'un Régiment d'infanterie de son nom, qu'il

Promotion du 1. Février 1719.

leva par commiſſion du premier Janvier 1706. il le commanda à l'armée du Rouſſillon en 1707. & les années ſuivantes. Contribua à la défaite des Anglois près Cette en 1710. Servit ſupérieurement au ſiége de Gironne en 1711. & continua de ſervir ſur ces frontiéres juſqu'à la paix. Son Régiment ayant été réformé par ordre du 29. Juillet 1715. il fut entretenu Colonel réformé à la ſuite du Régiment de la Marine par ordre du 31. Décembre, & créé Brigadier par brevet du premier Février 1719. Comme Baron de l'Iſle en Armagnac, il étoit Chanoine honoraire de l'Egliſe Métropolitaine d'Auch, & Conſeiller au Sénéchal d'Auch & de Lectoure.

DE BULKELEY (François, Comte.)
Voyez Tome V. page 219.

DARVILLE (Jerôme - Auguſtin de Boiſſet) mort le 23. Septembre 1744. âgé de 65. ans.
Servit d'abord en qualité de Volontaire ſur mer en 1695. & fut reçu Garde-Marine au mois de Janvier 1697. Il quitta le ſervice de la Marine en 1702. Obtint la Charge de Sous-Lieutenant de la Compagnie du Colonel général des Dragons au mois de Février 1703. & ſervit avec ce Régiment aux ſiéges de Briſack & de Landau, & à la bataille de Spire la même année.

Capitaine au même Régiment par commiſſion du 10. Février 1704. Il commanda ſa Compagnie à l'armée de Flandre cette année: à l'armée de la Moſelle en 1705. au ſecours du fort Louis, à la priſe de Druſenheim, de Lauterbourg & de l'iſle du Marquiſat en 1706.

Colonel d'un Régiment d'infanterie de ſon nom par commiſſion du 3. Février de la même année, il le joignit après la campagne, & le commanda en garniſon pendant celle de 1707.

Colonel du Régiment de Cambreſis par commiſſion du 11. Janvier 1708. il ſe démit de celui qui portoit ſon nom, & commanda le Régiment de Cambreſis à l'attaque des deux Seſannes la même année: à l'attaque d'Arleux en 1711. à l'affaire de Denain, aux siéges de Douay, du Quesnoy & de Bouchain en 1712.

Brigadier par brevet du premier Février 1719. Gouverneur de Roye, par provisions du 22. Janvier 1725. il se démit de son Régiment, & quitta le service au mois de Mai 1732.

Promotion du 1. Février 1719.

DE LA LONDE (*N.* Chevalier) mort en 1755.

Il servit en qualité de Garde-Marine depuis 1692. jusqu'en 1696. & obtint le 15. Février de cette année une Compagnie dans le Régiment de Champagne. Il la commanda à l'armée de la Meuse cette même année : à l'armée de Flandre en 1697. en Allemagne en 1701. à la bataille de Frédélingen en 1702. au siége de Kell, à l'attaque des retranchemens d'Hornberg, au combat de Munderkirken, à la bataille d'Hochstett où il fut blessé, au siége d'Ausbourg où il reçut encore une blessure en 1703. au commencement de la campagne il avoit défendu aux environs d'Haguenau un poste où toute l'armée ennemie n'avoit pu le forcer. Il fut blessé à la seconde bataille d'Hochstett en 1704. & continua de servir à l'armée du Rhin en 1705.

Colonel d'un Régiment d'infanterie de son nom, qu'il leva par commission du 4. Février 1706. il le commanda sur les côtes & dans différentes garnisons jusqu'à la paix.

Ce Régiment ayant été réformé par ordre du 17. Janvier 1714. le Chevalier de la Londe fut entretenu Colonel réformé à la suite du Régiment de Champagne par ordre du 2. Février, & créé Brigadier par brevet du premier Février 1719.

D'ESTAING (Charles-François d'Estaing de Saillant, Comte.) *Voyez* Tome V. page 187.

DE MONTSORREAU (Louis-Vincent du Bouchet de Sourches, Chevalier) né le 28. Juin 1672. mort le 12 Février 1751.

Chevalier de l'Ordre de Malthe, il entra Garde-Marine

I i ij

Promotion du 1. Janvier 1719.

en 1691. & fut fait Enseigne de Vaisseau en 1694. Il quitta le service de mer, obtint une Enseigne dans le Régiment des Gardes Françoises le 13. Décembre 1695. & fit les campagnes de Flandre en 1696. & 1697. Il servit au camp de Compiégne en 1698. Passa à une Enseigne de Grenadiers le 18. Avril 1701. Se trouva en cette qualité au combat de Nimegue en 1702. à celui d'Eckeren où il fut blessé en 1703. & continua de servir en Flandre en 1704. & 1705.

Colonel d'un Régiment d'infanterie de son nom, qu'il leva par commission du 4. Février 1706. il le commanda dans différentes garnisons du Royaume jusqu'à la paix. Son Régiment ayant été réformé par ordre du 14. Janvier 1714. il fut entretenu Colonel réformé à la suite du Régiment de Touraine par ordre du 14. Février, & créé Brigadier par brevet du premier Février 1719. Il obtint la Commanderie de Villedieu de l'Ordre de Malthe en 1736. & celle de Laon en 1746.

DE CHEVILLY (Claude-Charles Hatte) mort le 26. Octobre 1741. âgé de 56. ans.

Il servit d'abord deux ans en qualité de Cornette de la Compagnie de Dragons de son pere qui commandoit à Ypres, & se trouva à quelques actions de la petite guerre.

Enseigne au Régiment des Gardes Françoises le 6. Février 1702. il combattit à Nimegue la même année: à Eckeren en 1703. & passa à une Lieutenance le 9. Décembre. Il servit en Flandre en 1704. & 1705. Obtint une Compagnie le 21. Février 1706. & la commanda à la bataille de Ramillies au mois de Mai: à Oudenarde en 1708. à Malplaquet en 1709. à l'attaque d'Arleux en 1711; aux siéges de Douay, du Quesnoy & de Bouchain en 1712. de Landau & de Fribourg en 1713.

Brigadier par brevet du premier Février 1719. il se démit de sa Compagnie, & quitta le service au mois de Janvier 1727.

D'INFANTERIE.

DE LA JAVELIERE (Joseph Lamoureux.)
Voyez Tome VII. page 102.

D'ARGENÇON (Pierre-Felicien de Boffin, Marquis) mort le 10. Juin 1734. âgé de 54. ans.

Il commença à servir Lieutenant de la Compagnie Colonelle d'un Régiment de Milice du Dauphiné que commandoit son pere en 1696. Entra Lieutenant au Régiment de Leuville (depuis Richelieu) en 1700. & y obtint une Compagnie le 23. Août 1701. après la bataille de Luzzara où il avoit été blessé. Il commanda cette Compagnie dans le Trentin, & à la prise de Nago & d'Arco en 1703. aux siéges de Verceil, d'Yvrée & de Verue, & à la bataille de Cassano en 1704. & 1705. Il eut le bras emporté au siége de Turin, & obtint le 10. Mars 1706. une commission de Colonel réformé à la suite du Régiment de Leuville en quittant sa Compagnie. Il servit avec ce Régiment sur le Rhin en 1708. & les années suivantes jusqu'à la paix, & se trouva aux siéges de Landau & de Fribourg, en 1713.

On lui donna le Gouvernement de Gap par provisions du 16. Juillet 1716. & le grade de Brigadier par brevet du premier Février 1719. Il a conservé le Gouvernement de Gap jusqu'à sa mort, après laquelle on l'a donné au Marquis de Pusignieu son fils.

Promotion du 1. Février 1719.

DE VASSAN (Charles, Marquis) mort le 17. Août 1756. âgé de 80. ans.

Entra Sous-Lieutenant au Régiment de Beaujollois au mois de Mai 1697. Passa à une Lieutenance en 1699. Servit en Allemagne en 1701. Passa en Italie au mois de Juillet, combattit à Chiary au mois de Septembre : à Luzzara au mois d'Août 1702. & obtint une Compagnie le 6. Septembre. Il la commanda dans le passage du Trentin, aux siéges de Nago & d'Arco en 1703. aux siéges de Verceil, d'Yvrée & de Verue, & à la bataille de

Caſſano en 1704 & 1705. au ſiége de Turin & à la bataille de Caſtiglioné en 1706.

Promotion du 1. Février 1719.

Colonel d'un Régiment d'infanterie de ſon nom par commiſſion du 8. Avril 1706. il ne le joignit qu'après la campagne, & le commanda dans différentes garniſons du Royaume & de la frontiére juſqu'à la paix. Son Régiment ayant été réformé par ordre du 31. Décembre 1713. il fut entretenu Colonel réformé à la ſuite du Régiment Royal par ordre du 31. Janvier 1714. & créé Brigadier par brevet du premier Février 1719.

DU ROURE (Ange-Urbain de Beauvoir-Grimoard, Chevalier, puis Comte) né en 1682. mort le 8. Avril 1751. Mouſquetaire en 1699. Capitaine au Régiment de cavalerie de Raſſem (depuis Fourquevaux & la Tour) le premier Mars 1701. il commanda ſa Compagnie à la bataille de Frédélingen en 1702. aux ſiéges de Kell, de Briſack, de Landau, & à la bataille de Spire en 1703. à la ſeconde bataille d'Hochſtett en 1704. à l'armée du Rhin en 1705.

Colonel d'un Régiment d'infanterie de ſon nom par commiſſion du 18. Avril 1706. il le commanda dans difrentes garniſons du Royaume & des frontiéres juſqu'à la paix. Son Régiment ayant été réformé par ordre du 20. Mars 1714. il fut entretenu Colonel réformé à la ſuite du Régiment de Champagne par ordre du 7. Avril ſuivant, & créé Brigadier par brevet du premier Février 1719.

Gouverneur du Pont Saint-Eſprit à la mort de ſon pere en 1733. il y réſida juſqu'à ſa mort.

DE GRAMONT (Louis-Antoine de Gramont, Comte.) *Voyez* Tome V. page 228.

D'USSY (Pierre-Jean de Carcavy) mort en 1736. Mouſquetaire en 1698. Lieutenant au Régiment Royal Artillerie en 1700. il ſervit en Flandre en 1701. & 1702. Parvint à la Majorité du Régiment de Dragons de Montmain au mois de Décembre, & fervit avec ce Régiment aux fiéges de Brifack & de Landau, & à la bataille de Spire en 1703. à l'armée d'Efpagne en 1704. & 1705.

Colonel d'un Regiment d'infanterie de fon nom, par commiffion du 19. Juin 1706. il ne fervit plus en campagne. Son Régiment ayant été réformé par ordre du 21. Janvier 1714. il fut entretenu Colonel réformé à la fuite du Régiment de Champagne par ordre du 12. Février fuivant, & créé Brigadier par brevet du premier Février 1719.

DE MENOU (Louis-Joseph de Menou de Cuiffy, Comte) *Voyez* Tome VII. page 286.

DE CHATEAUNEUF (Louis Desmarets de Maillebois, Baron.)
Lieutenant au Régiment de Touraine en 1701. il fit la campagne de Flandre. Se trouva au combat de Nimegue en 1702. aux fiéges de Brifac & de Landau, & à la bataille de Spire en 1703. obtint une Compagnie dans le même Régiment le 12. Décembre de la même année, & la commanda à l'armée de Savoye en 1704. au fiége de Chivas & à la bataille de Caffano en 1705. au fiége & à la bataille de Turin en 1706.

Colonel d'un Régiment d'infanterie de fon nom par commiffion du 4. Août de la même année, il le commanda à l'armée du Rhin fous le Maréchal de Villars en 1707. à la même armée fous le Maréchal de Berwick en 1708. à la bataille de Malplaquet en 1709.

Colonel-Lieutenant du Régiment Royal-la Marine par commiffion du premier Octobre 1709. il fe démit de celui qui portoit fon nom, & commanda le Régiment Royal la Marine à l'armée de Flandre en 1710. à l'attaque d'Arleux en 1711. à l'affaire de Denain, aux fiéges de Douay, du Quefnoy & de Bouchain en 1712. aux fiéges de Landau & de Fribourg, à l'attaque des retranchemens du Général Vaubonne en 1713.

Brigadier par brevet du premier Février 1719. il fe

démit de son Régiment, & quitta le service au mois de Janvier 1727.

GIRARDIN (Alexandre-Louis Girardin de Vauvray) mort le 19. Août 1745. âgé de 60. ans.

Mousquetaire en 1704. il fit la campagne de Flandre, entra Lieutenant au Régiment du Roi en 1705. Servit sur la Moselle, & se trouva à la bataille de Ramillies au mois de Mai 1706. Il obtint un Régiment d'infanterie de son nom par commission du 8. Août suivant; mais il s'en démit au mois de Février 1707. pour une Lieutenance au Régiment des Gardes Françoises, dont il fut pourvu le 27. du même mois. Il combattit en cette qualité à Oudenarde en 1708. à Malplaquet en 1709. Servit en Flandre en 1710. & passa à une Compagnie le 3. Mars 1711. il la commanda à l'attaque d'Arleux la même année : aux siéges de Douay, du Quesnoy & de Bouchain en 1712. à ceux de Landau & de Fribourg en 1713. Il se démit de sa Compagnie au mois d'Avril 1716. Obtint le grade de Brigadier par brevet du premier Février 1719. & fut entretenu Colonel réformé à la suite du Régiment de Bretagne par commission du 8. Avril suivant. Il n'a pas servi depuis.

Promotion du 1. Février 1719.

DE MARLOUP (Louis-Guillaume-Victor de Marloup de Charnailles, Comte) mort le 25. Décembre 1742. âgé de 69. ans.

Lieutenant au Régiment d'infanterie de Grancey en 1700. Il leva une Compagnie au Régiment d'infanterie de Lassay par commission du 11. Janvier 1702. & la commanda aux siéges de Brisack & de Landau, & à la bataille de Spire en 1703. à la bataille d'Hochstett où il fut pris en 1704. à l'armée de la Moselle en 1705. au secours du fort Louis, à la prise de Drusenheim, de Lauterbourg & de l'isle du Marquisat en 1706. obtint un Régiment d'infanterie de son nom par commission du 25. Août de la même année, & le commanda dans différentes garnisons jusqu'à la paix. Ce Régiment ayant été réformé par ordre du 17. Janvier

D'INFANTERIE.

Janvier 1714. le Comte de Marloup fut entretenu Colonel réformé à la suite du Régiment de Poitou par ordre du 28. du même mois, & créé Brigadier par brevet du premier Février 1719.

Promotion du 1. Février 1719.

DE MONTVIEL (Jean-Baptiste de Vassal, Chevalier, puis Comte.)

Voyez Tome VII. page 105.

DE CHOISEUL (Antoine de Choiseul-Beaupré, Baron) mort le 27. Janvier 1727.

Enseigne au Régiment d'Agenois en 1694. il servit à l'armée d'Allemagne. Passa à une Lieutenance en 1698. & obtint une Compagnie le 3. Mai 1701. Il la commanda au combat de Nimegue & à la bataille de Frédélingen en 1702. au siége de Kell, à l'attaque des retranchemens d'Hornberg, au combat de Munderkirken, à la premiére bataille d'Hochstett, au siége d'Ausbourg & à la prise d'Ulm en 1703. à la seconde bataille d'Hochstett, où il fut fait prisonnier en 1704. à l'armée du Rhin en 1705. à la bataille de Ramillies en 1706. Il obtint un Régiment d'infanterie de son nom par commission du 5. Septembre de la même année, & le commanda en garnison jusqu'à la paix. Son Régiment ayant été réformé par ordre du 19. Janvier 1714. il fut entretenu Colonel réformé à la suite du Régiment de Boufflers (depuis Mailly) par ordre du 5. Février, & créé Brigadier par brevet du premier Février 1719.

DE MASSELIN (Jean-Claude) mort le 18. Novembre 1745.

Sous-Lieutenant au Régiment Royal-Comtois le 29. Septembre 1688. il le joignit en Allemagne, & se trouva aux siéges de Manheim & de Franckendal la même année : à la conquête du Palatinat en 1689. en Allemagne en 1690. & passa à une Lieutenance au mois de Décembre: à la conquête du Comté de Nice, aux siéges de Nice, de Villefranche, de Veillane, de Carmagnole & du

Tome VIII.   K k

Promotion du 1. Février 1719.

château de Montmélian en 1691. au siége de Namur & à la bataille de Steinkerque en 1692. à l'armée d'Allemagne, puis à la bataille de la Marsaille en 1693. à l'armée d'Italie en 1694. & 1695. & obtint le 10. Août de cette derniére année une Compagnie qu'il commanda au siége de Valence en 1696. sur la Meuse en 1697. aux combats de Carpy & de Chiary en 1701. à la défense de Crémone, à la bataille de Luzzara, à la prise de cette place & de Borgoforté en 1702. dans le Trentin & aux siéges de Nago & d'Arco en 1703. aux siéges de Chambery & à la prise de la Savoye en 1704. au siége de Chivas & à la bataille de Cassano en 1705. au siége & à la bataille de Turin en 1706.

Colonel d'un Régiment d'infanterie de son nom par commission du 10. Octobre de cette année, il le commanda à la défense de Toulon & sur la frontiére du Piémont en 1707. à l'armée du Dauphiné en 1708. & les années suivantes.

Son Régiment ayant été réformé par ordre du 30. Juillet 1715. il fut entretenu Colonel réformé à la suite du Régiment de Tallard (depuis Belsunce) par ordre du 31. Décembre, & créé Brigadier par brevet du premier Février 1719.

Il commanda un Bataillon de Milice de la Comté de Bourgogne, par ordre du premier Janvier 1734. on y joignit le 25. Août un Bataillon de la même province pour former un Régiment qui porta le nom de Masselin, & que cet Officier commanda jusqu'au 20. Novembre 1736. que les Régimens de Milices furent congédiés. Il n'a pas servi depuis.

DE BELLEAFFAIRE (Joseph du Gast) mort le 25. Novembre 1738.

Mousquetaire en 1696. il servit en Flandre cette année & la suivante : au camp de Compiégne en 1698. en Flandre en 1701. au combat de Nimegue en 1702.

Major du Régiment du Gast-Belleaffaire lors de sa levée par brevet du 25. Juillet 1702. avec rang de Capitaine par commission dudit jour, il passa avec ce Régiment en Espagne, & se trouva à toutes les expéditions du Portugal, aux siéges de Gibraltar & de Barcelone où il fut blessé.

Promotion du 1. Février 1719.

Colonel d'un Régiment d'infanterie de son nom par commission du 5. Janvier 1707. il continua de servir en Espagne, & se trouva à la bataille d'Almanza & au siége de Lérida où il reçut encore une blessure. Il commanda son Régiment à l'attaque des deux Sezannes en 1708. à l'armée du Dauphiné en 1709. dans le Comté de Nice en 1710. à l'armée du Dauphiné en 1711. & 1712. sur la frontiére de Catalogne & au siége de Barcelone en 1713. & 1714. Son Régiment ayant été réformé par ordre du 29. Août 1715. il fut entretenu Colonel réformé à la suite du Régiment de la Marine par ordre du 11. Septembre, & créé Brigadier par brevet du premier Février 1719.

DE SAINT-PAUL (François-Lazare de Thomassin, Marquis) né le 3. Juillet 1682. mort le 10. Août 1734.

Mousquetaire en 1705. il se trouva à la bataille de Ramillies en 1706. & obtint un Régiment d'infanterie de son nom par commission du 23. Janvier 1707. Il le commanda en garnison en 1707. & 1708.

Colonel du Régiment de Vermandois par commission du 27. Juillet 1709. il l'alla joindre & le commanda à l'armée du Dauphiné pendant le reste de la campagne & les années suivantes: au siéges de Landau & de Fribourg, & à l'attaque des retranchemens du Général Vaubonne en 1713.

Brigadier par brevet du premier Février 1719. il conserva son Régiment jusqu'au mois d'Août 1733. qu'il s'en démit en quittant le service.

DE REDING (Dominique de Reding de Biberegg, Baron.)

Voyez Tome VII. page 165.

DES BRIGADIERS

Promotion du 1. Février 1719. **DE BOISSIEUX** (Louis de Fretat, Comte.) *Voyez* Tome V. page 237.

DE LA RIVIERE (Pierre de Casteras) mort le 8. Avril 1760. âgé de 83. ans.

Mousquetaire en 1691. il se trouva au siége de Mons & au combat de Leuse la même année: au siége de Namur & au combat de Steinkerque en 1692. à la bataille de Néerwinden & au siége de Charleroy en 1693. à la marche de Vignamont au pont d'Espierre en 1694. au siége de Bruxelles & au combat de Tongres en 1695. en Flandre en 1696. & 1697. au camp de Compiégne en 1698. Il accepta une Compagnie de Grenadiers dans les troupes d'Espagne au mois de Février 1702. & la commanda à la bataille de Luzzara, à la prise de cette place & de Borgoforté la même année; & dans les expéditions du Trentin en 1703. Répassé en France à la fin de cette campagne, il obtint le 4. Novembre une Compagnie dans le Régiment de Barville, & la commanda à l'armée de Flandre en 1704. Passé à la Compagnie de Grenadiers du même Régiment au mois de Mars 1705. il la commanda à l'armée de Flandre pendant cette campagne: à la bataille de Ramillies en 1706.

Colonel d'un Régiment d'infanterie de son nom par commission du 20. Février 1707. il servit en garnison jusqu'à la paix Son Régiment ayant été réformé par ordre du 31. Décembre 1713. il fut entretenu Colonel réformé à la suite du Régiment Royal par ordre du 26. Janvier 1714. & créé Brigadier par brevet du premier Février 1719. Il étoit à sa mort Capitaine & Gouverneur du château royal de Blois.

DE FOREST (Joseph de Forest d'Orgemont) mort le 13. Juillet 1713. âgé de 78. ans.

Mousquetaire en 1684. Enseigne au Régiment des Gardes Françoises le 15. Février 1686. il se trouva à l'attaque de Valcourt en 1689. à la bataille de Fleurus en 1690. au

D'INFANTERIE

siége de Mons & au combat de Leuse en 1691. au siége de Namur & au combat de Steinkerque en 1692. à la bataille de Néerwinden au mois de Juillet 1693. Passa à une Enseigne de Grenadiers le 2. Septembre, & servit en cette qualité au siége de Charleroy au mois d'Octobre suivant. Il devint Sous-Lieutenant le 9. Janvier 1694. & se trouva à la marche de Vignamont au pont d'Espierre. Lieutenant le 23. Avril 1695. il servit au siége de Bruxelles la même année : au siége d'Ath en 1697. au camp de Compiégne en 1698. au combat de Nimegue en 1702. à celui d'Eckeren en 1703. à la bataille de Ramillies en 1706. & obtint le 20. Mars 1707. une commission pour tenir rang de Colonel d'infanterie. Il étoit à la bataille d'Oudenarde en 1708. à celle de Malplaquet en 1709. & parvint à une Compagnie le 5. Octobre de cette année. Il la commanda aux siéges de Douay, du Quesnoy & de Bouchain en 1712. à ceux de Landau & de Fribourg en 1713.

Brigadier par brevet du premier Février 1719. il se démit de sa Compagnie, & quitta le service au mois de Juin 1726.

Promotion du 1. Février 1719.

DE VISÉ (Jacques-Philippe Donneau) mort le 15. Septembre 1750. âgé de 83. ans 6. mois.

Mousquetaire en 1684. Enseigne au Régiment des Gardes Françoises le 7. Novembre 1687. il se trouva à l'attaque de Valcourt en 1689. à la bataille de Fleurus en 1690. au siége de Mons & à Leuse en 1691. au siége de Namur & à la bataille de Steinkerque en 1692. à la bataille de Néerwinden & au siége de Charleroy en 1693. à la marche de Vignamont au pont d'Espierre en 1694. au siége de Bruxelles en 1695. en Flandre en 1696. & passa à une Enseigne de Grenadiers le 24. Novembre. Il fit la campagne de 1697. en Flandre, & fut fait Sous-Lieutenant de la Colonelle le 11. Novembre. Il servit l'année suivante au camp de Compiégne, & eut une Lieutenance le 7. Mars 1699. Il se trouva en cette qualité au combat de Nimegue en 1702. à celui d'Eckeren en 1703. à la bataille de Ramillies au mois de Mai 1706. & passa

Promotion du 1. Février 1714.

le 20. Juin à une Aide-Majorité. Il obtint en cette qualité le 20. Mars 1707. une commiſſion pour tenir rang de Colonel d'infanterie. Combattit à Oudenarde en 1708. à Malplaquet au mois de Septembre 1709. & parvint à une Compagnie le 5. Octobre ſuivant. Il la commanda aux ſiéges de Douay, du Queſnoy & de Bouchain en 1712. de Landau & de Fribourg en 1713.

Brigadier par brevet du premier Février 1719. il obtint le Gouvernement de Longwy le 23. Juin 1733. en ſe démettant de ſa Compagnie.

DE LA CHENELAYE (Adolphe-Charles de Romilley, Marquis.)

Mouſquetaire en 1702. il ſe trouva au combat de Nimegue la même année : à celui d'Eckeren en 1703. & entra Lieutenant au Régiment du Roi en 1704. Il ſervit avec ce Régiment ſur la Moſelle cette année & la ſuivante. Se trouva à la bataille de Ramillies le 23. Mai 1706. & obtint le 10. Octobre une Compagnie dans le Régiment de cavalerie de Touloufe.

Colonel d'un Régiment d'infanterie de ſon nom (aujourd'hui Soiſſonnois) par commiſſion du 23. Mars 1707. il le commanda à l'armée du Dauphiné juſqu'en 1712. aux ſiéges de Landau & de Fribourg, & à l'attaque des retranchemens du Général Vaubonne en 1713.

Brigadier par brevet du premier Février 1719. il ſe démit de ſon Régiment, & quitta le ſervice au mois d'Octobre 1730.

DE BARBANÇON (François du Prat de Nantouillet, Comte) mort le 10. Décembre 1749. âgé de 65. ans.

Mouſquetaire en 1701. il ſe trouva aux combats de Nimegue & d'Eckeren en 1702. & 1703. Obtint une Compagnie dans le Régiment Royal Piémont de cavalerie le 13. Février 1704. & la commanda à la bataille d'Hochſtett où il reçut deux coups de feu la même année : à l'armée de la Moſelle en 1705. au ſecours du fort Louis, à la prife de Drufenheim, de Lauterbourg & de l'ifle du Marquifat en 1706.   *Promotion du 1. Février 1719.*

Colonel d'un Régiment d'infanterie de fon nom par commiffion du 10. Avril 1707. il le commanda dans différentes garnifons du Royaume & de la frontiére jufqu'à la paix. Son Régiment ayant été réformé par ordre du 28. Mai 1714. il fut entretenu Colonel réformé à la fuite du Régiment de Boufflers (depuis Mailly) par ordre du 11. Juin fuivant, & créé Brigadier par brevet du premier Février 1719.

DE MORNAC (Charles-Léon de Rofcal de Réal, Comte) mort vers 1730.

Il fervoit fur mer depuis 1689. & s'étoit trouvé à plufieurs actions, lorfqu'il fut fait Capitaine de Grenadiers du Régiment de la Rochedumaine à fa levée le 3. Décembre 1702. Il paffa Lieutenant-Colonel du Régiment de Chamilly auffi à fa création le 3. Février 1706. & obtint ce Régiment fur la démiffion du Maréchal de Chamilly par commiffion du 13. Juillet 1707. Je ne le trouve point employé en campagne. Son Régiment ayant été réformé par ordre du 19. Janvier 1714. il fut entretenu Colonel réformé à la fuite du Régiment de Lyonnois par ordre du 13. Février fuivant, & créé Brigadier par brevet du premier Février 1719.

DESANGLES (Georges de Renard) mort le 30. Juin 1747.

D'abord Cadet dans la Compagnie de Brifack en 1683. Cornette dans le Régiment de Phelippeaux le 10. Mars 1684. réformé le 26. Septembre fuivant, il rentra dans la Compagnie de Brifack, & paffa Lieutenant au Régiment d'infanterie de Flandre en 1686. & y obtint le 29. Mars 1689. une Compagnie qu'il commanda à l'armée d'Italie fous le Maréchal de Catinat en 1691. & les années fuivantes jufqu'en 1696. Il s'y trouva aux fiéges de Nice, de Montalban, de Villefranche, de Veillane, de Carmagnole & du château de Montmélian, à la bataille de la

Marſaille. Il quitta ſa Compagnie, & prit l'Aide-Majorité de ſon Régiment le 8. Novembre 1693. Fit la campagne de 1696. en Flandre, & paſſa à la Lieutenance-Colonelle du Régiment de la Rochedumaine à ſa création le 3. Décembre 1702.

Colonel du même Régiment ſur la démiſſion de M. de la Rochedumaine par commiſſion du 20. Juillet 1707. il le commanda dans différentes garniſons du Royaume & de la frontiére juſqu'à la paix. Son Régiment ayant été réformé par ordre du 31. Décembre 1713. il fut entretenu Colonel réformé à la ſuite du Régiment Royal par ordre du 21. Janvier 1714.

Brigadier par brevet du premier Février 1719. il fut ſucceſſivement Lieutenant de Roi de Seiſſel le premier Avril 1720. de Monaco le 5. Juin 1721. & enſuite de Calais le 7. Mars 1731. Il mourut dans cette derniére place.

PAJOT DE VILLEPEROT (Pierre-Maximilien.)
Voyez Tome VII. page 115.

DE RANTZAU (Jacques-Armand) mort le 17. Juillet 1736.

Il étoit né dans le Duché d'Holſtein, petit neveu du Maréchal de Rantzau, & entra dans le Régiment de Furſtemberg à ſa création le 2. Février 1668. étant tout jeune. Il fit les campagnes de Flandre de 1672. à 1674. & s'y trouva au ſiége de Maſtrick & à la bataille de Seneff. Paſſé enſuite en Catalogne, il ſervit au ſiége de Puicerda, & combattit à Epouilles. Il ſe trouva au ſiége & à la priſe de Gironne en 1684. & obtint une Compagnie dans le même Régiment le 10. Août de cette année. Il la commanda à la bataille de Fleurus le premier Juillet 1690. & paſſa à la Majorité de ſon Régiment (alors Greder) le 25. du même mois. Il ſervit en cette qualité au ſiége de Mons en 1691. au ſiége de Namur & à la bataille de Steinkerque en 1692. à la bataille de Néerwinden & au ſiége de Charleroy en 1693. à la marche de Vignamont

au

D'INFANTERIE.

au pont d'Espierre en 1694. au siége de Bruxelles en 1695.

Promotion du 1. Février 1719.

Commandant du second Bataillon le 5. Mai 1699. il fit cette campagne & la suivante en Flandre. Servit au camp de Compiégne en 1698. en Flandre en 1701. au combat de Nimegue en 1702.

Lieutenant-Colonel du même Régiment le 7. Février 1703. il se trouva au combat d'Eckeren en 1703. à la bataille d'Hochstett en 1704. sur la Moselle en 1705. & 1706. & obtint le 12. Octobre 1707. une commission de Colonel réformé à la suite du Régiment Allemand de Reding, avec lequel il se trouva à la bataille de Malplaquet en 1709. aux siéges de Douay & du Quesnoy en 1712. Ce Régiment ayant été incorporé dans le Régiment Royal Baviére, le Comte de Rantzau fut entretenu Colonel réformé à la suite du même Régiment par ordre du 10. Juin 1715. mais il reprit le 2. Février 1717. une Compagnie dans son ancien Régiment (alors Sparre, & depuis Saxe.) Obtint le grade de Brigadier par brevet du premier Février 1719. la Lieutenance-Colonelle de ce Régiment le 15. du même mois, & des Lettres de naturalité au mois de Novembre de la même année. Il quitta le service au mois d'Août 1720.

DE RAMBACK (Ferdinand, Baron) mort le 2. Septembre 1761. âgé de 92. ans.

Cadet en 1686. il leva une Compagnie au Régiment d'infanterie de Catinat à sa création le 24. Octobre 1688. Quitta ce Régiment en 1690. pour entrer dans le Régiment Allemand de Zurlauben en qualité de Capitaine réformé, & servit en Roussillon cette année & la suivante: au siége de Namur & à la bataille de Steinkerque en 1692. Il eut une Compagnie dans le même Régiment le 12. Avril 1693. & la commanda à la bataille de Néerwinden & au siége de Charleroy la même année: à la marche de Vignamont au pont d'Espierre en 1694. au siége de Bruxelles en 1695. en Flandre en 1696. au siége d'Ath en 1697. en Flandre en 1701. au combat de Nimegue

Tome VIII. Ll

Promotion du 1. Février 1719.

en 1702. Il devint Major de son Régiment le premier Avril 1703. se trouva en cette qualité au combat d'Eckeren au mois de Juin. Il quitta la Majorité, & reprit une Compagnie le 6. Juillet 1704. & la commanda à la bataille d'Hochstett où il fut blessé & pris. Le Régiment qui avoit été détruit à cette bataille ayant été réformé, le Baron de Ramback obtint le 12. Juillet 1705. une commission de Lieutenant-Colonel réformé à la suite du Régiment Allemand de Greder, & servit avec ce Régiment au secours du fort Louis, à la prise de Drusenheim, de Lauterbourg & de l'isle du Marquisat en 1706. à l'armée de Flandre en 1707. & obtint le 18. Octobre une commission pour tenir rang de Colonel. Il se trouva à la bataille d'Oudenarde en 1708. à celle de Malplaquet en 1709. aux siéges de Douay & de Bouchain en 1712. à ceux de Landau & de Fribourg en 1713. & fut créé Brigadier par brevet du premier Février 1719.

DE TALLART (Marie-Joseph d'Hostun, Comte, puis Duc) né le 17. Septembre 1684. mort le 6. Septembre 1755.

D'abord Abbé & Prieur de saint-Etienne du Plessis-Grimoud, il s'en démit à la mort de son frere aîné. Connu alors sous le nom de Comte de Tallart, il entra aux Mousquetaires en 1706. & se trouva avec ce Corps à la bataille de Ramillies où il fut fait prisonnier de guerre la même année : à l'armée de Flandre en 1707. & obtint par commission du 30. Novembre de cette année un Régiment d'infanterie de son nom, qu'il commanda à l'armée du Rhin jusqu'à la paix. Il s'y trouva à la bataille de Rumersheim & à plusieurs actions particuliéres : aux siéges de Landau & de Fribourg, & à l'attaque des retranchemens du Général Vaubonne en 1713.

Duc sur la démission de son pere au mois de Mars de cette année, il prit le titre de Duc de Tallart. Créé Pair de France par Lettres du mois de Mars 1715. il préta serment, & fut reçu au Parlement en cette qualité le 2. Avril suivant.

Il obtint le grade de Brigadier le premier Février 1719. le Gouvernement de la Franche-Comté, & le Gouvernement particulier des ville & citadelle de Besançon en survivance du Maréchal de Tallart son pere par provisions données à Paris le 29. Mai 1720. Il prêta serment le 12. Juin. Eut une place de Chevalier des Ordres du Roi le 2. Février 1724. dans laquelle il fut reçu le 3. Juin suivant. Entra en possession de ses Gouvernemens à la mort de son pere le 30. Mars 1728. Il fut pourvu du Gouvernement des ville & château de Tallart en Dauphiné le 6. Mai suivant. Se démit de son Régiment en faveur de son fils au mois de Juillet 1732. & du Duché au mois de Décembre suivant. Il rentra en possession du Duché à la mort de son fils le 19. Septembre 1739. & conserva ses Gouvernemens jusqu'à sa mort.

Promotion du 1. Février 1719.

DE VARENNES (Jean-Baptiste de Varennes-Gournay, Marquis.)
Voyez Tome VII. page 117.

DE MANVILLE (Joseph-Pierre de Jean.)
Voyez Tome V. page 252.

HOCCART (Zacharie) mort le 13. Mars 1726.
Après avoir servi quelques années subalterne dans le Régiment du Roi infanterie, il y leva une Compagnie le 20. Août 1688. & servit aux siéges de Philisbourg, de Manheim & de Franckendal la même année : en Allemagne en 1689. à la bataille de Fleurus en 1690. Passé avec sa Compagnie dans le Régiment de Maulevrier le 7. Février 1691. il la commanda au siége de Mons cette année : à celui de Namur & à la bataille de Steinkerque en 1692. à la bataille de Néerwinden & au siége de Charleroy en 1693. à la marche de Vignamont au pont d'Espierre en 1694. à la défense de Namur où il reçut une blessure en 1695. & passa à la Compagnie de Grenadiers au mois de Mars 1696. il servit à la tête de cette Compagnie cette année & la suivante en Flandre : aux combats de Carpy

& de Chiary en 1701. à la bataille de Luzzara où il fut blessé en 1702. au passage dans le Trentin & aux siéges de Nago & d'Arco en 1703. aux siéges de Verceil, d'Yvrée, de Verue, de Chivas, & à la bataille de Cassano en 1704. & 1705. au siége & à la bataille de Turin où il reçut encore une blessure en 1706. à la défense de Toulon en 1707.

Colonel d'un Régiment d'infanterie de son nom par commission du 20. Janvier 1708. Il le commanda dans différentes garnisons du Royaume & de la frontiére jusqu'à la paix. Son Régiment ayant été réformé par ordre du 21. Janvier 1714. il fut entretenu Colonel réformé à la suite du Régiment de Navarre par ordre du premier Février suivant, & créé Brigadier par brevet du premier Février 1719.

D'ESTAMPES (Philippes-Charles, Chevalier, puis Marquis) mort le 11. Mars 1737. âgé de 53. ans

Connu d'abord sous le nom de Chevalier d'Estampes, il entra aux Mousquetaires en 1702. & se trouva avec ce corps au combat de Nimegue la même année : à celui d'Eckeren en 1703. à l'armée de Flandre en 1704. Capitaine au Régiment de cavalerie de Fiennes (depuis Duret de Villiers) par commission du 5. Octobre de cette derniére année, il commanda sa Compagnie à l'armée d'Espagne en 1705.

Guidon de la Compagnie des Gendarmes d'Orléans par brevet du 17. Février 1706. il combattit à Ramillies au mois de Mai. Servit en Flandre en 1707. Obtint au mois de Novembre de la même année la Charge de Capitaine des Gardes du Corps de M. le Duc d'Orléans (depuis Régent) en survivance de son pere. On lui accorda en cette qualité une commission du 29. Février 1708. pour tenir rang de Mestre camp de cavalerie. Il se trouva avec la Gendarmerie à la bataille d'Oudenarde la même année.

Colonel-Lieutenant du Régiment d'infanterie de Chartres par commission du 23. Avril 1709. il se démit du Guidon de la Compagnie des Gendarmes d'Orléans, & commanda le Régiment de Chartres à la bataille de Malplaquet la même année. Il avoit pris dès le mois de Juin en se mariant le titre de Marquis d'Estampes. Il servit en Flandre en 1710. à l'armée du Rhin en 1711. & 1712. aux siéges de Landau & de Fribourg & à l'attaque des retranchemens du Général Vaubonne en 1713.

Brigadier par brevet du premier Février 1719. il fut employé sur la frontiére du Béarn, & servit au siége de Fontarabie la même année. Il devint Colonel en chef du Régiment de Chartres, qui prit son nom le 5. Janvier 1724. & s'en démit au mois de Février 1731. en faveur de son fils.

Promotion du 1. Février 1719.

DE VALENCE (Emery-Emmanuel de Thimbrune, Marquis) tué à la bataille de Parme le 29. Juin 1734.

Mousquetaire en 1693. il se trouva à la bataille de Néerwinden & au siége de Charleroy la même année : à la marche de Vignamont au pont d'Espierre en 1694. & entra Cornette au Régiment de Courlandon en 1695. Il l'alla joindre à l'armée de Catalogne, & s'y trouva au combat d'Ostalric en. 1696. & au siége de Barcelone en 1697. Les Cornettes ayant été réformées en 1698. le Marquis de Valence obtint la même année une Sous-Lieutenance au Régiment du Roi, & servit au camp de Compiégne. Il passa à une Lieutenance le 4. Avril 1700. Fit la campagne de Flandre en 1701. Combattit à Nimegue en 1702. Parvint à une Compagnie le 6. Juin 1703. & la commanda aux siéges de Brisack & de Landau, & à la bataille de Spire la même année : à la bataille d'Hochstett en 1704. à l'armée de la Moselle en 1705. à la bataille de Ramillies en 1706. en Flandre en 1707.

Colonel d'un Régiment d'infanterie de son nom par commission du 7. Avril 1708. il le commanda à l'armée du Rhin la même année, & dans différentes garnisons pendant le reste de la guerre.

Son Régiment ayant été réformé par ordre du 5. Jan-

Promotion du
1. Février 1719.

vier 1715. il fut entretenu Colonel réformé à la suite du Régiment du Maine par ordre du 23. du même mois. Obtint ce Régiment par commission du 15. Mars 1718. & fut créé Brigadier par brevet du premier Février 1719.

Employé à l'armée d'Italie par Lettres du 6. Octobre 1733. il commanda la Brigade du Maine aux siéges de Gerra-d'Adda, de Pizzighitone, du château de Milan, de Tortonne & de Novarre, & fut tué à sa tête à la bataille de Parme.

DE XIMENÉS (Augustin, Chevalier, puis Marquis.) *Voyez* Tome VII. page 118.

Ô-DONNEL (Daniel Ô-Donnel de Tyrconnel) mort le 7. Juillet 1735. âgé de 70. ans.

Il étoit parvenu à une Compagnie en Irlande le 7. Décembre 1688. & avoit obtenu une commission de Colonel en 1689. Passé en France en 1691. il fut fait Capitaine au Régiment Irlandois de la Marine par commission du 4. Février 1692. il la commanda sur les côtes de Normandie cette même année : à l'armée d'Allemagne en 1693. 1694. & 1695. sur la Meuse en 1696. & 1697. Il passa à une Compagnie dans le Régiment d'Albermarle (depuis Filts-Gerald]le 27. Avril 1698. & la commanda à l'armée d'Allemagne en 1701. à la bataille de Luzzara, à la prise de cette place & de Borgoforté en 1702. dans le Trentin, aux siéges de Nago & d'Arco en 1703. aux siéges de Verceil, d'Yvrée, de Verue, de Chivas & à la bataille de Cassano en 1704. & 1705. & devint Lieutenant Colonel de son Régiment le 20. Octobre de cette derniére année. Il servit en cette qualité au siége & à la bataille de Turin en 1706. à l'armée de Flandre en 1707. à la bataille d'Oudenarde en 1708. & obtint le Régiment dont il étoit Lieutenant-Colonel, par commission du 7. Août. Il le commanda à la bataille de Malplaquet en 1709. en Flandre en 1710. à l'attaque d'Arleux en 1711. à l'affaire de Denain, aux siéges de Douay, du Quesnoy & de Bouchain en 1712. aux siéges de Landau & de Fribourg,

& à l'attaque des retranchemens du Général Vaubonne en 1713. Son Régiment ayant été réformé par ordre du 6. Février 1715. il fut entretenu Colonel réformé à la suite du Régiment d'Obrien par ordre du même jour, & créé Brigadier par brevet du premier Février 1719. Il se retira à Saint-Germain en Laye où il est mort.

Promotion du 1. Février 1719.

DE RETZ (Joachim-Louis, Chevalier) mort en 1735. Enseigne au Régiment d'infanterie de Conty en 1678. Lieutenant au Régiment Royal des Vaisseaux en 1681. il servit à l'armée qui couvrit le siége de Luxembourg en 1684. Leva une Compagnie au Régiment d'infanterie de Boulonnois le 20. Août 1688. & la commanda à l'armée d'Allemagne en 1691. 1692. & partie de 1693. à la bataille de la Marsaille au mois d'Octobre de la même année : à l'armée d'Italie en 1694. à l'armée du Rhin en 1695. sur la Meuse en 1696. en Flandre en 1697. au combat de Nimegue en 1702.

Aide de camp de M. le Duc de Vendôme au mois de Février 1703. il se démit de sa Compagnie, & suivit M. le Duc de Vendôme dans toutes ses campagnes en Italie, en Flandre & en Espagne. On lui accorda le 5. Novembre 1708. une commission de Colonel réformé à la suite du Régiment de Vendôme. Passé en la même qualité à la suite du Régiment de Lyonnois par ordre du 25. Août 1714. il fut créé Brigadier par brevet du premier Février 1719.

DE LA COMBE (Jacques) mort le 22. Août. 1743. Enseigne au Régiment de Bandeville (aujourd'huy Guyenne) en 1674. il se trouva aux batailles de Sintzeim, d'Ensheim, de Mulhausen la même année: de Turckeim & d'Altenheim en 1675. au siége d'Aire en 1676. au siége de Fribourg en 1677. Passa à une Lieutenance en 1678. se trouva à l'attaque des retranchemens de Seckingen, aux siéges de Kell & de Lichtemberg la même année : à la bataille de Minden en 1679. au siége de Luxembourg en 1684. & obtint une Compagnie le 18. Juin de cette année. Il la commanda aux siéges de Philisbourg, de Manheim & de Franckendal en 1688. à la défense de Mayence en 1689. au siége de Mons, puis à l'armée de la Moselle en 1691. à la bataille de la Marsaille en 1693. à la bataille du Ter, aux siéges de Gironne, de Palamos, d'Ostalric & de Castelfollit en 1694. à la défense de Palamos en 1695. & passa Major de son Régiment en 1696. il servit en cette qualité au siége de Valence la même année : au siége d'Ath en 1697. en Allemagne en 1701. & 1702. au siége de Kell, à l'attaque des retranchemens d'Hornberg, au combat de Munderkircken, à la bataille d'Hochstett, à la prise d'Ulm & d'Ausbourg en 1703. à la seconde bataille d'Hochstett en 1704. sur la Moselle en 1705. & 1706. à la bataille d'Almanza & au siége de Lérida en 1707. au siége de Tortose en 1708. Il avoit reçu plusieurs blessures dans différentes occasions, & s'étant particuliérement distingué au siége de Tortose, on lui accorda le 18. Décembre 1709. une commission pour tenir rang de Colonel d'infanterie. Il continua de servir comme Major de Brigade à l'armée d'Espagne qui se tint sur la défensive en 1709. à l'armée de Flandre en 1710. à l'attaque d'Arleux en 1711. à l'attaque de Denain en 1712. & devint Lieutenant-Colonel de son Régiment le 16. Août de cette année. Il servit en cette qualité aux siéges de Douay, du Quesnoy & de Bouchain à la fin de la campagne : aux siéges de Landau & de Fribourg en 1713.

Promotion du 1. Février 1719.

Brigadier par brevet du premier Février 1719. on lui accorda le 5. Avril 1721. la Lieutenance de Roi de Perpignan où il est mort.

DE BAVIERE (Maximilien-Emmanuel-François-Joseph, Comte.)

Voyez Tome V. page 240.

DE LA DEVESE (Pierre-Paul de Clerc,)

Voyez Tome V. page 317.

DU DOGNON (Jean de Saint-Quentin) mort le 20. Mars 1739. *Promotion du 1. Février 1719.*

Servoit dès 1697. dans le Régiment de Touraine, & fit la campagne de Flandre en 1701. Se trouva au combat de Nimegue en 1702. à la défense de Bonn en 1703. & obtint une Compagnie le 2. Janvier 1704. Il la commanda au siége de Chivas & à la bataille de Cassano en 1705. au siége & à la bataille de Turin en 1706. à la défense de Toulon en 1707. à celle de Lille où il se distingua particuliérement en 1708. Il obtint en cette considération le 19. Janvier 1709. une commission de Colonel réformé à la suite du Régiment de Sanzay, avec lequel il servit à l'armée du Dauphiné cette année & les suivantes jusqu'à la paix.

Brigadier par brevet du premier Février 1719. il fut nommé pour commander à Brest le 8. Octobre 1733. & y mourut.

LE TELLIER (Claude-François le Tellier de Morsan) mort le 9. Mai 1757. agé de 72. ans.

Mousquetaire dès 1702. il se trouva au combat de Nimegue au mois de Juin : à celui d'Eckeren en 1703. Lieutenant au Régiment des Gardes Françoises le 2. Janvier 1704. il servit en Flandre cette année & la suivante. Combattit à Ramillies en 1706. à Oudenarde en 1708. Parvint à une Compagnie le 5. Février 1709. & la commanda à la bataille de Malplaquet au mois de Septembre : à l'attaque d'Arleux en 1711. aux siéges de Douay, du Quesnoy & de Bouchain en 1712. aux siéges de Landau & de Fribourg en 1713.

Brigadier par brevet du premier Février 1719. il se démit de sa Compagnie, & quitta le service au mois de Décembre 1725.

DE FENELON (Gabriel de Salignac de la Motte-Fenelon, Marquis.)
Voyez Tome V. page 244.

Promotion du 1. Février 1719.

DE LENCK (Jacques-Gustave , Baron.)
Voyez Tome VII. page 107.

HEMEL (Jean-Jacques) mort le 16. Mai 1729. âgé de 62. ans.

D'abord Capitaine d'une Compagnie franche Suisse par commission du 11. Septembre 1668. quoique tout jeune, il commença à servir Cadet dans cette Compagnie en 1674. & se trouva à plusieurs actions de guerre avec la garnison où étoit cette Compagnie. Il en fut reçu Capitaine le 2. Juin 1681. Ayant obtenu une Compagnie dans le Régiment de Surbeck en 1683. il la commanda à l'attaque de Valcourt en 1689. à la bataille de Fleurus en 1690. au siége de Mons en 1691. au siége de Namur & à la bataille de Steinkerque en 1692. au siége de Furnes, à la bataille de Néerwinden & au siége de Charleroy en 1693. à la marche de Vignamont au pont d'Espierre en 1694. aux siéges de Bruxelles & de Dixmude en 1695. en Flandre en 1696. au siége d'Ath en 1697. en Flandre en 1701. au combat de Nimegue en 1702. au siége de Landau & à la bataille de Spire en 1703. Il obtint le 2. Mars 1704. une commission pour tenir rang de Lieutenant-Colonel d'infanterie. Servit en Flandre en 1704. & 1705. au secours du fort Louis, à la prise de Drusenheim, de Lauterbourg & de l'isle du Marquisat en 1706. à l'armée du Rhin en 1707. à la bataille d'Oudenarde en 1708. On lui accorda le 9. Avril 1709. une commission pour tenir rang de Colonel: il servit à l'armée du Rhin cette année & la suivante: à l'armée de Flandre en 1711. & devint Lieutenant-Colonel de son Régiment le premier Septembre. Il le commanda aux siéges de Douay, du Quesnoy & de Bouchain en 1712. & sur le Rhin en 1713.

Colonel du même Régiment à la mort de M. de Surbeck par commission du 8. Mai 1714. Brigadier par brevet du premier Février 1719. il conserva son Régiment jusqu'à sa mort.

DE BETTENS (Georges de Mannlich.)
Voyez Tome V. page 246.

DE CHASTE (Louis de Clermont-Tonnerre, Marquis.)
Voyez Tome VII. page 120.

LE DANOIS (François-Louis le Danois de Cernay, Comte.)
Voyez Tome V. page 257.

DE MONTESQUIOU (Louis de Montesquiou, Chevalier d'Artaignan, puis Comte.)
Voyez Tome VII. page 123.

DE RAMBION (Joseph) mort au mois de Décembre 1724.

Cadet en 1682. Lieutenant au Régiment d'infanterie de Bassigny en 1688. il servit plusieurs années en garnison. Passa à l'Aide-Majorité du Régiment au mois de Février 1691. Servit à l'armée du Rhin en 1691. & obtint le 27. Septembre une commission pour tenir rang de Capitaine. Il continua de servir à l'armée d'Allemagne en 1693. se trouva au mois d'Octobre à la bataille de la Marsaille. Servit encore en Italie en 1694. & 1695. à l'armée du Rhin en 1696. & 1697. Il passa à une Compagnie, & quitta l'Aide-Majorité le 8. Décembre 1698. Commanda sa Compagnie à l'armée d'Allemagne en 1701. passé en Italie au mois de Juillet, il la commanda au combat de Chiary le premier Septembre : à la défense de Crémone, à la bataille de Luzzara, à la prise de cette place & de Borgoforté en 1702.

Major de son Régiment par brevet du 24. Janvier 1703. il servit en cette qualité au passage dans le Trentin, aux siéges de Nago & d'Arco la même année : aux siéges de Verceil, d'Yvrée, de Verue, de Chivas, & à la bataille de Cassano en 1704. & 1705. au siége de Turin & à la bataille de Castiglioné en 1706. à la défense de

Toulon en 1707. à l'attaque des deux Sefannes en 1708. à l'armée du Dauphiné en 1709. il fervit dans cette armée en qualité d'Aide-Major général de l'infanterie, & obtint en cette confidération le premier Avril 1710. une commiffion pour tenir rang de Colonel d'infanterie. Il continua de fervir Aide-Major général à la même armée jufqu'à la paix.

Brigadier par brevet du premier Février 1719. il fit la campagne d'Efpagne, & obtint le 22. Mai 1723. la Lieutenance de Roi de Landau où il mourut.

DU PLANTY (Nicolas de Barcos.)
Voyez Tome VII. page 125.

DE COUCY (Henry) mort en 1733.
Sous-Lieutenant au Régiment de Touraine le 10. Janvier 1689. il fe trouva à l'attaque de Valcourt la même année, à la bataille de Fleurus en 1690. au fiége de Mons: puis à l'armée d'Allemagne en 1691. fur les côtes de Normandie en 1692. & paffa à une Lieutenance au mois de Décembre. Il étoit à la bataille de la Marfaille en 1693. à la bataille du Ter, aux fiéges de Palamos, de Gironne, d'Oftalric & de Caftelfollit en 1694. à la défenfe de Palamos en 1695. & obtint une Compagnie le 4. Septembre de cette année. Il la commanda au fiége de Valence en 1696. au fiége de Barcelone en 1697. en Flandre en 1701. au combat de Nimegue en 1702. aux fiéges de Brifack & de Landau, & à la bataille de Spire en 1703. à l'armée de Savoye en 1704. au fiége de Chivas & à la bataille de Caffano en 1705.

Major de fon Régiment au mois de Février 1706. il fe trouva au fiége & à la bataille de Turin la même année: à la défenfe de Toulon en 1707. à l'armée du Rhin en 1708. à la bataille de Malplaquet en 1709. il y reçut une bleffure confidérable, en confidération de laquelle il obtint le 6. Juin 1710. une commiffion pour tenir rang de Colonel d'infanterie : il parvint à la Lieutenance-Colonelle de fon Régiment le 16. Août fuivant. Se trouva à l'attaque de Denain, aux siéges de Douay, du Quesnoy & de Bouchain en 1712. Servit en Flandre en 1713.

 Brigadier par brevet du premier Février 1719. il servit aux siéges de Fontarabie, de Saint-Sébastien & d'Urgel la même année, & quitta le service au mois d'Octobre 1720.

Promotion du 1. Février 1719.

D'EPPÉVILLE (François de Bovelles) mort au mois d'Août 1719.

 Cadet au Régiment d'infanterie de la Reine en 1671. il servit aux siéges d'Orsoy, de Rimberg & de Doësbourg, au passage du Rhin en 1672. & fut Sous-Lieutenant le premier Octobre. Il obtint une Lieutenance après le siége de Mastrick au mois de Mai 1673. Il se trouva aux batailles de Sintzeim, d'Ensheim, de Mulhausen en 1674. de Turkeim & d'Altenheim en 1675. aux siéges de Condé, de Bouchain & d'Aire en 1676. & obtint une Compagnie le 15. Novembre. Il la commanda à la bataille de Cassel & au siége de Saint-Omer en 1677. aux siéges de Gand & d'Ypres & à la bataille de Saint-Denys près Mons en 1678. au siége de Luxembourg en 1684. à ceux de Philisbourg, de Manheim & de Franckendal en 1688. à l'armée d'Allemagne sous le Maréchal de Lorges en 1689. à la même armée en 1690. au siége de Mons & au combat de Leuse en 1691. au siége de Namur & à la bataille de Steinkerque en 1692. à l'armée de la Moselle, puis en Allemagne en 1693. & les deux années suivantes. Il passa à la Compagnie de Grenadiers le 26. Janvier 1697. & la commanda à l'armée du Rhin cette année : au combat de Nimegue en 1702. au siége de Kell, à l'attaque des retranchemens d'Honberg, au combat de Munderkirken, à la première bataille d'Hochstett, à la prise d'Ausbourg & d'Ulm en 1703. à la seconde bataille d'Hochstet en 1704. & parvint au commandement du troisiéme Bataillon de son Régiment le 24. Décembre. Il servit avec ce Bataillon à l'armée de la Moselle en 1705. Passa au commandement du second Bataillon le 13. Janvier 1706. & servit encore cette année sur la Moselle : sur le

Rhin en 1707. à la bataille d'Oudenarde en 1708. & à la bataille de Malplaquet en 1709. Il avoit reçu plusieurs blessures, & quelques-unes de considérables dans ces différentes actions, & obtint en cette considération un Régiment d'infanterie de son nom, par commission du 25. Octobre 1710. il le commanda en garnison jusqu'à la paix. Son Régiment ayant été réformé par ordre du premier Février 1715. il fut entretenu Colonel réformé à la suite du Régiment de la Reine par ordre du 24. Mars, & créé Brigadier par brevet du premier Février 1719.

Promotion du 1. Février 1719.

DE CONFLANS (Alexandre-Philippe de Conflans Saint-Remy, Chevalier, puis Baillif) mort le 12. Février 1744.

Chevalier de Malthe en 1686. il entra Garde-Marine en 1692. Devint Enseigne de Vaisseau en 1694. Servit à Malthe de 1696. à 1704. & ayant perdu un bras sur mer, il fut obligé de quitter le service maritime, & prit la Compagnie de Grenadiers du Régiment de Conflans à sa création le 4. Février 1706. Il fut fait Lieutenant-Colonel de ce Régiment le 16. Octobre 1707. Servit quelques années dans les garnisons de Flandre. Obtint le 30. Décembre 1710. un Régiment d'infanterie de son nom, avec lequel il ne servit point en campagne. Son Régiment ayant été réformé par ordre du 17. Janvier 1714. il fut entretenu Colonel réformé à la suite du Régiment de Tallard par ordre du 9. Février. Créé Brigadier par brevet du premier Février 1719. & premier Gentilhomme de la Chambre de M. le Duc d'Orléans au mois de Janvier 1723. Il avoit eu la Commanderie de Pesenas dans l'Ordre de Malthe, & possédoit celle d'Abbeville, & la dignité de Baillif & de Grand-Croix de son Ordre lorsqu'il mourut.

D'ESCLAVELLES (Louis-Gabriel de Tardieu, Baron) mort le 7. Décembre 1736. âgé de 71. ans.

Mousquetaire en 1686. Sous-Lieutenant au Régiment du Roi au mois de Janvier 1687. il servit aux siéges de Philisbourg, de Manheim & de Franckendal en 1688. Paſſa à une Lieutenance au mois de Février 1689. ſe trouva à la conquête du Palatinat la même année: à la bataille de Fleurus en 1690. au ſiége de Mons & au combat de Leuſe en 1691. au ſiége de Namur & à la bataille de Steinkerque en 1692. & parvint à une Compagnie le 3. Novembre. Il la commanda à la bataille de Néerwinden & au ſiége de Charleroy en 1693. à la marche de Vignamont au pont d'Eſpierre en 1694. au ſiége de Bruxelles & au combat de Tongres en 1695. en Flandre en 1696. & 1697. au camp de Compiégne en 1698. en Flandre en 1701. au combat de Nimegue en 1702. aux ſiéges de Briſack & de Landau, & à la bataille de Spire en 1703. à la bataille d'Hochſtett en 1704. à l'armée de la Moſelle en 1705. à la bataille de Ramillies le 23. Mai 1706. & paſſa à la Compagnie de Grenadiers le 20. Juin. Il ſervit avec cette Compagnie en Flandre en 1707. Combattit à Oudenarde en 1708. à Malplaquet en 1709. parvint au commandement du quatriéme Bataillon le 8. Octobre, & obtint le même jour une commiſſion pour tenir rang de Lieutenant-Colonel d'infanterie. Continua de commander le quatriéme Bataillon à l'attaque d'Arleux en 1711. à l'affaire de Denain, aux ſiéges de Douay, du Queſnoy & de Bouchain en 1712. aux ſiéges de Landau & de Fribourg, & à l'attaque des retranchemens du Général Vaubonne en 1713.

Il paſſa ſucceſſivement au commandement du troiſiéme Bataillon le 27. Octobre 1714. au commandement du ſecond le 15. Décembre 1716. au grade de Brigadier par brevet du premier Février 1719. à la Lieutenance-Colonelle le 20. Février 1721. & enfin au Gouvernement de la citadelle de Valenciennes par proviſions du 9. Novembre 1723. en quittant la Lieutenance-Colonelle du Régiment du Roi, & réſida dans ſon Gouvernement juſqu'à ſa mort.

Promotion du 1. Février 1719.

Promotion du 1. Février 1719.

DE BOMBELLES (Henry-François, Comte.)
Voyez Tome V. page 272.

DE LA MOTTE-LA-PEROUSE (Gabriel de Rochon.)
Voyez Tome VII. page 108.

SAINT - MARTIN DEBOSSUGE (Philippe de Saint-Martin) mort le 6. Février 1730.

Lieutenant dans un Régiment d'infanterie dès 1671. il fit toute la guerre de 1672. à 1678. & leva une Compagnie nouvelle d'infanterie le 24. Octobre 1683. Cette Compagnie ayant été incorporée dans le Régiment de Vivarais lors de sa création le 25. Septembre 1684. il y fut entretenu Capitaine réformé par ordre du même jour, & obtint une Compagnie le 17. Novembre suivant. Il la commanda pendant plusieurs années en garnison : à l'armée d'Allemagne en 1692. & le commencement de la campagne de 1693. Passé en Italie au mois de Juillet, il commanda sa Compagnie à la bataille de la Marsaille au mois d'Octobre. Parvint à la Lieutenance-Colonelle du Régiment le 2. Avril 1695. fit cette campagne sur le Rhin, & y servit encore les deux années suivantes. Il conduisit le Régiment à l'armée d'Italie en 1701. & se trouva aux combats de Carpy & de Chiary la même année : à la bataille de Luzzara, à la prise de cette place & de Borgoforté en 1702. au passage dans le Trentin, à la prise de Nago & d'Arco en 1703. aux siéges de Verceil, d'Yvrée, de Verue, de Chivas & à la bataille de Cassano en 1704. & 1705. au siége de Turin & à la bataille de Castiglioné en 1706. à la défense de Toulon en 1707. à l'attaque des deux Sesannes en 1708. à l'armée du Dauphiné en 1709. & les années suivantes jusqu'à la paix.

Brigadier par brevet du premier Février 1719. il conserva la Lieutenance-Colonelle du Régiment de Vivarais jusqu'à sa mort.

DE GISARS (*N.*) mort le 28. Août 1721.

Promotion du 1. Février 1719.

Il entra dans la Compagnie des Chevaux-legers Dauphin en 1674. & se trouva avec la Gendarmerie à la bataille de Mulhausen au mois de Décembre : aux combats de Turckeim & d'Altenheim en 1675. au siége de Condé & au secours de Mastrick en 1676. au siége de Valenciennes & à la bataille de Cassel en 1677. aux siéges de Gand & d'Ypres, & à la bataille de Saint-Denys près Mons en 1678. aux siéges de Philisbourg, de Manheim, de Franckendal & d'Heidelberg en 1688. à la conquête du Palatinat en 1689. à la bataille de Fleurus en 1690. & obtint le 15. Août suivant une Compagnie dans le Régiment de Vermandois. Il passa avec cette Compagnie dans le Régiment d'infanterie de Chartres à sa création le 14. Novembre 1691. Prit l'Aide-Majorité du Régiment en quittant sa Compagnie le 6. Février 1692. & fut pourvu de la Majorité le 5. Octobre suivant. Il se trouva en cette qualité à la bataille de Néerwinden & au siége de Charleroy en 1693. à la marche de Vignamont au pont d'Espierre en 1694. au siége de Bruxelles en 1695. à l'armée de la Meuse en 1696. & 1697. à Namur pendant la campagne de 1701. & parvint à la Lieutenance-Colonelle de son Régiment le 16. Octobre de cette année. Il étoit au combat de Nimegue en 1702. au siége de Kell, à l'attaque des retranchemens d'Hornberg, au combat de Munderkirken, à la premiére bataille d'Hochstett, à la prise d'Ausbourg & d'Ulm en 1703. à la seconde bataille d'Hochstett en 1704. à l'armée du Rhin en 1705. au secours du fort Louis, à la prise de Drusenheim, de Lauterbourg & de l'isle du Marquisat en 1706. à l'armée de Flandre en 1707. à la bataille d'Oudenarde en 1708. à celle de Malplaquet en 1709. à l'armée de Flandre en 1710. à l'attaque d'Arleux en 1711. à l'armée du Rhin en 1712. au siége de Landau, à l'attaque des retranchemens du Général Vaubonne, au siége de Fribourg en 1713.

Brigadier par brevet du premier Février 1719. il fit la campagne d'Espagne. Obtint le 6. Juin 1720. le Gouvernement de la citadelle de Cambray en quittant le Régiment de Chartres, & y mourut.

DE MARNESIA (Claude-Humbert de Lefay) mort le 14. Novembre 1747. âgé de 82. ans.

Cadet à Strasbourg en 1684. il leva une Compagnie dans le Régiment d'infanterie de Poitiers (depuis Croy & Aunay) à sa création le 24. Octobre 1688. & la commanda en garnison & sur les côtes pendant plusieurs années: à la bataille de la Marsaille en 1693. à l'armée d'Italie en 1694. & 1695. à l'armée du Rhin en 1696. & 1697. aux combats de Carpy & de Chiary en 1701. Capitaine de Grenadiers le 19. Mars 1702. il commanda cette Compagnie à la bataille de Luzzara, à la prise de cette place & de Borgoforté la même année, & passa à la Majorité du Régiment le 10. Septembre. Il se trouva au passage dans le Trentin, aux sièges de Nago & d'Arco en 1703. Parvint à la Lieutenance-Colonelle de son Régiment le 18. Novembre, & servit en cette qualité aux sièges de Verceil, d'Yvrée, de Verue & de Chivas, & à la bataille de Cassano en 1704. & 1705. au siège & à la bataille de Turin en 1706. à la défense de Toulon en 1707. à l'attaque des deux Sesannes en 1708. à la bataille de Malplaquet en 1709. à l'armée de Flandre en 1710. à l'attaque d'Arleux en 1711. aux sièges de Douay, du Quesnoy & de Bouchain en 1712. aux sièges de Landau & de Fribourg, & à l'attaque des retranchemens du Général Vaubonne en 1713. Son Régiment ayant été réformé par ordre du 15. Novembre 1714. il fut entretenu Lieutenant-Colonel réformé à la suite du Régiment du Maine par ordre du 24. Décembre suivant, & créé Brigadier par brevet du premier Février 1719. On lui accorda le commandement de Brest le 6. Juin 1732. Il passa à celui de Toulon le premier Octobre 1733. & y resta jusqu'à sa mort.

DU BARRY (Antoine) mort au mois de Décembre 1737.

Enseigne au Régiment d'Infanterie d'Anjou en 1682. il

D'INFANTERIE. 283

servit au siége de Luxembourg en 1684. & parvint à une Compagnie le 30. Novembre de cette année. Il la comda aux siéges de Philisbourg, de Manheim & de Franckendal en 1688. dans le Palatinat en 1689. à l'armée d'Allemagne en 1690. & 1691. sur la Moselle en 1692. à la bataille de Néerwinden & au siége de Charleroy en 1693. à l'armée d'Allemagne en 1694. & 1695. sur la Meuse en 1696. & 1697. au camp de Compiégne en 1698. Capitaine de Grenadiers en 1701. il commanda cette Compagnie à l'armée d'Allemagne & au combat de Chiary la même année : à la bataille de Luzzara, à la prise de cette place & de Borgoforté en 1702. & devint Commandant du second Bataillon en 1703. Il commanda ce Bataillon au passage dans le Trentin, aux siéges de Nago & d'Arco pendant cette campagne. Passa à la Lieutenance-Colonelle le 4. Juin 1704. & servit au siége de Turin & à la bataille de Castiglioné en 1706. à toutes les expéditions du Maréchal de Villars dans la Franconie & dans la Suabe en 1707. à l'attaque des deux Sesannes en 1708. à l'armée du Dauphiné en 1709. & les années suivantes jusqu'à la paix.

Brigadier par brevet du premier Février 1719. il obtint le 17. Novembre 1723. la Lieutenance de Roi de Sedan où il mourut.

Promotion du 1. Février 1719.

DE GUILLIER (Pierre-Adam de Guillier de la Motte)
mort le 21. Mai 1726.

Successivement Lieutenant dans le Régiment de Listenois (depuis Royal-Comtois) en 1674. Capitaine le 14. Novembre 1679. Capitaine de Grenadiers en 1701. Commandant de Bataillon en 1702. & Lieutenant-Colonel du même Régiment le 29. Juin 1704. il se trouva au siége de Puicerda, à la bataille d'Espouilles, aux siéges de Philisbourg, de Manheim, de Franckendal, à la bataille de Stafarde, aux siéges de Cahours, de Nice, de Villefranche, de Montmélian, de Namur, à la bataille de Steinkerque, à l'armée d'Allemagne en 1693. à celle d'Italie en 1694. & 1695. au siége de Valence en 1696.

Nn ij

Promotion du 1. Janvier 1719.

sur la Meuse en 1697. aux combats de Carpy & de Chiary en 1701. à la bataille de Luzzara en 1702. aux siéges de Nago & d'Arco, de Verceil, d'Yvrée, de Verue, de Chivas, de Turin: aux batailles de Cassano & de Turin les années suivantes: aux expéditions du Maréchal de Villars dans la Franconie & la Suabe en 1707. à l'armée du Rhin en 1708. & 1709. à celle de Flandre en 1710. à l'attaque d'Arleux en 1711. à l'attaque de Denain, aux siéges de Douay, du Quesnoy & de Bouchain en 1712.

Brigadier par brevet du premier Février 1719. il étoit encore Lieutenant-Colonel de son Régiment lorsqu'il mourut.

D'ANTREMAUX (Charles) mort au mois de Mars 1727.

Lieutenant au Régiment de Navarre en 1677. il se trouva à la bataille de Cassel & au siége de Saint-Omer la même année: aux siéges de Gand & d'Ypres & à la bataille de Saint-Denys près Mons en 1678. Réformé du Régiment de Navarre en 1679. il entra Lieutenant au Régiment de Castries, & y obtint une Compagnie le 20. Août 1684. Il servit la même année à la prise de Gironne, & commanda sa Compagnie à la bataille de Fleurus en 1690. à l'armée d'Allemagne en 1691. 1692. & 1693. à l'armée d'Italie en 1694. & 1695. sur le Rhin en 1696. & 1697. Il étoit devenu Capitaine de Grenadiers le 17. Mai 1695. & fut fait Major le 16. Mai 1701. il servit en cette qualité aux combats de Carpy & de Chiary la même année: à la bataille de Luzzara, à la prise de cette place & de Borgoforté en 1702. au passage dans le Trentin & aux siéges de Nago & d'Arco en 1703. aux siéges de Verceil, d'Yvrée & de Verue en 1704. & parvint à la Lieutenance-Colonelle de son Régiment le 5. Novembre. Il continua de servir au siége de Verue qui ne se rendit qu'en Avril. Se trouva au siége de Chivas & à la bataille de Cassano en 1705. au siége & à la bataille de Turin en 1706. à l'armée de Flandre en 1707. à la bataille d'Oudenarde en 1708. à celle de Malplaquet en 1709. à l'armée de Flandre en 1710. à l'attaque d'Arleux en 1711. à l'attaque de Denain, aux siéges de Douay, du Quesnoy & de Bouchain en 1712. aux siéges de Landau & de Fribourg, & à l'attaque des retranchemens du Général Vaubonne en 1713.

Promotion du 1. Février 1719.

Brigadier par brevet du premier Février 1719. il obtint le 17. Novembre 1723. la Lieutenance de Roi de l'isle de Ré où il mourut.

DE NOCEY (Jean-Baptiste) mort au mois de Mars 1730.

Lieutenant au Régiment de Vermandois le 26. Juillet 1673. il se trouva aux batailles de Sintzeim, d'Einsheim & de Mulhausen en 1674. à celle de Turckeim, aux siéges de Huy, de Dinant & de Limbourg en 1675. & obtint une Compagnie le 20. Juillet. Il la commanda aux siéges de Condé, de Bouchain & d'Aire en 1676. au siége de Fribourg en 1677. aux siéges de Gand & d'Ypres, & à la bataille de Saint-Denys près Mons en 1678. Sa Compagnie ayant été réformée le 15. Août 1679. il en obtint une autre dans le même Régiment le 19. Avril 1681. & la commanda au siége de Luxembourg en 1684. à la bataille de Fleurus en 1690. au siége de Mons, puis sur la Moselle en 1691. au siége de Namur & à la bataille de Steinkerque en 1692. à la bataille de Néerwinden & au siége de Charleroy en 1693. à la marche de Vignamont au pont d'Espierre en 1694. au siége de Bruxelles en 1695. en Flandre en 1696. au siége d'Ath en 1697. & parvint à la Compagnie de Grenadiers à la fin de cette campagne. Il la commanda au camp de Compiégne en 1698. à Namur pendant la campagne de 1701. à la bataille de Frédélingen en 1702. & passa à la Majorité de son Régiment le 15. Novembre. Il servit en cette qualité au siége de Kell, à l'attaque des retranchemens d'Hornberg, au combat de Munderkirken, à la première bataille d'Hochstett, à la prise d'Ausbourg & d'Ulm en 1703. à la seconde bataille d'Hochstett en 1704.

Lieutenant-Colonel de son Régiment par commission

Promotion du 1. Février 1719.

du 18. Février 1705. il servit sur le Rhin pendant cette campagne : au secours du fort Louis, à la prise de Drusenheim, de Lauterbourg & de l'isle du Marquisat en 1706. à toutes les expéditions du Maréchal de Villars dans la Franconie & la Suabe en 1707. à l'armée du Rhin en 1708. à l'armée du Dauphiné en 1709. & les trois années suivantes : aux siéges de Landau & de Fribourg, & à l'attaque des retranchemens du Général Vaubonne en 1713.

Il avoit reçu dans ces différentes actions trois blessures considérables. On le créa Brigadier par brevet du premier Février 1719. & on lui accorda le 29. Mai 1721. la Lieutenance de Roi de la Rochelle où il est mort.

D'AIGUILLE (Marc-Antoine, Chevalier) mort au mois de Décembre 1725.

Sous-Lieutenant au Régiment d'infanterie de Bourbonnois en 1673. il se trouva à la bataille de Seneff en 1674. aux siéges de Huy, de Dinant & de Limbourg en 1675. & passa à une Lieutenance au mois de Novembre. Il servit en cette qualité au siége d'Aire en 1676. Parvint le 20. Janvier 1678. à une Compagnie qu'il commanda aux siéges de Gand & d'Ypres & à la bataille de Saint-Denys près Mons la même année. Réformé le 24. Septembre 1679. il fut remplacé à une Compagnie le 10. Janvier 1681. Il commanda sa Compagnie au siége de Luxembourg en 1684. à ceux de Philisbourg, de Manheim & de Franckendal en 1688. à la conquête du Palatinat en 1689. & devint Capitaine de Grenadiers le 15. Novembre. Il commanda cette Compagnie à l'armée d'Allemagne en 1690. & 1691. au siége de Namur & à la bataille de Steinkerque en 1692. à la bataille de Néerwinden & au siége de Charleroy en 1693. à la marche de Vignamont au pont d'Espierre en 1694. aux siéges de Bruxelles & au combat de Tongres en 1695. Fut fait Major de son Régiment en 1696. & servit en cette qualité à l'armée de Flandre cette année & la suivante : au camp de Compiégne en 1698. en Allemagne en 1701. à la bataille de Frédélingen en 1702.

au siége de Kell, à l'attaque des retranchemens d'Hornberg, au combat de Munderkirken, à la premiére bataille d'Hochstett, à la prise d'Ausbourg & d'Ulm en 1703. à la seconde bataille d'Hochstett en 1704.

Promotion du 1. Février 1719.

Lieutenant-Colonel de son Régiment le 15. Avril 1705. il servit cette campagne à l'armée de la Moselle, au secours du fort Louis, à la prise de Drusenheim, de Lauterbourg & de l'isle du Marquisat en 1706. à toutes les expéditions du Maréchal de Villars dans la Franconie & la Suabe en 1707. à la bataille d'Oudenarde en 1708. à celle de Malplaquet en 1709. à l'armée de Flandre en 1710. à l'attaque d'Arleux en 1711. à l'attaque de Denain, aux siéges de Douay, du Quesnoy & de Bouchain en 1712. aux siéges de Landau & de Fribourg, & à l'attaque des retranchemens du Général Vaubonne en 1713.

Brigadier par brevet du premier Février 1719. il obtint le 9. Mai 1724. la Lieutenance de Roi du château Trompette, & le 10. Juin suivant un ordre pour y commander.

DE LACGER (François) mort le 17. Janvier 1758. âgé de 97. ans.

Il entra dans les Cadets à leur création le 15. Juin 1682. Passa ensuite Cornette dans le Régiment de cavalerie de Roucy le 10. Mars 1684. servit à l'armée qui couvrit le siége de Luxembourg la même année. Réformé le 26. Septembre, il obtint le premier Octobre une Lieutenance dans le Régiment d'infanterie d'Auvergne, & servit avec ce Régiment aux siéges de Philisbourg, de Manheim & de Franckendal en 1688. Il parvint à une Compagnie le 10. Février 1689. & la commanda à la conquête du Palatinat pendant cette campagne : à la bataille de Fleurus en 1690. au siége de Mons en 1691. au siége de Namur en 1692. sur la Moselle & en Allemagne, & à la bataille de la Marsaille en 1693. à l'armée d'Italie en 1694. & 1695. au siége de Valence en 1696. à l'armée du Rhin en 1697. aux combats de Carpy & de Chiary en 1701. à la bataille de Luzzara, à la prise de cette place, & de Borgoforté en 1701. au passage dans le Trentin, aux siéges de Nago & d'Arco en 1703. au siége de Verceil en 1704. Passé à la Compagnie de Grenadiers le 10. Août, il la commanda au siége d'Yvrée, à celui de Verue, & parvint au commandement du second Bataillon le 4. Janvier 1705. il servit avec ce Bataillon au siége de Verue qui ne finit qu'en Avril, à celui de Chivas & à la bataille de Cassano : il parvint à la Lieutenance-Colonelle de son Régiment le 17. Août. Servit au siége de Turin & à la bataille de Castiglioné en 1706. à la bataille d'Almanza & au siége de Lérida en 1707. à celui de Tortose en 1708. à l'armée d'Espagne en 1709. à l'armée du Dauphiné en 1710. au siége de Gironne & en Espagne en 1711. & 1712. au blocus de Barcelone en 1713. & 1714.

Brigadier par brevet du premier Février 1719. il quitta le service & la Lieutenance-Colonelle du Régiment d'Auvergne au mois de Décembre 1728.

DE RAMBION (Jean) mort le 8. Novembre 1746.
Successivement dans les Cadets à leur création le 15. Juin 1682. Lieutenant au Régiment de Bassigny en 1688. Capitaine en 1691. Capitaine de Grenadiers en 1705. Lieutenant-Colonel du Régiment le 16. Août de la même année. Il se trouva avec le Régiment aux mêmes actions que son frere qui servoit dans le même Régiment, & qui ont été rapportées page 275.

Brigadier par brevet du premier Février 1719. il fit la campagne d'Espagne, & obtint le 15. Mai 1720. le Gouvernement de Saint-Hyppolite, où il a résidé jusqu'à sa mort.

DE BEAUVOIR (Nicolas de Virieu) mort le 20. Avril 1752.
Lieutenant au Régiment d'infanterie de Bourbon en 1683. il servit au siége de Luxembourg en 1684. y leva une Compagnie le 20. Août 1688. Servit aux siéges de Philisbourg, de Manheim & de Franckendal la même année : à la défense de Mayence en 1689. & commanda sa
Compagnie

D'INFANTERIE.   289

Compagnie au siége de Cahours, à la bataille de Sta-farde en 1690. aux siéges de Nice, de Villefranche, de Montalban & de Montmélian en 1691. au siége de Namur & à la bataille de Steinkerque en 1692. en Flandre en 1695. & les années suivantes; & fut fait Major du Régiment en 1697. Il servit en Allemagne en 1702. au siége de Kell, à l'attaque des retranchemens d'Hornberg, au combat de Munderkirken, à la premiére bataille d'Hochstett, à la prise d'Ulm & d'Ausbourg en 1701. à la seconde bataille d'Hochstett en 1704. à l'armée du Rhin en 1705.

Lieutenant-Colonel du Régiment d'infanterie d'Enguyen à la création de ce Régiment le premier Février 1706. il servit à l'armée du Rhin en 1708. & les années suivantes; & s'y trouva aux siéges de Landau & de Fribourg, & à l'attaque des retranchemens du Général Vaubonne en 1713.

Brigadier par brevet du premier Février 1719. il obtint le 6. Juillet 1725. la Lieutenance de Roi du Havre de Grace en quittant la Lieutenance-Colonelle du Régiment d'Enguyen. Il se démit de la Lieutenance de Roi du Havre le 23. Avril 1748. & vécut dans la retraite jusqu'à sa mort.

DE CHATEAUBOURG (Jean-Baptiste Basset) mort au mois d'Août 1731.

Après avoir servi un an Cadet dans le Régiment de Picardie, il y fut fait Sous-Lieutenant en 1673. & se trouva à la bataille de Seneff en 1674. aux siéges de Dinant, de Huy & de Limbourg, à la bataille de Consarbrick, & à la défense de Treves en 1675. il passa à une Lieutenance à la fin de cette campagne. Combattit à Kokesberg en 1676. Servit au siége de Fribourg en 1677. à l'attaque des retranchemens de Seckingen, aux siéges de Kell & de Lichtemberg en 1678. à la bataille de Minden en 1679. à l'armée qui couvrit le siége de Luxembourg en 1684. & leva par commission du 20. Août 1688. une Compagnie dans le même Régiment. Il la commanda à

Tome *VIII.*   Oo

Promotion du 1. Février 1719.

Promotion du 1. Février 1719.

l'armée d'Allemagne en 1690. & les années suivantes : à l'armée de la Meuse en 1696. & 1697. au camp de Compiégne en 1698. à Anvers pendant la campagne de 1701. au combat de Nimegue en 1702. à celui d'Eckeren en 1703. Passé à la Compagnie de Grenadiers le 12. Septembre de cette année, il la commanda à l'armée de Flandre en 1704. à l'armée de la Moselle en 1705. à la bataille de Ramillies au mois de Mai 1706. & fut fait Major du Régiment le 18. Juillet. Il servit en cette qualité à l'armée de Flandre en 1707. & combattit à Oudenarde en 1708.

Lieutenant-Colonel du même Régiment le 23. Octobre de cette année, il combattit à Malplaquet en 1709. Se trouva à l'attaque d'Arleux en 1711. à l'attaque de Denain, aux siéges de Douay, du Quesnoy & de Bouchain en 1712. aux siéges de Landau & de Fribourg, & à l'attaque des retranchemens du Général Vaubonne en 1713.

Brigadier par brevet du premier Février 1719. il fit la campagne d'Espagne. Obtint la Lieutenance de Roi de Sarre-Louis le 7. Août 1727. & y résida jusqu'à sa mort.

DE PARISI-FONTAINE (Benoist le Maire de Boulan) mort en 1735.

Il entra Soldat au Régiment Royal la Marine en 1679. & dans les Cadets le 15. Juin 1682. Il obtint une Compagnie au Régiment Royal la Marine le 2. Mars 1683. & la commanda à l'attaque de Valcourt en 1689. à l'armée d'Allemagne en 1690. aux siéges de Nice, de Villefranche, de Montalban, de Veillane, de Carmagnole & du château de Montmélian en 1691. à l'armée d'Allemagne en 1692. & 1693. à l'armée d'Italie en 1694. & 1695. au siége de Valence en 1696. sur la Meuse en 1697. en Allemagne & au combat de Chiary en 1701. à la bataille de Luzzara, à la prise de cette place & de Borgoforté en 1702. au passage dans le Trentin, à la prise de Nago & d'Arco en 1703. aux siéges de Verceil, d'Yvrée, de Chivas en 1704. & devint Commandant du second Bataillon le 26. Novembre. Il commanda ce

Bataillon au siége de Verue, & à la bataille de Cassano en 1705. au siége & à la bataille de Turin en 1706. à toutes les expéditions du Maréchal de Villars dans la Franconie & la Suabe en 1707. à la bataille d'Oudenarde en 1708. à la bataille de Malplaquet au mois de Septembre 1709. & parvint à la Lieutenance-Colonelle de son Régiment le premier Octobre. Il se trouva en cette qualité à l'armée de Flandre en 1710. à l'attaque d'Arleux en 1711. à l'affaire de Denain, aux siéges de Douay, du Quesnoy & de Bouchain en 1712. aux siéges de Landau & de Fribourg, & à l'attaque des retranchemens du Général Vaubonne en 1713.

On lui accorda le grade de Brigadier par brevet du premier Février 1719. le Gouvernement de Morlaix par provisions du 24. Janvier 1721. après la mort de son frere: il s'en démit la même année, & quitta le service & la Lieutenance-Colonelle du Régiment Royal la Marine au mois de Janvier 1732.

Promotion du 1. Février 1719.

DE LA MASELIERE (Josias) mort au mois de Septembre 1730.

Lieutenant au Régiment Royal des Vaisseaux en 1682. il servit au siége de Courtray en 1683. à l'armée qui couvrit le siége de Luxembourg en 1684. Parvint à une Compagnie le premier Octobre 1686. & la commanda à l'armée d'Allemagne en 1689. & 1690. au siége de Mons & au combat de Leuse en 1691. au siége de Namur & à la bataille de Steinkerque en 1692. à l'armée d'Allemagne en 1693. & les années suivantes jusqu'à la paix: en Allemagne & au combat de Chiary en 1701. à la défense de Crémone, à la bataille de Luzzara, à la prise de cette place & de Borgoforté en 1702. au passage dans le Trentin, aux siéges de Nago & d'Arco en 1703. aux siéges de Verceil, d'Yvrée, de Chivas, de Verue & à la bataille de Cassano en 1704. & 1705. Fut fait Major de son Régiment le 16. Juin 1706. & servit au siége & à la bataille de Turin la même année, à la bataille d'Almanza & au siége de Lérida en 1707. au siége de Tortose en

Promotion du 2. Février 1719.

1708. à l'armée d'Espagne qui se tint sur la défensive en 1709. à l'armée de Flandre en 1710.

Lieutenant-Colonel du Régiment Royal des Vaisseaux le 28. Février 1711. il servit à l'attaque d'Arleux cette même année : à l'affaire de Denain, aux siéges de Douay, du Quesnoy & de Bouchain en 1712. de Landau & de Fribourg en 1713.

Brigadier par brevet du premier Février 1719. il fit la campagne d'Espagne, & obtint successivement le commandement du fort Sainte-Croix de Bordeaux le 28. Novembre 1723. & la Lieutenance de Roi du château Trompette le 2. Janvier 1726.

DE MONTMIRAL (Pierre) mort le 13. Avril 1733.
Cadet dans le Régiment de la Couronne, il servit au siége de Mastrick en 1673. Obtint à la fin de la campagne une Sous-Lieutenance dans le Régiment Dauphin infanterie, & se trouva aux siéges de Besançon & de Dole, & à la conquête de la Franche-Comté en 1674. aux siéges de Dinant, de Huy & de Limbourg en 1675. Passa à une Lieutenance au mois de Mars 1676. servit aux siéges de Condé, de Bouchain & d'Aire la même année : au siége de Valenciennes & au secours de Mastrick en 1677. aux siéges de Gand & d'Ypres, & à la bataille de Saint-Denys près Mons en 1678. & prit l'Aide-Majorité du Régiment le 12. Août 1680. Il servit au siége de Courtray en 1683. à l'armée qui couvrit le siége de Luxembourg en 1684. & obtint le 4. Septembre de cette année une commission pour tenir rang de Capitaine. Il se trouva aux siéges de Philisbourg, de Manheim & de Franckendal en 1688. à la défense de Mayence en 1689. à l'armée d'Allemagne en 1690. & fut fait Major de son Régiment le 18. Juillet de cette année. Il servit en cette qualité au siége de Mons & au combat de Leuse en 1691. au siége de Namur & à la bataille de Steinkerque en 1692. sur la Moselle, puis en Allemagne en 1693. à la marche de Vignamont au pont d'Espierre en 1694. à la défense de Namur en 1695. sur la Meuse en 1696. & 1697. au camp

D'INFANTERIE.   293

de Compiégne en 1698. à Malines pendant la campagne de 1701. en Allemagne en 1702. au siége de Kell, à l'attaque des retranchemens d'Hornberg, au combat de Munderkirken, à la premiére bataille d'Hochstett, à la prise d'Ausbourg & d'Ulm en 1703. à la seconde bataille d'Hochstett en 1704. à l'armée du Rhin en 1705. à l'armée de la Moselle en 1706. à l'armée du Dauphiné en 1707. à la bataille d'Oudenarde en 1708. à la bataille de Rumersheim en 1709. à l'armée du Rhin en 1710. 1711. & 1712. Il parvint à la Lieutenance-Colonelle de son Régiment le 12. Mars de cette derniére année, & servit aux siéges de Landau & de Fribourg, & à l'attaque des retranchemens du Général Vaubonne en 1713. Il obtint la Lieutenance de Roi de Strasbourg le 11. Novembre 1718. le grade de Brigadier par brevet du premier Février 1719. & mourut à Strasbourg.

Promotion du 1. Février 1714.

DE CAUSSADE (Charles) mort au mois de Juin 1736. Cadet en 1687. il entra Lieutenant au Régiment de Beaujolois au mois d'Octobre 1688. & servit à la conquête du Comté de Nice, aux siéges de Nice, de Villefranche, de Montalban, de Veillane, de Carmagnole & du château de Montmélian en 1691. & obtint une Compagnie au mois de Mars 1692. Il la commanda sur les côtes en 1692. & 1693. sur le Rhin en 1697. en Allemagne en 1701. & passa à la Compagnie de Grenadiers au mois de Mars 1702. Il la commanda à la bataille de Luzzara, à la prise de cette place & de Borgoforté la même année : à toutes les expéditions du Trentin en 1703. aux siéges de Verceil, d'Yvrée, de Verue, de Chivas & à la bataille de Cassano en 1704. & 1705. Il fut fait Major du Régiment le 31. Mars 1706. & servit en cette qualité au siége de Turin & à la bataille de Castiglione en 1706. à l'armée du Dauphiné en 1707. à l'attaque des deux Sesannes en 1708. à l'armée du Dauphiné en 1709. 1710. & 1711. Lieutenant-Colonel de son Régiment par commission du 8. Novembre de cette derniére année, il servit aux siéges de Landau & de Fribourg en 1713. Brigadier par brevet du premier Février 1719. il fit cette année la campagne d'Espagne, & obtint la Lieutenance de Roi de Collioure le 17. Juillet 1732. en quittant le Régiment de Beaujolois.

Promotion du 1. Février 1719.

DE CHATILLON (Nicolas de Moiria) mort au mois de Décembre 1732.

Cadet dans la Compagnie assemblée à Longwy en 1685. Enseigne au Régiment de Champagne le 26. Mars 1687. & Lieutenant le 22. Novembre suivant, il servit aux siéges de Philisbourg, de Manheim & de Franckendal en 1688. à la défense de Mayence en 1689. à la bataille de Fleurus en 1690. & obtint une Compagnie le 25. Mars 1691. il la commanda au siége de Mons, sur la Moselle, puis en Flandre la même année : au siége de Namur & à la bataille de Steinkerque en 1692. sur la Moselle & en Allemagne en 1693. 1694. & 1695. sur la Meuse en 1697. en Allemagne en 1701. à la bataille de Frédélingen en 1702. au siége de Kell, à l'attaque des retranchemens d'Hornberg, au combat de Munderkirken, à la premiére bataille d'Hochstett, à la prise d'Ausbourg & d'Ulm en 1703. à seconde bataille d'Hochstet en 1704. à l'armée du Rhin en 1705. au secours du fort Louis, à la prise de Drusenheim, de Lauterbourg & de l'isle du Marquisat en 1706. & passa à la Compagnie de Grenadiers le 4. Juillet de cette année. Il servit avec cette Compagnie à toutes les expéditions du Maréchal de Villars dans la Franconie & dans la Suabe en 1707. à l'armée du Rhin en 1708. à la bataille de Malplaquet en 1709. & parvint au commandement du troisiéme Bataillon du Régiment de Champagne le 5. Octobre, & au commandement du second Bataillon le 26. du même mois. Il continua de servir en Flandre en 1710. à l'attaque d'Arleux en 1711. à l'attaque de Denain, aux siéges de Douay, du Quesnoy & de Bouchain en 1712.

Lieutenant-Colonel du même Régiment par commission du 21. Janvier 1713. il servit aux siéges de Landau & de Fribourg, & à l'attaque des retranchemens du Général Vaubonne la même année.

 Brigadier par brevet du premier Février 1719. il conserva la Lieutenance-Colonelle du Régiment de Champagne jusqu'à sa mort.

Promotion du 1. Février 1719.

DE LIMBEUF (Louis-François de Nollent)

Lieutenant de la Lieutenance-Colonelle du Régiment de Vendôme, commandée par son pere, le 7. Mars 1678. il servit à l'attaque des retranchemens de Seckingen, aux siéges de Kell & de Lichtemberg la même année : à la bataille de Minden en 1679.

 Capitaine au même Régiment le premier Février 1689. il commanda sa Compagnie aux siéges de Nice, de Montalban, de Villefranche, de Veillane & de Carmagnole en 1691. devint Capitaine de Grenadiers le 3. Octobre, & commanda cette Compagnie au siége de Montmélian au mois de Décembre : à la défense de Pignerol & de Suse en 1692. à la bataille de la Marsaille en 1693. à l'armée d'Italie en 1694. & 1695. au combat d'Ostalric en 1696. au siége de Barcelone en 1697. Passa à la Majorité du Régiment le 24. Novembre 1699. & servit en cette qualité aux combats de Carpy & de Chiary en 1701. à la bataille de Luzzara, à la prise de cette place & de Borgoforté en 1702. aux expéditions dans le Trentin en 1703. aux siéges de Verceil, d'Yvrée, de Verue, de Chivas, & à la bataille de Cassano en 1704. & 1705. au siége & à la bataille de Turin en 1706. à l'armée de Flandre en 1707 à la bataille d'Oudenarde en 1708. à la bataille de Malplaquet en 1709. en Flandre en 1710. à l'attaque d'Arleux en 1711. à l'attaque de Denain, aux siéges de Douay, du Quesnoy & de Bouchain en 1712. aux siéges de Landau & de Fribourg en 1713. & parvint à la Lieutenance-Colonelle de son Régiment le 29. Juillet de cette année.

 Brigadier par brevet du premier Février 1719. il quitta

le Régiment de Vendôme & le service au mois de Février 1729. & mourut quelques années après.

Promotion du 1. Février 1719.

DE GRAVES (André-Jean de Pommerol.)
Il entra dans les Cadets le 15. Juin 1682. Obtint une Sous-Lieutenance au Régiment de Navarre au mois de Mai 1684. le joignit au siége de Luxembourg, & passa à une Lieutenance au Régiment d'infanterie de Condé au mois de Juin 1687. y obtint une Compagnie le 18. Septembre 1689. & la commanda à la bataille de Fleurus en 1690. à la conquête du Comté de Nice, aux siéges de Veillane, de Carmagnole & de Montmélian en 1691. à la défense de Pignerol & de Suse en 1692. à la bataille de la Marsaille en 1693. en Italie en 1694. & 1695. au siége de Valence en 1696. à Gueldres pendant la campagne de 1701. à la bataille de Frédélingen en 1702. & passa à la Compagnie de Grenadiers le 13. Décembre. Il commanda cette Compagnie au siége de Kell, à l'attaque des retranchemens d'Hornberg, au combat de Munderkirken, à la premiére bataille d'Hochstett, à la prise d'Ausbourg & d'Ulm en 1703. à la seconde bataille d'Hochstett en 1704.

Commandant du second Bataillon du même Régiment par ordre du 28. Décembre, il servit à l'armée du Rhin en 1705. au secours du fort Louis, à la prise de Drusenheim, de Lauterbourg & de l'isle du Marquisat en 1706. à l'armée de Flandre en 1707. à la bataille d'Oudenarde en 1708. au combat de Rumersheim, sur le Rhin en 1709. à l'armée du Rhin qui se tint sur la défensive en 1710. & les deux années suivantes : aux siéges de Landau & de Fribourg en 1713. & devint Lieutenant-Colonel de son Régiment le 2. Décembre de cette année.

Brigadier par brevet du premier Février 1719. il mourut vers 1730. étant encore Lieutenant-Colonel du Régiment de Condé.

DU MESTRAIL (Laurent) mort au mois d'Août 1732. Cadet en 1685, Sous-Lieutenant au Régiment de Navarre

D'INFANTERIE. 297

le 27. Janvier 1688. Lieutenant le 28. Janvier 1689. il servit à l'armée d'Allemagne. Se trouva à la bataille de Fleurus en 1690. au siége de Mons & au combat de Leuse en 1691. Obtint une Compagnie le 2. Janvier 1692. & la commanda au siége de Namur & à la bataille de Steinkerque la même année : à la bataille de Néerwinden & au siége de Charleroy en 1693. à la marche de Vignamont au pont d'Espierre en 1694. au siége de Bruxelles & au combat de Tongres en 1695. à l'armée de Flandre en 1696. au siége d'Ath en 1697. au camp de Compiégne en 1698. en Allemagne en 1701. & 1702. aux siéges de Brisack & de Landau, & à la bataille de Spire en 1703. à la bataille d'Hochstett où il fut fait prisonnier en 1704. à l'armée du Rhin en 1705. au secours du fort Louis, à la prise de Drusenheim, de Lauterbourg & de l'isle du Marquisat en 1706. aux expéditions du Maréchal de Villars dans la Franconie & la Suabe en 1707. à la bataille d'Oudenarde en 1708. Il prit le commandement d'une Compagnie de Grenadiers le 26. Janvier 1709. combattit à Malplaquet au mois de Septembre. Servit en Flandre en 1710. Passa au commandement du troisiéme Bataillon le 17. Mars 1711. Se trouva à l'attaque d'Arleux, aux siéges de Douay, du Quesnoy & de Bouchain en 1712. aux siéges de Landau & de Fribourg, & à l'attaque des retranchemens du Général Vaubonne en 1713. & devint Commandant du second Bataillon de son Régiment le 9. Décembre, Major le 27. Février 1714. & Lieutenant-Colonel le 5. Octobre 1716.

Promotion du 1. Février 1719.

Brigadier par brevet du premier Février 1719. il fut nommé le 3. Mars 1729. à la Lieutenance de Roi de Besançon qu'il conserva jusqu'à sa mort.

DADONCOURT (Dominique Suart) mort le 14. Septembre 1740.

Successivement Sous-Lieutenant au Régiment de Normandie le 8. Septembre 1687. Lieutenant le 5. Novembre 1688. Capitaine en 1691. & Major du Régiment en 1697. Il se trouva aux siéges de Philisbourg, de Manheim &

Promotion du 1. Février 1719.

de Franckendal en 1688. à l'attaque de Valcourt en 1689. à la bataille de Fleurus en 1690. à l'armée d'Allemagne en 1691. & les années suivantes jusqu'à la paix. En Allemagne & au combat de Chiary en 1701. à la bataille de Luzzara, à la prise de cette place & de Borgoforté en 1702. au passage dans le Trentin en 1703.

Nommé au mois de Décembre 1703. Aide-Major Général de l'armée d'Espagne, il se trouva à tous les siéges qu'on fit en Portugal en 1704. à ceux de Gibraltar, de Barcelone, de Cartagène les années suivantes : à la bataille d'Almanza, & au siége de Lerida en 1707. à celui de Tortose en 1708. en Espagne où on se tint sur la défensive en 1709.

Major général de l'armée du Roussillon par ordre du 20. Avril 1710. il contribua à chasser les Anglois du Languedoc. Servit au siége de Gironne en 1711. au blocus & au siége de Barcelone en 1713. & 1714. Il se démit de la Majorité du Régiment de Normandie au mois de Juillet 1717. Obtint la Majorité de Bayonne le premier Décembre 1718. le grade de Brigadier le premier Février 1719. la Lieutenance de Roi de Bayonne le 30. Septembre 1720. un ordre pour commander dans le pays de Labour le premier Décembre suivant, & mourut à Bayonne.

DE FRETTEVILLE (Jean, mort en 1730.

Après avoir servi plusieurs années, il obtint une commission de Capitaine réformé à la suite du Régiment de Bourbonnois, & y eut une Compagnie le 8. Décembre 1698. Cette Compagnie ayant été réformée en 1699. il en obtint une autre le 7. Janvier 1702. & la commanda à la bataille de Frédélingen la même année : au siége de Kell, à l'attaque des retranchemens d'Hornberg, au combat de Munderkirken, à la premiére bataille d'Hochstett, à la prise d'Ausbourg & d'Ulm en 1703.

Aide-Major général de l'infanterie dans la Flandre maritime au mois de Décembre 1703. il se démit de sa Compagnie au mois de Janvier 1704. & servit dans la Flandre maritime jusqu'à la prise de Gand & des autres places de cette frontiére. Il continua de servir en la même qualité dans différentes armées jusqu'à la paix, & obtint le grade de Brigadier par brevet du premier Février 1719. *Promotion du 1. Février 1719.*

DE QUINCY (Charles Sevin.) mort le 10. Janvier 1738. âgé de 73. ans.

Il servoit depuis bien long-temps dans l'artillerie, lorsqu'il fut fait Lieutenant de l'artillerie. Il fut blessé à Hochstett, & fut employé Lieutenant en second de l'artillerie à l'armée du Rhin par ordre des 6. Avril 1705. 30. Mars 1706. 28. Mars 1707. & 12. Avril 1708. Il se distingua particuliérement pendant la campagne de 1707. sous le Maréchal de Villars, & servit jusqu'à la paix sur le Rhin.

On lui accorda la Lieutenance générale de l'artillerie au département de Normandie par provisions du 2. Mai 1716. & obtint le grade de Brigadier par brevet du premier Février 1719. Il étoit Lieutenant de Roi d'Auvergne depuis long-temps, lorsqu'il mourut.

DE RESSONS (Jean-Baptiste Deschiens) mort le 31. Janvier 1735. âgé de 76. ans.

Après avoir servi sur mer, & y avoir acquis le grade de Capitaine de Vaisseau, il fut fait Commissaire provincial de l'artillerie par commission du 17. Juillet 1697. Il fit en cette qualité les premiéres campagnes de la guerre de 1701. en Flandre, sur la Moselle & sur le Rhin.

Lieutenant général de l'artillerie par provisions du 15. Mars 1705. Il eut le même jour un ordre pour la commander à Sarrelouis & à Thionville en cas de siége. Il passa de Sarrelouis au commandement de l'artillerie & du Boulonnois par ordre du 20. Juillet 1706. Commanda ensuite l'artillerie sur les côtes de Normandie par ordre des 15. Avril 1709. 15. Avril 1710. & premier Avril 1711. Il repassa ensuite en Picardie dont il eut le département en qualité de Lieutenant général par provisions du premier Mai 1716. Brigadier par brevet du premier Février 1719. Il commanda encore l'artillerie du camp de Montreuil par commission du 18. Août 1722. & obtint une

Promotion du 1. Février 1719.

place de Commandeur de l'Ordre de Saint Louis par provisions du 10. Octobre 1730. Il mourut ayant encore le département de la Picardie.

DE JAUNAY (François.)
Voyez Tome VII. page 166.

DE CHERMONT (Alexandre) mort le 1er Août 1721. Il entra soldat dans le Régiment de Normandie en 1664. & y servit un an. Il passa à une Enseigne dans le Régiment de Champagne en 1665. & servit aux siéges d'Epinal & de Chaté sur Moselle. Il fut fait Lieutenant en 1671. & Capitaine en 1675. & servit en qualité d'Ingénieur aux travaux de Philisbourg pendant le siége de 1676. Il étoit Sous-Brigadier des Ingénieurs aux siéges de Valenciennes, de Cambray & de Saint-Guilain en 1677. & employé sur les travaux de ces trois places pendant l'hiver. Il se trouva à la bataille de Saint-Denys près Mons en 1678. & conduisit les ouvrages de Maubeuge en 1679. Il servit Brigadier d'Ingénieurs au siége de Courtray en 1683. Fit la campagne de 1689. à la suite de M. de Vauban : se jetta la même année dans Montroyal pour y servir en cas de siége. Conduisit les ouvrages d'Huningue de 1690. à 1692. Eut la direction du Duché de Luxembourg en 1693. & celle de la Sarre qu'on joignit à la premiére en 1694. Il obtint la même année une place de Chevalier de Saint-Louis, la direction de Sarrelouis, de Phaltsbourg & de Longwy en 1698. celle de l'Electorat de Cologne en 1701. Il conduisit en 1702. les ouvrages de Mets, Toul, Verdun, Thionville & Marsal. Commanda une Brigade d'Ingénieurs aux siéges de Traërbac, de Brisack & de Landau en 1703. à l'armée de la Moselle en 1705. Dirigea les attaques de Drusenheim & d'Haguenau en 1706. Servit en Allemagne en 1707. & 1708. Reçut une blessure au visage au siége de Landau en 1713. & servit la même année au siége de Fribourg.

Brigadier par brevet du premier Février 1719. il mourut ayant encore la direction des fortifications des places du pays Messin, de la Sarre & de la Moselle.

Promotion du 1. Février 1719.

LOZIERES D'ASTIER (*N.*) mort en 1730.
Successivement soldat au Régiment de Piémont en 1675. Sous Lieutenant en 1676. Lieutenant en 1677. il servit en Roussillon, & se trouva à la bataille d'Espouille & au siége de Puicerda. Etant passé dans le Régiment de Famechon en 1679. il fut employé Ingénieur aux travaux de Perpignan cette année & la suivante. Il obtint une Compagnie dans Piémont en 1686. & servit Ingénieur à Casal de 1681. à 1689. Il passa cette même année en Irlande, où il demeura jusqu'à la fin de 1690. & servit pendant ce temps au siége de Londondery. Nommé Ingénieur en chef à Toulon en 1691. il dirigea les siéges de Nice, Villefranche, Montalban, Sant-Ospicio, & fut successivement Ingénieur en chef à Nice, à Villefranche & à Casal au mois de Décembre, où il resta jusqu'à la démolition. Il eut ensuite la place d'Ingénieur en chef d'Antibes en 1696. & servit la même année au siége de Valence. L'année suivante il servit Sous-Brigadier au siége de Barcelone, & fut entretenu Capitaine réformé à la suite du Régiment de Sourches en 1698. Il passa en Italie en 1701. Servit aux siéges de Guastalle en 1702. de Nago & d'Arco en 1703. obtint la même année la Croix de Saint-Louis. Servit aux siéges de Verceil, d'Yvrée, de Verue, de Chivas & du château de Nice en 1704. & 1705. à ce dernier siége il commanda en chef les Ingénieurs après la mort de M. Filey qui y fut tué. Il reçut une blessure à la tête au siége de Turin en 1706. & obtint en 1710. la direction des places de la Provence. Il fit le détail du siége de Barcelone sous M. de Vauban en 1714. & le conduisit en chef depuis le 6. Août que M. de Vauban fut blessé, jusqu'au 6. Septembre que la place se rendit. Il commanda en chef les Ingénieurs pour l'expédition de Majorque en 1715. Fut créé Brigadier par brevet du premier Février 1719. & étoit encore Directeur des places de la Provence, lorsqu'il mourut.

Promotion du 1. Février 1719.

GOULET DE MONTLIBERT (Maximilien) mort en 1730.

Il commença à servir sur les vaisseaux dès 1677. en qualité de Garde-Marine, & se trouva aux expéditions de Tabago, de Salé & de Lisbonne. Reçu Ingénieur en 1680. il fut successivement employé à Mesieres, Charleville, Rocroy, Stenay, Sedan, Montreuil, Guillaume, aux isles Sainte-Marguerite & à Mets jusqu'en 1698. & servit pendant cet intervalle au siége de Namur en 1692. à la bataille du Ter, aux siéges de Palamos, de Gironne, d'Ostalric & de Castelfollit en 1694. à celui de Valence où il eut le bras cassé en 1696. à celui d'Ath où il reçut une blessure à l'épaule en 1697. Passé en Italie en 1701. il servit à Mantoue pendant le blocus de cette place en 1701. & 1702. il en sortit cette derniére année pour servir au siége de Guastalle & à celui de Borgoforté, où il reçut une blessure. Il fut encore blessé à l'attaque du château de Nago, & servit au siége d'Arco dans le Tirol en 1703. & obtint la Croix de Saint-Louis cette même année, & une commission de Capitaine réformé à la suite du Régiment de Normandie le 27. Février 1704. on lui donna en même temps la direction des fortifications des places du pays Messin & de Mets; ce qui ne l'empêcha pas de continuer ses services en Italie; où il conduisit seul & avec beaucoup de distinction les attaques des tours de Sarravalle & d'Ostiglio la même année. Il fit le siége de Chivas en 1705. & fut blessé considérablement à celui de Turin en 1706. Il alla ensuite à Mets, où il résida jusqu'à la paix. Il y obtint le grade de Brigadier par brevet du premier Février 1719. & fut nommé au mois de Mars pour commander en chef les Ingénieurs en Sicile. On lui donna à la fin de cette campagne la direction de Toulon, de Marseille, & du département : il y est mort.

DE CANDEAU (Jean-Paul) mort le 17. Septembre 1735. âgé de 84. ans.

Il commença à servir Volontaire au Régiment d'Anjou en

1672. & fit toute la campagne. Il fut bleſſé à la jambe d'un éclat de grenade au ſiége de Maſtrick en 1673. Reçut à la bataille de Seneff en 1674. un coup à la tête qui obligea de le trépaner. Il paſſa à une Sous-Lieutenance dans le Régiment Royal en 1676. & à une Lieutenance en 1678. Reçu Ingénieur la même année, il fut employé ſur le champ aux travaux de Stenay & de Dunkerque en 1679. à Charleroy en 1680. à Sarrelouis en 1684. Il ſervit Volontaire au ſiége de Luxembourg où on l'employa en 1685. Il eut une Compagnie dans Royal en 1686. & ſervir aux ſiéges de Philiſbourg, de Manheim & de Franckendal en 1688. de Mons en 1691. à l'attaque de la Chartreuſe de Liége & à la priſe du château de Modave en 1693. & quitta Luxembourg pour réſider à Verdun en 1697. Il commanda une Brigade d'Ingénieurs aux ſiéges de Kell, de Briſack & de Landau en 1703. & à la bataille d'Hochſtett en 1704. Il eut le 25. Février de cette année une commiſſion de Capitaine réformé à la ſuite du Régiment de Piémont, & la Croix de Saint-Louis. Il retourna à Luxembourg en 1705. Fit la campagne de 1708. en Flandre. Obtint la direction des places du Duché de Bourgogne en 1713. ſervit la même année aux ſiéges de Kayſerſloutre & de Landau, & fut créé Brigadier par brevet du premier Février 1719.

Promotion du 1. Février 1719.

DE TIGNÉ (René) mort en 1730.
Reçu Ingénieur depuis quelques années, il fut employé à Belleiſle en 1698 à Machecoul en 1691. à l'iſle de Ré en 1692. à la Rochelle en 1694. à Charleroy en 1696. à la Rochelle en 1698. Il ſervit pendant ce temps aux ſiéges de Palamos, de Gironne, d'Oſtalric & de Caſtelfollit en 1694. à celui d'Ath en 1697. Ingénieur en chef de Philippeville en 1703. il commanda la même année une Brigade d'Ingénieurs aux ſiéges de Briſack & de Landau. Obtint en 1704. la Croix de Saint-Louis, & fut chargé de la conduite des fortifications de Grenoble & du fort Barraut; ce qui ne l'empêcha point de ſervir la même année aux ſiéges de Suze, de Verceil & d'Yvrée, mais il reçut

à ce dernier une bleſſure dangereuſe à la tête, pour laquelle on le trépana. Il paſſa la campagne de 1705. à Maubeuge, ſe rendit à Pampelune au mois de Décembre, & commanda une Brigade d'Ingénieurs au ſiége de Barcelone où il fut bleſſé à l'épaule en 1706. Il fit encore le ſiége de Lerida en 1707. Retourna en 1708. à ſa réſidence de la Rochelle. Paſſa à Arras en 1710. Obtint en 1711. la direction des places de la Meuſe, & le grade de Brigadier par brevet du premier Février 1719. Il fit cette même année ſous M. Favart le détail des ſiéges de Fontarabie, de Saint-Sebaſtien & de Caſtelciudad. Il étoit depuis long-temps Capitaine réformé à la ſuite du Régiment de Sourches, & Directeur des fortifications des places du pays d'Aunis, lorſqu'il mourut.

DE LILLIERS (Louis-Nicolas le Coutelier, Comte) mort le 5. Juin 1741. âgé de 80. ans.

Il étoit Ingénieur, lorſqu'on le créa Brigadier par brevet du premier Février 1719.

DE SIMIANNE (François de Simianne-d'Eſparron, Chelier, puis Marquis) mort le premier Décembre 1734. âgé de 60. ans.

D'abord Garde-Marine, puis Enſeigne de Vaiſſeau, enſuite Lieutenant au Régiment du Roi en 1696. il fit avec ce Régiment la campagne de Flandre cette année & la ſuivante, & ſervit au camp de Compiégne en 1698.

Paſſé au ſervice des Hollandois en 1701. il y obtint une Compagnie dans le Régiment Wallon de Naſſau le 7. Février 1701. & un Régiment Wallon de ſon nom le 20. Mai 1705. Rentré en France à la paix, on le créa Brigadier par brevet du premier Février 1719. mais il ne ſervit point en cette qualité.

DE MARIGNY (Joſeph, Comte)

Avoit ſervi long-temps en Eſpagne, lorſqu'à ſon retour en France on le créa Brigadier par brevet du 7. Avril 1719. Je n'ai pu ſçavoir quand il eſt mort.

DESALLOIS

D'INFANTERIE.

DESALLOIS (*N.*) Comte. *1. Septem. 1719.*
Etoit depuis long temps Ingénieur au service d'Espagne, lorsqu'à son retour on le créa Brigadier par brevet du premier Septembre 1719. Je n'ai pu sçavoir la date de sa mort.

DE MIANNE (Charles-François de Jay) mort le 7. Août *10. Janvier 1720.*
1759.

Mousquetaire en 1696. il fit cette campagne & la suivante en Flandre. Servit au camp de Compiégne en 1698. & obtint une Compagnie dans le Régiment de Dragons de Poitiers (depuis d'Espaux, Conflans & Coëtmen) le 5. Février 1701. Il commanda sa Compagnie au combat de Nimegue en 1702. à celui d'Eckeren en 1703. à l'armée de Flandre en 1704. à l'armée de la Moselle en 1705. & 1706. & passa à la Majorité de son Régiment au mois de Décembre. Il servit à la bataille d'Almanza & au siége de Lérida en 1707. à l'armée du Roussillon en 1708. & parvint à la Lieutenance-Colonelle de son Régiment le 29. Janvier 1709. Il servit à l'armée du Dauphiné la même année, à l'armée de Flandre en 1710. à l'attaque d'Arleux en 1711. à l'affaire de Denain, aux siéges de Douay, du Quesnoy & de Bouchain en 1712.

On lui accorda la Lieutenance de Roi de Nantes sur la démission de son pere (*a*) le 4. Avril 1718 le grade de Brigadier par brevet du 10. Janvier 1720. & le Gouvernement de la citadelle d'Arras en quittant la Lieutenance de Roi de Nantes le premier Août 1721. Il se démit de ce Gouvernement au mois de Février 1726. & vécut dans la retraite.

(*a*) Giron-François de Jay, sieur de Mianne son pere, après avoir servi cinq ans Capitaine d'infanterie, entra dans les Gardes du Corps, fut fait Exempt de la Compagnie de Lorges le 14. Décembre 1676. Obtint en cette qualité rang de Capitaine de cavalerie le 10. Août 1688. & la Lieutenance de Roi de Nantes le 15. Février 1702. il s'en démit au mois d'Avril 1718. en faveur de son fils, & mourut au mois de Septembre 1720.

20. Juin 1720. **DE PEZÉ** (Hubert de Courtarvel , Marquis)
A été créé Brigadier par brevet du 20. Juin 1720.
Voyez Tome V. page 179.

20. Juin 1720. **DE LAVOYE** (Charles) mort en 1727.
Il fit d'abord plusieurs campagnes dans le Régiment de Piémont, où il eut une Compagnie en 1686. Il fut ensuite employé en qualité d'Ingénieur aux travaux de Bayonne en 1690. 1691. & 1692. à l'isle d'Aix en 1693. à Bayonne en 1694. à la défense de Palamos en 1695. à Furnes & dans la Flandre maritime en 1696. au siége d'Ath en 1697. & retourna à Bayonne en 1699. Il servit à Socoa en 1703. passa en Espagne, où il servit en 1704. & 1705. dirigea les attaques de Mequinença, des deux siéges de Denia, à l'un desquels il fut blessé dangereusement. Servit au siége de Barcelone en 1706. Se trouva à la bataille d'Almanza, & reçut une blessure au bras au siége de Lérida en 1707. L'année suivante il fut blessé à la tête au siége de Tortose, & eut la conduite des ouvrages des places des Pyrénées en 1709. Il se distingua au siége de Gironne, où il fut blessé à la tête d'un éclat de grenade en 1710. Il servit encore aux siéges de Saint-Sébastien, de Fontarabie & de Castelciudat en 1719. il reçut encore une blessure à la tête à celui de Saint-Sébastien, & fut créé Brigadier par brevet du 20. Juin 1720.

30. Juin 1720. **DE CHABANNES** (Thomas, Comte)
A été créé Brigadier par brevet du 30. Juin 1720.
Voyez Tome VII. page 126.

7. Août 1720. **DE SPARRE** (Charles-Magnus Toffeta, Baron) mort le 14. Janvier 1754.
Lieutenant au Régiment Allemand de Sparre (depuis Lenck & Royal Suédois en 1696. il servit en Catalogne où il se trouva au siége de Barcelone en 1697. Il obtint une Compagnie le 21. Novembre 1701. & la commanda au combat de Nimegue en 1702. à celui d'Eckeren en

1703. à la bataille d'Hochstett en 1704. à l'armée de la Moselle en 1705. & 1706. à l'armée de Flandre en 1707. à la bataille d'Oudenarde en 1708. à celle de Malplaquet en 1709. & obtint le 5. Juillet 1710. une commission pour tenir rang de Lieutenant-Colonel. Il servit cette campagne en Flandre, se trouva à l'attaque d'Arleux en 1711. à l'affaire de Denain, aux siéges de Douay, du Quesnoy & de Bouchain en 1712. aux siéges de Landau & de Fribourg en 1713. On lui accorda le 27. Janvier 1714. une commission pour tenir rang de Colonel, & il parvint à la Lieutenance-Colonelle de son Régiment le 10. Mars suivant. A la mort de M. de Greder il obtint un Régiment d'infanterie Allemande de son nom par commission du 18. Juillet 1716. & le grade de Brigadier par brevet du 7. Août 1720. il se démit le même jour de son Régiment en faveur du Comte de Saxe, & se retira en Suéde où il est mort.

Promotion du 3. Avril 1721.

DE BRANCAS (Henry-Antoine-Thomas de Brancas de Courbons, Chevalier)
Mousquetaire en 1703. il se trouva au combat d'Eckeren la même année, à l'armée de Flandre en 1704. & 1705. & obtint une Compagnie au Régiment de cavalerie de Berry le 3. Mars 1706. Il la commanda à l'armée de Catalogne sous le Maréchal de Tessé cette même année : à la bataille d'Almanza & au siége de Lérida en 1707. à celui de Tortose & autres places en 1708. à l'armée d'Espagne en 1709.

Colonel d'un Régiment d'infanterie de son nom par commission du 11. Février 1710. il le commanda en garnison, & obtint le 29. Novembre suivant le Régiment d'infanterie d'Aunis en se démettant de celui qui portoit son nom. Il commanda le Régiment d'Aunis à l'attaque d'Arleux en 1711. à l'affaire de Denain, aux siéges de Douay, du Quesnoy & de Bouchain en 1712.

Promotion du 3. Avril 1721.

Brigadier par brevet du 3. Avril 1721. il quitta le service & son Régiment au mois de Juin 1734.

DE VARENNES (Augustin-François de Godde, Comte.)
Voyez Tome V. page 259.

DE LAUTREC (Daniel-François de Gelas de Voisins, Chevalier d'Ambres, puis Vicomte.)
Voyez Tome III. page 403.

DESALLEURS (Charles Puchot) mort le 6. Septembre 1727. âgé de 53. ans.
Garde-Marine en 1690. il fit deux campagnes sur mer, & entra Enseigne au Régiment des Gardes Françoises le 25. Janvier 1693. il se trouva à la bataille de Néerwinden & au siége de Charleroy la même année : à la marche de Vignamont au pont d'Espierre en 1694. au siége de Bruxelles en 1695. en Flandre en 1696. & 1697. Il parvint à une Sous-Lieutenance le 15. Mars 1698. servit au camp de Compiégne la même année. Se trouva au combat de Nimegue en 1702. à celui d'Eckeren en 1703. à la bataille de Ramillies en 1706. Passa à une Sous-Aide-Majorité le 20. Juin, & à une Lieutenance le 18. Août, il combattit à Oudenarde en 1708. à Malplaquet en 1709. & obtint une Compagnie le 26. Avril 1710. Il la commanda aux siéges de Douay, du Quesnoy & de Bouchain en 1712. de Landau & de Fribourg en 1713. Brigadier par brevet du 3. Avril 1721. il commandoit encore sa Compagnie lorsqu'il mourut.

MEYER (Jean) mort en 1733.
Cadet au Régiment Suisse de Greder en 1678. il se trouva au combat de Saint-Denys près Mons. Il fut fait Enseigne le 29. Janvier 1680. Sous-Lieutenant le 8. Avril 1686. Servit en Flandre en 1689. Eut une Lieutenance le 5. Avril 1690. combattit à Fleurus au mois de Juillet suivant, & obtint la Compagnie de son pere le 26. Décembre de la même année. Il la commanda au siége de

Mons en 1691. au siége de Namur & à la bataille de Steinkerque en 1692. à la bataille de Néerwinden & au siége de Charleroy en 1693. à la marche de Vignamont au pont d'Espierre en 1694. au siége de Bruxelles en 1695. en Flandre en 1696. & 1697. au combat de Nimegue en 1702. à celui d'Eckeren en 1703. à la bataille de Ramillies en 1706. à Oudenarde en 1708.

Lieutenant-Colonel de son Régiment le 23. Avril 1709. il le commanda à la bataille de Malplaquet la même année. Servit à la défense d'Aire en 1710. & obtint le 29. Novembre de cette année une commission pour tenir rang de Colonel d'infanterie. Il continua de servir en Flandre, & se trouva au siége de Douay en 1712. Il obtint une demi-Compagnie dans son même Régiment le 18. Janvier 1713. le grade de Brigadier par brevet du 3. Avril 1721. & quitta le service au mois d'Août 1725. en conservant cependant sa Compagnie.

Promotion du 3. Avril 1721.

DE FUMAL (Jean-Hermand de Hinnisdal , Baron) mort au mois de Novembre 1728. Successivement Lieutenant réformé au Régiment d'infanterie Allemande de la Marck au mois de Juin 1695. Lieutenant en second au mois de Novembre 1696. premier Lieutenant au mois d'Avril 1699. Capitaine réformé au mois d'Avril 1701. Capitaine en pied en Juin 1703. avec rang de Lieutenant-Colonel le 26. Juillet 1710. Major le premier Août 1711. avec rang de Colonel le 5. Août 1712. Lieutenant-Colonel en pied le 29. Décembre 1714. Il se trouva à l'armée de Flandre en 1696. & 1697. au combat de Nimegue en 1702. à celui d'Eckeren en 1703. à la bataille de Ramillies en 1706. à celle d'Oudenarde en 1708. à Malplaquet en 1709. à l'attaque d'Arleux en 1711. aux siéges de Douay, du Quesnoy & de Bouchain en 1712. de Landau & de Fribourg en 1713. & obtint le grade de Brigadier par brevet du 3. Avril 1721.

Promotion du 3. Avril 1721.

DE LA HIRE (Jean-Pierre) mort au mois d'Août 1734. Succeſſivement Cadet dans une Compagnie franche Suiſſe au mois de Septembre 1671. Enſeigne au Régiment Suiſſe de Stuppa (depuis Greder) le 18. Janvier 1679. Sous-Lieutenant le 4. Octobre 1681. Lieutenant le 21. Décembre ſuivant, Capitaine-Lieutenant le 22. Décembre 1687. commandant les Grenadiers en 1692. Capitaine le premier Octobre ſuivant, Capitaine de Grenadiers en 1693. commandant le 4e Bataillon en 1696. Lieutenant-Colonel du même Régiment le 8. Mars 1705. il ſe trouva à la bataille de Seneff en 1674. à la bataille de Caſſel & aux ſiéges de Saint-Omer & de Saint-Guilain en 1677. au ſiége d'Ypres & à la bataille de Saint-Denys près Mons en 1678. au combat de Valcourt en 1689. à la bataille de Fleurus en 1690. au ſiége de Mons en 1691. au ſiége de Namur & à la bataille de Steinkerque où il fut bleſſé au genou en 1692. à la bataille de Néerwinden & au ſiége de Charleroy en 1693. à la marche de Vignamont au pont d'Eſpierre en 1694. à la défenſe de la Knoque & au ſiége de Bruxelles en 1695. au ſiége d'Ath en 1697. au camp de Compiégne en 1698. à la défenſe de Kaiſerſwert, à la canonade de Péer, au ſiége de Traërback en 1702. au ſiége de Huy en 1705. au ſecours du fort Louis, à la défenſe d'Ath en 1706. à la bataille d'Oudenarde & au ſiége de Saint-Guilain en 1708. à la bataille de Malplaquet en 1709. à l'attaque d'Arleux en 1711. au combat de Denain, aux ſiéges de Marchiennes, de Douay & du Queſnoy en 1712. au ſiége de Landau en 1713. il obtint le 7. Mars de cette année une commiſſion pour tenir rang de Colonel, & le grade de Brigadier par brevet du 3. Avril 1721. Il ſervoit en cette qualité à l'armée du Rhin lorſqu'il mourut à Spire.

DE CREVECŒUR (Jacques de Crevecœur de Vienne) mort le 30. Août 1746. âgé de 78. ans.
Cadet le 15. Juin 1682. Sous-Lieutenant dans le Régiment de la Fere au mois de Janvier 1686. Lieutenant au

D'INFANTERIE. 311

Régiment du Roi en Juin 1687. il servit aux siéges de Philisbourg, de Manheim & de Franckendal en 1688. à la conquête du Palatinat en 1689. à la bataille de Steinkerque en 1692. à la bataille de Néerwinden au mois de Juillet 1693. Capitaine au même Régiment le 18. Août suivant, il commanda sa Compagnie au siége de Charleroy au mois d'Octobre, à la marche de Vignamont au pont d'Espierre en 1694. au combat de Tongres & au bombardement de Bruxelles en 1695. à l'armée de Flandre en 1696. & 1697. au camp de Compiégne en 1698. à l'armée de Flandre en 1701. au combat de Nimegue en 1702. aux siéges de Landau & de Brisack, & à la bataille de Spire en 1703. à la bataille d'Hochstett en 1704. à l'armée de la Moselle en 1705. à la bataille de Ramillies en 1706.

Capitaine d'une Compagnie de Grenadiers le premier Mai 1707. il la commanda en Flandre cette même année: aux batailles d'Oudenarde & de Malplaquet en 1708. & 1709. à l'armée de Flandre en 1710. à l'attaque d'Arleux en 1711. à l'affaire de Denain, aux siéges de Marchiennes, de Douay, du Quesnoy & de Bouchain en 1712. aux siéges de Landau & de Fribourg, & à l'attaque des retranchemens du Général Vaubonne en 1713.

Il fut ensuite successivement Commandant du quatriéme Bataillon du Régiment du Roi avec rang de Colonel le 27. Octobre 1714. Commandant du troisiéme Bataillon le 15. Septembre 1716. Commandant le deuxiéme Bataillon le 20. Février 1721. Brigadier par brevet du 3. Avril suivant. Servit au camp de Montreuil en 1721. Parvint à la Lieutenance-Colonelle du Régiment le 9. Novembre 1723. & quitta le service au mois de Février 1730.

Promotion du 3. Avril 1722.

DE MONTLUC (François de Lasseran-Massencomme, Marquis) né le 20. Septembre 1676. mort le 20. Mai 1746.

Leva un Régiment d'infanterie de son nom par commission du 10. Décembre 1702. le commanda quelques années en garnison, & s'en démit au mois de Février 1707. Il fut entretenu Colonel réformé à la suite du Régiment

Promotion du 3. Avril 1721.

d'infanterie d'Orléans le 12. Août 1718. & créé Brigadier par brevet du 3. Avril 1721. Il avoit quitté son Régiment en 1707. pour passer en Espagne où il fit plusieurs campagnes.

DE MARCIEU (Pierre-Emé de Guiffrey-Monteynard, Chevalier, puis Comte.)
Voyez Tome V. page 261.

D'OUDENHOVE (Pierre-Jacques-Joseph-Ferdinand de Blondel, Baron) mort le 17. Avril 1733.
âgé de 62. ans.

Il étoit neveu du Baron de Cuincy Lieutenant général des armées du Roi, & avoit toujours servi en Espagne. Il vint en France en 1719. & obtint le 28. Avril de cette année une commission pour tenir rang de Colonel d'infanterie, & le grade de Brigadier par brevet du 3. Avril 1721. Il n'a point servi en cette qualité.

DE MARSAC (Charles de Vassal de Montviel, Baron)
mort en 1750.

Successivement Sous-Lieutenant au Régiment du Roi en Mai 1691. Lieutenant au mois de Janvier 1692. Capitaine le 18. Août 1693. Capitaine de Grenadiers le 11. Août 1708. commandant le quatrième Bataillon le 15. Décembre 1716. commandant le troisiéme avec rang de Colonel le 16. Décembre 1719. & Major le 2. Janvier 1720. Il se trouva aux mêmes actions, batailles & siéges que M. de Crevecœur, rapportées ci-dessus page 310. & quitta le service au mois de Mars 1729.

DE JOSSAUD (Hyacinthe.)
Voyez Tome VII. page 127.

ONEILL (Gordon) mort au mois de Janvier 1725.

Enseigne au Régiment d'O-Brien (depuis Clare) à son passage en France en 1690. il servit en Italie en 1691. 1692. & 1693. & se trouva cette derniére année à la bataille

taille de la Marfaille. Il obtint le 7. Août 1694. une Compagnie au Régiment de Lée (aujourd'hui Bulkeley,) l'alla joindre à l'armée d'Allemagne, & la commanda à la même armée en 1695. fur la Meufe en 1696. au fiége d'Ath en 1697. au camp de Compiégne en 1698. en Flandre en 1701. en Allemagne en 1702. au fiége de Kell, à l'attaque des retranchemens d'Hornberg, au combat de Munderkirken, à la premiére bataille d'Hochftett, à la prife d'Aufbourg & d'Ulm en 1703.

Promotion du 3. Avril 1721.

Major de fon Régiment par brevet du 30. Janvier 1704. il fe trouva à la feconde bataille d'Hochftett au mois d'Août, & devint Lieutenant-Colonel du même Régiment le 14 Septembre. Il étoit à l'armée de la Mofelle en 1705. & 1706. à toutes les expéditions du Maréchal de Villars dans la Franconie & la Suabe en 1707. à l'armée du Rhin en 1708. & 1709. à l'armée de Flandre en 1710. à l'attaque d'Arleux en 1711. à l'attaque de Denain, aux fiéges de Douay, du Quefnoy & de Bouchain en 1712. à ceux de Landau & de Fribourg en 1713.

Brigadier par brevet du 3. Avril 1721. il étoit encore Lieutenant-Colonel du Régiment de Lée lorfqu'il mourut.

DE FOUCAULT (Daniel de Foucault de la Loe) mort le 2. Septembre 1728. âgé de 70. ans.

Entra dans le Régiment de la Marine en 1674. y obtint une Compagnie le 17. Avril 1683. Paffa avec elle dans le Régiment de Luxembourg lors de la formation de ce Régiment le 26. Septembre 1684. Parvint à la Compagnie de Grenadiers le 16. Janvier 1702. & à la Lieutenance-Colonelle du même Régiment le 25. Mars 1705. Il fe trouva à la bataille de Turckeim, à celle d'Altenheim, au fecours d'Haguenau & de Saverne en 1675. au combat de Kokefberg en 1676. au fiége de Fribourg en 1677. à l'attaque des retranchemens de Seckingen, aux fiéges de Kell & de Lichtemberg en 1678. au combat de Minden en 1679. au fiége de Luxembourg en 1684. à Luxembourg de 1685. à 1694. fur le Rhin en 1694. & 1695.

Promotion du 3. Avril 1721.

sur la Meuse en 1696. au siége d'Ath en 1697. au combat de Nimegue en 1702. au secours du fort Louis, à la prise de Drusenheim, de Lauterbourg & de l'isle du Marquisat en 1706. en Flandre en 1707. à la bataille d'Oudenarde en 1708. à Malplaquet en 1709. en Flandre en 1710. à l'attaque d'Arleux en 1711. au combat de Denain, aux siéges de Douay, du Quesnoy & de Bouchain en 1712.

Brigadier par brevet du 3. Avril 1721. il étoit encore Lieutenant-Colonel du Régiment de Luxembourg lorsqu'il mourut.

DE BEAUJEU (Charles-Louis) mort au mois de Janvier 1727.

Sous-Lieutenant au Régiment de Picardie en 1673. il se trouva à la bataille de Seneff en 1674. aux siéges de Huy, de Dinant, de Limbourg, à la bataille de Consarbrick, à la défense de Treves en 1675. au combat de Kokesberg en 1676. aux siéges de Valenciennes & de Fribourg en 1677. à ceux de Gand, d'Ypres, de Kell & de Lichtemberg en 1678. Réformé en 1679. il entra aux Mousquetaires avec lesquels il fit la campagne de Flandre en 1683. & 1684.

Il leva une Compagnie au Régiment de Champagne par commission du 20. Août 1688. Passa avec cette Compagnie dans le Régiment de Flandre le 13. Décembre 1691. & la commanda à l'armée d'Italie en 1692. à la bataille de la Marsaille en 1693. en Italie en 1694. & 1695. à l'armée du Rhin en 1696. & 1697. aux combats de Carpy & de Chiary en 1701. à la défense de Crémone, à la bataille de Luzzara, à la prise de cette place & de Borgoforté en 1702. dans le Trentin en 1703. & parvint à la Compagnie de Grenadiers le premier Mai 1704. Il servit avec cette Compagnie aux siéges de Verceil & d'Yvrée. Fut fait Major de son Régiment le 30. Septembre. Servit en cette qualité au siége de Verue, & parvint à la Lieutenance-Colonelle le 11. Avril 1705. il servit la même année au siége de Chivas, & combattit à Cassano.

Il étoit au siége & à la bataille de Turin en 1706. à l'armée du Dauphiné en 1707. & les années suivantes jusques & compris 1712. aux siéges de Landau & de Fribourg en 1713.

Brigadier par brevet du 3. Avril 1721. il obtint le commandement de Marsal le 9. Novembre 1723. en quittant le Régiment de Flandre, & mourut à Marsal.

Promotion du 3. Avril 1721.

DE CHAMBON (Antoine) mort le 29. Décembre 1738.
Il servit Volontaire depuis 1680. jusqu'au 15. Juin 1682. qu'il entra dans la Compagnie des Cadets de Mets, où il devint Brigadier & Sergent. Il entra ensuite Sous-Lieutenant au Régiment de Soissons (depuis Perche) en 1688. Se trouva à la bataille de Fleurus au mois de Juillet 1690. & obtint une Lieutenance au mois de Novembre. Il servit à l'armée d'Allemagne en 1691. & 1692. Combattit à la Marsaille en 1693. & parvint à une Compagnie le 27. Novembre de cette année. Il la commanda en Italie jusqu'à la paix : en Allemagne en 1701. à la bataille de Luzzara en 1702. aux siéges de Nago & d'Arco en 1703. de Verceil, d'Yvrée, de Veruc, de Chivas & de Turin, aux batailles de Cassano & de Turin en 1704. 1705. & 1706. Il étoit parvenu à la Lieutenance-Colonelle de son Régiment dès le 15. Septembre 1705. Il servit ensuite en Flandre, & s'y trouva à la bataille d'Oudenarde en 1708. à celle de Malplaquet en 1709. à l'attaque d'Arleux en 1711. au combat de Denain, aux siéges de Douay, de Bouchain & du Quesnoy en 1712. aux siéges de Landau & de Fribourg en 1713. à ceux de Saint-Sébastien & de Fontarabie en 1719. & obtint le grade de Brigadier par brevet du 3. Avril 1721.

Lieutenant de Roi de la Rochelle par commission du 21. Mars 1730. il quitta le Régiment du Perche, & résida à la Rochelle jusqu'à sa mort.

DE GUIGUE (Joseph) mort au mois de Décembre 1725.
Sous-Lieutenant au Régiment de la Fere en 1676. il servit

Promotion du 3. Avril 1721.

au siége de Fribourg en 1677. à l'attaque des retranchemens de Seckingen, aux siéges de Kell & de Lichtemberg en 1678. & obtint la Lieutenance de la Compagnie Colonelle au mois de Décembre. Il se trouva au combat de Minden l'année suivante. Obtint une Compagnie le 6. Juin 1687.

Il la commanda à l'armée d'Allemagne en 1690. & 1691. au siége de Namur, puis sur la Moselle en 1692. en Allemagne en 1693. 1694. & 1695. sur la Meuse en 1696. en Flandre en 1697. aux combats de Carpy & de Chiary en 1701. Il fut fait Major de son Régiment le 27. Mars 1703. & Lieutenant-Colonel le 22. Novembre 1705. il servit en cette qualité aux siéges de Nago & d'Arco, de Verceil, d'Yvrée, de Verue, de Chivas & de Turin, & se trouva aux batailles ou combats de Luzzara, de la Stradella, de Sant-Benedetto, de Cassano & de Turin. Il étoit à l'armée de Flandre en 1710. à l'attaque d'Arleux en 1711. aux siéges de Douay, du Quesnoy & de Bouchain en 1712. & obtint le grade de Brigadier par brevet du 3. Avril 1721. Il étoit encore Lieutenant-Colonel de son Régiment lorsqu'il mourut.

DE LAUNAY (Jacques) mort le 12. Mars 1740.
Cadet à Valenciennes le 15. Juin 1682. il entra Sous-Lieutenant au Régiment de Grancey (aujourd'hui Soissonnois) en 1687. y eut une Lieutenance en 1688. & l'Aide-Majorité en 1689. Il servit aux siéges de Philisbourg, de Manheim & de Franckendal en 1688. à l'armée d'Allemagne en 1689. à la bataille de Stafarde & au siége de Cahours en 1690. aux siéges de Nice, de Montalban, de Villefranche, de Veillane, de Carmagnole & du château de Montmélian en 1691. & obtint une Compagnie le 10. Décembre de cette année. Il la commanda à la défense de Pignerol & de Suze en 1692. à la bataille de la Marsaille en 1693. en Italie en 1694. & 1695. au siége de Valence en 1696. sur la Meuse en 1697. en Allemagne en 1701. à la bataille de Luzzara, à la prise de cette place & de Borgoforté en 1702. Major de son Régiment

la même année, il passa dans le Trentin. Servit aux siéges de Nago & d'Arco en 1703. à ceux d'Yvrée, de Verceil, de Verue & à la bataille de Cassano en 1704 & 1705. & devint Lieutenant-Colonel de son Régiment le 7. Février 1706. Il se trouva au siége de Turin & à la bataille de Castiglioné en 1706. à l'armée du Dauphiné de 1707. à 1712.

Promotion du 3. Avril 1721.

On le nomma le 8. Décembre de cette derniére année pour commander au fort Saint-Vincent : il quitta alors son Régiment. Obtint le commandement de la vallée de Barcelonette le 8. Août 1719. le grade de Brigadier par brevet du 3. Avril 1721. & mourut à Barcelonette.

DE BEAULIEU (Louis-Charles de Beaulieu de Béthomas) mort le 13. Avril 1733.
Lieutenant au Régiment de Normandie en 1676. il servit au siége de Fribourg en 1677. à l'attaque des retranchemens de Seckingen, aux siéges de Kell & de Lichtemberg en 1678. au combat de Minden en 1679. Il parvint à une Compagnie le 24. Octobre 1683. & passa avec elle dans le Régiment de Foix lors de sa création le 13. Septembre 1684. Il s'en démit le même jour pour prendre l'Aide-Majorité du Régiment, & quitta l'Aide-Majorité pour la Lieutenance de la Colonelle avec son rang de Capitaine le 19. Février 1690. Il servit aux siéges de Chambery & du château de Montmélian en 1691. au siége de Namur & à la bataille de Steinkerque en 1692. à la bataille de Néerwinden & au siége de Charleroy en 1693. sur la Meuse en 1694. à la défense de Namur en 1695. sur la Meuse en 1697. en Allemagne en 1702. Il devint Capitaine de Grenadiers au mois de Février 1703. & commanda cette Compagnie au siége de Kell, à l'attaque des retranchemens d'Hornberg, au combat de Munderkirken, à la premiére bataille d'Hochstett, à la prise d'Ausbourg & d'Ulm la même année : à la seconde bataille d'Hochstett en 1704.

Commandant le second Bataillon de son Régiment par ordre du 15. Février 1705. il servit à l'armée du Rhin.

cette année : au secours du fort Louis, à la prise de Drusenheim, de Lauterbourg & de l'isle du Marquisat en 1706. & parvint à la Lieutenance-Colonelle du même Régiment le 7. Juillet. Il se trouva à toutes les expéditions du Maréchal de Villars dans la Franconie & la Suabe en 1707. à l'armée du Rhin en 1708. à la bataille de Malplaquet en 1709. à l'armée de Flandre en 1710. à la défense de Bouchain, où il fut fait prisonnier de guerre en 1711.

Brigadier par brevet du 3. Avril 1721. il obtint la Lieutenance de Roi de Schlestatt le 9. Mai 1724. quitta le Régiment de Foix, & mourut à Schlestatt.

D'OSHAGNUSSY (Guillaume.)
Voyez Tome VII. page 128.

DE MONTALAMBERT (François) mort le 30. Avril 1751. âgé de 79. ans.

Cadet dans la Compagnie de Tournay en 1688. Sous-Lieutenant dans le Régiment de Feuquieres le 18. Octobre 1689. il le joignit à l'armée d'Allemagne où il servit encore en 1690. Passa Enseigne au Régiment de Nivernois le 16. Janvier 1691. y eut une Lieutenance le 18. Avril suivant, & servit au siége de Mons la même année : sur les côtes de Normandie en 1692. à la bataille de la Marsaille au mois d'Octobre 1693. & parvint à une Compagnie le 16. Novembre. Il la commanda à l'armée d'Italie qui se tint sur la défensive en 1694. & 1695. au siége de Valence en 1696. à l'armée de la Meuse en 1697. à l'armée d'Allemagne en 1702. au siége de Kell, à l'attaque des retranchemens d'Hornberg, au combat de Munderkirken, à la premiére bataille d'Hochstett, à la prise d'Ausbourg & d'Ulm en 1703. à la seconde bataille d'Hochstett en 1704. & passa à la Compagnie de Grenadiers le 22. Mars 1705. & à la Majorité du Régiment au mois d'Avril 1706. Il servit à l'armée de la Moselle en 1705. au secours du fort Louis, à la prise de Drusenheim, de

Lauterbourg & de l'isle du Marquisat en 1706. à l'armée de Flandre en 1707.

Promotion du 3. Avril 1721.

Lieutenant-Colonel de son Régiment par commission du 5. Mai 1708. il combattit à Oudenarde au mois de Juillet : à Malplaquet au mois de Septembre 1709. Servit en Flandre en 1710. à l'attaque d'Arleux en 1711. aux siéges de Douay, du Quesnoy & de Bouchain en 1712. de Landau & de Fribourg en 1713.

Brigadier par brevet du 3. Avril 1721. il obtint le Gouvernement du château de Saint-André de Villeneuve-les-Avignon le 4. Décembre 1731. quitta le Régiment de Nivernois, & mourut à Avignon.

DE LA CHASSAGNE (Louis de Chassalt) mort au mois de Juillet 1732.

Entra Lieutenant au Régiment d'infanterie de Bretagne le 7. Mai 1687. Servit en Allemagne en 1689. & 1690. aux siéges de Nice, de Villefranche, de Montalban en 1691. obtint une Compagnie le 14. Juillet, & la commanda aux siéges de Veillane, de Carmagnole & du château de Montmélian la même année : à l'armée d'Italie en 1692. à la bataille de la Marsaille en 1693. au siége de Valence en 1696. à celui de Barcelone en 1697. aux combats de Carpy & de Chiary en 1701. à la défense de Cremone, à la bataille de Luzzara, à la prise de cette place & de Borgoforté en 1702. Parvint à la Compagnie de Grenadiers le 26. Août 1703. & la commanda au passage dans le Trentin, aux siéges de Nago & d'Arco la même année : à ceux d'Yvrée & de Verceil en 1704. Fut fait Major du Régiment le 5. Octobre, & servit en cette qualité aux siéges de Verue & de Chivas, & à la bataille de Cassano en 1705. au siége & à la bataille de Turin en 1706. à l'armée du Dauphiné en 1707. & 1708. & devint Lieutenant-Colonel de son Régiment le 25. Septembre. Il se trouva à la bataille de Malplaquet en 1709. à l'attaque d'Arleux en 1711. aux siéges de Douay, du Quesnoy & de Bouchain en 1712. de Landau & de Fribourg en 1713.

Brigadier par brevet du 3. Avril 1721. il obtint la Lieutenance de Roi de Collioure le 28. Août 1730. quitta la Lieutenance-Colonelle du Régiment de Bretagne, & mourut à Collioure.

DE MONTGREMIER (Louis-René de Pannetier) mort le 21. Août 1744.

Soldat au Régiment de Champagne en 1684. il servit au siége de Luxembourg la même année, & entra dans la Compagnie des Cadets de Brisack en 1685. Enseigne au Régiment d'Aunis en 1689. il passa à une Lieutenance en 1690. Major du Régiment d'infanterie de Noailles le premier Octobre 1691. il obtint le 11. Avril 1692. une commission pour tenir rang de Capitaine, & servit en Catalogne la même année. Il s'y trouva au siége de Rose en 1693. à la bataille du Ter, aux siéges de Palamos, de Gironne, d'Ostalric & de Castelfollit en 1694. à la défense de Palamos en 1695. au siége de Valence en Italie en 1696. à l'armée de la Meuse en 1697. à l'armée d'Allemagne en 1701. & 1702. au siége de Kell, à l'attaque des retranchemens d'Hornberg, au combat de Munderkirken, à la première bataille d'Hochstett, à la prise d'Aufbourg & d'Ulm en 1703. à la seconde bataille d'Hochstett en 1704. à l'armée du Rhin en 1705. au secours du fort Louis, à la prise de Drusenheim, de Lauterbourg & de l'isle du Marquisat en 1706. à l'armée de Flandre en 1707. à l'armée du Rhin en 1708. & devint Lieutenant-Colonel de son Régiment (alors Beaufermés) le 22. Décembre. Combattit en cette qualité à la bataille de Malplaquet en 1709. Servit en Flandre en 1710. à l'attaque d'Arleux en 1711. à l'affaire de Denain, aux siéges de Douay, du Quesnoy & de Bouchain en 1712. de Landau & de Fribourg en 1713.

Brigadier par brevet du 3. Avril 1721. il obtint le 7. Mars 1731. en quittant son Régiment, la Lieutenance de Roi de Monaco où il est mort.

DESPREAUX

D'INFANTERIE.

Promotion du 3. Avril 1721.

DESPREAUX (Charles-Louis-Alexandre) mort le 17. Mars 1752.

Cadet à Besançon en 1683. Sous-Lieutenant dans le Régiment de la Sarre en 1687. Lieutenant en 1688. Capitaine le 22. Mai 1689. il commanda sa Compagnie à l'armée d'Italie jusqu'à la paix de 1696. Se trouva à tous les siéges & à toutes les batailles, & se distingua particuliérement au siége de Montmélian & à la bataille de la Marsaille. Il servit sur le Rhin en 1697. Repassa en Italie en 1701. Fut fait Major de son Régiment le 23. Novembre 1704. se trouva à la bataille de Luzzara, aux siéges de Verceil, d'Yvrée, de Verue, de Chivas, de Turin & aux batailles de Cassano & de Turin. Repassé en France avec son Régiment après l'évacuation du Milanès en 1707. il servit à l'armée du Dauphiné cette année & la suivante : à la bataille de Malplaquet en 1709. Parvint à la Lieutenance-Colonelle de son Régiment le premier Avril 1710. continua de servir en Flandre. Il étoit à l'attaque d'Arleux en 1711. aux siéges de Douay, du Quesnoy & de Bouchain en 1712. à ceux de Landau & de Fribourg en 1713.

Brigadier par brevet du 3. Avril 1721. il quitta le service au mois de Février 1727.

DU HAGET (Jean-Jacques) mort au mois de Juin 1728.

Sous-Lieutenant au Régiment du Maine en 1682. il servit au siége de Courtray en 1683. Passa à une Lieutenance en 1684. couvrit avec l'armée le siége de Luxembourg la même année. Etoit à la défense de Mayence en 1689. & obtint une Compagnie le 18. Décembre. Il la commanda à la bataille de Fleurus en 1690. au siége de Mons en 1691. au siége de Namur & à la bataille de Steinkerque en 1692. sur la Moselle & en Allemagne en 1693. en Flandre jusqu'à la paix : au combat de Nimegue en 1702. à celui d'Eckeren en 1703. & prit le commandement de la Compagnie de Grenadiers après le combat. Il passa de-là en Espagne avec le Régiment, s'y distingua à tous les

Tome VIII.   S f

siéges, & sur tout à celui de Lérida & à la bataille d'Almanza. Il étoit devenu Commandant du deuxiéme Bataillon le 23. Août 1705. Fut fait Major le 21. Août 1707. & parvint à la Lieutenance-Colonelle le 17. Octobre 1711. Il servit en cette qualité à l'affaire de Denain, aux siéges de Douay, du Quesnoy & de Bouchain en 1712. aux siéges de Landau & de Fribourg, & à l'attaque des retranchemens du Général Vaubonne en 1713.

Brigadier par brevet du 3. Avril 1721. il étoit encore Lieutenant-Colonel du Régiment du Maine lorsqu'il mourut.

DE LA MOTTE (*N.*) mort au mois de Décembre 1731.

Servit d'abord Volontaire en 1675. puis Lieutenant dans une Compagnie franche d'infanterie au mois de Juillet 1677. & se trouva avec cette Compagnie à quelques actions de la petite guerre. Cette Compagnie franche ayant été réformée au mois de Mars 1679. il entra au mois de Juillet suivant dans le Régiment de Schomberg (depuis Larray, Maulevrier, Lyonne & Monconseil.) Se trouva à la prise de Gironne en 1684. & parvint à une Compagnie au mois de Janvier 1685. Il la commanda à l'armée d'Allemagne en 1690. à la conquête du Comté de Nice & aux siéges en dépendans en 1691. au siége de Charleroy en 1693. à la défense de Namur en 1695. à la bataille de Luzzara en 1702. à l'expédition du Trentin en 1703. & fut fait Major de son Régiment au mois d'Octobre. Il servit en cette qualité aux siéges de Verceil, d'Yvrée, de Verue, de Chivas & de Turin, & se trouva aux batailles de Cassano, de Turin & de Castiglioné. Après l'évacuation du Milanès au mois de Mars 1707. il passa avec son Régiment en Espagne, & servit à la bataille d'Almanza au mois d'Avril, au siége de Lérida la même année : à l'attaque d'Arleux en 1711. aux siéges de Douay, de Marchiennes, du Quesnoy & de Bouchain en 1712. & devint Lieutenant-Colonel de son Régiment le 5. Novembre de cette année.

D'INFANTERIE.

Brigadier par brevet du 3. Avril 1721. il étoit encore Lieutenant-Colonel de son Régiment (alors Monconseil) lorsqu'il mourut.

Promotion du 3. Avril 1721.

DE CONQUERANT (Gédéon-Louis) mort en 1732.
Il servit Volontaire au siége d'Aire en 1676. Entra Sous-Lieutenant au Régiment d'Anjou au mois de Juillet 1677. servit au siége de Fribourg la même année : à l'attaque des retranchemens de Seckingen, aux siéges de Kell & de Lichtemberg en 1678. au combat de Minden en 1679. & passa à une Lieutenance au mois de Juillet. Il leva une Compagnie le 20. Octobre 1683. Fut réformé le 16. Septembre 1684. & remplacé à une Compagnie dans le Régiment de Saintonge le 20. Juillet 1685. Il la commanda en Allemagne en 1688. & les années suivantes : à l'armée d'Italie en 1694. sur la Meuse en 1696. en Flandre en 1697. à la bataille de Frédélingen en 1702. Capitaine de la Compagnie de Grenadiers le 31. Janvier 1703. il la commanda au siége de Kell, à l'attaque des retranchemens d'Hornberg, au combat de Munderkirken, à la premiére bataille d'Hochstett, à la prise d'Ausbourg & d'Ulm la même année : à la seconde bataille d'Hochstett en 1704. & devint Commandant du second Bataillon le 20. Octobre. Il servit sur le Rhin en 1705. & 1706. en Flandre en 1707. sur le Rhin en 1708. à la bataille de Malplaquet en 1709. en Flandre en 1710. sur le Rhin en 1711. & les années suivantes. Il y servit aux siéges de Landau & de Fribourg en 1713. & parvint à la Lieutenance-Colonelle de son Régiment le 16. Septembre de cette année.

Brigadier par brevet du 3. Avril 1721. il quitta le service au mois de Janvier 1730. & mourut deux ans après.

DE ROCHECOLOMBE (Jean-Fortunat de Serre) mort le 21. Août 1751. âgé de 80. ans.
Sous-Lieutenant au Régiment d'infanterie de Toulouse au mois de Janvier 1689. Lieutenant au mois de Mars 1690. il combattit à Fleurus au mois de Juillet. Servit

S s ij

Promotion du
3. Avril 1721.

au siége de Mons & au combat de Leuse en 1691. Passa à une Compagnie le premier Mars 1692. & la commanda au siége de Namur & à la bataille de Steinkerque la même année : à la bataille de Néerwinden & au siége de Charleroy en 1693. à la marche de Vignamont au pont d'Espierre en 1694. au siége de Bruxelles & au combat de Tongres en 1695. au camp de Compiégne en 1698. en Allemagne en 1701. à la bataille de Frédélingen en 1702. au siége de Kell, à l'attaque des retranchemens d'Hornberg, au combat de Munderkirken, à la première bataille d'Hochstett, à la prise d'Ausbourg & d'Ulm en 1703. Passa à la Compagnie de Grenadiers le 10. Février 1704. & la commanda à la bataille d'Hochstett au mois d'Août : à l'armée du Rhin en 1705. au secours du fort Louis, à la prise de Drusenheim, de Lauterbourg & de l'isle du Marquisat en 1706. à toutes les expéditions du Maréchal de Villars dans la Franconie & la Suabe en 1707. Il fut fait Major de son Régiment le 25. Avril 1711. Servit à l'armée du Rhin depuis 1708. jusqu'à la paix, & s'y trouva au combat de Rumersheim en 1709. aux siéges de Landau & de Fribourg en 1713. Lieutenant-Colonel du même Régiment le 28. Octobre de cette année, Brigadier par brevet du 3. Avril 1721. il obtint la Lieutenance de Roi de Mets le 10. Novembre 1729. en quittant le Régiment de Toulouse, & mourut à Mets.

DE CHENELETTE (Étienne-Charles de Noblet, Marquis.) *Voyez* Tome VII. page 129.

DE VEROT (Joseph de Verot de Toron) mort le 16. Janvier 1744.

Cadet en 1684. Sous-Lieutenant au Régiment de Bourgogne au mois de Juillet 1687. Lieutenant en 1689. Il combattit à Fleurus en 1690. Servit aux siéges & à la conquête du Comté de Nice, aux siéges de Veillane, de Carmagnole & du château de Montmélian en 1691. à la défense de Pignerol & de Suse en 1692. à l'armée d'Allemagne en 1693. & 1694. à l'armée d'Italie en 1695.

D'INFANTERIE. 325

& parvint à une Compagnie au mois d'Août. Il la commanda au siége de Valence en 1696. à celui d'Ath en 1697. à la bataille de Luzzara, à la prise de cette place & de Borgoforté en 1702. aux expéditions dans le Trentin en 1703. aux siéges de Verceil, d'Yvrée, de Verue, de Chivas & de Turin, aux batailles de Cassano, de Turin & de Castiglioné en 1706. & passa à une Compagnie de Grenadiers au mois de Décembre. Il servit à la défense de Toulon en 1707. à l'attaque des deux Sesannes en 1708. Devint Commandant du second Bataillon le 9. Juillet 1709. & le commanda à la bataille de Malplaquet au mois de Septembre : à l'armée de Flandre en 1710. à l'attaque d'Arleux en 1711.

Promotion du 3. Avril 1711.

Major de son Régiment par brevet du 19. Avril 1712. il servit en cette qualité à l'attaque de Denain, aux siéges de Douay, de Marchienne, du Quesnoy & de Bouchain la même année : aux siéges de Landau & de Fribourg, & à l'attaque des retranchemens du Général Vaubonne en 1713. Il parvint à la Lieutenance - Colonelle du même Régiment le 3. Avril 1714. Obtint le grade de Brigadier par brevet du 3. Avril 1721. la Lieutenance de Roi de Briançon le 28. Janvier 1727. en quittant le Régiment de Bourgogne. Il se démit de la Lieutenance de Roi de Briançon le 11. Octobre 1739. & vécut dans la retraite jusqu'à sa mort.

DES CHASSES (Antoine-Marc de Berger) mort le 2. Mars 1758. âgé de 84. ans.

Lieutenant dans Royal Savoye en 1689. il fit quelques campagnes avec ce Régiment. Entra Lieutenant au Régiment de la Couronne en 1693. le joignit à l'armée d'Allemagne, marcha avec lui en Italie où il se trouva à la bataille de la Marsaille au mois d'Octobre. Continua de servir en Italie en 1694. & 1695. Fut fait Lieutenant en 1696. & servit au siége de Valence la même année : à celui de Barcelone l'année suivante, & passa à une Compagnie le 1. Juillet 1697. Il la commanda au camp de Compiégne en 1698. à Namur pendant la campagne de

Promotion du 3. Avril 1721.

1701. au combat de Nimegue en 1702. à toutes les expéditions du Portugal en 1703. & 1704. aux fiéges de Gibraltar & de Barcelone en 1705. & 1706. à la bataille d'Almanza au mois d'Avril 1707. prit une Compagnie de Grenadiers le 2. Juin fuivant, & la commanda au fiége de Lérida la même année : à celui de Tortofe en 1708. à l'armée d'Efpagne qui fe tint fur la défenfive en 1709. à l'armée du Dauphiné en 1710. au fiége de Gironne, puis fur la frontiére de Catalogne en 1711.

Major de fon Régiment le 23. Février 1712. il continua de fervir fur la frontiére de Catalogne, & fe trouva au blocus & à l'affaut de Barcelone en 1713. & 1714. Il devint Lieutenant-Colonel de fon Régiment le 25. Septembre de la même année. Fut créé Brigadier par brevet du 3. Avril 1721. Obtint la Lieutenance de Roi de Condé le 10. Septembre 1722. en quittant le Régiment de la Couronne. Paffa au commandement de la citadelle de Strafbourg le 6. Juillet 1725. & s'en démit au mois de Janvier 1738.

DE MONTESQUIOU (Jean-François de Montefquiou de Marfan) mort le 15. Septembre 1748.

Cadet en 1684. Sous-Lieutenant au Régiment de la Marine au mois de Septembre 1687. il fervit en Allemagne en 1689. devint Lieutenant au mois de Décembre. Continua de fervir en Allemagne en 1690. à la conquête du Comté de Nice, aux fiéges de Nice, de Villefranche, de Montalban, de Veillane, de Carmagnole, & du château de Montmélian en 1691. à la défenfe de Pignerol & de Sufe en 1692. à la bataille de la Marfaille en 1693. & obtint une Compagnie le 6. Décembre de cette année. Il la commanda à l'armée d'Italie jufqu'à la paix, & s'y trouva au fiége de Valence en 1696. Il paffa en Catalogne, & fervit au fiége de Barcelone en 1697. Il commanda fa Compagnie en Italie depuis 1701. jufqu'en 1706. & fe trouva aux combats de Carpy & de Chiary, à la bataille de Luzzara, au paffage dans le Trentin, aux fiéges de Luzzara, de Nago, d'Arco, de Verceil, d'Yvrée, de

Verue, de Chivas & de Turin, aux batailles de Caſſano & de Caſtiglioné. Il fut enſuite ſucceſſivement Capitaine de Grenadiers de ſon Régiment au mois de Juin 1707. Commandant du troiſiéme Bataillon le 13. Novembre 1708. commandant le ſecond le 10. Août 1709. Major le 8. Août 1713. & Lieutenant-Colonel le 6. Octobre 1714. & ſervit à l'armée du Dauphiné depuis 1707. juſqu'en 1712. & aux ſiéges de Landau & de Fribourg en 1713. Il fit la campagne de 1719. ſe trouva aux ſiéges de Saint-Sébaſtien, de Fontarabie & de Caſtelléon. Obtint le grade de Brigadier par brevet du 3. Avril 1721. & le 3. Mars 1729. la Lieutenance de Roi de la citadelle de Perpignan où il eſt mort.

Promotion du 3. Avril 1721.

DE MONTFLOUX (Michel-Gabriel) mort au mois d'Octobre 1733.

Cadet à la création le 15. Juin 1682. il entra Lieutenant au Régiment de Normandie au mois d'Octobre 1683. Servit l'année ſuivante au ſiége de Luxembourg, à ceux de Philiſbourg, de Manheim & de Franckendal en 1688. à l'armée du Palatinat en 1689. Combattit à Fleurus au mois de Juillet 1690. & obtint une Compagnie le 27. Août ſuivant. Il la commanda pendant la campagne de 1691. à l'armée d'Allemagne; la quitta, prit l'Aide-Majorité du Régiment le 26. Octobre, & continua de ſervir à l'armée d'Allemagne. Il reprit une Compagnie le 9. Septembre 1693. & la commanda en Allemagne juſqu'à la paix de 1698. à l'armée d'Allemagne, puis en Italie en 1701. aux batailles de Luzzara, de Sant-Benedetto, de Caſſano & de Turin, aux ſiéges de Nago, d'Arco, de Verceil, d'Yvrée, de Chivas, de Verue & de Turin en 1703. & les trois années ſuivantes. Il paſſa à une Compagnie de Grenadiers en 1707. la commanda au ſiége de Lérida la même année: à celui de Tortoſe en 1708. à l'armée d'Eſpagne qui ſe tint ſur la défenſive en 1709. à la défaite des Anglois près de Cete en 1710. au ſiége de Gironne en 1711. au blocus & à l'aſſaut de Barcelone en 1713. & 1714.

Promotion du 3. Avril 1721.

Il fut succeſſivement Commandant du troiſiéme Bataillon de ſon Régiment le 13. Octobre 1714. Commandant du ſecond le 10. Novembre 1716. Major le 13. Juillet 1717. & Lieutenant-Colonel le 16. Janvier 1719. ſervit cette même année aux ſiéges de Fontarabie, de Saint-Sébaſtien & d'Urgel. Obtint le grade de Brigadier le 3. Avril 1721. & étoit encore Lieutenant-Colonel du Régiment de Normandie lorſqu'il mourut. Il avoit eu un bras emporté d'un boulet de canon.

PIJART (*N.*) mort au mois de Septembre 1733. âgé de 80. ans.

Succeſſivement Cadet en 1671. & Sous-Lieutenant dans Rambures au mois de Mars 1672. Lieutenant au mois de Janvier 1675. Capitaine dans Navarre le 24. Octobre ſuivant, Capitaine dans les Fuſiliers du Roi (depuis Royal-Artillerie) où il paſſa avec ſa Compagnie au mois de Noembre 1677. Capitaine de Canoniers le 5. Janvier 1694. Commandant du cinquiéme Bataillon le 9. Mars 1696. Réformé en Mars 1698. Remplacé à une Compagnie de Canoniers le premier Février 1702. & au commandement du cinquiéme Bataillon le 23 Juin. 1706. Lieutenant-Colonel & Commandant un Bataillon de ſon nom à la nouvelle compoſition de Royal-Artillerie le 25. Février 1720. enfin Brigadier par brevet du 3. Avril 1721. Il fit toutes les campagnes depuis 1672. & ſe trouva à cinquante-trois ſiéges, ſoit en Italie, en Flandre ou en Allemagne, & à vingt-deux batailles ou actions conſidérables, dans leſquelles il avoit reçu pluſieurs bleſſures, & commandoit encore ſon Bataillon lorſqu'il mourut.

DE CERTEMONT (Charles du Pleſſier) mort le 23. Avril 1728.

Succeſſivement Lieutenant réformé dans les Fuſiliers du Roi (depuis Royal-Artillerie) le 6. Septembre 1674. Lieutenant le 25. Avril 1677. Lieutenant de Canoniers le 6. Décembre 1679. Capitaine le 6. Avril 1683. Major le premier Avril 1697. Lieutenant de la Colonelle le 20. Décembre

Décembre 1712. Lieutenant-Colonel commandant un Bataillon de son nom à la nouvelle composition du Régiment le 25. Février 1720. enfin Brigadier par brevet du 3. Avril 1721. il servit à tous les siéges de son temps : se trouva à plusieurs batailles, où il reçut trois blessures considérables, & commandoit encore son Bataillon lorsqu'il mourut.

Promotion du 3. Avril 1721.

DE MALESIEU (Pierre de Malesieu des Tournelles.) *Voyez* Tome V. page 263.

DE MARANS (Louis-François de Marans de Varennes, Chevalier) mort au mois de Septembre 1730. Successivement Commissaire ordinaire de l'artillerie le 6. Mai 1693. Commissaire provincial le 8. Mai 1703. Lieutenant le 2. Juillet 1707. Lieutenant au département de Bretagne en résidence à Saint-Malo le premier Avril 1717. Lieutenant privilégié le 8. Août 1718. Brigadier par brevet du 3. Avril 1721. Lieutenant général de l'artillerie au département de Bretagne le premier Mars 1729. enfin Lieutenant général au département de la Guyenne & du pays d'Aunis. Il servit avec la plus grande distinction en Flandre depuis 1688. jusqu'en 1698. & de 1701. à 1713.

DE JAUCOURT (Jean, Chevalier) mort le 6. Avril 1729. âgé de 58. ans.

Après avoir servi plusieurs années Cadet & Officier pointeur dans l'artillerie, il fut successivement Commissaire ordinaire le 26. Novembre 1695. Commissaire provincial le 16. Mai 1703. Lieutenant le 3. Juillet 1707. Lieutenant en second à l'armée de Flandre le premier Mars 1711. & le 20. Mars 1712. Commandant en chef en Bretagne à la mort de M. Pelletier, & jusqu'à ce que son fils fût en âge d'exercer, par commission donnée à Marly le premier Juillet 1714. Lieutenant général de l'artillerie au département de Bretagne le 2. Juillet 1716. Lieutenant général privilégié le premier Octobre suivant. Brigadier par brevet du 3. Avril 1721. enfin Lieutenant général au département d'Alsace le 27. Avril 1726. se trouva à plusieurs siéges & batailles en Allemagne, en Flandre & en Italie, & avoit encore le département d'Alsace lorsqu'il mourut.

DE LA ROCHEAIMONT (Paul, Chevalier.)
Voyez Tome V. page 264.

DE LANGRUNE (*N*.) mort le 20. Mai 1725.

Il étoit Ingénieur, & fut chargé en 1685. des ouvrages de Belleisle, du port Louis & de l'isle d'Houac. Il obtint une commission de Capitaine réformé à la suite du Régiment de Vivarais en 1686. & passa en 1687. en Dauphiné pour y avoir soin des places de la province. Il fut ensuite Ingénieur en chef à Grenoble en 1692. à Ypres en 1696. à Maubeuge en 1702. Il avoit servi aux siéges du Comté de Nice & du château de Montmélian en 1691. à ceux de Deinse & de Dixmude, où il avoit été blessé & brulé en 1695. à celui d'Ath en 1697. Etant à l'armée de Flandre en 1702. il entra au mois de Juillet dans Rhimberg, & servit avec la plus grande distinction pendant le bombardement de cette place. Il fut employé à Thionville en 1703. & en sortit pour le siége de Brisack où il eut la cuisse percée. Il commanda une Brigade d'Ingénieurs en Allemagne, en Baviére, & à la bataille d'Hochstett en 1704. & obtint la Croix de Saint-Louis après la campagne. Directeur des fortifications de la Provence, il se rendit au mois d'Octobre de la même année à l'armée d'Italie, où il servit aux siéges de Verue, du Comté de Nice & de Chivas en 1705. au siége de Turin où il fut blessé en 1706. Passé de là en Espagne, il se trouva à la bataille d'Almanza, & dirigea les siéges de Lérida en 1707. & de Tortose en 1708. On lui donna la direction générale des fortifications des places de la Normandie en 1710. & on le créa Brigadier par brevet du 3. Avril 1721.

JOBLOT (*N*.) mort le 16. Avril 1725.

Volontaire aux travaux de Schlestatt en 1677. il y obtint une Lieutenance dans le Régiment de Piémont, & ensuite une Compagnie le 26. Juillet 1678. Il fut employé Ingénieur à Bellegarde en Roussillon en 1679. Passa Capitaine au Régiment de la Marine le 28. Octobre 1682. Servit aux siéges de Gironne & du Cap de Quiers en 1684. à celui de Campredon en 1689. Commanda une Brigade d'Ingénieurs au siége de Roses en 1693. à la bataille du Ter, aux siéges de Palamos, de Gironne, d'Ostalric & de Castelfollit en 1694. au siége de Barcelone en 1697. Il quitta la Catalogne en 1699. & fut employé Ingénieur en chef à Marseille : il fut ensuite successivement Major de Roses, de Bellegarde & de Villefranche. Obtint la direction des places du Roussillon en 1703. Servit au siége de Suze en 1704. Obtint la Croix de Saint-Louis en 1705. Fit le siége de Barcelone où il reçut une blessure légere à la jambe & à la gorge en 1706. Servit au siége de Lérida, & fit en chef celui de Morella en 1707.

Il eut le détail du siége de Gironne sous M. de la Cour en 1710. Fit celui de Cardonne où il fut blessé à l'épaule & en différens endroits du corps en 1711.

Brigadier par brevet du 3. Avril 1721. il avoit encore la direction du Roussillon lorsqu'il mourut.

Promotion du 3. Avril 1721.

DU PORTAL (Antoine.)
Voyez Tome VII. page 131.

D'ORTAFFA (Bonaventure)
A été créé Brigadier par brevet du premier Mai 1723.
Voyez Tome VII. page 140.

1. Mai 1723.

DE TRESLANS (Henry de Roux, Baron) mort le 2. Mai 1764. âgé de 94. ans.

1. Mai 1723.

Lieutenant au Régiment d'infanterie de Berry en 1690. il servit sur les côtes. Passa en Italie à la défense de Pignerol que les ennemis bomberderent en 1693. & obtint une Compagnie le 12. Août de cette année. Il la commanda à Suze pendant la campagne de 1694. il quitta sa Compagnie, & prit l'Aide-Majorité du Régiment le 8. Octobre de cette année. Servit en Italie en 1695. au siége de Valence en 1696. à l'armée de Flandre en 1697. Paſſa à Naples en 1702. Fut fait Major de ſon Régiment le 18. Avril 1703. Demeura à Naples pluſieurs années. Se trouva au ſiége & à la bataille de Turin en 1706. & parvint à la Lieutenance-Colonelle de ſon Régiment le 12. Janvier 1707. il ſervit cette année à l'armée du Dauphiné : à l'attaque des deux Seſannes en 1708. Continua de ſervir à l'armée du Dauphiné en 1708. & les deux années ſuivantes. Servit à celle du Rhin en 1711. & les années ſuivantes, & ſe trouva aux ſiéges de Landau & de Fribourg, & à l'attaque des retranchemens du Général Vaubonnne en 1713.

Brigadier par brevet du premier Mai 1723. Lieutenant de Roi de Beſançon le premier Septembre 1732. il quitta alors le Régiment de Berry. Paſſa le 15. Mai 1733. à la Lieutenance de Roi de Straſbourg où il eſt mort.

13. Octobre 1723. **DE LARRE** (Pierre d'Iturbie) mort au mois de Janvier 1727.

Cadet au Régiment de Dragons de Fontbeauſard en 1700. Cornette au Régiment de Dragons de Villegagnon en 1702. il ſe trouva aux ſiéges de Briſack & de Landau, & à la bataille de Spire en 1703. à la bataille d'Hochſtets en 1704. à l'armée de la Moſelle en 1705. Paſſé en Eſpagne en 1706. il obtint au mois de Février de cette année une Sous-Lieutenance dans le Régiment des Gardes-Valonnes, une Lieutenance en 1707. & une Compagnie au mois de Février 1711. Il fit toutes les campagnes avec Philippe V. juſqu'à la paix. Rentra en France au mois de Février 1719. obtint le 19. Juin une commiſſion de Colonel réformé à la ſuite de la ville de Bayonne ; & ayant ſervi avec diſtinction pendant la contagion, il fut créé Brigadier par brevet du 13. Octobre 1723.

24. Janvier 1729. **DE ROCOSEL** (Pons de Roſſet de Ceilhes, Marquis) A été créé Brigadier par brevet du 24. Janvier 1729. *Voyez* Tome V. page 181.

DE THOMÉ (Pierre) 19. Janvier 1732.
A été créé Brigadier par brevet du 19. Janvier 1732.
Voyez Tome V. page 355.

DE CADEVILLE (Nicolas) 27. Septem. 1732.
A été créé Brigadier par brevet du 27. Septembre 1732.
Voyez Tome VII. page 133.

DE LA BLOTTIERE (François) 8. Décem. 1733.
A été créé Brigadier par brevet du 8. Décembre 1733.
Voyez Tome VII. page 141.

PROMOTION *du 20. Février* 1734. Promotion du 20. Février 1734.

D'ESTAVAYÉ (Laurent d'Estavayé de Lully.)
Voyez Tome VII. page 143.

D'AUNAY (Jean-Charles de Mesgrigny, Comte.)
Voyez Tome V. page 273.

DE BRUN (Ferdinand-Agatange , Marquis de Roche , Marquis.)
Voyez Tome V. page 274.

D'ARROS (Jean-Armand d'Arros de Viven, Comte.)
Voyez Tome V. page 355.

DE BERENGER (Pierre de Berenger du Gua, Comte.)
Voyez Tome V. page 278.

DE RANCY (Joseph Brunet) mort le 3. Décembre 1754. âgé de 68. ans.
Mousquetaire en 1703. il se trouva au combat d'Eckeren au mois de Juin. Enseigne au Régiment des Gardes Françoises le 9. Février 1704. Sous-Lieutenant le 7. Janvier 1705. il combattit à Ramillies en 1706. Passa à une Lieutenance le 2. Janvier 1707. Se trouva à la bataille

Promotion du 20. Février 1734.

d'Oudenarde en 1708. à celle de Malplaquet en 1709. Fut nommé Capitaine-Lieutenant de la Compagnie Colonelle le 31. Janvier 1711. & la commanda aux siéges de Douay, du Quesnoy & de Bouchain en 1712. aux siéges de Landau & de Fribourg en 1713.

Brigadier par brevet du 20. Février 1734. il fit la campagne de Philisbourg, & quitta le service au mois de Décembre de la même année.

D'HAUSSY (Etienne-Joseph d'Isarn de Villefort, Marquis) mort le 6. Octobre 1753.

Enseigne au Régiment de Gondrin en 1707. il servit en Flandre cette année. Se trouva à la bataille d'Oudenarde en 1708. Obtint une Compagnie le 2. Février 1709. & la commanda à la bataille de Malplaquet au mois de Septembre : à l'armée de Flandre en 1710. Colonel réformé à la suite du même Régiment le 14. Mars 1711. il se démit de sa Compagnie, & servit à l'attaque d'Arleux la même année.

Colonel du Régiment d'infanterie de Forès par commission du 27. Février 1712. il le commanda à l'armée du Dauphiné pendant cette campagne, & en Flandre pendant celle de 1713.

Gentilhomme de la manche du Roi le 22. Juin 1716. il se démit du Régiment de Forès, & fut entretenu par ordre du 22. Juin 1718. Colonel réformé à la suite de ce Régiment, en conservant son rang. Il obtint le Gouvernement de Guerrande & du Croisic en 1721. le commandement d'un Bataillon de Milice du Duché de Bourgogne par ordre du 15. Janvier 1734. le grade de Brigadier par brevet du 20. Février suivant. On joignit par ordre du 25. Août le Bataillon de Milice de Damoiseau de la même province, & celui que commandoit le Marquis d'Haussy, & on en forma un Régiment de Milice qui porta son nom par ordre du même jour. Il le commanda jusqu'au mois de Novembre 1736. qu'on licentia les Milices, & n'a point servi depuis.

D'INFANTERIE.

Promotion du 20. Février 1734.

D'ARBOUVILLE (Pierre de Chambon.)
Voyez Tome VII. page 148.

DE THIER (Jean-Guillaume Ogé) mort le 9. Novembre 1747. âgé de 88. ans.
Servit Volontaire de 1691. à 1696. dans la Compagnie franche de la Croix, & se trouva à toutes les expéditions de ce fameux Capitaine. Il obtint une commission de Capitaine réformé à la suite de la même Compagnie le 3. Octobre 1701. le rang de Lieutenant-Colonel le 12. Août 1703. le rang de Colonel le 12. Avril 1712. & suivit toujours M. de la Croix pendant toute cette guerre. La Compagnie de la Croix ayant été réformée, M. de Thier fut entretenu Colonel réformé à la suite de la ville de Mets le 2. Octobre 1714. puis à la suite de Thionville le 30. Novembre 1717.
Il leva par commission du 15. Février 1727. une Compagnie franche d'infanterie, & par autre commission du 5. Novembre 1733. une Compagnie franche de cinquante Dragons. Obtint le grade de Brigadier par brevet du 20. Février 1734. Servit supérieurement avec ses deux Compagnies sur la frontière du pays Messin pendant la guerre de 1734. Sa Compagnie de Dragons fut réformée par Ordonnance du 14. Juin 1736. & il se démit de celle d'infanterie au mois de Septembre 1737. en quittant le service.

DE LA GICLAYE (*N.* Magon de la Gervaisais, Comte)
Enseigne au Régiment d'infanterie de Berry en 1704. il le joignit à Naples, & fut fait Lieutenant au mois d'Octobre de la même année. Repassé en Italie en 1705. il se trouva à la bataille de Cassano au mois d'Août : au siége & à la bataille de Turin en 1706. & obtint une Compagnie le 12. Septembre. Il la commanda à l'armée du Dauphiné en 1707. & les années suivantes jusqu'à 1712. Il obtint par commission du 26. Juillet de cette année le Régiment de Berry sur la démission de M. de la Gervaisais son frere, &

Promotion du 20. Février 1734.

le commanda aux siéges de Fribourg & de Landau en 1713. au siége de Kell en 1733.

Brigadier par brevet du 20. Février 1734. il fit encore cette campagne, & quitta le service & son Régiment au mois de Mai 1735.

D'ESTISSAC (Louis - Armand - François de la Rochefoucault, Duc) né le 22. Septembre 1695.

Connu d'abord sous le nom de Comte de Marthon, il entra aux Mousquetaires en 1711. & fit cette campagne & la suivante en Flandre. Enseigne de la Colonelle du Régiment du Roi le 11. Mars 1713. il se trouva aux siéges de Landau & de Fribourg, & à l'attaque des retranchemens du Général Vaubonne, & obtint le 2. Décembre la Charge de Colonel-Lieutenant du Régiment d'infanterie de Conty. Il le commanda aux siéges de Fontarabie, de Saint-Sébastien & d'Urgel en 1719. Prit le nom de Comte de Roucy en 1721. Servit au camp de la Meuse en 1727. Obtint à la mort de son pere le Gouvernement de Bapaume par provisions du 16. Septembre 1732. & servit au siége de Kell en 1733.

Brigadier par brevet du 20. Février 1734. il servit au siége de Philisbourg la même année. Se démit du Régiment de Conty, & quitta le service au mois de Mars 1735.

Ayant obtenu au mois d'Octobre 1737. un brevet qui lui accordoit le titre & les honneurs de Duc, il prit le titre de Duc d'Estissac. Fut nommé Chevalier des Ordres du Roi le premier Janvier, & reçu le 2. Février 1749. Grand-Maître de la garde-robe du Roi par provisions du 25. Décembre 1757. il a prêté serment pour cette Charge le 3. Janvier 1758. A été créé Duc héréditaire par Lettres du mois d'Août suivant, enregistrées au Parlement le 5. Septembre.

DE VILLEROY (Louis-François-Anne de Neufville, Duc.) *Voyez* Tome VII. page 150.

DE SAINT-VALLIER (François-Paul de la Croix-Chevriéres, Chevalier.) Promotion du 20. Février 1734.
Voyez Tome VII. page 153.

DE PRINCÉ (Joseph-Mathurin Grout) mort en 1759.
Page du Roi en 1701. Capitaine au Régiment du Roi cavalerie en 1703. il commanda sa Compagnie au combat d'Eckeren au mois de Juin, à la bataille d'Hochstett en 1704. à l'armée de la Moselle en 1705. & 1706.

Il se démit de cette Compagnie pour une Lieutenance du Régiment des Gardes Françoises dont il fut pourvu le 6. Mars 1707. Il servit la même année en Flandre. Combattit à Oudenarde en 1708. à Malplaquet en 1709. aux siéges de Douay, du Quesnoy & de Bouchain en 1712. à ceux de Landau & de Fribourg en 1713.

Il obtint une Compagnie dans le Régiment des Gardes par commission du 14. Octobre 1715. le grade de Brigadier par brevet du 20. Février 1734. fit la campagne de Philisbourg la même année, & celle du Rhin en 1735.

Gouverneur de l'isle de Ré par provisions du 26. Avril 1736. il se démit de sa Compagnie, & conserva son Gouvernement jusqu'à sa mort.

DE LA RAVOYE (Louis Neyret.)
Voyez Tome V. page 283.

DE MEURCÉ (François Cornuau de la Grandiere.)
Voyez Tome VII. page 155.

DE CHAUMONT (Alexandre-Charles, Comte.)
Voyez Tome VII. page 156.

DE CLERMONT (George-Jacques de Clermont-Gallerande, Comte) mort le 6. Juin 1734. âgé de 45. ans
Mousquetaire en 1707. il combattit à Oudenarde en 1708. à Malplaquet en 1709. Entra Enseigne de la Colonelle du

Promotion du
20. Février 1734.

Régiment du Roi le 25. Mars 1710. Servit en Flandre, se trouva à l'attaque d'Arleux en 1711. Parvint à une Compagnie le 29. Mars 1712. & la commanda à l'attaque de Denain, aux siéges de Marchiennes, de Douay, du Quesnoy & de Bouchain la même année : à ceux de Landau & de Fribourg, & à l'attaque des retranchemens du Général Vaubonne en 1713. à l'armée du Rhin en 1714.

Colonel du Régiment d'Auvergne par commission du 5. Juin 1716. Inspecteur général de l'infanterie par commission du 18. Avril 1722. il commanda le Régiment d'Auvergne au camp d'Alsace en 1732. aux siéges de Gerra-d'Adda, de Pizzighitone & du chateau de Milan en 1733. à ceux de Tortone & de Novarre en Janvier 1734.

Brigadier par brevet du 20. Février suivant, il fut blessé le 4. Juin à l'attaque de Colorno, & mourut de cette blessure.

DE CHABANNES (François-Antoine de Chabannes-Pionsac, Comte.)

Voyez Tome V. page 284.

DE BOUTTEVILLE (Charles-Paul-Sigismond de Montmorency-Luxembourg, Duc.)

Voyez Tome V. page 287.

DE MONTAUBAN (Charles de Rohan, Prince.)

Voyez Tome V. page 266.

DE MAILLY (Victor-Alexandre, Marquis) né le 10. Décembre 1696. mort le 22. Avril 1754.

Mousquetaire en 1716. Colonel d'un Régiment d'infanterie de son nom par commission du 15. Septembre 1717. il le commanda au camp de la Sambre en 1727. Obtint le grade de Brigadier le 20. Février 1734 Servit au siége de Philisbourg, se démit de son Régiment, & quitta le service au mois de Mars 1735.

D'INFANTERIE.

Promotion du 20. Février 1734.

DE LA CHATRE (Louis-Charles de la Chatre-Nancay, Marquis) tué à la bataille de Parme le 29. Juin 1734.

 Mousquetaire en 1712. il se trouva aux siéges de Landau & de Fribourg en 1713. Entra Enseigne de la Colonelle du Régiment du Roi le 9. Janvier 1714. & obtint une Compagnie dans le même Régiment le 28. Octobre suivant.

 Colonel réformé à la suite du Régiment Royal des Vaisseaux par commission du 7. Décembre 1717. il se démit de sa Compagnie au Régiment du Roi, & obtint par provisions du 10. Janvier 1719. le Gouvernement du fort Pecquais en survivance de son pere. Il fit cette même année la campagne sur la frontiére d'Espagne, & servit aux siéges de Saint-Sebastien, de Fontarabie & d'Urgel.

 Colonel du Régiment de Béarn par commission du 3. Octobre de la même année, il le commanda au camp de la Sambre en 1727. & en 1732. aux siéges de Gerra-d'Adda, de Pizzighitone & du château de Milan en 1733. à ceux de Novarre & de Tortonne en Janvier 1734.

 Brigadier par brevet du 20. Février suivant il se distingua à l'attaque de Colorno le 4. Juin, & fut tué le 29. du même mois à la bataille de Parme.

DE RICHELIEU (Louis-François-Armand du Plessis, Duc.)

Voyez Tome III. page 385.

DE CHATTE (François-Ferdinand de Clermont-Tonnerre, Comte.)

Voyez Tome VII. page 137.

D'ESCLIMONT (Gabriel-Jerôme de Bullion, Comte.)

Voyez Tome VII. page 158.

Promotion du 20. Février 1734.

DU CHATELET (Florent-Claude du Châtelet-Lomont, Marquis.)
Voyez Tome V. page 293.

D'Ô (Gabriel-Simon d'Ô de Franconvillle, Marquis) mort le 27. Octobre 1734. âgé de 37. ans.
Lieutenant au Régiment d'infanterie de Touloufe le 22. Avril 1716. Colonel-Lieutenant du même Régiment par commiſſion du 15. Mars 1718. il le commanda au camp de la Saone en 1727. au ſiége de Kell en 1733.
Brigadier par brevet du 20. Février 1734. il ſervit au ſiége de Philiſbourg, & mourut à la fin de la campagne.

DE RIEUX (Louis-Auguſte, Comte.)
Voyez Tome V. page 295.

PRINCE DE PONS (Charles-Louis de Lorraine.)
Voyez Tome V. page 296.

DE BREZÉ (Michel Dreux, Marquis.)
Voyez Tome V. pag. 297.

DE LUXEMBOURG (Charles-François de Montmorency, Duc.)
Voyez Tome III. page 414.

DE SAINT-SIMON (Henry de Rouvroy, Marquis.)
Voyez Tome VII. page 137.

DE CLARE (Charles Ô-Brien, Comte.)
Voyez Tome III. page 424.

DE SALIERES (Antoine-Alexis de Chatelard, Marquis.)
Voyez Tome V. page 301.

DE BIRON (Louis-Antoine de Gontault, Comte.)
Voyez Tome III. page 410.

DE DIESBACK (François-Philippe, Comte.) *Voyez* Tome VII. page 161.

Promotion du 20. Février 1734.

DE LALLY (Gerard) mort au mois de Novembre 1737. Il servoit depuis 1689. dans le Régiment de Dillon, & fit toutes les campagnes de Catalogne depuis 1691. jusqu'à la paix. Il s'y trouva aux siéges de Roses en 1693. à la bataille du Ter, aux siéges de Palamos, de Gironne, d'Ostalric & de Castelfollit en 1694. à la défense de Palamos & d'Ostalric en 1695. au siége de Barcelone en 1697. Passé en Italie au mois de Juillet 1701. il combattit à Chiary. Se distingua à la défense de Crémone, à la bataille de Luzzara, à la prise de cette place & de Borgoforté en 1702. dans le Trentin & aux siéges de Nago & d'Arco en 1703. Servit aux siéges de Verceil, d'Yvrée & de Verue, combattit à Cassano en 1704. & 1705. au siége de Turin & à la bataille de Castiglioné en 1706. Il étoit à la bataille d'Almanza & au siége de Lerida en 1707. au siége de Tortose en 1708. & devint Lieutenant-Colonel de son Régiment par commission du 26. Juillet de cette année. Il commanda le Régiment de Dillon à l'armée d'Espagne en 1709. à l'armée du Dauphiné en 1710. 1711. & 1712. sur la frontiére de Catalogne en 1713. & au siége de Barcelone en 1714. au siége de Kell en 1733.

Brigadier par brevet du 20. Février 1734. il servit au siége de Philisbourg la même année, & étoit encore Lieutenant-Colonel du Régiment de Dillon lorsqu'il mourut.

DE ZASTRO (Antoine-Henry) mort en 1736.
De Poméranie où il étoit né, il vint en France en 1671. & fit les campagnes de 1672. & de 1673. en qualité de Volontaire à l'armée d'Hollande. Il entra Enseigne dans le Régiment d'Alsace au mois de Juillet 1674. se trouva à la bataille de Seneff au mois d'Août suivant : aux siéges de Dinant, de Huy & de Limbourg en 1675. au siége d'Aire en 1676. & passa à une Lieutenance au mois d'Août. Il servit aux siéges de Valenciennes & de Cambray en 1677.

Promotion du 20. Février 1734.

à ceux de Gand & d'Ypres, & à la bataille de Saint-Denys près Mons en 1678. Obtint une commission de Capitaine réformé au mois de Mars 1683. Servit à l'armée qui couvrit le siége de Luxembourg en 1684. Passa à une Compagnie le 20. Février 1689. & la commanda à l'armée du Roussillon en 1690. à l'armée d'Italie en 1691. & 1692. au siége de Roses en 1693. à la bataille du Ter, aux siéges de Palamos, de Gironne, d'Ostalric & de Castelfollit en 1694. à la défense de Palamos en 1695. au siége de Barcelone en 1697. au combat de Nimegue en 1702. à celui d'Eckeren en 1703. à la bataille de Ramillies en 1706. à celles d'Oudenarde en 1708. & de Malplaquet en 1709. & obtint le 19. Mars 1710. le commandement du quatriéme Bataillon avec une commission pour tenir rang de Lieutenant-Colonel d'infanterie. Il continua de servir en Flandre, & se trouva à l'attaque d'Arleux en 1711. à l'affaire de Denain, aux siéges de Douay, du Quesnoy & de Bouchain en 1712. à ceux de Landau & de Fribourg en 1713. Il parvint la même année au commandement du troisiéme Bataillon du Régiment d'Alsace. Passa à une Compagnie dans le Régiment Royal-Baviére, en conservant son rang de Lieutenant-Colonel, le 15. Avril 1716. & fut fait Lieutenant-Colonel du Régiment Royal-Baviére le 19. Août 1719. Il commanda ce Régiment au camp de la Saone en 1727. au siége de Kell en 1733.

Brigadier par brevet du 20. Février 1734. il servit au siége de Philisbourg la même année. Passa à l'armée d'Italie au môis d'Octobre, y fit la campagne de 1735. & y mourut au commencement de l'année suivante.

DE BOIRAS (Joseph de Jausay) mort au mois de Juin 1735.

Il naquit à Boiras près de Perigueux, & entra dans les Cadets en 1689. Sous-Lieutenant dans le Régiment de Soissonnois au mois de Janvier 1690. il se trouva à la bataille de Fleurus, & obtint une Lieutenance au mois d'Octobre suivant. Il servit au siége de Mons, & combattit à Leuse en 1691. au siége de Namur & à la bataille de

D'INFANTERIE.

Steinkerque en 1692. à la bataille de Néerwinden & au siége de Charleroy en 1693. Capitaine au même Régiment le 29. Juin 1694. il commanda sa Compagnie à la marche de Vignamont au pont d'Espierre la même année : à l'armée d'Allemagne en 1695. sur la Meuse en 1696. & 1697. aux combats de Carpy & de Chiary en 1701. à la bataille de Luzzara, à la prise de cette place & de Borgoforté en 1702. aux siéges de Nago & d'Arco en 1703. aux siéges de Verceil, d'Yvrée, de Verue & de Chivas, & à la bataille de Cassano en 1704. & 1705. au siége de Turin & à la bataille de Castiglioné en 1706. à la défense de Toulon en 1707. Il passa à la Compagnie de Grenadiers le 26. Février 1708. à la Majorité le 5. Mars suivant. Servit à l'armée du Dauphiné jusqu'en 1712. & aux siéges de Landau & de Fribourg en 1713. Il devint Lieutenant-Colonel du même Régiment le 9. Septembre de la même année ; & servit aux siéges de Fontarabie en 1719. & au siége de Kell en 1733. Il avoit reçu trois ou quatre blessures, & obtint le grade de Brigadier par brevet du 20. Février 1734. Il servit en cette qualité au siége de Philisbourg, & mourut à l'armée d'Allemagne au mois de Juin de l'année suivante.

Promotion du 20. Février 1734.

DE SARMANDS (Jean-Elzear) mort le 11. Février 1740.

Sous-Lieutenant au Régiment d'infanterie de Quercy au mois de Décembre 1694. il le joignit à l'armée d'Italie, où il servit cette année & la suivante. Il étoit à l'armée d'Allemagne en 1696. & devint Lieutenant au mois de Septembre. Capitaine au mois de Juin 1697. il commanda sa Compagnie à l'armée d'Allemagne la même année : aux combats de Carpy & de Chiary en 1701. à toutes les expéditions d'Italie jusqu'en 1707. qu'il se trouva à la défense de Toulon. Il étoit à l'armée du Dauphiné en 1708. & 1709. à l'armée du Rhin en 1710. à l'armée du Dauphiné en 1711. & 1712. Lieutenant-Colonel de son Régiment le premier Août 1718. il servit au camp de la Saone en 1727. aux siéges de Gerra-d'Adda, de Pizzi-

Promotion du 20. Février 1734.

ghitone & du château de Milan en 1733. de Novarre & de Tortone au mois de Janvier 1734. obtint le grade de Brigadier par brevet du 20. du mois de Février, se trouva à l'attaque de Colorno au mois de Juin, aux batailles de Parme & de Guastalle, au siége de la Mirandole la même année : aux siéges de Reveré & de Guastalle en 1735. & fut fait par provisions du premier Août 1738. Gouverneur de la citadelle de Valenciennes où il est mort.

DE ROUSSET (Jean-Charles de Gautier de Rousset de Girenton.)
Voyez Tome VII. page 162.

DE ROMILLÉ (*N.* de Torigny) mort au mois de Juillet 1738. âgé de 80. ans.

Successivement Cadet dans la Compagnie des Bombardiers de Vigny le premier Juin 1687. Sous-Lieutenant dans le Régiment des Bombardiers le 15. Novembre suivant, Lieutenant le 20. Avril 1688. Capitaine le 12. Décembre 1691. il servit dans ce corps jusqu'à son incorporation dans le Régiment Royal-Artillerie, & obtint alors par commission du 25. Février 1720. la commission de Lieutenant-Colonel pour commander un Bataillon de ce Régiment qui porta son nom jusqu'à sa mort.

Il s'étoit trouvé aux siéges de Philisbourg en 1688. à la bataille de Fleurus en 1690. au siége de Mons & au combat de Leuse en 1691. au siége de Namur & à la bataille de Steinkerque en 1692. à la bataille de Néerwinden & au siége de Charleroy en 1693. en Flandre en 1694. au bombardement de Bruxelles en 1695. en Flandre en 1696. & 1697. au camp de Compiégne en 1698. en Flandre en 1701. au combat de Nimegue en 1702. à celui d'Eckeren en 1703. aux batailles de Ramillies, d'Oudenarde & de Malplaquet en 1706. 1708. & 1709. à l'attaque d'Arleux en 1711. aux siéges de Douay, de Marchiennes, de Bouchain & du Quesnoy en 1712. aux siéges

de

de Landau & de Fribourg en 1713. de Fontarabie, de Saint-Sébastien & d'Urgel en 1719.

Promotion du 20. Février 1734.

Lieutenant-Colonel commandant un Bataillon de son nom du Régiment Royal Artillerie par commission du 25. Février 1720. Brigadier par brevet du 20. Février 1734. il commanda son Bataillon au siége de Philisbourg la même année, & n'eut plus d'occasion de servir jusqu'à sa mort.

DE MOLEGES (François de Chateauneuf.)
Voyez Tome VII. page 163.

LE BRUN (Etienne.)
Voyez Tome V. page 399.

DE LOUBOY (François) mort en 1735.
Il étoit né à Pelet dans le Bearn, & entra dans les Cadets en 1689. Il obtint une Sous-Lieutenance dans le Régiment de Navarre au mois de Février 1690. se trouva à la bataille de Fleurus. Passa à une Lieutenance au mois de Février 1691. servit au siége de Mons, combattit à Leuse la même année. Servit au siége de Namur & à la bataille de Steinkerque en 1692. à la bataille de Néerwinden & au siége de Charleroy en 1693.

Capitaine au même Régiment le 22. Février 1694. il commanda sa Compagnie à la marche de Vignamont au pont d'Espierre : au bombardement de Bruxelles & au siége de Dixmude en 1695. à l'armée de Flandre en 1696. au siége d'Ath en 1697. au camp de Compiégne en 1698. en Allemagne en 1701. & 1702. aux siéges de Brisac & de Landau, & à la bataille de Spire en 1703. à la bataille d'Hochstett où il fut fait prisonnier de guerre en 1704. à l'armée du Rhin en 1705. à la défense du fort Louis, à la prise de Drusenheim, de Lauterbourg & de l'isle du Marquisat en 1706. aux expéditions du Maréchal de Villars dans la Franconie & la Suabe en 1707. à la bataille d'Oudenarde en 1708. à celle de Malplaquet en 1709. à l'attaque d'Arleux en 1711. à l'affaire de Denain, aux siéges de Douay, de Bouchain & du Quesnoy en 1712. au siége de Landau, à l'attaque des retranchemens du Général Vaubonne, au siége de Fribourg en 1713. & devint Capitaine de Grenadiers le 9. Décembre de cette année. Il servit en cette qualité aux siéges de Fontarabie, de Saint-Sébastien & d'Urgel en 1719. Commanda le troisiéme Bataillon par ordre du 2. Mars 1727. au camp de la Saone. Passa au commandement du second Bataillon le 24. Janvier 1729. & à la Lieutenance-Colonelle le 8. Juin suivant. Il fit le siége de Kell en 1733. Obtint le grade de Brigadier par brevet du 20. Février 1734. servit au siége de Philisbourg la même année, & mourut l'année suivante des suites de plusieurs blessures qu'il avoit reçues.

DE LA CHAUBRUERE (Alphonse de Lestenon, Chevalier) mort le 11. Juillet 1742. âgé de 86. ans.
Successivement Cadet & Officier pointeur de l'artillerie dès 1690. Commissaire ordinaire le 8. Mai 1693. Commissaire provincial le 8. Mai 1703. Lieutenant d'artillerie le 28. Mars 1707. Lieutenant en second à l'armée du Roussillon par commissions des 28. Mars 1707. premier Mars 1709. 27. Mars 1710. premier Avril 1711. Lieutenant général du département du Roussillon le 2. Mai 1716. commandant l'équipage de l'artillerie dans la même province le premier Septembre 1725. Lieutenant général du département du Roussillon & du Languedoc le premier Janvier 1727. enfin Lieutenant général au département de Picardie en 1731. il se trouva à toutes les actions de son temps, & obtint le grade de Brigadier par brevet du 20. Février 1734.

DAMOISEAU (François Damoiseau, Seigneur de Colombier & de Nantoux) mort le 20. Avril 1754. âgé de 92. ans.
Lieutenant au Régiment de Bearn en 1687. Capitaine au même Régiment en 1690. il se trouva à la bataille de Fleurus au mois de Juillet; & ayant été reçu Ingénieur, il passa à la suite du Régiment de Picardie en qualité de

D'INFANTERIE. 347

Capitaine réformé au mois de Février 1691. Il servit en qualité d'Ingénieur au siége de Mons en 1691. à celui de Namur en 1692. au siége de Huy, à la bataille de Néerwinden & au siége de Charleroy en 1693. à ceux de Dixmude en 1695. & d'Ath en 1697. Il avoit présidé aux travaux de Dinant depuis 1692. jusqu'en 1698. qu'il passa Ingénieur en chef à Charlemont. Il fut employé dans les places du Duché de Gueldre en 1701. à la défense de Kayserswert, où il se distingua particuliérement, & où il reçut une blessure considérable en 1702. Il étoit à la défense de Wenloo & de la citadelle de Liége en 1703. & obtint la Croix de Saint-Louis à la fin de cette campagne. Il fit celle de 1704. à l'armée de Savoye où il dirigea les siéges de Chambéry & de Suze au mois de Novembre. Il passa en Hongrie où il servit cinq ans avec des peines & des périls infinis : il y conduisit les siéges de Medick, de Samos, de Vivar, de Deva & de la Tour rouge. De retour en France, il fut placé Ingénieur en chef à Condé en 1709. Se trouva à la prise de Marchiennes en 1712. aux siéges de Landau & de Fribourg en 1713. Il fit le siége de Kell en 1733. obtint à la fin de cette campagne la direction générale des fortifications des places de la Flandre, le grade de Brigadier par brevet du 20. Février 1734. fut chargé du détail du siége de Philisbourg la même année. Fit la campagne de 1735. sur le Rhin, & obtint en 1740. la direction générale des places d'Alsace, dont il se démit à cause de son grand âge au commencement de 1743.

Promotion du 1. Août 1734.

LE MAIRE (Louis.)
Voyez Tome VII. page 201.

DE KARRER (François-Adam, Chevalier) mort le 3. Mai 1740. âgé de 78. ans.
Successivement Cadet dans la Compagnie franche Suisse de Planta au mois de Janvier 1680. Enseigne au Régiment du jeune Salis (depuis May & Buisson) au mois de Septembre 1691. Sous-Lieutenant au mois d'Août 1692.

8. Mai 1734.

X x ij

Lieutenant au mois d'Août 1693. Capitaine par commission du mois de Mars 1703. pour commander la demi-Compagnie de Salis-Soglio. Commandant la Compagnie entiére de Salis au mois d'Octobre 1705. Chevalier de Saint-Louis au mois de Février 1709. Capitaine de la demi-Compagnie (ci-devant Schaweftein) au mois d'Octobre suivant. Capitaine de Grenadiers au mois de Mai 1710. Commandant d'un Bataillon en 1712. il se trouva au siége de Namur en 1692. à la bataille de Néerwinden, aux siéges de Huy & de Charleroy, au secours de Saint-Malo & au combat qui se donna près de cette place en 1693. en Flandre en 1695. & 1696. au siége d'Ath en 1697. en Flandre en 1701. aux siéges d'Uets & de Kiluyt en 1702. au combat d'Eckeren en 1703. à la défense des lignes en 1704. au siége & à la prise d'Hombourg, à la prise par assaut de la chapelle de la porte de Louvain en 1705. au secours du fort Louis en Alsace, puis en Flandre en 1706. au combat d'Oudenarde & à la défense de Gand en 1708. à la bataille de Malplaquet en 1709. à l'affaire de Denain, aux siéges de Marchiennes, de Douay & du Quesnoy en 1712. Il leva par commission du 15. Décembre 1719. un Bataillon Suisse pour le service de la marine. Ce Bataillon ayant été formé en Régiment, M. de Karrer en fut fait Colonel par commission du 8. Juillet 1720. Brigadier par brevet du 8. Mai 1734. Il se démit de son Régiment en faveur de son fils au mois de Février 1736.

11. Mai 1734. QUENAULT DE CLERMONT (Armand-François) A été créé Brigadier par brevet du 11. Mai 1734. *Voyez* Tome VII. page 169.

21. Juin 1734. DE BLANCHETTON (Jean-Baptiste de Blanchetton de Thorey) mort le 13. Octobre 1751.
D'abord Cadet dans le Régiment de Navarre en 1681. puis dans la Compagnie de Cadets assemblés à Mets le 15. Juin 1682. Sous-Lieutenant dans le Régiment de Navarre le 10. Mars 1684. il servit au siége de Luxembourg la même année. Entra Enseigne de la Colonelle au Ré-

giment de Tournaisis le 17. Août 1686. Obtint une Compagnie le 13. Mars 1688. & la commanda à l'armée d'Italie jusqu'en 1696. Il s'y trouva à la conquête & aux sièges du Comté de Nice, à la bataille de la Marsaille & au siège de Valence. Il servit au siège d'Ath en 1697. aux combats de Carpy & de Chiary en 1701. à la défense de Crémone, à la bataille de Luzzara, à la prise de cette place & de Borgoforté en 1702. & devint Capitaine de Grenadiers le 26. Novembre de la même année. Il passa à la Majorité au mois de Février 1703. fit la campagne dans le Trentin. Parvint à la Lieutenance-Colonelle de son Régiment le 20. Avril 1704. se trouva aux sièges de Verceil, d'Yvrée, de Verue, de Chivas & de Turin, & aux batailles de Cassano & de Turin. Repassé en France il servit à la défense de Toulon en 1707. à l'attaque des deux Sesannes en 1708. à la bataille de Malplaquet en 1709. à l'armée de Flandre en 1710. à l'attaque d'Arleux en 1711. à l'affaire de Denain, aux sièges de Douay, du Quesnoy & de Bouchain en 1712. aux sièges de Landau & de Fribourg en 1713. Il obtint le grade de Brigadier par brevet du 11. Juin 1734. & quitta le service & la Lieutenance-Colonelle du Régiment de Tournaisis au mois de Février 1735.

Promotion du premier Août 1734.

DE BLACONS (*N.* d'Armand) mort en 1753. Leva une Compagnie au Régiment d'infanterie de son pere le 7. Mai 1702. Fut pourvu du Régiment sur la démission de son pere par commission du 15. Mai 1705. & le commanda en Dauphiné jusqu'à la paix. Ce Régiment ayant été réformé par ordre du 12. Novembre 1714. M. de Blacons fut entretenu Colonel réformé à la suite du Régiment d'Auvergne par ordre du 11. Décembre suivant.

On lui donna le commandement d'un Bataillon de Milice du Dauphiné par ordre du premier Janvier 1734. on le créa Brigadier par brevet du premier Août suivant, & par ordre du 25. du même mois on joignit à son Bataillon

Promotion du 1. Août 1734.

350   DES BRIGADIERS

Promotion du 1. Août 1734.

celui que commandoit le Sieur Hamard de Chevrigny, & on en forma un Régiment qui porta son nom, & qu'il commanda jusqu'au mois de Novembre 1736. qu'on licentia les Milices. Il n'a pas servi depuis.

DE ZURLAUBEN (Beat-François-Placide de la Tour-Chatillon, Baron.)
Voyez Tome V. page 318.

DE SEBBEVILLE (Toussaint-François Cadot, Chevalier) mort en 1762.

Mousquetaire le 3. Avril 1699. Cornette au Régiment de cavalerie de Choiseul en 1701. il se trouva à l'attaque des retranchemens d'Hornberg, au combat de Munderkirken, à la première bataille d'Hocstett en 1703. à la seconde bataille d'Hochstett en 1704. & obtint une Compagnie dans le Régiment de cavalerie de Toulouse par commission du 24. Décembre de cette année. Il la commanda à l'armée de Flandre en 1705. à la bataille de Ramillies en 1706. à l'armée de Flandre en 1707.

Colonel d'un Régiment d'infanterie de son nom par commission du 27. Mars 1708. il le commanda sur les côtes & dans différentes garnisons du Royaume jusqu'à la paix. Ce Régiment ayant été réformé par ordre du 19. Janvier 1714. le Chevalier de Sebbeville fut entretenu Colonel réformé à la suite du Régiment de Touraine par ordre du 13. Février suivant. On lui donna par ordre du premier Janvier 1734. le commandement d'un Bataillon de Milice de la Généralité de Caen, auquel on joignit le Bataillon de Chemault pour former par ordre du 25. Août un Régiment qui porta son nom. On le créa Brigadier par brevet du premier du même mois. Il conserva le commandement de son Régiment jusqu'au mois de Novembre 1736. qu'on licentia les Milices. Il ne servit plus.

DE BOUHYER (Benigne) mort le 9. Juin 1760.

Mousquetaire en 1705. il fit la campagne en Flandre. Leva une Compagnie au Régiment d'infanterie d'Enguyen à sa création le premier Février 1706. & la commanda à l'armée du Rhin en 1707. & 1708.

Colonel d'un Régiment d'infanterie de son nom par commission du 26. Février 1709. il le commanda à l'armée du Rhin la même année, sur les côtes & dans les garnisons du Royaume jusqu'à la paix. Ce Régiment ayant été réformé le 21. Janvier 1714. M. de Bouhyer fut entretenu Colonel réformé à la suite du Régiment Dauphin par ordre du 10. Février suivant. On lui donna le commandement d'un Bataillon de Milice du Duché de Bourgogne le premier Janvier 1734. On y joignit par ordre du 25. Août le Bataillon de Faverole, ce qui forma un Régiment qui porta le nom de M. de Bouhyer qui le commanda jusqu'au mois de Novembre 1736. qu'on licentia les Milices. Il avoit été nommé Brigadier par brevet du premier Août 1734.

Promotion du 1. Août 1734.

DE PAYSAT (François Dumas, Comte) mort le premier Septembre 1741.

Mousquetaire en 1700. il se trouva au combat de Nimegue en 1702. à celui d'Eckeren en 1703. à la bataille de Ramillies en 1706. & obtint une Compagnie dans le Régiment Royal-Roussillon de cavalerie le 15. Novembre de cette année. Il la commanda à l'armée du Rhin en 1707. à la bataille d'Oudenarde en 1708.

Colonel d'un Régiment d'infanterie de son nom par commission du 2. Avril 1709. il le commanda à l'armée du Dauphiné jusqu'à la paix. Ce Régiment ayant été réformé le 14. Janvier 1714. le Comte de Paysat fut entretenu Colonel réformé à la suite du Régiment Dauphin par ordre du 5. Février suivant.

On lui donna le premier Janvier 1734. le commandement d'un Bataillon de Milice de la Généralité de Limoges. On le créa Brigadier par brevet du premier Août, & par ordre du 25. on joignit au Bataillon qu'il commandoit le Bataillon de la Morelie, pour en former un Régiment qui porta son nom, & qu'il commanda jusqu'au mois de Novembre 1736. qu'on licentia les Milices. Il se retira à Paysat près Userches, & y mourut.

DE VARENNES (François de Varennes-Gournay, Chevalier) mort en 1735.

Mousquetaire le 17. Novembre 1705. il se trouva à la bataille de Ramillies en 1706. Servit en Flandre en 1707. & obtint une Compagnie dans le Régiment du Colonel général des Dragons le premier Février 1708. il la commanda à l'armée du Rhin la même année : à la bataille de Malplaquet en 1709. à l'armée de Flandre en 1710.

Colonel d'un Régiment d'infanterie de son nom par commission du 27. Janvier 1711. il le commanda en garnison cette année & les deux suivantes. Ce Régiment ayant été réformé le 31. Décembre 1713. le Chevalier de Varennes fut entretenu Colonel réformé à la suite du Régiment de Lorraine où il prit une Compagnie le 22. Janvier 1714. Il la commanda au siége de Philisbourg en 1734. fut créé Brigadier par brevet du premier Août, & mourut l'année suivante.

DE CAYLUS (Henry-Joseph de Caylus-Rouairoux, Chevalier, puis Comte) mort le 2. Septembre 1741. âgé de 60. ans.

Garde-Marine en 1699. il fit deux campagnes sur mer. Il entra Cornette au Régiment de Languedoc Dragons en 1703. Lieutenant de la Mestre de camp avec rang de Capitaine le 8. Juin 1704. & obtint une Compagnie le 6. Juillet suivant. Il servit ces deux campagnes en Italie, & se trouva aux expéditions du Trentin, aux siéges de Verceil, d'Yvrée & de Verue. Il combattit à Cassano en 1705. & servit au siége & à la bataille de Turin en 1706. Il étoit à l'armée du Dauphiné en 1707. 1708. & 1709. Major de son Régiment le 12. Novembre de cette derniére année, il servit en Roussillon en 1710. & 1711.

Colonel d'un Régiment d'infanterie de son nom par commission du 26. Janvier 1712. il servit sur la frontiére
de

D'INFANTERIE.

de Catalogne. Se trouva au siége & à l'assaut de Barcelone en 1714. Son Régiment ayant été réformé le 30. Juillet 1715. il fut entretenu Colonel réformé à la suite du Régiment de Normandie par ordre du 6. Septembre suivant.

On lui donna le commandement d'un Bataillon de Milice de Languedoc le premier Janvier 1734. On le créa Brigadier par brevet du premier Août, & il fut pourvu par commission du 5. Novembre d'un Régiment de Milice de la Généralité de Soissons, qui vaquoit par la promotion du Comte Le Danois au grade de Maréchal de camp. Il le commanda jusqu'au mois de Novembre 1736. qu'on licentia les Milices.

Promotion du 1. Août 1734.

D'AVAREY (Jean-Théophile de Beziade, Comte) né le 29. Octobre 1696. mort le 10. Octobre 1734.
Mousquetaire en 1713. il fit cette campagne sur le Rhin. Obtint le 2. Janvier 1714. une Compagnie dans le Régiment Dauphin cavalerie, & une commission de Capitaine réformé le 6. Octobre suivant après la réforme de sa Compagnie. Ayant obtenu par brevet du 13. Avril 1717. la permission d'aller servir en Hongrie, il fit cette campagne & la suivante sous le Prince Eugène contre les Turcs, & se trouva au siége & à la bataille de Belgrade.

Colonel du Régiment d'infanterie de Nivernois par commission du 6. Mars 1719. il le commanda aux siéges de Gerra-d'Adda, de Pizzighitone & du château de Milan en 1733. de Tortone, de Novarre & du château de Sarravalle en Janvier & Février 1734. à l'attaque de Colorno & à la bataille de Parme au mois de Juin.

Brigadier par brevet du premier Août, il fut blessé à la bataille de Guastalle, & mourut de ses blessures.

DE MAUPEOU (René-Théophile, Marquis.)
Voyez Tome V. page 326.

Tome *VIII.* Yy

Promotion du 1. Août 1734.

DE FIMARCON (Emery de Caſſagnet de Tilladet, Marquis.)
Voyez Tome V. page 357.

D'ANTIGNY (Joſeph-François Damas, Marquis) mort le 30. Mai 1736. âgé de 36. ans.
Mouſquetaire le 8. Mars 1716. il obtint le Régiment de Boulonois par commiſſion du 6. Mars 1719. & le commanda au ſiége de Kell en 1733. à celui de Philiſbourg en 1734. Obtint le grade de Brigadier par brevet du premier Août, avec des Lettres de ſervice du même jour, & finit la campagne en cette qualité. Employé à l'armée du Rhin par Lettres du premier Mai 1735. il s'y trouva à l'affaire de Clauſen, & mourut l'année ſuivante. Il avoit depuis pluſieurs années le Gouvernement de Dombes.

DE RAMBURE (Louis-Antoine de la Rochefontenilles, Marquis.)
Voyez Tome VII. page 178.

DE MIREPOIX (Gaſton-Charles-Pierre de Levis, Marquis.)
Voyez Tome III. page 428.

DE MAULEVRIER (Louis-René-Edouard Colbert, Comte.)
Voyez Tome V. page 329.

DE CROISSY (Jean-Baptiſte-Joachim Colbert, Marquis.)
Voyez Tome V. page 308.

DE LA MARCK (Louis Engilbert, Comte.)
Voyez Tome V. page 331.

DU BELLAY (Guillaume du Bellay de la Courbe, Marquis) mort le 13. Novembre 1752.
Lieutenant au Régiment d'infanterie de Conty le 30. Dé-

cembre 1713. il y obtint une Compagnie le 26. Octobre 1717. & passa le 3. Mai 1718. à l'Aide-Majorité du Régiment, en conservant son rang de Capitaine. Il fit la campagne d'Espagne en 1719. Obtint le 19. Juin une commission de Colonel réformé à la suite du même Régiment, & servit aux siéges de Fontarabie, de S. Sébastien & d'Urgel.

Colonel-Lieutenant du Régiment d'infanterie du Comte de la Marche par commission du 21. Juin 1726. Colonel en chef de ce Régiment, qui reprit le nom de la Province de Brie le premier Juin 1727. il le commanda au siége de Philisbourg en 1734. Brigadier par brevet du premier Août, avec des Lettres de service dudit jour, il finit la campagne en cette qualité. Employé à l'armée du Rhin par Lettres du premier Mai 1735. il se trouva à l'affaire de Clausen au mois d'Octobre. Il se démit de son Régiment au mois de Mai 1739. & fut s'établir en 1740. à Naples où il est mort.

D'HAUTEFORT (Emmanuel-Dieudonné, Marquis.)
Voyez Tome VII. page 180.

DE MONNIN (François.)
Voyez Tome V. page 333.

DE MAY (Beat-Louis) mort le premier Juin 1739. Successivement Cadet en Janvier 1689. Enseigne au Régiment du jeune Salis le 20. Mai 1690. Sous-Lieutenant le 23. Juillet 1691. Lieutenant le 6. Février 1692. Capitaine-Lieutenant le 16. Août 1693. avec rang de Capitaine le 23. Janvier 1694. Major du même Régiment (alors May) le 5. Mars 1701. avec rang de Lieutenant-Colonel le 29. Juin 1718. Capitaine au Régiment de Villars-Chandieu, avec rang de Colonel le 15. Décembre 1719. Lieutenant-Colonel de ce dernier Régiment le 30. Mai 1721. Colonel à la mort de M. de Villars le 9. Mai 1728. Brigadier par brevet du premier Août 1734. il avoit encore son Régiment lorsqu'il mourut, & se trouva au siége de Mons en 1691. à celui de Namur en 1692. à la bataille de

Promotion du 1. Août 1734.

Promotion du 1. Août 1734.

Néerwinden, au siége de Charleroy, au secours de Saint-Malo en 1693. en Bretagne en 1694. au bombardement de Bruxelles en 1695. en Flandre en 1696. au siége d'Ath en 1697. en Flandre en 1701. au combat de Nimegue en 1702. à celui d'Eckeren en 1703. à la défense de Limbourg en 1704. au siége d'Hombourg, à la prise de Louvain en 1705. au secours du fort Louis en 1706. en Flandre en 1707. à la bataille d'Oudenarde, à la défense de Gand en 1708. à la bataille de Malplaquet en 1709. à l'affaire de Denain, aux siéges de Douay, du Quesnoy & de Bouchain en 1712. sur le Rhin en 1733. & 1734.

DE COURTOMER (Raoul-Antoine de Saint-Simon, Comte.)
Voyez Tome V. page 335.

DE CHAMPIGNY (Jean-Paul de Bochard de Saron, Comte.)
Voyez Tome VII. page 182.

DE BOUFFLERS (Joseph-Marie, Duc.)
Voyez Tome V. page 310.

DE MONTMORENCY (Anne de Montmorency-Luxembourg, Comte.)
Voyez Tome VII. page 184.

DE ROSNIVINEN (Joachim-Amaury Gaston, Marquis.)
Voyez Tome VII. page 185.

DE COURTEN (Pierre, Comte.)
Voyez Tome VII. page 186.

DE BIRCKENFELD (Frédéric-Bernard de Baviére, Prince Palatin) né le 8. Mai 1697. mort le 5. Août 1739.
Capitaine Réformé au Régiment d'Alsace le 29. Juin 1717. il fit en qualité de Volontaire la campagne d'Espagne

en 1719. Obtint une Compagnie le 18. Novembre 1720. une commiſſion de Capitaine réformé à la ſuite du même Régiment en gardant ſa Compagnie le 20. Octobre 1721. Il la commanda au camp de la Moſelle en 1727. au ſiége de Kell en 1733. à celui de Philiſbourg en 1734. Brigadier par brevet du premier Août, avec des Lettres de ſervice du même jour, il finit la campagne en cette qualité. Employé à l'armée du Rhin par Lettres du premier Mai 1735. il ſe trouva à l'affaire de Clauſen au mois d'Octobre. Il avoit été créé Général Major des troupes de l'Electeur Palatin en 1724. & ayant été choiſi pour être Général des mêmes troupes, il quitta le ſervice de France au mois de Décembre 1735. & fut entretenu Colonel réformé à la ſuite du Régiment d'Alſace par ordre du 22. du même mois.

Promotion du 1. Août 1734.

DE MONTREVEL (Frédéric-Eugène de la Baume, Comte) mort le 5. Avril 1735.
Sous-Lieutenant au Régiment du Roi au mois de Février 1714. Lieutenant en 1715. Capitaine en 1718. Il obtint une Compagnie au Régiment de cavalerie de Montrevel le 21. Mars 1720. & le Régiment de Rouergue ſur la démiſſion de ſon frere, par commiſſion du 20. Avril 1722. Il le commanda au camp de la Meuſe en 1727. au ſiége de Kell en 1733. au ſiége de Philiſbourg en 1734. Brigadier par brevet du premier Août avec des Lettres de ſervice du même jour, il finit la campagne en cette qualité, & mourut à l'armée du Rhin au commencement de la campagne ſuivante.

DE RUPELMONDE (Yves-Marie de Boulogne, de Lens de Liques, de Recourt, Comte.)
Voyez Tome VII. page 188.

DE ROUSSILLON (Nicolas de Chaugy, Comte.)
Voyez Tome VII. page 189.

Promotion du 1. Août 1734.

D'ANTIN (Louis de Pardaillan de Gondrin, Duc d'Epernon, & depuis.)
Voyez Tome VII. page 190.

DE LA LUZERNE (Gabriel de Briqueville, Chevalier.)
Voyez Tome VII. page 191.

D'USÈS (Charles-Emmanuel de Cruſſol, Duc) né le 11. Janvier 1707. mort le 3. Février 1762.
D'abord connu ſous le nom de Comte de Cruſſol, il obtint le Gouvernement général de la Saintonge & de l'Angoumois en ſurvivance de ſon pere par proviſions du 18. Septembre 1720. Entra Lieutenant réformé au Régiment du Roi le 30. Janvier 1721. Servit au camp de Montreuil en 1722. fut entrenu Colonel réformé à la ſuite du Régiment de Lyonne (depuis Monconſeil) par commiſſion du 20. Décembre de la même année, & paſſa en la même qualité à la ſuite du Régiment de la Gervaiſais le 30. Mars 1723.
Duc & Pair de France ſur la démiſſion de ſon pere au mois de Janvier 1725. il prit le titre de Duc de Cruſſol. Leva une Compagnie de cavalerie dans le Régiment de Vaudrey par commiſſion du 2. Février 1727. en conſervant ſon rang de Colonel, & obtint le 25. Janvier 1729. le Régiment d'infanterie de Medoc. Il le commanda aux ſiéges de Gerra-d'Adda, de Pizzighitone & du château de Milan en 1733. de Tortone, de Novarre & du château de Sarravalle aux mois de Janvier & de Février 1734. à l'attaque de Colorno & à la bataille de Parme au mois de Juin. Il reçut à cette bataille une bleſſure très-dangereuſe, dont il fut long-temps hors d'état de ſervir. On le créa Brigadier par brevet du premier Août. Employé par Lettres du premier Mai 1735. il ſervit en Italie cette campagne. Il ſe démit de ſon Régiment, & quitta le ſervice à cauſe des ſuites de ſa bleſſure, au mois de Mars 1739. Il ſuccéda à ſon pere dans le Duché d'Usès, & dans le

Gouvernement de Saintonge le 20. Juillet 1739. & prit alors le nom de Duc d'Usès.

Promotion du 2. Août 1734.

DE RENEL (Jean-Baptiste-Louis de Clermont-d'Amboise, Marquis.)
Voyez Tome V. page 305.

DE WITMER (André.)
Voyez Tome VII. page 191.

ARTHUR (Jean) mort le 21. Décembre 1738.
Enseigne au Régiment des Gardes du Roi d'Angleterre au mois de Septembre 1688. Capitaine audit Régiment au mois de Septembre 1689. il passa en France avec ce Régiment en 1691. & servit sur les côtes en 1691. à la bataille de Néerwinden & au siége de Charleroy en 1693. à la marche de Vignamont au pont d'Espierre en 1694. au bombardement de Bruxelles en 1695. sur la Moselle en 1696. & 1697. Lors de la formation du Régiment Dorington avec le Régiment des Gardes d'Angleterre, il y eut une Compagnie par commission du Roi du 27. Avril 1698. Il la commanda à l'armée d'Allemagne en 1701. & 1702. au siége de Kell, à l'attaque des retranchemens d'Hornberg, au combat de Munderkirken, à la première bataille d'Hochstet, à la prise d'Ulm & d'Ausbourg en 1703. à la seconde bataille d'Hochstet en 1704. à l'armée du Rhin en 1705. au secours du fort Louis, à la prise de Drusenheim, de Lauterbourg, d'Haguenau & de l'isle du Marquisat en 1706. à toutes les expéditions du Maréchal de Villars dans la Franconie & la Suabe en 1707. à l'armée du Rhin en 1708. à la bataille de Malplaquet en 1709. Il passa à la Compagnie de Grenadiers le 11. Janvier 1710. mais ayant obtenu le 29. Avril suivant une commission pour tenir rang de Lieutenant-Colonel, il repassa à une Compagnie ordinaire, & fit cette campagne en Flandre. Il se trouva à l'attaque d'Arleux en 1711. à l'attaque de Denain, aux siéges de Douay, du Quesnoy & de Bouchain en 1712. aux siéges de Landau & de Fribourg en 1713. Il devint

Promotion du 1. Août 1734.

Lieutenant-Colonel de son Régiment (alors Rothe) le 15. Décembre 1718. & le commanda au siége de Kell en 1733. à celui de Philisbourg en 1734. Brigadier par brevet du premier Août de cette année, avec des Lettres de service du même jour, il finit la campagne en cette qualité. Employé à l'armée du Rhin par Lettres du premier Mai 1735. il se trouva à l'affaire de Clausen, & étoit encore Lieutenant-Colonel du Régiment de Rothe lorsqu'il mourut à Paris.

SOULIÉ (Gabriel) mort le 6. Août 1739. âgé de 76. ans. Il étoit de Castel-Jaloux, & entra dans les Cadets le 15. Juin 1682. Enseigne au Régiment de la Couronne au mois de Juin 1684. & le joignit au siége de Luxembourg. Il obtint une Lieutenance dans le Régiment de Limosin au mois de Janvier 1685. Servit en Allemagne en 1689. à la bataille de Fleurus en 1690. à la conquête du Comté de Nice & de la Savoie en 1691. au siége de Namur & à la bataille de Steinkerque en 1692. à l'armée d'Allemagne en 1693. Capitaine au même Régiment le 9. Avril 1694. il commanda sa Compagnie à l'armée d'Italie cette campagne & la suivante : au siége de Valence en 1696. sur la Meuse en 1697. aux combats de Carpy & de Chiary en 1701. à la bataille de Luzzara en 1702. aux expéditions de M. de Vendôme dans le Trentin en 1703. aux siéges de Verceil, d'Yvrée & de Verue, & à la bataille de Cassano en 1704. & 1705.

Capitaine de Grenadiers le 4. Janvier 1706. il commanda cette Compagnie au siége de Turin & à la bataille de Castiglioné la même année : à la défense de Toulon en 1707. à l'attaque des deux Sesannes en 1708. à la bataille de Malplaquet en 1709. à l'armée de Flandre en 1710. & fut fait Major du Régiment le 14. Octobre de cette année. Il servit en cette qualité à l'attaque d'Arleux en 1711. aux siéges de Douay, du Quesnoy & de Bouchain en 1712. à ceux de Landau & de Fribourg en 1713. Il fit la campagne d'Espagne en 1719. & devint Lieutenant-Colonel de son Régiment le 15. Décembre de cette année.

Il servit au camp de la Saone en 1727. à la conquête de la Lorraine en 1733. au siége de Philisbourg en 1734. Brigadier par brevet du premier Août, employé par Lettres du même jour, il finit la campagne en cette qualité. Continua d'être employé à l'armée du Rhin par Lettres du premier Mai 1735. & se trouva à l'affaire de Clausen au mois d'Octobre. Il étoit encore Lieutenant-Colonel de son Régiment lorsqu'il mourut.

Promotion du 1. Août 1734.

DE MONTCLOS (Charles-Henry le Royer, Baron.) *Voyez* Tome VII. page 192.

DE LA CAZE (Louis-Joseph) mort le 11. Mai 1742, âgé de 69. ans.

Cadet en 1689. Sous-Lieutenant au Régiment d'infanterie de Foix au mois de Novembre de la même année, il servit sur les côtes en 1690. & 1691. au siége de Namur & à la bataille de Steinkerque en 1692. & passa à une Lieutenance au mois d'Octobre. Après la bataille de Néerwinden il obtint une Compagnie le 22. Août 1693. & la commanda au siége de Charleroy au mois d'Octobre : à la défense de Namur en 1695. sur la Meuse en 1696. & 1697. à l'armée d'Allemagne en 1701. au siége de Kell, à la prise des lignes de Stolhoffen, au combat de Munderkirken, à la première bataille d'Hochstett, à la prise de Kempten & d'Ausbourg en 1703. à la seconde bataille d'Hochstett en 1704. à l'armée du Rhin en 1705. de la Moselle en 1706. à toutes les expéditions du Maréchal de Villars dans la Franconie & la Suabe en 1707. à la défense des ville & citadelle de Lille en 1708. & fut blessé à la sortie du 26. Août. Il passa à la Compagnie de Grenadiers le 20. Août 1709. & la commanda à la bataille de Malplaquet au mois de Septembre suivant : à l'armée de Flandre en 1710. à la défense de Bouchain où il fut fait prisonnier de guerre avec toute la garnison en 1711.

Il fut fait Major de son Régiment le 8. Juin 1712. & Lieutenant-Colonel le 30. Mai 1724. il servit en cette qualité aux siéges de Gerra-d'Adda, de Pizzighitone &

Tome VIII. Zz

du château de Milan en 1733. de Novarre & du fort d'Arrona, de Tortone & de son château aux mois de Janvier & de Février 1734. à l'attaque de Colorno & à la prise du pont de Lorno, à la bataille de Parme au mois de Juin, & fut créé Brigadier par brevet du premier Août. Il reçut une blessure considérable à la bataille de Guastalle au mois de Septembre suivant, & quitta le service au mois de Septembre 1735.

DE LOLMIE (*N.*) mort le 29. Août 1747. âgé de 86. ans.

Cadet en 1683. Sous-Lieutenant au Régiment de Bourbonnois au mois d'Avril 1684. il servit au siége de Luxembourg. Réformé le 20. Septembre suivant, il rentra dans les Cadets, & y servit jusqu'en 1687. qu'il fut remplacé à une Sous-Lieutenance dans le même Régiment. Il servit aux siéges de Philisbourg, de Manheim & de Franckendal en 1688. à l'armée d'Allemagne en 1689. & les deux années suivantes. Il étoit passé à une Lieutenance au mois d'Avril 1689. Servit au siége de Namur & à la bataille de Steinkerque en 1692. obtint une Compagnie le 16. Août, & la commanda à la bataille de Néerwinden & au siége de Charleroy en 1693. à la marche de Vignamont au pont d'Espierre en 1694. au combat de Tongres & au bombardement de Bruxelles en 1695. en Flandre en 1696. & 1697. au camp de Compiégne en 1698. à l'armée d'Allemagne en 1701. à l'attaque du pont d'Huningue & à la bataille de Frédélingen en 1702. au siége de Kell, à l'attaque des retranchemens d'Hornberg, à la premiére bataille d'Hochstett, à la prise d'Aufbourg en 1703. à la seconde bataille d'Hochstett en 1704. à l'attaque des lignes de Weissembourg le 3. Juillet 1705.

Capitaine d'une Compagnie de Grenadiers le 28. Avril 1706. il la commanda au secours du fort Louis, à la prise de Drusenheim, de la redoute de Statmat, de l'isle du Marquisat la même année : à toutes les expéditions du Maréchal de Villars dans la Franconie & la Suabe en 1707. à la bataille d'Oudenarde en 1708. à celle de Malplaquet en 1709. Commandant le second Bataillon le 20. Juin 1711. il se trouva à l'attaque d'Arleux la même année: aux siéges de Douay, du Quesnoy & de Bouchain en 1712. de Landau & de Fribourg en 1713. & devint Lieutenant-Colonel de son Régiment le 22. Juin 1724. Il servit au camp de la Meuse en 1727. au camp de la Moselle en 1732. au siége de Kell en 1733. à l'attaque des lignes d'Etlingen & au siége de Philisbourg en 1734. Brigadier par brevet du premier Août, employé par Lettres du même jour, il finit la campagne en cette qualité, & obtint le 8. Décembre la Lieutenance de Roi de la citadelle de Strasbourg. Il passa ensuite au commandement du fort de Kell, qu'on lui donna par commission du 22. Mai 1735. Il y resta jusqu'en 1736. qu'on rendit cette place à l'Empire, & se retira chez lui où il est mort.

Promotion du 1. Août 1734.

DE PRAVIEL (Louis de Ligonier) mort le 12. Mars 1739.

Il étoit de Castres, & entra Cadet au Régiment de Touraine en 1701. Il y fut fait Sous-Lieutenant au mois d'Avril 1702.

Lieutenant au mois de Septembre, il se trouva au combat de Nimegue la même année: à la levée du siége de Traërback, au siége de Brisack, à la bataille de Spire, au siége de Landau en 1703. au siége de Suze, à la prise de la hauteur de la Brunette, à la soumission de la vallée de Saint-Martin, à la prise du poste de Rochetaille en 1704. à la prise du château de Castello, aux siéges de Villefranche, de Nice & de Chivas en 1705. & obtint une Compagnie le 27. Septembre de cette année. Il la commanda à la bataille de Calcinato, au siége & à la bataille de Turin en 1706. à la défense de Toulon en 1707. à la défense des ville & citadelle de Lille en 1708. & parvint à une Compagnie de Grenadiers le 30. Août 1710. Il la commanda aux siéges de Douay, du Quesnoy & de Bouchain en 1712. passa à la Majorité du Régiment le premier Novembre de cette année, & servit à la prise de Spire, de Worms, de Kaiserslautre, aux siéges de Lan-

Promotion du 1. Août 1734.

dau & de Fribourg, & à l'attaque des retranchemens du Général Vaubonne en 1713. aux siéges de Fontarabie, de Saint-Sébastien, d'Urgel, & au blocus de Roses en 1719.

 Lieutenant-Colonel de son Régiment le 16. Août 1724. il servit au siége de Kell en 1733. aux siéges de Traërback & de Philisbourg en 1734. & obtint le grade de Brigadier par brevet du premier Août de cette année. Il servit sur le Rhin, & se trouva à l'affaire de Clausen en 1735. & étoit encore Lieutenant-Colonel du Régiment de Touraine lorsqu'il mourut.

DE BRÉANDE (Joseph-Bonaventure William) mort le 4. Mai 1746.

Successivement Cadet en 1686. Sous Lieutenant dans le Régiment Royal Artillerie au mois de Juin 1689. Lieutenant au mois de Décembre 1690. Capitaine le 8. Juillet 1694. Capitaine de Canoniers le 5. Avril 1712. Major du Bataillon de Pijart le 25. Février 1720. Lieutenant-Colonel commandant un Bataillon de son nom le 31. Mai 1728. Brigadier par brevet du premier Août 1734. il servit à tous les siéges depuis 1690. se trouva à toutes les batailles de son temps, & quitta le service & son Bataillon au mois de Décembre 1743.

DE SASSELANGE (Jean de Chaumouroux) mort le 22. Avril 1746.)

Il étoit né à Craponne en Languedoc, & entra dans les Cadets en 1688. Sous-Lieutenant au Régiment d'Auvergne au mois de Septembre 1690. il servit au siége de Mons, puis sur la Moselle en 1691. au siége de Namur & à la bataille de Steinkerque en 1692. & passa à une Lieutenance au mois de Septembre. Il servit l'année suivante à l'armée d'Allemagne, & à la bataille de la Marsaille. En Italie en 1694. & 1695. au siége de Valence en 1696. à l'armée du Rhin en 1697. aux combats de Carpy & de Chiary en 1701. & obtint le 13. Décembre une Compagnie qu'il commanda à la bataille de Luzzara: à la prise de cette place & de Borgoforté en 1702. aux siéges de Nago & d'Arco en 1703. aux siéges de Verceil, d'Yvrée & de Verue en 1704. à la bataille de Cassano en 1705. au siége de Turin & à la bataille de Castiglioné en 1706. à la bataille d'Almanza & au siége de Lérida en 1707. au siége de Tortose en 1708. à l'armée d'Espagne en 1709. il y fut fait Capitaine d'une Compagnie de Grenadiers le 24. Septembre, & la commanda en Dauphiné en 1710. au siége de Gironne en 1711. Commandant d'un Bataillon le 24. Mai 1712. il le conduisit au blocus & à l'assaut de Barcelone en 1714. & parvint à la Lieutenance-Colonelle du Régiment d'Auvergne le 9. Décembre 1728. Il servit en cette qualité au camp d'Alsace en 1732. aux siéges de Gerra-d'Adda, de Pizzighitone & du château de Milan en 1733. à ceux de Tortone & de Novarre, à l'attaque de Colorno, aux batailles de Parme & de Guastalle en 1734. & obtint le grade de Brigadier par brevet du premier Août. L'année suivante il servit aux siéges de Reveré & de Guastalle, & se démit de la Lieutenance-Colonelle du Régiment d'Auvergne en quittant le service au mois d'Août 1738.

DE LA MIVOYE (Michel de Jouy) mort le premier Août 1741.

Il étoit d'Aisy près Soissons. Entra Cadet en 1683. Sous-Lieutenant au Régiment de Poitou au mois de Juin 1687. Il passa à une Lieutenance au mois de Décembre 1688. Se trouva à la bataille de Fleurus en 1690. Servit au siége de Mons en 1691. obtint une Compagnie le 10. Septembre, & la commanda au siége de Namur, à la bataille de Steinkerque, au bombardement de Charleroy en 1692. aux armées de la Moselle & d'Allemagne en 1693. à l'armée de la Meuse en 1694. au bombardement de Bruxelles en 1695. en Flandre en 1696. au siége d'Ath en 1697. au camp de Compiégne en 1698. en Flandre en 1701. au combat de Nimegue & à la bataille de Frédélingen en 1702. au siége & à la prise de Kell, à l'attaque des lignes de Stolhoffen, à la prise des retranchemens de la vallée d'Hornberg, au combat de Munderkirken, à la première bataille d'Hochstett, à la prise de Kempten & d'Ausbourg en 1703. à la seconde bataille d'Hochstett en 1704. à l'armée de la Moselle en 1705. & 1706. à l'armée de Flandre en 1707. à la bataille d'Oudenarde en 1708. à la bataille de Malplaquet en 1709. Il passa à une Compagnie de Grenadiers au mois de Mars 1710. & la commanda à l'attaque d'Hordain en 1711. à l'attaque de Denain, aux siéges de Douay, du Quesnoy & de Bouchain en 1712. au siége de Landau, à la défaite du Général Vaubonne, au siége de Fribourg en 1713. & passa au commandement du second Bataillon le 9. Décembre de cette année, & à la Majorité du Régiment le 30. Mars 1719. il servit la même année aux siéges de Saint-Sébastien, de Fontarabie, d'Urgel & au blocus de Roses : au camp de la Meuse en 1727. Devint Lieutenant-Colonel de son Régiment le 5. Mai 1730. Servit avec lui à la prise de Nancy & à la conquête de la Lorraine en 1733. au siége de Philisbourg en 1734. & obtint le grade de Brigadier par brevet du premier Août. Il se trouva à l'affaire de Clausen en 1735. & étoit encore Lieutenant-Colonel de son Régiment lorsqu'il mourut.

DU BROCARD (Henry de Baraillon.)
Voyez Tome VII. page 193.

PROMOTION du 18. Octobre 1734.

DE MONTCONSEIL (Louis-Etienne Guinot.)
Voyez Tome V. page 359.

D'ARMENTIERES (Louis de Brienne-Conflans, Marquis.)
Voyez Tome V. page 346.

DE LA TREMOILLE (Charles-René-Armand, Duc)
né le 14. Janvier 1708. mort le 23. Mai 1741.
Connu d'abord sous le nom de Prince de Tarente, on lui

accorda la charge de premier Gentilhomme de la Chambre du Roi en survivance de son pere par provisions du 22. Février 1717. il prêta serment pour cette Charge le 8. Mai suivant, & commença à l'exercer le lendemain 9.

Promotion du 28. Octobre 1734.

Duc de la Tremoille, Pair de France à la mort de son pere le 9. Octobre 1719. il en prit le titre, & entra en possession de la Charge de premier Gentilhomme de la Chambre du Roi.

Colonel d'un Régiment d'infanterie de son nom par commission du 7. Octobre 1728. il s'en démit pour le Régiment de Champagne, dont il fut pourvu par commission du 24. Septembre 1731. Il commanda ce dernier Régiment au siége de Gerra-d'Adda, de Pizzighitone & du château de Milan en 1733. au siége de Novarre & à celui des ville & château de Tortone, de la prise desquels il apporta la nouvelle au Roi au mois de Février 1734. Retourné en Italie, il eut une contusion à la cuisse à l'attaque de Colorno; reçut une légere blessure à la bataille de Parme, combattit avec valeur à Guastalle, & obtint le grade de Brigadier par brevet du 18. Octobre. Il servit l'année suivante aux siéges de Reveré & de Guastalle. Rentra en France avec son Régiment au mois de Janvier 1736. & fut reçu au Parlement en qualité de Pair de France le 18. Juin suivant.

Le Roi lui accorda, sur la démission de M. le Comte d'Evreux, le Gouvernement général de l'Isle de France par provisions du 17. Mars 1741. mais il mourut au mois de Mai suivant, ayant aussi depuis long-temps le Gouvernement du Pont de Remy.

DE CONTADES (Louis-Georges, Marquis.)
Voyez Tome III. page 446.

DE CONTADES (Charles-Pierre-Erasme, Chevalier.)
D'abord Capitaine au Régiment d'infanterie de la Feuillade le premier Janvier 1704. il servit la même année à la prise de Chambéry & de la Savoye : au siége de Chi-

vas en 1705. au siége & à la bataille de Turin en 1706. à l'armée du Dauphiné en 1707. & 1708.

Sous-Lieutenant au Régiment des Gardes Françoises le 16. Avril 1709. il se démit de sa Compagnie, & se trouva au mois de Septembre à la bataille de Malplaquet : à l'armée de Flandre en 1710. à l'attaque d'Arleux en 1711. aux siéges de Douay, du Quesnoy & de Bouchain en 1712. & fut fait Sous-Aide-Major du Régiment des Gardes le 11. Octobre. Il servit en cette qualité aux siéges de Landau & de Fribourg en 1713. Obtint le rang de Lieutenant le 21. Décembre 1720. une Lieutenance le 8. Août 1721. une Lieutenance de Grenadiers le 22. Mars 1730. & le rang de Colonel d'infanterie le 21. Avril suivant.

Promotion du 18. Octobre 1734.

Aide-Major général de l'armée d'Italie par ordres des 6. Octobre 1733. & premier Avril 1734. il servit aux siéges de Gerra-d'Adda, de Pizzighitone & du château de Milan en 1733. à ceux de Sarravalle, de Novarre, de Tortone, à l'attaque de Colorno, aux batailles de Parme & de Guastalle en 1734. & obtint le grade de Brigadier par brevet du 18. Octobre.

Major général de l'infanterie de l'armée d'Italie par ordre du 10. Mai 1735. il y servit en cette qualité jusqu'à la paix, & après l'évacuation des pays conquis. Il obtint une place de Commandeur de l'Ordre de Saint-Louis par provisions du premier Janvier 1737. & n'a pas servi depuis.

DE VILLEMEUR (Jean-Baptiste-François de Villemeur-Riotor, Marquis.)
Voyez Tome V. page 312.

DE SOUVRÉ (François-Louis le Tellier de Louvois, Marquis.)
Voyez Tome V. page 371.

DE LA BRUNIE (Bernard.)
Voyez Tome VII. page 203.

D'INFANTERIE.

DE MONTROSIER (Claude-François d'Albois) mort le 26. Avril 1754. âgé de 69. ans.

Promotion du 18. Octobre 1734.

Il étoit né à Montrosier en Rouergue. Entra Cadet en 1693. & fut successivement Sous-Lieutenant au Régiment (aujourd'hui Vexin) en 1694. Lieutenant au mois de Septembre 1695. Capitaine le 27. Août 1702. Capitaine de Grenadiers le 6. Octobre 1724. Major le 19. Février 1727. Lieutenant-Colonel le 27. Octobre 1738. Brigadier le 18. Octobre 1734. enfin Lieutenant de Roi de la Rochelle le 16. Janvier 1739. en quittant son Régiment. Il servit à l'armée du Rhin depuis 1694. jusqu'à la paix de 1698. aux combats de Carpy & de Chiary en 1701. à la la défense de Crémone, à la bataille de Luzzara, à la prise de cette place & de Borgoforté en 1702. aux siéges de Nago & d'Arco en 1703. à ceux de Verceil, d'Yvrée, de Verue, de Chivas, à la bataille de Cassano en 1704. & 1705. au siège & à la bataille de Turin en 1706. à l'armée de Flandre en 1707. à la bataille d'Oudenarde en 1708. à celle de Malplaquet en 1709. à l'attaque d'Arleux en 1711. à l'affaire de Denain, aux siéges de Douay, du Quesnoy & de Bouchain en 1712. à ceux de Landau & de Fribourg, & à l'attaque des retranchemens du Général Vaubonne en 1713. au camp de la Sambre en 1727. aux siéges de Gerra-d'Adda, de Pizzighitone & du château de Milan en 1733. de Sarravalle, de Novarre, de Tortone, à l'attaque de Colorno, aux batailles de Parme & de Guastalle, & au siège de la Mirandole en 1734. aux siéges de Reveré & de Guastalle en 1735. Il se démit de la Lieutenance de Roi de la Rochelle le 22. Mai 1752. & ne servit plus jusqu'à sa mort.

DE LA GRANGE (Charles-Raymond) mort le 18. Mai 1739.

Né à Charleville, il entra dans les Cadets en 1688. Obtint une Sous-Lieutenance dans le Régiment du Maine au mois d'Avril 1690. se trouva à la bataille de Fleurus au mois de Juillet. Servit au siège de Mons, puis à l'armée

Tome VIII. Aaa

Promotion du 13. Octobre 1734.

de la Moselle en 1691. Parvint à une Lieutenance au mois de Mai 1692. se trouva au siége de Namur & à la bataille de Steinkerque la même année. Parvint à une Compagnie le 5. Avril 1693. & la commanda sur la Moselle & en Allemagne pendant la même campagne : en Flandre en 1694. au bombardement de Bruxelles en 1695. sur la Moselle en 1696. sur la Meuse en 1697. au camp de Compiégne en 1698. & passa à l'Aide-Majorité du Régiment en conservant son rang de Capitaine au mois de Novembre de la même année. Il servit en Flandre en 1701. au combat de Nimegue en 1702. à tous les siéges qui se firent en Portugal & en Espagne en 1703. 1704. & 1705. à ceux de Barcelone & de Cartagène en 1706. à la bataille d'Almanza & au siége de Lérida en 1707. à celui de Tortose en 1708. en Espagne en 1709. en Flandre en 1711. à l'attaque de Denain, aux siéges de Douay, du Quesnoy & de Bouchain en 1712. & passa à la Compagnie de Grenadiers le 18. Octobre de cette année. Il la commanda aux siéges de Landau & de Fribourg en 1713. Parvint au commandement du second Bataillon le 14. Octobre 1729. & à la Lieutenance-Colonelle du Régiment le 9. Février 1730. Il servit en cette qualité aux siéges de Gerra-d'Adda, de Pizzighitone & du château de Milan en 1733. à ceux de Sarravalle, de Tortone, de Novarre, à l'attaque de Colorno, aux batailles de Parme & de Guastalle en 1734. & obtint le grade de Brigadier par brevet du 18. Octobre. Continua de servir à l'armée d'Italie, & s'y trouva aux siéges de Reveré & de Guastalle en 1735.

Lieutenant de Roi du Mont-Dauphin par commission du 16. Février 1738. il se démit de la Lieutenance-Colonelle du Régiment du Maine, & mourut l'année suivante au Mont-Dauphin.

DE TRETS (Alexandre de Gaufridy, Chevalier) mort le 5. Juin 1742.

Né à Aix, il entra Garde-Marine en 1694. & Sous-Lieutenant au Régiment d'infanterie de Medoc au mois de Janvier 1696. Servit avec ce Régiment en Catalogne pendant la campagne; passa à une Lieutenance au mois de Septembre. Se trouva au siége & à l'assaut de Barcelone en 1697. Capitaine au même Régiment le 17. Novembre 1701. Il commanda sa Compagnie à tous les siéges & à toutes les batailles de l'armée d'Italie depuis 1701. jusqu'en 1706. à la défense de Toulon en 1707. à l'armée du Rhin en 1708. au combat de Rumersheim en 1709. à l'armée du Rhin en 1710. 1711. & 1712. aux siéges de Landau & de Fribourg en 1713. Il parvint successivement à la Compagnie de Grenadiers de son Régiment le 17. Août 1727. à la Majorité le 31. Mai 1728. & à la Lieutenance-Colonelle le 11. Septembre 1731. Il avoit obtenu la Majorité du château de Nantes le premier Mai précédent. Il se trouva avec le Régiment de Médoc aux siéges de Gerra-d'Adda, de Pizzighitone, du château de Milan en 1733. de Sarravalle, de Novarre, de Tortone & de son château, à l'attaque de Colorno, aux batailles de Parme & de Guastalle, & au siége de la Mirandole en 1734. Les ennemis ayant tenté d'envoyer un secours de six mille hommes à cette derniére place, le Chevalier de Trets avec cent Grenadiers & cinquante hommes de cavalerie attaqua huit cents hommes des ennemis qui avoient déja passé le Pô, leur tua une centaine de soldats, & ne se retira que lorsqu'il fut obligé de céder au nombre. On le créa Brigadier par brevet du 18. Octobre. Employé à la même armée par Lettres du même jour, il continua d'y servir, & se trouva aux siéges de Revéré & de Guastalle en 1735. Il avoit reçu une blessure qui lui brisa la mâchoire. On lui donna le 21. Février 1741. la Lieutenance de Roi de Bergues, en se démettant de la Majorité du château de Nantes.

Promotion du 18. Octobre 1734.

DE CONIGHAN (Guy-Louis) mort le premier Juillet 1746. âgé de 80. ans.

12. Janvier 1735.

Cadet en 1689. Sous-Lieutenant au Régiment Dauphin infanterie le 29. Octobre de la même année, il servit à l'armée d'Allemagne en 1690. Passa à une Lieutenance

Aaa ij

au mois d'Avril 1691. servit au siége de Mons, & se trouva au combat de Leuse pendant cette campagne: au siége de Namur & à la bataille de Steinkerque en 1692. & prit une Lieutenance de Grenadiers le 24. Décembre. Il fit la campagne de 1693. sur la Moselle, puis en Allemagne sous Monseigneur : parvint à une Compagnie le 16. Mai de cette année, & la commanda à la marche de Vignamont au pont d'Espierre en 1694. à l'armée de la Meuse en 1695. & les deux années suivantes : au camp de Compiégne en 1698. à Malines pendant la campagne de 1701. à l'armée d'Allemagne en 1702. au siége de Kell, à l'attaque des lignes d'Hornberg, au combat de Munderkirken, à la première bataille d'Hochstett, à la prise de Kempten & d'Ausbourg en 1703. à la seconde bataille d'Hochstett en 1704. à l'armée du Rhin, puis aux siéges du Comté de Nice en 1705. au siége & à la bataille de Turin en 1706. à la défense de Toulon en 1707. à la bataille d'Oudenarde en 1708. & parvint à une Compagnie de Grenadiers le 18. Décembre de cette année. Il la commanda au combat de Rumersheim en 1709. en Allemagne les années suivantes : aux siéges de Landau & de Fribourg, & à l'attaque des retranchemens du Général Vaubonne en 1713. Il fut fait Major de son Régiment le 2. Janvier 1721. Commanda le second Bataillon le 2. Avril 1727. & parvint à la Lieutenance-Colonelle le 9. Juillet 1729. Il servit en cette qualité en Italie en 1733. & 1734. & s'étant particuliérement distingué à l'attaque de Colorno les 5. & 6. Juin, le Roi lui donna le 15. du même mois le Régiment d'infanterie de Flandre qu'il commanda aux batailles de Parme & de Guastalle.

Brigadier par brevet du 12. Janvier 1735. il servit en Italie jusqu'à la paix, & se démit du Régiment de Flandre en quittant le service au mois de Mai 1739.

24. Avril 1735. DE MAULÉON (Alexandre de Mauléon de Baupré) mort le 25. Août 1743. âgé de 63. ans.

Mousquetaire en 1701. il se trouva au combat de Nimegue en 1702. Obtint une Lieutenance au Régiment du Roi, infanterie au mois d'Avril 1703. servit aux siéges de Brisack & de Landau, & à la bataille de Spire la même année: à l'armée de la Moselle en 1704. & 1705. & passa à une Compagnie le 21. Mars 1706. il la commanda à la bataille de Ramillies au mois de Mai suivant: à l'armée de Flandre en 1707. à la bataille d'Oudenarde en 1708. à celle de Malplaquet en 1709. à l'armée de Flandre en 1710. à l'attaque d'Arleux en 1711. à l'affaire de Denain, aux siéges de Douay, du Quesnoy & de Bouchain en 1712. de Landau & de Fribourg, & à l'attaque des retranchemens du Général Vaubonne en 1713. au camp de Montreuil en 1722. & au camp de la Moselle en 1727.

Major du Régiment du Roi, avec rang de Colonel d'infanterie le 3. Mars 1729. il servit à tous les siéges de l'armée d'Italie & aux batailles de Parme & de Guastalle en 1733. 1734. & 1735.

Il parvint à la Lieutenance-Colonelle du Régiment le 4. Mars 1735. obtint le grade de Brigadier par brevet du 24. Avril suivant, & quitta le Régiment & le service au mois de Juillet 1736.

DAUQUOI DE VEILLANT (Pierre-Jean) mort au mois de Février 1749.

10. Juin 1735.

Il étoit né à Vaillant dans le Comté de Bourgogne, & entra dans les Cadets en 1683. & Sous-Lieutenant au Régiment de Lyonnois au mois de Juillet 1687. Il se trouva avec ce Régiment aux siéges de Philisbourg, de Manheim & de Franckendal en 1688. à l'armée d'Allemagne en 1689. & passa à une Lieutenance dans le Régiment de Poitiers au mois de Mai 1690. Il y obtint une Compagnie le 18. Avril 1691. & servit avec ce Régiment sur les côtes en 1690. & les deux années suivantes. Se trouva à la bataille de la Marsaille en 1693. Servit en Italie en 1694. & 1695. sur le Rhin en 1696. & 1697. Réformé avec sa Compagnie en 1698. il fut remplacé dans le Régiment d'infanterie de la Marche le 5. Mars 1701. en qualité d'Aide-Major, avec son rang de Capitaine. Il servit avec ce Régiment à l'armée d'Allemagne 1701. 1702. &

1703. s'y trouva cette derniére année aux siéges de Brisac & de Landau, & à la bataille de Spire où il fut blessé. Il servit à l'armée de Savoye sous le Duc de la Feuillade en 1704. au siége de Chivas en 1705. au siége & à la bataille de Turin en 1706. à la défense du Dauphiné & de la Provence en 1707. à l'attaque des deux Sesannes en 1708. à l'armée du Dauphiné en 1709. au siége de Gironne & à l'armée d'Espagne en 1710. & 1711. en Catalogne en 1712. 1713. & 1714. & servit comme Major de tranchée pendant tout le blocus & le siége de Barcelone : il fut fait Major de son Régiment le 19. Mai de la même année. Parvint à la Lieutenance-Colonelle le 23. Avril 1725. Fit en 1734. la campagne de Dantzick. Obtint le grade de Brigadier par brevet du 20. Juin 1735. & la Lieutenance de Roi de Collioure par commission du 11. Juillet 1736. en quittant le Régiment de la Marche. Il conserva cette place jusqu'à sa mort.

20. Juillet 1736. D'ALLEMANS (Jean du Lau de la Coste, Chevalier, puis Comte) mort le 14. Février 1763.

Successivement Sous-Lieutenant au Régiment du Roi le 17. Février 1704. Lieutenant le 14. Février 1705. Capitaine le 20. Novembre 1708. Commandant de Bataillon avec rang de Colonel le premier Août 1734. Lieutenant-Colonel & Brigadier le 20. Juillet 1736. Commandeur de l'Ordre de Saint-Louis par provisions du premier Juin 1739. Gouverneur de Coignac le premier Avril 1741. en quittant le Régiment du Roi, enfin Gouverneur de Doullens le 18. Mai 1750. en se démettant du Gouvernement de Coignac. Il se trouva à toutes les actions depuis 1704. jusqu'en 1741. où le Régiment du Roi servit, & que je viens de rapporter à l'article de M. de Mauléon.

8. Août 1736. DE BASSAT (Jean-Baptiste)

A été créé Brigadier par brevet du 8. Août 1736. *Voyez* Tome V. page 489.

D'INFANTERIE.

PROMOTION *du premier Mars 1738.*

DE SURBECK (Eugène-Pierre de Surbeck de Garlande) mort le premier Septembre 1741. âgé de 65. ans. Cadet au Régiment des Gardes Suisses au mois de Juin 1695. Enseigne de la Colonelle du Régiment de Surbeck le 2. Février 1696. il servit cette campagne en qualité d'Aide de camp de son pere : passa Enseigne de la Générale au mois d'Octobre, & fit encore la campagne de 1697. Aide de camp de son pere, il servit au camp de Compiégne en 1698. Obtint la Sous-Lieutenance de la Compagnie Générale le 15. Mars 1699. la Majorité du Régiment de son pere le premier Juin 1702. & se trouva au combat de Nimegue. Il fut Major de Brigade au siége de Landau & à la bataille de Spire en 1703. à l'armée de Flandre en 1704. en Alsace en 1705. Il servit au secours du fort Louis, à la prise d'Haguenau, de Drusenheim & de Lauterbourg en 1706. à l'armée du Rhin en 1707. à l'armée de Flandre en 1708. sur les bords du Rhin en 1709. en Flandre en 1710. à l'attaque d'Arleux en 1711. à l'attaque de Denain, aux siéges de Marchiennes, de Douay, du Quesnoy & de Bouchain en 1712. & obtint le premier Octobre une demi-Compagnie dans le Régiment de Brendlé. Il servit encore avec le Régiment de Surbeck aux siéges de Kayserslautre & de Landau en 1713. On lui accorda le 8. Mai 1714. une commission pour tenir rang de Colonel, & le 15. la demi-Compagnie qui vaqua dans le même Régiment par la mort de son pere. Il obtint le 13. Avril 1717. la permission d'aller servir en Hongrie, y accompagna M. le Prince de Dombes, s'y trouva à la bataille de Bellegrade ; & passa au commandement de la Compagnie Générale des Gardes Suisses le 18. Octobre 1718. On lui donna le même jour la demi-Compagnie d'Altermatt au Régiment de Castellas, & fit la campagne de 1735. sur le Rhin.

Brigadier par brevet du premier Mars 1738. il fut élu en 1741. Honoraire étranger de l'Académie Royale des

Inscriptions & Belles-Lettres ; mais il mourut la même année.

DE CLERMONT-GALLERANDE (Louis-George) Comte.)
Voyez Tome VII. page 197.

DE COURTEN (Maurice, Chevalier.)
Voyez Tome V. page 381.

DE LA COUR AU CHANTRE (Abraham-Jeoffrey) mort le 19. Mars 1748.

Cadet au Régiment de Surbeck le 10. Décembre 1685. il se trouva à la bataille de Fleurus en 1690. au siége de Mons en 1691. à celui de Namur & au combat de Steinkerque, où il reçut un coup de fusil dans l'épaule, en 1692. & fut fait Enseigne le 11. Septembre de cette année. Il servit en cette qualité au siége de Furnes, à la bataille de Néerwinden & aux siéges de Huy & de Charleroy en 1693. & obtint la commission de Capitaine-Lieutenant le 20. du mois de Septembre. Il se trouva à la marche de Vignamont au pont d'Espierre en 1694. aux siéges de Dixmude & de Bruxelles en 1695. à celui d'Ath en 1697. Il se trouva au combat de Nimegue en 1702. au siége de Landau & à la bataille de Spire en 1703. Il obtint le 27. Janvier 1704. une commission pour tenir rang de Capitaine, & commander la Compagnie de Sury ; mais il passa au commandement de la Compagnie de Grenadiers dès le commencement de la campagne, & servit avec les Grenadiers jusqu'à la paix. Il se distingua particuliérement à l'attaque d'Arleux en 1711. & à l'affaire de Denain en 1712. On lui donna une demi-Compagnie dans le même Régiment le 13. Juin 1713. une commission pour tenir rang de Lieutenant-Colonel le 14. Mars 1723. la Lieutenance-Colonelle du même Régiment (alors Besenval) le 22. Décembre 1729. une commission pour tenir rang de Colonel le 18. Avril 1734. une demi-Compagnie dans le Régiment de Brendlé le 29. Août suivant:

il

il fit cette campagne & celle de 1735. fur le Rhin. Obtint le grade de Brigadier par brevet du premier Mars 1738. & le Régiment dont il étoit Lieutenant-Colonel, par commiſſion du 26. Octobre fuivant. Il l'a conſervé juſqu'à ſa mort.

Promotion du 1. Mars 1738.

ENNEBERG (Salomon.)
Voyez Tome VII. page 184.

APPELGHREN (Pierre) tué au ſiége de Prague le 22. Août 1742.

Etoit né à Stockolm, & entra Enſeigne réformé dans le Régiment (aujourd'hui Royal Suédois) au mois de Janvier 1696. il fit cette campagne en Catalogne. Servit au ſiége de Barcelone en 1697. & fut fait Enſeigne au mois de Septembre. Il devint ſucceſſivement ſecond Lieutenant au mois de Janvier 1701. premier Lieutenant au mois de Novembre ſuivant, Capitaine réformé au mois d'Octobre 1703. avec rang de Capitaine en pied le 7. Mars 1711. Capitaine le 23. Décembre 1713. Il paſſa à la Majorité du Régiment le 27. Juillet 1716. Obtint le rang de Lieutenant-Colonel le 10. Septembre 1721. Devint Lieutenant-Colonel le 29. Janvier 1733. enfin Colonel du même Régiment qui portoit ſon nom à la mort de M. de Lenck par commiſſion du 19. Décembre 1734. & le conſerva juſqu'à ſa mort. Il ſe trouva au combat de Nimegue en 1702. à celui d'Eckeren en 1703. à l'armée de la Moſelle en 1704. & 1705. à la bataille de Ramillies en 1706. en Flandre en 1707. aux batailles d'Oudenarde & de Malplaquet en 1708. & 1709. à l'attaque d'Arleux en 1711. aux ſiéges de Douay, du Queſnoy & de Bouchain en 1712. de Landau & de Fribourg en 1713. au camp de la Sambre en 1727. au camp d'Alſace en 1732. à la priſe de la Lorraine en 1733. aux ſiéges de Traërback & de Philiſbourg en 1734. à l'affaire de Clauſen en 1735.

Brigadier par brevet du premier Mars 1738. il paſſa en 1741. avec ſon Régiment en Bohême, où il ſe trouva à

Tome VIII.   Bbb

la prife de Prague, à l'affaire de Sahay & à la défenfe de Prague où il fut tué en 1742.

DE LAS CASSAGNE (Jean.)

Il étoit né à Candecofte, & entra Cadet en 1689. Sous-Lieutenant au Régiment d'infanterie de Beauvoifis en 1691. il fervit à l'armée d'Allemagne cette campagne : au fiége de Namur, puis fur la Mofelle en 1692. au fiége de Furnes, à la bataille de Neerwinden, & au fiége de Charleroy en 1693. Il parvint à une Lieutenance au mois de Mai 1694. & obtint une Compagnie le 5. Octobre 1695. Il la commanda à l'armée de la Meufe en 1696. & 1697. à l'armée d'Allemagne en 1701. à Naples de 1702. à 1705. à toutes les expéditions du Maréchal de Villars en 1707. à l'attaque des deux Sefannes en Dauphiné en 1708. à l'armée du Dauphiné jufqu'à la paix. Il devint Major de fon Régiment le 22. Juillet 1723. & Lieutenant-Colonel le 27. Mai 1728. Il fervit à l'armée du Rhin avec fon Régiment depuis le 22. Juin jufqu'au 18. Août qu'il entra dans Philifbourg, où il finit la campagne. Il étoit en 1735. à l'affaire de Claufen. Obtint le grade de Brigadier par brevet du premier Mars 1738. Quitta le fervice & la Lieutenance-Colonelle de fon Régiment en 1740. & mourut peu après.

DE LA BORIE (*N.*) mort au mois de Janvier 1743.

Il étoit né à Lille, & fut fucceffivement Cadet en 1686. Sous-Lieutenant dans Royal-Artillerie en 1687. Lieutenant la même année : Capitaine le 3. Novembre 1695. Lieutenant-Colonel commandant un Bataillon d'artillerie de fon nom le 10. Décembre 1731. Se trouva à tous les fiéges de Flandre & du Rhin, & commanda fon Bataillon à l'armée d'Italie de 1733. à 1736. Obtint le grade de Brigadier par brevet du premier Mars 1738. Paffa en Bohême en 1741. s'y trouva à la prife, puis à la défenfe de Prague, à l'affaire de Sahay & aux autres expéditions de cette campagne.

DE LARNAGE (Pierre de Brunier.)
Voyez Tome V. page 383.

DE SUCY (Georges) mort le 19. Octobre 1758. âgé de 79. ans.

Né à Mets, il entra dans les Cadets en 1692. Sous-Lieutenant dans le Régiment de Picardie en 1693. & servit cette année en Allemagne. Il passa à une Lieutenance en 1694. & à une Compagnie en 1695. Il la commanda à l'armée du Rhin pendant la campagne, sur la Meuse en 1696. & 1697. Sa Compagnie ayant été réformée en 1698. il fut remplacé à une autre dans le Régiment de Champagne le 28. Mars 1700. & la commanda à l'armée d'Allemagne en 1701. à la bataille de Frédélingen en 1702. au siége de Kell, à la premiére bataille d'Hochstett, à la prise d'Ausbourg en 1703. à la seconde bataille d'Hochstett en 1704. à l'armée du Rhin en 1705. au secours du fort Louis, à la prise de Drusenheim, de Lauterbourg & de l'isle du Marquisat en 1706. à toutes les expéditions du Maréchal de Villars dans la Franconie & la Suabe en 1707. sur le Rhin en 1708. à la bataille de Malplaquet en 1709. à l'armée de Flandre en 1710. à l'attaque d'Arleux en 1711. à l'affaire de Denain, aux siéges de Douay, de Bouchain & du Quesnoy en 1712. Capitaine d'une Compagnie de Grenadiers le 21. Janvier 1713. il la commanda aux siéges de Landau & de Fribourg, & à l'attaque des retranchemens du Général Vaubonne. Il parvint au commandement d'un Bataillon le 24. Septembre 1726. Servit au camp de la Moselle en 1727. Obtint le 26. Janvier 1732. la Majorité de la ville de Soissons, se trouva la même année au camp d'Alsace. Devint Lieutenant-Colonel du Régiment de Champagne le 16. Mars 1733. servit la même année aux siéges de Gerra-d'Adda, de Pizzighitone & du château de Milan : à ceux de Sarravalle, de Tortone & de Novarre, à l'attaque de Colorno, aux batailles de Parme & de Guastalle en 1734. aux siéges de Reveré & de Gonzague en 1735. & obtint le grade de

Promotion du 1. Mars 1738. Brigadier par brevet du premier Mars 1738. Il quitta le service & le Régiment de Champagne en 1740.

DE CHARRON (Guillaume) mort le 8. Décembre 1752. âgé de 71. ans.

Sous-Lieutenant au Régiment de la Marine au mois de Mars 1696. il servit au siége de Valence la même année. Passa à une Sous-Lieutenance en 1697. & servit au siége & à la prise de Barcelone. Se trouva aux combats de Carpy & de Chiary en 1701. à la défense de Crémone le premier Février 1702. parvint à une Compagnie le 9. Avril, & la commanda à la bataille de Luzzara, à la prise de cette place & de Borgoforté la même année : aux siéges de Nago & d'Arco en 1703. aux siéges de Verceil, d'Yvrée, de Verue, de Chivas & de Turin, aux batailles de Cassano, de Turin & de Castiglioné en 1704. 1705. & 1706. à l'armée du Dauphiné de 1707. à 1712. aux siéges de Landau & de Fribourg, & à l'attaque des retranchemens du Général Vaubonne en 1713. aux siéges de Saint-Sébastien, de Fontarabie & d'Urgel en 1719. & parvint à la Compagnie de Grenadiers le 15. Octobre de la même année. Il passa au commandement du troisiéme Bataillon le 31. Juillet 1728. au commandement du second le 8. Avril 1729. à la Majorité le 2. Février 1731. & à la Lieutenance-Colonelle le 23. Juin 1733. il servit la même année au siége de Kell : à celui de Philisbourg en 1734. & se trouva à l'affaire de Clausen en 1735.

Brigadier par brevet du premier Mars 1738. il passa en Autriche en 1741. Se trouva à la défense de Lints au mois de Janvier 1742. & fut nommé le 2. Avril suivant Commandant des ville & citadelle de Verdun où il mourut.

13. Avril 1738. FREY (Jean-Rodolphe) mort le 2. Février 1753. âgé de 90. ans.

Successivement Cadet le 10. Mars 1680. Enseigne au Régiment de Stuppa (depuis Brendlé) le 9. Mars 1685. Sous-Lieutenant le 16. Mars 1686. Lieutenant le premier Janvier 1688. Capitaine-Lieutenant le 17. Aout 1691,

Capitaine d'une demi-Compagnie le 15. Janvier 1701. &
d'une autre en 1713. Commandant alors les Grenadiers
depuis plusieurs années, commandant un Bataillon avec
rang de Lieutenant-Colonel le premier Juin 1721. Lieutenant-Colonel du même Régiment le 29. Août 1734. avec
rang de Colonel le 17. Avril 1735. Il se trouva à l'attaque
de Valcourt où il fut blessé en 1689. à la bataille de Fleurus en 1690. au siége de Mons en 1691. à celui de Namur & au combat de Steinkerque en 1692. au siége de
Huy, à la bataille de Néerwinden & au siége de Charleroy en 1693. à la marche de Vignamont au pont d'Espierre
en 1694. à la défense du fort & du canal de la Knoque,
au siége de Dixmude, au bombardement de Bruxelles en
1695. au siége d'Ath en 1697. au camp de Compiégne en 1698. à la canonade de Péer, au siége de Traërback en 1701. au siége de Huy en 1705. à la défense
d'Ath en 1706. à la bataille d'Oudenarde en 1708. à la
bataille de Malplaquet en 1709. à l'attaque d'Arleux en
1711. au combat de Denain, aux siéges de Marchienne,
de Douay & du Quesnoy en 1712. au siége de Landau
en 1713. au siége de l'ouvrage à corne de Philisbourg en
deça du Rhin en 1734. Il quitta le service le 13. Avril
1738. en conservant cependant sa Compagnie, & fut créé
Brigadier par brevet du même jour.

DE VALORY (Guy-Louis-Henry, Chevalier, puis   1. Juillet 1739.
                  Marquis.)
A été créé Brigadier par brevet du premier Juillet 1739.
Voyez Tome V. page 421.

MANUEL (Sigismond) mort en 1740.   15. Août 1739.
Successivement Cadet le 8. Mars 1687. Enseigne au Ré-
giment d'Erlack (depuis Manuel, Villars & May) le 20.
Avril 1689. Sous-Lieutenant le 15. Décembre suivant.
Lieutenant le 23. Mars 1691. Capitaine-Lieutenant le 26.
Juillet 1692. avec rang de Capitaine le 22. Août 1696.
Capitaine d'une demi-Compagnie en Novembre 1708.
avec rang de Lieutenant-Colonel le premier Juin 1721.

Lieutenant-Colonel le 9. Mai 1728. Capitaine d'une autre demi-Compagnie le 19. Janvier 1733. Il se trouva au siége de Campredon en 1689. à l'armée de Catalogne les années suivantes : au siége de Roses en 1693. à la bataille du Ter, aux siéges de Palamos, d'Ostalric, de Gironne & de Castelfollit en 1694. au siége de Barcelone en 1697. à la bataille de Ramillies en 1706. au combat d'Oudenarde en 1708. à la bataille de Malplaquet en 1709. au combat de Denain, aux siéges de Douay, du Quesnoy & de Bouchain en 1712. aux siéges de Landau en 1713.

Il quitta le service en conservant cependant sa Compagnie le 15. Août 1739. & fut créé Brigadier par brevet du même jour.

PROMOTION *du premier Janvier 1740.*

Promotion du
1. Janvier 1740. DE VIGIER (François-Joseph-Guillaume de Vigier de Steimbrougg.)
Voyez Tome V. page 402.

D'ERLACK (Pierre, Comte) mort le 2. Juin 1741.
Entra Cadet au Régiment des Gardes Suisses au mois de Mars 1712. Fit la campagne sur le Rhin en 1713. Fut fait Enseigne de la Compagnie de son pere le 19. Février 1715. obtint cette Compagnie le 16. Avril suivant, en prit le commandement le 20. Août 1717. Commanda les Grenadiers pendant les campagnes de 1734. & 1735. Fut créé Brigadier par brevet du premier Janvier 1740. & mourut l'année suivante.

DE RASILLY (Armand-Gabriel, Comte.)
Voyez Tome V. page 405.

D'ORIVAL (Alfonse-Théodore de Riencourt, Marquis.)
Entra Sous-Lieutenant au Régiment des Gardes Françoises le 5. Avril 1705. Se trouva à la bataille de Ramillies en 1706. Passa à une Lieutenance le 27. Mars 1708. combattit la même année à Oudenarde, l'année suivante à

Malplaquet. Servit aux siéges de Douay & du Quesnoy en 1712. à celui de Landau en 1713. Passa Lieutenant d'une Compagnie de Grenadiers le 25. Avril 1718. Obtint le 23. Mai 1721. une commission pour tenir rang de Colonel d'infanterie, le 15. Mai 1728. une commission pour tenir rang de Capitaine dans son Régiment, une Compagnie le premier Mars 1729. & la commanda au siége de Philisbourg en 1734.

Promotion du 1. Janvier 1740.

Brigadier par brevet du premier Janvier 1740. il se trouva à la bataille de Dettingen au mois de Juin 1743. & prit le commandement d'une Compagnie de Grenadiers le 10. Juillet suivant. Il parvint au commandement d'un Bataillon le 26. Janvier 1744. reprit le même jour le commandement d'une Compagnie de Fusiliers, & quitta le service & le Régiment des Gardes au mois de Mars suivant.

DE SÉEDORFF (Jean-Balthasard de Fégély.)
Voyez Tome V. page 411.

DE DONGES (Guy-Marie de Lopriac de Coetmadeux, Comte)
Voyez Tome VII. page 216.

DE BONNEVAL (César-Phébus-François, Comte) né le 25. Novembre 1703. mort le 10. Février 1675. Lieutenant réformé au Régiment de cavalerie de Toulouse le 16. Janvier 1719. Capitaine réformé au même Régiment le 7. Avril suivant ; Colonel du Régiment d'infanterie de Poitou par commission du 19. Février 1723. Il le commanda au camp de la Meuse en 1727. à la prise de Nancy & de la Lorraine en 1733. au siége de Philisbourg en 1734. à l'affaire de Clausen en 1735. & obtint le grade de Brigadier par brevet du premier Janvier 1740. Employé en cette qualité par Lettres du premier Août 1741. il marcha avec son Régiment à l'armée de Westphalie sous les ordres du Maréchal de Maillebois. Passa avec cette armée en Bohême au mois d'Août 1742. Rentra en France avec la même armée au mois de Juillet 1743. & finit la campagne sur les bords du Rhin. Employé à l'armée d'Italie par Lettres du premier Février 1744. il se trouva au siége du château Dauphin, à celui de Cony & à la bataille de la Madona-del-Ulmo, & quitta le service & son Régiment au mois de Janvier 1745.

D'ANLESY (Louis-François-Damas, Marquis.)
Voyez Tome V. page 430.

DE GUER (Jean-François-Constance de Marniéres, Chevalier.)
Voyez Tome V. page 432.

DE L'AIGLE (Louis-Gabriel des Acres, Comte.)
Voyez Tome V. page 434.

DE LA MOTTE-GUERIN (Joseph.)
Voyez Tome VII. page 217.

DE TRAVERS (Jean-Victor de Travers-d'Orstenstein, Baron) mort le 18. Avril 1744.
Entra Cadet au Régiment Suisse de Greder au mois d'Octobre 1690. Il y obtint une Lieutenance en 1702. & une commission pour tenir rang de Capitaine le 7. Mars 1704. Il se trouva avec ce Régiment au combat de Nimegue en 1702. à celui d'Eckeren en 1703. à la bataille de Ramillies en 1706. à celles d'Oudenarde & de Malplaquet en 1708. & 1709. à l'attaque d'Arleux en 1711. à l'affaire de Denain, aux siéges de Douay, du Quesnoy & de Bouchain en 1712.

Capitaine d'une demi-Compagnie au Régiment des Gardes Suisses le 10. Juin 1726. il leva par commission du premier Juin 1734. un Régiment de Grisons de son nom, & une Compagnie franche d'infanterie. Une Compagnie qu'il avoit dans le Régiment d'Affry devint la Colonelle de ce Régiment, que le Baron de Travers commanda sur la frontiére du pays Messin & en Flandre en 1735.

Brigadier

D'INFANTERIE.

Brigadier par brevet du premier Janvier 1740. il se démit de sa Compagnie aux Gardes Suisses en faveur de son fils au mois d'Octobre 1742. & commanda son Régiment à l'armée d'Italie au mois de Juillet 1743. Il attaqua le 6. Octobre avec plusieurs Compagnies de Grenadiers le châteaupont, & s'en rendit maître à l'entrée de la nuit. Il avoit été employé Brigadier à la même armée par Lettres du premier Février 1741. mais étant tombé malade à Paspels dans le pays des Grisons, il y mourut.

Promotion du 1. Janvier 1740.

DE LA VARENNE (Jacques-Jerôme Hosdier)
Lieutenant au Régiment de Bourbonnois en 1706. il servit cette année & la suivante à l'armée du Rhin. Se trouva à la bataille d'Oudenarde en 1708. Obtint une Compagnie dans le même Régiment le 5. Mars 1709. & la commanda à la bataille de Malplaquet au mois de Septembre : à l'armée de Flandre en 1710. à l'attaque d'Arleux en 1711. Il se démit de sa Compagnie au mois de Décembre de cette année, & obtint le 15. du même mois une Sous-Lieutenance dans le Régiment des Gardes Françoises, avec lequel il servit aux siéges de Douay & du Quesnoy en 1712. à ceux de Landau & de Fribourg en 1713. Il passa à une Lieutenance le 11. Juin 1718. & à une Compagnie le premier Septembre 1726. Il la commanda au siége de Philisbourg en 1734. Obtint le grade de Brigadier par brevet du premier Janvier 1740. Passa au commandement du sixiéme Bataillon le 25. Juillet 1741. Se trouva à la bataille de Dettingen en 1743. & quitta le Régiment des Gardes & le service au mois de Janvier 1744.

PINON (Bernard-Louis Pinon) tué à la bataille de Dettingen le 27. Juin 1743.
Garde-Marine en 1703. Enseigne de Vaisseaux en 1706. il fit plusieurs campagnes sur mer, & obtint une Lieutenance dans le Régiment des Gardes Françoises le 21. Octobre 1718. Il passa à une Compagnie du même Régi-

386 DES BRIGADIERS

Promotion du 1. Janvier 1740.

ment le 23. Janvier 1727. & la commanda au siége de Philisbourg & sur le Rhin en 1734. & 1735.

Brigadier par brevet du premier Janvier 1740. il fit la campagne de 1742. en Flandre. Passa au commandement d'une Compagnie de Grenadiers le 31. Janvier 1743. & la commanda à la bataille de Dettingen où il fut tué le 27. Juin suivant.

DE MONTAIGUT (Pierre-François, Comte) mort le 25. Novembre 1764.

Connu d'abord sous le nom de Boisdavid, il entra Lieutenant au Régiment Royal infanterie en 1706. & y eut une Compagnie en 1708. il la commanda à la bataille d'Oudenarde la même année : à Malplaquet en 1709. à l'attaque d'Arleux en 1711. à l'affaire de Denain, aux siéges de Douay, du Quesnoy & de Bouchain en 1712. aux siéges de Landau & de Fribourg en 1713.

Enseigne au Régiment des Gardes Françoises en 1714. il quitta le Régiment Royal, prit le nom de Montaigut. Passa à une Sous-Lieutenance le 19. Octobre 1719. à une Lieutenance le 27. Février 1720. & à une Compagnie le 15. Mars 1727. Il la commanda au siége de Philisbourg en 1734. sur le Rhin en 1735. & obtint le grade de Brigadier par brevet du premier Janvier 1740. Il passa à une Compagnie de Grenadiers le 31. Mai 1741. Fit la campagne de Flandre en 1742. Quitta le service au mois de Janvier 1743. & fut nommé en même temps Ambassadeur à Venise, où il est resté plusieurs années.

DE LA VALLIERE (Louis-César de la Baume-le-Blanc, Duc) né le 9. Octobre 1708.

Connu d'abord sous le nom de Marquis de la Valliére, il obtint le Gouvernement général du Bourbonnois en survivance de son pere par provisions du 7. Mai 1721. Entra en 1725. aux Mousquetaires, où il servit dix-huit mois, & fut fait Colonel d'un Régiment d'infanterie de son nom par commission du premier Juillet 1727. il le commanda au camp de la Moselle la même année.

Duc sur la démission de son pere au mois de Février 1732. il prit le titre de Duc de Vaujours, & commanda son Régiment au camp d'Alsace du 31. Août au dernier Septembre: au siége de Kell en 1733. à l'attaque des lignes d'Etlingen & au siége de Philisbourg en 1734. à l'affaire de Clausen en 1735.

Promotion du 1. *Janvier* 1740.

Duc de la Vallière, Pair de France à la mort de son pere le 22. Août 1739. il en prit le titre. Obtint le grade de Brigadier par brevet du premier Janvier 1740. & quitta le service & son Régiment au mois de Janvier 1741. Il a été fait Capitaine des chasses de la Varenne du Louvre au mois d'Avril 1748. & pourvu de la Charge de Grand Fauconnier de France par provisions du 14. Mai suivant. Nommé Chevalier des Ordres du Roi le 2. Février 1749. il a été reçu le 25. Mai suivant, & s'est démis du Gouvernement de Bourbonnois au mois d'Avril 1754.

D'AVAREY (Charles de Besiade, Chevalier ; puis Marquis)

Voyez Tome VII. page 220.

DE FITSJAMES (Edouard, Comte.)

Voyez Tome V. page 445.

DILLON (Charles, Vicomte) mort le 5. Novembre 1741. âgé de 40. ans.

Capitaine réformé au Régiment de son pere dès l'âge de quatre ans en 1705. il commença à y servir à treize ans, & eut une Compagnie le 10. Novembre 1718. Colonel du même Régiment sur la démission de son pere par commission du premier Mai 1730. il le commanda au siége de Kell en 1733. à l'attaque des lignes d'Etlingen & au siége de Philisbourg en 1734. à l'affaire de Clausen en 1735. & obtint le grade de Brigadier par brevet du premier Janvier 1740.

Promotion du 1. Janvier 1740. **DE SAULX** (Charles-Michel-Gaspard de Saulx-Tavannes, Comte.)
Voyez Tome V. page 452.

DE TINGRY (Charles-François-Chrétien de Montmorenci-Luxembourg, Prince.)
Voyez Tome V. page 453.

DE MALAUSE (Armand de Bourbon, Comte) mort le 26. Avril 1744. âgé de 48. ans.
Mousquetaire en 1718. Lieutenant réformé au Régiment d'infanterie d'Agenois le 21. Septembre 1720. Capitaine au même Régiment le 20. Octobre 1726. il commanda sa Compagnie au camp de la Saone en 1727. & obtint le Régiment sur la démission de son frere par commission du premier Août 1731. Il le commanda au siége de Philisbourg en 1734. à l'affaire de Clausen en 1735. & obtint le grade de Brigadier par brevet du premier Janvier 1740. Il servit en Corse avec son Régiment depuis le mois de Janvier 1739. jusqu'au mois d'Avril 1741. Employé à l'armée de Baviére par Lettres du 5. Mars 1742. il y marcha avec son Régiment sous les ordres du Duc de Harcourt, puis sous ceux du Comte de Saxe, & sur les frontiéres de la Bohême sous les Maréchaux de Maillebois & de Broglie. Il s'y trouva au secours de Braunau, à la défense de Deckendorff. Rentra en France avec l'armée au mois de Juillet 1743. & finit la campagne à Bitche. Employé à l'armée d'Italie par Lettres du premier Février 1744. il fut blessé le 20. Avril à l'attaque des retranchemens de Villefranche & Montalban, & mourut de cette blessure.

DE TESSÉ (René-Marie de Froulay, Comte) né au mois de Décembre 1707. tué au siége de Prague le 22. Août 1742.
Lieutenant au Régiment de Champagne le 24. Septembre 1726. Enseigne de la Colonelle le 9. Novembre suivant,

il servit au camp de la Moselle en 1727. Passa à une Compagnie le premier Mai 1728. & obtint un Régiment d'infanterie de son nom par commission du 24. Septembre 1731. Il le commanda aux siéges de Gerra-d'Adda, de Pizzighitone & du château de Milan en 1733. à ceux de Tortone, de Novarre & de Sarravale, à l'attaque de Colorno, à la bataille de Parme & à celle de Guastalle où il fut blessé à la jambe en 1734. Il avoit été nommé Colonel-Lieutenant du Régiment d'infanterie de la Reine, en se démettant de celui qui portoit son nom, par commission du 21. Août de la même année. Il en prit le commandement après la bataille de Guastalle, & servit aux siéges de Reveré & de Gonsague en 1735. Il fut pourvu de la Charge de premier Ecuyer de la Reine sur la démission de son pere, par provisions du 15. Octobre de la même année.

Grand d'Espagne de la premiére classe sur la démission de son pere par décret donné à Buenrétiro le 8. Juillet 1737. Il obtint le grade de Brigadier par brevet du premier Janvier 1740.

Employé à l'armée de Bohême par Lettres du 20. Juillet 1741. il se trouva à la prise de Prague, au camp de Pisseck, à l'affaire de Sahay, & fut tué à la défense de Prague, à la sortie du 22. Août 1742. où il fit des prodiges de valeur.

DE ROCHECHOUART (Charles-Auguste, Duc) né le 10. Octobre 1714. tué à Dettingen le 27. Juin 1743. Connu d'abord sous le nom de Marquis de Mortemart, il n'avoit pas servi, lorsqu'on lui accorda un Régiment d'infanterie de son nom à la mort de son frere aîné, par commission du 5. Décembre 1731. il prit alors le nom de Duc de Rochechouart, & obtint aussi la Charge de premier Gentilhomme de la Chambre du Roi qu'avoit son frere, par provisions du 14. Janvier 1732. Il commanda son Régiment au siége de Kell en 1733. à l'attaque des lignes d'Etlingen & au siége Philisbourg en 1734. à l'affaire de Clausen en 1735.

Brigadier par brevet du premier Janvier 1740. Employé

à l'armée de Flandre, par Lettres du 21. Août 1742. il y fit la campagne. Employé à l'armée du Rhin par Lettres du premier Avril 1743. il fut tué à la tête de son Régiment à la bataille de Dettingen.

DE BELLEFONDS (Charles-Bernardin-Godefroy Gigault, Marquis.)

Voyez Tome VII. page 222.

DE LA CHÉTARDIE (Joachim-Jacques Trotti, Marquis.)

Voyez Tome V. page 492.

DE LUSSAN (Charles-Claude-Joachim d'Audibert, Comte)

Voyez Tome V. page 464.

D'ESTRÉES (Jean-Charles Pelletier d'Escrots, Baron.)

Voyez Tome VII. page 223.

DE SCHMIDBERG (Jean Reinhard) mort le 13. Novembre 1754. âgé de 60. ans 2. mois.

Il étoit de Strasbourg, entra Enseigne au Régiment d'Alsace au mois d'Avril 1695. & le joignit à l'armée de Catalogne, où il servit au siége & à la prise de Barcelone en 1697. Il fut fait Capitaine réformé au mois de Décembre de la même année. Il se trouva au combat de Nimegue en 1702. à celui d'Eckeren en 1703. Passa à une Compagnie au mois de Juin 1704. & la commanda à la bataille de Ramillies en 1706. à celles d'Oudenarde & de Malplaquet en 1708. & 1709. à l'attaque d'Arleux en 1711. à l'attaque de Denain, aux siéges de Douay, du Quesnoy & de Bouchain en 1712. à ceux de Landau & de Fribourg en 1713. Il obtint le 10. Septembre 1721. une commission pour tenir rang de Lieutenant-Colonel. Passa au Commandement d'un Bataillon le 21. Janvier 1726. campa sur la Moselle en 1727. Parvint à la Lieutenance-Colonelle de son Régiment le 16. Mars 1733. servit la même année au siége de Kell: à l'attaque des lignes d'Etlingen & au siége de Philisbourg en 1734. à l'affaire de Clausen en 1735.

Promotion du 1. Janvier 1740.

Brigadier par brevet du premier Janvier 1740. il quitta le service au mois de Septembre 1741.

D'HENNESY (Richard) mort le 30. Mai 1743.
Enseigne au Régiment de Lée (depuis Bulkeley) au mois de Décembre 1695. il servit au siége d'Ath en 1697. au camp de Compiégne en 1698. en Flandre en 1701. Obtint la Commission de Capitaine réformé le 26. Avril 1702. fit la campagne en Allemagne. Servit au siége de Kell en 1703. à l'attaque des retranchemens d'Hornberg, au combat de Munderkirken, à la premiére bataille d'Hochstett, à la prise d'Ulm & d'Ausbourg en 1703. à la seconde bataille d'Hochstett le 13. Août 1704. & passa à une Compagnie le 10. Septembre suivant. Il la commanda à l'armée de la Moselle en 1705. au secours du fort Louis, à la prise de Drusenheim, de Lauterbourg & de l'isle du Marquisat en 1706. à toutes les expéditions du Maréchal de Villars dans la Franconie & la Suabe en 1707. à l'armée du Rhin en 1708. à la bataille de Malplaquet en 1709. à l'attaque d'Arleux en 1711. aux siéges de Douay & du Quesnoy en 1712. à ceux de Landau & de Fribourg en 1713. Il devint Lieutenant-Colonel de son Régiment le 8. Janvier 1725. Servit au siége de Kell en 1733. à l'attaque des lignes d'Etlingen & au siége de Philisbourg en 1734. à l'affaire de Clausen en 1735.

Brigadier par brevet du premier Janvier 1740. il fit la campagne de 1742. en Flandre, où il fut employé Brigadier par Lettres du 16. Octobre. Employé en la même qualité à l'armée du Rhin par Lettres du premier Avril 1743. il mourut à Worms au commencement de la campagne.

DE LA CLAVIERRE (Claude de Chamborrant, Comte.) *Voyez* Tome V. page 494.

Promotion du 1. Janvier 1740. DE TERMES DU SAULX (Jean de Termes) mort le 19. Septembre 1741. âgé de 80. ans.

Cadet en 1684. il obtint une Lieutenance dans le Régiment de l'Isle de France au mois d'Août 1688. & servit au siége de Mons en 1691. sur les côtes de Normandie en 1692. à la bataille de la Marsaille en 1693. à l'armée d'Italie en 1694. Capitaine dans le même Régiment le 10. Avril 1695. il commanda sa Compagnie à l'armée de Catalogne, & fut blessé au siége de Barcelone en 1697. Il servit à l'armée d'Allemagne en 1701. Passa en Italie au mois de Juillet, se trouva au combat de Chiari au mois de Septembre : à la bataille de Luzzara, à la prise de cette place & de Borgoforté en 1702. au siége de Nago & d'Arco en 1703. à ceux de Verceil, d'Yvrée, de Verue, de Chivas, & à la bataille de Cassano, à celle de Calcinato, au siége & à la bataille de Turin en 1704. 1705. & 1706. à la défense de Toulon en 1707. à l'attaque des deux Sesannes en 1708. & passa à une Compagnie de Grenadiers le 16. Octobre de cette année. Il la commanda à l'armée du Dauphiné jusqu'à la paix. Fut fait Major de son Régiment le 22. Juin 1710. Campa sur la Saone en 1727. Devint Lieutenant-Colonel du même Régiment le 17. Août 1729. passa avec le Régiment en Corse au mois d'Avril 1739. Obtint le grade de Brigadier par brevet du premier Janvier 1740. & mourut à Briançon l'année suivante.

DE VALENCEAU (Bernard Drohin) mort le 4. Mars 1758. âgé de 90. ans 2. mois.

Il étoit né à Avalon, & fut successivement Cadet & Sous-Lieutenant dans Royal-Infanterie au mois d'Août 1687. Lieutenant dans Royal-Artillerie au mois de Septembre 1693. Capitaine le 7. Septembre 1697. Lieutenant-Colonel Commandant un Bataillon de Royal-Artillerie le 20. Février 1733. Brigadier par brevet du premier Janvier 1740. Il se trouva à toutes les actions de guerre de son temps en Flandre, en Allemagne & en Italie, de 1688. à 1714.

1714. Il commanda son Bataillon au siége de Kell en 1733. aux siéges de Traërback & de Philisbourg en 1734. à l'armée du bas Rhin, qui marcha ensuite sur les frontiéres de Bohême & en Baviére en 1742. & 1743. & quitta le service & son Bataillon au mois de Mai 1744.

DE LORME (Simon.)
Voyez Tome VII. page 224.

DE BOISTEL (Gabriel, Chevalier, puis Comte.)
Voyez Tome VII. page 225.

DE THIBOUTOT (Louis-François, Marquis.)
Voyez Tome VII. page 252.

DESMAZIS (Henri, Chevalier) mort le premier Avril 1754. âgé de 85. ans.
Il fut successivement Officier Pointeur de l'Artillerie, Commissaire ordinaire, Commissaire Provincial le 27. Mai 1703. Lieutenant le 24. Décembre 1710. Lieutenant au département de Besançon le 16. Avril 1715. Lieutenant au département de Strasbourg, & Commandant l'école le 23. Septembre 1726. Lieutenant général au département du Lyonnois, Forès & Beaujolois en 1735. Brigadier par brevet du premier Janvier 1740. & servit toujours en campagne.

DE MESLAY (Urbain-Pierre-Louis Bodineau, Baron.)
Voyez Tome VII. page 226.

D'ABOVILLE (Julien, Chevalier.)
Voyez Tome V. page 465.

LAMOTTE TIBERGEAU (*N.*) mort le 21. Février 1741.
Il avoit servi pendant neuf ans dans l'artillerie, & y étoit Commissaire ordinaire, lorsqu'il fut reçu Ingénieur en 1704. Il servit en cette qualité aux siéges de Suze,

Promotion du 1. Janvier 1740.

d'Yvrée, de Verue & de la Mirandole où il fut bleſſé en 1704. & 1705. à celui de Turin où il reçut deux bleſſures en 1706. à celui de Gironne en 1710. à ceux de Prat, de Rey & de Cardonne où il fut bleſſé en 1711. à l'attaque des retranchemens de Manheim, au ſiége de Landau où il fut bleſſé, à celui de Fribourg en 1713. à ceux de Barcelone en 1714. de Fontarabie, de Saint-Sébaſtien & de Caſtelciudat en 1719. Il obtint la Croix de S. Louis en 1714. Fut nommé Ingénieur en chef en 1720. & Directeur général des fortifications du pays d'Aunis en 1730. & mourut à la Rochelle.

DE PERDRIGUIER (David du Larry) mort le 26. Août 1742.

Après avoir ſervi pluſieurs années Officier ſubalterne dans le Régiment de Champagne, il fut reçu Ingénieur en 1706. & ſervit la même année aux ſiéges de Barcelone & de Cartagène. Il ſe trouva à la bataille d'Almanza & aux ſiéges de Mequinença & de Lerida en 1707. à ceux de Tortoſe, de Denia, d'Alicante en 1708. à la défenſe de Béthune où il fut bleſſé dangereuſement en 1710. Paſſé en Catalogne, il ſervit aux ſiéges de Prat, de Rey & de Cardonne en 1711. à celui de Fribourg en 1713. à l'expédition de Majorque en 1715. aux ſiéges de Fontarabie & de Saint-Sébaſtien & de Caſtelciudat en 1710. Il commanda une Brigade d'Ingénieurs au ſiége de Kell en 1733. & fut bleſſé à celui de Philiſbourg en 1734. Il avoit été nommé Directeur des fortifications d'Alſace en 1731.

Brigadier par brevet du premier Janvier 1740. il commanda en chef les Ingénieurs au ſiége & à la priſe de Prague en 1741. à la défenſe de la même ville en 1742. Il fut bleſſé à la ſortie du 22. Août, & mourut le 26. de cette bleſſure.

DE RASAUD (Joſeph.)
Voyez Tome V. page 394.

DE REDING (François-Antoine de Reding-Biberegg, 15. Mai 1740.
Baron) mort en 1760.

Il leva une Compagnie au Régiment Allemand de Reding le 3. Mars 1705. la commanda au siége de Cartagene en 1706. à la bataille d'Almanza, aux siéges de Mequinença & de Lerida en 1707. au siége de Tortose en 1708. Il devint Capitaine de Grenadiers en 1709. & servit en Espagne la même année : aux siéges de Gironne & de Cardonne en 1710. & 1711. sur les frontiéres de Catalogne au blocus & au siége de Barcelone en 1712. 1713. & 1714. A la réforme du Régiment de Reding au mois de Février 1715. sa Compagnie fut incorporée dans le Régiment Royal-Baviére le 10. Juin suivant. Il passa en 1716. avec cette Compagnie en Baviére, où l'Electeur le fit Lieutenant-Colonel du Régiment de Lerchenfeld. Ayant marché en Hongrie avec ce Régiment, il se trouva en 1717. à la bataille de Belgrade où il servit avec distinction. Rentré en France en 1719. il fut entretenu Colonel réformé à la suite de Valenciennes, par commission du 30. Mai, & obtint le grade de Brigadier par brevet du 15. Mai 1740.

DE SALUZ (Balthazard-Antoine) mort en 1749. 26. Nov. 1742.

Il fut successivement Cadet au mois de Janvier 1682. Enseigne le 12. Décembre 1686. Sous-Lieutenant le 4. Janvier 1687. Lieutenant le premier Mai 1689. Capitaine Lieutenant le 4. Avril 1691. Capitaine d'une demi-Compagnie le 6. Mars 1693. réformé en 1698. remplacé le 15. Mai 1703. Capitaine-Lieutenant de la Compagnie de Dumont. Capitaine d'une demi Compagnie au mois de Février 1707. Lieutenant-Colonel du Régiment de Diesback, eut une autre demi-Compagnie le 9. Décembre 1737. avec rang de Colonel le 4. Juin 1738. Il servit toujours dans le même Régiment depuis sa création, & se trouva au siége de Mons en 1691. à celui de Namur en 1692. à la bataille de Néerwinden & au secours de Saint-Malo en 1693. au siége d'Ath en 1697. aux siéges d'Uetz & de Kirkein en 1702. à la défense des lignes, à la prife de la redoute de Spar en 1704. au fiége d'Hombourg, à la prife de Louvain en 1705. au fecours du fort Louis, puis en Flandre en 1706. à la bataille d'Oudenarde, & à la défenfe de Gand en 1708. à Malplaquet en 1709. au combat de Denain, à la prife de Marchiennes, aux fiéges de Douay & du Quefnoy en 1712. fur la Mofelle & fur le Rhin en 1733. & 1734. à l'affaire de Claufen en 1735.

Brigadier par brevet du 26. Novembre 1741. il quitta le fervice & la Lieutenance-Colonelle du Régiment de Diefback le même jour.

15. Décem. 1741. **DE CHEVERT** (François)
A été créé Brigadier par brevet du 15. Décembre 1741. *Voyez* Tome V. page 468.

26. Avril 1742. **DE BROGLIE** (Victor-François, Comte, puis Duc)
A été créé Brigadier par brevet du 26. Avril 1742. *Voyez* Tome III. page 458.

Promotion du 20. Février 1743.

Promotion du 20. Février 1743. **DE CHARPENTIER** (Claude) tué à Dettingen le 27. Juin 1743.

Moufquetaire en 1706. il fe trouva à la bataille de Ramillies la même année : à l'armée de Flandre en 1707. à la bataille d'Oudenarde en 1708. & entra Enfeigne au Régiment des Gardes le 16. Mars 1709. il fe trouva à la bataille de Malplaquet au mois de Septembre. Paffa à une Sous Lieutenance le 26. Avril 1710. à une Lieutenance le 26. Décembre 1711. Servit aux fiéges de Douay, de Bouchain & du Quefnoy en 1712. à ceux de Landau & de Fribourg en 1713. Il prit la Lieutenance d'une Compagnie de Grenadiers le 14. Octobre 1718. Obtint le 31. Mai 1722. une commiffion pour tenir rang de Colonel. Parvint à une Compagnie le 6. Janvier 1730. la commanda au fiége de Philifbourg en 1734.

D'INFANTERIE. 397

Brigadier par brevet du 20. Février 1743. Il fut tué la même année à la tête de sa Compagnie.

Promotion du 20. Février 1743.

DE BOISSON (Louis) tué à Dettingen le 27. Juin 1743. Mousquetaire le 13. Décembre 1702. il combattit à Eckeren au mois de Juin 1703. Servit en Flandre en 1704. Entra Sous-Lieutenant au Régiment des Gardes Françoises le 4. Février 1706. combattit à Ramillies la même année, à Oudenarde en 1708. Passa à une Sous-Aide-Majorité le 26. Février 1709. se trouva à la bataille de Malplaquet la même année: aux siéges de Douay, du Quesnoy & de Bouchain en 1712. à ceux de Landau & de Fribourg en 1713. & parvint à une Lieutenance le 2. Décembre. Aide-Major le 25. Octobre 1719. avec rang de Colonel le 31. Mai 1722. Il eut une Compagnie le 22. Mars 1730. Servit au siége de Philisbourg en 1734. Obtint le grade de Brigadier par brevet du 20. Février 1743. & fut tué la même année à la tête de sa Compagnie.

DE BACHMANN (Charles Leontzy.)
Voyez Tome VII. page 231.

DE LA MARCHE (René-Therèse de Botterel) mort le 10. Novembre 1748 âgé de 70. ans.

Il entra aux Mousquetaires au mois d'Avril 1700. & fut successivement Enseigne au Régiment des Gardes Françoises le 18. Avril 1701. Sous-Lieutenant de la Compagnie Colonelle le 14. Juillet 1706. Sous-Aide Major le 17. Juillet 1707. Lieutenant le 6. Avril 1716. Aide-Major le 2. Juillet 1720. avec rang de Colonel le 30. Mai 1726. Capitaine le 24. Mai 1732. Brigadier par brevet du 20. Février 1743. Il se trouva aux combats de Nimegue en 1702. d'Eckeren en 1703. aux batailles de Ramillies, d'Oudenarde & de Malplaquet en 1706. 1708. & 1709. aux siéges de Douay, du Quesnoy & de Bouchain en 1712. de Landau & de Fribourg en 1713. de Philisbourg en 1734. & quitta le service & sa Compagnie au mois de Mars 1743.

Promotion du 20. Février 1743.

DE REYNOLD (François-Ignace) mort à Fribourg au mois de Septembre 1751.

Enseigne au Régiment des Gardes Suisses le 11. Juin 1709. il se trouva à la bataille de Malplaquet au mois de Septembre : passa à une Sous-Lieutenance le 27. Octobre suivant. Servit aux sièges de Douay, du Quesnoy & de Bouchain en 1712. à celui de Landau en 1713. Il obtint une demi-Compagnie dans le Régiment d'Hessy le 12. Octobre 1719. & une demi-Compagnie dans le Régiment des Gardes Suisses le 18. Août 1726. Il fit la campagne sur le Rhin en 1734. & 1735. Obtint le 18. Juin 1741. une dispense de servir à cause de ses infirmités. On lui accorda le grade de Brigadier par brevet du 20. Février 1743. & conserva ses Compagnies jusqu'à sa mort.

DE GRAVEL (Maximilien-Henri.)
Voyez Tome VII. page 233.

DE LANGEY (Henri-Philippe de Cordouan, Marquis) tué à Dettingen le 27. Juin 1743.

Il fut successivement Garde du Roi dans la Compagnie de Charost pendant dix mois, Enseigne aux Gardes le 8. Septembre 1717. Sous-Lieutenant le 4. Janvier 1718. Lieutenant le 7. Mars 1721. Capitaine le 26. Mai 1727. Brigadier par brevet du 20. Février 1743. enfin Capitaine d'une Compagnie de Grenadiers le 31. Mars suivant. Il se trouva au siége de Philisbourg en 1734. sur le Rhin en 1735. en Flandre en 1742. & fut tué à la tête de la Compagnie de Grenadiers qu'il commandoit à la bataille de Dettingen.

DE BEAUCOYRAN (Jean de Calvieres, Chevalier) tué à Dettingen le 27. Juin 1743.

Successivement Cadet à Brisack en 1692. Enseigne au Régiment de la Fere en 1693. Lieutenant dans Estrades Dragons en 1698. Lieutenant dans Louvigny infanterie en 1701. Capitaine audit Régiment le 13. Août 1704.

Enseigne au Régiment des Gardes Françoises le 18. Octobre 1712. Sous-Lieutenant le 20. Décembre suivant, Sous-Aide-Major le 3. Juillet 1714. Lieutenant le 10. Janvier 1720. avec rang de Colonel le 15. Mai 1728. Aide-Major le 12. Avril 1729. Capitaine audit Régiment le 24. Juin 1733. enfin Brigadier par brevet du 20. Février 1743. Il servit à l'armée d'Allemagne en 1694. & 1695. sur la Meuse en 1696. & en Flandre en 1697. à la bataille de Luzzara en 1702. aux siéges de Nago & d'Arco en 1703. d'Yvrée, de Verceil, de Suze, de Verue, à la bataille de Cassano, au siége de Turin, à la bataille de Castiglioné en 1704. 1705. & 1706. à l'armée de Flandre en 1707. aux batailles d'Oudenarde & de Malplaquet en 1708. & 1709. à l'attaque d'Arleux en 1711. aux siéges de Douay, du Quesnoy & de Bouchain en 1712. de Landau & de Fribourg en 1713. de Philisbourg en 1734. & fut tué à la bataille de Dettingen.

DE MONCAN (Jean-Baptiste de Marin, Comte.)
 Voyez Tome V. page 576.

DE SALIS (Jean-Henri-Antoine de Salis de Zizers.)
 Voyez Tome VII. page 312.

DE PONTSCHAVIGNY (Claude-Louis de Bouthilier, Comte)
Après avoir servi quelques années dans les Mousquetaires, il fut fait Colonel du Régiment de Cambrésis par commission du 18. Mai 1732. & le commanda à l'armée du Rhin en 1735. en Corse depuis le mois de Janvier 1739. jusqu'au mois d'Avril 1741. Il obtint le grade de Brigadier par brevet du 20. Février 1743. & quitta le service & son Régiment au mois de Juin suivant. Il a le Gouvernement de Beaune.

DE ROTHE (Charles Edouard.)
 Voyez Tome V. page 508.

Promotion du 20. Février 1743.

DE CARCADO (Louis-Alexandre-Xavier le Sénéchal, Marquis.)
Voyez Tome V. page 509.

DE ROCHECHOUART (François Charles, Comte.)
Voyez Tome V. page 510.

DE MONTMORIN (Jean-Baptiste-François, Marquis.)
Voyez Tome V. page 512.

DE LORGES (Louis de Durfort, Comte, & depuis Duc.)
Voyez Tome V. page 514.

DE MORTEMART (Jean-Baptiste-Victor de Rochechouart, Duc) né le 30. Octobre 1712.
D'abord connu sous le nom de Marquis de Blainville, il entra aux Mousquetaires en 1729. & obtint une Compagnie au Régiment de cavalerie de Saint-Simon le 15. Avril 1730. Il servit avec ce Régiment au siége de Kell en 1733. prit le nom de Comte de Mortemart, obtint le Régiment de Dauphiné par commission du 10. Mars 1734. & le commanda à l'armée du Rhin en 1735.

Colonel du Régiment de Navarre par commission du 21. Février 1740. il se démit de celui de Dauphiné, & commanda le Régiment de Navarre à la prise de Prague en 1741. à la bataille de Sahay, à la défense de Prague, à la fameuse sortie de cette ville en 1742.

Brigadier par brevet du 20. Février 1743. employé à l'armée du Rhin par Lettres du premier Avril suivant, il commanda la Brigade de Navarre à la bataille de Dettingen la même année: aux siéges de Menin, d'Ypres, de Furnes & de Fribourg en 1744. & quitta le service & son Régiment au mois de Janvier 1745.

Duc

D'INFANTERIE.

Duc & Pair de France sur la démission de son pere au mois de Novembre 1753. il prit le titre de Duc de Rochechouart ; fut reçu au Parlement le 17. Avril 1755. & prit le titre de Duc de Mortemart à la mort de son pere le 16. Janvier 1757.

Promotion du 20. Février 1743.

D'HEROUVILLE (Antoine de Ricouard d'Herouville de Claye, Comte.)
Voyez Tome V. page 518.

DE NOAILLES (Philippe, Comte.)
Voyez Tome V. page 473.

DE NIVERNOIS (Louis-Jules Barbon-Mancini-Mazarini, Duc) né le 16. Décembre 1716.
D'abord connu sous le nom de Prince de Vergagne, Duc sur la démission de son pere au mois de Décembre 1730. il prit le titre de Duc de Nivernois, & entra aux Mousquetaires en 1731. Il obtint une Compagnie au Régiment de cavalerie de Montrevel le 20. Mars 1733. & la commanda à l'armée d'Italie où il se trouva aux siéges de Gerra-d'Adda, de Pizzighitone, du château de Milan, de Tortone & de Novarre.

Colonel du Régiment d'infanterie de Limosin par commission du 10. Mars 1734. il le commanda à l'attaque des lignes d'Etlingen & au siége de Philisbourg la même année : à l'affaire de Clausen en 1735.

Il devint Grand d'Espagne de la premiére classe à la mort de sa mere, le 11. Janvier 1738. Il passa avec son Régiment à l'armée de Westphalie en 1741. Marcha avec cette armée en Bohême en 1742. servit au siége d'Egra, où son Régiment entra, & contribua à la défense de cette place. Il fut reçu à l'Académie Françoise le 4. Février 1743. & créé Brigadier par brevet du 20. Février suivant. La foiblesse de sa santé l'obligea de quitter le service, & de se démettre du Régiment de Limosin au mois d'Avril 1744. Il fut élu Honoraire de l'Académie des Inscriptions

Tome VIII.   E e e

& Belles-Lettres le 27. Janvier 1746. & nommé Ambassadeur extraordinaire à Rome le premier Janvier 1748. Chevalier des Ordres du Roi le 25. Avril 1751. il obtint le 31. Mai suivant la permission d'en porter les marques, & fut reçu le 21. Mai 1752. Il se démit de l'Ambassade de Rome au mois d'Octobre 1753.

Ambassadeur extraordinaire à Berlin, il y arriva le 12. Janvier 1756. prit congé du Roi de Prusse le 26. Mars suivant, & partit de Berlin le 5. Avril pour revenir en France.

Lieutenant général au Gouvernement de Lorraine sur la démission du Maréchal de Belleisle, par provisions du Roi de Pologne, Duc de Lorraine & de Bar, données à Luneville le 30. Décembre 1758. Il obtint du Roi le premier Février 1759. un brevet qui lui permet d'accepter cette Charge, & la lui confirme lors de la réunion de la Lorraine à la France.

Nommé Ambassadeur en Angleterre, il partit de Paris le 4. Septembre 1762. & eut sa première audience le 15. du même mois. La paix ayant été conclue au mois de Novembre, & signée à Paris le 10. Février 1763. le Duc de Nivernois revint en France au mois de Mai, & fut présenté à Sa Majesté le 29.

DE LAURAGAIS (Louis de Brancas, Duc.)
Voyez Tome V. page 520.

DE TALEYRAND (Daniel-Marie-Anne, Marquis) né au mois d'Août 1706. tué au siége de Tournay le 9. Mai 1745.

Après avoir servi un an dans les Mousquetaires, il obtint le 12. Août 1733. une Compagnie dans le Régiment de cavalerie du Roi, & la commanda pendant la campagne.

Colonel du Régiment d'infanterie de Saintonge par commission du 10. Mars 1734. il le commanda à l'attaque des lignes d'Etlingen, au siége de Philisbourg en 1734. & à l'affaire de Clausen en 1735.

Colonel du Régiment de Normandie par commission du

26. Juillet 1737. il se démit du Régiment de Saintonge. Passa en Baviére avec le Régiment de Normandie au mois de Mars 1742. Entra sur les frontiéres de la Bohême, rentra en Baviére; s'y trouva à la défense de plusieurs places, & obtint le grade de Brigadier par brevet du 20. Février 1743. Employé en cette qualité par Lettres du même jour, il continua de servir en Baviére jusqu'au mois de Juillet, & finit la campagne sur les bords du Rhin. Il servit en 1744. à l'armée de Flandre commandée par le Maréchal de Saxe, qui couvrit les siéges de Menin, d'Ypres & de Furnes, & finit la campagne au camp de Courtray.

On lui accorda une place de Menin de M. le Dauphin par brevet du 18. Février 1745. Employé à l'armée de Flandre par Lettres du premier Avril, il fut tué au siége de Tournay.

DE DURAS (Emmanuel-Félicité de Durfort, Duc.) *Voyez* Tome V. page 521.

DE ROHAN (Louis-Marie-Bretagne-Dominique de Rohan-Chabot, Duc) né le 17. Janvier 1710.

Connu d'abord sous le nom de Comte de Porhoet, il fut entretenu Lieutenant réformé à la suite du Régiment de cavalerie de Lorraine, par Lettres du 10. Février 1723. & Capitaine réformé à la suite du même Régiment par commission du premier Mai suivant. Duc de Rohan-Chabot sur la démission de son pere le 18. Août 1727. il prit le titre de Duc de Rohan. Il se trouva au siége de Kell en 1733. Obtint le Régiment de Vermandois par commission du 10. Mars 1734. & le commanda à l'attaque des lignes d'Etlingen & au siége de Philisbourg en 1734. à l'affaire de Clausen en 1735.

Colonel d'un Régiment d'infanterie de son nom par commission du 16. Avril 1738. il se démit du Régiment de Vermandois. Devint Duc de Rohan-Chabot, Pair de France à la mort de son pere le 10. Août suivant, &

commanda son Régiment à la défense de Lints au mois de Janvier 1742.

Gouverneur de Lectoure le 30. Janvier 1743. Brigadier par brevet du 20. Février, employé à l'armée du Rhin par Lettres du premier Avril; il commanda une Brigade à la bataille de Dettingen la même année : aux siéges de Menin, d'Ypres & de Furnes, & au camp de Courtray en 1744. Il se démit de son Régiment, & quitta le service au mois de Janvier 1745. Il a été reçu au Parlement en qualité de Pair de France le 18. Février 1751.

DE FROULAY (Charles-Elisabeth, Comte.)
Voyez Tome VII. page 237.

DE MAILLEBOIS (Yves-Marie Desmarets, Comte.)
Voyez Tome V. page 477.

PRINCE DES DEUX-PONTS (Frédéric de Baviére.)
Voyez Tome V. pag. 342.

DE BOUZOLS (Joachim-Louis de Montaigut, Marquis.)
Voyez Tome VII. page 238.

DE BOUDEVILLE (Jean-François de Malortie, Marquis.)
Voyez Tome VII. page 240.

DE COETLOGON (Louis-Emmanuël, Vicomte.)
Voyez Tome V. page 531.

DE VASSÉ (Armand Mathurin, Marquis.)
Voyez Tome VII. page 241.

DE MONTBARREY (Claude-François-Léonor de Saint-Mauris, Comte.)
Voyez Tome V. page 537.

DE BEAUPREAU (Jacques-Bertrand de Scépeaux, Marquis.)
Voyez Tome V. page 538.

D'INFANTERIE.

Promotion du 20. Février 1743.

DE LA VAUGUYON (Antoine-Paul-Jacques de Quelen de Stuert , Comte.)
Voyez Tome V. page 540.

DE GUERCHY (Claude-Louis-François de Regnier Comte.)
Voyez Tome V. page 543.

DE DILLON (Henri , Comte)
Enseigne de la Colonelle du Régiment de son pere en 1716. Capitaine réformé à la suite du même Régiment le 18. Novembre 1718. Capitaine le premier Mai 1730. il commanda sa Compagnie au siége de Kell en 1733. à l'attaque des lignes d'Etlingen & au siége de Philisbourg en 1734. à l'affaire de Clausen en 1735. On lui avoit accordé le 18. Février 1735. une commission pour tenir rang de Colonel d'infanterie, la Majorité du Régiment le 24. Novembre 1738. Il obtint le même Régiment à la mort de son frere aîné le 14. Novembre 1741. & le commanda en Flandre en 1742.

Brigadier par brevet du 20. Février 1743. employé à l'armée du Rhin par Lettres du premier Avril, il se trouva à la bataille de Dettingen. Se démit de son Régiment au mois d'Avril 1744. y fut entretenu Colonel réformé par ordre du 6. du même mois , & quitta le service pour se retirer en Angleterre au mois de Mai suivant.

DE GONTAULT (Charles-Antoine-Armand de Gontault de Biron , Marquis.)
Voyez Tome V. page 546.

COMTE DE MARSAN (Gaston-Jean-Baptiste-Charles de Lorraine) né le 7. Février 1721. mort le premier Mai 1743.
Enseigne au Régiment d'infanterie du Prince de Pons son pere le 24. Septembre 1733. il le joignit à l'armée du Rhin, qui faisoit le siége de Kell. Il se trouva l'année sui-

vante à l'attaque des lignes d'Etlingen & au siége de Philisbourg.

Colonel du même Régiment qui prit son nom sur la démission de son pere, par commission du 30. Avril 1735. il le commanda à l'affaire de Clausen au mois d'Octobre, à l'armée du bas Rhin en 1741. sur les frontiéres de Bohême en 1742.

Brigadier par brevet du 20. Février 1743. il mourut à Strasbourg au mois de Mai suivant.

D'HAVRECH (Louis-Ferdinand-Joseph de Croy, Duc.)
Voyez Tome V. page 547.

DE SAINT-PERN (Vincent-Judes, Marquis.)
Voyez Tome V. page 549.

DE SAINT-QUENTIN (Etienne de Saint-Quentin du Dognon)

Entra Soldat au Régiment de Navarre en 1691. & servit au siége de Mons : à celui de Namur & à la bataille de Steinquerque en 1692. Il passa à une Lieutenance dans le même Régiment au mois de Janvier 1693. servit au siége de Furnes, à la bataille de Néerwinden & au siége de Charleroy la même année : à la marche de Vignamont au pont d'Espierre en 1694. au siége de Dixmude & au bombardement de Bruxelles en 1695. au siége d'Ath en 1697. En 1698. il fut réformé à la suite du Régiment de Vivarais, & obtint une Compagnie dans le Régiment de la Fere le premier Septembre 1705. Il la commanda à la bataille de Calcinato, au siége de Turin & à la bataille de Castiglioné en 1706. à la défense de Toulon en 1707. à la bataille d'Oudenarde en 1708. à Malplaquet en 1709. à à l'attaque d'Arleux en 1711. aux siéges de Douay, du Quesnoy & de Bouchain en 1712. Il devint Capitaine de Grenadiers le 7. Janvier 1726. Campa sur la Meuse en 1727. Parvint à la Lieutenance-Colonelle de son Régiment le 30. Novembre 1729. Servit au siége de Kell en 1733. au siége de Philisbourg en 1734. à l'affaire de

Clausen en 1735. en Baviére, puis à la défense & à la sortie de Prague en 1742.

Brigadier par brevet du 20. Février 1743. il servit l'année suivante au siége de Menin, où il resta en garnison avec son Régiment pendant le reste de la campagne. Il obtint le 27. Octobre 1745. la Lieutenance de Roi de Bergues où il réside encore.

DE LA MOTTE-D'HUGUES (Louis d'Hugues.)
Voyez Tome V. page 563.

DE MAURIAC (*N.*)
Voyez Tome VII. page 246.

D'ARNAULT (Gabriel.)
Voyez Tome VII. page 247.

DU VIVIER (Ponce Houzé.)
Voyez Tome V. page 552.

BAILLY (Georges.)
Voyez Tome V. page 553.

PROMOTION *du 2. Mai 1744.*

DE TORCY (Paul-François Ollim.)
Voyez Tome V. page 581.

D'ASPREMONT (Jacques-Philippe d'Aspremont d'Orthe, Comte.)
Voyez Tome V. page 583.

DE CHAMBON (Nicolas de Chambon d'Arbouville) mort le 3. Mars 1747.

D'abord Lieutenant au Régiment de Bourbonnois en 1705. il servit au secours du fort Louis, à la prise de Drusenheim, de Lauterbourg & de l'isle du Marquisat en 1706 à toutes les expéditions du Maréchal de Villars dans la Franconie & la Suabe en 1707. aux batailles d'Oudenarde & de

Malplaquet en 1708. & 1709. & parvint en 1710. à une Compagnie qu'il commanda à l'attaque d'Arleux en 1711. aux siéges de Douay, du Quesnoy & de Bouchain en 1712. au siége de Landau en 1713. Il quitta sa Compagnie au Régiment de Bourbonnois, & fut successivement Enseigne au Régiment des Gardes Françoises le 19. Septembre 1713. Sous-Lieutenant le 27. Janvier 1714. Sous-Lieutenant de Grenadiers le 30. Mai 1718. Lieutenant le 29. Avril 1720. Lieutenant de Grenadiers le 6. Janvier 1730. avec rang de Colonel le 21. Avril suivant. Aide-Major le 24. Mai 1732. eut rang de Capitaine le 5. Mars 1743. une Compagnie le 31. du même mois; le grade de Brigadier par brevet du 2. Mai 1744. enfin une Compagnie de Grenadiers le 13. Avril 1746. Il se trouva avec le Régiment des Gardes au siége de Philisbourg en 1734. à la bataille d'Ettingen en 1743. aux siéges de Menin, d'Ypres, de Furnes & de Fribourg en 1744. au siége de Tournay & à la bataille de Fontenoy en 1745. à la bataille de Raucoux en 1746. & quitta le service & sa Compagnie au mois de Février 1747.

Promotion du 2. Mai 1744.

DE REFFUVEILLE (Jacques de la Barberie) mort le 2. Juin 1745.

Mousquetaire en 1708. il se trouva à la bataille de Malplaquet en 1709. à l'armée de Flandre en 1710. 1711. & 1712. & obtint le 20. Décembre de cette année une Enseigne dans le Régiment des Gardes Françoises. Il servit avec ce Régiment au siége de Landau & de Fribourg en 1713. Il fut Sous-Lieutenant le 25. Mai 1715. Passa à une Sous-Lieutenance de Grenadiers le 8. Août 1721. à une Lieutenance le 4. Novembre 1724. & à une Compagnie le 24. Juin 1733. Il la commanda au siége de Philisbourg en 1734. à la bataille de Dettingen en 1743. & passa à une Compagnie de Grenadiers le 10. Juillet de la même année. Il la commanda aux siéges de Menin, d'Ypres, de Furnes & de Fribourg en 1744. au siége de Tournay & à la bataille de Fontenoy en 1745. mais ayant été blessé à la tête à cette bataille, il mourut de cette blessure.

D'ARREGGER

D'INFANTERIE.

Promotion du 2. Mai 1744.

D'ARREGGER (François-Antoine.)
Cadet au Régiment de Castellas le premier Octobre 1709. Enseigne le 10. Mars 1710. il servit en Flandre. Enseigne au Régiment des Gardes Suisses le 25. Mars 1711. Sous-Lieutenant le 19. Mai suivant ; second Lieutenant le 27. Octobre 1716. premier Lieutenant le 4. Juin 1719. Il obtint le 20. Décembre 1733. une commission pour tenir rang de Capitaine, & commanda la demi-Compagnie de Vigier. Il obtint cette demi-Compagnie le 16. Mai 1740. le grade de Brigadier le 2. Mai 1744. & quitta le service le 17. Janvier 1746. à cause de ses infirmités, en conservant cependant sa Compagnie. Il a fait avec le Régiment des Gardes les campagnes de 1711. 1713. 1735. & 1742.

D'AFFRY (Louis-Auguste.)
Voyez Tome V. pag. 585.

DE LANGEY (Charles-François Houel, Marquis d'Houelbourg, puis Marquis,) tué à Fontenoy le 11. Mai 1745.
Enseigne au Régiment des Gardes Françoises le premier Février 1720. Sous-Lieutenant le 17. Juillet 1723. Lieutenant le 15. Décembre 1726. il fit la campagne de Philisbourg, & passa à une Compagnie le 10. Avril 1734. Il la commanda en Flandre en 1742. à la bataille de Dettingen en 1743. Passa à une Compagnie de Grenadiers le 26. Janvier 1744. obtint le grade de Brigadier le 2. Mai. Servit au siége de Menin, d'Ypres, de Furnes, à l'affaire de Rochewaux, au siége de Fribourg la même année : au siége de Tournay en 1745. & fut tué à la bataille de Fontenoy.

DE CHAMBONAS (Scipion-Louis-Joseph de la Garde , Marquis) mort le 27. Février 1765.
Après avoir servi un an dans les Mousquetaires, il obtint le 31. Janvier 1720. une commission de Capitaine réformé à la suite du Régiment de Bougard, & passa dans le Régiment de Turenne le 28. Mai 1724. Il fut ensuite Enseigne

Tome VIII. Fff

de la Compagnie des Gendarmes de la Garde, par brevet du 10. Mai 1726. avec rang de Meſtre de camp de cavalerie par commiſſion du même jour. Devint Lieutenant de Roi du Languedoc à la mort de ſon pere en 1729. & ſe démit de la Charge d'Enſeigne des Gendarmes au mois de Décembre 1731.

Colonel-Lieutenant du Régiment d'infanterie du Maine (depuis Eu) par commiſſion du 11. Juillet 1734. il le joignit à l'armée d'Italie, & le commanda à la bataille de Guaſtalle, & à la même armée juſqu'à la paix: à la bataille de Dettingen en 1743.

Brigadier par brevet du 2. Mai 1744. il ſervit à l'armée de Flandre commandée par le Maréchal de Saxe pendant cette campagne. Il étoit au ſiége de Tournay, à la bataille de Fontenoy, au ſiége d'Oſtende, où il fut nommé pour commander en 1745. Il ſe démit du Régiment d'Eu au mois de Février 1746. & commanda ſous les Officiers Généraux à Oſtende ou à Bruges juſqu'à la paix de 1748. Il n'a pas ſervi depuis.

DE VALENCE (Henri-Bernard-Emmanuel de Thimbrune, Marquis.)

Voyez Tome VII. page 255.

DE STAAL (Jean-Jacques.)
Voyez Tome VII. page 256.

D'HAUSSONVILLE (Charles-Bernard de Cléron, Comte.)
Voyez Tome VII. page 258.

DE VATTAN (Jean-Baptiſte-Louis Aubery, Chevalier, puis Comte)

Enſeigne au Régiment des Gardes Françoiſes le premier Février 1720. Sous-Lieutenant le 19. Octobre 1725. Lieutenant le 23. Janvier 1727. il fit la campagne de Philiſbourg. Paſſa Capitaine-Lieutenant de la Compagnie Colonelle le 18. Décembre 1734. & la commanda ſur le Rhin en 1735. à l'armée de Flandre en 1742. à la bataille de Dettingen en 1743.

Capitaine d'une Compagnie de Grenadiers le 18. Mars 1744. Brigadier par brevet du 2. Mai, il servit aux siéges de Menin, d'Ypres, de Furnes & de Fribourg, & quitta le service & sa Compagnie au mois de Mars 1745.

DE LA SAONE (Armand-Felicien de Boffin, Marquis.) *Voyez* Tome V. page 622.

DE LA CARTE (Jacques-François-Marie de Thibault, Marquis) né le 27. Mai 1714. mort le 18. Juillet 1744.

Mousquetaire le 6. Mai 1731. Guidon de la Compagnie des Gendarmes d'Anjou avec rang de Lieutenant-Colonel de cavalerie le premier Janvier 1734. premier Cornette de la Compagnie des Chevaux-legers de Bretagne le 25. Mars suivant, il fit la même année la campagne de Philisbourg. Passa à la Sous-Lieutenance de la Compagnie des Gendarmes d'Orléans, avec rang de Mestre de camp de cavalerie le premier Janvier 1735. & se trouva la même année à l'affaire de Clausen.

Il marcha avec la Gendarmerie sur la Meuse au mois de Septembre 1741. Mais ayant obtenu par commission du 9. Mars 1742. la Charge de Colonel-Lieutenant du Régiment d'infanterie de Conty, il quita la Gendarmerie, & commanda le Régiment de Conty en Flandre la même année. Joignit l'armée de Bavière au mois de Juin 1743. rentra avec cette armée au mois de Juillet, & finit la campagne sur les bords du Rhin.

Il servit en 1744. à la conquête du Comté de Nice au mois d'Avril. Obtint le grade de Brigadier par brevet du 2. Mai, des Lettres de service du même jour pour l'armée d'Italie : passa les Alpes avec l'armée, & fut tué au siége du Château Dauphin.

DE VAUDREUIL (Jean de Rigaud, Chevalier.) *Voyez* Tome V. page 555.

412 DES BRIGADIERS

Promotion du 2. Mai 1744.

DE MONTEGUT (Louis-Gabriel-Christophe, Chevalier) mort le 21. Septembre 1753. âgé de 58. ans.

Connu d'abord sous le nom de Chevalier de Boisdavid, il servit quelques années en qualité de Lieutenant & de Capitaine au Régiment Royal infanterie, avec lequel il se trouva aux siéges de Douay, du Quesnoy & de Bouchain en 1712. de Landau & de Fribourg en 1713.

Il passa à une Enseigne du Régiment des Gardes Françoises le 13. Novembre 1719. à une Enseigne de Grenadiers le 15. Mai 1721. & fut successivement Sous-Lieutenant de Grenadiers le 11. Avril 1729. Lieutenant le 27. Juin suivant. Lieutenant de Grenadiers le 12. Mars 1734. servit cette année au siége de Philisbourg où il fut blessé. Obtint le 30. Mars 1735. une commission pour tenir rang de Colonel. Se trouva à l'affaire de Clausen, & parvint à une Compagnie le 31. Mai 1741. le Roi le nomma Gentilhomme de la Manche de M. le Dauphin le 26. Juillet suivant. Il commanda sa Compagnie à la bataille de Dettingen en 1743. Obtint le grade de Brigadier par brevet du 2. Mai 1744. il servit aux siéges de Menin, d'Ypres & de Fribourg.

Nommé Menin de M. le Dauphin par brevet du 18. Février 1745. il se démit de sa Compagnie, & quitta le service.

DE PEREUSE (Charles-Prosper Bauyn, Marquis.)
Voyez Tome V. page 574.

DE BERVILLE (Pierre-Hyacinthe Le Gendre, Marquis.)
Voyez Tome V. page 598.

JACOB (Philippes) mort au mois de Janvier 1760.

Lieutenant de la Compagnie franche de son pere en 1696. au service de l'Electeur de Cologne, il servit avec la plus grande distinction. Capitaine réformé au service de France en 1703. il y leva une Compagnie franche d'infanterie, par commission du premier Décembre 1704. & étant passé à une ancienne Compagnie composée de cent hommes le 4. Août 1706. il se démit de celle qu'il avoit levée. Après plusieurs actions brillantes à la tête de sa Compagnie dans la guerre de Flandre, il obtint le 9. Avril 1712. une commission pour tenir rang de Lieutenant-Colonel d'infanterie. Sa Compagnie ayant été réformée en 1713. il fut entretenu Lieutenant-Colonel réformé à la suite de Condé le 17. Juin de la même année ; à la suite de Fribourg le 28. Novembre suivant, & à la suite de Valenciennes le premier Décembre 1714.

Il leva une nouvelle Compagnie de cent Fusiliers, par commission du 15. Février 1727. & une de cinquante Dragons, par commission du 5. Novembre 1733. & après avoir servi utilement avec ces deux Compagnies les campagnes de 1733. 1734. & 1735. on lui accorda le 13. Novembre de cette derniére année une commission pour tenir rang de Colonel d'infanterie.

Il passa en Bohême avec ses Compagnies franches en 1741. Se trouva à la prise & à la défense de Prague en 1742. Fut créé Brigadier par brevet du 2. Mai ; se trouva à la défaite du Général Nadasti, & servit sur la frontiére pendant le siége de Fribourg. Les deux Compagnies du Sieur Jacob ayant été incorporées le 15. Août 1745. dans le Régiment des Volontaires Royaux, il ne servit plus.

DE LA SERRE (François d'Azemar de Pannat, Comte.)
Voyez Tome V. page 600.

DE CHAUVELIN (François-Claude, Chevalier.)
Voyez Tome V. page 567.

D'AUBETERRE (Joseph-Henri d'Esparbès de Lussan, Vicomte.)
Voyez Tome V. page 604.

DE CRUSSOL (Pierre-Emmanuel, Marquis.)
Voyez Tome VII. page 271.

Promotion du
2. Mai 1744.

DE LA PEYRE (Gaspard, Baron) mort le premier Juin 1745. Il fut d'abord Page de feue Madame pendant plusieurs années. Il entra ensuite second Enseigne au Régiment des Gardes Françoises le premier Février 1720. & fut successivement premier Enseigne le 15. Août 1722. Lieutenant, sans être Sous-Lieutenant, le 9. Février 1728. avec rang de Colonel le 30. Avril 1738. Capitaine le 9. Octobre 1740. & Brigadier par brevet du 2. Mai 1744. Il avoit fait le siége de Philisbourg en 1734. & la campagne du Rhin en 1735. Il s'étoit trouvé à la bataille de Dettingen en 1743. aux siéges de Menin, d'Ypres, de Furnes & de Fribourg en 1744. Blessé à la bataille de Fontenoy le 11. Mai 1745. on le nomma le 19. à une Compagnie de Grenadiers : mais étant mort des suites de sa blessure, il n'y servit point.

DE MONTMORENCY (Joseph - Maurice - Annibal de Montmorency-Luxembourg, Comte.)
Voyez Tome V. page 605.

D'AIGUILLON (Armand-Emmanuel de Vignerot du Plessis-Richelieu, Duc.)
Voyez Tome V. page 607.

MARQUIS (Louis) mort le 21. Septembre 1747. âgé de 65. ans.

Cadet au Régiment de Surbeck au mois de Janvier 1697. Enseigne au mois de Septembre suivant, Lieutenant le premier Avril 1704. Il fit la campagne de Flandre en 1701. Se trouva au siége du château de Middelbourg, à l'attaque du fort de Kykuit en 1702. sur le Rhin : au siége de Landau & à la bataille de Spire en 1703. en Flandre en 1704. au secours de Hombourg en 1705 au secours du fort Louis, à la prise de Drusenheim, d'Haguenau & de Lauterbourg en 1706. & obtint le 29. Décembre une commission pour tenir rang de Capitaine. Il continua de servir sur le Rhin en 1707. Se trouva à la bataille d'Oudenarde en 1708. retourna fur le Rhin en 1709. Servit en Flandre en 1710. Se trouva à l'attaque d'Arleux en 1711. au combat de Denain, aux fiéges de Douay & de Bouchain en 1712. au fiége de Landau en 1713. M. Marquis obtint une demi-Compagnie le 29. Janvier 1730. la Lieutenance-Colonelle du Régiment de Monnin le 5. Août 1739. une commiffion pour tenir rang de Colonel le 3. Septembre 1741. & une feconde demi-Compagnie le 18. Décembre fuivant. Il fervit fur le Rhin en 1743. au fiége de Fribourg en 1744. & fut créé Brigadier par brevet du 2. Mai de cette année. Il fervit aux fiéges de Tournay & d'Oudenarde en 1745. aux fiéges de Bruxelles & de Mons, & à la bataille de Raucoux en 1746. Bleffé à la bataille de Lawfeld le 2. Juillet 1747. il mourut de cette bleffure.

Promotion du 2. Mai 1744.

DE BALTHASAR (Jean-Alexandre, Chevalier.)
Voyez Tome VII. page 275.

DE BARAIL (Jacques-Charles Provoft, Marquis.)
Voyez Tome V. page 623.

D'AUMALLE (Charles, Comte.)
Voyez Tome V. page 396.

DE MASSAUVE (*N.*) mort en 1762.
Il étoit de Montpellier, & fut d'abord Garde de l'Etendard fur les Galeres en 1699. il entra enfuite Enfeigne au Régiment d'infanterie de Mirabeau, (depuis Genfac, Durfort & Bonac) au mois de Mai 1702. le joignit à l'armée d'Italie, & fe trouva à la bataille de Luzzara, à la prife de cette place & de Borgoforté la même année. Paffa à une Lieutenance au mois d'Août, & à une Compagnie le 10. Novembre. Il prit l'Aide Majorité du Régiment, en confervant fon rang de Capitaine, au mois de Mars 1703. Paffa dans le Trentin, y fervit aux fiéges de Nago & d'Arco cette même campagne. Servit aux fiéges de Verceil, d'Yvrée, de Verue, de Turin, aux batailles de Caffano,

Promotion du 2. Mai 1744.

de Calcinato & de Turin en 1704. 1705. & 1706. à la défense de Toulon en 1707. à l'attaque des deux Sesannes en 1708. à l'armée du Dauphiné en 1709. à l'armée de Flandre en 1710. à l'attaque d'Arleux en 1711. Capitaine d'une Compagnie de Grenadiers le 4. Mars 1713. il la commanda aux siéges de Landau & de Fribourg la même année. Parvint à la Lieutenance-Colonelle de son Régiment le premier Octobre 1730. Servit au siége de Kell en 1733. à l'attaque des lignes d'Etlingen & au siége de Philisbourg en 1734. à l'affaire de Clausen en 1735. On lui accorda la Lieutenance de Roi de Landau le 23. Février 1736. en quittant son Régiment; & après la campagne de 1743. pendant laquelle il avoit rendu des services distingués pour la défense de Landau, il obtint le brevet de Brigadier, qui lui fut expédié le 2. Mai 1744. Il se démit de la Lieutenance de Roi de Landau le 19. Mars 1757. & mourut en 1762.

DE SAINT-SEGRAUX (Benigne du Croisier.)
Voyez Tome VII. page 273.

DE SOLEMY (*N.*) tué le 30. Septembre 1744.
Il étoit d'Aix, & entra Lieutenant dans le Régiment de Miroménil au mois de Mai 1701. Il passa Sous-Lieutenant dans le Régiment de Barrois (aujourd'hui Conty) au mois d'Octobre 1702. Fut fait Enseigne au mois d'Octobre 1703. Aide-Major au mois d'Octobre 1704. Capitaine le 9. Juin 1706. Major le 4. Février 1724. Commandant du second Bataillon le 15. Février 1734. & Lieutenant-Colonel le 16. Juillet 1736. Il servit en Flandre la campagne de 1703. passa en Espagne au mois de Décembre, & s'y trouva aux siéges de Gibraltar & de Barcelone, à la bataille d'Almanza, aux siéges de Lérida, de Tortose & de plusieurs autres places moins considérables jusqu'en 1709. Il étoit sur les frontiéres du Dauphiné en 1710. en Flandre pendant la campagne de 1711. & 1712. & y servit cette derniére année aux siéges de Douay, du Quesnoy & de Bouchain. Il étoit aux siéges de Fontarabie,

de

D'INFANTERIE.

Promotion du 2. Mai 1744.

de Saint-Sébaſtien & d'Urgel en 1719. au camp de la Meuſe en 1727. au ſiége de Kell en 1733. à l'attaque des lignes d'Etlingen & au ſiége de Philiſbourg en 1734. à l'affaire de Clauſen en 1735. à l'armée de Flandre en 1742. en Baviére & ſur les bords du Rhin en 1743. à l'attaque du Comté de Nice, aux ſiéges du château Dauphin, de Demont & de Cony en 1744. il avoit été créé Brigadier par brevet du 2. Mai de cette année ; mais il fut tué à la bataille de la Madona-del-Ulmo, qui ſe donna pendant le ſiége de Cony.

DESBARREAUX (*N.*) mort en 1763.

Il étoit né à Coppenhague, & fut ſucceſſivement Enſeigne dans le Régiment d'infanterie Allemande de Lamarck en 1695. Lieutenant réformé en 1698. ſecond Lieutenant en 1703. premier Lieutenant en 1705. Capitaine-Lieutenant en 1707. Capitaine réformé le 3. Octobre 1708. avec rang de Capitaine en pied le 6. Octobre 1714. Capitaine le 4. Octobre 1719. Commandant d'un Bataillon le 5. Novembre 1733. Lieutenant-Colonel le 11. Avril 1737. enfin Brigadier par brevet du 2. Mai 1744. Il ſe trouva au combat de Nimegue & d'Eckeren en 1702. & 1703. aux batailles de Ramillies en 1706. d'Oudenarde en 1708. de Malplaquet en 1709. à l'attaque d'Arleux en 1711. aux ſiéges de Douay, du Queſnoy & de Bouchain en 1712. à ceux de Landau & de Fribourg en 1713. au camp de la Meuſe en 1727. au camp d'Alſace en 1732. au ſiége de Kell en 1733. à l'attaque des lignes d'Ettlingen & au ſiége de Philiſbourg en 1734. aux ſiéges de Reveré & de Gonzague en Italie la campagne de 1735. à l'armée de Baviére ſur les frontiéres de Bohême, & à la défenſe des bords du Rhin en 1742. & 1743. à la défenſe de Weiſſembourg & au ſiége de Fribourg en 1744. à l'armée de Baviére pendant l'hiver, au combat de Paſſenhoffen, à l'armée du bas Rhin en 1745. & quitta le ſervice au mois de Mars 1746.

DE VAREIX (Joſeph.)
Voyez Tome VII. page 276.

Tome VIII.

Promotion du 2. Mai 1744.

DE RIVERY (*N.*) mort le 22. Novembre 1746.

Il étoit de Chatelux en Forès, & entra Sous-Lieutenant dans le Régiment d'Anjou au mois de Décembre 1706. Il passa à une Lieutenance en 1707. à la Lieutenance de la Colonelle le 3. Juin 1710. à une Compagnie en attendant le retour d'un Capitaine prisonnier de guerre le 6. Février 1712. à une Compagnie le 23. Octobre 1714. à une de Grenadiers le 2. Janvier 1734. à la Majorité le 12. Septembre suivant, & à la Lieutenance-Colonelle le 22. Juin 1740. Il servit avec ce Régiment à la défense de Toulon en 1707. à l'attaque des deux Sesannes en 1708. à l'armée du Dauphiné en 1709. & les années suivantes : à toutes les expéditions de l'armée d'Italie de 1733. à 1736. à la prise de Prague, à l'affaire de Sahay, à la défense de Prague, à la retraite de cette ville en 1741. & 1742. à l'attaque de Chateaupont sur les frontiéres du Piémont en 1743. à l'attaque des retranchemens de Villefranche & de Montalban en 1744. & à tous les siéges de la campagne d'Italie en 1745. Il avoit été créé Brigadier par brevet du 2. Mai 1744. & obtint le 21. Janvier 1746. la Lieutenance de Roi de Briançon en quittant la Lieutenance-Colonelle du Régiment d'Anjou. Il y mourut la même année.

DE TANUS (Jean-Pierre d'Alary.)
Voyez Tome VII. page 276.

DE LA MOTTE (Matthieu) mort en 1758.

Il étoit de Pons en Saintonge, & entra Volontaire au Régiment de Bourbonnois en 1703. il y devint successivement Sous-Lieutenant en Mars 1707. Lieutenant au mois de Mars 1709. Capitaine le 18. Novembre 1710. Capitaine de Grenadiers le 10. Novembre 1733. Commandant de Bataillon le 19. Décembre 1734. Lieutenant-Colonel le premier Août 1741. & Brigadier par brevet du 2. Mai 1744. Il se trouva à la bataille d'Hochstett en 1704. à l'armée de la Moselle en 1705. au secours du fort Louis; à la prise de Drusenheim, d'Haguenau, de Lauterbourg

& de l'isle du Marquisat en 1706. à toutes les expéditions du Maréchal de Villars dans la Franconie & la Suabe en 1707. à la bataille d'Oudenarde en 1708. à Malplaquet en 1709. à l'attaque d'Arleux en 1711. à l'affaire de Denain, aux siéges de Douay, du Quesnoy & de Bouchain en 1712. aux siéges de Landau & de Fribourg en 1713. au camp de la Meuse en 1727. au camp de la Moselle en 1732. au siége de Kell en 1733. à l'attaque des lignes d'Etlingen & au siége de Philisbourg en 1734. à l'affaire de Clausen en 1735. à l'armée du bas Rhin, en Westphalie, en Baviére, sur les frontiéres de Bohême, à la défense de plusieurs places de la Baviére, à la défense des bords du Rhin en 1741. 1742. & 1743. aux siéges de Menin, d'Ypres & de Furnes, puis au camp de Courtray en 1744. à l'armée du bas Rhin sous les ordres de M. le Prince de Conty en 1745. Lieutenant de Roi de Blaye le 24. Juin 1746. il quitta la Lieutenance-Colonelle du Régiment de Bourbonnois : s'étant démis de la Lieutenance de Roi de Blaye en faveur de son fils, il en conserva le commandement jusqu'à sa mort, par ordre du 25. Juin 1756.

Promotion du 2. Mai 1744.

D'AULTRY (Jacque-Philippe d'Aultry, Seigneur de Varennes & d'Houssoy, Chevalier) mort le 2. Janvier 1756. âgé de 69. ans.

Il étoit de la Mivoye en Gâtinois, & entra Enseigne au Régiment de la Couronne au mois de Juin 1703. il y devint successivement Lieutenant au mois de Décembre suivant, Capitaine le 12. Juin 1707. Lieutenant de la Colonelle en conservant son rang le 10. Décembre 1709. Major le 7. Octobre 1722. Lieutenant-Colonel le 10. Août 1742. enfin Brigadier par brevet du 2. Mai 1744. Il joignit son Régiment à l'armée d'Espagne en 1703. & s'y trouva aux siéges de Gibraltar, de Barcelone, de Cartagène, à la bataille d'Almanza, au siége de Lérida, à celui de Tortose & de plusieurs autres petites places d'Espagne ou des frontiéres du Portugal jusqu'en 1710. à l'armée du Dauphiné en 1710. au siége de Gironne en 1711. au siége & à la prise de Barcelone en 1713. & 1714. à la

Ggg ij

Promotion du
1. Mai 1744.

conquête de l'isle Majorque en 1715. aux siéges de Fontarabie, de Saint-Sébastien & d'Urgel en 1719. à l'attaque des lignes d'Etlingen & au siége de Philisbourg en 1734. à l'affaire de Clausen en 1735. à l'armée de Westphalie sur les frontiéres de Bohême, au secours de Braunau, à la défense de plusieurs places de la Baviére en 1741. & 1742. à la défense des bords du Rhin en 1743. aux siéges de Menin & d'Ypres en 1744. Il avoit reçu en différentes occasions trois grandes blessures, dont une lui avoit cassé le bras. Après la prise d'Ypres, le Roi lui en donna la Lieutenance, par commission du 29. Juin : il y commanda jusqu'au 10. Février 1749. qu'on rendit cette place à la Maison d'Autriche. Il se retira alors chez lui où il mourut.

DE FONTENAY (Jean-Louis de Bondois.)
Voyez Tome VII. page 278.

DE PUMBECQUE (Alexandre-Eugène de l'Echaute.)
Voyez Tome VII. page 279.

DE SABREVOIS (Henry.)
Voyez Tome V. page 610.

DE TURMEL (Joseph-Antoine.)
Voyez Tome VII. page 280.

PELLETIER (Louis-Auguste.)
Voyez Tome V. page 700.

PELLETIER (Michel-Laurent, Chevalier.)
Voyez Tome V. page 635.

DE FONTENEY (Louis-Charles-Claude Andrey, Chevalier.)
Voyez Tome V. page 639.

DUPAS (Louis-Charles-Claude de Baudoin.)
Voyez Tome VII. page 281.

DE VALLIERRE (Joseph.)
Voyez Tome V. page 561.

ARTHUS (Victor-Hyacinthe.)
Voyez Tome VII. page 281.

Promotion du
2. Mai 1744.

DE COMPIEGNE (Charles de Pont, Marquis) mort le 22. Novembre 1757. âgé de 66. ans.
29. Juin 1744.

D'abord Lieutenant au Régiment de Dragons d'Epinay au mois de Novembre 1705. il se trouva à la bataille de Ramillies en 1706. à l'armée de Flandre en 1707. à la bataille d'Oudenarde en 1708. à celle de Malplaquet en 1709. & fit encore la campagne de Flandre en 1710. Lieutenant au Régiment du Roi le 4. Avril 1711. il se trouva à l'attaque d'Arleux , à l'affaire de Denain, aux siéges de Douay, du Quesnoy & de Bouchain en 1712. à ceux de Landau & de Fribourg en 1713. & parvint à une Compagnie le 28. Octobre 1714. Il la commanda aux camp de Montreuil en 1722. de la Moselle en 1727. à tous les siéges de l'armée d'Italie, aux batailles de Parme & de Guastalle de 1733. à 1736. Il avoit pris le commandement d'une Compagnie de Grenadiers le 15. Novembre 1734. Il parvint au commandement du troisiéme Bataillon avec rang de Colonel le 20. Juillet 1736. Servit au camp de Compiégne en 1739. au siége & à la prise de Prague en 1741. au combat de Sahay, à la défense & à la retraite de Prague en 1742. à la bataille de Dettingen en 1743. aux siéges de Menin, d'Ypres & de Furnes en 1744. Brigadier par brevet du 29. Juin de cette année, il marcha de Flandre en Alsace, se trouva à l'affaire d'Anguenum, & servit au siége de Fribourg la même année. Il étoit au siége de Tournay, à la bataille de Fontenoy, aux siéges de Dendermonde, d'Oudenarde & d'Ath en 1745. à ceux de Bruxelles & de Mons, & à la bataille de Raucoux en 1746. à la bataille de Lawfeld en 1747. & obtint par provisions du 9. Janvier 1748. le Gouvernement de Bar-sur-

Aube en quittant le Régiment du Roi. Il étoit Capitaine en chef du vol de la Chambre du Roi.

Promotion du premier Mai 1745.

DE PFIFFER (François-Louis de Pfiffer de Wyer.)
Voyez Tome VII. page 288.

DE REDING (Joseph-Nazaire de Reding-Biberegg.)
Voyez Tome V. page 640.

DUNKELD (Jacque de Gallowey.)
Voyez Tome VII. page 290.

DE RUFFEY (Joseph-François-Damas d'Antigny, Marquis.)
Voyez Tome VII. page 283.

DE GAUVILLE (Marc-Antoine-François le Pellerin, Marquis.)
Voyez Tome V. page 642.

DE SADE (Joseph David, Marquis.)
Voyez Tome VII. page. 250.

DE PLANTA (Auguste de Planta-Wildemberg, Baron.)
Voyez Tome V. page 645.

DE CASTELLAS (Rodolphe.)
Voyez Tome V. page 646.

DE VILLARS-CHANDIEU (Isaïe de Chandieu de l'Isle.)
Voyez Tome VII. page 293.

D'AUBIGNÉ (Louis-Henry, Marquis.)
Voyez Tome VII. page 293.

D'INFANTERIE. 423

Promotion du 1. Mai 1745.

D'OLONNE (Charles-Anne-Sigifmond de Montmorency-Luxembourg , Duc.)
Voyez Tome VII. page 295.

DE GRAMONT (Antoine-Antonin , Duc) né le 19. Avril 1722.

D'abord connu fous le nom de Comte de l'Efparre , il fut fait Gentilhomme à drapeau au Régiment des Gardes Françoifes le 30. Octobre 1735. & y obtint une Compagnie le 16. Février 1738. Duc par brevet du 18. Février 1739. il prit le titre de Duc de l'Efparre , & obtint le Régiment de Bourbonnois par commiffion du 21. Février 1740. en quittant fa Compagnie au Régiment des Gardes. Il commanda le Régiment de Bourbonnois à l'armée de Weftphalie , fur les frontiéres de la Bohême , à la défenfe de plufieurs places de la Baviére, & à la défenfe des bords du Rhin en 1741. 1742. & 1743. aux fiéges de Menin , d'Ypres & de Furnes, & au camp de Courtray en 1744. à l'armée du bas Rhin en 1745. & fut fait Brigadier par brevet du premier Mai.

Son pere ayant été tué à la bataille de Fontenoy le 11. Mai de la même année , il devint Duc de Gramont, Pair de France, & en prit le titre. Le Roi lui donna par provifions du 15. le Gouvernement général de la Navarre & du Béarn avec le Gouvernement particulier de Pau & de Bayonne , & prêta ferment pour ces Charges le 28. Novembre fuivant. Il fe démit de fon Régiment, & quitta le fervice au mois de Février 1746. Il a été reçu au Parlement en qualité de Pair de France le 29. Août 1749.

DE BOCCARD (François-Philippe.)
Voyez Tome V. page 647.

DE CUSTINE (Marc-Antoine , Marquis.)
Voyez Tome VII. page 299.

Promotion du 1. Mai 1745.

DE ROUGÉ (Pierre-François, Marquis.)
Voyez Tome V. page 652.

D'ESCARS (François-Marie, Marquis.)
Voyez Tome VII. page 300.

DE DREUX (Joachim Dreux de Brezé, Chevalier.)
Voyez Tome V. page 653.

DUGLAS (Philippe-Henry, Comte) mort le 28. Mars 1748. âgé de 43.
Entra Lieutenant en second au Régiment du Roi le 20. Août 1720. Servit au camp de Montreuil en 1722. Passa à une Lieutenance le 30. Juin 1725. & à une Compagnie le 4. Décembre 1731. Il la commanda aux siéges de Gerra-d'Adda, de Pizzighitone & du château de Milan en 1733. de Novarre, de Tortonne & de son château, à l'attaque de Colorno, aux batailles de Parme & de Guastalle en 1734. aux siéges de Reveré & de Gonzague en 1735.
Colonel du Régiment de Languedoc par commission du 16. Avril 1738. il le commanda à la défense & à la retraite de Prague en 1742. à l'armée commandée par le Maréchal de Saxe en 1744. à l'armée du bas Rhin jusqu'au mois de Juin 1745. à l'armée de Flandre au mois de Juin, & fut alors déclaré Brigadier, dont le brevet lui avoit été expédié dès le premier Mai. Il servit aux siéges de Dendermonde & d'Ath la même campagne, au siége de Bruxelles & à la bataille de Raucoux, à la défense de la Provence en 1746. au passage du Var, à la conquête du Comté de Nice, à la prise & au secours de Vintimille, au combat qui se donna sous cette place en 1747. & mourut à Douay au mois de Mars de l'année suivante.

DESSALES (Claude-Gustave Chrétien, Marquis.)
Voyez Tome V. page 654.

D'INFANTERIE.

Promotion du 1. Mai 1745.

DE CRILLON (Louis de Balbis de Berton, Marquis.)
Voyez Tome V. page 578.

DE PUYSÉGUR (Jacques-François de Chaftenet, Marquis.)
Voyez Tome V. page 658.

DE CHOISEUL-MEUSE (François-Honoré, Chevalier, puis Marquis,) né le premier Octobre 1716. mort le 31. Mai 1746.

Chevalier de Malthe, il entra Lieutenant au Régiment d'infanterie de Choiseul en 1734. fit la campagne de Philisbourg. Paffa à une Compagnie le 16. Juillet 1735. & la commanda à l'affaire de Claufen la même année. Il obtint l'année fuivante une place de Chambellan du Roi de Pologne, Duc de Lorraine & de Bar, & le Régiment de Forès par commiffion du 3. Novembre 1738. Il paffa avec ce Régiment en Corfe au mois d'Avril 1739. & y refta jufqu'au mois d'Avril 1741. qu'il rentra en France. Il fit la campagne de Flandre en 1742. Se trouva à la bataille de Dettingen en 1743.

Colonel-Lieutenant du Régiment d'infanterie de M. le Dauphin par commiffion du 24. Mai 1744. il fe démit du Régiment de Forès, & commanda le Régiment Dauphin à l'armée de Flandre commandée par le Maréchal de Saxe la même année : au fiége de Tournay & à la bataille de Fontenoy en 1745. Brigadier par brevet du premier Mai de cette année, il fervit en cette qualité aux fiéges de Dendermonde, d'Oudenarde & d'Ath : au fiége de Bruxelles au mois de Janvier & de Février 1746. & mourut à Anvers de la petite vérole. Il s'étoit marié au mois d'Octobre 1741. & avoit pris alors le titre de Marquis de Choiseul-Meufe.

DE LANNION (Hyacinthe Cajetan, Comte.)
Voyez Tome V. page 664.

Tome VIII.   Hhh

Promotion du 1. Mai 1745.

DE VENCE (Claude-Alexandre de Villeneuve, Comte.)
Voyez Tome V. page 668.

DE BERGEICK Hyacinthe-Joseph de Roower, Comte.)
Voyez Tome V. page 669.

PRINCE DE MONACO (Honoré-Camille-Léonor de Goyon de Grimaldy.)
Voyez Tome VII. page 303.

PRINCE DE GUISE (Louis-Marie-Léopold de Lorraine,)
né le 17. Décembre 1720. mort le 20. Juin 1747.
Mousquetaire en 1737. Lieutenant en second au Régiment du Roi le 18. Mai 1740. Colonel d'un Régiment d'infanterie de son nom par commission du 20. Janvier 1741. il le commanda à l'armée du bas Rhin la même année: sur les frontières de Bohême, & à la défense de plusieurs places de la Bavière en 1742. & 1743. à la défense de Wissembourg, à l'affaire d'Auguenum, au siége de Fribourg en 1744. à l'armée du bas Rhin pendant l'hiver & pendant la campagne de 1745. & fut créé Brigadier par brevet du premier Mai de cette année. Il servit à la course d'Herentals, aux siéges de Mons & de Charleroy, & à la bataille de Raucoux en 1746. Il passa au mois de Novembre suivant en Provence, contribua à chasser les ennemis de cette frontière, & mourut à l'armée d'Italie en 1747.

D'ERLACK-SCHADAU (Sigismond)
Successivement Cadet au Régiment des Gardes Suisses le 12. Mai 1711. Enseigne le 27. Juin 1712. Sous-Lieutenant le 14. Mars 1713. Capitaine commandant la Compagnie d'Erlack au Régiment d'Affry le premier Février 1718. Capitaine d'une demi-Compagnie audit Régiment le 5. Mars 1728. Capitaine d'une autre demi-Compagnie le 7. Janvier 1735. & qui fut réformée le 8. Janvier 1737. Lieutenant-Colonel du Régiment de Bettens le 15. Août 1739. Capitaine d'une demi-Compagnie au-

dit Régiment le 18. Décembre 1740. avec rang de Colonel le 3. Septembre 1741. enfin Brigadier par brevet du premier Mai 1745. Il fit les campagnes de 1712. & 1713. en Flandre avec le Régiment des Gardes Suisses, celles de 1734. & 1735. sur le Rhin. Il servit au camp de Courtray en 1744. au siége de Tournay, à la bataille de Fontenoy, aux siéges d'Oudenarde, d'Ostende, de Nieuport, où il enleva avec la plus grande valeur le fort Witvout, & à celui d'Ath en 1745. Il quitta la Lieutenance-Colonelle du Régiment de Bettens & le service au mois d'Avril 1746. & fut nommé Baillif de Koenigsselden dans le Canton de Berne.

DE SPARRE (Joseph-Ignace-Magnus Toffeta , Comte.) *Voyez* Tome VII. page 307.

DETTLINGER (N.)
Successivement Enseigne de la Colonelle du Régiment d'Alsace en 1715. Capitaine réformé le 3. Mai 1718. Lieutenant de la Colonelle en 1724. avec rang de Capitaine en pied le 15. Avril 1730. Major le 26. Janvier 1732. Lieutenant-Colonel le 27. Mai 1743. avec rang de Colonel le 16. Août suivant : enfin Brigadier par brevet du premier Mai 1745. Il servit au camp de la Moselle en 1727. au siége de Kell en 1733. à l'attaque des lignes d'Etlingen, au siége de Philisbourg en 1734. à l'affaire de Clausen en 1735. à la prise de Prague en 1741. au combat de Sahay, à la défense de Prague & à la retraite de cette ville en 1742. à l'armée de Baviére & à la défense des bords du Rhin en 1743. à la défense & à l'attaque de Weissembourg, à l'affaire d'Auguenum au mois d'Août : en Baviére au mois de Septembre 1744. au combat de Paffenhoffen, à la retraite de Baviére, à l'armée du bas Rhin en 1745. aux siéges de Mons, de Charleroy & de Namur, & à la bataille de Raucoux en 1746. & quitta la Lieutenance-Colonelle du Régiment d'Alsace & le service au mois d'Avril 1748.

Promotion du 1. Mai 1745.

DE DRUMMONT DE PERTH (Louis, Comte,) mort au mois d'Octobre 1747.

Il n'avoit pas servi en France, lorsqu'il leva le Régiment Royal-Ecossois, dont il fut fait Colonel-Lieutenant par commission du premier Août 1744. Il le commanda à l'armée de Flandre pendant la campagne de 1745. & fut déclaré au mois de Novembre Brigadier, dont le brevet lui avoit été expédié dès le premier Mai, & passa en Ecosse avec son Régiment le 26. du mois de Novembre. Il y fit quelques campagnes, & y mourut de la suite des blessures qu'il y avoit reçues.

DE LAVAL (Guy-André-Pierre de Montmorency, Marquis.)
Voyez Tome V. page 675.

DE LANTINGSHAUSEN (*N.*) mort en 1763.

Successivement Lieutenant réformé au Régiment d'Alsace le 22. Mars 1724. Aide-Major en 1733. avec rang de Capitaine réformé le 11. Février 1735. & de Capitaine en pied le 25. Août 1737. Capitaine le 8. Octobre 1739. Major le 27. Mai 1743. avec rang de Colonel le 22. Décembre suivant : enfin Brigadier par brevet du premier Mai 1745. Il servit au camp de la Moselle en 1727. au siége de Kell en 1733. à l'attaque des lignes d'Etlingen, au siége de Philisbourg en 1734. à l'affaire de Clausen en 1735. à la prise de Prague en 1741. au combat de Sahay, à la défense & à la retraite de Prague en 1742. à l'armée de Baviére & à la défense des bords du Rhin en 1743. à l'attaque de Weissembourg & à l'affaire d'Auguenum en 1744. Passé en Baviére au mois de Septembre, il fut fait Major de l'infanterie de cette armée, par ordre du premier du même mois, y passa l'hiver. Servit supérieurement au combat de Paffenhoffen, & à la retraite de Baviére au mois d'Avril 1745. & joignit au mois de Mai l'armée du bas Rhin, où il finit la campagne. Il se démit de la Majo-

D'INFANTERIE.

rité du Régiment d'Alsace, & quitta le service au mois de Mai 1746.

Promotion du 1. Mai 1745.

GRASSIN (Simon-Claude.)
Voyez Tome VII. page 311.

LALLY (Thomas Arthur.)
Voyez Tome V. page 572.

DE MONTEYNARD (Louis-François, Comte.)
Voyez Tome V. page 632.

GOURDON DE L'EGLISIERE (Jean.)
Voyez Tome V. page 562.

DE CORMONTAIGNE (*N.*)
Voyez Tome VII. page 213.

DUPONT (*N.*)
Voyez Tome VII. page 313.

DOYRÉ (*N.*)
Voyez Tome VII. page 284.

BAUDOIN (*N.*)
Voyez Tome VII. page 314.

COURDOUMER (Louis.)
Voyez Tome VII. page 315.

DE FENESTRE (François Gourdin) mort le 12. Octobre 1751. âgé de 81. ans.

Il étoit né à Angoulême, & fut successivement Cadet en 1687. Capitaine d'une Compagnie séparée du Régiment du Roi au mois de Mai 1689. réformé dans le Régiment de Bourgogne en 1698. remplacé à une Compagnie le 13. Octobre 1701. Capitaine de Grenadiers le 19. Avril 1712. Commandant de Bataillon le 3. Avril 1714. Capitaine

Promotion du 1. Mai 1745.

d'une Compagnie de Fusiliers à la réforme du second Bataillon en 1715. Capitaine de Grenadiers le 5. Février 1727. Lieutenant-Colonel du même Régiment le 15. Mai 1730. Brigadier par brevet du premier Mai 1745. Il servit toujours en garnison avec sa Compagnie séparée, & se trouva avec le Régiment de Bourgogne aux combats de Carpy & de Chiary, à la bataille de Luzzara, à la prise de cette place & de Borgoforté, aux siéges de Nago, d'Arco, de Verceil, d'Yvrée, de Verue & de Turin, aux batailles de Cassano, de Calcinato & de Turin de 1702. à 1706. à la défense de Toulon en 1707. à l'attaque des deux Sesannes en 1708. à la bataille de Malplaquet en 1709. à l'attaque d'Arleux en 1711. aux siéges de Douay, du Quesnoy & de Bouchain en 1712. de Landau & de Fribourg en 1713. au siége de Kell en 1733. à l'attaque des lignes d'Ettlingen, au siége de Philisbourg en 1734. à l'affaire de Clausen en 1735. à l'armée du bas Rhin, sur les frontieres de Bohême, à la défense d'Egra en 1741. 1742. & 1743. à l'attaque de Weissembourg, à l'affaire d'Auguenum, à l'armée de Baviére en 1744. au combat de Paffenhoffen, à la retraite de Baviére, à l'armée du bas Rhin en 1745. à l'armée d'Italie au mois de Juillet 1746. & quitta le service à la fin de la campagne.

PARRON (Nicolas) mort le premier Novembre 1761.

Il étoit de Vienne en Dauphiné, & fut successivement Enseigne au mois de Mars 1700. Enseigne de la Colonelle le 8. Février 1703. Capitaine le 3. Juin 1705. Capitaine de Grenadiers le 12. Mai 1732. Lieutenant-Colonel du Régiment de Trainel le 2. Juin 1734. Brigadier le premier Mai 1745. & Lieutenant de Roi de Collioure le 19. Février 1749. Il servit avec ce Régiment à tous les siéges de l'armée d'Italie, & à toutes les batailles qui s'y donnerent depuis 1702. jusqu'en 1706. aux siéges de Lerida en 1707. à celui de Tortose & de plusieurs autres petites places en 1708. à l'armée d'Espagne en 1709. à l'armée du Dauphiné en 1710. à l'armée de Flandre en 1711. aux siéges de Douay, du Quesnoy & de Bouchain en 1712.

au camp de la Saone en 1727. à tous les siéges de l'armée d'Italie de 1733. à 1734. & fut nommé pour commander à Bon-porto le 17. Mars 1735. Il rejoignit son Régiment après la paix, & servit à l'armée de Flandre en 1742. & 1743. à celle que commanda le Maréchal de Saxe en 1744. au siége de Tournay, à la bataille de Fontenoy, aux siéges d'Oudenarde, de Dendermonde & d'Ath en 1745. au siége de Bruxelles, à la bataille de Raucoux en 1746. Passé ensuite à l'armée d'Italie, il y servit jusqu'à la paix, & mourut à Collioure.

DE BOMBELLES (Jacques François) mort le 18. Mars 1757.

Il étoit né à Paris. Après avoir servi depuis 1694. Garde de l'étendard sur les Galeres, il leva une Compagnie détachée dans le Régiment de Champagne le 15. Avril 1702. Il fut incorporé avec sa Compagnie dans le Régiment d'Hainaut au mois d'Avril 1704. Passa à la Compagnie de Grenadiers du Régiment le 9. Janvier 1731. à la Lieutenance-Colonelle le 4. Octobre 1737. & obtint le grade de Brigadier par brevet du premier Mai 1745.

Il servit avec le Régiment d'Hainaut dans le Comté de Nice de 1703. à 1705. au siége & à la bataille de Turin en 1706. au siége de Lerida en 1707. à celui de Tortose en 1708. à l'armée d'Espagne en 1709. à l'armée de Flandre en 1710. à l'attaque d'Arleux en 1711. aux siéges de Douay, du Quesnoy & de Bouchain en 1712. au camp de la Meuse en 1727. à l'attaque des lignes d'Etlingen & au siége de Philisbourg en 1734. à l'affaire de Clausen en 1735. en Flandre en 1742. à la bataille de Dettingen en 1743. aux siéges de Menin, d'Ypres & de Furnes, & au camp de Courtray en 1744. au siége de Tournay & à la bataille de Fontenoy où il fut blessé en 1745. au siége de Bruxelles, à celui de Mons, & à la bataille de Raucoux en 1746. à la bataille de Lawfeld & au siége de Bergopzoom en 1747. au siége de Mastrick en 1748.

Promotion du 1. Mai 1745.

DE LA ROCHE (Jacques Guyn) né au mois de Septembre 1683.

Il entra Lieutenant au Régiment d'infanterie (aujourd'hui Beauce) le 23. Septembre 1701. Passa à une Lieutenance de Grenadiers le 6. Octobre 1703. Devint Capitaine le 6. Juillet 1705. Major le premier Mai 1729. Lieutenant-Colonel le premier Mars 1738. & Brigadier par brevet du premier Mai 1745. Il fit avec ce Régiment toutes les campagnes d'Italie de 1701. à 1706. le siége de Lérida en 1707. celui de Tortose en 1708. Il servit en Espagne en 1709. sur le Rhin en 1710. & les années suivantes: aux siéges de Landau & de Fribourg en 1713. au camp de la Saone en 1727. à tous les siéges de l'armée d'Italie, & aux deux batailles de Parme & de Guastalle de 1733. à 1736. à l'armée de Baviére en 1742. & 1743. sur le Rhin en 1744. sur le bas Rhin pendant l'hiver & pendant la campagne de 1745. aux siéges de Mons & de Charleroy, & à la bataille de Raucoux en 1746. au secours de la Provence, à l'attaque des retranchemens du Comté de Nice, à la prise & au secours de Vintimille en 1747. en Italie en 1748. & quitta le service au mois de Mars 1753.

DE PAYANT (Louis de Samson) mort le 28. Février 1760. âgé de 76. ans.

Il étoit né à Saint-Paul-Trois-châteaux. Entra Lieutenant dans le Régiment de Damas (depuis Valouze) en 1702. & y obtint une Compagnie le 22. Juin 1707. Il servit avec ce Régiment sur la frontiére d'Espagne, & fut réformé dans le Régiment de Quercy le 26. Août 1715. Il prit l'Aide-Majorité de ce Régiment le 6. Janvier 1724. avec rang de Capitaine dudit jour. Il passa à une Compagnie le 28. Mai 1727. à la Majorité en 1730. Servit à tous les siéges qu'on fit en Italie, & se trouva aux batailles de Parme & de Guastalle de 1733. à 1736. & parvint à la Lieutenance-Colonelle de son Régiment le 26. Janvier 1739. Il se trouva en cette qualité à l'attaque des retranchemens de la Chenal & du Châteaupont en 1743. à la

prise

D'INFANTERIE.   433

prise des retranchemens de Villefranche & de Montalban, à la prise de ces deux places, & du château Dauphin, aux siéges de Demont & de Cony, à la bataille de la Madona del Ulmo en 1744. Il continua de servir à l'armée d'Italie en 1745. Fut déclaré à la fin de la campagne Brigadier, dont le brevet lui avoit été expédié le premier Mai. Fit encore la campagne de 1746. en Italie, & quitta le service au mois de Mars 1747.

Promotion du 1. Mai 1745.

DE VATTEVILLE (François du Fossé de la Motte) mort le 31. Juillet 1763. âgé de 80. ans.

Mousquetaire en 1702. il fut blessé au combat d'Eckeren en 1703. Servit en Flandre en 1704. & obtint une Compagnie dans le Régiment d'infanterie de Béarn le 5. Août 1705. il la commanda à l'armée de la Moselle la même année : au secours du fort Louis, à la prise de Drusenheim, de Lauterbourg & de l'isle du Marquisat en 1706. à l'armée de Flandre en 1707. à la bataille d'Oudenarde en 1708. à celle de Malplaquet en 1709. aux siéges de Douay, du Quesnoy & de Bouchain en 1712. au camp de la Sambre en 1727. Devenu Major de son Régiment le 4. Mars 1730. il servit au camp de la Sambre en 1732. Fit toute la guerre d'Italie de 1733. à 1736. Fut blessé à la bataille de Parme, & parvint à la Lieutenance-Colonelle de son Régiment le 9. Avril 1740. Il servoit alors en Corse depuis le mois de Janvier 1739. & y resta jusqu'au mois d'Avril 1741. Il fit la campagne de 1742. en Flandre. Se trouva à la bataille de Dettingen en 1743. sur le Rhin en 1744. en Suabe pendant l'hiver, sur le bas Rhin en 1745. & fut déclaré à la fin de la campagne Brigadier, dont le brevet lui avoit été expédié le premier Mai. Il servit aux siéges de Mons, de Charleroy & de Namur, à la bataille de Raucoux & à l'armée d'Italie en 1746. Il continua de servir en Italie, se trouva à l'attaque des retranchemens de l'Assiette en 1747. & quitta le service au mois de Mars 1755.

Tome VIII.   Iii

DE LA BROSSE (François de Baudin de Vaulx.) *Voyez* Tome VII. page 331.

Promotion du 1. Mai 1745.

DE BONNAVENTURE (Alexandre-Henry de Muffet) né le 8. Septembre 1685. mort au mois de Janvier 1761.

Il entra Page de Monsieur le premier Janvier 1701. il fut ensuite Page de M. le Régent, Sous-Lieutenant du Régiment d'infanterie de Chartres en 1703. & passa à une Lieutenance au mois de Juillet de la même année. Il passa successivement à une Compagnie le 21. Mars 1706. à la Lieutenance de la Colonelle le 5. Septembre 1713. à une Compagnie le 18. Juillet 1730. à la Compagnie de Grenadiers le 22. Août 1731. au commandement du second Bataillon le 8. Décembre 1734. à la Majorité le 24. Avril 1735. enfin à la Lieutenance-Colonelle le 8. Décembre 1741. Il servit à l'armée de Bavière en 1703. à la bataille d'Hochstett en 1704. à l'armée du Rhin en 1705. au secours du fort Louis, à la prise de Drusenheim, de Lauterbourg & de l'isle du Marquisat en 1706. à la bataille d'Oudenarde en 1708. à Malplaquet en 1709. en Flandre en 1710. à l'armée du Rhin en 1711. & 1712. aux sièges de Landau & de Fribourg en 1713. à ceux de Fontararabie, de Saint-Sébastien & d'Urgel en 1719. au camp de la Sambre en 1727. à toutes les expéditions de l'armée d'Italie, aux batailles de Parme & de Guastalle de 1733. à 1736. à l'armée de Flandre en 1742. à la bataille de Dettingen en 1743. aux sièges de Menin, d'Ypres & de Furnes, & au camp de Courtray en 1744. à la bataille de Fontenoy, aux sièges de Tournay, de Dendermonde & d'Ath en 1745. & fut déclaré au mois de Novembre Brigadier, dont le brevet est du premier Mai. Il servit ensuite aux sièges de Bruxelles, à la bataille de Raucoux en 1746. à la bataille de Lawfeld & au siège de Berg-op-zoom en 1747. à celui de Mastrick en 1748. On lui donna le 28. Mars 1754. la Lieutenance de Roi de la Rochelle où il mourut.

D'INFANTERIE. 435

Promotion du 1. Mai 1745.

PASCAL (Joseph) né le 6. Mars 1686. mort le 9. Juin 1762.
Successivement Sous-Lieutenant au Régiment de Limosin au mois de Juin 1707. Lieutenant au mois de Juin 1709. Lieutenant de la Colonelle le 10. Juin 1713. Capitaine le 21. Novembre suivant, réformé en 1714. remplacé à une Compagnie le premier Janvier 1733. Capitaine de Grenadiers le 26. Juillet 1738. Major le 13. Janvier 1741. Commandant du second Bataillon le 19. Juin suivant, Lieutenant-Colonel du même Régiment le 11. Avril 1742. Brigadier par brevet du premier Mai 1745. Il se trouva à la défense de Toulon en 1707. à l'attaque des deux Sesannes en 1708. à la bataille de Malplaquet en 1709. à l'attaque d'Arleux en 1711. aux siéges de Landau & de Fribourg en 1713. à ceux de Fontarabie, de Saint-Sébastien & d'Urgel en 1719. au camp de la Saone en 1727. à la conquête de la Lorraine & à la prise de Nancy en 1733. à l'attaque des lignes d'Ettlingen & au siége de Philisbourg en 1734. à l'affaire de Clausen en 1735. à l'armée de Westphalie, en Baviére, sur la frontiére de Bohême, & à la défense d'Egra en 1742. & 1743. au siége de Brucelles & à la bataille de Raucoux en 1746. au siége de Berg-op-zoom en 1747. à celui de Mastrick en 1748. & quitta le service au mois de Mars 1757.

DE BEAUCOUZE (Jean-Baptiste de Laugier, Chevalier) mort en 1758.
Il entra Garde de l'Etendard au mois de Décembre 1698. Leva par commission du premier Août 1702. une Compagnie d'infanterie avec laquelle il entra dans le Régiment de Sausay (depuis Olonne, Montmorency, Listenois & Fleury) le 2. Juillet 1704. & commanda sa Compagnie au siége de Verue, à la bataille de Cassano, au siége & à la bataille de Turin en 1704. 1705. & 1706. & à l'armée du Dauphiné jusqu'à la paix: aux siéges de Fontarabie, de Saint-Sébastien & d'Urgel en 1719. au camp de la Sambre en 1727. & 1732. au siége de Kell en 1733. &

Promotion du 1. Mai 1745.

passa à la Compagnie de Grenadiers le 4. Novembre de la même année. Il servit l'année suivante à l'attaque des lignes d'Etlingen & au siége de Philisbourg. Fut fait Major le 21. Mars 1735. se trouva en cette qualité à l'affaire de Clausen au mois d'Octobre. Servit en Corse depuis le mois d'Avril 1739. jusqu'au mois d'Avril 1741. Passa en Bohême, où il se trouva à la défense & à la retraite de Prague; & parvint à la Lieutenance-Colonelle de son Régiment le 4. Avril 1743. Il servit l'année suivante en cette qualité à l'armée de Flandre commandée par le Maréchal de Saxe. Obtint le grade de Brigadier par brevet du premier Mai 1745. se trouva au siége de Dendermonde & d'Ath la même année: au siége de Bruxelles, à la bataille de Raucoux en 1746. à la bataille de Lawfeld en 1747. & fut placé le 21. Février 1748. Lieutenant de Roi à Douay où il mourut.

DE SALENCY (Jean-Baptiste de Pingré) mort le 7. Février 1755. âgé de 75. ans.

Successivement Sous-Lieutenant au Régiment de Normandie au mois de Mai 1701. Lieutenant au mois d'Octobre suivant. Capitaine le 24. Décembre 1704. Capitaine de Grenadiers le 3. Décembre 1726. Commandant de Bataillon le 28. Octobre 1733. Lieutenant-Colonel le 15. Septembre 1743. enfin Brigadier par brevet du premier Mai 1745. il se trouva au combat de Chiary en 1701. à la bataille de Luzzara, à la prise de cette place & de Borgoforté en 1702. au passage dans le Trentin, aux siéges de Nago & d'Arco en 1703. aux siéges de Verceil, d'Yvrée, de Verue, de Chivas, à la bataille de Cassano en 1704. & 1705. à la bataille de Calcinato, au siége & à la bataille de Turin en 1706. au siége de Lerida en 1707. à celui de Tortose en 1708. à l'armée d'Espagne en 1709. en Roussillon & à l'affaire de Cete en Languedoc en 1710. au siége de Gironne en 1711. sur les frontières de la Catalogne en 1712. au blocus & à l'assaut de Barcelone en 1713. & 1714. aux siéges de Fontarabie, de Saint-Sébastien & de Roses en 1719. au camp de la Meuse en 1727.

au siége de Kell en 1733. à l'attaque des lignes d'Ettlingen & au siége de Philisbourg en 1734. à l'affaire de Clausen en 1735. à l'armée de Baviére en 1742. & 1743. à l'armée commandée par le Maréchal de Saxe en 1744. à la bataille de Fontenoy, aux siéges des ville & citadelle de Tournay, de Dendermonde, à l'affaire de Melle, aux siéges de Gand, d'Ostende, de Nieuport & d'Ath en 1745. aux siéges de Bruxelles & à la bataille de Raucoux en 1746. à la bataille de Lawfeld & au siége de Berg-op-zoom en 1747. & quitta le service au mois de Février 1748.

DE RICHECOURT (François-Raymond de Ronty, Vicomte) mort au mois de Mars 1748.
Successivement Cadet au Régiment des Bombardiers en 1700. Lieutenant réformé en 1701. Lieutenant en 1703. Capitaine au même Régiment le 4. Février 1706. incorporé avec sa Compagnie dans le Bataillon du Régiment Royal Artillerie de Pijart le 25. Février 1720. Commissaire Provincial de l'artillerie le premier Février 1732. Major de son Bataillon le 8. Mars 1736. Lieutenant-Colonel commandant un Bâtaillon de son nom le 18. Décembre 1743. Brigadier par brevet du premier Mai 1745. il servit jusqu'à sa mort, & se trouva au combat de Nimegue en 1702. à celui d'Eckeren en 1703. aux batailles de Ramillies, d'Oudenarde & de Malplaquet en 1706. 1708. & 1709. aux siéges de Douay, de Bouchain & du Quesnoy en 1712. à ceux de Landau & de Fribourg en 1713. aux siéges de Fontarabie, de Saint-Sébastien & d'Urgel en 1719. à l'affaire de Clausen en 1735. aux siéges de Menin, d'Ypres & de Furnes, & au camp de Courtray en 1744. à la bataille de Fontenoy, aux siéges de Tournay & de sa citadelle, de Dendermonde, d'Oudenarde & d'Ath en 1745. au siége de Namur & à la bataille de Raucoux en 1746. à la bataille de Lawfeld & au siége de Berg-op-zoom en 1747.

Promotion du
1. Mai 1745.

DE STAPLETTON (Gautier) mort le 8. Mai 1746.

Il servit d'abord dans les Gardes du Duc de Lorraine en 1699. & entra Lieutenant réformé au Régiment de Berwick en 1702. Il le joignit à l'armée d'Italie, & se trouva à tous les siéges & à toutes les batailles jusqu'en 1706. Passé avec son Régiment à l'armée d'Espagne, il eut une jambe emportée à la bataille d'Almanza en 1707. Il rejoignit après sa guérison l'armée d'Espagne en 1709. Servit à l'armée du Dauphiné en 1710. 1711. & 1712. au blocus de Barcelone en 1713. obtint le 16. Septembre de cette année une commission de Capitaine réformé, & servit au siége de Barcelone en 1714. Il passa à une Compagnie dans son Régiment le 9. Septembre 1719. à la Majorité le 22. Juillet 1733. Servit la même année au siége de Kell, à l'attaque des lignes d'Etlingen & au siége de Philisbourg en 1734. & se trouva à l'affaire de Clausen en 1735. Il fit la campagne de 1742. en Flandre. Combattit à Dettingen en 1743. & devint Lieutenant-Colonel de son Régiment le 2. Janvier 1744. il servit en cette qualité aux siéges de Menin, d'Ypres & de Furnes, & au camp de Courtray la même année. Brigadier par brevet du premier Mai 1745. il combattit avec valeur à Fontenoy le 11. & fut déclaré Brigadier le même jour. Passé au mois Décembre suivant en Écosse, il fut blessé à la bataille de Colloden le 27. Avril 1746. & mourut de cette blessure.

DE LA GUETTE (Pierre Testart, Comte.)
Voyez Tome VII. page 316.

ESMONIN (Antoine.)
Voyez Tome VII. page 317.

LABINON (Louis-Joseph.)
Voyez Tome VII. page 316.

D'INFANTERIE. 439

DE LA MASSAYS (Henry-Gabriel Amproux, Comte)   23. Février 1746.
A été créé Brigadier par brevet du 23. Février 1746.
Voyez Tome VII. page 318.

DE VAUX (François de Retournac, Comte)   23. Février 1746.
A été créé Brigadier par brevet du 23. Février 1746.
Voyez Tome V. page 677.

DE MERIC (*N.*) mort le 16. Mai 1747.   1. Mars 1746.
   Il servit volontaire au Régiment de Piémont pendant deux ans. Il y fut fait Lieutenant en second le 26. Octobre 1732. Servit au siége de Kell en 1733. & passa à une Lieutenance le premier Décembre. Il se trouva l'année suivante à l'attaque des lignes d'Etlingen & au siége de Philisbourg : à l'affaire de Clausen en 1735. & parvint à une Compagnie le 11. Novembre 1740. Passa avec sa Compagnie en Bohême, se distingua à la prise de Prague, & commença alors à servir à la petite guerre, où il réussit dans plusieurs actions avec le plus grand succès. Il combattit à Sahay, & pendant le siége de Prague il se trouva à toutes les sorties, soit commandé, soit volontaire. Il commanda des volontaires pendant toute la campagne de 1743. sur la Meuse & sur le Rhin, & servit avec valeur à la bataille de Dettingen. Il commanda sa Compagnie aux siéges de Menin, d'Ypres & de Furnes; & étant passé avec son Régiment dans l'armée que commandoit le Maréchal de Saxe, il servit supérieurement à la tête des volontaires : pendant que l'armée occupoit le camp de Courtray, il y eut plusieurs actions heureuses, qui lui méritèrent le rang de Lieutenant-Colonel que le Roi lui accorda le 16. Décembre 1744. Il se trouva au siége de Tournay, à la bataille de Fontenoy, aux siéges de Dendermonde, d'Oudenarde & d'Ath en 1745. & fit la petite guerre pendant tout l'hiver, & pendant le siége de Bruxelles avec tant de succès, qu'on le créa Brigadier par brevet du premier Mars 1746. Etant à Malines en 1747. il en sortit avec un détachement de volontaires, & battit près Duffel en Brabant

un corps de Croates ; mais il fut tué à la fin de cette action.

16. Mai 1746. **DE BEAUVAU** (Charles-Juſt, Prince)
A été créé Brigadier par brevet du 16. Mai 1746.
Voyez Tome V. page 627.

1. Juin 1746. **DE LA TOUR** (Louis-Nicoméde de Triſtan)
A été créé Brigadier par brevet du premier Juin 1746.
Voyez Tome VII. page 319.

27. Juillet 1746. **DE PONS** (Louis-Emmanuel-Auguſte de Pons Saint-Maurice, Chevalier)
A été créé Brigadier par brevet du 27. Juillet 1746.
Voyez Tome V. page 682.

4. Août 1746. **DE MAUPEOU** (Louis-Charles-Alexandre, Chevalier)
A été créé Brigadier par brevet du 4. Août 1746.
Voyez Tome V. page 683.

4. Août 1746. **DE CHOISEUL** (Etienne-François, Duc, alors Marquis de Stainville)
A été créé Brigadier par brevet du 4. Août 1746.
Voyez Tome V. page 685.

20. Septem. 1746. **DE POLIGNAC** (François-Alexandre, Comte)
A été créé Brigadier par brevet du 20. Septembre 1746.
Voyez Tome VII. page 333.

23. Septem. 1746. **DE ROBERT** (Louis-Jacques)
A été créé Brigadier par brevet du 23. Septembre 1746.
Voyez Tome VII. page 334.

3. Octobre 1746. **D'ANTIN** (Louis de Pardaillan de Gondrin, Duc)
A été créé Brigadier par brevet du 3. Octobre 1746.
Voyez Tome VII. page 324.

D'ESPAGNAC

D'ESPAGNAC (Jean-Baptiste-Joseph Damarsit de Sahuguet, Baron) 14. Octobre 1746.
A été créé Brigadier par brevet du 14. Octobre 1746.
Voyez Tome VII. page 389.

PROMOTION du 20. Mars 1747.

DE BESENVAL (Pierre-Victor-Joseph, Baron.)   Promotion du 20. Mars 1747.
Voyez Tome VI. page xxix.

DE LA TOUR-DU-PIN (René de la Tour-du-pin de la Charce, Comte) mort en 1762.
Successivement Cornette au Régiment de Cavalerie de Bourbon le 18. Mars 1729. Lieutenant le 5. Juin suivant; Capitaine le 25. Février 1730. Colonel-Lieutenant du Régiment d'infanterie de Bourbon le 21. Février 1740. & Brigadier par brevet du 20. Mars 1747. Il servit au camp de la Meuse en 1730. au siége de Kell en 1733. à celui de Philisbourg en 1734. à l'affaire de Clausen en 1735. sur le Rhin & en Baviére en 1743. à l'attaque de Weissembourg, à l'affaire d'Auguenum, au siége de Fribourg en 1744. à l'armée de Suabe pendant l'hiver, à l'armée du bas Rhin en 1745. aux siéges de Mons, de Charleroy & de Namur, & à la bataille de Raucoux en 1746. à la bataille de Lawfelt en 1747. & se démit du Régiment de Bourbon en quittant le service au mois de Mai 1748.

DE GRAMONT (Antoine-Adrien-Charles, Comte.)
Voyez Tome VII. page 337.

DE SETTIEZ (François-Victor-Joseph.)
Voyez Tome VII. page 347.

DE ROLL (François-Joseph-Georges-Ignace de Roll d'Emmenholts, Baron) mort le 16. Novembre 1757. âgé de 51. ans.
Successivement Cadet au Régiment de Diesback le 15.

Mai 1723. Enseigne surnuméraire le 19. Mai 1724. Enseigne au Régiment de Brendlé le 14. Mars 1727. Enseigne au Régiment des Gardes Suisses le 8. Juillet suivant, Sous-Lieutenant le 5. Avril 1731. second Lieutenant le 16. Juillet 1733. premier Lieutenant le 12. Septembre 1735. Capitaine-Lieutenant Commandant de la Compagnie de Machet le 16. Mai 1740. Capitaine-Lieutenant de la Compagnie Générale le 3. Septembre 1741. Brigadier par brevet du 20. Mars 1747. Il fit la campagne de 1735. sur le Rhin, celle de 1742. en Flandre, celle de 1743. sur le Rhin. Il servit au siége de Tournay, & fut blessé à la bataille de Fontenoy en 1745. Il combattit à Raucoux en 1746. & à Lawfeld en 1747.

DE TRAVERS (Jean-Victor de Travers-d'Ortensteim, Baron.)
Voyez Tome VI. page xlviij.

DE BROGLIE (Charles-François, Comte.)
Voyez Tome V. page 692.

DE COURTOMER (Jean-Antoine-François de Saint-Simon, Chevalier) mort le 5. Octobre 1755.
âgé de 57. ans.

Successivement Enseigne au Régiment du Roi en 1713. Capitaine réformé au Régiment du Colonel général des Dragons le 30. Octobre 1718. Capitaine en second au Régiment de Dragons de Languedoc le premier Janvier 1720. Capitaine dans le Régiment de Dragons de Condé le 5. Avril 1724. premier Enseigne au Régiment des Gardes Françoises le 4. Janvier 1728. Sous-Lieutenant le 27. Juin 1729. Lieutenant le 30. Août suivant, Capitaine au même Régiment le 31. Mai 1741. Capitaine d'une Compagnie de Grenadiers le 5. Juin 1745. Brigadier par brevet du 20. Mars 1747. Il servit au camp de la Sambre en 1727. au siége de Philisbourg en 1734. à la bataille de Dettingen en 1743. à la bataille de Fontenoy, aux siéges de Tournay, d'Oudenarde, de Dendermonde & d'Ath en 1745. au siége de Namur & à la bataille de Raucoux en 1746. à celle de Lawfeld en 1747. au siége de Maftrick en 1748. & se démit de sa Compagnie au mois de Mai 1753. en quittant le service.

DE REYNOLD (Joseph) mort le 4. Mars 1761. âgé de 65. ans.
Cadet au Régiment des Gardes Suisses le 15. Juin 1719. Enseigne le 9. Octobre suivant, Sous-Lieutenant le 20. Juillet 1720. second Lieutenant le 16. Octobre 1729. Lieutenant de la Compagnie des Cents Suisses de la Garde ordinaire du Roi le premier Juillet 1733. Il obtint le 18. Juin 1741. une commission pour tenir rang de Capitaine au Régiment des Gardes Suisses, & commanda en cette qualité la Compagnie de Reynold. Il servit sur le Rhin en 1734. & 1735. aux siéges de Menin, d'Ypres, de Furnes & de Fribourg en 1744. Quitta le Régiment des Gardes au mois d'Avril 1745. fit les campagnes de 1745. 1746. & de 1747. avec le Roi. Fut créé Brigadier par brevet du 20. Mars de cette derniére année, & étoit encore Lieutenant des Cents Suisses lorsqu'il mourut.

DE BALLEROI (Charles-Auguste de la Cour, Comte.)
Voyez Tome VI. page xxxiv.

DE WALDNER (Chrétien-Frédéric Dagobert, Comte.)
Voyez Tome VI. page xxxv.

DE REVEL (François de Broglie, Comte) né le 27. Septembre 1720. mort le 6. Novembre 1757.
D'abord Mousquetaire un an, puis Cornette au Régiment de la Feronnaye en 1737. il obtint une Compagnie dans le Régiment Royal-Roussillon de cavalerie le 24. Avril 1738. & la commanda à l'armée du bas Rhin, & en Westphalie en 1741. & 1742.
Colonel d'un Régiment d'infanterie de son nom par commission du 9. Août 1742. il le commanda sur les frontiéres de Bohême & à la défense de plusieurs villes de la

Baviére cette année & la suivante : à l'attaque de Weissembourg, à l'affaire d'Auguenum, au siége de Fribourg en 1744.

Promotion du 30. Mars 1747.

Colonel du Régiment de Poitou le 2. Janvier 1745. Il il se démit de celui qui portoit son nom : commanda le Régiment de Poitou à l'armée d'Italie jusqu'à la paix, & s'y trouva à plusieurs siéges, & aux batailles du Tidon & de Plaisance, à l'attaque des retranchemens de Villefranche & de Montalban, & obtint le grade de Brigadier par brevet du 20. Mars 1747.

Il fut employé Brigadier au camp d'Aimeries sur Sambre par Lettres du 13. Juin 1753. Maréchal général des logis du corps séparé de l'armée du Rhin commandée par M. le Prince de Soubise par ordre du premier Mars 1757. il contribua à la prise de Wesel & de Juliers. Il continua de servir en la même qualité à l'armée que commanda le même Général en basse Saxe par Lettres du 15. Juin, & reçut à la bataille de Rosback le 5. Novembre une blessure dont il mourut le lendemain.

DE CROISMARE (Louis-Eugène, Chevalier, puis Comte.)
Voyez Tome VII. page 341.

D'ERLACK (Gabriel d'Erlack-Schadau) mort en Juillet 1747.

Entra Cadet au Régiment Suisse d'Affry (depuis Wirmer) le 15. Mars 1713. y obtint une Enseigne le 22. Juillet suivant, une Sous-Lieutenance le 12. Novembre 1718. une Lieutenance le 20. Juillet 1722. la Majorité le 18. Août 1725. la Lieutenance-Colonelle le 20. Février 1737. une demi-Compagnie le même jour, la commission pour tenir rang de Colonel le 9. Avril 1743. une seconde demi-Compagnie le 24. Mars 1744. & servit sur le Rhin en 1734. & 1735. en Flandre en 1742. & 1743. au camp de Courtray en 1744. au siége de Tournay, à la bataille de Fontenoy, aux siéges d'Oudenarde, d'Ostende, de Nieuport en 1745. à celui de Bruxelles au mois de Février 1746.

Il passa à la Lieutenance-Colonelle du Régiment de Bettens (depuis Jenner) le 19. Mai 1746. quitta sa Compagnie dans Witmer, & en obtint une entiére dans Bettens le même jour 29. Mai. Il servit avec ce dernier Régiment aux siéges de la citadelle d'Anvers, de Namur & de ses châteaux, & à la bataille de Raucoux la même année.

Brigadier par brevet du 20. Mars 1747. il fit les siéges du fort la Perle, d'Hulst & d'Uxel, & reçut à la bataille de Lawfeld une blessure dont il mourut peu de jours après à Louvain.

CABALZAR (Joachim Cabalzar)
Successivement Cadet au Régiment de Mai (depuis Diesback) le 16. Août 1711. Enseigne le 6. Octobre 1714. Sous-Lieutenant le premier Avril 1720. Lieutenant le 28. Septembre suivant, Capitaine commandant la demi-Compagnie de Bachmann, avec rang de Capitaine le 22. Juin 1727. Chevalier de Saint-Louis en 1737. Lieutenant-Colonel du même Régiment le 14. Octobre 1741. avec une demi-Compagnie le même jour, & rang de Colonel par commission du 19. Septembre 1743. Capitaine d'une seconde demi Compagnie le 19. Mai 1746. enfin Brigadier par brevet du 20. Mars 1747. Il se trouva au combat de Denain, aux siéges de Marchiennes, de Douay & du Quesnoy en 1711. à l'armée du Rhin en 1734. à l'affaire de Clausen en 1735. à Dunkerque en 1742. & 1743. au siége de Furnes en 1744. aux siéges des ville & citadelle de Tournay, à la bataille de Fontenoy, aux siéges d'Oudenarde & de Dendermonde en 1745. à ceux de Bruxelles, de Mons, de Namur, & à la bataille de Raucoux en 1746. Il reçut une blessure considérable à la bataille de Lawfeld en 1747. Servit au siége de Mastrick en 1748. & quitta le service au mois de Mai 1755.

DE ROUSSINGER (N.) mort en 1747.
Successivement second Lieutenant de la Colonelle du Régiment de Sparre (depuis Saxe) en 1708. premier Lieutenant le 14. Janvier 1710. Capitaine réformé le 7. Février

Promotion du 20. Mars 1747.

1713. Capitaine le 12. Novembre 1728. Commandant du second Bataillon le 19. Janvier 1743. Lieutenant-Colonel du même Régiment le 24. Juin suivant, avec rang de Colonel le 6. Décembre de la même année, enfin Brigadier par brevet du 20. Mars 1747. Il se trouva à la bataille de Malplaquet en 1709. à l'attaque d'Arleux en 1711. à l'attaque de Denain, aux siéges de Douay, du Quesnoy & de Bouchain en 1712. au siége de Landau, à l'attaque des retranchemens du Général Vaubonne, au siége de Fribourg en 1713. au camp de la Sambre en 1727. au camp de la Moselle en 1732. au siége de Kell en 1733. à l'attaque des lignes d'Etlingen & au siége de Philisbourg en 1734. à l'affaire de Clausen en 1735. à l'armée de Westphalie, au siége d'Egra, à la prise de Caden & d'Ellembogen sur les frontiéres de Bohême, à la défense de plusieurs places de la Baviére en 1741. & les deux années suivantes, à l'attaque de Weissembourg, à l'affaire d'Auguenum, au siége de Fribourg en 1744. au combat de Pfaffenhoffen, à la retraite de la Baviére, à l'armée du bas Rhin en 1745. en Alsace pendant la campagne de 1746. aux différents siéges de la Flandre Hollandoise en 1747. & mourut peu après.

DE LA MARCK (François-Marie, Chevalier.)
Voyez Tome VII. page 347.

D'ESCLIMEUX (*N*. Baron)
Enseigne au Régiment d'infanterie Deslandes en Septembre 1714. Lieutenant au mois d'Octobre suivant. Lieutenant au Régiment de la Marine le 5. Janvier 1717. il servit aux siéges de Fontarabie, de Saint-Sébastien & d'Urgel en 1719. & parvint à une Compagnie du Régiment de la Marine le 20. Septembre de la même année. Il se trouva au camp de la Saone en 1727. au camp d'Alsace en 1732. au siége de Kell en 1733. à l'attaque des lignes d'Etlingen, au siége de Philisbourg en 1734. à l'affaire de Clausen en 1735. à la prise de Prague en 1741. au combat de Sahay, à la défense & à la retraite de Prague en 1742. &

passa à une Compagnie de Grenadiers le premier Février 1743. Il se trouva en cette qualité à la bataille de Dettingen.

Lieutenant-Colonel du Régiment de Boufflers-Wallon à sa création le premier Juillet 1744. il obtint le 14. Décembre suivant une commission pour tenir rang de Colonel. Campa avec son Régiment à Dunkerque pendant la campagne de 1745. & servit au siége de Bruxelles, à celui de Mons & à la bataille de Raucoux en 1746.

Brigadier par brevet du 20. Mars 1747. Employé à l'armée par Lettres du premier Mai, il combattit à Lawfeld le 2. Juillet. Servit au siége de Mastrick en 1748. & fut réformé avec le Régiment au mois de Décembre de la même année.

DE TUNDERFELD (Charles-Georges-Gustave, Baron.)
Voyez Tome VII. page 349.

DE GROLLIER (Antoine-Charles-Joseph de Grollier de Servieres, Chevalier.)
Voyez Tome VI. pag. xxxvij.

DE BEAUREGARD (Alexandre) mort le 23. Juillet 1747. âgé de 65. ans.

Né à Castres, il entra Cadet au Régiment de Champagne en 1700. Lieutenant réformé dans le même Régiment au mois de Mai 1701. & leva une Compagnie dans le Régiment de Marcilly le 26. Mars 1703. Il passa avec cette Compagnie dans le Régiment de Croï (depuis Boufflers, la Valliére & Guise,) au mois de Septembre 1704. & devint Lieutenant-Colonel de ce Régiment le 13. Janvier 1729. Il joignit le Régiment de Croï à l'armée d'Italie, & servit au siége de Vérue, de Chivas & de Turin, & se trouva aux batailles de Cassano, de Calcinato & de Turin en 1705. & 1706. à la défense de Toulon en 1707. à l'attaque des deux Sesannes en 1708. à la bataille de Malplaquet en 1709. à l'attaque d'Arleux en 1711. aux siéges de Douay, du Quesnoy & de Bouchain en 1712. de Landau & de Fribourg en 1713. au camp de la Moselle en 1727. au camp d'Alsace en 1732. au siége de Kell en 1733. à l'attaque des lignes d'Etlingen, au siége de Philisbourg en 1734. à l'affaire de Clausen en 1735. à l'armée de Westphalie en 1741. sur la frontière de Bohême, & à la défense de plusieurs places de la Bavière & des bords du Rhin en 1742. & 1743. à l'attaque de Weissembourg, à l'affaire d'Auguenum, au siége de Fribourg en 1744. sur le bas Rhin pendant l'hiver, & la campagne de 1745. aux siéges de Mons & de Charleroy, à la bataille de Raucoux, & à la défense de la Provence en 1746.

Brigadier par brevet du 20. Mars 1747. employé à l'armée d'Italie par Lettres du premier Juin, il fut blessé à l'attaque des retranchemens d'Exiles le 19. Juillet, & mourut de cette blessure.

DE BERCY (Philippe de Coucy) né à Poisecourt près Rheims, le 22. Décembre 1682. mort le 10. Novembre 1762.

Successivement Cadet en 1694. Sous-Lieutenant au Régiment de Picardie au mois de Février 1696. Lieutenant réformé dans le Régiment de Grancey en 1698. Enseigne au même Régiment en 1699. Lieutenant au mois de Novembre 1702. Capitaine le 23. Août 1705. Capitaine de Grenadiers dans le même Régiment (alors Souvré) le 6. Mars 1733. Commandant du second Bataillon le 24. Août 1734. Lieutenant-Colonel le 18. Décembre suivant, & Brigadier par brevet du 20. Mars 1747. Il servit à l'armée de la Meuse en 1696. & 1697. Fit toute la guerre d'Italie de 1702. à 1706. Se trouva à tous les siéges & à toutes les batailles. Passa à la défense de Toulon en 1707. Servit sur la frontière de Piémont jusqu'en 1712. aux siéges de Landau & de Fribourg en 1713. au camp de la Sambre en 1727. Fit encore la guerre d'Italie de 1733. à 1736. & s'y trouva à tous les siéges & aux deux batailles de Parme & de Guastalle, à la défense de Lints en Autriche en 1742. à la bataille de Dettingen en 1743. à l'attaque de Weissembourg,

Weiſſembourg, à l'affaire d'Auguenum, au ſiége de Fribourg en 1744. à l'armée du bas Rhin pendant l'hiver & pendant la campagne de 1745. aux ſiéges de Mons, de Charleroy & de Namur, à la bataille de Raucoux en 1746. Employé Brigadier à l'armée de Flandre par Lettres du premier Mai 1747. il combattit à Lawfeld le 2. Juillet, & quitta le ſervice, & la Lieutenance-Colonelle du Régiment (alors Briqueville.)

Promotion du 20. Mars 1747.

DE GUNDERODE (*N.*) mort en 1760.

Né à Luxembourg, il entra Cadet en 1693. Sous-Lieutenant au Régiment d'Alſace en 1697. Lieutenant au mois de Février 1699. Capitaine réformé au mois de Mai 1702. Capitaine le 2. Septembre 1713. Paſſa avec ſa Compagnie dans le Régiment Royal-Baviére le 5. Avril 1716. Il y commanda le ſecond Bataillon le 21. Juillet 1734. & devint Lieutenant-Colonel le 5. Octobre 1735. Il ſervit avec le Régiment d'Alſace au ſiége de Barcelone en 1697. au combat de Nimegue en 1702. à celui d'Eckeren en 1703. à la bataille de Ramillies en 1706. à celles d'Oudenarde en 1708. & de Malplaquet en 1709. à l'attaque d'Arleux en 1711. au combat de Denain, aux ſiéges de Douay, du Queſnoy & de Bouchain en 1712. aux ſiéges de Landau & de Fribourg en 1713. Avec le Régiment Royal-Baviére il ſe trouva au camp de la Saone en 1727. au ſiége de Kell en 1733. à l'attaque des lignes d'Etlingen & au ſiége de Philiſbourg en 1734. aux ſiéges de Reveré & de Gonzague en Italie la campagne de 1735. à la priſe de Prague en 1741. au combat de Sahay, à la défenſe de Prague, à la retraite de cette ville en 1742. à l'armée de Baviére en 1743. à l'attaque de Weiſſembourg en Juillet 1744. à l'affaire d'Auguenum en Août, en Baviére au mois de Septembre: au combat de Pfaffenhauffen, à la retraite de la Baviére & à l'armée du bas Rhin en 1745.

Brigadier par brevet du 20. Mars 1747. il ſervit à l'armée d'Italie, & paſſa à Gènes où il reſta juſqu'à la paix. Il quita le ſervice & la Lieutenance-Colonelle du Régiment Royal Baviére au mois de Décembre 1748.

Promotion du
20. Mars 1747. **DE GRANVILLARS** (Gaspard-Etienne Barbeau) mort le 13. Avril 1749. âgé de 65. ans.

Il entra dans le Régiment Suisse d'Hemel en 1702. y obtint une Lieutenance au mois de Janvier 1704. une place de Capitaine-Lieutenant le 11. Avril 1709. une commission pour tenir rang de Capitaine le 17. Juin 1713. une Compagnie le 26. Octobre 1719. Il passa à la Lieutenance-Colonelle du même Régiment (alors la Cour-au-chantre) le 26. Octobre 1738. Obtint une Compagnie le 26. Décembre 1742. le grade de Brigadier par brevet du 20. Mars 1747. enfin le Régiment dont il étoit Lieutenant-Colonel, par commission du 12. Mai 1748. & le conserva jusqu'à sa mort.

Il servit avec le Régiment de Surbeck (depuis Hemel) au siége de Landau en 1703. en Flandre en 1704. sur la Moselle en 1705. au secours du fort Louis, à la prise de Drusenheim & de Lauterbourg en 1706. sur le Rhin en 1707. à la bataille d'Oudenarde en 1708. sur le Rhin en 1709. & 1710. à l'attaque d'Arleux en 1711. à l'attaque du camp de Denain, aux siéges de Douay, du Quesnoy & de Bouchain en 1712. au siége de Landau en 1713. sur le Rhin en 1734. & 1735. aux siéges de Tournay, de la citadelle, d'Oudenarde, d'Ostende & de Nieuport en 1745. aux siéges de la Flandre Hollandoise, d'Anvers, de Namur & de ses châteaux, à la bataille de Raucoux en 1746. au siége de Berg-op-zoom en 1747. au siége de Mastrick en 1748.

DE COMMEYRAS (François Delpuech)

Volontaire en 1717. Lieutenant en second dans le Régiment de Bassigny le 28. Février 1720. Lieutenant en 1722. Capitaine audit Régiment le 2. Avril 1727. Il fit les campagnes d'Italie de 1733. à 1736. Se trouva à tous les siéges & aux deux batailles de Parme & de Guastalle, & fut fait Major de son Régiment le 3. Octobre 1738. Il servit en Corse depuis le mois de Janvier de cette année, jusqu'au 15. Août 1739. qu'il fut fait Lieutenant-Colonel du

Régiment Royal Corse à sa création. Il fit avec ce Régiment la campagne de 1742. en Flandre. Servit aux siéges de Menin, d'Ypres & de Furnes en 1744. & finit la campagne au camp de Courtray. Il continua de servir en Flandre en 1745. & s'y trouva à plusieurs siéges. Il combattit à Raucoux en 1746.

Promotion du 20. Mars 1747.

Brigadier par brevet du 20. Mars 1747. il servit au siége de Berg-op-zoom la même année : à celui de Mastrick en 1748. & quitta le service quelques années après.

DE MALMEDY (Paul-Philippe de Gray) né le 22. Juin 1686. mort en 1757.

Successivement Volontaire au Régiment Dauphin en 1701. Sous-Lieutenant au mois d'Août 1702. Lieutenant au mois d'Octobre 1703. Capitaine le 14. Mai 1709. Capitaine de Grenadiers le 23. Novembre 1734. Commandant de Bataillon le 26. Août 1738. Lieutenant-Colonel le 9. Avril 1740. & Brigadier le 20. Mars 1747. Il servit en Flandre en 1701. en Allemagne en 1702. au siége de Kell, à l'attaque des retranchemens d'Hornberg, à la premiére bataille d'Hochstett, au siége d'Ulm, à la prise d'Ausbourg en 1703. à la seconde bataille d'Hochstett en 1704. à l'armée du Rhin en 1705. sur la Moselle en 1706. à la défense de Toulon en 1707. à la bataille d'Oudenarde en 1708. à la bataille de Rumersheim en 1709. sur le Rhin en 1710. & les deux années suivantes : aux siéges de Landau & de Fribourg, & à l'attaque des retranchemens du Général Vaubonne en 1713. aux siéges de Pizzighitone, de Gerra-d'Adda, du château de Milan, de Tortone, de Novarre, à l'attaque de Colorno, aux batailles de Parme & de Guastalle, aux siéges de Gonzague & de Reveré en 1733. & les deux années suivantes: en Flandre en 1742. à la bataille de Dettingen en 1743. au camp de Courtray en 1744. à la bataille de Fontenoy, aux siéges des ville & citadelle de Tournay, d'Oudenarde, de Dendermonde & d'Ath en 1745. au siége de Bruxelles & à la bataille de Raucoux en 1746. au siége & à l'assaut de Berg-op-zoom en 1747. à celui de Mastrick en 1748. Il obtint la premier Septembre 1706. à la Compagnie de Grenadiers Lieutenance de Roi de Salins en quittant le Régiment Dauphin le 15. Août 1752. & y mourut.

DE FAUCON (Eſtienne de Bouchet)
Né à Aix, il entra Sous-Lieutenant au Régiment de Coëtquen (depuis Tourville, Meuſe, Choiſeul & Montmorin) en 1705. y devint Lieutenant en Juillet 1708. Capitaine le 24. Août 1709. Capitaine en ſecond des Grenadiers le 2.ᵉ Mai 1718. Capitaine de Fuſiliers le 18. Octobre 1720. Capitaine de Grenadiers le 11. Janvier 1734. Commandant de Bataillon le 6. Août 1740. Lieutenant-Colonel le 6. Novembre ſuivant, & Brigadier le 20. Mars 1747. Il ſervit au ſecours du fort Louis, à la priſe de Druſenheim, de Lauterbourg & de l'iſle du Marquiſat en 1706. à toutes les expéditions du Maréchal de Villars dans la Franconie & la Suabe en 1707. ſur le Rhin en 1708. à la bataille de Malplaquet en 1709. à l'attaque d'Arleux en 17011. à l'affaire de Denain, aux ſiéges de Douay, de Bouchain & du Queſnoy en 1712. aux ſiéges de Landau & de Fribourg en 1713. au camp de la Moſelle en 1727. à l'attaque des lignes d'Etlingen & au ſiége de Philiſbourg en 1734. à l'affaire de Clauſen en 1735. en Weſtphalie, ſur les frontiéres de Bohême & en Baviére en 1741. & les deux années ſuivantes: à l'attaque de Weiſſembourg, à l'affaire d'Auguenum, au ſiége de Fribourg, ſur le bas Rhin en 1744. & 1745. à la courſe d'Hérentals, au ſiége de Mons, à celui de Charleroy, à la bataille de Raucoux en 1746. à la bataille de Lawfeld & au ſiége de Bergop-zoom en 1747. au ſiége de Maſtrick en 1748. & quitta le ſervice quelques années après.

DE TONDUT (Pierre) mort le 7. Avril 1756. âgé de 75. ans.
Il étoit né à Florenſac, & entra dans les Cadets en 1695. Sous-Lieutenant dans le Régiment de Talande en 1697. réformé en 1698. Il obtint une Sous-Lieutenance dans le Régiment de Lorraine au mois de Mai 1701. Paſſa à une Lieutenance au mois de Mai 1702. à une Compagnie le

le 13. Août 1735. à la Lieutenance-Colonelle le 21. Février 1741. & parvint au grade de Brigadier le 20. Mars 1747. Il fit la campagne d'Allemagne en 1702. celle de Baviére fous le Maréchal de Villars en 1703. fe trouva aux deux batailles d'Hochftett cette année & la fuivante : à l'armée de la Mofelle en 1705. au fecours du fort Louis, à la prife de Drufenheim, de Lauterbourg & de l'ifle du Marquifat en 1706. à la bataille d'Oudenarde en 1708. à celle de Malplaquet en 1709. à l'attaque d'Arleux en 1711. à l'affaire de Denain, aux fiéges de Douay, du Quefnoy & de Bouchain en 1712. à l'attaque des lignes d'Etlingen, au fiége de Philifbourg en 1734. à l'affaire de Claufen en 1735. à l'armée de Flandre en 1742. à celle de Baviére en 1743. à l'attaque de Weiffembourg, à l'affaire d'Auguenum, au fiége de Fribourg en 1744. à l'armée du bas Rhin en 1745. aux fiéges de Mons & de Charleroy, & à la bataille de Raucoux en 1746. à la bataille de Lawfeld & au fiége de Berg-op-zoom en 1747. à Anvers en 1748. Ce fut fa derniére campagne.

Promotion du 20. Mars 1747.

DE BOMPART (Charles) mort le 2. Octobre 1750.
Né au port Sainte-Marie, il entra Sous-Lieutenant dans le Régiment de Médoc au mois de Septembre 1703. Paffa à une Lieutenance au mois de Septembre 1705. à une Compagnie en attendant le retour du Capitaine qui étoit prifonnier de guerre, le 4. Décembre 1708. Réformé le premier Juin 1709. remplacé le 19. Janvier 1710. Capitaine de Grenadiers le 14. Avril 1734. Major le 3. Août fuivant, enfin Lieutenant-Colonel le 28. Avril 1741. & Brigadier par brevet du 20. Mars 1747. Il fe trouva aux fiéges de Verceil, d'Yvrée & de Verue, à la bataille de Caffano, aux fiéges de Chivas, à celui de Turin, & à la bataille qui fe donna fous cette place de 1703. à 1706. à l'armée du Dauphiné en 1707. à la bataille de Rumersheim en 1709. à l'armée du Rhin en 1710. & les deux années fuivantes, aux fiéges de Fribourg & de Landau en 1713. au fiége de Barcelone où il fut bleffé en 1714. à tous les fiéges d'Italie, & aux batailles de Parme & de

Guastalle de 1733. à 1736. à l'armée de Baviére en 1742. & 1743. à la bataille de Raucoux en 1746. à l'armée d'Italie au mois de Novembre de la même année, à la conquête du Comté de Nice, à la prise de Vintimille, au secours de cette place & aux deux combats qui s'y donnerent en 1747. & servit en Italie jusqu'à la paix.

DE CUSACK (Richard.)
Voyez Tome VII. page 352.

DE MARCEILHAS (N.) mort en 1747.
Successivement Sous-Lieutenant au Régiment de Vivarais au mois de Mai 1704. Lieutenant au mois d'Octobre suivant, Capitaine le 18. Mars 1705. Major le 4. Avril 1730. Lieutenant-Colonel le 13. Juin 1743. & Brigadier par brevet du 20. Mars 1747. Il servit en Italie jusqu'en 1706. & s'y trouva aux siéges de Verceil, d'Yvrée & de Veruë, à la bataille de Cassano, au siége & à la bataille de Turin, à la défense de Toulon en 1707. à l'attaque des deux Sesannes en 1708. à l'armée du Dauphiné jusqu'à la paix de 1713. à l'attaque des lignes d'Etlingen & au siége de Philisbourg en 1734. à l'affaire de Clausen en 1735. à la défense de Prague & à la sortie de cette ville en 1742. à l'armée d'Italie sous l'Infant & le Maréchal de Maillebois en 1745. à Savone en 1746. à Leventzo sur le Var pendant la campagne de 1747. & y mourut.

DE ROUFFIAC (Jean-Elie des Ruaulx, Comte.)
Voyez Tome VII. page 353.

DE RAYMOND (Jean-Louis de Raymond de Villognon, Comte.)
Voyez Tome VII. page 326.

DE LA SERRE (Anne-François Durat.)
Voyez Tome VII. page 328.

DE CHAMBARDIERE (André Naudin) mort le 12. Septembre 1761. âgé de 75. ans.

Il étoit d'Ovalines en Thiérache, & fut Cadet au Régiment d'infanterie de Bourbon en 1703. Il y obtint une Sous-Lieutenance au mois de Juin 1704. Paſſa à une Lieutenance au mois de Décembre 1706. à une Compagnie le 19. Juillet 1712. à la Compagnie de Grenadiers le 11. Août 1733. au commandement du ſecond Bataillon le premier Novembre 1734. Il obtint une commiſſion pour tenir rang de Lieutenant-Colonel le 12. Mars 1744. la Lieutenance-Colonelle du Régiment le 22. Août ſuivant, le grade de Brigadier le 20. Mars 1747. Il ſe trouva à la bataille d'Hochſtett en 1704. & ſervit à l'armée du Rhin en 1705. à l'armée de la Moſelle en 1706. à la défenſe de Toulon en 1707. à l'armée du Rhin en 1708. à la bataille de Malplaquet en 1709. à l'armée de Flandre en 1710. à l'attaque d'Arleux en 1711. à l'affaire de Denain, aux ſiéges de Douay, du Queſnoy & de Bouchain en 1712. aux ſiéges de Landau & de Fribourg en 1713. au camp de la Saône en 1727. aux ſiéges de Gerra-d'Adda, de Pizzighitone, du château de Milan, de Novarre, de Tortone, à l'attaque de Colorno, aux batailles de Parme & de Guaſtalle, aux ſiéges de Reveré & de Gonzagues en 1733. & les deux années ſuivantes : à l'armée de Baviére & ſur les bords du Rhin, à l'attaque de Weiſſembourg, à l'affaire d'Auguenum, au ſiége de Fribourg en 1744. à l'armée du bas Rhin en 1745. aux ſiéges de Mons & de Charleroy. Lieutenant de Roi de cette derniére place le 3. Août 1746. il y commanda juſqu'à la paix, & quitta alors la Lieutenance-Colonelle du Régiment de Bourbon & le ſervice.

Promotion du 20. Mars 1747.

DE COURBUISSON (Nicolas-François Meſnager.) *Voyez* Tome VII, page 354.

Promotion du 20. Mars 1747. **DE GAUDECHART** (Louis-Antoine de Gaudechart d'Hennevillé) né le premier Janvier 1688. mort le 26. Décembre 1751.

Il avoit été fucceffivement Sous-Lieutenant au Régiment Royal-Artillerie le 4. Février 1705. Lieutenant le premier Février 1706. Capitaine le 4. du même mois, Commiffaire Provincial de l'artillerie, Lieutenant-Colonel commandant un Bataillon d'artillerie de fon nom le 3. Juin 1744. & Brigadier par brevet du 20. Mars 1747. & avoit fait toutes les campagnes fans en manquer une. Il commanda fon Bataillon au fiége de Furnes, à l'affaire d'Auguenum, au fiége de Fribourg en 1744. à l'armée du bas Rhin en 1745. à la bataille de Raucoux en 1746. à celle de Lawfeld & au fiége de Berg-op-zom en 1747. au fiége de Maftrick en 1748. & le commandoit encore lorfqu'il mourut.

DE RIGAL (Jean-Baptifte.)
Voyez Tome VII. page 345.

DE CAMBRON (Pierre Picquet de Dourier) né au mois de Juillet 1687.

Entra Cadet dans le Régiment de Navarre en 1703. & y fut fucceffivement Sous-Lieutenant au mois d'Avril 1704. Lieutenant en Janvier 1707. Capitaine le 17. Mars 1711. Capitaine de Grenadiers le 10. Novembre 1733. Major le 24. Décembre 1735. Lieutenant-Colonel le 14. Juillet 1744. & Brigadier par brevet du 20. Mars 1747. Il fut fait prifonnier à la bataille d'Hochftett en 1704. Servit à l'armée du Rhin en 1705. au fecours du fort Louis, à la prife de Drufenheim, de Lauterbourg & de l'ifle du Marquifat en 1706. à toutes les expéditions du Maréchal de Villars dans la Franconie & la Suabe en 1707. à la bataille d'Oudenarde en 1708. à Malplaquet en 1709. à l'attaque d'Arleux en 1711. aux fiéges de Douay, du Quefnoy & de Bouchain en 1712. aux fiéges de Landau & de Fribourg en 1713. à ceux de Fontarabie, de Saint-Sébaftien &
d'Urgel

D'INFANTERIE. 457

d'Urgel en 1719. au camp de la Saone en 1727. au siége de Kell en 1733. à l'attaque des lignes d'Etlingen, au siége de Philisbourg en 1734. à l'affaire de Clausen en 1735. à la prise de Prague en 1741. à la défense de Thein, au combat de Sahay, à la défense & à la sortie de Prague en 1742. à la bataille de Dettingen en 1743. aux siéges de Menin, d'Ypres & de Furnes, à l'affaire d'Auguenum, au siége de Fribourg en 1744. sur le bas Rhin pendant l'hiver & pendant la campagne de 1745. aux siéges de Mons, de Charleroy, de Namur, & à la bataille de Raucoux en 1746. à la bataille de Lawfeld l'année suivante, au siége de Mastrick en 1748. & quitta le service peu après.

Promotion du 20. Mars 1747.

DE LA GRAULET (N.)
Entra Lieutenant au Régiment d'infanterie de Gensac, (depuis Duras, Bonac & Brissac) en 1718. il y fut fait Capitaine en second le 28. Novembre 1720. & obtint une Compagnie le 8. Avril 1722. Il la commanda au siége de Kell en 1733. à l'attaque des lignes d'Etlingen & au siége de Philisbourg en 1734. à l'affaire de Clausen en 1735. & devint Major de son Régiment le 28. Février 1736. Il servit à l'armée de Baviére & sur les frontiéres de Bohême en 1742. & l'année suivante. Il obtint le premier Janvier 1744. une commission pour tenir rang de Lieutenant-Colonel d'infanterie, & se trouva cette année à la défaite du Général Nadasti près de Saverne, à l'affaire d'Auguenum & au siége de Fribourg. Il servit à l'armée du bas Rhin en 1745. Obtint le commandement du fort Sainte-Croix de Bordeaux le premier Janvier 1746. la Lieutenance de Roi de Bruxelles le 22. Février suivant, & y commanda jusqu'à la paix. On le créa Brigadier par brevet du 20. Mars 1747. & fut nommé Lieutenant de Roi du château Trompette le 6. Janvier 1752.

DE BRUSLARD (Louis de Guerin) né le 5. Décembre 1692.
Il entra d'abord Aide-Major du Régiment d'infanterie de Bruslard lors de sa levée le 4. Février 1706. Obtint le 4.

Tome VIII.   Mmm

Promotion du 20. Mars 1747.

Janvier de l'année suivante une commission pour tenir rang de Capitaine, & passa à la Majorité de ce Régiment le 2. Septembre 1710. On lui donna une Compagnie dans le Régiment de Lyònnois le 5. Mars 1711. il la commanda à l'attaque d'Arleux la même année : à l'affaire de Denain, aux siéges de Douay, du Quesnoy & de Bouchain en 1712. à ceux de Landau & de Fribourg en 1713. au camp de la Moselle en 1727. au camp de la Sambre en 1732. au siége de Kell en 1733. à l'attaque des lignes d'Etlingen & au siége de Philisbourg en 1734. à l'affaire de Clausen en 1735. Capitaine d'une Compagnie de Grenadiers le 11. Janvier 1738. il la commanda à l'armée du bas Rhin, sur la frontiére de Bohême, & à l'armée de Baviére en 1741. & les deux années suivantes : à la conquête du Comté de Nice, à l'attaque des retranchemens de Montalban, aux siéges de Demont & de Cony, à la bataille de la Madona del Ulmo en 1744. & devint Lieutenant-Colonel de son Régiment le 26. Novembre de cette année. Il servit à tous les siéges de l'armée d'Italie sous l'Infant & le Maréchal de Maillebois en 1745. & fut fait prisonnier de guerre à Asty le 4. Mars 1746. Echangé la même année, il se trouva aux batailles du Tidon & de Plaisance. Obtint le grade de Brigadier par brevet du 20. Mars 1747. & servit en Italie jusqu'à la paix. Employé à l'armée d'Allemagne le premier Mars 1757. il se trouva à la bataille d'Hastembecque, & fut fait prisonnier à Minden le 14. Mars 1758. Il quitta peu après le Régiment de Lyonnois, & n'a pas servi depuis.

DE LA BLINIÈRE (Pierre de la Motte Rogier.) *Voyez* Tome VII. page 329.

ANTONIAZY (*N.*) mort au mois d'Avril 1747.
Il avoit toujours servi dans l'artillerie. Il avoit été Lieutenant d'une Compagnie ordinaire, puis Lieutenant d'une Compagnie de Canoniers dès le 30. Août 1710. & avoit obtenu une Compagnie de Mineurs le 25. Juillet 1719. Il le commanda jusqu'à sa mort, & fut créé Brigadier par

brevet du 20. Mars 1747. Il avoit fait toutes les campagnes de fon temps.   *Promotion du 20. Mars 1747.*

DE LOUSTEAU (Maurice-Antoine de Brackenhenner)
né le 17. Octobre 1692. mort le 26. Janvier 1756.
Succeſſivement Volontaire dans l'artillerie en 1706. Officier Pointeur le 28. Mars 1707. Commiſſaire extraordinaire de l'artillerie le premier Août 1713. Commiſſaire ordinaire le 29. Juin 1723. Capitaine d'une Compagnie d'ouvriers le 25. Juillet 1729. Commiſſaire Provincial de l'artillerie le 29. Janvier 1734. Lieutenant d'artillerie le 29. Novembre 1744. Brigadier le 20. Mars 1747. Il fit toutes les campagnes, & avoit la plus grande capacité pour la conſtruction des ponts.

DUC GRAVIER (Antoine)
Avoit été fait Commiſſaire ordinaire de l'artillerie, le premier Octobre 1729. & étoit Lieutenant d'artillerie lorſqu'il fut fait Brigadier par brevet du 20. Mars 1747. Il mourut quelques années après.

D'ESPICTIERES (Alexandre - Hector Tachereau, Chevalier.)
Voyez Tome VII. page 343.

DE ROSTAING (Louis-Charles, Marquis.)
Voyez Tome VI. page xxxviij.

GUYOL DE GUIRAN (Jean-Baptiſte-Eliſabeth.)
Voyez Tome VII. page 355.

DE BEAUTEVILLE (Pierre de Buiſſon, Chevalier)   *26. Avril 1747.*
A été créé Brigadier par brevet du 26. Avril 1747.
Voyez Tome VI. page xl.

5. Juin. 1747. **DE LANGERON** (Charles-Claude Andrault de Maulevrier, Comte)
A été créé Brigadier par brevet du 5. Juin 1747. *Voyez* Tome VI. page xliij.

22. Juin 1747. **DE GOAS** (Louis de Biran, Comte) né au mois d'Août 1721. tué à Exiles le 19. Juillet 1747.
Lieutenant réformé au Régiment du Roi le 26. Mai 1738. Lieutenant en second le 24. Février 1739. il se trouva à la prise de Prague en 1741. au combat de Sahay, à la défense de Prague & à la sortie de cette ville en 1742.
Colonel du Régiment d'infanterie de Berry le 6. Mars 1743. il le commanda à Thionville pendant la campagne, à la défaite du Général Nadasti près de Saverne, à l'affaire d'Auguenum, au siège de Fribourg en 1744. à l'armée du bas Rhin pendant l'hiver, & pendant la campagne de 1745.
Colonel du Régiment de Bourbonnois par commission du 17. Février 1746. il se démit du Régiment de Berry, & commanda celui de Bourbonnois aux sièges de Mons, de Charleroy & à la bataille de Raucoux la même année. Il passa en Novembre en Italie, & fut employé à la défense de la Provence pendant l'hiver jusqu'au mois de Mars 1747. au mois de Juin suivant il se distingua particuliérement à la prise des villes & retranchemens de Nice, Villefranche & Montalban. Obtint le grade de Brigadier par brevet du 22. du même mois, & fut tué le mois suivant à l'attaque des retranchemens d'Exiles.

14. Juillet 1747. **DE MAREIL** (Paul de Chaumont de la Galaisiere, Comte)
Entra Lieutenant de la Colonelle du Régiment d'Enguyen le 14. Août 1729. & obtint une Compagnie dans ce Régiment le 8. Avril 1732. Il la commanda à l'attaque des lignes d'Etlingen & au siège de Philisbourg en 1734. à l'affaire de Clausen en 1735. Lieutenant-Colonel du Régiment des Gardes Lorraines à la création de ce Régiment

le premier Mai 1740. Colonel d'un Régiment de Milice du Duché de Lorraine le 17. Septembre 1742. Colonel-Lieutenant du Régiment Royal-Lorraine à sa création le 30. Janvier 1744. il servit sur le Rhin pendant la campagne, & joignit l'armée pour le siége de Fribourg. Il passa l'hiver en Suabe, servit sur le bas Rhin pendant la campagne de 1745. Marcha en Italie au mois de Juillet 1746. & contribua à la défense de la Provence & à en chasser les ennemis. Il se trouva au passage du Var, à la prise de Nice, de Villefranche & des retranchemens de Montalban au mois de Juin 1747. & obtint le grade de Brigadier le 14. Juillet suivant. Il finit la guerre en Italie. Son Régiment ayant été licentié par ordre du 31. Décembre 1748. il n'a pas servi depuis.

DE ROQUÉPINE (Louis d'Astorg d'Aubarede, Marquis) 25. Juillet 1747.
A été créé Brigadier par brevet du 25. Juillet 1747.
Voyez Tome VI. page xiv.

Promotion. du 27. Juillet 1747.

Promotion du 27. Juillet 1747.

DE BONAC (François-Armand d'Usson, Marquis.)
Voyez Tome VI. pag. x.

DE FENELON (François-Louis de Salignac, Marquis.)
Voyez Tome VI. page lj.

DE SEGUR (Henry-Philippe, Comte.)
Voyez Tome V. page 690.

D'HAMILTON (Jacques-Louis, Comte.)
Voyez Tome VII. page 359.

DE BETHUNE (Adrien-François de Bethune-Penain, Comte.)
Voyez Tome VII. page 360.

DE LA MORLIERE (Alexis Magalon.)
Voyez Tome VI. page lij.

Promotion du
27. Juillet 1747.

DE L'EPINE (Antoine de l'Epine-Montbrun) né en 1697.
mort au mois de Mars 1758.
Succeſſivement Sous-Lieutenant au Régiment d'infanterie
d'Orléans le 20. Juin 1711. Enſeigne le 15. Décembre
ſuivant, Lieutenant le 16. Février 1712. Capitaine le 6.
Juin 1713. Capitaine de Grenadiers le 27. Octobre 1734.
Commandant de Bataillon le 27. Mars 1738. Major le 11.
Janvier 1742. Lieutenant-Colonel le 19 Février 1743. enfin Brigadier le 27. Juillet 1747. Il ſervit ſur le Rhin en
1712. aux ſiéges de Landau & de Fribourg en 1713. à tous
les ſiéges & aux deux batailles d'Italie de 1733. à 1736.
à la défenſe & à la ſortie de Prague en 1742. à la bataille
de Dettingen en 1743. aux ſiéges de Menin, d'Ypres &
de Furnes, & au camp de Courtray en 1744. à la bataille
de Fontenoy, aux ſiéges de Tournay, de Dendermonde &
d'Ath en 1745. au ſiége de Namur & à la bataille de Raucoux en 1746. à la bataille de Lawfeld & au ſiége de
Berg-op-zoom l'année ſuivante.: au ſiége de Maſtrick en
1748. Employé à l'armée d'Allemagne en 1757. il ſe trouva à la priſe de Caſſel & à la conquête de la Heſſe, &
mourut en Allemagne.

DU BLAISEL (Antoine-Joſeph du Blaiſel de la Neuville,
Baron.)
Voyez Tome VI. page liv.

DE LÉE (Jean) mort le 5. Mars 1751. âgé de 72. ans.
Cadet au Régiment d'infanterie Irlandoiſe (aujourd'hui
Bulkeley) en 1703. il y fut Lieutenant réformé en 1706.
Lieutenant de la Colonelle le 23. Juin 1711. avec rang
de Capitaine réformé le 25. Mars 1713. rang de Capitaine
en pied le 4. Avril 1723. Capitaine le 4. Décembre 1733.
Major le 10. Juin 1743. Lieutenant-Colonel le 3. Mars
1744. & Brigadier le 27. Juillet 1747. Il ſe trouva à la bataille d'Hochſtett en 1704. au ſecours du fort Louis, à la
priſe de Druſenheim, de Lauterbourg & de l'iſle du Marquiſat en 1706. à la bataille de Malplaquet en 1709. à

D'INFANTERIE. 463

à l'affaire de Denain en 1712. aux siéges de Landau & de Fribourg en 1713. au siége de Philisbourg & à l'affaire de Clausen en 1734. & l'année suivante : au combat de Dettingen en 1743. à la bataille de Fontenoy & au siége de Tournay en 1745. à la bataille de Lawfeld en 1747. au siége de Mastrick en 1748. & étoit encore Lieutenant-Colonel de son Régiment lorsqu'il mourut.

Promotion du 27. Juillet 1747.

DE SEVERAC (Alexandre de Severac de Jusses) né le 4. Décembre 1685.

Entra Lieutenant en second dans le Régiment d'infanterie de la Marche (aujourd'hui réformé) en 1702. Passa à une Lieutenance en 1703. à une Compagnie le 18. Décembre 1707. à la Majorité le 12. Octobre 1741. à la Lieutenance-Colonelle le 7. Novembre 1744. & obtint le grade de Brigadier par brevet du 27. Juillet 1747. Il servit aux siéges de Chivas & de Turin, & à la bataille qui se donna sous cette dernière place en 1705. & l'année suivante : à l'armée du Rhin en 1707. à l'attaque des deux Sesannes en 1708. en Dauphiné les deux années suivantes : au siége de Gironne en 1711. sur les frontiéres de la Catalogne, au blocus & au siége de Barcelone les trois années suivantes : au siége de Dantzick en 1734. à la bataille de Dettingen en 1743. aux siéges de Menin, d'Ypres, de Furnes & de Fribourg en 1744. aux siéges de Mons, de Charleroy, de Namur, & à la bataille de Raucoux en 1746. à celle de Lawfeld l'année suivante : au siége de Mastrick en 1748. Il a quitté le service au mois de Juillet 1754.

D'ASPREMONT (Henry, Chevalier) né le 7. Mai 1702.

Il entra Lieutenant au Régiment de Gensac (aujourd'hui Vivarais) le 6. Mars 1720. Passa à une Compagnie le 15. Février 1732. à une Compagnie de Grenadiers le 24. Août 1743. & à la Lieutenance-Colonelle le 9. Avril 1745. & obtint le grade de Brigadier par brevet du 27. Juillet 1747. Il servit avec ce Régiment au siége de Kell en 1733. à l'attaque des lignes d'Etlingen, au siége de Philisbourg en

Promotion du
27. Juillet 1747.

1734. à l'affaire de Claufen en 1735. à l'armée de Baviére en 1742. & 1743. à la défaite du Général Nadafti, au fiége de Fribourg en 1744. à l'armée du bas Rhin en 1745. aux fiéges de Mons, de Charleroy & de Namur en 1746. à la bataille de Lawfeld en 1747. au fiége de Maftrick en 1748. Il quitta la Lieutenance-Colonelle de ce Régiment, & obtint la Lieutenance de Roi des châteaux de Bayonne le 23. Octobre 1756.

DE LA FARGUE (Jean.)
Voyez Tome VII. page 390.

11. Septem. 1747. **DE GOUY** (Louis de Gouy-d'Arcy, Marquis)
A été créé Brigadier par brevet du 11. Septembre 1747. *Voyez* Tome VII. page 361.

11. Septem. 1747. **DU MAILLY** (Louis, Marquis)
A été créé Brigadier par brevet du 11. Septembre 1747. *Voyez* Tome VII. page 362.

19. Octobre 1747. **DE CHOISEUL** (François-Martial de Choifeul-Beaupré, Comte)
A été créé Brigadier par brevet du 19. Octobre 1747. *Voyez* Tome VI. page lvj.

27. Octobre 1747. **DE MONTBOISSIER** (Charles-Henry-Philippe, Vicomte)
né le 15. Mars 1719. mort le 24. Février 1751.
Connu d'abord fous le nom de Chevalier de Montboiffier, il fervit deux ans dans les Moufquetaires, & obtint une Compagnie dans le Régiment de cavalerie d'Anjou le 22. Juin 1740. Il la commanda en Flandre pendant la campagne de 1742.

Colonel d'un Régiment d'infanterie de fon nom (aujourd'hui réformé) par commiffion du 6. Mars 1743. il le commanda aux fiéges de Menin, d'Ypres, de Furnes, à l'affaire d'Auguenum & au fiége de Fribourg en 1744. à l'armée du bas Rhin en 1745. & obtint le Régiment (aujourd'hui Aunis) le premier Décembre de cette année. Il

le

le commanda à la bataille de Raucoux en 1746. au siége de Berg-op zoom en 1747. Brigadier par brevet du 27. Octobre de cette année, il commanda une Brigade au siége de Maſtrick en 1748. & mourut poſſédant encore ſon Régiment.

DE BERGERET (Jacques-Antoine)   27. Octobre 1747.
A été créé Brigadier par brevet du 27. Octobre 1747. *Voyez* Tome VII. page 363.

DE PIAC (Valentin de Gaulejac) né le 14. Février 1691.   27. Octobre 1747.
mort le 22. Juin 1761.
Entra Lieutenant au Régiment de Nupcès au mois de Mars 1707. Sous-Lieutenant dans celui de Berry au mois d'Août 1710. il y devint Lieutenant au mois d'Août 1711. Capitaine le 21. Juin 1712. Major le 24. Août 1735. Obtint le rang de Lieutenant-Colonel le 27. Mai 1743. devint Lieutenant-Colonel de ſon Régiment le 19. Août ſuivant, & fut fait Brigadier le 27. Octobre 1747. Il ſervit avec le Régiment de Berry ſur le Rhin en 1711. & 1712. aux ſiéges de Landau & de Fribourg en 1713. au ſiége de Philisbourg en 1734. à la priſe de Prague en 1741. à l'affaire de Sahay, à la défenſe & à la ſortie de Prague en 1742. à Thionville pendant la campagne de 1743. à la défaite du Général Nadaſti & au ſiége de Fribourg en 1744. à l'armée du bas Rhin en 1745. aux différens ſiéges de la Flandre Hollandoiſe en 1747. & au ſiége de Maſtrick en 1748. Il quitta le ſervice au mois de Novembre 1758.

DE SAINTE-AFRIQUE (Pierre de Suc) né le 9. Avril   27. Octobre 1747.
1699.
Il entra Sous-Lieutenant dans le Régiment de Charoſt (aujourd'hui Dauphiné) en 1713. & fut réformé en 1714. Il rentra Volontaire dans le Régiment d'Iſenghyen (aujourd'hui incorporé dans Poitou) en 1717. & y fut fait Lieutenant en ſecond le 20. Décembre 1718. Lieutenant de la Colonelle en 1724. Aide-Major le 16. Juin 1728. avec rang de Capitaine le 26. Septembre 1730. Major le

11. Avril 1746. Lieutenant-Colonel le 23. Mars 1747. & Brigadier le 27. Octobre fuivant. Il fervit avec fon Régiment au fiége de Philifbourg en 1734. à l'affaire de Claufen en 1735. en Weftphalie, & fur les frontiéres de Bohême en 1741. & 1742. à la bataille de Dettingen l'année fuivante : aux fiéges d'Ypres, de Menin, de Furnes, & au camp de Courtray en 1744. à la bataille de Fontenoy, aux fiéges de Tournay, de la citadelle, d'Oudenarde, de Dendermonde & d'Ath en 1745. au fiége de Namur & à la bataille de Raucoux en 1746. à la bataille de Lawfeld & au fiége de Berg-op-zoom l'année fuivante: au fiége de Maftrick en 1748. Lieutenant de Roi de Perpignan le 5. Juin 1753. il quitta la Lieutenance-Colonelle de fon Régiment (alors Rochefort,) & obtint le 24. Septembre fuivant un ordre pour commander en Rouffillon en l'abfence du Commandant en chef.

Promotion du premier Janvier 1748.

Promotion du 1. Janvier 1748.

DE MORTAIGNE (Jacques-André) mort le 22. Février 1751. âgé de 66. ans.

Il fut fucceffivement Lieutenant réformé à la fuite du Régiment d'Alface en 1704. Capitaine réformé dans le même Régiment le 7. Mars 1706. Capitaine réformé à la fuite de Cambray le 17. Août 1716. à la fuite de Méfieres le 22. Mars 1733. Lieutenant-Colonel réformé à la fuite de la même ville le 7. Mars 1714. Commandant un Bataillon de Milice de la Généralité de Paris par ordre premier Avril 1734. avec rang de Colonel le premier Novembre 1737. Il fervit toujours fur les frontiéres, & fut fait Brigadier par brevet du premier Janvier 1748. Il avoit le Gouvernement de Mazarin.

DE JOYEUSE (Jean-Armand, Marquis) né le 24. Avril 1718.

Il entra Lieutenant au Régiment de cavalerie d'Anjou le 20. Janvier 1734. paffa Lieutenant de la Meftre de camp le 26. Mars fuivant,& obtint une Compagnie dans le même

Régiment le 9. Décembre de la même année. Il se trouva au siége de Philisbourg en 1734. & à l'affaire de Clausen en 1735.

 Colonel du Régiment d'infanterie de Ponthieu par commission du 16. Juin 1740. il le commanda à l'armée de Westphalie & de Baviére en 1741. & les deux années suivantes : sur les côtes en 1745. & les deux années suivantes. Brigadier par brevet du premier Janvier 1748. il servit au siége de Mastrick la même année. Après la paix le Régiment de Ponthieu ayant été incorporé dans le Régiment de Provence, le Marquis de Joyeuse fut employé Colonel dans le Régiment des Grenadiers de France par ordre du 20. Février 1749. & nommé Colonel du Régiment de Tournaisis par commission du 25. Août suivant. Sa santé ne lui ayant pas permis de joindre ce Régiment qui servoit en Corse, il s'en démit au mois de Juin 1750 & obtint un Régiment d'infanterie de son nom (aujourd'hui Aunis) par commission du 27. Février 1751. dont il se démit au mois de Juillet 1755. en quittant le service à cause de sa mauvaise santé.

Promotion du 1. Janvier 1748.

DE MONTY (Charles, Marquis.)
Voyez Tome VI. page xvij.

D'ERLACK (Abraham d'Erlack de Riggisberg, Baron.)
Voyez Tome VII. page 391.

DE POLIGNAC (François, Marquis) mort au mois d'Août 1762.
Il étoit Colonel d'un Régiment de Milice de Lorraine depuis le premier Mars 1742. lorsqu'on le créa Brigadier par brevet du premier Janvier 1748.

DE ZELGER (Joseph-Daniel) mort en 1763.
 Entra Cadet au Régiment des Gardes Suisses le 3. Juin 1704. Passa Enseigne de la Colonelle du Régiment de Pfiffer le 16. Août 1706. Après la bataille de Ramillies où il avoit bien servi, fut fait Sous-Lieutenant le 6. Avril 1707.

Promotion du 1. Janvier 1748.

fit cette campagne & la fuivante en Flandre, & devint fecond Lieutenant le 9. Janvier 1709. il fe trouva cette année à la bataille de Malplaquet, & paffa Sous-Lieutenant au Régiment des Gardes Suiffes le 15. Avril 1710. Il y fut fucceffivement fecond Lieutenant le 13. Février 1713. premier Lieutenant le 9. Novembre 1719. Obtint le 22. Mars 1742. une commiffion pour tenir rang de Colonel, & le grade de Brigadier par brevet du premier Janvier 1748. Il fit avec le Régiment des Gardes-Suiffes les campagnes de 1711. 1713. 1734. 1742. 1743. 1744. 1746. & 1747. & quitta le fervice quelques années après la paix de 1748.

DE PESTALOZZY (Cefar-Hyppolite.)
Voyez Tome VII. page 392.

DE TRAINEL (Claude-Conftant-Efprit de Harville Jouvenel, Marquis.
Voyez Tome VI. page xviij.

DE GAYON (Jofeph.)
Voyez Tome VI. page lvij.

DE SAINT-AUBIN (Emmanuel Freflon) mort le 24. Août 1753. âgé de 52. ans.
Succeffivement fecond Enfeigne au Régiment des Gardes Françoifes le 26. Octobre 1725. premier Enfeigne le premier Septembre 1726. Sous-Lieutenant le 26. Mai 1727. Lieutenant le 20. Février 1732. Lieutenant de Grenadiers le 18. Avril 1742. Capitaine le 13. Février 1743. Capitaine de Grenadiers le 19. Juin 1745. & Brigadier par brevet du premier Janvier 1748. Il fervit au fiége de Philifbourg en 1734. à la bataille d'Ettingen en 1743. aux fiéges de Menin, d'Ypres, de Furnes, à l'attaque d'Auguenum, au fiége de Fribourg en 1744. à la bataille de Fontenoy, aux fiéges de Tournay, d'Oudenarde, de Dendermonde & d'Ath en 1745. aux fiéges de Namur & à la bataille de Raucoux en 1746. à la bataille de Lawfeld en

1747. au siége de Mastrick en 1748. & étoit encore Capitaine de Grenadiers lorsqu'il mourut.

Promotion du 1. Janvier 1748.

DE VISÉ (Marie-Philippe Donneau.)
Voyez Tome VI. page lviij.

DE VOISENON (Louis-Victor de Fusée.)
Voyez Tome VII. page 374.

DE CHATTELUS (César-François de Beauvoir, Marquis)
né le premier Novembre 1723. mort le 29. Septembre 1749.
Mousquetaire en 1741. Gouverneur des ville & château de Seyne en Provence le 22. Avril 1742. Capitaine au Régiment de cavalerie de Grammont le 8. Mai suivant, il alla joindre sa Compagnie à l'armée de Bohême, & la commanda à la défense & à la sortie de Prague.
Colonel du Régiment d'infanterie d'Aunis (aujourd'hui réformé) il le commanda à l'armée commandée par le Maréchal de Saxe en 1744. à l'armée du bas Rhin au commencement de la campagne de 1745. mais ayant été nommé Colonel du Régiment d'Auvergne le 26. Mai de cette année, il quitta le Régiment d'Aunis, & se rendit en Flandre où il commanda le Régiment d'Auvergne aux siéges d'Oudenarde, de Dendermonde & d'Ath : au siége de la citadelle d'Anvers & à la bataille de Raucoux en 1746. à la bataille de Lawfeld en 1747. Brigadier par brevet du premier Janvier 1748. il commanda une Brigade au siége de Mastrick, & avoit encore le Régiment d'Auvergne lorsqu'il mourut.

DE BRUSLART (Gaspard-Robert de Guerin.)
Voyez Tome VII. page 377.

DE MALIDES (Louis) mort le 6. Août 1748. âgé de 50. ans.
Il fut successivement Lieutenant réformé au Régiment d'infanterie de Conty le 30. Mars 1719. Lieutenant en

second le 8. Juillet suivant, Gentilhomme à drapeau au Régiment des Gardes Françoises le premier Mars 1728. deuxiéme Enseigne le 26. Mars 1729. Sous-Lieutenant le premier Mai suivant, Lieutenant le 7. Décembre 1733. Aide-Major le 23. Octobre 1742. Capitaine le 10. Juillet 1743. & Brigadier le premier Janvier 1748. Il fit toutes les campagnes avec le Régiment, & avoit encore sa Compagnie lorsqu'il mourut.

DE MONTCHEVREUIL (Christophe-Léonor de Mornay, Comte)
Entra Enseigne au Régiment des Gardes Françoises en 1726. Devint Sous-Lieutenant le 24. Novembre 1730. Lieutenant le 12. Mars 1734. Capitaine le 10. Juillet 1743. & Brigadier le premier Janvier 1748. Il se trouva au siége de Philisbourg en 1734. à la bataille de Dettingen en 1743. & aux différens siéges de la Flandre de 1744. à 1748. & quitta le service & sa Compagnie au mois de Mars 1755.

DE LA CHATRE (Charles-Louis de la Châtre-Nançay, Marquis.)
Voyez Tome VI. page xlvj.

DE BROC (Armand-René-François, Marquis) mort le 2. Août 1757. âgé de 46. ans.
Successivement second Enseigne au Régiment des Gardes Françoises le 9. Février 1728. premier Enseigne le 4. Janvier 1730. Sous-Lieutenant le 7. Juillet 1733. Lieutenant le 18. Décembre 1734. Lieutenant de Grenadiers le 20. Juillet 1743. Capitaine le 8. Octobre suivant, Brigadier le premier Janvier 1748. il fit avec le Régiment toutes les campagnes depuis 1734. & avoit encore sa Compagnie lorsqu'il mourut.

D'ESTAVAYÉ (François-Jacques d'Estavayé-Montet.)
Voyez Tome VII. page 517.

D'INFANTERIE. 471

Promotion du 1. Janvier 1748.

DE ROBECQUE (Anne-Louis-Alexandre de Montmorency , Prince.)
Voyez Tome VI. page lxj.

HEGUERTY (Patrice.)
Il fut succeſſivement Capitaine réformé à la ſuite du Régiment de Dillon le premier Mai 1730. Capitaine réformé de la Compagnie de Grenadiers le 16. Novembre 1733. Capitaine le 21. Juillet 1734. Lieutenant-Colonel du Régiment de Lally à ſa création le premier Octobre 1744. avec rang de Colonel le 26. Mai 1745. Brigadier par brevet du premier Janvier 1748. & enfin Colonel réformé à la ſuite du Régiment de Berwick, en quittant le Régiment de Lally, par commiſſion du 10. Novembre 1756. Il s'eſt trouvé au ſiége de Kell en 1733. à l'attaque des lignes d'Etlingen & au ſiége de Philiſbourg en 1734. à l'affaire de Clauſen en 1735. à la bataille de Dettingen en 1743. aux ſiéges d'Ypres & de Furnes, & au camp de Courtray en 1744. à la bataille de Fontenoy, aux ſiéges de Tournay, de Dendermonde & d'Ath en 1745. à la bataille de Lawfeld en 1747. & au ſiége de Maſtrick en 1748.

DE BELA (*N.* Chevalier.)
Il étoit Capitaine de Dragons au ſervice du Roi de Pologne; & au retour du ſiége de Dantzick, il obtint une commiſſion de Lieutenant-Colonel réformé à la ſuite de la ville de Mets le 8. Août 1736. Il paſſa Lieutenant-Colonel réformé à la ſuite du Régiment de Bercheny le 9. Décembre 1743. & obtint la Charge de Colonel du Régiment des Cantabres à ſa création le 15. Décembre 1745. & le grade de Brigadier par brevet du premier Janvier 1748. Il fit toutes les campagnes en Flandre de 1744. à 1748. & ſon Régiment ayant été licencié au mois de Février 1749. il n'a pas ſervi depuis.

DE LEMPS (Jean-Baptiſte de Prunier, Marquis.)
Voyez Tome VII. page 382.

Promotion du 1. Janvier 1748.

DE CLAIRAC (Louis de la Mamie) mort le 6. Mai 1752.
Servit d'abord six ans dans l'infanterie, & fut reçu Ingénieur en 1712. & se trouva en cette qualité aux siéges du Quesnoy & de Bouchain la même année. Il quitta le génie après la paix, y rentra en 1723. & fut fait Capitaine réformé à la suite du Régiment de la Marine. Il servit au siége de Kell en 1733. & de Philisbourg, où il fut blessé au bras en 1734. il devint Ingénieur en chef la même année. Il obtint le 9. Juin 1744. le grade de Lieutenant-Colonel réformé à la suite du Régiment de la Marine, celui de Colonel réformé à la suite du même Régiment le premier Janvier 1747. le grade de Brigadier par brevet du premier Janvier 1748. la place d'Ingénieur en chef de Bergue, & le commandement du fort François de la même place le 19. Février 1751. Il avoit servi aux siéges de Menin, d'Ypres, de Furnes, de Namur & de Berg-op-zoom, & mourut à Bergue.

DE RIVERSON (Charles.)
Voyez Tome VII. page 344.

DE PINSUN (Jean-Pierre)
Il servit pendant six ans en qualité de Lieutenant & de Capitaine d'infanterie. Se trouva à un combat naval, à la bataille de Malplaquet & à deux siéges avant d'être reçu Ingénieur en 1712. Il avoit la commission de Capitaine réformé dans le Régiment de Flandre dès le premier Octobre 1709. & devint Ingénieur en chef en 1725. Chevalier de Saint-Louis en 1735. Lieutenant-Colonel réformé à la suite du Régiment de Flandre le premier Janvier 1745. Colonel réformé à la suite du Régiment de Béarn le premier Janvier 1747. Brigadier par brevet du premier Janvier 1748. & est actuellement Ingénieur en chef de Navarreins & du château de Lourdes. Il s'est trouvé à la défense du Quesnoy, où il fut blessé en 1712. aux siéges du château de Beobie, du fort du Passage, de Fontarabie & de

de Saint-Sébastien en 1719. de Pizzighitone, du château de Milan en 1733. au siége de Fribourg, à l'attaque du village de Rastatt en 1744. & au siége de Tortone en 1745.

Promotion du 1. Janvier 1748.

THIERY (Nicolas-Claude) né le 6. Mai 1697. mort le 7. Septembre 1756.

Fut reçu Ingénieur en 1714. Lieutenant réformé à la suite du Régiment de Champagne le premier Avril 1719. Ingénieur en chef en 1732. Capitaine réformé le 11. Février 1739. Lieutenant-Colonel réformé le premier Janvier 1745. Colonel réformé le premier Janvier 1747. Brigadier le premier Janvier 1748. Directeur du génie en 1753. Il servit aux siéges de Pizzighitone, du château de Milan, de Novarre, de Tortone, à l'attaque de Colorno, aux siéges de la Mirandole & de Gonzague en 1733. & les deux années suivantes : à ceux du château Dauphin, de Demont, de Cony en 1744. de Tournay, d'Oudenarde, d'Ostende, de Nieuport & d'Ath en 1745. d'Anvers, de Mons, de Charleroy en 1746. du fort la Perle, du fort Lickenhoef, de Zantberg, de Hulst & d'Axel en 1747. à celui de Mastrick en 1748. & mourut à Thionville.

DE BOURCET (Pierre.)
Voyez Tome VI. page lxij.

DE PENE (Louis de Pene de Vaubonet) né le 20. Avril 1691. mort le 4. Octobre 1761.

Fut reçu Ingénieur en 1711. Lieutenant réformé à la suite du Régiment de Picardie en 1719. Capitaine réformé le 24. Janvier 1720. Chevalier de Saint-Louis en 1721. Ingénieur en chef en 1725. Lieutenant-Colonel réformé le 22. Mars 1746. Colonel réformé le premier Janvier 1747. Brigadier le premier Janvier 1748. & Directeur du génie en 1749. Il avoit servi aux siéges d'Arrens, de Venasque, de Castelléon & de Cardone en 1711. à la conquête de l'isle Majorque en 1715. aux siéges de Fontarabie où il fut blessé dangereusement, & de Saint-Sébastien en 1719. à

Promotion du 1. Janvier 1748.

tous ceux d'Italie de 1733. à 1736. à l'attaque des retranchemens de Montalban, aux siéges de cette place, de Demont & de Cony en 1744. de Tortone en 1745. & avoit fait la campagne d'Italie en 1746.

DE FILLEY (Pierre.)
Voyez Tome VI. page lxiv.

D'HAUDRECY (Louis d'Arras) né le 25. Février 1696. Il entra Lieutenant au Régiment d'infanterie de Montreau au mois de Février 1706. y eut une Compagnie le 9. Juin 1709. Servit en garnison avec son Régiment jusqu'à la paix, après laquelle il fut réformé dans le Régiment de Condé le premier Janvier 1714. Il parvint à la Compagnie de Grenadiers de ce Régiment le 19. Mars 1737. à la Majorité le 9. Juillet 1742. à la Lieutenance-Colonelle le 14. Mai 1743. & au grade de Brigadier le premier Janvier 1748. Il servit avec le Régiment de Condé au camp de la Moselle en 1727. à tous les siéges d'Italie & aux deux batailles de Parme & de Guastalle de 1733. à 1736. en Flandre en 1742. à la bataille de Dettingen en 1743. à l'attaque de Weissembourg, à l'affaire d'Auguenum, au siège de Fribourg en 1744. au combat de Pfaffenhoffen & à l'armée du bas Rhin en 1745. à l'armée d'Italie en 1746. & les deux années suivantes : à la bataille d'Hastembecque en 1757. & quitta le service au mois de Juillet 1758.

DE PRÉ (Jean Roussel) né le 14. Février 1687. mort le 3. Juillet 1757.
Il entra Cadet au Régiment aujourdhui Dauphiné en 1700. y obtint une Sous-Lieutenance au mois de Mai 1701. une Lieutenance au mois d'Avril 1705. une Compagnie le 21. Décembre 1709. la Compagnie de Grenadiers le 10. Novembre 1733. le commandement d'un Bataillon le 20. Juillet 1742. la Lieutenance-Colonelle le 31. Octobre 1743. & le grade de Brigadier le premier Janvier 1748.

Il servit en Flandre en 1701. au combat de Nimegue en 1702. à la bataille d'Eckeren en 1703. à l'armée de la Moselle en 1705. à la bataille de Ramillies en 1706. à celles d'Oudenarde en 1708. & de Malplaquet en 1709. à l'attaque d'Arleux en 1711. aux siéges de Douay, où il eut un doigt emporté, à ceux du Quesnoy & de Bouchain en 1712. de Landau & de Fribourg en 1713. de Fontarabie & de Saint-Sébastien en 1719. à l'attaque des lignes d'Etlingen & au siége de Philisbourg en 1734. à l'affaire de Clausen en 1735. à l'armée de Baviére en 1742. à la bataille de Dettingen en 1743. aux siéges de Menin, d'Ypres, de Furnes & de Fribourg en 1744. à l'armée du bas Rhin en 1745. à la bataille de Raucoux en 1746. à celle de Lawfeld & au siége de Berg-op-zoom en 1747. aux siéges de Mastrick en 1748. & étoit encore Lieutenant-Colonel de son Régiment lorsqu'il mourut.

DE CHOUMOUROUX (Jean-Amé) né en Février 1689. mort le 2. Janvier 1762.

Il étoit né à Issengaux près le Puy, & entra Sous-Lieutenant au Régiment d'Auvergne au mois d'Avril 1706. Il devint successivement Lieutenant au mois de Février 1707. Capitaine le 5. Mars 1712. Capitaine de Grenadiers le premier Juillet 1738. Major le 27. Mai 1743. Lieutenant-Colonel le 29. Janvier 1744. & Brigadier le premier Janvier 1748. Il joignit le Régiment d'Auvergne en Italie, & se trouva au siége de Turin & à la bataille de Castiglioné en 1706. au siége de Lérida en 1707. & de Tortose en 1708. à l'armée du Dauphiné en 1710. au siége de Gironne en 1711. au siége de Barcelone en 1714. à tous les siéges d'Italie, aux deux batailles de Parme & de Guastalle de 1733. à 1736. en Corse depuis le mois de Janvier 1738. jusqu'au mois d'Avril 1741. à la défense & à la sortie de Prague en 1742. à la bataille de Dettingen en 1743. à l'armée de Flandre commandée par le Maréchal de Saxe en 1744. à la bataille de Fontenoy, aux siéges de Tournay, d'Oudenarde, de Dendermonde & d'Ath en 1745. au siége de la citadelle d'Anvers & à la bataille de Raucoux en 1746. à celle de Lawfeld en 1747. au siége de Maſtrick en 1748. au camp d'Aimeries en 1753. Quitta le ſervice au mois de Février 1756.

BESNARD (Jacques) mort le 6. Avril 1754. âgé de 67. ans.

Il entra Enſeigne au Régiment d'infanterie de Deſmarets en 1709. & paſſa à une Lieutenance dans le Régiment de Lannoy (depuis Louvigny, Rochechouart, Aubeterre, Rohan, & aujourd'hui Berry) le 19. Avril 1710. Il y devint ſucceſſivement Lieutenant de la Colonelle le 18. Janvier 1713. Capitaine le 15. Août ſuivant, Lieutenant de la Colonelle après la réforme le 9. Février 1715. Capitaine le 26. Juin 1734. Major le 8. Juin 1736. Lieutenant-Colonel le 26 Mars 1744. & Brigadier le premier Janvier 1748. Il ſervit en Flandre en 1710. à l'attaque d'Arleux en 1711. aux ſiéges de Douay, du Queſnoy, de Bouchain en 1712. de Landau & de Fribourg en 1713. en Italie de 1733. à 1736. à la priſe de Prague en 1741. au combat de Sahay, à la défenſe & à la ſortie de Prague en 1742. à la bataille de Dettingen en 1743. à l'armée commandée par le Maréchal de Saxe en 1744. à la bataille de Fontenoy, aux ſiéges de Tournay, de la citadelle, d'Oudenarde, de Dendermonde & d'Ath en 1745. au ſiége de Bruxelles en 1746. & fit les fonctions de Lieutenant de Roi à Gand pendant le reſte de la guerre. On lui donna la Lieutenance de Roi de la ville de Mets le 26. Septembre 1751. Il y eſt mort.

DE GANTÈS (Jean-François, Marquis.) *Voyez* Tome VI. page lxv.

GUILLLE (Jean) né le 18. Octobre 1689. mort au mois de Mai 1758.

Il avoit toujours ſervi dans l'artillerie, & avoit été ſucceſſivement Charpentier ordinaire le 12. Avril 1706. Garde d'artillerie au fort Louis du Rhin le 6. Avril 1711. Officier pointeur le premier Octobre 1713. Commiſſaire extraordinaire le premier Octobre 1721. Capitaine d'une Compagnie d'Ouvriers le 25. Juillet 1729. Commissaire ordinaire le 5. Janvier 1730. Commissaire provincial le 15. Avril 1734. Lieutenant d'artillerie le 22. Septembre 1746. & Brigadier par brevet du premier Janvier 1748.

DE PLUVIERS (Hyacinthe, Chevalier)
Fut Commissaire ordinaire d'artillerie le 28. Février 1731. Commissaire provincial le 26. Février 1734. Lieutenant d'artillerie le premier Juillet 1746. & Brigadier par brevet du premier Janvier 1748.

REGNAULDOT (Joseph)
Fut aussi Commissaire ordinaire d'artillerie le 2. Mars 1732. Commissaire provincial le premier Mars 1734. Lieutenant d'artillerie le 21. Août 1746. & Brigadier par brevet du premier Janvier 1748.

DE MOUY (Pierre-François Ansard.)
Voyez Tome VII. page 394.

D'INVILLIERS (Louis-Henry Ballard.)
Voyez Tome VII. page 395.

PROMOTION *du* 10. *Mai* 1748.

DE TORRÉS (François) mort le 9. Avril 1749.
Servit toujours dans les Fusiliers de Montagne ou Arquebusiers de Roussillon. Il fit avec ces troupes les campagnes de 1701. à 1713. Il obtint le premier Février 1719. le commandement d'un Bataillon avec le rang de Lieutenant-Colonel par commission du même jour ; & ayant rendu de bons services dans le temps de la peste, on lui accorda le premier Janvier 1723. une commission de Colonel réformé à la suite de Perpignan. Il eut encore le commandement d'un Bataillon d'Arquebusiers le 25. Mars 1734. & le commanda à l'armée d'Italie jusqu'en 1736. qu'il fut licencié. Le 12. Février 1744. il commanda l'un

Promotion du 10. Mai 1748.

des deux Bataillons qu'on leva alors, & fit toutes les campagnes jusqu'à la paix. Par Ordonnance du 20. Avril 1747. on réunit ces deux Bataillons pour n'en former qu'un seul corps, sous la dénomination du corps des Fusiliers de Montagne. M. de Torrès en eut le commandement par ordre du même jour, & obtint le grade de Brigadier par brevet du 10. Mai 1748. Il mourut l'année suivante.

DE TOURVILLE (Siméon Cavelier.)
Voyez Tome VII. page 399.

DE VILLARS (Thomas-François-Antoine le Robert de Grangemont) mort au mois de Mars 1763.
Successivement Page de Madame la Duchesse de Berry en 1714. Enseigne au Régiment des Gardes Françoises le 20. Septembre 1718. Sous-Lieutenant le 5. Juin 1723. Sous-Aide-Major le 9. Avril 1726. Lieutenant le 30 Août 1735. Aide-Major le 6. Mai 1738. Il obtint le rang de Colonel le 9. Décembre 1743. le rang de Capitaine le 17. Mai 1744. une Compagnie le 30. Août suivant, enfin le grade de Brigadier par brevet du 10. Mai 1748. Il fit la campagne de Philisbourg en 1734. & toutes celles de 1744. à 1748. Il quitta le service & sa Compagnie au mois d'Avril 1754.

DE LA ROCQUE (Claude-François de Milani Forbin, Chevalier.)
Voyez Tome VII. page 399.

DE RIVRAY (Philippe de Chaumont.)
Voyez Tome VII. page 400.

D'AGIEU (Jean-Charles) mort en 1761.
Il entra Enseigne au Régiment de Brancas en 1701. y obtint une Compagnie détachée le 30. Avril 1704. & une Compagnie le 20. Septembre 1710. Ce Régiment qui servit en garnison ayant été réformé après la paix, M. d'Agieu fut entretenu Capitaine réformé à la suite du Régiment

D'INFANTERIE. 479

d'Anjou le 15. Août 1715. Il y fut Capitaine en second le 2. Mai 1718. de nouveau réformé le 8. Avril 1722. & passa à une Compagnie le 20. Janvier 1723. Il la commanda à l'armée d'Italie où il se trouva à tous les siéges & aux deux batailles de Parme & de Guastalle de 1733. à 1736. Il servit en 1741. en Bohême. Se trouva à la prise de Prague, au combat de Sahay, à la défense & à la sortie de Prague en 1742. Il fut nommé Aide-Maréchal général des logis de l'armée du Rhin, & chargé des affaires du Roi à Bruxelles le premier Août 1743. & obtint le 19. Février 1744. une commission pour tenir rang de Colonel d'infanterie, & continua de servir en qualité d'Aide-Maréchal général de l'armée du Rhin par ordre du premier Avril, de celle du bas Rhin par ordre du premier Novembre, & du premier Avril 1745. il passa en la même qualité à l'armée d'Italie par ordre du premier Juillet suivant. Parvint au commandement du second Bataillon de son Régiment le 28. Janvier 1746. & continua de servir en qualité d'Aide-Maréchal général des logis de l'armée d'Italie jusqu'à la paix.

Brigadier par brevet du 10. Mai 1748. il devint Lieutenant.Colonel de son Régiment le 26. Novembre 1756. Fut employé à l'armée d'Allemagne par Lettres du premier Mars 1757. 16. Mars 1758. premier Mai 1759. premier Mai 1760. & mourut l'année suivante avant la campagne.

DE ROCHEGUDE (Pierre-Charles-Arnoud, Marquis.) *Voyez* Tome VII. page 401.

DE MONTUREUX (*N.* Comte)
Il eut une Compagnie au Régiment des Gardes de Lorraine lors de sa création le premier Mai 1740. & obtint un Régiment de Milice de Lorraine par commission du 3. Mars 1744. Il a fait plusieurs campagnes à la tête de ce Régiment, & a obtenu le grade de Brigadier par brevet du 10. Mai 1748.

Promotion du
10. Mai 1748. **DE TECHTERMANN** (Nicolas.)
Voyez Tome VII. page 402.

DE ZURLAUBEN (Beat-Fidel-Antoine de la Tour-Chatillon, Baron.)
Voyez Tome VII. page 517.

DE BESENVALD (Jean-Victor-Pierre-Joseph, Baron)
Entra Cadet au Régiment des Gardes Suisses au mois de
Mars 1730. Obtint une Compagnie dans le Régiment de
Brendlé le 15. Avril 1731. le rang de Capitaine aux Gardes Suisses le 6. Mars 1744. pour commander la demi-
Compagnie de Bachmann, le grade de Brigadier par brevet du 10. Mai 1748. le Commandement de la Compagnie Lieutenante-Colonelle le 30. Novembre 1749. enfin
une demi-Compagnie le 30. Avril 1752. Il a fait avec le
Régiment de Brendlé la campagne de 1735. sur le Rhin :
il s'est ensuite trouvé aux siéges de Menin, d'Ypres & de
Fribourg, & à l'affaire de Reischevaux en 1744. à la bataille de Raucoux en 1746. au siége de Mastrick en 1748.
& quitta le service & sa Compagnie au mois de Juillet
1763.

DE LANNOY (Jacques-François de la Ruë)
Successivement second Enseigne au Régiment des Gardes
Françoises le 21. Octobre 1723. premier Enseigne le 6.
Mai 1726. Sous-Lieutenant le 15. Juin 1727. Sous-Lieutenant de Grenadiers le 8. Juillet 1734. Lieutenant le 10. Mai
1740. Aide-Major le 7. Avril 1743. avec rang de Colonel
par commission du 18. Mars 1744. Capitaine audit Régiment
le 19. Mai 1745. & Brigadier par brevet du 10. Mai 1748.
Il servit au siége de Philisbourg en 1734. Se trouva à l'affaire de Clausen en 1735. à la bataille de Dettingen en 1743.
& à toutes les campagnes de Flandre jusqu'à la paix. Il
a quitté le service & sa Compagnie en 1760.

DE BRAGELOGNE (Charles-François) mort le 5. Juin 1762. âgé de 64. ans.   *Promotion du 10. Mai 1748.*

Il fut fucceffivement Enfeigne de la Colonelle du Régiment de la Marche le 28. Juillet 1714. Lieutenant de la Colonelle le 18. Janvier 1718. Enfeigne au Régiment des Gardes Françoifes le 27. Mai 1720. Sous-Lieutenant le 15. Décembre 1726. Lieutenant le 9. Octobre 1740. Lieutenant de Grenadiers le 13. Novembre 1743. Capitaine le 18. Mars 1744. Capitaine de Grenadiers le 26. Février 1747. & Brigadier par brevet du 10. Mai 1748. Il fit la campagne de Philifbourg en 1734. toutes celles de Flandre de 1744. à 1748. & fe démit de fa Compagnie en quittant le fervice au mois de Janvier 1759.

D'ESPIÉS (Louis-Vefpafien de Coffart, Marquis.)
Voyez Tome VII. page 402.

DE LA FERRIERE (Auguftin de Maffo, Chevalier.)
Voyez Tome VII. page 403.

DE POUDENS (Henry, Vicomte.)
Voyez Tome VII. page 404.

DE FERSEN (Frédéric Axel, Comte)

Eut d'abord une commiffion de Capitaine réformé à la fuite du Régiment d'Alface le 9. Février 1736. mais n'y ayant pas fervi, il en eut une nouvelle le 6. Mai 1741. Il paffa avec ce Régiment à l'armée de Bohême, & fe trouva à la prife de Prague la même année : à l'affaire de Sahay, à la défenfe de Prague en 1742. à l'armée de Baviére en 1743. à l'attaque des retranchemens de Suffelsheim, & à l'armée de Baviére pendant l'hiver de 1744. au combat de Paffenhoffen, à la retraite de Baviére, & à l'armée du bas Rhin en 1745. Il avoit obtenu le premier d'Avril 1744. une commiffion de Colonel réformé à la fuite du Régiment d'Alface, & leva un Régiment d'infanterie de fon nom par ordonnance & commiffion du premier

Novembre 1745. Il le commanda à l'armée de Flandre en 1747. & 1748. Obtint le grade de Brigadier par brevet du 10. Mai de cette derniére année. Se démit de son Régiment, & quitta le service au mois d'Avril 1754.

DE DRUMMONT (Louis, Comte.)
Voyez Tome VII. page 405.

DE MATIGNON (Marie-Charles-Auguste de Goyon de Grimaldy, Comte) né le premier Janvier 1722. mort le 24. Août 1749.
Enseigne au Régiment d'infanterie de Monaco le 31. Décembre 1739. il servit en Flandre en 1742. au camp de Dunkerque en 1743.
Colonel du Régiment d'infanterie de Forès par commission du 24. Mai 1744. il le commanda à l'attaque de Weissembourg, à l'affaire d'Auguenum, au siége de Philisbourg la même année : à l'armée du bas Rhin pendant l'hiver & pendant la campagne de 1745. dans les Evêchés pendant la campagne de 1746. à l'armée d'Italie au mois de Novembre de la même année : au passage du Var, à l'attaque des retranchemens de Montalban, à la prise de Nice, de Montalban & de Villefranche, à la défense de Vintimille en 1747. Il continua de servir à l'armée d'Italie en 1748. fut créé Brigadier par brevet du 10. Mai, & mourut l'année suivante.

DE VALFONDS (*N.* de Matthieu.)
Voyez Tome VII. page 384.

DE LA GRANVILLE (Louis-Joseph Bidé)
Enseigne au Régiment de Bourbonnois le 23. Juin 1733. Lieutenant le 7. Septembre suivant, il servit au siége de Kell la même année. Obtint une Compagnie dans le Régiment de cavalerie de Bretagne le 20. Janvier 1734. & la commanda à l'armée du Rhin en 1735. à l'armée de Westphalie en 1741. en Baviére en 1742. & 1743.
Colonel du Régiment d'infanterie de Saintonge par

Promotion du 10. Mai 1748.

commission du 8. Juin 1744. il alla le joindre à Bitche où il resta pendant la campagne, & eut l'honneur de monter la garde chez le Roi pendant son séjour à Saverne. Il commanda son Régiment à l'armée du bas Rhin pendant l'hiver de 1744. & 1745. passa de cette armée à celle de Flandre, la joignit le 22. Juin 1745. & y servit à différens sièges. Il se trouva à la bataille de Raucoux en 1746. & passa à l'armée d'Italie au mois de Novembre. Il contribua à chasser les ennemis de la Provence, se trouva à l'attaque des retranchemens de l'Assiette au mois de Juillet 1747. Obtint le grade de Brigadier par brevet du 10. Mai 1748. Servit en cette qualité au camp d'Aimeries en 1755. & quitta le service & son Régiment au mois de Mai 1759.

Promotion du 10. Mai 1748.

DU TROU VILLETANG (Thomas) mort le 29. Août 1760. âgé de 76. ans.

Successivement Officier dans un Régiment d'infanterie pendant un an, Ingénieur en 1706. Lieutenant réformé à la suite du Régiment de la Marine le 21. Avril 1711. Capitaine réformé le 29. Mai 1714. Ingénieur en chef en 1717. Chevalier de Saint-Louis en 1721. Lieutenant-Colonel réformé le 9. Juin 1744. Colonel réformé toujours à la suite du même Régiment le 27. du même mois, Brigadier par brevet du 10. Mai 1748. Directeur des fortifications de Normandie en 1754. Il se trouva au siège de Barcelone & du fort Montjoui en 1706. à ceux de Lerida & de Tortose en 1707. & 1708. de Gironne & du fort Rouge en 1710. de Pratdelrey, de Saloné où il fut blessé à la hanche, & de Cardone en 1711. au blocus de Barcelone en 1713. à l'assaut du bastion de Sainte-Claire, & à l'assaut général de la même ville en 1714. aux sièges de Menin, d'Ypres & de Furnes en 1744. Il se démit de la direction générale des fortifications de Normandie au mois d'Août 1758. & quitta le service.

DE BOUFFLERS (Charles-Joseph-Marie, Duc) né le 17. Août 1731. mort le 14. Septembre 1751.

Connu d'abord sous le nom de Comte de Boufflers, il fit

Ppp ij

Promotion du 10. Mai 1748.

la campagne de 1743. dans les Mousquetaires, & leva un Régiment d'infanterie Valonne de son nom, dont il fut Colonel par commission du premier Juillet 1744. Il le commanda à Dunkerque pendant la campagne de 1745. au siége de Mons, à la bataille de Raucoux en 1746. à la bataille de Lawfeld en 1747. Duc & Pair de France à la mort de son pere le 2. Juillet 1747. il prit le nom de Duc de Boufflers, & obtint le Gouvernement général de la Flandre & du Hainault, avec le Gouvernement des ville & citadelle de Lille qui vaquoient par la mort de son pere, par provisions données au camp de la Commanderie le 13. du même mois. Servit au siége de Maſtrick en 1748. & fut créé Brigadier par brevet du 10. Mai. Le Regiment de Boufflers-Valon ayant été réformé le 18. Décembre 1748. on lui donna le Régiment de Navarre par commission du premier Février 1749. le grand Bailliage & le Gouvernement de Beauvais, & la Lieutenance de Roi du Beauvoisis, par provisions du 10. Mai 1750. & mourut l'année suivante.

DE SAILLY (Louis-Hector, Marquis)
Entra aux Mousquetaires le 26. Janvier 1736. Obtint une Compagnie dans le Régiment de cavalerie de Conty le 16. Septembre 1738. & la commanda à l'armée de Westphalie sur les frontiéres de Bohême, & à l'armée de Baviére en 1741. & les deux années suivantes: à l'armée d'Italie pendant partie de la campagne de 1744.

Colonel-Lieutenant du Régiment d'infanterie de Conty par commission du 19. Juillet de la même année, il en prit le commandement à la même armée, & le commanda au siége de Cony & à la bataille de la Madona del Ulmo cette année: aux différens siéges faits en Italie en 1745. Le Régiment de Conty ayant été fait prisonnier à Aſty, il ne servit point pendant la campagne de 1746. Demeura en Languedoc pendant la campagne de 1747. Il servit au camp de Sospello en 1748. & fut créé Brigadier par brevet du 10. Mai de cette année. Il fut employé en cette qualité au camp de la Sambre par Lettres du 31. Juillet 1755. à l'armée d'Allemagne par Lettres du premier Mars 1757. & du premier Mai 1758. Il se trouva à la bataille d'Hastembecque, à la conquête de l'Electorat d'Hanovre, & à la bataille de Crewelt en 1758. Il rentra en France avec le Régiment de Conty au mois de Septembre de cette année. Se démit du Régiment de Conty, & quitta le service au mois de Décembre 1759.

Promotion du 10. Mai 1748.

DE MODENE (Pierre de Raymond, Chevalier.)
Voyez Tome VII. page 408.

DE MEYRONNET (Charles.)
Voyez Tome VII. page 410.

DE BERGH (Charles, Baron)
Entrant au service de France, il y leva un Régiment d'infanterie Allemande de son nom, par commission du 12. Août 1744. Fut créé Brigadier par brevet du 10. Mai 1748. Il fut employé en cette qualité à l'armée d'Allemagne par Lettres du premier Mars 1757. premier Mai 1758. & premier Mai 1759. & se trouva à la bataille d'Hastembecque & à différentes autres actions. Il se démit de son Régiment en faveur de son fils le 12. Avril 1757. & en conserva la Lieutenance-Colonelle; mais ce Régiment ayant été incorporé le 18. Janvier 1760. dans le Régiment d'Alsace, il n'a pas servi depuis.

DE LA QUEILLE (Louis-Gilbert-Gaspard de la Queille-Châteaugay, Comte) mort le 3. Mai 1758. âgé de 43. ans.
Successivement Lieutenant réformé au Régiment d'infanterie du Roi le 27. Avril 1730. Lieutenant le 23. Septembre 1731. Capitaine le 19. Avril 1735. Colonel du Régiment d'infanterie de Nice par commission du 10. Septembre 1744. Brigadier par brevet du 10. Mai 1748. Il fit toutes les campagnes d'Italie de 1733. à 1736. & se trouva à tous les siéges & aux deux batailles de Parme & de Guastalle, à la prise de Prague, au combat de Sahay, à la

Promotion du 10. Mai 1748.

défense & à la sortie de Prague en 1741. & 1742. à la bataille de Dettingen en 1743. aux siéges de Menin, d'Ypres & de Furnes, à l'affaire d'Auguenum, au siége de Fribourg en 1744. en Suabe pendant l'hiver, à l'armée du bas Rhin en 1745. aux siéges de Mons & de Charleroy, & à la bataille de Raucoux en 1746. à la bataille de Lawfeld en 1747. au camp de Valence en 1755. à la conquête de l'isle Minorque en 1756. & avoit encore son Régiment lorsqu'il mourut.

DE WURMSER (Christian-Louis, Baron.)
Voyez Tome VI. pag. lxvj.

LA LIVE DE PAILLY (Jacques-Christophe de la Live)
Entra Lieutenant au Régiment de Lyonnois le 25. Octobre 1728. & y obtint une Compagnie le 21. Septembre 1729. Il la commanda au siége de Kell en 1733. à l'attaque des lignes d'Ettlingen & au siége de Philisbourg en 1734. à l'affaire de Clausen en 1735. en Westphalie, sur les frontiéres de Bohême & en Baviére en 1741. & les deux années suivantes.

Maréchal général des logis des camps & armées du Roi par provisions du 26. Septembre 1743. il servit en qualité d'Aide-Maréchal général des logis de l'armée d'Italie par ordre du premier Février 1744. & obtint une commission pour tenir rang de Colonel le 18. Octobre de la même année. Il continua de servir en cette qualité à la même armée jusqu'à la paix: se trouva à toutes les expéditions. Fut créé Brigadier par brevet du 10. Mai 1748. & vendit sa Charge de Maréchal général des logis au mois d'Octobre 1749.

DE COINCY (*N.* Montreuil.)
Voyez Tome VII. page 414.

DE SAINT-SIMON (Jean-Demiers d'Archiac, Chevalier.)
Voyez Tome VII. page. 519.

DE CHATELARD (François , Marquis.)
Voyez Tome VII. page 417.

SALIS-MAYENFELD (Charles-Ulyſſe.)
Voyez Tome VII. page 422.

DE TALARU (Céſar Marie , Marquis.)
Voyez Tome VII. page 428.

DE LA ROCHEAIMONT (Antoine - Louis - François ; Marquis.)
Voyez Tome VII. page 432.

DE VALENCE (Vincent - Silveſtre de Thimbrune , Chevalier.)
Voyez Tome VII. page 433.

DE MONTIGNY (*N.*) mort en 1762.
Succeſſivement Lieutenant réformé dans le Régiment d'Alſace en 1709. ſecond Lieutenant en 1713. premier Lieutenant de la Colonelle en 1715. incorporé dans Royal-Baviére le 15. Avril 1716. Lieutenant de la Colonelle , avec rang de Capitaine réformé le 18. Septembre 1723. Capitaine en pied le 5. Novembre 1733. Commandant de Bataillon le 29. Juin 1742. rang de Lieutenant-Colonel le 16. Août 1743. rang de Colonel le premier Mars 1745. Brigadier par brevet du 10. Mai 1748. Lieutenant-Colonel de ſon Régiment le 13. Décembre de la même année. Il ſervit avec le Régiment d'Alſace à l'armée de Flandre en 1710. à l'attaque d'Arleux en 1711. aux ſiéges de Douay, du Queſnoy en 1712. aux ſiéges de Landau & de Fribourg en 1713. avec le Régiment Royal-Baviére , il ſervit au camp de la Saone en 1727. au ſiége de Kell en 1733. à l'attaque des lignes d'Etlingen & au ſiége de Philiſbourg en 1734. aux ſiéges de Reveré & de Gonzague en 1735. à la priſe de Prague en 1741. à l'affaire de Sahay , à la défenſe & à la ſortie de Prague en 1742. à l'armée de

Bavière en 1743. à l'attaque de Weissembourg, à l'affaire d'Auguenum, à l'armée de Bavière en 1744. au combat de Paffenhoffen, à la retraite de Bavière, à l'armée du bas Rhin en 1745. à la défense de la Provence en 1746. à Gènes en 1747. jusqu'à la paix: à l'armée d'Allemagne en 1757. à l'armée commandée par M. le Prince de Soubise en 1758. & quitta après la fin de cette campagne.

DE DIESKAU (Jean Erffmann.)
Voyez Tome VI. page xiij.

DE PUSIGNIEU (Louis-Felicien de Boffin d'Argenson, Marquis.)
Voyez Tome VI. page lxiij.

DE LUGEAC (Charles-Antoine de Guerin, Marquis.)
Voyez Tome VI. page lxix.

DE LESLIÉS (Jacques de Lesliés de Piteaple, Baron) mort en 1757.

Il servit toujours dans le Régiment Royal Suédois, & y fut successivement Lieutenant réformé le 17. Mars 1711. premier Lieutenant réformé le 22. Septembre 1714. Capitaine réformé le 10. Août 1721. Capitaine en pied le 16. Juin 1733. Commandant d'un Bataillon le 23. Mars 1735. Major le 29. Juin 1742. avec rang de Lieutenant-Colonel le premier Mars 1745. rang de Colonel le premier Octobre suivant, & Brigadier par brevet du 10. Mai 1748. Il s'est trouvé aux siéges de Douay & du Qesnoy en 1712. à celui de Landau en 1713. au camp de la Sambre en 1727. au camp d'Alsace en 1732. à la prise de la Lorraine en 1733. au siége de Traërback & à celui de Philisbourg en 1734. à l'affaire de Clausen en 1735. à la défense & à la sortie de Prague en 1742. à l'armée de Bavière en 1743. à l'attaque de Weissembourg, à l'affaire d'Auguenum, à l'armée de Bavière en 1744. au combat de Paffenhoffen & à la retraite de la Bavière : à l'armée du bas Rhin en 1745. au siége de Namur & à la bataille
de

de Raucoux en 1746. à l'armée de Flandre en 1747. au siége de Maftrick en 1748.

Promotion du 10. Mai 1748.

DE GLAUBITS (Chriftian, Baron.)
Voyez Tome VI. page xxiij.

DE BREHAN (Marie-Jacques, Marquis.)
Voyez Tome VII. page 434.

DE CAUX (Jean-François-Hubert le Ver., Marquis) né le 3. Novembre 1704. mort en 1763.
Page du Roi le 19. Avril 1721. il entra Lieutenant réformé au Régiment du Roi infanterie le 30. Avril 1724. Il y obtint une Lieutenance le 6. Mai 1726. & après avoir fervi aux fiéges de Gerra-d'Adda, de Pizzighitone, du château de Milan en 1733. à ceux de Tortone & de Novarre, à l'attaque de Colorno, à la bataille de Parme, il paffa à une Compagnie le premier Août 1734. & la commanda à la bataille de Guaftalle au mois de Septembre fuivant : aux fiéges de Reveré & de Gonzague en 1735. à la prife de Prague, à l'affaire de Sahay, à la défenfe & à la fortie de Prague en 1741. & 1742. à la bataille de Dettingen en 1748. aux fiéges de Menin, d'Ypres & de Furnes, à l'affaire d'Auguenum, au fiége de Fribourg en 1744. à la bataille de Fontenoy, aux fiéges des ville & citadelle de Tournay, d'Oudenarde, de Dendermonde & d'Ath en 1745.

Colonel du Régiment d'infanterie de Lorraine par commiffion du premier Décembre de la même année, il le commanda aux fiéges de Mons, de Charleroy, & à la bataille de Raucoux en 1746. à celle de Lawfeld & au fiége de Berg-op-zoom en 1747. à Anvers en 1748. Il obtint le grade de Brigadier par brevet du 10. Mai de la même année. Fut employé en cette qualité au camp d'Alface en 1754. & quitta le fervice & fon Régiment au mois de Février 1759.

Tome *VIII.*   Qqq

Promotion du 10. Mai 1748. DE CARCADO (Louis Gabriel le Sénéchal, Comte.)
Voyez Tome VII. page 436.

DE LA ROCHECOURBON (Jacques-Charles de Courbon,) Marquis) mort le 10. Janvier 1757. âgé de 35. ans.

Cornette au Régiment de cavalerie de Berry le 6. Septembre 1734. il le joignit à l'armée d'Italie, où il servit jusqu'au mois de Juillet 1735. que le Régiment rentra en France. Il y obtint une Compagnie le 26. Janvier 1739. Il la commanda en Westphalie, sur les frontiéres de Bohême & en Baviére en 1741. & les deux années suivantes : aux siéges de Menin, d'Ypres, de Furnes, à l'affaire d'Auguenum & au siége de Fribourg en 1744. à la bataille de Fontenoy, aux siéges des ville & citadelle de Tournay, d'Oudenarde, de Dendermonde & d'Ath en 1745.

Colonel du Régiment d'infanterie de Luxembourg par commission du premier Décembre de cette année, il le commanda aux siéges de Mons, de Charleroy, à la bataille de Raucoux, à la défense de la Provence en 1746. à l'armée d'Italie en 1747. & 1748. & obtint le grade de Brigadier par brevet du 10. Mai de cette derniére année.

Le Régiment de Luxembourg ayant été incorporé le 10. Février 1749. dans le Régiment de Vatan, le Marquis de la Rochecourbon fut attaché Colonel à la suite des Grenadiers de France par ordre du 15. du même mois, & obtint le Régiment de Forès par commission du 5. Septembre suivant. Il s'en démit, & quitta le service au mois d'Avril 1756.

DE GROSSOLES (*N.* Chevalier.)
Voyez Tome VII. page 437.

DE CHATILLON (Etienne.)
Voyez Tome VI. page lxxij.

DE ROCHECHOUART (Jean-Louis Roger, Chevalier, puis Marquis.)
Voyez Tome VII. page 438.

DE LANJAMET (Pierre Georges de Vaucouleurs, Comte.)
Voyez Tome VII. page 439.

DE BALBI (Jean-Luc-Ignace, Comte) mort le 7. Septembre 1758. âgé de 43. ans.

Il avoit servi plusieurs années dans les troupes de la République de Gènes, lorsqu'il entra au service de France. Il y obtint une commission de Colonel à la suite du Régiment Royal-Italien le 30. Novembre 1746. & servit à Gènes jusqu'à la paix. On lui accorda le grade de Brigadier par brevet du 10. Mai 1748. Il étoit Comte du Saint-Empire, & il fut naturalisé par Lettres du mois de Janvier 1750. registrées à la Chambre des Comptes le 30. du même mois.

Employé Brigadier par Lettres du premier Avril 1756. il servit à la conquête de l'isle Minorque & au siège de Mahon. Il passa de là en Corse, où il arriva le premier Novembre : commanda quelque temps à Sant-Fiorenzo, puis à Ajaccio où il mourut.

DE VIALIS (Michel) mort en 1763.

Lieutenant au Régiment d'Hainaut, il se trouva à la bataille de Fredélingen en 1702. Aux différentes affaires qu'il y eut contre les rebelles des Cevennes en 1703. il y fut blessé d'un coup de feu, & obtint la commission de Capitaine le 13. Janvier 1704. Il servit au siège de Nice en 1705. à celui de Turin en 1706. où un coup de feu lui fit une forte contusion au bas ventre. Passé en Espagne, il servit aux sièges de Saragosse, Monçon, Mequinença, Lerida, Tortose, Denia, Alicante & Hebecca en 1707. & 1708. Ingénieur en 1709. il eut une main brulée en faisant sauter le pont d'Alfaraxe. A la défense d'Aire en 1710. il reçut un coup de feu dans la hanche. Il se trouva en 1712. à l'affaire de Denain : fervit aux fiéges de Marchiennes & de Douay, où il fit en plein jour le logement du chemin couvert de Scarpe ; il y fut bleffé d'un coup de fufil au travers du corps : mais la ville fe rendit auffitôt que l'ouvrage fut achevé.

Le Roi l'envoya à l'armée de l'Empereur qui affiégeoit la citadelle de Meffine en 1718. & y fervit très-utilement.

En 1733. il paffa en Italie : il y fervit à tous les fiéges, & fe trouva aux deux batailles de Parme & de Guaftalle. Il commanda les Ingénieurs en Corfe en 1737. & y fervit quatre ans. On lui accorda la commiffion de Lieutenant-Colonel réformé à la fuite du Régiment de Picardie le 22. Mars 1746. & fut de l'expédition de M. le Duc d'Anville en Canada cette même année. Fut fait Colonel réformé à la fuite du Régiment de Picardie le premier Janvier 1747. Obtint des Lettres de nobleffe datées de Verfailles le premier Janvier 1748. & le grade de Brigadier par brevet du 10. Mai fuivant. Il fit enregiftrer fes Lettres de nobleffe à la Chambre des Comptes d'Aix le 17. Mars 1749. & fervit à Toulon jufqu'à fa mort.

DE REDING (Antoine de Reding de Frawenfeld.)
Voyez Tome VII. page 683.

DE CURSAY (Séraphin-Marie Rioult de Douilly, Marquis.)
Voyez Tome VI. page xj.

LAURENCIN DE CHANZÉ (Hugues de Chanzé) né en 1688. mort le 17. Avril 1758.

Lieutenant en fecond dans le Régiment aujourd'hui Vexin en 1703. Lieutenant en 1704. Capitaine le 17. Septembre 1711. Capitaine de Grenadiers le 11. Novembre 1739. Lieutenant-Colonel le 10. Juin 1743. & Brigadier par brevet du 10. Mai 1748. Il fervit en Italie, & fe trouva aux fiéges de Verue, de Verceil & de Turin, & aux batailles de Caffano, de Calcinato & de Turin en 1705. & 1706.

Paſſé en Flandre en 1707. il combattit à Oudenarde en 1708. à Malplaquet en 1709. Servit à l'attaque d'Arleux en 1711. à l'affaire de Denain, aux ſiéges de Marchiennes, de Douay & du Queſnoy en 1712. au camp de la Sambre en 1727. à l'armée d'Italie de 1733. à 1736. en Corſe en 1739. & les deux années ſuivantes : à l'armée d'Italie en 1744. & 1745. & fut priſonnier à Aſty en 1746. Il quitta le ſervice au mois de Juillet 1754.

Promotion du 10. Mai 1748.

DU DESCHAUX (Marie-François-Céſar de Vaulchier) né le 20. Septembre 1692.
D'abord Page de la Chambre du Roi en 1709. il entra Enſeigne au Régiment de Champagne au mois de Janvier 1710. Il y eut une Compagnie le 2. Juin 1711. Paſſa à la Compagnie de Grenadiers le 21. Février 1736. au commandement d'un Bataillon le 10. Mai 1740. Eut rang de Lieutenant-Colonel le 12. Mars 1744. Parvint à la Lieutenance-Colonelle le 19. Mars 1748. & obtint le grade de Brigadier par brevet du 10. Mai ſuivant. Il ſervit à l'armée de Flandre en 1710. & 1711. Se trouva à l'attaque de Denain, aux ſiéges de Marchiennes, de Douay & du Queſnoy en 1712. au ſiége de Fribourg en 1713. à l'armée d'Italie de 1733. à 1736. en Weſtphalie, ſur les frontiéres de Bohême & en Baviére en 1741. & les deux années ſuivantes : à l'affaire d'Auguenum, au ſiége de Fribourg en 1744. à l'armée du bas Rhin en 1745. au ſiége de Namur & à la bataille de Raucoux en 1746. à la bataille de Lawfeld en 1747. au ſiége de Maſtrik en 1748. & quitta le ſervice & la Lieutenance-Colonelle le 4. Mars 1757.

D'AUTEUIL (Charles de Gombault, Comte.)
Voyez Tome VII. page 441.

DE BYE (N. Chevalier)
Lieutenant réformé dans Navarre le 21. Avril 1723. il paſſa à une Lieutenance le 20. Mai 1726. à la Lieutenance de la Compagnie Colonelle le 28. Juillet 1730. à une Compagnie le 10. Novembre 1733. à la Lieutenance-Colonelle

du Régiment Royal-Wallon lors de sa création le premier Juillet 1744. & parvint au grade de Brigadier le 10. Mai 1748. Il servit au siége de Kell en 1733. à l'attaque des lignes d'Etlingen & au siége de Philisbourg en 1734. à l'affaire de Clausen en 1735. à la prise de Prague, à l'affaire de Sahay, à la défense & à la sortie de Prague en 1741. & 1742. à la bataille de Dettingen en 1743. aux siéges de Menin, d'Ypres & de Furnes en 1744. & quitta le Régiment de Navarre pour former le Régiment Royal-Wallon, avec lequel il servit en Flandre en 1745. au siége de Bruxelles & à la bataille de Raucoux en 1746. à la bataille de Lawfeld & au siége de Berg-op-zoom en 1747. au siége de Mastrick en 1748. & fut réformé avec le Régiment Royal-Wallon au mois de Décembre de cette année. On lui donna le 12. Juillet 1757. un ordre pour commander à Nieuport, & il y résida jusqu'à la paix du mois de Novembre 1762.

DE LA COSTE (Etienne) né le 26. Décembre 1699. Lieutenant en second dans le Régiment de Beauce le 22. Mai 1720. Lieutenant en 1722. Capitaine le 19. Février 1725. il commanda sa Compagnie au camp de la Sambre en 1732. à la prise de Nancy en 1733. à la prise de Treves, aux siéges de Traërback & de Philisbourg en 1734. quitta sa Compagnie, & passa à la Lieutenance de la Colonelle, en conservant son rang de Capitaine le 26. Septembre de cette année. Se trouva l'année suivante à l'affaire de Clausen. Il devint Capitaine de Grenadiers le 26. Août 1738. & commanda cette Compagnie à l'escalade de Prague en 1741. à la défense & à la sortie de cette place en 1742. à l'attaque de Château Pont en 1743. à l'attaque des retranchemens de Montalban & de Villefranche, à la prise de Nice, au siége du château Dauphin, à celui de Cony, à la bataille de la Madona del Ulmo en 1744. & fut fait Lieutenant-Colonel de son Régiment le 17. Septembre de cette année. Il continua de servir à l'armée jusqu'à la paix. Obtint le grade de Brigadier par brevet du 10. Mai 1748. & fut attaché Lieutenant-Colonel du Régiment des Gre-

D'INFANTERIE.   495

nadiers de France par ordre du 20. Février 1749. après l'incorporation du Régiment de Beauce dans le Régiment aujourd'hui Guyenne. Il a fait la campagne de 1757. en Allemagne avec le Régiment des Grenadiers de France, ayant été employé Brigadier le premier Mai, & a quitté le service au mois de Janvier 1758.

Promotion du 10. Mai 1748.

DE TRASICOURT (Louis Toison) mort le 9. Avril 1761. âgé de 74. ans.

Après avoir été Garde-Marine & Mousquetaire pendant huit ans, il obtint une Compagnie dans le Régiment d'infanterie Deslandes le 14. Avril 1714. Il passa à la Compagnie de Grenadiers le 19. Décembre 1739. à la Majorité le 4. Octobre 1743. avec rang de Lieutenant Colonel le premier Novembre 1744. à la Lieutenance-Colonelle le 19. Septembre 1747. Il se trouva avec les Mousquetaires à l'armée de Flandre en 1711. & 1712. aux siéges de Landau & de Fribourg en 1713. & avec le Régiment Deslandes au siége de Kell en 1733. au siége de Philisbourg en 1734. à l'affaire de Clausen en 1735. à l'attaque de Château Pont en 1743. à l'armée d'Italie de 1744. à 1748. & obtint le grade de Brigadier par brevet du 10. Mai de cette derniére année.

Le Régiment Deslandes ayant été incorporé le 10. Février 1749. dans le Régiment de Hainaut, M. de Trasicourt fut attaché Lieutenant-Colonel à la suite des Grenadiers de France par ordre du 20. du même mois ; mais il quitta le service le 18. Avril 1751.

D'HEBERT (Louis-Bernard) né le 20. Août 1688. mort le 25. Novembre 1760.

Il entra Sous-Lieutenant dans le Régiment de Poitou en 1704. Devint Lieutenant au mois de Septembre 1705. Capitaine le 2. Avril 1712. en attendant le retour d'un Capitaine prisonnier. Capitaine le 9. Décembre 1713. Capitaine de Grenadiers le 28. Mars 1735. Commandant de Bataillon le 6. Septembre 1738. Major le 22. Septembre 1741. avec rang de Lieutenant-Colonel le 16. Décembre

Promotion du 10. Mai 1748.

1744. Lieutenant-Colonel le premier Mai 1747. enfin Brigadier le 10. Mai 1748.

Il servit à la bataille d'Hochstet en 1704. à l'armée de la Moselle en 1705. & 1706. à l'armée de Flandre en 1707. à la bataille d'Oudenarde en 1708. à celle de Malplaquet en 1709. à l'attaque d'Arleux en 1711. à l'affaire de Denain, aux siéges de Douay, du Quesnoy & de Bouchain en 1712. aux siéges de Landau & de Fribourg en 1713. aux siéges de Fontarabie, de Saint-Sébastien & d'Urgel en 1719. au camp de la Meuse en 1727. à la prise de Nancy en 1733. au siége de Philisbourg en 1734. à l'affaire de Clausen en 1735. en Westphalie, sur les frontières de Bohême, en Baviére & à la défense du Rhin en 1741. & les deux années suivantes : à l'attaque des retranchemens de Montalban & de Villefranche, à la prise de ces deux villes & de Nice, à l'escalade de château Dauphin ; au siége de Cony, à la bataille de la Madona del Ulmo en 1744. à l'armée d'Italie jusqu'à la paix. Il quitta le service au mois de Décembre 1751.

DE BOISRENARD (Joseph de Bodin Galembert, Chevalier) né le 22. Avril 1698.

Lieutenant en second dans le Régiment de Mailly (aujourd'hui Guyenne) le premier Décembre 1710. Sous-Lieutenant le 2. Février 1712. Capitaine le 3. Octobre 1713. Aide-Major le 22. Juin 1726. Capitaine de Grenadiers le 19. Novembre 1739. Major le 29. Juin 1741. avec rang de Lieutenant-Colonel le 16. Décembre 1744. Lieutenant-Colonel le 24. Avril 1748. & Brigadier le 10. Mai suivant. Il se trouva à l'attaque d'Arleux en 1711. aux siéges de Douay, du Quesnoy & de Bouchain en 1712. de Landau & de Fribourg en 1713. au siége de Kell en 1733. à l'attaque des lignes d'Etlingen, au siége de Philisbourg en 1734. à l'affaire de Clausen en 1735. à l'armée de Westphalie, sur les frontières de Bohême & en Baviére en 1741. & les deux années suivantes : à la reprise de Weissembourg, à l'affaire d'Auguenum, au siége de Fribourg en 1744. à l'armée du bas Rhin en 1745. à l'armée de Flandre au mois de Juin de la même année,

D'INFANTERIE.   497

année, & servit aux siéges d'Oudenarde & d'Ath : aux siéges de Mons & de Saint-Guilain, & à la bataille de Raucoux en 1746. à la défense de la Provence au mois de Novembre de la même année, jusqu'au mois de Mars 1747. à l'attaque des retranchemens de l'Assiete au mois de Juillet suivant, à l'armée d'Italie jusqu'à la paix. Employé Brigadier par Lettres du premier Mars 1757. il fit la campagne d'Allemagne, & s'y trouva aux batailles d'Hastembeck & de Rosback. Il quitta le service peu après.

Promotion au 10. Mai 1748.

DE BERRY (Jean-Joseph) né en Novembre 1693. mort le 4. Novembre 1759.

Il entra Cadet au Régiment de Normandie en 1705. y devint Sous-Lieutenant en 1707. Lieutenant le 6. Juin 1711. Capitaine le 13. Octobre 1714. Capitaine de Grenadiers le 8. Décembre 1734. Commandant de Bataillon le 15. Septembre 1743. avec rang de Lieutenant-Colonel le 16. Décembre 1744. Lieutenant-Colonel le 13. Mars 1748. enfin Brigadier le 10. Mai suivant, & se trouva avec le Régiment au siége & à la bataille de Turin en 1706. au siége de Lérida en 1707. à celui de Tortose en 1708. au siége de Gironne en 1711. sur la frontiére de Catalogne, au blocus & au siége de Barcelone en 1713. & 1714. aux siéges de Fontarabie, de Saint-Sébastien & d'Urgel en 1719. au camp de la Meuse en 1727. au siége de Kell en 1733. à l'attaque des lignes d'Ettlingen & au siége de Philisbourg en 1734. à l'affaire de Clausen en 1735. en Baviére en 1742. & 1743. à l'armée commandée par le Maréchal de Saxe en Flandre en 1744. à la bataille de Fontenoy, aux siéges des ville & citadelle de Tournay, à l'affaire de Melle, à la prise de Gand en 1745. Nommé Lieutenant de Roi de Gand le 11. Juillet de cette année, il y resta jusqu'au 3. Février 1749. qu'on rendit cette place à l'Impératrice. Employé Brigadier par Lettres du 13. Juin 1753. il servit au camp de Gray, & quitta le service en 1757.

Tome VIII.   Rrr

DES BRIGADIERS

Promotion du 20. Mai 1748.

DE VARIGNON (Michel.)
Voyez Tome VII. page 520.

DE MONTGUYOT (Jacques) né en 1698.
Entra Cadet au Régiment de Mortemart (depuis Laval & Cambis) en 1710. il y fut fait Lieutenant en second le 7. Octobre de la même année, Lieutenant le 19. Août 1713. Capitaine le 13. Novembre 1731. Aide-Major le 20. Avril 1734. Major le premier Novembre 1736. Lieutenant-Colonel le 2. Février 1745. & Brigadier le 10. Mai 1748. Il servit en Flandre en 1710. à l'attaque d'Arleux en 1711. à l'affaire de Denain, aux siéges de Marchiennes, de Douay, du Quesnoy & de Bouchain en 1712. de Landau & de Fribourg en 1713. au siège de Kell en 1733. à l'attaque des lignes d'Etlingen & au siège de Philisbourg en 1734. à l'affaire de Clausen en 1735. à l'armée de Flandre en 1742. à la bataille de Dettingen en 1743. à l'attaque de Weissembourg, à l'affaire d'Auguenum & au siège de Fribourg en 1744. aux siéges de Dendermonde & d'Ath en 1745. à la bataille de Raucoux en 1746. au siège de Berg-op-zoom en 1747. & quitta le service au mois de Juin 1755.

DE MANNERY (Arthur de Mannery) mort le 24. Août 1761.
Il entra Cadet dans le Régiment de Dillon en 1707. Il y devint Sous-Lieutenant en 1710. Lieutenant au mois de Juin 1714. Capitaine réformé au mois d'Octobre 1723. Capitaine le premier Mai 1730. Capitaine de Grenadiers le 14. Décembre 1744. Lieutenant-Colonel le 18. Juin 1745. & Brigadier le 10. Mai 1748. Il a fait toutes les campagnes avec ce Régiment, & est mort à Gottingen.

DE SOURDEVAL (Pierre-Gabriel-Louis le Neuf) né le 15. Janvier 1702. mort le 16. Novembre 1754.
Il entra Enseigne au Régiment de Louvigny (depuis Rochechouart, Aubeterre & Rohan, & aujourd'hui Berry) le 13. Juin 1713. Il y fut fait Lieutenant en second le 2.

Mai 1718. Lieutenant le 15. Mai 1719. Capitaine en second le 15. Février 1720. Capitaine le 8. Avril 1732. Capitaine de Grenadiers le 5. Mars 1740. Major le 26. Mars 1744. avec rang de Lieutenant-Colonel le 2. Août 1745. Lieutenant-Colonel le premier Février.1748. & Brigadier le 10. Mai suivant. Il servit au camp de la Sambre en 1727. au camp de la Moselle en 1732. à tous les siéges d'Italie, aux batailles de Parme & de Guastalle de 1733. à 1736. à la prise de Prague, à l'affaire de Sahay, à la défense & à la sortie de Prague en 1741. & 1742. à la bataille de Dettingen en 1743. à l'armée commandée par le Maréchal de Saxe en 1744. à la bataille de Fontenoy & aux différens siéges de l'armée du Roi en 1745. au siége de Bruxelles & à la bataille de Raucoux en 1746. à la bataille de Lawfeld en 1747. au siége de Mastrick en 1748.

Promotion du 10. Mai 1748.

DE BOURGMARY (François-Henry Thiersaint) né le 23. Juillet 1716.

Il entra dans les Cadets en 1727. Eut une Lieutenance de Milice en 1733. passa Lieutenant réformé dans Anjou infanterie le premier Décembre de la même année: à une Lieutenance le 16. Octobre 1734. & se trouva cette année au siége de Tortose, de Novarre, à l'affaire de Colorno, aux deux batailles de Parme & de Guastalle : aux siéges de Reveré & de Gonzague en 1735. Il entra au service de Naples en 1736. Rentré en France, il obtint au mois d'Août 1743. une Compagnie dans le Bataillon de Milice de Nantes. Fut fait Capitaine réformé dans le Régiment de Lowendal le 16. Mai 1745. & Lieutenant-Colonel du Régiment de la Morliére à la création de ce Régiment le 16. Octobre de la même année. Il servit avec ce Régiment en Flandre, & se distingua dans plusieurs occasions, qui lui méritérent le grade de Brigadier, qu'il obtint par brevet du 10. Mai 1748. Le Régiment de la Morliére ayant été réformé, M. de Bourgmary fut fait chef d'une Brigade des Volontaires de Flandre par ordre du 19. Août 1749. Lorsque le Roi forma le Régiment des Volontaires du Hainaut par Ordonnance du 25. Mars

1757. M. de Bourgmary en fut fait Colonel par commiſſion du premier Avril ſuivant. Il le commanda à l'armée d'Allemagne pendant toute cette campagne ; mais ayant été fait priſonnier à Minden, il quitta ſon Régiment au mois de Décembre 1758. & n'a pas ſervi depuis.

DE STUART (Martial de Stuart de Cheminade) né le 30. Juin 1687.

Il entra Lieutenant au Régiment de Normandie le premier Août 1702. Obtint une Compagnie au Régiment de Noé le 3. Novembre 1706. & fut incorporé dans le Régiment d'Anjou le 15. Août 1715. Il en fut fait Major le 22. Juin 1740. Devint Commandant de Bataillon le 7. Mai 1744. Lieutenant-Colonel le 28. Janvier 1746. & fut créé Brigadier par brevet du 10. Mai 1748. Il fit quelques campagnes avec le Régiment de Noé, fit toute la guerre d'Italie de 1733. à 1736. ſe trouva aux deux batailles de Parme & de Guaſtalle : à la priſe de Prague, au combat de Sahay, à la défenſe & à la ſortie de Prague en 1741. & 1742. Servit à l'armée d'Italie de 1743. à 1748. & ſe retira du ſervice au mois de Novembre 1756.

DE BELLEVAL (Jules-Céſar Raulin)

Entra Enſeigne dans le Régiment Royal Italien le 17. Octobre 1711. Il y devint Lieutenant le 26. Avril 1718. Lieutenant de Grenadiers le 23. Décembre 1726. Capitaine le 3. Mars 1729. Lieutenant-Colonel le 4. Février 1746. & Brigadier par brevet du 10. Mai 1748. Il ſervit à l'affaire de Denain, aux ſiéges de Douay, du Queſnoy & de Bouchain en 1711. de Landau & de Fribourg en 1713. au camp de la Sambre en 1727. & 1732. à l'affaire de Clauſen en 1735. ſur le Rhin & en Baviére en 1743. à l'attaque de Weiſſembourg, à l'affaire d'Auguenum, au ſiége de Fribourg en 1744. à la défenſe de la Provence en 1746. à Gênes depuis le mois de Mars 1747. juſqu'à la paix : à la conquête de l'iſle Minorque en 1756. & quitta le ſervice quelques années après.

D'INFANTERIE.

Promotion du 10. Mai 1748.

DE BORDENAVE (Antoine.)
Voyez Tome VII. page 444.

DE LA ROCHE SAINT-ANDRÉ (N.)
Entra Lieutenant réformé au Régiment de Bresse le 2. Mai 1718. Y devint Lieutenant en second le premier Février 1719. Capitaine en second le 8. Avril suivant, Capitaine le 15. Août 1724. Capitaine de Grenadiers le 4. Avril 1743. Lieutenant-Colonel le 11. Janvier 1747. & Brigadier le 10. Mai 1748. Il s'est trouvé au combat de Sahay, à la levée du siége de Frawemberg, à la défense & à la sortie de Prague en 1742. à l'armée du bas Rhin en 1745. aux siéges de Mons, de Charleroy & de Namur, & à la bataille de Raucoux en 1746. à la défense de la Provence à la fin de la campagne : à Gènes en Mai 1747. jusqu'à la paix ; & ayant été nommé Lieutenant de Roi de Maubeuge le 11. Novembre 1748. il quitta le Régiment de Bresse.

DE FONTFAYE (Armand de Morogues) mort en 1755.
Il fut successivement Commissaire ordinaire de l'artillerie le 6. Avril 1705. Commissaire provincial le 17. Avril 1711. Lieutenant le 11. Janvier 1718. Lieutenant au département de Nantes, Port-Louis, Belleisle & Concarneau le premier Mars 1723. enfin Lieutenant général au département de Saint Malo le premier Mars 1729. Les services distingués qu'il rendit pendant ce temps, lui méritèrent le grade de Brigadier par brevet du 10. Mai 1748.

DE BRUNET (Jacque-Jean de Brunet de Fieff) mort en 1763.
Officier Pointeur de l'artillerie le 10. Août 1721. Commissaire extraordinaire en 1725. Commissaire ordinaire le premier Août 1727. Commissaire provincial le 30. Janvier 1741. & Lieutenant le 22. Octobre 1743. Il fit toutes les

campagnes de son temps, & mérita le grade de Brigadier le 10. Mai 1748.

Promotion du 10. Mai 1748.

D'ALLART (Hugues-Charles)
Officier Pointeur en 1711. Commissaire extraordinaire en 1719. Commissaire ordinaire le 17. Février 1732. Commissaire provincial le 19. Février 1734. Lieutenant d'artillerie le 25. Novembre 1744. il obtint le grade de Brigadier par brevet du 10. Mai 1748.

DE BLANZY (Etienne-François.)
Il avoit été Officier Pointeur depuis 1721. Commissaire extraordinaire de l'artillerie en 1725. Commissaire ordinaire le 15. Janvier 1734. Commissaire provincial le 23. Janvier 1741. & étoit Lieutenant du 25. Janvier 1748. lorsqu'il fut fait Brigadier par brevet du 10. Mai suivant.

THOMASSIN (Etienne-Jean.)
Voyez Tome VII. page 521.

BIET DE LESPINOY (Joseph-Nicolas de Biet) né le 10. Août 1698. mort en 1752.
Il étoit entré Cadet dans Royal-Artillerie en 1714. Il fut fait Commissaire ordinaire de l'artillerie le 5. Janvier 1734. Capitaine d'une Compagnie de Mineurs le premier Septembre 1737. Commissaire provincial le 21. Janvier 1741. Lieutenant d'artillerie le 24. Janvier 1748. & Brigadier par brevet du 10. Mai suivant.

19. Janvier 1749.

DE KARRER (Louis-Ignace) mort le 26. Juillet 1751. âgé de 37. ans.
Il entra Cadet au Régiment de son pere en 1722. Enseigne surnuméraire le 8. Décembre 1723. Enseigne le 17. Avril 1724. Lieutenant le 19. Décembre suivant. Il fut fait Capitaine Lieutenant le 19. Février 1726. Major le 6. Juin suivant. Il passa en 1727. au Régiment de Diesbach. Obtint une commission pour tenir rang de Colonel le 29. Octobre 1731. & conserva cependant la Majorité du Régi-

ment de Karrer, qu'il obtint après son pere le 21. Février 1736. & fut créé Brigadier par brevet du 19. Janvier 1749. Il avoit fait la campagne de 1735. sur le Rhin, à la suite du Régiment des Gardes Suisses, & eut en 1747. & 1748. le Commandement des troupes sous M. le Comte de Chabannes pour s'opposer à la descente des Anglois à l'isle d'Aix.

DE POLCHET (Henry-Jacob) né le 6. Avril 1687.   18. Juillet 1758.
Il est né au petit Hombourg près Sarrelouis, & entra Cadet au Régiment d'infanterie de Luxembourg en 1702. Il y fut fait Sous-Lieutenant en 1703. Lieutenant au mois de Juin 1707. Capitaine le 9. Octobre 1710. Réformé en 1715. Il fut remplacé le 24. Octobre 1727. Devint Major de son Régiment le 11. Juillet 1726. & Lieutenant-Colonel le 18. Avril 1740. Le Régiment de Luxembourg ayant été incorporé par Ordonnance du 10. Février 1749. dans le Régiment de Vattan, M. de Polchet fut mis Lieutenant-Colonel à la suite des Grenadiers de France par ordre du 20. du même mois, créé Brigadier par brevet du 18. Juillet 1750. & placé Lieutenant de Roi au Quesnoy le 29. Novembre 1755. Il servit à l'armée du Rhin en 1705. à la prise de Lauterbourg & de l'isle du Marquisat en 1706. à l'armée de Flandre en 1707. à la bataille d'Oudenarde en 1708. à celle de Malplaquet en 1709. à l'attaque d'Arleux en 1711. à l'affaire de Denain, aux siéges de Douay, de Bouchain & du Quesnoy en 1712. à tous les siéges de l'armée d'Italie & aux deux batailles de Parme & de Guastalle de 1733. à 1736. à la prise de Prague, au combat de Sahay, à la défense & à la sortie de Prague, & en Baviére en 1741. & les deux années suivantes : à l'attaque de Weissembourg, à l'affaire d'Auguenum, au siège de Fribourg en 1744. à l'armée du bas Rhin en 1745. aux siéges de Mons & de Charleroy, & à la bataille de Raucoux en 1746. à la défense de la Provence pendant l'hiver, à la conquête du Comté de Nice en 1747. à l'armée d'Italie jusqu'à la paix.

19. Février 1751. **DE VERVILLE** (Guillaume) né à Rennes le 6. Février 1707. mort au Port-au-Prince le 21. Juillet 1751.

Il fut reçu Ingénieur en 1720. Fut fait Lieutenant réformé à la suite du Régiment de Navarre le 15. Janvier 1732. Ingénieur en chef en 1735. Capitaine réformé à la suite du Régiment de Navarre le 21. Janvier 1739. Servit à l'armée de Baviére en 1742. & 1743. aux siéges de Menin, d'Ypres & de Furnes en 1744. à ceux des ville & citadelle de Tournay, d'Oudenarde, d'Ostende, de Nieuport & d'Ath en 1745. de Bruxelles, d'Anvers, de Namur & de ses châteaux en 1746. & obtint la commission de Lieutenant-Colonel réformé le premier Janvier 1747. Il servit la même année aux siéges de Berg-op-zoom, de Lillo & du fort Frédéric-Henry. Colonel réformé, toujours à la suite du Régiment de Navarre, par commission du premier Janvier 1748. il servit encore cette année au siége de Mastrick. Nommé pour aller à Saint-Domingue, il partit au mois de Septembre 1750. Obtint le grade de Brigadier par brevet du 19. Février 1751. & mourut au mois de Juillet suivant.

23. Juillet 1751. **DE LA CHANNELAS** (Jean-Louis de Mannlich) tué au siége de Munster le 12. Juillet 1759.

Cadet au Régiment de Bettens son oncle le premier Juillet 1709. Enseigne le 24. Août 1714. Capitaine-Lieutenant le 5. Mars 1719. rang de Capitaine le 25. Juin 1724. pour commander la Compagnie Colonelle, Capitaine de Grenadiers au mois de Mai 1727. Il passa avec sa Compagnie dans le Régiment de May (depuis Jenner) le 15. Août 1739. avec rang de Lieutenant-Colonel le 24. Mars 1744. rang de Colonel le 7. Mai 1747. Devint Lieutenant-Colonel du même Régiment le 7. Août suivant, y obtint une demi-Compagnie le même jour, & une autre demi-Compagnie le 10. Décembre de la même année : enfin le grade de Brigadier par brevet du 23. Juillet 1751. Il servit à la levée du blocus de Gironne en 1712. en Catalogne en 1713. au siége de Barcelone en 1714. aux siéges de Castelléon,

D'INFANTERIE.

de Fontarabie, de Saint-Sébastien & de Roses en 1719. sur le Rhin en 1734. & 1735. au camp de Courtray en 1744. au siége de Tournay & de sa citadelle, à la bataille de Fontenoy, aux siéges d'Oudenarde, d'Ostende, de Nieuport & d'Ath en 1745. de Bruxelles, de la citadelle d'Anvers, de Namur, à la bataille de Raucoux en 1746. aux siéges du fort la Perle, d'Hulst, d'Axel, & à la bataille de Lawfeld en 1747. à la bataille d'Hastembeck, à la conquête de l'Electorat d'Hanovre en 1757. à la bataille de Crewelt en 1758. au siége de Munster en 1759.

DE COURCY (Henry-Auguste Hellouin) 20. Mars 1753.
A été créé Brigadier par brevet du 20. Mars 1753. *Voyez* Tome VII. page 445.

DE MORSINS (François-Claude-Henry de Champagne) 20. Juillet 1753.
mort le 8. Décembre 1756. âgé de 71. ans.
Il entra Lieutenant en second au Régiment d'infanterie du Roi le 25. Avril 1719. Il y devint Lieutenant le 12. Août 1720. avec rang de Capitaine le premier Juillet 1727. Capitaine le 9. Août suivant; Capitaine de Grenadiers le 19. Novembre 1744. avec rang de Colonel du 20. Janvier 1746. Commandant de Bataillon le 27. Janvier 1748. enfin Brigadier par brevet du 20. Juillet 1753. Il servit au camp de Montreuil en 1722. à tous les siéges d'Italie, à l'affaire de Colorno, aux deux batailles de Parme & de Guastalle de 1733. à 1736. au camp de Compiégne en 1739. à la prise de Prague en 1741. à l'affaire de Sahay, à la levée du siége de Frawemberg, à la défense & à la sortie de Prague en 1742. à la bataille de Dettingen en 1743. aux siéges de Menin, d'Ypres, de Furnes, à l'affaire d'Auguenum, au siége de Fribourg en 1744. aux siéges des ville & citadelle de Tournay, à la bataille de Fontenoy, aux siéges d'Oudenarde, de Dendermonde & d'Ath en 1745. au siége de Bruxelles, & à la bataille de Raucoux en 1746. à la bataille de Lawfeld en 1747. au siége de Mastrick en 1748. & a quitté le service au mois de Janvier 1756.

Tome VIII. Sss

506 DES BRIGADIERS

31. Mai 1754. DE FRANQUET (Louis) né à Condé le 10. Juin 1697. Il avoit servi onze ans dans l'infanterie, lorsqu'il fut reçu Ingénieur en 1720. Il fut fait Lieutenant réformé à la suite du Régiment de Piémont en 1732. Capitaine réformé en 1735. Ingénieur en chef en 1736. Lieutenant-Colonel réformé le premier Janvier 1747. Colonel réformé le 19. Février 1751. & Brigadier par brevet du 31. Mai 1754. Il servit aux siéges de Tortone & de la Mirandole en 1734. en Italie en 1735. au siége de Furnes en 1744. sur le Rhin en 1745. aux siéges d'Anvers, de Mons, Charleroy, ville & châteaux de Namur en 1746. de Berg-op-zoom où il fut blessé en 1747. au siége de Maftrick en 1748. On l'envoya à Louisbourg en 1750. il en revint à la fin de 1753. & y retourna en 1754. Il servit à la défense de cette place en 1758. mais ayant été fait prisonnier avec la garnison, il n'a pas pu servir depuis.

16. Nov. 1755. DE CORNILLON (Pierre-François de Milani-Forbin)
A été créé Brigadier par brevet du 16. Novembre 1755.
Voyez Tome VI. page lxxiij.

30. Nov. 1755. D'ARBONNIER DE DIZY (Louis-Frédéric)
A été créé Brigadier par brevet du 30. Novembre 1755.
Voyez Tome VII. page 446.

11. Mars 1756. DE LEVIS (François-Gaston, Chevalier, & depuis Marquis)
A été créé Brigadier par brevet du 11. Mars 1756.
Voyez Tome V. page 698.

PROMOTION du 23. Juillet 1756.

Promotion du 23. Juillet 1756. PRINCE DE ROHAN-ROCHEFORT (Charles-Armand-Jules.)
Voyez Tome VII. page 450.

DE MIREPOIX (Louis-Marie-François-Gaston, Marquis) — Promotion du 23. Juillet 1756.

Connu d'abord sous le nom de Comte de Levis-Leran, il entra aux Mousquetaires le 18. Août 1737. Se trouva à la bataille de Dettingen en 1743. aux siéges de Menin, d'Ypres, & à l'affaire d'Auguenum en 1744. à la bataille de Fontenoy en 1745. & obtint le Régiment d'infanterie de Beauce par commission du premier Décembre 1745. Il le joignit à l'armée d'Italie, & le commanda au siége de Tortone, aux batailles du Tidon & de Plaisance, à la défense de la Provence en 1746. au passage du Var & à la conquête du Comté de Nice, à l'attaque des retranchemens d'Exiles en 1747. à l'armée d'Italie jusqu'à la paix.

Colonel-Lieutenant du Régiment Royal la Marine par commission du premier Février 1749. il obtint la Charge de Lieutenant-général en Bourbonnois à la mort du Comte de Levis-Chateaumorand son beaupere, par provisions du 15. Mai 1751. Commanda le Régiment Royal la Marine au camp de Gray en 1754. à la conquête de Minorque, au siége de Mahon & à l'assaut des forts en dépendans, & fut créé Brigadier par brevet du 23. Juillet 1756. Il prit le titre de Marquis de Mirepoix le 15. Septembre 1757. après la mort du Maréchal de Mirepoix, & se démit de son Régiment en quittant le service au mois de Juillet 1759.

DE CLERMONT (Jean-Baptiste-Charles-François de Clermont-d'Amboise, Chevalier) né le 6. Août 1728.

Chevalier de Malthe, il fut pourvu de la Domerie d'Aubrac. Entra aux Mousquetaires en 1745. Se trouva à la bataille de Fontenoy, fit la campagne de 1746. en Flandre, & obtint le Régiment d'infanterie de Bretagne après la mort de son frere aîné par commission du premier Novembre de cette année. Il le commanda à l'attaque des retranchemens de Montalban, à la conquête du Comté de Nice, au secours de Vintimille & aux deux combats qui se donnerent sous cette place en 1747. au camp de Valence en 1755. à la conquête de Minorque, & à l'assaut des forts de Mahon en 1756. & fut créé Brigadier par brevet du 23. Juillet de cette année. Employé en cette qualité à l'armée d'Allemagne par Lettres du 15. Juin 1757. il y servit cette année & la suivante, se trouva à la conquête de l'Electorat d'Hanovre, à la bataille de Crewelt, & se démit de son Régiment en quittant le service au mois de Mars 1759.

DE ROCHAMBEAU (Jean-Baptiste-Donatien de Vimeur, Marquis.)

Voyez Tome VII. page 451.

DE GRAMMONT (Jean-Baptiste-Joseph de Grammont-Vacheres, Chevalier.)

Voyez Tome VII. page 453.

18. Nov. 1756. **D'ESTAING** (Charles-Théodat, Comte)

A été créé Brigadier par brevet du 18. Novembre 1756. *Voyez* Tome VI. page lxxvj.

19. Nov. 1756. **DE LALLY** (Michel) né le premier Juillet 1714.

Entra Cadet au Régiment de Dillon le premier Janvier 1734. Il y fut fait Lieutenant réformé le 20. Septembre suivant, Lieutenant le 5. Octobre 1735. Capitaine réformé le 29. Janvier 1744. Capitaine dans celui de Lally à sa création le 6. Octobre de la même année. Obtint le rang de Colonel par commission du 21. Mars 1747. Devint Commandant du second bataillon du Régiment de Lally le 19. Novembre 1756. & fut créé Brigadier par brevet du même jour. Il servit au siége de Philisbourg en 1734. à l'affaire de Clausen en 1735. à l'armée de Flandre en 1742. à la bataille de Dettingen en 1743. aux siéges d'Ypres & de Furnes, au camp de Courtray en 1744. à la bataille de Fontenoy, au siége de Tournay où il fut blessé en 1745. à la bataille de Lawfeld en 1747. au siége de Mastrick en

D'INFANTERIE.

1748. Il passa aux Indes avec le Régiment de Lally, & a été réformé à son retour avec le Régiment.

DE GISORS (Louis-Marie Foucquet de Belleisle, Comte) né le 27. Mars 1732. mort le 26. Juin 1758.   2. Août 1757.
Après avoir servi un an dans les Mousquetaires, on le nomma Colonel-Lieutenant du Régiment Royal-Barrois lors de la formation de ce Régiment, par commission du premier Novembre 1745. Il le commanda au siége de Charleroy & à la bataille de Raucoux en 1746. il passa au mois de Novembre de la même année à l'armée d'Italie, où il servit sous les ordres du Maréchal de Belleisle son pere jusqu'à la paix.

Le Régiment Royal-Barrois ayant été licentié, le Roi donna au Comte de Gisors le Régiment de Champagne par commission du premier Février 1749. Il fut nommé Gouverneur & Lieutenant général du pays Messin, Gouverneur particulier des ville & citadelle de Mets sur la démission de son pere par provisions du 9. Mai 1753. Lieutenant général au Gouvernement de la Lorraine aussi sur la démission de son pere, par provisions du Roi de Pologne données à Luneville le 3. Juillet suivant, & obtint du Roi le 31. du même mois un brevet qui lui accordoit la permission d'accepter cette Charge. Il commanda le Régiment de Champagne au camp de Richemont en 1755. Obtint le 10. Avril 1757. un brevet qui lui accordoit les honneurs de Duc, & joignit ensuite l'armée d'Allemagne. Ayant apporté au Roi la nouvelle de la bataille d'Hastembeck, il fut créé Brigadier d'infanterie par brevet du 2. Août. Retourna à l'armée le même mois, & servit à la conquête de l'Electorat d'Hanovre.

Le Roi le nomma Mestre de camp Lieutenant du Régiment des Carabiniers de M. le Comte de Provence, avec la prérogative de travailler avec Sa Majesté sur ce qui concernoit ce Régiment, par commission du 13. Mai 1758. Il se démit alors du Régiment de Champagne, & prit rang dans les Brigadiers de cavalerie du jour de son brevet de Brigadier d'infanterie. Après avoir servi à la tête des

Carabiniers avec la plus grande distinction à la bataille de Crewelt le 23. Juin suivant, il y reçut une blessure dont il mourut trois jours après, universellement regretté pour les qualités de son cœur & les talens en tout genre dont on avoit conçu les plus grandes espérances.

9. Août 1757. DU CHATELET (Marie-Louis-Florent du Chatelet de Lomont, Comte)

A été créé Brigadier par brevet du 9. Août 1757. *Voyez* Tome VII. page 454.

22. Décem. 1757. PRINCE DE ROHAN (Jules-Hercules-Mériadec de Rohan-Montbason)

A été créé Brigadier par brevet du 22. Décembre 1757. *Voyez* Tome VI. page lxxiv.

15. Janvier 1758. DE SCHEFFER (Pierre, Baron)

A été créé Brigadier par brevet du 15. Janvier 1758. *Voyez* Tome VII. page 459.

5. Février 1758. DE BEAUVAU (Ferdinand-Jerôme de Beauvau-Craon, Chevalier,) né le 5. Septembre 1723.

Il est frere du Prince de Beauvau, entra Enseigne au Régiment des Gardes Lorraines le 27. Mai 1743. & se trouva à la bataille de Dettingen au mois de Juin de la même année. Il servit l'année suivante à l'attaque des retranchemens de Montalban, à la prise de Montalban, de Villefranche & de Nice, aux sièges de Château-Dauphin, de Demont, de Cony, & à la bataille de la Madona del-Ulmo. Fut nommé Capitaine de la premiére Compagnie, & Colonel en second du Régiment des Gardes Lorraines sur la démission du Comte de Monçan par commission du 26. Février 1746. commanda ce Régiment à l'armée d'Italie pendant cette campagne, & se trouva aux batailles du Tidon & de Plaisance, & à la défense de la Provence. Au passage du Var, à la conquête du Comté de Nice, au secours de Vintimille & aux deux combats qui se donnerent sous cette place en 1747. Il fit encore la campagne d'Italie en 1748. jusqu'à la paix. Il servit en Allemagne en 1757. & 1758. & s'étant distingué à la prise de Brême, il fut créé Brigadier par brevet du 3. Février de cette dernière année. Le Régiment ayant considérablement souffert à la défense d'Hoya, il rentra en France, & le Chevalier de Beauvau quitta le service au mois de Septembre 1760.

DE BUSSY (Charles de Bussy-Castelnau, Marquis)   22. Mars 1758.
Il commandoit depuis sept ans les troupes Françoises dans le Decan aux Indes Occidentales, lorsqu'on le créa Brigadier par brevet du 22. Mars 1758. Il n'a pas servi depuis.

DE LEMPS (Nicolas François Prunier, Chevalier)   29. Mars 1758.
A été créé Brigadier par brevet du 29. Mars 1758. *Voyez* Tome VII. page 460.

Promotion *du premier Mai 1758.*

D'HESSEINSTEIN (Frédéric, Comte.)   Promotion du 1. Mai 1758.
Voyez Tome VII. page 389.

D'EAUBONNE (Bonaventure le Févre, Chevalier)
Cornette au Régiment de cavalerie de Noriou le 12. Septembre 1713. Lieutenant réformé audit Régiment le 6. Octobre 1714. second Enseigne au Régiment des Gardes Françoises le premier Février 1720. premier Enseigne le 29. Avril suivant, Sous-Lieutenant le 29. Décembre 1724. Sous-Lieutenant de Grenadiers le premier Juillet 1731. Lieutenant le 18. Avril 1742. Lieutenant de Grenadiers le 18. Mars 1744. Capitaine audit Régiment le 19. Mars 1745. Brigadier par brevet du premier Mai 1758. Il s'est trouvé au siége de Philisbourg en 1734. à l'affaire de Clausen en 1735. à la bataille de Dettingen en 1743. aux siéges de Menin, d'Ypres, de Furnes, à l'affaire d'Auguenum, au siége de Fribourg en 1744. à la bataille de Fontenoy, aux siéges de Tournay, d'Oudenarde & d'Ath en 1745. à l'armée de Flandre en 1747. & 1748. & a quitté le service & sa Compagnie au mois de Février 1761.

Promotion du
1. Mai 1758.

BELI DE BELFORT (Conrad)
Cadet au Régiment des Gardes Suisses le premier Mars 1717. Enseigne au Régiment de Brendlé le 3. Mars 1722. Sous-Lieutenant le 13. Avril 1729. Enseigne au Régiment des Gardes Suisses le 26. Mars 1732. Sous-Lieutenant le 31. Décembre 1738. Aide-Major au mois de Septembre 1741. avec rang de Colonel le 19. Avril 1745. Brigadier par brevet du premier Mai 1758. Il a fait avec le Régiment des Gardes Suisses les campagnes de 1734. 1742. 1743. 1744. 1746. & 1747. & a quitté le service en 1761.

DE MONTAZET (Antoine de Malvin, Chevalier.)
Voyez Tome VII. page 464.

D'HEROUVILLE (Antoine-Louis de Ricouart, Chevalier, puis Marquis.)
Voyez Tome VII. page 467.

DE MELFORT (Louis de Drummont, Comte.)
Voyez Tome VII. page 468.

DE CIVRAC (François-Emery de Durfort, Comte.)
Voyez Tome VII. page 470.

DE FILTSGERALD (Jacques.)
Voyez Tome VII. page 523.

DE LEWENHAUPT (Adam, Comte.)
Voyez Tome VII. page 471.

DE CHANTILLY (Louis-Joseph des Ecottais, Chevalier,)
Voyez Tome VII. page 472.

LE BEUF (Jean-Adam) mort le 29. Mai 1761.
Après avoir servi onze ans dans l'infanterie, & y avoir fait plusieurs campagnes, il fut reçu Ingénieur en 1714. & eut une commission de Capitaine réformé à la suite du Régiment

D'INFANTERIE.

Régiment de Beaujolois la même année. Il devint Ingénieur en chef en 1734. Lieutenant-Colonel réformé en 1745. Colonel réformé à la suite du même Régiment le premier Janvier 1748. Directeur des fortifications de la Flandre maritime en 1755. Brigadier par brevet du premier Mai 1758. & obtint le commandement du fort François de Bergues le 3. Juin suivant. Il avoit servi aux siéges de Menin, d'Ypres, de Furnes & de Fribourg en 1744. & fut blessé grièvement à ce dernier siége d'un coup de feu au travers les cuisses. Il servit au siége de Berg-op-zoom, où il reçut une légere blessure en 1747. Il commanda l'équipage d'artillerie assemblé à Calais en 1756. & mourut à Dunkerque.

Promotion du 1. Mai 1758.

DE CHABRIÉ (Raymond) né le 15. Septembre 1692. tué à Bergen le 13. Avril 1759.

Volontaire dans le Régiment des Bombardiers le premier Avril 1707. Sous-Lieutenant le 21. Décembre suivant, Lieutenant le 21. Mars 1711. Il passa Lieutenant dans le Régiment Royal-Artillerie à l'incorporation du 25. Février 1720. Il y fut fait Capitaine en second le 8. Avril 1729. Major du Bataillon de la Borie le 21. Août 1738. avec rang de Lieutenant-Colonel le 24. Octobre 1744. Commandant d'un Bataillon le 28. Janvier 1753. avec rang de Colonel le 8. Décembre 1755. Il resta Colonel commandant de son Bataillon le premier Janvier 1757. en exécution de l'Ordonnance du premier Décembre 1756. Il avoit fait toutes les campagnes depuis 1707. & s'étoit trouvé à la bataille d'Oudenarde, à celle de Malplaquet, à l'attaque d'Arleux & de Denain, aux siéges de Douay, du Quesnoy, de Bouchain, de Landau & de Fribourg. Il servit encore à ceux de Fontarabie, de Saint-Sébastien & de Roses en 1719. à tous les siéges de l'armée d'Italie, & aux deux batailles de Parme & de Guastalle de 1733. à 1736. & fut blessé au siége de la Mirandole en 1735. Il se trouva à la prise de Prague en 1741. au combat de Sahay, à la défense & à la sortie de Prague en 1742. il commanda le Bataillon de Fontenay qui étoit resté à Mets pendant la maladie du Roi, & eut à cette occasion le rang de Lieute-

Tome VIII. Ttt

nant-Colonel. Il fit enſuite toutes les campagnes de Flandre juſqu'à la paix, ſe trouva à tout, & ſe diſtingua particuliérement à Fontenoy. Il fit le ſiége de Mahon en 1756. Paſſa en Allemagne en 1757. Fut créé Brigadier par brevet du premier Mai 1758. & fut tué à la tête de ſon Bataillon à la bataille de Bergen.

Promotion du 1. Mai 1758.

GIRARDIER (Pierre)

Entra Cadet au Régiment d'Heſſy en Avril 1705. Enſeigne le 10. Avril 1715. Sous-Lieutenant le 4. Mars 1719. Lieutenant le 10. Avril 1720. Capitaine-Lieutenant le 31. Juillet 1722. rang de Capitaine le 20. Décembre 1724. Capitaine d'une demi-Compagnie le 9. Décembre 1737. Lieutenant-Colonel du même Régiment, & Capitaine d'une autre demi-Compagnie le 19. Octobre 1749. Il ſervit au combat de Denain, au ſiége du Queſnoy, à ceux de Kaiſerlautter & de Landau, de Fontarabie & de Saint-Sébaſtien, en Italie en 1735. & 1736. à l'attaque de Chateaupont en 1743. en Italie pendant tout le reſte de la guerre. Il ſe retira du ſervice au mois de Février 1757. & fut créé Brigadier par brevet du premier Mai 1758.

7. Juillet 1758.

DE BLOT (Gilbert de Chauvigny , Comte)

A été créé Brigadier par brevet du 7. Juillet 1758. *Voyez* Tome VII page 477.

PROMOTION du 22. Juillet 1758.

Promotion du 22. Juillet 1758.

DE LA TOUR-DU-PIN (Philippe-Antoine-Gabriel-Victor-Charles , Marquis.

Voyez Tome VII. page 478.

DE BELMONT (François de Vachon de Briançon, Marquis.)

Voyez Tome VII. page 483.

DE MONTMORENCY (Anne-François de Montmorency-Luxembourg , Duc) né le 9. Décembre 1735. mort le 22. Mai 1761.

Il n'avoit point ſervi, lorſqu'il fut fait Colonel du Régiment de Touraine par commission du premier Février 1749. Il le commanda au camp de Sarre-Louis en 1754. à la bataille de Rosback en 1757. à celle de Crewelt en 1758. & obtint le grade de Brigadier par brevet du 22. Juillet. Il commanda la Brigade de Touraine à la bataille de Minden en 1759. & fut nommé Capitaine d'une Compagnie des Gardes du Corps du Roi en survivance du Maréchal de Luxembourg son pere par provisions du 2. Novembre. Il continua de servir en Allemagne en 1760. & mourut à l'armée du bas Rhin l'année suivante.

Promotion du 22. Juillet 1758.

DE MONTBARREY (Marie-Alexandre-Léonor-Louis-César de Saint-Mauris, Comte.)
Voyez Tome VII. page 484.

DE LOCHMANN (Jean-Ulrick.)
Voyez Tome VII. page 485.

DE VIGNEUX (François Regnier) né le 20. Avril 1696. Entra Enseigne au Régiment de Touraine le 12. Septembre 1710. Il fut fait Lieutenant le premier Décembre 1711. Capitaine le 8. Juillet 1719. Capitaine de Grenadiers le 27. Janvier 1741. Commandant de Bataillon le 12. Mars 1744. Lieutenant-Colonel le 19. Octobre 1746. & Brigadier par brevet du 22. Juillet 1758. Il s'est trouvé à l'affaire de Denain, aux sièges de Douay, du Quesnoy & de Bouchain en 1712. de Fontarabie & de Saint-Sébastien en 1719. de Kell en 1733. à l'attaque des lignes d'Ettlingen & au siège de Philisbourg en 1734. à l'affaire de Clausen en 1735. Passé en Allemagne au mois d'Août 1741. il se trouva à la défense de Lints où il reçut deux coups de fusil dans la tête, & fut fait prisonnier avec la garnison au mois de Janvier 1742. Il reçut encore un coup de fusil à l'épaule au combat de Dettingen en 1743. Il servit à l'armée commandée par le Maréchal de Saxe en 1744. aux sièges de Tournay & d'Ath en 1745. à la bataille de Raucoux en 1746. à la bataille de Lawfeld & au siège de Berg-op-zoom en 1747. au siège de Mastrick en

1748. à la bataille de Rosback en 1757. & obtint le grade de Brigadier après la bataille de Crewelt où le Régiment de Touraine s'étoit particuliérement distingué : il se trouva la même année à la bataille de Lutzelberg, & quitta le service au mois de Mars 1759.

Promotion du 22. Juillet 1758.

3. Août 1758.

DE MONTEIL (Charles-François-Aimar, Marquis)
A été créé Brigadier par brevet du 3. Août 1758. *Voyez* Tome VII. page 486.

PROMOTION *du 15. Août 1758.*

Promotion du 15. Août 1758.

DE CLOSEN (Charles, Baron.)
Voyez Tome VII. page 489.

DIESBACK DE BELLEROCHE (François-Romain, Comte.
Voyez Tome VII. page 491.

DE PARAVICINY (Jean-Baptiste) tué à l'attaque de Dillembourg le 7. Janvier 1760.
Enseigne surnuméraire dans la Compagnie franche de son pere le 26. Mars 1715. Enseigne le premier Mai 1722. Sous-Lieutenant le 15. Février 1724. Capitaine de ladite Compagnie le 24. Septembre 1726. incorporé avec elle dans le Régiment Suisse (aujourd'hui Waldner) en 1735. Il servit sur le Rhin au camp de Courtray en 1744. aux siéges des ville & citadelle de Tournay, d'Oudenarde, d'Ostende, de Nieuport & d'Ath en 1745. de Bruxelles, & à la bataille de Raucoux en 1746. Il obtint le rang de Lieutenant-Colonel le 21. Janvier 1747. & servit au siége de Mastrick en 1748. On lui donna une demi-Compagnie dans Monnin le premier Novembre de cette année. Devint Lieutenant-Colonel de son Régiment le 21. Mai 1754. Fut créé Brigadier par brevet du 15. Août 1758. & servit en Allemagne jusqu'à sa mort.

D'INFANTERIE.

PROMOTION *du 15. Octobre 1758.*

DE SAINT-PERN (*N.* Chevalier.)
Voyez Tome VII. page 492.

DE LA TOUR D'AUVERGNE (Nicolas-François-Jules, Chevalier, puis Comte.)
Voyez Tome VII. page 493.

DE BROC (Michel-Armand, Marquis.)
Voyez Tome VII. page 495.

DE POLIGNAC Louis-Denys-Auguste, Chevalier) né en 1720. mort au mois d'Octobre 1758.
D'abord destiné à l'état Ecclésiastique, il obtint le Prieuré de Nantua. Il le quitta pour entrer aux Mousquetaires le premier Octobre 1742. Il se trouva avec cette troupe à la bataille de Dettingen en 1743. & obtint une Compagnie dans le Régiment de Dragons de Septimanie lors de sa levée le premier Mars 1744. Il fit la campagne de 1745. en Flandre. Servit au siége de Mons & à la bataille de Raucoux en 1746. au siége de Berg-op-zoom en 1747.
Colonel du Régiment de Brie par commission du premier Janvier 1748. il l'alla joindre à Gènes où il servit jusqu'à la paix. Après s'être particuliérement distingué à l'affaire de Saint-Cast en Bretagne en 1758. il y reçut une blessure dont il mourut peu après.

DE SAINTE-CROIX (Cajétan-Xavier de Guillem-Clermont-Paschalis, Chevalier.)
Voyez Tome VII. page 496.

D'AULAN (Henry de Suarès, Chevalier)
A été créé Brigadier par brevet du 20. Octobre 1758.
Voyez Tome VII. page 498.

Promotion du 15. Nov. 1758.

20. Octobre 1758.

5. Nov. 1758. DE BELSUNCE (Armand, Vicomte)
A été créé Brigadier par brevet du 5. Novembre 1758. *Voyez* Tome VI. pag. lxxviij.

P ROMOTION *du* 10. *Février* 1759.

Promotion du
10. Février 1759. DE BOUVILLE (Augustin-Toussaint Jubert, Marquis.)
Voyez Tome VII. page 525.

DE CHAMPIGNELLES (Jacques-Armand de Rogres, Chevalier)
Gentilhomme à drapeau au Régiment des Gardes Françoises le 12. Février. 1728. second Enseigne le premier Juin 1730. premier Enseigne le 24. Juin 1733. Sous-Lieutenant le 18. Décembre 1734. Sous-Aide-Major le 30. Décembre 1735. Lieutenant le 13. Février 1743. Aide-Major le 7. Juillet suivant. Il obtint le rang de Colonel le 30. Mars 1745. le rang de Capitaine le 3. Novembre 1748. une Compagnie le 15. Décembre suivant, & le grade de Brigadier par brevet du 10. Février 1759. Il s'est trouvé au siége de Philisbourg en 1734. à l'affaire de Clausen en 1735. à l'armée de Flandre en 1742. à la bataille de Dettingen en 1743. & a fait avec le Régiment toutes les campagnes de Flandre jusqu'à la paix. Il s'est démis de sa Compagnie, & a quitté le service au mois de Mars 1760.

D'ANTEROCHE (Joseph-Charles-Alexandre, Comte.)
Voyez Tome VII. page 525.

DE REYNOLD (Gabriel-Joseph.)
Voyez Tome VII. page 526.

DE LAUTREC (Bernard de Toulouze, Comte,)
Après avoir été Page de M. le Régent, il entra second Enseigne du Régiment des Gardes Françoises le premier Février 1720. & devint premier Enseigne le 15. Mai 1721. Enseigne de Grenadiers le 12. Septembre 1727. Sous-Lieu-

D'INFANTERIE.

tenant le premier Janvier 1731. Sous-Aide-Major le 10. Novembre 1734. Lieutenant le 7. Juillet 1743. Aide-Major le 11. du même mois avec rang de Colonel le 19. Juin 1745. rang de Capitaine le 26. Avril 1750. enfin Capitaine le 7. Mai 1752. & Brigadier par brevet du 10. Février 1759. Il s'eft trouvé au fiége de Philifbourg en 1734. à la bataille de Dettingen en 1743. & a fait toutes les campagnes de 1744. à 1748. Il a quitté le fervice & fa Compagnie au mois de Janvier 1761.

Promotion du 10. Février 1759.

MICAU (Claude) né au Pont de Beauvoifin le 16. Août 1722.

Entra Cadet au Régiment de Normandie en 1739. Il y fut fait Lieutenant en fecond le 25. Mai 1740. Lieutenant le 27. Juillet 1741. & Capitaine le 12. Mars 1744. Il fervit en Bavière en 1742. & 1743. à l'armée commandée par le Maréchal de Saxe en 1744. à la bataille de Fontenoy, aux fiéges de Tournay, d'Oudenarde, de Gand, d'Oftende, de Nieuport & d'Ath en 1745. & obtint une commiffion pour tenir rang de Colonel le 15. Octobre de cette année. Il commanda une Brigade de quatre Bataillons de milice par ordre du 19. Mars 1746. à l'armée de Flandre. Servit à la bataille de Lawfelt & au fiége de Berg-op-zoom en 1747. au fiége de Maftrick en 1748. Il quitta fa Compagnie au mois de Novembre 1752. & fut attaché Colonel réformé à la fuite du Régiment de Flandre par ordre du 15. du même mois.

Employé Aide-Major général de l'infanterie de l'armée d'Allemagne par ordre du premier Mars 1757. du 16. Mars 1758. Il fut créé Brigadier par brevet du 10. Février 1759. & n'a pas été employé depuis.

DE CASTELLAS (Etienne)

Cadet au Régiment des Gardes Suiffes en 1702. Enfeigne le 10. Avril 1705. Sous-Lieutenant le 28. Juillet 1723. Second Lieutenant le 2. Novembre, premier Lieutenant le 27. Juillet 1737. Il a fait avec le Régiment des Gardes Suiffes les campagnes de 1703. 1704. 1705. 1707.

1708. 1710. 1712. 1742. 1743. 1744. 1745. 1747. & 1748. Il fut bleſſé à Fontenoy, obtint au mois de Juillet 1745. en conſidération de cette bleſſure une penſion de huit cents livres, & le 14. Novembre de la même année la commiſſion pour tenir rang de Colonel. Le 26. Mai 1746. il obtint la penſion de mille livres annexée aux quatre plus anciens premiers Lieutenans du Régiment, & fut créé Brigadier par brevet du 10. Février 1759.

DE SAINT-HEREM (Jean-Baptiſte-Calixte de Montmomorin, Marquis.)
Voyez Tome VII. page 527.

D'ALLY (Charles de Rochefort, Chevalier.)
Voyez Tome VII. page 528.

DE CONTADES (Gaſpard, Marquis) né le 3. Janvier 1716.
Cornette au Régiment de cavalerie du Commiſſaire général de la cavalerie le 27. Septembre 1741. il ſervit à l'armée de Baviére en 1741. Obtint une Compagnie au Régiment de Cavalerie de Fleury le 13. Mars 1743. & la commanda à la bataille de Dettingen la même année: aux ſiéges de Menin, d'Ypres & de Furnes, & au camp de Courtray en 1744. à l'armée d'Italie en 1745.
Colonel du Régiment d'infanterie de Berry par commiſſion du 17. Février 1746. Il le commanda à la bataille de Lawfelt en 1747. au ſiége de Maſtrick en 1748. au camp de Sarrelouis en 1753. Il fut créé Brigadier par brevet du 10. Février 1759. en quittant le ſervice.

DE CASTELLANNE (Jean-Baptiſte de Caſtellanne-Saint-Jeurs, Comte.)
Voyez Tome VII. page 529.

DE LA TRESNE (Léonard-Caſimir le Comte, Chevalier.)
Voyez Tome VII. page 530.

DE

D'INFANTERIE.

Promotion du 10. Février 1759.

DE WARREN (Richard , Chevalier.)
Voyez Tome VII. page 532.

DOMGERMAIN (François-Charles Fleutot de)
Voyez Tome VII. page 534.

DE CRUSSOL-D'AMBOISE (Anne-Emmanuel-François-Georges , Marquis.)
Voyez Tome VII. page 535.

DE MONTPOUILLAN (Louis-Gui Sacriste de Tombebeuf, Marquis.)
Voyez Tome VII. page 536.

D'AIRLY (David O-gilvy , Comte.)
Voyez Tome VII. page 537.

DE VAUBECOURT (Jean-Charles de Nettancourt , Comte.)
Voyez Tome VII. page 538.

DE ROSCOMMON (Robert de Dillon , Comte) né à Twomore en Irlande le 30. Novembre 1712.
 Entra Lieutenant au Régiment de Rothe le 2. Septembre 1733. Il y fut fait Capitaine réformé le 24. Février 1739. Capitaine le 22. Septembre 1741. avec rang de Colonel du 21. Mars 1747 Capitaine de Grenadiers le 9. Mars 1757. Brigadier par brevet du 10. Février 1759. Major de son Régiment le 19 Mai 1761. & Lieutenant-Colonel le 10. Février 1764. & y sert encore. Il s'est trouvé à l'attaque des lignes d'Etlingen & au siége de Philisbourg en 1734. à l'affaire de Clausen en 1735. à la bataille de Dettingen en 1743. aux siéges de Tournay, Oudenarde, Dendermonde & Ath, à la bataille de Fontenoy en 1745. à la bataille de Lawfeld en 1747. au siége de Mastrick en 1748. & a fait la campagne de 1760. en Allemagne.

Tome *VIII*. Vvv

Promotion du
10. Février 1759.

DE ZUGMANTEL (François-Antoine, Baron.)
Voyez Tome VII. page 539.

DE BEAUJEU (Alexandre Nicolas-Joseph, Comte.)
Voyez Tome VII. page 541.

DE BRIENNE (Athanase-Marie-Louis de Lomenie, Comte.)
Voyez Tome VII. page 542.

D'ESPARBÉS (Jean-Jacques, Marquis.)
Voyez Tome VII. page 542.

DE PERUSSE (Louis-Nicolas d'Escars, Marquis) né le 8. Juin 1724.

D'abord connu sous le nom de Chevalier d'Escars. Il entra Cornette au Régiment de cavalerie de Toulouse le 5. Novembre 1733. & le joignit à l'armée d'Italie où il se trouva aux siéges qui s'y firent, & aux batailles de Parme & de Guastalle. Il entra Enseigne au Régiment d'infanterie de Santerre dont son frere étoit Colonel, le 25. Janvier 1740. Servit en Westphalie sur la frontiére de Bohême & en Baviére en 1741. 1742. & 1743. & obtint une Compagnie dans le même Régiment le 18. Décembre de cette année. Il la commanda à l'attaque de Château-Pont sur la frontiére du Piémont en 1744. aux siéges de Sarravalle, de Tortone, à la prise de Plaisance, de Parme & de Pavie: au combat de Rivaronne, aux siéges d'Alexandrie, de Valence, d'Asti & de Casal en 1745. & ayant passé l'hiver à Asti; il y fut fait prisonnier de guerre le 4. Mars 1746. avec toute la garnison.

Colonel d'un Régiment d'infanterie de son nom par commission du 19. Septembre 1747. il le commanda à Gênes jusqu'à la paix. Ce Régiment ayant été incorporé dans celui de Laval par Ordonnance du 10. Février 1749. le Chevalier d'Escars fut attaché Colonel à la suite des Grenadiers de France par ordre du 15. du même mois, il prit le nom de Marquis de Perusse le premier Septembre 1750. en se mariant, & a été fait Colonel du Régiment de Normandie par commission du 26. Juillet 1753. Brigadier par brevet du 10. Février 1759. Il a commandé le Régiment de Normandie à l'affaire de Clostercamps au mois d'Octobre 1760. à l'armée de Soubise en 1761. s'en démit le premier Février 1762. & resta Colonel réformé à la suite du Régiment par ordre du même jour.

* Promotion du 10. Février 1759.

DE BELIDORT (Bernard de Foreste) mort le 8. Septembre 1761. âgé de 68. ans.

Il étoit Maître de Mathématiques de l'Ecole de la Ferre, lorsqu'il fut fait Commissaire ordinaire de l'artillerie par commission du 29. Décembre 1725. Il s'attacha depuis au Maréchal de Belleisle qui obtint pour lui une commission de Capitaine réformé à la suite de Mets le 16. Avril 1741. celle de Lieutenant-Colonel réformé à la suite de la même ville le 4. Avril 1743. & celle de Colonel réformé aussi à la suite de la même ville le 3. Novembre 1747. Il fut employé comme Colonel sur les côtes de l'Ocean par ordre du 31. Décembre 1755. Fut créé Brigadier par brevet du 10. Février 1759. & étoit Inspecteur général des Mineurs de France & de l'Arcenal de Paris, membre des Académies des Sciences de Paris, Londres & Berlin, & Censeur Royal lorsqu'il mourut.

DE RAY (Louis-Augustin Errard, Marquis) né au mois de Mai 1722. tué à la bataille de Bergen le 13. Avril 1759.

Il entra Cadet de la Colonelle au Régiment d'Enguyen en 1740. il y fut fait Enseigne le premier Novembre 1741, Lieutenant le 8. Juin 1743. & Capitaine le 16. Août suivant. Il servit en Baviére en 1741. & l'année suivante, à l'attaque de Weissembourg, à l'affaire d'Auguenum, au siége de Fribourg en 1744. à l'armée du bas Rhin pendant l'hiver de 1744. & 1745. & pendant la campagne de l'année suivante, aux siéges de Mons, de Charleroy & de Namur, & à la bataille de Raucoux en 1746. à la bataille de Lawfeld en 1747. & ayant été destiné à s'embarquer sur l'es-

V v v ij

Promotion du 10. Février 1752.

cadre de M. le Duc d'Anville, il obtint le rang de Colonel par commission du 20. Décembre de cette année. Il commanda sa Compagnie à la bataille d'Hastembeck & à la conquête de l'Electorat d'Hanovre en 1757. à la bataille de Créwelt en 1758. Fut créé Brigadier par brevet du 10. Février 1759. & fut tué à la bataille de Bergen au mois d'Avril suivant.

DU PORTAL (*N.*)
Voyez Tome VII. page 545.

CHEVALIER (*N.*)
Reçu Ingénieur en 1713. il fut fait Lieutenant réformé à la suite du Régiment de Navarre en 1724. Capitaine réformé en 1730. Ingénieur en chef en 1732. Lieutenant-Colonel réformé le 19. Mars 1745. Commandant du fort Saint-François d'Aire le 31. Mars 1746. Colonel réformé toujours à la suite du même Régiment le premier Janvier 1748. Directeur des fortifications des places de l'Artois en 1753. Brigadier par brevet du 10. Février 1759. Il a servi au siége de Philisbourg en 1734. à l'armée de la Meuse, puis en Bavière en 1741. & 1742. aux siéges de Menin & d'Ypres, où il fut blessé dangereusement en 1744. à ceux d'Ostende, de Nieuport & d'Ath en 1745. à celui d'Anvers en 1746. & a quitté le service au mois de Décembre 1763.

LAMBERT (Louis)
Voyez Tome VII. page 510.

NOISET DE SAINT-PAUL (*N.*)
Voyez Tome VII. page 546.

DE LONGAUNAY (Charles-André, Chevalier.)
Voyez Tome VII. page 547.

D'INFANTERIE.

Promotion du 10. Février 1759.

DE VALENCE (Claude-Silvestre de Thimbrune, Chevalier.)
Voyez Tome VII. page 548.

DE JUIGNÉ (Jacques-Gabriel-Louis le Clerc, Marquis.)
Voyez Tome VII. page 549.

DE VAUBAN (Louis-Gabriel le Prêtre, Marquis) mort le 22. Mai 1760. âgé de 56. ans.
Successivement Lieutenant réformé au Régiment d'infanterie du Roi en 1721. Capitaine le 27. Septembre 1732. Capitaine de Grenadiers le 8. Novembre 1747. avec rang de Colonel le 26. Janvier 1748. Commandant de Bataillon le 18. Janvier 1756. Brigadier par brevet du 10. Février 1759. en quittant le service. Il se trouva à tous les siéges de la guerre d'Italie, aux deux batailles de Parme & de Guastalle de 1733. à 1736. à la prise de Prague en 1741 au combat de Sahay, à la défense & à la sortie de Prague en 1742. à la bataille de Dettingen en 1743. aux siéges de Menin, d'Ypres & de Furnes, à l'affaire d'Auguenum & au siége de Fribourg en 1744. à la bataille de Fontenoy, aux siéges de Tournay, de Dendermonde, d'Oudenarde & d'Ath en 1745. au siége de Bruxelles & à la bataille de Raucoux en 1746. à la bataille de Lawfeld en 1747. au siége de Mastrick en 1748. Il fit les campagnes de 1757. à 1758. en Allemagne, & avoit depuis long-temps le Gouvernement de Châtillon les-Dombes lorsqu'il quitta le service en 1759.

JENNER (Samuel.)
Voyez Tome VII. page 515.

DE BOURLAMAQUE (François-Charles.)
Voyez Tome VII. page 553.

DE VILLEPATOUR (Louis-Philippe Taboureau.)
Voyez Tome VII. page 512.

Promotion du 10. Février 1759.

DE SAINT-AUBAN (Antoine Baratier.)
Voyez Tome VII. page 513.

D'ANHALT (Frédéric-Armand d'Anhalt-Coëten, Prince.)
Voyez Tome VII. page 515.

DE BULOW (Othon Frédéric, Baron) mort en 1763.
Servoit dans les pays étrangers, lorsqu'il leva une Compagnie dans le Régiment d'infanterie Allemande de Lowendal le premier Mars 1744. Il devint Lieutenant-Colonel de ce Régiment le 6. Août suivant. Fut créé Brigadier par brevet du 10. Février 1759. & Colonel commandant du Régiment Royal Suédois le 18. Janvier 1760. Il fit toutes les campagnes de Flandre de 1745. à 1748. & il se trouva à la bataille de Fontenoy, à celles de Raucoux & de Lawfeld, à tous les siéges & à celui de Berg-op-zoom. Il fit encore les campagnes de 1757. & des années suivantes en Allemagne, & quitta le service au mois de Juillet 1761.

DU BOUSQUET (Antoine Rigollet.)
Voyez Tome VII. page 557.

DE SENEZERGUES (Etienne-Guillaume de la Rode) né le 29. Août 1709. mort au mois d'Août 1759.
Entra Enseigne au Régiment de la Sarre le premier Octobre 1726. Fut fait Lieutenant le premier Juillet 1729. Capitaine le premier Mars 1734. Major le 7. Août 1745. & Commandant du second Bataillon le 14. Juin 1747. Il servit en Italie de 1733. à 1736. & se trouva à tous les siéges & aux deux batailles de Parme & de Guastalle. Il passa en Corse au mois de Janvier 1738. & y servit jusqu'au mois d'Avril 1741. Il fit la campagne de 1743. sur le Rhin : en Baviére en 1744. Après l'affaire d'Auguenum il passa en Baviére au mois de Septembre, y passa l hiver. Se trouva au combat de Pfaffenhoffen au mois d'Avril 1745. à la fameuse retraite de Baviére sous le Comte de

Segur, & finit la campagne lur le bas Rhin. Il paſſa en Italie au mois de Juillet 1746. & y ſervit juſqu'à la paix. Il obtint une commiſſion pour tenir rang de Lieutenant-Colonel le 22. Mars 1756. & ſervit en Canada depuis le mois de Novembre 1755. juſqu'à ſa mort. Créé Brigadier par brevet du 10. Février 1759. il mourut au mois d'Août ſuivant.

Promotion du 10. Février 1759.

DE FLOBERT (*N.*) mort en 1763.
Il étoit au ſervice d'Eſpagne, & fut créé Brigadier par brevet du 13. Avril 1759. pour commander les troupes qu'on avoit fait embarquer ſur l'eſcadre commandée par le ſieur Thurot. Ils firent une deſcente en Irlande, où ils occaſionnerent quelques dommages. Au retour de cette expédition qui n'eut pas le ſuccès déſiré, il retourna en Eſpagne, & y eſt mort.

13. Avril 1759.

FISCHER (Jean-Crétien) mort le premier Juillet 1762.
S'eſt acquis la plus grande réputation à la petite guerre, les ennemis même la lui ont reconnue. Il avoit commencé à ſervir en 1743. & avoit levé le premier Novembre de cette année une Compagnie franche de Chaſſeurs qu'on a augmentée, à meſure que les ſervices que le ſieur Fiſcher rendoit avec cette troupe ſe multiplioient. En 1744. il ſervit en Flandre, & paſſa de là en Alſace: pendant le ſiége de Fribourg, & pendant l'hiver il mit à contribution toute la Suabe Autrichienne & preſque tout le pays des environs. En 1745. il ſervit ſur le bas Rhin, & eut l'adreſſe de ſurprendre le Gazettier de Francfort, dont la témérité avoit donné lieu de ſe plaindre. Les campagnes ſuivantes il ſervit en Flandre, & reçut pluſieurs bleſſures dans différentes actions, dont il ſe retiroit toujours avec honneur, quoiqu'obligé quelquefois de céder au nombre. Après le ſiége de Berg-op-zoom le Roi lui accorda une commiſſion pour tenir rang de Lieutenant-Colonel d'infanterie & de cavalerie le 15. Septembre 1747. Au mois d'Août 1757. on porta ſon corps juſqu'à deux mille hommes, & il avoit tellement inſpiré l'envie de ſervir ſous ſes ordres, que ce

21. Avril 1759.

corps étoit toujours complet, tel échec qu'il eût essuié. Il enleva Marbourg au mois de Juillet 1758. Ziegenhaim dans le même mois : il y prit quatre-vingts hommes, quatorze piéces de gros canon & six mil sacs de farine. Le 29. du même mois il entra dans Gottingen, & le 30. à Embeck dans l'Electorat d'Hanovre, & fut tirer des contributions de tout le pays au delà de la Verra. Au mois de Septembre il eut une affaire vive avec les Chasseurs Hanovriens, il en tua cent deux, & en prit vingt-sept. Après la bataille de Bergen il ne cessa de harceler l'armée des ennemis, & de concert avec le Baron du Blaisel, il en défit un corps considérable au passage de la riviére d'Arloff près de Hungen. Peu de jours après ils taillerent en piéces un Bataillon de Grenadiers, & deux Escadrons du Régiment de Dragons Prussiens de Finkenstein, obligerent les trois autres Escadrons du même Régiment à mettre bas les armes, & enleverent deux étendards & la caisse militaire. Le Roi en considération de cette action le créa Brigadier par brevet du 21. Avril 1759. Pendant le reste de la campagne il maintint toujours sa supériorité sur les troupes légeres des ennemis ; & après avoir défendu très-long-temps Oberwitter, il ne fut forcé de céder qu'à la grande supériorité du nombre. En 1760. il défendit & maintint tous les postes de la Roer qui lui avoient été confiés, & il força les ennemis de se retirer. Il se distingua particuliérement à l'affaire de Clostercamps, & on en dut en partie le succès à la maniére vigoureuse dont il soutint les premiers efforts de l'ennemi à l'Abbaye de Clostercamps. Il se démit de son corps au mois d'Avril 1761. en faveur du Marquis de Conflans, & en demeura Lieutenant-Colonel. Il mourut l'année suivante à l'armée.

21. Avril 1759. DE CHAULIEU (Jean-Jacques Aufrye, Chevalier) A été créé Brigadier par brevet du 21. Avril 1759. *Voyez* Tome VII. page 560.

DE

D'INFANTERIE.

Promotion du 3 Mai 1759.

DE VILLETERQUE (M. Jean-Louis Canut.)

(*Ici finit le Manuscrit de M. PINARD.*)

Nous nous contenterons d'un simple Catalogue pour achever la Chronologie des Brigadiers d'Infanterie.

Promotion du 8 Juillet 1759.

M. FRANÇOIS MARVAL.

Promotion du 3 Septembre 1759.

M. le Chevalier DE MARBŒUF.

Promotion du 7 Décembre 1759.

M. BOISCLAIREAU.

Promotion du 25 Janvier 1760.

M. le Comte DE HALLEWYL.

Promotion du 9 Février 1760.

M. DE ROCQUEMAURE.

Promotion du 6 Mars 1760.

M. le Chevalier DE BARRIN DE LA GALISSONIERE.

Promotion du 20 Février 1761.

M. DE COETRIEUX.
M. COLBERT, Baron de Castelhil.
M. DE SURBECK.
M. DE LANGEN.
M. DE PRON LE ROI.
M. le Comte DE RATCLIFF.
M. le Chevalier DE HALLOT.
M. DE MATHAN.
M. LAMMERVILLE.
M. le Marquis DE SABLÉ.
M. le Marquis DE MORBECQ.
M. le Marquis DE MOLAC.
M. le Comte DE NARBONNE.
M. le Marquis DE CHASTELLUX.

M. le Duc DE MAZARIN.
M. DE VIENNAY.
M. DE NOLIVOS.
M. LATOUR.
M. le Marquis DE SINETY.
M. le Comte DE MORANGIES.
M. le Baron DE COPLEY.
M. le Marquis DE MESMES.
M. D'HALLEBOUT.
M. DU BOURDET.
M. DE LA GARRIGUE.
M. DE LOSSENDIERE.
M. le Comte DE PUYSÉGUR.
M. le Marquis DE TIMBRUNE.
M. le Comte DE LA TOUR DU PIN DE PAULIN.
M. le Marquis DE VILLEROY.
M. le Marquis DE BOUFFLERS.
M. SURLAVILLE.
M. le Comte DE DURFORT.
M. MILLO.
M. le Baron DE BERGH.
M. le Comte D'ELVA.
M. le Baron DE WURMSERT.
M. DE LA PELLETERIE.
M. BEAUSIRE.
M. LOYAUTÉ.
M. le Baron DE VIERZET.
M. le Comte DE ROUGÉ.
M. DE GRANDMAISON.
M. D'HÉRICOURT.
M. le Comte de NARBONNE-PELET.
M. DE LA BORDE.
M. DU VILLARS.
M. DE CASTELLA.
M. D'ITURBIE DE LARRE.
M. DE VERDUN D'ABZAC.
M. DE LA BLACHETTE.
M. LARCHER.
M. DE CASTERAS.
M. DU ROZEL DE BEAUMANOIR.
M. GELB.

Tome VIII.   X x x

Suite de la Promotion du 20 Février 1761.

M. DE SAINT-WAST.
M. DE SAINT-VICTOR, de la Légion Royale.
M. DE SAINT-VICTOR, Lieutenant de Roi, à Strasbourg.
M. GUIBERT.

Promotion du 2 Mars 1762.

M. GEOFF.

Promotion du 23 Mars 1762.

M. le Baron DE FUMAL.

Promotion du 25 Juillet 1762.

M. le Baron DE VIOMENIL.
M. le Comte DE BOISGELIN.
M. RAMSAULT.
M. le Vicomte DE CAMBIS D'ORSANS.
M. le Marquis DE BRIQUEVILLE.
M. le Vicomte DE VENCE.
M. CHEVALIER.
M. D'OBSONVILLE.
M. HIRTZEL.
M. SCHNEIDER.
M. le Marquis BERNAGE DE CHAUMONT.
M. le Comte DE ROZEN.
M. le Marquis DE COISLIN.
M. le Comte DE JUMILHAC.
M. NOZIERES.
M. LE CAMUS DE BLIGNY.
M. GUERGUOLAY.
M. DU SAUZAY.
M. le Chevalier D'ARCY.
M. le Comte DU ROURE.
M. le Vicomte DE BEAUNE.
M. le Comte DE BULKELEY.
M. SCHELDON.
M. DE FALKENHAYN.
M. MURALT.
M. le Comte DE LASTIC.
M. le Comte DE MONTREVEL.
M. SCHWENGSFELD.
M. CHATILLON.

M. SABREVOIS DE BISSEY.
M. GREAULME.
M. DESMAZIS DE BRIERES.
M. BREANDE.
M. le Marquis DE CHOISEUL.
M. DE COSNE.
M. le Baron DE WIMHFFEN.
M. le Comte DE LA LUZERNE.
M. le Comte DE SOUASTRE.
M. le Comte DE GUINES.
M. le Vicomte DE CHOISEUL.
M. le Marquis DE MAILLIARDOR.
M. le Comte D'HAUSSONVILLE.
M. le Baron D'EPTINGEN.
M. DARISSAT.
M. le Chevalier DE JUMILHAC.
M. DE BOISGELIN.
M. le Comte DE MONTMORENCY LOGNY.
M. le Baron DE WALDNER.
M. COSSIGNY.
M. le Comte DE GRAVE.
M. le Baron DE VIOMESNIL.
M. le Comte DE MAULEVRIER LANGERON.
M. le Chevalier DE COURTEN.
M. DE COMEIRAS, Fils.
M. le Chevalier DE JAUCOURT.
M. COURTEN.
M. le Chevalier DE SAINT-MAURIS.
M. GRANDPRÉ.
M. DE FONTETTE.
M. le Vicomte DE BÉON.
M. MERLET.
M. DE DRÉE DE LASERÉE.
M. GIRONDE.
M. VIRIEU DE BEAUVOIR.
M. ESCHER.
M. HERMANKLEIM.
M. ALTERMATT.
M. DE VOYENNE.
M. DE BONNEVAL.
M. DE VERTEUIL.

Promotion du 7 Août 1763.

M. HARTMANNIS.

Promotion du 12 Novembre 1764.

M. KLINGSPORT.

D'INFANTERIE.

Promotion du 27 Décembre 1763.

M. DARGOUT.
M. THORANC.

Promotion du 22 Juillet 1764.

M. VISARGENT.

Promotion du 11 Octobre 1764.

M. le Chevalier TURGOT.

Promotion du 16 Juillet 1765.

M. le Comte DE MAILLÉ LA TOUR-LANDRY.

Promotion du 11 Août 1766.

M. D'AULBONNE.

Promotion du 12 Septembre 1766.

M. MARTINES.

Promotion du 15 Octobre 1766.

M. D'ASTON.

Promotion du 25 Novembre 1766.

M. le Comte DE SPARRE.
M. le Comte DE BLANGIS.
M. le Marquis DE MIRAN.
M. ROCHEMORT.

Promotion du 16 Avril 1767.

M. BETAGH.
M. TECHTERMAN.
M. le Comte D'ERLACH.
M. DE MARSAY.
M. DE GRASSE.
M. DE VILLERS.
M. SALIS DE SEVIS.
M. DE VILLARS CHANDIEU.
M. SALIS DE SAMADE.
M. DE LA PELOUZE.
M. DE VER.
M. CHEVALIER DE HAULT DE MALAVILLERS.

M. DE CHAMPAGNÉ.
M. le Marquis DE THIBOUTOT.
M. le Comte LE CAMUS.
M. le Baron LAMY DU CHATEL.
M. LULLIN DE CHASTEAU-VIEUX.
M. CLINCHAMP DE BELLE-GARDE.
M. le Vicomte DE COULOGNE CHASTEAUFER.
M. LAW DE LAUVISTON.
M. DE VIMONT.
M. D'AUMONT.
M. DE LA BARTETTE.
M. le Chevalier D'AMBLY.
M. DE REMUSAT.

Promotion du 25 Décembre 1767.

M. PELISSIER DE LA BARRE.
M. le Chevalier DE CASAUX.

Promotion du 1 Janvier 1768.

M. PELET.
M. COISIA DE VERMONT.
M. CREAGH.
M. D'ANDERNY.
M. LÉE.
M. GLEKER.
M. DU PUGET.

Promotion du 29 Février 1768.

M. BEYERLÉ.
M. le Comte D'AUMALE.
M. RAZILLY.
M. le Comte DUDRENEUC.
M. CASTELLA.
M. le Comte DE MONTEYNARD.
M. le Marquis DE BOTTA.
M. le Marquis D'ESTAMPES.
M. le Marquis DE MONTESQUIOU.
M. le Comte D'ORNANO.
M. le Comte DE BERNIS.
M. le Marquis DE BERENGER.
M. MEHEGAN.
M. le Marquis D'AUBIGNY.
M. le Chevalier DE CLUGNY.
M. le Marquis DE BEAUMONT.
M. WITTINGTHOFF.

DES BRIGADIERS

Promotion du 20 Avril 1768.

M. le Marquis DE LANGEAC DE LESPINASSE.
M. CAMBIS DE FONS.
M. DUPLESSIS D'ARGENTRÉ.
M. le Chevalier DE MONFORT.
M. le Comte DE NOÉ.
M. DE LORT DE SAINT-VICTOR.
M. DAJOT.
M. PONTLEROY.
M. DE ROSIERES.
M. BOUILLARD.
M. GALLON.
M. O CONNOR.
M. BACHMANN.
M. LE BEUF.
M. DE BONNEVAUX.
M. PREVOST.
M. RAMSAULT DE RAULCOURT.
M. DE LACCARY.
M. DE POULHARIÉS.
M. DE BONSOL.
M. DE BIENASSISE.
M. le Chevalier D'ARGENS.
M. STEINAWER.
M. DE MICOUD.

Promotion du 18 Juin 1768.

M. AMEDROZ.
M. DE MOGES.
M. D'OFFRANVILLE.
M. BAUDOUIN.
M. DE BOMBELLES.
M. le Marquis DE DURAS.
M. le Vicomte DE LA TOUR DU PIN DE LA CHARCE.
M. DE GANVILLE.
M. le Chevalier DE FERONNAYS.
M. BOURCET DE LA SAIGNE.
M. le Baron DE FAINT-MART.
M. SALIS DE MARCHELEINS.
M. FOURCROY.
M. DE PUJOL.

Promotion du 12 Novembre 1768.

M. VILLEJOUIN.
M. DE LA SALLE.
M. le Vicomte DE CHOISEUL.

Promotion du 26 Décembre 1768.

M. DE COURVOISIÉ.

Promotion du 12 Janvier 1769.

M. le Comte DE CHAMISSOT.
M. le Comte DE L'ANNOY.
M. le Duc DE LUXEMBOURG.
M. le Comte DE BOISGELIN.
M. le Marquis DU TILLET.
M. DE BOUGAINVILLE.
M. le Marquis DE TAVANNES.
M. le Marquis DE FITZ-JAMES.
M. DE COURVOISIER.
M. le Comte DE CHOISEUL-MEUSE.
M. le Chevalier DE CHASTELLUX.
M. le Comte DE PEYRE.
M. le Comte DE CHABANNES.
M. le Chevalier DE BALLEROY.
M. le Comte DE BEAUMONT.
M. DULAU DALLEMANS.
M. le Marquis DE CHAMPAGNE.
M. DE ROME.
M. MONTAUT DE MONTBERAULT.
M. BAUDOUIN.
M. le Vicomte DE PUYSÉGUR.
M. ALTERMATT.
M. le Marquis DE CAUSANS.
M. NOGUÈS DASSAT.
M. le Marquis DE LA ROCHELAMBERT.
M. le Comte D'HODICQ.
M. le Marquis DE LA ROCHEFOUCAULT-BAYERS.
M. le Marquis DE TILLY.
M. DE VERTON.
M. le Marquis D'ESLACS-D'ARCAMBAL.
M. le Chevalier DE GOMER.
M. le Comte DE ROSTAING.
M. DE BOILEAU.
M. DE BEAUVOIR.
M. VAUBLANC.
M. KENELLY.
M. DE MARILLAC.
M. DE ROMANS.
M. DESFOURNEAUX.
M. CHEVRIERES.
M. DAMPUS.
M. DANTIN DE SAINT-PÉ.

Suite

D'INFANTERIE.

Suite de la Promotion du 22 Janvier 1769.

M. DE LA COSTE.
M. DU VALES.
M. PHIFFER.
M. DES GARET.

Promotion du 24 Mars 1769.

M. le Prince DE NASSAU SAAR-BRUCK.

Promotion du 11 Mai 1769.

M. SALINS DE L'ISLE.

Promotion du 9 Juillet 1769.

M. DE FIEDMONT.

Promotion du 3 Janvier 1770.

M. le Baron DE L'HOPITAL GALLUCI.
M. FRANQUET DE CHAVILLE.
M. le Comte DE LOWENDAL.
M. DE DAMPIERRE.
M. le Chevalier DE MESMES.
M. le Comte D'ERBACH SCHOENBERG.
M. le Chevalier D'ERLACH.
M. DUPLEIX DE PERNAN.
M. VIGIER.
M. le Chevalier DE WALDNER.
M. DE GREAUHNE.
M. DE LA PAUSE.
M. le Comte DE MAUROY.
M. GONTAUT DE SAINT-GENIES.
M. le Chevalier DE HAUTOY.
M. le Marquis DE SORANS.
M. le Chevalier DE LA TOUR DU PIN.
M. le Vicomte DE BROGLIE.
M. le Comte DE DAMAS DE CRUX.
M. le Marquis DE SEIGNELAY.
M. le Comte D'HAUTEFEUILLE.
M. le Marquis DE MITHON.
M. le Comte DE WITTGENSTEIN.
M. le Marquis DE BOUILLÉ.
M. le Comte DE CELY.

M. le Baron DE FLACHSLANDE.
M. le Prince CAMILLE DE ROHAN.
M. le Baron DE NISPEN.
M. DURAND.
M. CARLES.
M. le Chevalier DE VIOMESNIL.
M. le Comte DE WARGEMONT.
M. le Chevalier DE BRETEUIL.
M. D'HARAMBURE.
M. le Marquis DE CRENOLLE.
M. le Chevalier DE TALLEYRAND.
M. le Marquis DE FREMEUR.
M. D'HEMEL.
M. le Comte DE BERENGER.
M. DE MIROMESNIL.
M. DE SIONVILLE.
M. DE BELLECOMBE.
M. MARET D'AIGREMONT.
M. le Baron DE JUIGNÉ.
M. DE ROQUEPIQUET.
M. DE BIZEMONT.
M. le Comte DE MALARTIC.
M. CONSTANT, Baron de Rebecq.
M. DE ROSSILLON.
M. DE SAINT-MICHEL.
M. DE VOISINS.
M. le Chevalier DE SAINT-MARS.
M. DE MALAVILLERS.
M. LE DUC.
M. DE BRON.
M. DE SALMONS.
M. LA MORTIERE.
M. SICRE DE CINQ-MARS.
M. DE CAUX.
M. D'AUBIGNY.
M. DAMOISEAU.
M. DE CAUX DE BLAQUETOT.
M. D'UZECHES.
M. LA BARTHE.
M. DE BOISTEL.
M. D'HARTMANNIS.
M. RAYNE DE CANTIS.
M. DE MOYENNEVILLE.
M. DE REITTERWALD.
M. DE RAINCOURT.
M. DE CHAMPAGNY.
M. DE LEOTAUD DOMINE.
M. DE BRIENNE.
M. DU BAYET.
M. le Chevalier DE SAINTE-ALDEGONDE.
M. SOUYN DES TOURNELLES.

DES BRIGADIERS D'INFANTERIE.

Promotion du 17 Juin 1770.

M. DE BAILLENCOURT-CORCOLLE.
M. le Chevalier DE L'ESPINASSE.
M. DE MONTROND.
M. BERTHIER.
M. DU CHEMIN.
M. BLONDEAU.
M. DU ROSCOAT.
M. BRYAN.
M. DANGEAC.

Promotion du 4 Août 1770.

M. DE BANASTON.

Promotion du 16 Octobre 1770.

M. DUPLESSIS LE GOUX.

Promotion du 12 Novembre 1770.

M. HOPKINS.
M. DE SONNENBERG.
M. DE LA HOULIERE.
M. le Vicomte DE FOUCAULT.
M. DE FRIMONT.
M. MIDDES.
M. LA FOREST-DIVONNE.

Promotion du 24 Mars 1772.

M. DE CHOISY.
M. DE GALIBERT.

FIN.

APPROBATION.

J'Ai lu, par ordre de Monseigneur le Garde des Sceaux, le huitiéme Volume de *la Chronologie Historique-Militaire*, par M. PINARD. Ce Volume, qui complette cet Ouvrage, m'a paru (ainsi que les précédens) devoir intéresser particuliérement la Noblesse : elle y trouvera le précis des Services Militaires qu'elle a rendus à l'État ; les différens Grades qui en ont été la récompense, & qu'on peut regarder comme les véritables Titres, qui contribuent le plus à son illustration. Fait à Versailles, le 17 Décembre 1777.

LEBLOND.

De l'Imprimerie de la Veuve HÉRISSANT, rue neuve Notre-Dame. 1777.

www.ingramcontent.com/pod-product-compliance
Lightning Source LLC
Chambersburg PA
CBHW051356230426
43669CB00011B/1658